KB191123

이탈리아 전쟁 주요 등장인물 | 스페인-합스부르크 |

페르난도 2세(1452-1516)

이사벨 1세(1451-1504)

막시밀리안 1세(1459-1519)

비앙카 마리아 스포르차
(1472-1510)

곤살로 데 코르도바(1453-1515)

카를 5세(1500-1558)

펠리페 2세(1527-1598)

게오르크 폰 프룬츠베르크
(1473-1528)

| 프랑스 |

샤를 8세(1470-1498)

루이 12세(1462-1515)

프랑수아 1세(1494-1547)

앙리 2세(1519-1559)

카트린 드 메디시스(1519-1589)

가스통 드 푸아(1489-1512)

피에로 스트로치(1510-1558)

앙투안 뒤프라(1463-1535)

알렉산데르 6세(1431-1503)

율리우스 2세(1443-1513)

레오 10세(1475-1521)

바오로 3세(1468-1549)

하드리아노 6세(1459-1523)

클레멘스 7세(1478-1534)

율리우스 3세(1487-1555)

바오로 4세(1476-1559)

페란테(1423-1494)

피에로 데 메디치(1472-1503)

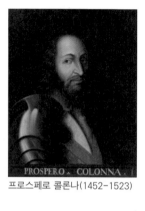

프로스페로 콜론나(1452-1523)

루도비코 마리아 스포르차
(1452-1508)

체사레 보르자(1475-1507)

샤를 드 부르봉(1490-1527)

프란체스코 마리아 델라 로베레
(1490-1538)

프란체스코 곤차가(1466-1519)

페드로 나바로(1460?-1528)

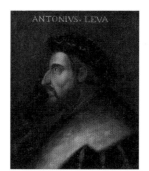

안토니오 데 레이바(1480-1536)

안드레아 도리아(1466-1560)

알폰소 다발로스(1502-1546)

코시모 데 메디치(1519-1574)

안드레아 그리티(1455-1538)

에마누엘레 필리베르토
(1528-1580)

페란테 곤차가(1507-1557)

이탈리아 전쟁 주요 전투

▶ 1495년 7월 6일 이탈리아 파르마시 남서쪽 30킬로미터 지점에서 벌어진 포르노보 전투는 65년간 치열하게 전개될 이탈리아 전쟁의 첫 번째 주요 전투였다. 짧지만 격렬했던 전투에서 프랑스군은 수적 열세에도 불구하고 승리를 거두었고, 샤를 8세는 이탈리아에서 무사히 군대를 철수할 수 있었다. 그림은 포르노보 전투를 승리로 이끈 샤를 8세의 모습을 묘사하고 있다.

▲ 체리뇰라 전투는 나폴리 전쟁의 흐름을 바꾸고, 이탈리아에서 스페인의 지배력을 확립하는 데 중요한 역할을 했다. 1503년 4월 28일 프랑스군의 공격으로 시작된 전투는 프랑스 기병과 스위스 창병의 공격을 화승총병의 화력으로 무력화한 스페인군의 승리로 막을 내렸다. 이 때문에 체리뇰라 전투는 소화기가 승리를 결정지은 최초의 유럽 전투라는 평가를 받는다. 그림은 스페인의 '위대한 지휘관' 곤살로 데 코르도바와 체리뇰라 전투에서 사망한 프랑스군 사령관 루이 다르마냐크(느무르 공작)의 상반된 모습을 통해 전투의 승자와 패자의 극명한 대비를 보여준다.

◀ 캉브레 동맹 전쟁에서 가장 중요한 전투로 평가받는 아냐델로 전투는 이탈리아 전쟁 전 과정을 통해서도 손에 꼽히는 전투 가운데 하나이다. 1509년 5월 14일 벌어진 이 전투에서 프랑스군에 대패한 베네치아는 한 세기 넘게 이탈리아 본토에서 확보한 거의 모든 영토를 상실했다. 마키아벨리가 『군주론』에서 '800년의 노력으로 정복한 것을 하루 만에 잃었다'고 했을 만큼 베네치아인들에게 아냐델로 전투의 결과는 치명적이었다.

▲ 1512년 4월 11일 벌어진 프랑스군과 스페인-교황군의 라벤나 전투는 치열한 접전 끝에 '이탈리아의 번개' 가스통 드 푸아가 이끈 프랑스군이 승리했다. 하지만 전투 중 가스통 드 푸아가 사망하면서 프랑스군의 승리도 빛을 바랬다. 그의 죽음은 프랑스군의 사기를 크게 떨어뜨렸을 뿐 아니라 이탈리아 북부에 대한 프랑스의 지배력을 약화시키는 결과를 가져왔다. 그림은 스페인 보병에 의한 것으로 알려진 가스통 드 푸아의 죽음을 묘사하고 있다.

◀ 1515년 9월 13일부터 14일까지 이틀에 걸쳐 벌어진 마리냐노 전투는 캉브레 동맹 전쟁의 마지막 주요 전투였다. 신임 국왕 프랑수아 1세가 이끈 프랑스군과 유럽 최고의 보병으로 평가받던 스위스군이 밀라노 남동쪽 16킬로미터 지점에서 정면충돌한 전투였다. 스위스군의 공격으로 시작된 전투는 날이 저물어 완전히 깜깜해질 때까지 계속되었고, 다음 날 베네치아군이 합류하면서 수세에 있던 프랑스군이 승기를 잡았다. 결국 스위스군이 밀라노로 퇴각하면서 전투는 끝이 났다. 이 전투 결과를 바탕으로 프랑스는 밀라노 탈환에 성공한다. 그림은 마리냐노 전투에서 프랑스군을 지휘하는 프랑수아 1세의 모습을 묘사하고 있다.

▲ 1525년 2월 24일 벌어진 파비아 전투는 프랑스군이 사실상 전멸하고, 프랑스 국왕 프랑수아 1세가 포로가 되는 등 제국군의 압승으로 끝이 났다. 이 전투의 결과로 프랑수아 1세는 포로 상태에서 카를 5세와 영토상의 주된 양보 조치를 담은 협정에 서명해야 했다. 부르고뉴 공국 할양, 나폴리와 밀라노 그리고 제노바에 대한 권리 주장 포기 등이 포함된 협정이었다. 하지만 프랑수아 1세는 포로 신분에서 벗어나자 그를 대신하여 두 아들이 스페인에 포로로 억류되었음에도 협정 비준을 거부했다.

이탈리아 전쟁 1494~1559

이탈리아 전쟁 1494~1559

근대 유럽의 질서를 바꾼 르네상스 유럽 대전

THE ITALIAN WARS 1494-1559

War, State and Society in Early Modern Europe

크리스틴 쇼 · 마이클 말렛 지음 | 안민석 옮김

일러두기

1. 본문에 나오는 외국 인명은 일일이 원어를 병기하지 않는 것을 원칙으로 했다. 대신 찾아보기에 원어를 같이 실었다.

2. 외국 인명, 지명 등의 표기는 국립국어원의 외래어 표기법을 따랐으나 일부는 원음에 가깝게 표기하였다. 그로 인해 기존과 다르게 표기할 경우 새로운 표기와 함께 기존의 표기도 괄호 안에 병기하여 혼란을 피하려고 노력했다. ex) 구이차르디니(귀차르디니)

3. 원서에서는 창기병을 세는 단위로 '랜스^{lance}'가 사용되었는데, 이 책에서는 편의상 '명'으로 통일했다. 랜스는 개별 기병뿐 아니라 기병부대 조직을 가리키기도 했는데, 프랑스의 경우에는 1534년까지도 '6인 창기병 조직'의 전통이 남아 있었고, 스페인의 경우에는 2~3인으로 구성되었다(514쪽 참조). 이런 이유로 본문의 창기병 수치는 해당 국가, 시기 등의 상황을 고려해 판단할 필요가 있다.

4. 지은이 주는 후주로, 옮긴이 주는 * 표시를 붙여 각주로 처리했다.

5. 참고 문헌에 사용된 약어 목록은 다음과 같다. AGS: Simancas, Archivio General | ASF: Florence, Archivio di Stato | ASLucca: Lucca, Archivio di Stato | ASVen: Venice, Archivio di Stato

1494년의 이탈리아

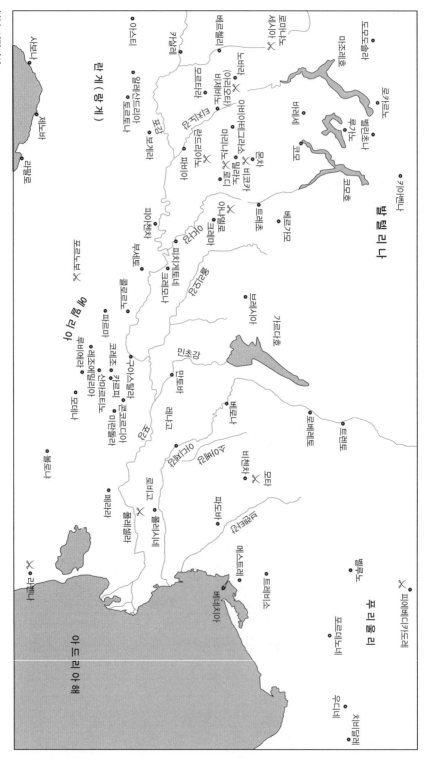

이탈리아 중북부

라스페치아
사르차나
포르토베네레

피비차노

피에트라산타
루카
피사
폰테데라
리보르노

가비나나
피스토이아
프라토
피렌체
카스텔산조반니
포지본시
시에나

카슬레
볼테라
수베레토
피옴비노

엠폴리

몬테리조니
몬탈치노

그로세토
스카를리노
탈라모네
오르베텔로

엘바

포르토산토스테파노
카스틸리오네
델라페스카이아
몬테아르젠타리오
포르토에르콜레

에 밀 리 아

볼로냐
모디나
이몰라
파엔차
포를리
체세나

라벤나

코티뇰라
체르비아

로 마 냐

아드리아 해

리미니
페사로
파노

세니갈리아
안코나

마체라타

우르비노

비비에나

아르노 강

보르고산세폴크로
아레초
치타디카스텔로
스카르페로

테 베 레 강

페루자

코르토나

몬테풀차노
키우시
카유시

루치냐노
피엔차
몬티키엘로
몬탈치노

발 디 키 아 나

토디

오르비에토

나르니
테르니

비테르보

마 르 케

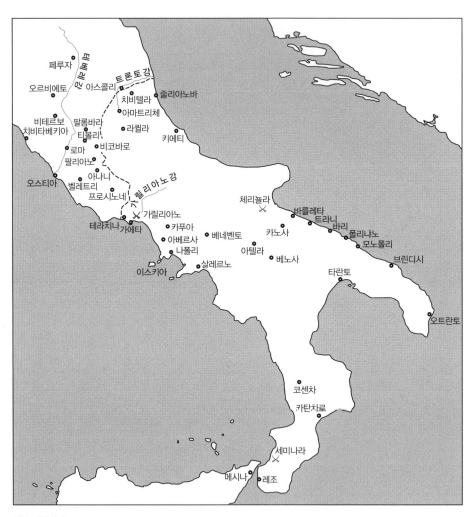

페루자

오르비에토

트론토강

아스콜리

줄리아노바

비테르보
치비타베키아

팔롬바라

치비텔라

아마트리체

티볼리

라퀼라

키에티

비코바로

로마

팔리아노

아나니

오스티아

벨레트리

프로시노네

릴리아노강

체리뇰라

바를레타

트라니

바리

풀리냐노

모노폴리

브린디시

테라치나

가에타

가릴리아노

카푸아

아베르사

베네벤토

카노사

나폴리

아텔라

베노사

타란토

이스키아

살레르노

오트란토

코센차

카탄차로

세미나라

메시나

레조

남부 이탈리아

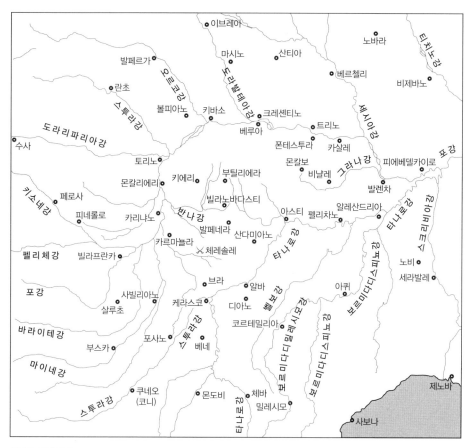

이브레아

노바라

티치노 강

마시노   산티아

발페르가   베르첼리

오르코 강   비제바노

란초

볼피아노   키바소   크레센티노

스투라 강   트리노

도라리파리아 강   베루아

세시아 강

폰테스투라   카살레

수사   몬칼보   피에베델카이로

토리노   비냘레   그라나 강   포 강

키에리   부틸리에라

몬칼리에리   발렌차

페로사   빌라노바다스티

키소네 강   반나 강   아스티   알레산드리아

피네롤로   카리냐노   펠리차노

발페네라   산다미아노

카르마뇰라   체레솔레

펠리체 강   빌라프란카

브라   알바   아퀴   세라발레

포 강   케라스코   디아노   노비

사빌리아노   코르테밀리아

살루초

바라이테 강   포사노

부스카   베네

마이네 강   제노바

스투라 강   쿠네오   몬도비   체바

(코니)   밀레시모   사보나

북서부 이탈리아

이탈리아 전쟁은 이탈리아와 유럽의 역사는 물론 전쟁의 역사에서
도 하나의 분수령이었다. 60년 넘게 이탈리아는 서유럽 강대국들 사
이에서 충돌의 진원지였다. 결국 승리는 발루아 가문의 프랑스, 밀라
노 공국 그리고 나폴리 왕국과의 분쟁 끝에 두 개의 주요 국가를 손
에 넣은 스페인 합스부르크 가문에게 돌아갔다. 이 전쟁이 이탈리아
국가들과 그 국가들 사이의 관계에서 야기한 유일하게 큰 변화는 이
탈리아에서 스페인의 우위였다. 영토 쟁탈과 왕조의 흥망성쇠 가운
데 몇몇 나라는 사라졌고, 몇몇 나라는 새롭게 등장했다. 군사사의 맥
락에서 이탈리아 전쟁은 군대의 구조와 전략 및 무기 체계에서 일어
난 발전의 시험 무대였다. 가령 밀집된 장창병의 위력과 한계, 중기병
과 경기병의 별도 활용, 광범위한 총기 사용, 그리고 대포와 요새에서
일어난 혁신 등이 그렇다. 프랑스, 스페인, 독일, 네덜란드, 발칸반도
및 이탈리아 전역에서 온 군인들이 다양한 무기체계와 전략을 가지
고 서로 맞서거나 같은 편으로 싸우는 가운데 자신들만의 특징을 유
지하면서도 서로서로 배워나갔다.

　　왜 이탈리아는 서유럽에서 가장 강력한 두 왕조 사이에서 갈등

의 진원지가 되었는가? 본질적으로 양측 모두 이탈리아 국가들에 대한 왕조적 권리를 주장했기 때문이다. 프랑스 왕과 스페인 왕 모두 나폴리 왕좌에 대해 세습적 계승권을 주장했다. 프랑스 왕은 1256년부터 1435년까지 나폴리를 통치했던 발루아 가문의 방계 가문인 앙주 가문의 후계자임을 내세웠고, 스페인은 아라곤의 알폰소 5세(나폴리의 알폰소 1세)*가 나폴리 왕국을 정복한 후 다른 영토들과 분리하여 1458년 자신의 사생아 페란테(페르디난도 1세)에게 물려주었다는 점을 내세웠다. 프랑스 왕실의 또 다른 방계인 오를레앙 가문은 1447년에 대가 끊긴 비스콘티가의 밀라노 공국에 대해 합법적 계승권을 주장했다. 1498년, 발렌티나 비스콘티의 손자 루이 도를레앙이 프랑스 왕위에 오르면서 밀라노 공국은 프랑스 왕의 세습적 유산의 일부로 편입되었다. 하지만 밀라노 공국은 황제의 봉토이기도 했기 때문에 그곳을 누가 다스려야 하는가는 황제가 결정할 사항이었다. 실제로 북부와 중부 이탈리아 영토의 상당수는 신성로마제국의 봉토로 간주되었다. 당시 황제가 부르고뉴 공작령은 물론 스페인 왕국의 상속자이기도 했던 카를 5세(카를로스 1세)였다는 점에서 이는 매우 중요한 문제가 될 사안이었다.

이탈리아에는 일종의 복합국가 체제가 형성되어 있었다. 다섯 개의 큰 '지역' 국가 —나폴리, 밀라노, 피렌체 공화국과 베네치아 공

---

* 　아라곤의 왕이었던 만큼 아라곤어 표기법에 따라 '알리폰소 5세 Alifonso V'로 표기하는 것이 타당하지만 국내에서는 주로 스페인어 표기법에 따라 '알폰소 5세 Alfonso V'로 소개되었던 만큼 독자들의 혼동을 피하기 위해 이 책에서는 '알폰소 5세'로 표기하였다. 마찬가지로 아라곤의 왕 '페란도 2세 Ferrando II' 역시 같은 이유로 '페르난도 2세 Fernando II'로 표기하였다.

아라곤의 알폰소 5세(1396-1458)는 1442년 나폴리 왕국을 정복하고 알폰소 1세가 되었다. 그의 사후 아라곤은 후안 2세, 나폴리는 페란테에게 왕위가 분리되어 계승되었다.

화국 그리고 교황령—외에도 시에나, 루카, 제노바 등의 공화국과 페라라 공국부터 몇 평방마일에 불과한 아주 작은 제국령에 이르기까지 다양한 크기와 영향력을 가진 영주국이 존재했다. 대부분의 소국들은 동맹이나 협약을 통해 자신들을 '보호'해줄 하나 혹은 복수의 대국과 연결되어 있었다. 종종 그러한 협약에는 콘도타^{condotta**}가 포함되기도 했는데, 일정한 보수를 받고 정해진 수의 병력을 제공하는 일종의 계약이었다. 많은 영주들 입장에서 콘도타는 명예로운 것이었을 뿐 아니라 실질적인 도움이 되기도 했다.

이탈리아의 주요국과 그들의 하위 동맹국 및 위성국들은 대개 연맹체로 결성되었다. 보통 표면적으로는 방어적 성격을 띠었지만 실제로는 야심의 실현을 위한 수단으로 기능함으로써 분쟁을 억제하는 만큼이나 촉발하기도 했다. 그들은 '이탈리아'를 구성하는 부분으로서 갖는 공통의 이해관계보다 자기들 사이에 존재하는 분열과 경쟁 및 적대에 훨씬 더 민감했다. 그러나 그들은 이탈리아와 비이탈리아 세력 사이의 차이도 분명히 인식했다. 아라곤의 왕은 시칠리아를 2세기 동안 통치했음에도 외국인으로 간주되었다. 나폴리의 페란테와 그의 아들들은 동일한 아라곤 가문의 일원이었지만 오직 이탈리아 국가만 통치했기 때문에 외국인으로 간주되지 않았다. 이탈리아 국가들은 알프스 너머의 분쟁에는 거의 가담하지 않았다. 프란체스코 스포르차는 1450년 밀라노 공국을 차지한 뒤 이를 승인받기 위해 프랑스 왕과의 동맹에 공을 들였고 그를 위해 군대를 파견했지만, 그의 아들 갈레아초 마리아는 루이 11세와 부르고뉴의 샤를 1세(용담공 샤를)가 자신들의 전쟁에 그를 끌어들이려고 했을 때 별다른 관심을 보이지 않았다.

반대로, 이탈리아 국가들은 언제든 자신들의 분쟁에 이탈리아 외부 세력을 끌어들일 준비가 되어 있었다. 특히 프랑스 왕이나 앙주 가가 그 대상이었다. 간혹 이탈리아 내부의 강화소약을 체결하는 네

** 용병대장(용병단장)과 고용주 사이의 군사 '계약'을 의미한다. 용병대장을 의미하는 이탈리아어 '콘도티에로condottiero(복수형 콘도티에리condottieri)'는 '지휘', '통제'를 의미하는 'condotta'에서 왔다. 즉 condotta(복수형 콘도테condotte)는 용병대장에게 군사 활동의 지휘권을 맡기는 계약을 의미한다고 볼 수 있다. 문맥에 따라 '콘도타'라고 그대로 옮기기도 했고, '용병 계약'이나 '지휘권'으로 옮기기도 했다.

프랑스나 스페인 군주들―페르난도와 이사벨이 각자의 영토에서 입지를 공고히 함에 따라―의 외교적 개입이 요청되기도 했다. 하지만 어느 한 이탈리아 국가가 알프스 이북 세력에 군사적 지원을 요청할 경우 이탈리아의 이익을 배신했다는 비난을 받을 수도 있었다. 그리고 그러한 비난은 수사적 차원을 넘을 수도 있었는데, 이러한 경우 진정한 의미에서 이탈리아를 별개의 정치적 실체로 간주한다는 사실이 꽤 명확히 드러난다. 인근 도시에서 온 사람들은 이방인stranieri으로 취급되었지만 이탈리아 밖에서 온 사람들은 싸잡아서 야만인barbari 으로 배격되었다.

중세 성기盛期*에는 이탈리아 국가들에 대한 비이탈리아군의 개입과 알프스 이북 군주들―특히 신성로마제국 황제―의 권리 주장이 잦아지면서 전쟁이 장기화되고 정치 구조와 국가들 사이의 관계에서 주요한 변화가 발생했다. 14세기와 15세기 초에는 앙주 가문이 이탈리아 전역에서 정치적 패턴을 결정한 핵심 축 가운데 하나였다. 15세기 대부분의 기간 동안에는 아라곤 왕조의 나폴리 장악과 이를 탈환하려는 앙주가의 시도를 제외하면, 프랑스가 1458~1461년 제노바를 통치했던 것처럼 외국의 개입은 대체로 평화적이었다. 아마도 이 때문에 이탈리아인들은 잘못된 안보 의식에 안주했던 것 같다. 몇몇 사람은 강력한 외국 군주들을 이탈리아에 불러들이는 것이 얼마나 위험한지 경고했겠지만, 권력자를 포함한 다수의 사람들은 외국 군주들이 이탈리아에 머물 리 없다면서 위협의 실체를 믿지 않았다. 이탈

---

* 중세 성기 High Middle Age 란 11–13세기 유럽사를 말한다.

스포르차 가문의 창업자인 프란체스코 스포르차(1401~1466)는 1450년 밀라노 공작이 되었다. 그는 군사적 재능과 외교 능력으로 밀라노 공국을 발전시켰다는 평가를 받고 있다.

리아 정치가들 사이에는 자신들의 이익을 위해 외부 세력들을 이용해 먹을 수 있다는 어떤 자기만족 같은 게 존재했다. 이탈리아인들은 프랑스와 스페인 군주 그리고 신성로마제국 황제가 자신들의 것이라고 믿는 이탈리아 영토와 국가들을 차지하기 위해 얼마나 집요하고 진지하게 임하면서 군대를 보내는지, 그리고 일단 영토를 획득한 다음에는 물러나지 않을 것이라는 사실을 믿기까지 상당한 시간이 걸렸다.

자신들이 처한 새로운 정치적 현실을 이해하자 이탈리아인들은 자신들의 특징과 문화, 정치군사적 시스템과 중요도를 분석하고 평가하면서 그것이 어떻게 발생했는지 설명하려고 했다. 이러한 논쟁들로부터 오랫동안 영향력을 행사할 설명들이 탄생했다. 여러 분쟁 국가로 분열되어 있는 데다 유럽의 강력한 주요 군주국 및 '민족'국가들과 대치하고 있는 이탈리아의 정치적 취약성, 그리고 용병—이들은 전쟁을 일종의 사업으로 보았기에 그들이 지키는 국가의 안위보다 자신들의 안전을 우선했으며, 따라서 자신들의 왕을 위해 싸우는 군대의 강력함과 결연함에 맞설 수 없었고, 공성전 같은 전투 현장에서 스위스와 독일 보병들이 구사하는 전술과 무기, 우수한 포병력에 제대로 대처할 수 없었다—에게 지나치게 의존하는 이탈리아의 군사적 취약성이 바로 그것이다.

반박할 수 없는 사실은, 유럽의 주요 군주들과 이탈리아의 어느 한 국가가 동원할 수 있는 자원의 불균형이 상당히 컸다는 점이다. 또한 자기 이익을 추구하느라 명백히 자신들의 행위가 초래할 보다 광범위한 결과들을 깨닫지 못한 채 서로 분열되어 있던 이탈리아 국가들이 공통의 이해관계를 단단하면서도 장기적으로 지켜줄 지속 가능한 동맹 결성에 무기력했다는 사실 역시 부인하기 어렵다. 마찬가지로 주요 전투에 투입되었던 군대 규모가 베네치아 정도를 제외하면 대체로 개별 이탈리아 국가가 일정 기간 동안 전개할 수 있는 규모를 훨씬 넘어선 것도 사실이다. 또한 알프스를 넘고 바다를 가로질러 이탈리아 전쟁에 참전한 부대들이 이탈리아 국가들과는 다른 방식으로 소집되고 육성되었다는 점 역시 사실이다.

프랑스는 유럽에서 가장 뛰어난 중기병을 자랑했다. 특히 왕립기마단compagnies d'ordonnance은 왕령에 의해 육성되고 유지되는 부대로 프랑스 귀족들이 앞다투어 참여했다. 그에 반해 프랑스 보병은 1490년대에 명성이 드높았던 스위스 용병부대에 크게 의존했다. 그들은 색다른 의미에서 '민족적' 군대였다. 각 주canton 정부들이 조직한 잘 정립된 훈련 시스템은 장창이나 미늘창, 양손검 등을 능숙하게 다룰 수 있는 체력과 수천 명 단위로 움직이는 복잡한 전술 대형을 수행할 수 있는 규율을 지닌, 강건한 사나이들로 이루어진 군대를 육성했다. 다른 나라 정부들은 스위스 주정부와의 계약을 통해 스위스군 부대를 고용할 수 있었다. 16세기 초가 되면 독일 용보병단*의 기량이 스위스 창보병단에 필적해갔다. 독일 용보병단들은 정부가 아니라 대체로 독일 남부 출신 도급업자나 용병대장들이 육성하고 조직했다. 황제는 자신이 맨 처음 그들을 고용했다고 생각했지만 다른 세력 또한 그들을 이용했다. 전쟁이 벌어지는 동안에는 스페인 보병부대가 강인함과 인내력 그리고 능숙한 총기 사용 솜씨로 상당한 명성을 얻었다. 이탈리아 전쟁에 참전한 스페인 보병부대는 본질적으로는 용병이었지만 대체로 스페인 군주들을 위해 싸웠고, 그들의 이익과 부를 자신들의 그것과 동일시했다.

이탈리아 주요 국가 가운데는 베네치아가 용병대장이나 보병단장들과 종신계약까지 포함된 장기 계약을 통해 잘 조직된 군대를 보유했다. 프란체스코 스포르차 통치기의 밀라노도 강한 군대를 보유했다. 하지만 15세기 후반 상설 기병부대의 실력과 충성도가 떨어지자 루도비코 스포르차는 점점 더 스위스와 독일 보병에 의존했다. 나폴리는 왕령지에서 모집한 상설 기병부대를 창설했는데, 상당 부분 영주들이 육성한 군대에 대한 의존도를 줄이기 위해서였다. 교황령

---

* 란츠크네히트는 신성로마제국 황제 막시밀리안 1세가 스위스 용병에 대항하기 위해 조직한 독일 용병이다.

에서도 많은 용병대장이 등장했고, 특히 로마냐에는 이탈리아에서 가장 유명한 용병부대가 있었다. 하지만 많은 경우 교황은 그들이 선호하는 고객이 아니었다. 교황은 원정에 필요한 경우가 아니라면 많은 군대를 보유하려고 하지 않았다. 피렌체도 평시에는 군대를 유지하려고 하지 않았으며, 필요한 경우 거의 전적으로 용병대장을 고용하여 군대를 모집했다. 정도의 차이는 있지만 다른 이탈리아 국가들도 마찬가지였다. 자체적으로 부대를 모집하여 운영하는 용병대장이 가장 전형적인 이탈리아군 지휘관이었고, 다른 이탈리아군도 대체로 용병대장의 부대원으로 구성되었다.

만토바 후작이나 페라라 공작 같은 제후가 가장 유명한 용병대장이었다. 그 뒤를 소국의 군주나 규모 있는 영주들이 따랐다. 지휘권 Condotte 은 종종 정치적인 이유로 직접 군대를 지휘하지 않을 수도 있는 군주들에게 주어졌다. 이러한 시스템은 아마도 그 자체로는, 통상 지휘권을 주요 귀족에게 부여하는 유럽 군주국의 경우보다 군대의 효율성에 더 지장을 주지는 않았을 것이다. 그러나 한편으로 그것은 군 지휘관이기도 한 이탈리아 군주들이 고용 기회가 가장 좋아 보이는 쪽으로 정치적 충성 대상을 바꾸는 데 익숙했다는 의미이기도 했다. 신뢰성이나 충성심에 오점을 남기지 않고도 충성의 대상 변경이 일어날 수 있는 관례적인 상황이나 방법이 존재했다. 그러나 그러한 관행들 때문에 이탈리아 밖에서 온 군주와 사령관의 눈에 이탈리아 용병대장들은 변덕스럽고 믿을 수 없는 존재로 비쳤다. 프랑스와 스페인 국왕 그리고 황제는 이탈리아 용병 군주들로부터 훨씬 더 높은 수준의 헌신을 기대했다. 그들에게 부여한 지휘권이 정치적 협정

형인 갈레아초 마리아 스포르차와 용병을 모집하기 위해 취리히로 여행하는 루도비코 스포르차.

이나 동맹의 일환이었을 경우에는 더더욱 그러했다.

그럼에도 이탈리아 군인들과 그들의 전쟁 수행 능력에 대해 만연한 관점, 가령 그들은 과도하게 신중하고 냉소적인 직업군인들로 위험을 감수하려 하지 않고 사소한 성과를 지키는 데 만족하며 고용주에게 어떤 손해가 발생하든 (적어도 자신들의) 피를 흘리는 것을 피하는 일에만 급급하다는 시각에 대해서는 근본적인 수정이 이루어졌다. 이탈리아 용병 사령관들은 이 전쟁의 많은 전장과 전투에서 두드러진 역할을 수행했다. 또한 다른 나라 군인들로부터 배울 게 많은 만큼 가르칠 것도 많이 가지고 있었다. 이탈리아 보병부대는 밀집창병대열pike square 전술에는 제대로 숙달되지 못했지만 화승총 사용과 포위된 성채나 도시 방어에는 일가견이 있었고, 뛰어난 경기병으로서 명성이 자자했다. 이탈리아군을 군사 기술이 낡고 군인 정신이 부족하다고 평가하는 것은 당대의 일부 평자로부터 시작되어 오랜 역사적 전통으로 이어졌다. 하지만 그것만으로 이탈리아의 패배와 이탈리아에 대한 스페인의 궁극적인 우세를 모두 설명하는 것은 무리가 있다.

1장

전쟁의 기원과
프랑스의 제1차 원정

1494년 8월 29일, 프랑스의 샤를 8세는 자신의 나폴리 왕위 요구를 관철시키기 위해 군병력 일부를 이끌고 그르노블을 출발했다. 동맹 관계인 젊은 사보이아 공작의 영토를 지나 9월 9일 그는 이탈리아 도시 아스티—그의 사촌 오를레옹 공작 루이의 영토에 속하므로 프랑스 땅이라고 볼 수도 있는—에 도착했다. 이미 몇 개월 앞서 행정 관료와 외교 사절, 상당한 규모의 군 선발 병력이 이탈리아로 들어갔다. 1494년 늦여름과 가을 무렵이면 사보이아, 피에몬테, 제노바 그리고 서부 롬바르디아 일대는 프랑스 병사들로 가득했다. 그러나 이탈리아 전쟁을 야기할 이 사건의 기원과 준비 과정은 먼 과거로 거슬러 올라간다.

샤를 8세와 그의 유산

1483년 8월 30일 서거한 루이 11세는 자신의 아들 샤를에게 인구가 빠르게 증가하고 경제가 번영하며 왕실의 안위도 점점 더 확고해지고 있는 왕국을 물려주었다. 루이 11세가 왕위에 오를 때보다 훨씬 더 많은 영토가 국왕의 직접 통치 아래 놓였다. 1477년 1월 부르고뉴 공작 용담공 샤를이 남자 상속자 없이 사망하자 그의 전임자들이 네덜란드와 프랑스 동부 접경지대를 따라 건설한 국가의 심장부인 부르고뉴 공작령이 프랑스 왕실로 귀속되었다. 그러나 프랑스 왕이 샤를의 딸 마리를 향해 때 이르게 무력을 사용하자 그녀는 서둘러 합스부르크 가문의 황제 프리드리히 3세의 아들이자 상속자인 막시밀리안을 남편으로 맞아들였다. 그러면서 맞수 관계가 형성되었다. 프랑스 왕은 북동부 국경지대에서 합스부르크 가문에 맞서 경계를 강화해야 했다. 루이 11세는 1482년 자신의 차남 샤를과 마리와 막시밀리안의 어린 딸이자 차후 프랑스 궁정에서 자랄 마르가레테의 약혼을 주선함으로써 당장의 피해를 모면하려고 했다. 한편 바로 전해에는 프랑스 왕실 앙주가 계보의 직계 혈통이 단절됨에 따라 앙주와 프로방스를 포함한 가문의 영토가 왕실로 귀속되었다.

샤를 8세는 왕위 계승 당시 13세에 불과했다. 공식적인 섭정이 지명되지는 않았지만 그의 손위 누이 안(안 드 프랑스)과 그녀의 남편 피에르가 왕의 보호자 역할을 맡았다. 특히 피에르는 왕의 사촌이면서 왕위 계승의 다음 순번인 루이 도를레앙의 왕권 전복 음모에 맞서는 데 진력했다. 샤를 8세의 치세 전반부는 브르타뉴와의 전쟁으로 점철되었는데, 이 전쟁에서 루이는 브르타뉴를 지원했다. 국제적인 차원에서 치러진 이 내전은 광범위한 반향을 불러일으켰다. 상당 정도 프랑스로부터 독립되어 있던 브르타뉴 공작령은 오직 프랑스 국왕의 대군주로서의 지위에만 종속되어 있었다. 1487년 군사적 공격이 개시되었다. 브르타뉴 공작 프랑수아 2세는 스페인 군주 페르난도와 이사벨, 영국의 헨리 7세 그리고 막시밀리안의 지원을 받았다. 그

CHARLES · 8 ·

생미셸 기사단의 목걸이를 착용한 샤를 8세(1470~1498). 그는 불과 13세의 나이로 프랑스 왕위를
계승했다. 한편 루이 11세가 1469년 창설한 생미셸 기사단은 프랑스의 왕가 기사단으로, 성 미카
엘을 수호성인으로 모신다.

러나 동맹국들의 군사적 지원과 플랑드르에 대한 막시밀리안의 견제 공격이 있었지만 1488년 7월 브르타뉴군은 프랑스군에 궤멸되었고, 루이 도를레앙은 전투에서 포로로 붙잡혔다. 얼마 후 프랑수아 공작이 사망했고, 맏딸 안(안 드 브르타뉴)이 11세의 나이로 공작령의 후계자가 되었다. 아직 어렸던 안은 아버지의 독자 노선을 계속 추진했고, 동맹국들도 지지를 재확인했다. 1490년 말, 안은 몇 년간 홀로 지내던 막시밀리안과의 대리 결혼을 받아들였다. 그러나 군대와 외교를 동반한 프랑스의 전방위적 압박으로 안은 막시밀리안과의 결혼을 포기하고 대신 1491년 12월 샤를과 결혼했다.

프랑스가 브르타뉴 전쟁으로 공작령을 왕국에 더욱 긴밀하게 통합시킬 수 있었다면, 샤를과 안은 후계자를 얻었다. 계속해서 이어진 격렬한 군사 원정으로 프랑스군은 더욱 단단해졌고 군 지휘관들은 귀중한 경험을 쌓을 수 있었다. 샤를 자신도 군대를 직접 지휘하여 원정길에 나서는 짜릿한 경험을 맛보았다. 그러나 전쟁으로 프랑스와 브르타뉴의 독립을 지지했던 세력 사이에는 국제적인 불신과 적대라는 유산이 남았다. 특히 샤를은 안과의 결혼을 성사시킴으로써 막시밀리안의 신부를 빼앗았을 뿐만 아니라 막시밀리안의 딸 마르가레테와의 혼인을 위해 쏟아부은 오랜 노력과도 질연했다. 막시밀리안의 합스부르크 가문과 프랑스 왕가의 관계는 마음에 사무친 개인적 굴욕감까지 더해지면서 점점 더 적대적으로 악화되어갔다.

1481년 12월 프랑스 왕실에 귀속된 앙주가의 세습 재산에는 나폴리와 예루살렘 왕좌에 대한 아주 오래된 권리도 포함되어 있었다. 교황의 봉토였던 나폴리 왕국은 1265년 클레멘스 4세에 의해 처음 나폴리 왕가에 분봉되었다. 역대 교황들은 대관식을 통해 계속해서 왕위 세습을 승인할 권리는 물론 자신들이 선택한 후보자를 임명할 권리까지 주장해왔다. 교황의 동의는 샤를이 무시할 수 없는 고려 사항이었다. 하지만 그렇다고 해서 누가 나폴리를 통치할지 정하는 데 결정적인 요인은 아니었다. 샤를은 자신의 한결같은 친구 (프로방스에 영지를 가지고 있었고 앙주가의 관점을 받아들인) 에티엔 드 베스크와 인문주의자 가정교사들, 그리고 베스크가 궁정으로 초청한 나폴리 망명자들로부터 받은 영향 탓인지, 재빨리 나폴리 왕위 계승권에 대한 즉각적인 관심을 내비쳤다. 1484년, 그는 이 문제에 대해 조사를 지시했고, 이후 몇 년간 망명자들을 통해 지속적으로 관련 내용을 보고받았다. 고귀한 칼라브리아의 은자로 루이 11세의 임종 자리에 부름을 받았던 프란체스코 디 파올라도 샤를의 측근으로 남아 아라곤인의 폭정과 튀르크인의 위협으로부터 나폴리 백성을 해방해야 한다는 생각을 주입했다.[1] 샤를은 다른 이들로부터 받는 조언들과 별개로 국왕으로서의 명예 때문에라도 그렇게 중요한 상속 문제를 망각할 수 없었다. 그러나 1490년대 초에 이르러서야 구체적으로 나폴리 왕위에 대한 계승권 요구를 추진한다는 발상이 현실 가능한 제안으로 보이기 시작했다.

이탈리아에 대한 프랑스의 이해관계

이탈리아에서 프랑스의 정치적 이해관계는 그 목적이 다소 불분명했다. 나폴리와 시칠리아는 주로 노르만인과 앙주가의 관심사였고, 그들이 지중해를 무대로 벌인 활동은 부차적으로만 프랑스 왕실의 정책과 연관되었다. 그런 이유로 프랑스 왕실의 개입은 앙주가를 지원하는 간접적인 수준에 머물렀다.[2] 프랑스와 인접해 있고 상업적으로도 중요한 제노바에 대한 지배는 주기적으로 프랑스의 관심을 끌었다. 제노바 공화국은 1396년부터 1409년까지는 샤를 6세, 1458년부터 1461년까지 샤를 7세의 지배를 받았다. 어느 왕도 제노바에 대해 직접적인 관심을 크게 보이지 않았지만 1396년 제노바를 굴복시킴으로써 이 지역이 프랑스 왕실에 속한다는 주장의 법적 근거가 마련되었다. 밀라노의 경우에는 1387년 샤를 도를레앙과 밀라노 공작의 딸 발렌티나 비스콘티의 결혼으로 시작되었다. 하지만 정작 공작령 계승권을 주장한 것은 샤를 8세가 아니라 발렌티나 비스콘티의 손자 루이 도를레앙이었다. 피렌체 공화국은 이탈리아에서 앙주가의 전통적인 동맹국이었다. 피렌체 상인과 은행가들 또한 프랑스와 중요한 상업적 관계를 맺고 있었기 때문에 프랑스 왕의 압력에 민감하게 반응할 수밖에 없었다. 교황청에 대해서는, 프랑스 왕도 아비뇽 '유수'와 대분열 이후 교황청이 다시 로마에 자리를 잡은 뒤로 성직 임명과 교회세 문제를 처리하기 위해서라도 로마에 일정한 대표부를 둘 필요가 있었다.

1461년, 루이 11세가 즉위하자 이탈리아에 대한 프랑스 왕가의 이해관계가 크게 증가했다. 루이는 왕세자 시절부터 아버지 샤를 7세와 불화를 겪으면서까지 이탈리아 정치에 직접 개입했다. 왕이 된 이후에는 이탈리아에 빈번히 사절을 파견했고 이탈리아 대사들을 자신의 궁으로 불러 환대하기도 했다. 프랑스 왕은 이탈리아 국가들이 자신들 사이에서 벌어지는 분쟁에 대해 프랑스의 외교적 영향력과 지원을 구하는 일이 잦아지면서 이탈리아 정치에서 중재자이자 조정자 역할을 맡았다. 아직 너무 젊고 경험도 부족했던 루이는 이탈리아 정치에서 자신의 아버지가 했던 것만큼의 역할을 수행하지는 못했다. 하지만 이탈리아 문제에 직접 개입해야 할 동기부여는 훨씬 더 잘되어 있었다. 이 문제는 단지 앙주가의 나폴리 왕위 계승권 요구와 나폴리 왕권을 차지하고 있는 아라곤 왕실과의 경쟁 관계가 프랑스 왕가로 이전되었다거나, 밀라노 공국에 대한 오를레앙가의 계승권 요구가 프랑스 왕위를 물려받을 것으로 예상되는 상속자의 손에 달려 있다는 수준에 그치지 않았다. 프로방스가 통합됨에 따라 마르세유와 툴롱 같은 항구들을 포함해서 지중해의 긴 해안선을 차지한 프랑스가 이제 잠재적으로 지중해의 강국으로 부상했다는 뜻이었다.

나폴리 국왕 페란테와 다른 이탈리아 세력들

1458년 왕위 계승 과정에서 르네 당주Renè d'Anjou 의 아들 장의 도전과 앙주가를 지지하며 반란을 일으킨 영주들을 제압해야 했던 페란테는 일단 왕위에 오르자 가공할 만한 권위주의적 통치자가 되었다. 그는 백성의 사랑과 충성을 얻는 데 실패했는데, 그들 중 다수는 여전히 앙주가를 추종했다. 게다가 다른 이탈리아 세력들과의 동맹을 통해서도 안심할 수 없었다. 그들은 점점 더 페란테의 저의에 대해 경계심을 가졌는데, 기만적이고 무자비하다는 그의 명성이 이러한 의구심을 더욱 정당화했다. 페란테는 치세 초기 밀라노 공작 프란체스코 스포르차의 결정적인 외교적·군사적 지원으로 앙주가의 도전에 승리를 거두었다. 하지만 양 가문이 혼인으로 묶여 있었음에도

REX FERDINĀDVS

알폰소 1세의 사생아로 태어나 나폴리 왕국의 왕이 된 페란테(1423-1494)는 15세기 후반 이탈리아 르네상스 시대의 중요 인물 가운데 한 명이었다. 권위주의적 통치자였던 그는 당시 유럽에서 "기만적이고 무자비하다"는 평가를 받았다.

훗날 나폴리와 밀라노 통치자의 관계는 가문 간 분쟁으로 얼룩졌다. 1480년, 루도비코 스포르차가 어린 나이에 밀라노 공작이 된 자신의 조카 잔 갈레아초의 후견인이 되었다. 이후 그는 조카를 몰아내고 그 자리를 영구히 차지하려고 기도했는데, 이를 가로막은 것이 자신의 손녀를 잔 갈레아초와 결혼시킨 페란테였다. 교황도 교황령 내부 문제에 개입을 늘려가는 페란테에 분개했다. 페란테는 교황령 북부의 영주와 자치체들에 대한 영향력을 놓고 밀라노, 베네치아, 피렌체 사이의 경쟁에 개입하는 것은 물론 의도적으로 로마 영주들에게 지휘권을 부여하여 필요할 때 로마시와 그 안에 있는 교황에게 직접적인 군사적 압력을 가할 수 있도록 했다.

　베네치아인들도 지중해 동부 지역에서 나폴리인들의 이해관계가 커져가는 것을 우려했다—페란테는 베네치아가 1473년 획득한 키프로스 왕국의 영유권을 놓고 베네치아와 경쟁했다. 베네치아는 아드리아해를 지배하려는 자신들의 야망에 도전할 수 있는 더 강력한 나폴리 왕국을 원하지 않았다. 실제로 베네치아는 아드리아 해안에 있는 일부 나폴리 항구들을 통제하고 싶어했다. 한편 피렌체인들은 나폴리 앙주 가문의 동맹이었던 반면 나폴리 아라곤 왕가에 대해서는 양가적인 태도를 보였다. 남부 토스카나에서 전략적으로 중요한 항구가 있는 피옴비노 영주령을 확보하고, 기회가 되면 시에나 공화국 전체를 지배하려고 했던 알폰소 1세와 페란테의 야심은 피렌체에서 광범위한 분노를 야기했다. 그러나 다른 한편으로 피렌체인들은 나폴리 왕국에서 중요한 사업상의 이해관계를 가지고 있었기 때문에, 메디치 가문이 통치하던 1480년대에는 페란테와의 동맹 쪽으로 점차 무게중심이 기울었다.

　앙주 가문이나 그 상속자들의 위협을 들먹이는 것은 다른 이탈리아 국가들이 반反페란테 정책으로 기꺼이 사용하던 전략이었다. 페란테가 반反베네치아 동맹의 일원으로 참전한 1482~1484년의 페라라 전쟁에서 베네치아인들은 로렌 공작 르네(그의 어머니 욜랑드Yolande가 르네 당주의 딸이었다)를 군사령관으로 고용했다. 1485~1486년의 나폴리 영주 전쟁Baron's War에서 나폴리 왕위를 차지하라고 로렌 공작을 부추긴 사람도 교황 인노첸시오 8세였다. 1489년 교황과 페란테 사이의 긴장이 최고조에 이르렀을 때, 인노첸시오는 페란테의 퇴위를 선언하고, 공식적으로 샤를 8세에게 왕위를 제안했다.[3]

그 무렵, 루도비코 스포르차도 적대적인 페란테로부터 자신을 보호하기 위해 프랑스와 보다 긴밀한 협조 관계를 추진하고 있었다. 1490년 10월, 그는 프랑스에 사절을 보내 (1464년부터 1478년까지, 그리고 다시 1488년 이후로 스포르차의 지배 아래 있던) 제노바를 봉토로 수여해줄 것을 요청하며, 아울러 밀라노와 루이 11세 사이에 있었던 동맹관계의 부활을 제안했다. 샤를은 제노바에 대한 루도비코의 봉신 서약을 받아들이고, 1491년 1월 밀라노에 대사를 보내 봉토 수여와 동맹 문제를 상의했다. 샤를이 원한 조건은 제노바를 프랑스 함대 기지로 사용하는 것과 전쟁이 발발할 경우 루도비코가 군사원조를 하는 것이었다.[4] 프랑스와 밀라노가 느릿느릿 동맹에 관한 논의를 진척시키는 동안, 로마에서는 인노첸시오 8세가 마지막으로 페란테와의 화해를 고려하고 있었다. 1492년 1월 말 조약이 체결되었다. 이 협정을 통해 페란테는 자신이 가장 원하던 바, 즉 교황으로부터 밀라노 왕좌에 대한 가문의 권리를 인정받았다. 교황과 페란테 사이의 예상치 못한 협정에 자극을 받은 루도비코는 프랑스와의 협상을 더욱 가속화했다.

피렌체의 역사가 프란체스코 구이차르디니(귀차르디니)가 이탈리아 전쟁에 이르는 전환점으로 제시했던 1492년 4월 로렌초 데 메디치의 죽음은 사실 그렇게 중요하지 않을 수도 있다. 1530년대에 집필된 구이차르디니의 『이탈리아 역사』는 이탈리아 전쟁에 관한 가

피렌체의 실질적 통치자이자 르네상스의 위대한 후원자였던 로렌초 데 메디치(1449~1492). '일 마니피코 il Magnifico(위대한 자)'라는 별칭을 가졌던 그의 이 초상화는 로렌초 사후에 조르조 바사리가 그린 것으로, 현재 우피치 미술관에 전시되어 있다.

장 중요한 자료였다. 그는 이 책에서 말년의 로렌초를 이탈리아 정치에서 가장 유익하면서도 지배적인 영향력을 행사하는 인물로 묘사했다. 그의 죽음이 남겨놓은 위험스러운 공백을 강조했던 것이다.[5] 그러나 로렌초가 로마에서 자신의 영향력을 확고히 하는 데 점점 더 몰두하면서 밀라노보다 나폴리로 더욱 기울자 이탈리아 내 긴장은 물론이고 루도비코 스포르차의 고립감도 더욱 고조되었다.

피에로 데 메디치는 아버지가 추진했던 페란테와의 화해 정책

정치적 야망과 부패로 유명한 알렉산데르 6세(1431-1503)는 르네상스 시대 교황 가운데 가장 논란의 대상이 되는 인물이다. 60여 년간 지속될 이탈리아 전쟁도 그의 재위 기간(1492-1503)에 시작되었다. 그는 자신의 아들인 체사레 보르자를 통해 끊임없이 세력을 확장하려고 했다.

을 지속했다. 이는 1492년 8월 인노첸시오 8세가 서거하고 로드리고 보르자가 알렉산데르 6세의 칭호로 새 교황에 선출된 이후 이탈리아 내 외교적 긴장을 고조시켰다. 루도비코의 동생인 아스카니오 스포르차 추기경이 보르자 선출의 주역이었기 때문에 초기에는 페란테에 타격을 가한 밀라노의 승리로 여겨졌다. 루도비코는 교황과의 동맹을 통해 유리한 입장에서 프랑스와의 이견을 조정할 기회를 보았다. 그에 반해 페란테와 알렉산데르의 관계는 치보성 사건으로 틀어져버렸다. 치보는 인노첸시오가 자신의 아들 프란체스케토 치보에게 물려준 로마 북부의 영지로, 페란테에게 복무하는 가장 강력한 로마 영주인 비르지니오 오르시니가 구입했다. 프란체스케토가 자신의 딸 마달레나와 결혼했음에도 로렌초는 자신이 죽기 전에 비르지니오에게 영지를 이전하려고 했으며, 피에로가 그것을 마무리했다. 알렉산데르는 영지 이전에 반대했지만 그의 비난은 주로 페란테를 향했다. 이미 상당한 세력을 가지고 있는 비르지니오 오르시니에게 영지 이전을 주선해줌으로써 페란테가 교황령 내에서 자신의 힘을 증대하려 한다고 의심했기 때문이다.[6] 교황은 샤를 8세에게 비밀 사절을 보내 나폴리 왕국을 침공하라고 종용했다. 프랑스의 외교관 필리프 드 코민에 따르면, 교황의 권고는 한때나마 샤를이 이탈리아를 침공하기로 한 결정에 주된 원인이었다.[7]

이탈리아 원정을 위한 준비

1494년 프랑스 침공에 이탈리아 내의 음모와 암투가 길을 열어준 것은 사실이다. 하지만 기본적으로 프랑스 내부의 사건과 입장들로부터 비롯된, 즉 프랑스 주도로 일어난 일로 보아야 할 것이다. 그것을 실현시킨 가장 중요한 단 하나의 요인을 꼽는다면 왕 자신의 입장이 었다. 그는 명예를 무척 중시했으며 자신의 권리를 추구하는 데 주저함이 없었다. 또한 종교적으로도 신실하여 기독교 세계에 가해지는 튀르크인들의 위협을 심각하게 여겼다.[8] 역사가들이 십자군 원정을 주도하겠다는 샤를 8세의 생각을 실현 가능한 것으로 여기고 있는지는, 중세 말에 십자군 원정이라는 생각이 실효적인 지지를 불러일으킬 만큼 지속적인 힘을 가지고 있었는지에 대한 그들의 평가에 어느 정도 달려 있다. 또한 나폴리 왕국이 정말로 강력한 튀르크 정벌군의 출발지로 최상의 기지였느냐에 대한 평가에 달려 있기도 하다. 루도비코 스포르차가 지적한 것처럼 십자군의 가장 확실한 경로는 헝가리를 통과하는 것인데, 그쪽 방면으로 원정을 추진한다는 것은 곧 막시밀리안과의 협력을 의미했다.[9] 프랑스 선전원들은 기꺼이 자신들 국왕의 신성한 임무를 찬양하고 그를 새로운 샤를마뉴(카롤루스 대제)로 환호할 준비가 되어 있었다. 많은 이탈리아인 또한 샤를이 이탈리아를 통과하는 동안 그에게 이러한 이미지를 투사하며, 교회를 해방시키고 개혁할 것을 촉구했다. 샤를에게 투사된 이러한 희망들 대부분이 실망으로 귀결될 것이라고 해도 그러한 생각과 이미지들이 그의 관심을 끌지 않았다는 의미는 아니다.[10] 그러나 그를 이탈리아로 오게 한 것은 나폴리 왕위에 대한 관심이었지 십자군 원정을 떠난다거나 샤를마뉴를 모방하겠다는 환상은 아니었다.

또한 샤를 8세는 자신의 군대와 귀족들을 이끌고 적극적인 군사작전에 나설 기회를 무척이나 열망했다. 그는 군사 문제와 전쟁의

샤를 8세는 '전사 왕'의 이미지를 가지고 싶어했다. 하지만 나폴리 정복 과정에서 그가 실제로 참여한 전투는 거의 없다. 그런 점에서 이 그림은 샤를 8세의 용맹함을 과장하려는 의도에서 제작된 것으로 보인다.

조직 및 수행에 관해 상당한 정도의 관심을 가지고 있었다. 그가 이탈리아 원정이 야기할 문제들을 과소평가했으며, 보고받은 여러 상반된 의견들을 고루 검토했을 리 없을 것이라는 점에 대해서는 의심의 여지가 없다. 이탈리아 문제에 대한 샤를의 관심을 부추긴 조언자들 대부분은 어떤 식으로든 본인들의 이익을 추구하고 있었다. 그에 반해 다수의 대신들은 나폴리 왕국 침공을 위한 어떠한 군사 원정도,

특히 왕이 직접 통솔하는 원정에 대해서는 더더욱 반대했다. 오랜 준비와 논쟁을 거친 후, 최종적으로는 샤를 8세의 결단으로 원정이 단행되었다.

준비는 외교 영역으로부터 시작되었다. 프랑스는 브르타뉴 문제를 해결하는 과정에서 적대적인 세력들에 의한 고립이라는 유산을 떠안았는데, 이는 상당 부분 아라곤의 페르난도가 주도한 것이었다. 이에 대응하기 위해 프랑스는 관련된 주요 3개국과 개별 조약을 체결했다. 여기에는 프랑스에 크게 불리한 내용들도 포함되어 있어서, 이탈리아 문제에 집중하기 위해 다른 모든 사안을 제쳐놓으려는 의지가 강하게 보였다.[11] 그러나 1492년 페르난도가 주도한 동맹이 프랑스에 가한 위협은 매우 현실적인 문제였다.

가장 즉각적인 위협은 영국으로부터 비롯되었다. 헨리 7세는 브르타뉴에 대한 영국의 영향력을 상실한 데다, 1478년부터 영국 국왕에게 지급하기로 약속한 연금이 루이 11세가 죽은 이후 지불되지 않고 있다는 사실에 더욱 분노했다. 10월, 영국의 한 부대가 칼레에 상륙해 불로뉴에 대한 포위공격을 개시했다. 이 시점에서는 아직 막시밀리안이 대對프랑스 공세에 참여할 준비가 되어 있지 않았다. 샤를의 외교관들은 곧 영국과의 타협에 노달할 수 있었다. 1492년 11월 3일 체결된 에타플 조약으로 영국은 원정으로 정복한 도시들을 반환하고 프랑스는 영국에 지고 있는 모든 부채를 상환하기로 했다. 이 조약이 체결된 당일, 샤를 8세는 1463년 루이 11세가 점령한 피레네 국경지대의 세르다뉴와 루시용을 아라곤 왕국에 양도할 의사가 있다고 선언했다. 그는 1493년 1월 19일 바르셀로나에서 체결된 조약을 통

D. FERNANDO V murió 1516.

뛰어난 책략가였던 아라곤의 페르난도 2세(1452-1516)는 이탈리아 전쟁에서 프랑스를 상대로 우위를 점하며 유럽 대륙에서 스페인의 세력을 넓히는 데 크게 공헌했다.

해 이 지역들의 반환을 추진했는데, 그럼에도 이 지역들을 되돌려받을 권리는 계속 유지했다(이는 분쟁의 최종적인 해결이 결코 아니었다). 그러는 동안 막시밀리안은 샤를이 아직도 반환하지 않은 마르가레테의 지참금, 즉 영지를 되찾기 위한 공세에 나섰다. 그는 1493년 초까지 대부분의 영지를 수복했고, 3월에 휴전이 이루어진 뒤, 5월 8일 상리스에서 평화조약을 체결했다. 막시밀리안은 암묵적으로 샤를과 안드 브르타뉴의 결혼을 인정했다. 프랑스에서 10년을 보낸 마르가레테는 아버지에게 돌아갔다. 아르투아와 프랑슈콩테도 막시밀리안의 아들 필리프(펠리페 1세)에게 반환되었다.[12]

이 조약들을 전적으로 이탈리아 원정 준비라는 맥락에서만 볼 수는 없다. 그러나 상리스 조약이 체결된 바로 그 시점에 나폴리 왕국 침공 계획은 실질적인 단계에 들어갔다. 5월 15일, 샤를 8세는 원정의 계획과 시작을 담당할 이탈리아 문제 전담 위원회의 창설을 공표했다. 이탈리아에도 잘 알려진 앙주가의 노련한 외교관 페롱 드 바스키가 이탈리아 주요 궁정에 특사로 파견되어 의향을 타진하고 동맹을 물색했다.[13]

샤를의 대신들은 여전히 분열되어 있었다. 앙주가와 프로방스 인사들은 이탈리아 원성에 호의석이었지만 북부 시역 인사들은 막시밀리안의 위협을 더 걱정했다. 프랑스가 이탈리아 문제에 대해 분열되어 있다는 보고로 인해 이탈리아 정부들이 위협이 사라지길 기대하며 시간 끌기 정책을 취하려고 했다는 점에 대해서는 의심의 여지가 없다. 페란테도 1493년이 되어서야 프랑스의 위협을 심각하게 언급하고 방어 준비에 나섰다. 그는 루도비코에 급보를 보내 무엇을 해야 할지 생각해보라고 촉구하고, 다른 이탈리아 국가들에도 의견을 타진하는 사절을 파견했다. 프랑스에 보낸 사절은 왕으로부터 알현을 거부당했다.[14]

그러던 와중에 1494년 1월 25일 페란테가 갑자기 세상을 떠났다. 그 소식이 원정에 대한 새로운 열정을 불러일으키며 프랑스에 도착할 무렵, 페란테의 후계자 알폰소(알폰소 2세)는 이미 결정적인 행동을 취한 상태였다. 그는 아버지의 서거 소식을 알렉산데르에게 전하며, 교황이 대관식을 주재해주는 대가로 매우 파격적인 금전적 조건을 제공할 것이며 아울러 교황이 애지중지하는 자식들이 영지와 관직을 얻는 데 실질적인 도움을 주겠다고 제안했다. 알렉산데르는 이에 동의하는 대가로 높은 가격을 요구했다. 교황의 승인을 통해 자신의 지위를 확고히 하고 싶었던 알폰소는 기꺼이 이를 지불할 용의가 있었다. 샤를 8세의 사절단은 교황에게 전혀 다른 모습을 보였다. 그들은 자신들 왕의 요구 사항을 전달하고, 필요하다면 교황의 목을 놓고 공의회 소집을 요구할 수도 있다고 으름장을 놓았다. 그들의 항의는 정중하게 거절되었지만 교황을 놀라게 했다. 알렉산데르는 샤를에게 서신을 보내 튀르크인들의 위협이 상존하는 마당에 어떻게 프랑스 왕이 기독교 세력을 공격할 생각을 할 수 있는지 놀라움을 표하면서, 나폴리 왕위 계승권을 주장하고 싶다면 교황에게 자신의 입장을 제출해달라고 요구했다.[15]

교황을 설득하거나 위협을 가해서라도 마음을 바꿀 수 있다고 믿었던 샤를은 자신의 계획을 밀고 나갔다. 2월에는 군대와 함대가 집결해 있는 리옹과 프로방스를 향해 움직이기 시작했다. 원정 준

이탈리아 전쟁은 알폰소 2세(1448-1495)의 짧은 통치 기간(1494-1495)에 시작되었다. 그는 프랑스군에 맞서 제대로 된 반격조차 못하고 왕위를 아들 페르디난도 2세에게 물려준 뒤 시칠리아로 도피했으며, 그곳에서 생을 마감했다.

비의 마지막 시기까지 국왕과 동행했던 밀라노 대사 카를로 다 바르비아노는 필요한 자금을 모집하는 일이 느리게 진척되고 있으며, 샤를이 세부 사항을 논의하는 데 시간을 쏟기보다는 대신들 사이의 논쟁을 권위적으로 해결하려고 한다고 보고했다. 그럼에도 왕은 기필코 본인이 직접 나폴리에 가기로 마음먹었는데, "그가 보기에 왕국 내 대부분의 인사가 원정에 반대하고 있지만, 자신이 직접 가겠다고 밀하면 어느 누구도 반박하지 못하리라는 짐도 일고 있었기 때문이다".[16] 사실 몸소 원정을 지휘하겠다는 왕의 결심이야말로 원정을 지연시킨 원인의 하나였다. 필리프 데스케르드 원수가 자신이 지휘할 것이라고 생각했을 때는 원정의 열광적인 지지자였지만 그렇게 되지 않을 것이라는 점을 깨달은 뒤에는 군대의 소집을 질질 끌었기 때문이다. 그는 4월 22일, 분노한 국왕으로부터 공개적으로 질책을 받은

지 며칠 만에 사망했다. 이후 샤를이 직접 원정 준비를 챙겼다.[17]

마지막 한 달

여전히 불확실성이 존재했다. 침공군의 규모는 어느 정도 되어야 하는가, 나폴리까지는 어떤 경로를 취해야 하는가, 돈은 얼마나 필요하고 이탈리아 내 우방국들을 설득하여 얼마나 많은 기여를 하도록 할 것인가? 1494년 3월과 4월에 리옹에서 준비되고 있던 계획은 두 개의 개별 원정군이 하나는 육로를 통해 반도로 남하하고, 다른 하나는 국왕과 함께 바다를 통해 직접 나폴리 왕국에 상륙하는 것이었다. 처음에는 창기병 1,500명과 보병 1만 2,000명을 모아 대략 반분한 뒤 두 부대에 배치하는 것으로 계획되었다. 그러나 나폴리의 동원 소식이 새어나오고, 밀라노의 루도비코 스포르차와 로마의 아스카니오 스포르차 추기경이 침공 지원을 위해 이탈리아 병력을 얼마나 모집할 수 있을지 의구심이 제기되면서 주요 대신들을 중심으로 훨씬 더 많은 병력이 필요하다는 주장이 대두되었다. 그렇게 해서 창기병 1,900명, 기마궁수 1,200명, 보병 1만 9,000명으로 이루어진 프랑스 병력에, 창기병 1,500명에 보병 2,000~3,000명의 이탈리아 지원부대로 이루어진 병력 계획이 마련되었다.[18] 문제는 대략 50척의 일반 선박과 갤리선으로 구성된 함대가 총 병력의 5분의 1밖에 수송하지 못한다는 것이었다.

알폰소도 방어에 만전을 기하고 있었다. 그는 로마의 영주 파브리치오 콜론나와 밀라노 망명객 출신의 잔 자코모 트리불치오 등 몇몇 용병대장과 계약을 갱신하고 피틸리아노 백작 니콜로 오르시니 등과 새로운 계약을 체결하면서 병력을 재건했다. 튀르크의 술탄 바예지드 2세도 샤를 8세의 나폴리 왕국 침략이 십자군 원정의 일환이라는 선언을 듣고 알폰소에게 도움을 제안했는데, 알폰소가 프랑스와 맞서 싸울 2만 명의 튀르크 병력 지원 운운한 것은 바로 이 때문이었다.[19]

알폰소의 방어는 프랑스 원정군을 미연에 방지하는 것, 즉 샤를과 그의 군대가 아예 왕국에 발을 들이지 못하게 막겠다는 전략에 기초했다. 제노바에서 루도비코 스포르차에 반대하는 폭동을 사주해 프랑스 함대가 그곳을 해상 원정군의 승선 장소로 사용하지 못하게 하면 그해에 공격이 시작되는 것을 막을 수 있으리라고 기대했다. 이는 밀라노 공작령에 대한 직접적인 육상 공격과 병행될 것이었다. 알폰소의 아들 페르디난도(페르디난도 2세)의 지휘 아래 240명의 중기병으로 구성된 선발대가 먼저 출발해 7월 중순 로마냐에 도착했다. 나폴리군의 교황령 통과는 알폰소와 교황의 동맹관계로 승인되었다. 하지만 뒤이어 나머지 군대도 통과하려던 계획은 알렉산데르가 알폰소군의 주력은 로마 방어를 위해 배치되어야 한다고 주장하면서 차질을 빚었다. 그에 따라 국왕은 30개 중기병부대와 함께 왕국의 국경지대에 머물렀다. 대장군 Great Constable 비르지니오 오르시니는 200명의 중기병과 함께 로마 남부에 주둔했다. 결국 밀라노 원정군의 지휘는 어리고 경험도 일천한 페르디난도가 맡았다.[20]

이탈리아 세력들의 반응

이탈리아의 통치자들은 마지못해 오래전부터 예고되었던 프랑스의 침공 가능성이 마침내 그해에 실현될 수도 있다는 사실과 직면해야 했다. 이러한 전망에 적응하는 것은 루도비코 스포르차라고 할지라도 쉬운 일이 아니었다. 비록 여러 달 동안 샤를 8세를 부추겼고, 제노바항에 도달하는 길을 프랑스에 열어주어 선박 장비를 갖추고, 함선을 모집하고, 많은 병력이 승선할 수 있도록 해주었음에도 말이다. 그는 프랑스군이 주로 바다를 통해서 나폴리에 상륙하기를 바랐고, 샤를 8세가 직접 군대를 지휘하는 것은 기대하지 않았다. 아마도 그는 프랑스 왕이 전력을 다해 군대를 전개하는 것이 아닌 앙주가의 왕위 계승 요구자가 원정을 주도하는 모습을 기대했던 것 같다. 또한 프랑스군의 수가 그리 많지 않고 상당수의 병력이 이탈리아에서 모집될 것이며, 원정군의 힘이 알폰소를 패배시키기에는 충분하지만 왕위를 박탈할 만큼은 아닐 것을 기대했다.[21] 그는 불안하고 뒤숭숭한 상태에서 자신과 밀라노 공작령을 보호할 길을 찾았다. 한 가지 방편은 샤를 8세에게 지상군 지휘권을 막시밀리안에게 맡겨서라도 그와 공격을 조율할 필요가 있다고 제안하는 것이었다. 이는 루도비코의 주장처럼 확실히 더 강한 힘을 보장해준다고 할 수는 없지만 원정 지연은 보장했다.[22] 그는 7월 말에도 여전히 프랑스군의 진군을 지연시켜보겠다는 희망을 가지고 있었고, 알레산드리아에 있는 루이 도를레앙과의 회담을 추진해보라는 조언을 받기도 했다.[23]

구이차르디니는 루도비코의 장인이자 알폰소의 처남이기도 한 페라라 공작 에르콜레 데스테가 루도비코를 설득하여 프랑스를 이탈리아로 끌어들였다고 비난했다. 그가 침략의 여파를 틈타 페라라 전쟁 때 베네치아에 빼앗긴 영토를 되찾고, 당시 영토 상실을 승인하는 평화조약을 주장했던 루도비코에게 복수하려고 했다는 것이다.[24] 이러한 비난은 근본적으로 부당한 것이었지만 에르콜레의 명성에 오랫동안 오점으로 남았다. 나폴리 출신 부인 엘레오노라에게 헌신적이었던 그는 그녀의 아버지 페란테와 루도비코 사이에서 중재하려고 노력했다. 다른 이탈리아 제후들처럼 에르콜레 또한 자신의 지위를 보호하기 위해 노력했을 뿐이며, 그의 관점에서는 샤를 8세보다는 베네치아의 야심이 더 두려웠을 뿐이다. 앙주가에 호의적이었던 에스테 가문의 오랜 전통에다가, 아마도 일종의 예방책이자 보험으로 에르콜레는 자신의 아들 가운데 한 명—할아버지를 따라 역설적이게도 페란테라는 이름을 가진—을 프랑스 왕실에 보냈다(페란테 데스테는 샤를 8세의 이탈리아 침공에 동행한다). 에르콜레는 이탈리아 땅에 도착한 샤를 8세를 영접하기 위해 아스티에 갔지만, 제후 출신 현역 용병 대장으로서의 시절을 끝냈기에 원정에는 전혀 참여하지 않았다. 그럼에도 그는 프랑스 지지자로 여겨졌고, 이탈리아 전쟁 내내 페라라 공작들은 가장 일관된 이탈리아 내 프랑스 지지자로 간주될 것이었다.

많은 피렌체인이 알폰소 편에 서기보다는 역사적으로나 상업적으로 중요한 우호 관계를 맺고 있는 프랑스 쪽으로 더 기울어졌다. 그러나 피에로 데 메디치는 동맹으로서 알폰소를 지지해야 한다고 주장했다. 5월에 프랑스 사절단이 피렌체에 도착하여 샤를 8세가 몇 달 동안 해왔던 원정에 대한 지원 요청, 아니면 적어도 그의 군대가 토스카나에 당도했을 때 수송과 보급만이라도 지원해달라는 요청을 다시 꺼냈을 때, 피렌체인들에게는 실망스럽게도 공식적인 답변은 피에로의 입장을 따르는 것이었다. 인내심이 바닥난 샤를은 프랑스의 피렌체 대사를 내쫓고 메디치은행의 대리인들을 추방해버렸다.

도메니코 기를란다이오가 그린 피에로 데 메디치(1472-1503)의 초상화. 그는 아버지(로렌초 데 메디치)의 뒤를 이어 1492년부터 1494년까지 피렌체를 통치했다.

다른 피렌체 상인들은 그대로 남았는데, 샤를 자신도 다른 피렌체인들은 자신에게 호의적이라는 것을 알고 있었기 때문이다.[25]

베네치아인들은 알폰소와 샤를의 지원 요청에 대해 정중한 중립을 유지했다. 샤를은 그들이 나폴리 원정과 튀르크 공격에 동참해 준다면 발칸과 아풀리아의 몇몇 항구를 양도하겠다며 지지를 호소했다. 그러나 베네치아인들은 지중해 동부의 식민지들을 튀르크의 위협으로부터 경계해야 할 필요성을 언급하며 나폴리 원정에 대한 중립을 정당화했다. 그들은 프랑스가 정말로 오고 있다는 것을 믿고 싶어하지 않았다. 또한 프랑스가 온다면 샤를 8세가 막시밀리안과 함께 행동하지는 않을지, 가령 프랑스가 나폴리로 진격하는 동안 막시밀리안이 베네치아를 공격하지는 않을지 우려했다.[26]

교황 역시 중립이 취할 수 있는 최상의 선택이었다. 하지만 진영을 선택하라며 그에게 가해진 압력은 이탈리아 내 그 어떤 세력에 대해서보다 훨씬 컸다. 교황령은 나폴리 왕국에 바로 인접해 있을 뿐만 아니라 왕국의 종주권자가 교황이기도 했다. 알렉산데르는 알폰소를 왕으로 인정했고, 그에 대한 대가로 세 아들이 혜택을 받았기 때문에 알폰소가 계속 왕위를 이어나가는 것이 그에게 이로웠다. 한편 알폰소는 로마의 영주들을 고용하여 로마 안보에 상당한 영향력을 행사한다는 아버지의 정책을 계속해서 유지했다. 다른 세력들 또한 이 전략을 따랐다. 샤를 8세는 원정 준비의 일환으로 루도비코와 아스카니오 스포르차를 통해 로마의 영주들과 군 지휘권을 교섭하고 있었다. 1494년 3월, 아스카니오는 로마에서 가장 강력한 영주 가문과 그 파벌의 수장인 프로스페로 콜론나가 복무한다면 교황이 보다 안전하게 느낄 수 있을 것이라고 주장하며, 프로스페로에게 교황령과 밀라노의 공동 지휘권을 부여하는 협상 자리를 마련했다. 다만 루도비코가 샤를 8세에게 프로스페로를 프랑스 편으로 고용했다고 말했을 때, 프로스페로와 알렉산데르는 밀라노 몫의 콘도타 분담금을 프랑스가 지불할 것으로 예상된다는 사실을 알지 못했다.

추기경단 내에서 알렉산데르의 가장 완강하고 가공할 만한 정적인 줄리아노 델라 로베레가 목숨까지는 아니더라도 자신의 자유가 교황으로 인해 위협받고 있다고 믿고 프랑스로 도주했을 때, 상황은 더욱 복잡해졌다. 6월, 리옹에 도착해 프랑스 왕으로부터 큰 환대를 받은 추기경은 샤를 8세의 고문단에 합류했고, 그가 가져온 활력과 결단력은 원정 준비에 새로운 자극제가 되었다. 그는 샤를 8세에게 만약 교황이 협조하지 않을 경우 교회 개혁을 명분으로 공의회를 소집하는 책략을 사주하기도 했다. 줄리아노 델라 로베레는 테베레강 어귀 오스티아 성채와 로마 남부 그로타페라타의 요새화된 수도원을 남겨놓고 왔는데, 수도원은 아스카니오가 밀라노와 프랑스 편으로 고용하기 위해 노력했지만 여전히 알폰소를 위해 복무하고 있는 파브리치오 콜론나가 장악하고 있었다.

5월 말, 프로스페로 콜론나와 파브리치오 콜론나가 교황과 오스티아의 항복을 협상했을 때, 루도비코는 그것이 원정에 차질을 가져올 것이라고 판단했다. 콜론나 가문은 프랑스군이 로마에 근접하기 전까지는 자신들과 가문의 영지를 위험에 빠뜨리면서까지 샤를 8세에 대해 공개적인 지지를 선언하려고 하지 않았다. 실제로 아스카니오가 체결한 콘도타 대상이 밀라노인지 프랑스인지 여전히 불분명한 상태였다. 알렉산데르는 콜론나 가문과 그 동맹 세력인 사벨리 가문으로부터 공격하지 않겠다는 안전 보장을 원했지만, 사실은 알폰소가 그들을 공격해주길 바랐다. 이러한 상황에서 알폰소는 로마 주변에 병력을 배치해 알렉산데르의 근심을 누그러뜨려야 했다.[27]

프랑스군이 북부 이탈리아로 진격하기 시작했고 피에몬테와 제노바에 집결하고 있었기 때문에, 이런 심란한 일이 없었더라도 알폰소는 해야 할 일을 했을 것이다. 5월 말부터 프랑스 관리들이 제노바에 상주하면서 자금을 모집하고 함대를 정비했다. 중포重砲를 실어올 함선 세 척이 에그모르트에 파견되었다. 6월 말, 루이 도를레앙이 안토넬로 다 산세베리노를 비롯한 나폴리 망명객들을 대동하고 지휘권을 행사하기 위해 리옹을 출발하여 제노바에 도착했다. 이제 막 나폴리 함대가 오비에토 피에스키와 파올로 캄포프레고소 추기경 같은 제노바 망명객들을 태우고 제노바 수역에 등장했을 무렵이었다. 제노바시는 디종의 대법관Bailli 이 지휘하는 3,400명의 스위스군을 비롯하여 밀라노군과 프랑스군으로 가득했다. 이 도시에서 반란을 도모할 가능성은 전무했기에 나폴리인들은 동부 리비에라 쪽으로 방향을 돌려 피에스키와 캄포프레고소의 지지자들에게 기대를 걸었다. 하지만 포르토베네레(베네레 항구)를 장악하려는 나폴리인들의 시도는 격퇴되었고, 프랑스와 제노바 함선이 도착하기 전에 퇴각했다.[28] 이탈리아 전쟁에서 벌어진 최초의 교전이었다.

나폴리를 향한 진군

8월 말, 프랑스 왕이 알프스를 넘어 이탈리아에 도착했다는 소식이

들리자, 피렌체의 리보르노항에 대피 중이던 나폴리 함대는 프랑스의 원정 준비를 교란하기 위해 새로운 시도를 단행했다. 9월 3일, 줄리오 오르시니와 제노바 망명객인 오비에토 피에스키·프레고시노 캄포프레고소가 지휘하는 4,000명의 병력이 제노바 남쪽 20마일 부근의 라팔로에 상륙했다.[29] 그러나 만의 기상 사정 때문에 상륙부대를 무방비 상태로 놔둔 채 퇴각할 수밖에 없었다. 그러한 상황에서 루이 도를레앙이 해상을 통해 스위스 보병 1,000명, 육상을 통해서는 스위스 보병 2,000명과 밀라노 및 제노바 분견대를 대동하고 제노바에서 라팔로로 진입했다.[30] 몇몇 스위스 병사의 도발로 전투가 시작되었다. 하지만 가파른 언덕과 계곡 사이의 비좁은 평지밖에 없는 지형이라 스위스 장창부대의 방진을 전개할 수 없었고, 대부분의 전투는 양측의 이탈리아 보병 사이에서 이루어졌다. 그러는 동안에도 라팔로에 대한 프랑스 함선의 함포 사격은 계속되었다. 전투는 나폴리군의 완패로 종결되었다. 프레고시노 캄포프레고소와 줄리오 오르시니는 포로가 되었다. 이 전투는 비교적 소규모였지만 상당히 중요한 교전으로 간주되었다. 이로 인해 제노바에서 반란을 촉발시켜 침공에 지장을 준다는 나폴리의 계획은 완전히 무산되었으며, 스위스 용병부대가 얼마나 잔인한지―자신들의 관행대로 부상자들을 학살하고 마을을 약탈했다―맛보기로나마 이탈리아 부대에 제대로 전달되었기 때문이다.

소식을 전해들을 무렵, 샤를 8세는 아스티에 있었다. 그는 그곳에서 제노바 진군을 준비하던 중 심각한 병에 걸렸다. 프랑스 귀환이 진지하게 검토되었고, 다수의 프랑스 인사가 왕과 함께 돌아가는 것을 유감스럽게 생각하지 않았다. 하지만 왕은 단호히 원정을 강행했다. 왕이 아스티를 떠날 수 있을 만큼 충분히 회복되자 바다가 아닌 육로를 통해 나폴리로 진군하기로 결정되었다.

로마냐에서는 페르디난도가 노련한 지휘관 잔 자코모 트리불치오와 피틸리아노 백작 니콜로 오르시니와 함께 나폴리와 교황령, 피렌체로 이루어진 연합군을 지휘했다. 그들은 카이아초 백작 잔 프란체스코 다 산세베리노와 그가 지휘하는 밀라노 부대 그리고 베로 스튜어트 도비니가 이끄는 그 수가 점점 더 증가하는 프랑스군과 대치했다. 양측 다 상황은 불확실했는데, 남쪽으로 이어지는 주요 경로에 영지를 보유한 볼로냐의 조반니 벤티볼리오와 이몰라와 포를리의 카테리나 스포르차가 어느 편에 가담할지 밝히는 것을 거부했기 때문이다. 이들은 밀라노의 동맹이었지만 교황의 신하이기도 했다. 10월 19일, 마침내 프랑스-밀라노 연합군이 이몰라의 모르다노 요새를 목표로 진군을 시작했다. 방어군의 일부가 나폴리 부대였으나 페르디난도는 이들을 지원하지 않았다. 프랑스군이 "미친 개"[31]처럼 싸울 거라는 밀라노 사령관의 경고가 있었음에도 조건부 항복은 거부되었다. 모르다노는 포격을 받고 점령되었다. 요새는 주변 지역에서 몰려든 피란민들로 가득했고, 상당수는 방어군과 함께 살육되었다. 샤를 8세의 이탈리아 원정 서사에서 모르다노 약탈은 프랑스군에 도전한 작은 마을이나 요새들에 어떠한 폭력적 공세가 가해졌는가를 보여주는 가장 최초의 사례가운데 하나였다. 이후 로마냐에서 더 이상의 저항은 없었다. 카테리나 스포르차가 협상 체결을 위해 당도했고, 교황과 피렌체의 군대는 철수했다. 페르디난도도 그달 말 자신의 부대와 함께 체세나로 퇴각했다.

루도비코 스포르차는 점점 더 프랑스군의 규모와 그 지휘관들의 의도에 대해 신경을 썼다. 루이 도를레앙은 원정을 통해 밀라노 공작령에 대한 자신의 권리 주장을 관철하겠다는 생각을(그리고 알폰소가 샤를 8세에게 조공을 바치는 대신 나폴리 왕을 계속 유지하는 타협안을 중재할 준비가 되어 있다는 점도) 숨기지 않았다.[32] 프랑스군을 먹여 살리고 유지할 부담의 상당 부분도 밀라노가 떠맡았다. 9월 초, 루도비코의 특사가 막시밀리안과 비밀조약을 체결했다. 루도비코의 조카 잔 갈레아초가 조기에 사망할 경우 공작 작위를 루도비코나 그의 상속자에게 부여한다는 내용이었다. 이러한 비밀조약을 체결한 것만 봐도 루도비코의 양면적 태도를 잘 알 수 있다. 10월 21일, 병든 어린 공작이 파비아에서 (누가 봐도 의심스럽게) 갑자기 사망했다. 공교롭게도 그의 병석에 샤를 8세가 방문하여 프랑스의 보호를 약속한 지 불과 며칠이 지나지 않은 시점이었다. 프랑스 왕을 따라 공작령을 통과하던 루도비코는 서둘러 밀라노로 돌아갔다. 그는 잔 갈레아초의 어린 아들 프란체스코와 루이 도를레앙의 계승권 요구를 제치고 밀라노 귀족들의 지지 아래 공작 자리에 올랐다. 공작령을 통과하던 샤를 8세는 자신이 들르는 도시의 열쇠를 넘겨달라거나 자신의 경비 요원을 도시에 직접 배치하는 식으로 루도비코에게 별달리 예의를 차리지 않았지만, 밀라노에서 이루어진 결정을 수용하고 절제된 축하 인사를 보냈다.

10월 18일, 피아첸차의 주력부대와 합류한 샤를 8세는 서쪽 경로와 아드리아해 경로 중 어느 쪽으로 진격할지에 대해 지휘관들의 자문을 구했다. 그는 서쪽 경로를 선택했고, 10월 20일 질베르 드 몽

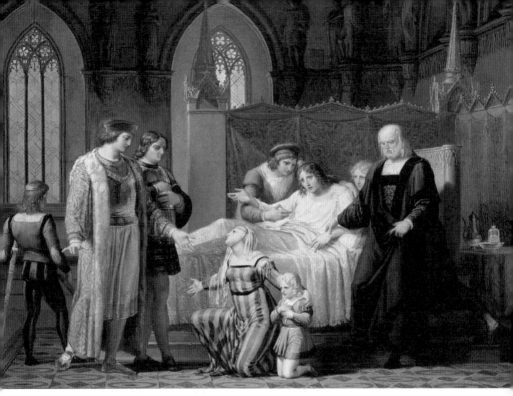

이탈리아 원정에 나선 샤를 8세는 1494년 10월 파비아에서 병석에 누운 밀라노 공작 잔 갈레아초 스포르차를 만나 프랑스의 보호를 약속했다. 하지만 며칠 지나지 않아 잔 갈레아초 스포르차는 파비아에서 사망했다.

팡시에에게 선발대를 이끌고 산을 넘어 토스카나를 향해 진격할 것을 명했다. 자신은 3일 후 이동했다. 토스카나를 향해 진격하는 동안 피렌체인들과 영토의 무사통과와 보급품 조달 문제를 협상했으나 여의치 않았고, 그 결과 피렌체 영토는 적대적 대상으로 취급되었다. 피렌체 영토의 첫 번째 요새 피비차노는 그 지역에 대한 상속권을 주장하던 포스디노보 후작 가브리엘레 말라스피나의 도움으로 소리 소문 없이 프랑스에 점령되었다. 샤를 8세의 병사들도 잔혹한 약탈에 동참했고, 그 과정에서 피렌체 병사들과 많은 주민이 학살되었다. 일부 주민들은 포로로 잡혀 리용으로 보내졌고 그곳에서 몸값 요구를 위해 억류되었다. 피비차노에 대한 흉포한 공격은 어느 정도는 지역 간 경쟁에 의한 것이었다. 하지만 이는 프랑스 왕의 군대로부터 예상할 수 있는 것이 무엇인지에 대한 이탈리아인의 불안을 증폭시켰다. 루니자나의 다른 피렌체 요새들은 서둘러 항복했고, 항복을 거부한 요새들은 피비차노와 같은 운명을 맞이했다.[33]

　며칠 후, 프랑스군은 만만찮은 규모의 사르차나 요새 앞에 당도했다. 루도비코는 샤를 8세에게 포위공격을 부추겼는데, 그곳의 현대화된 요새 시설이 프랑스의 진격을 상당 기간 지연시킬 것이라고 믿었기 때문이다. 그는 피렌체의 방어 능력이면 프랑스군을 적어도 수 주간 저지할 수 있을 것이고, 그렇다면 전체 원정을 중단시킬 수도 있을 것이라고 예상했다.[34] 그러나 그의 전망은 시험대에 오르지 않았다. 결단을 내린 피에로 데 메디치가 프랑스 진영으로 건너가 프랑스 왕에게 타협을 제안했고, 본인이 직접 협상을 수행함으로써 흔들리는 권위를 다시 세우려고 했다. 10월 30일, 샤를 8세를 만난 그는 사르차나, 피에트라산타, 피사 및 리보르노의 요새들을 나폴리 원정 기간 동안 프랑스에 넘겨주기로 합의했다. 공화국 의회로부터 아무런 권한도 위임받지 않았으면서도 피에로는 성주들에게 프랑스군의 진입을 허용하고 그들에게 복종할 것을 명령했다.[35]

　당국의 초청으로 루카를 방문한 샤를 8세는 그것을 기회 삼아 상당한 금액의 대부와 루카 공화국의 요새 가운데 하나인 몬티냐노의 사용권—프랑스에서 곧장 이용 가치가 없다고 판단을 내렸지만—을 요구했다. 그는 그곳에서 프란체스코 피콜로미니 추기경의 방문을 받았다(다만 샤를 8세는 그를 교황의 특사로 응대하지 않았는데, 그의 외숙부인 교황 비오 2세가 1459년에 페란테를 나폴리 왕국의 국왕으로 봉했기 때문이다). 시에나에서 온 사절단은 프랑스군의 시에나 영토 무사 통과를 약속했고, 피렌체 사절단은 11월 8일 피사로 진격한 프랑스 왕과 동행했다.

샤를 8세는 일주일 전 몽팡시에 부대가 점령한 피사에 시민들의 열렬한 환영을 받으며 입성했다. 샤를 8세는 피렌체인들의 가증스러운 압제로부터 해방시켜달라는 피사 시민들의 간청을 승낙했다. 아마 그는 자신이 동의한 내용이 함축하는 바를 전부 다 이해하지 못했을 가능성이 크다. 즉 피사인들이 간청한 '자유 liberty'와 프랑스에서 도시 자치체들이 누리는 특권으로서의 '자유들 liberties'을 혼동했을지도 모른다. 샤를 8세를 자신들의 해방자로 맞이한 피사인들은 그의 말을 자신들의 독립을 보장해주겠다는 약속으로 해석하고 서둘러 이를 확고히 하기 위한 조치를 단행했다. 피렌체 관리들을 축출한 것인데, 이는 왕의 기대에 어긋나는 일이었다.[36]

샤를 8세가 피렌체에서 환영받을 것이라고 확약한 피렌체 사절단은 이미 떠난 상황이었다. 그러나 피에로 데 메디치가 샤를과 한 약조는 그의 입지를 강화하기는커녕 치명적으로 악화시켰다. 그 결과 11월 9일 그는 도시를 떠나야만 했다. 샤를 8세가 의기양양하게 도시에 입성한 11월 17일 이전에 왕과 협상을 시도하기 위한 추가적인 노력이 있었다. 1만의 병력을 대동한 왕은 정복자로서 입성했다. 왕의 요구로 피렌체는 그가 입성하는 쪽의 성문을 제거했을 뿐만 아니라 인접한 성벽에 상징적인 파쇄 흔적을 만들어놔야 했다.[37] 샤를

프랑스의 군인이자 귀족이었던 질베르 드 몽팡시에(1443-1496)는 이탈리아 원정에서 중요한 역할을 담당했다. 샤를 8세는 나폴리 정복 후 프랑스로 귀환하며 그를 나폴리 부왕으로 임명하여 일부 군대와 함께 남겨두었다.

의 군대는 마치 전투에 돌입하듯이 무기를 소지한 채로 개선 행군을 했다. 왕은 벨벳과 금란cloth of gold 으로 짠 의복 아래에 보석으로 치장한 갑옷을 입었고, 머리에 투구 대신 왕관을 쓰고 긴 창을 들었다. 피렌체인들은 공포가 아니라 기쁨으로 왕을 맞이하는 모습을 보이느라 애를 썼다. 그러면서도 왕이 피렌체에 머무르는 내내 그의 병사들이 언제 약탈 행위를 벌일지 모른다는 긴장 속에서 사태를 주시했다. 하지만 샤를 8세에게는 여전히 피렌체가 동맹으로 남아 있는 것이 약탈하고 적대시하는 것보다 중요했다. 그는 남쪽에 있는 그의 군대가 개방된 경로를 통해 이탈리아를 통과하는 문제와 피렌체가 제공할 수 있는 군사적·재정적 지원을 염두에 둬야 했다.

거래가 이루어졌다. 피렌체인들은 일시적으로 자신들의 요새를 내주는 대신 나폴리 원정이 끝난 후에 피사를 포함해 모든 요새를 반환한다는 샤를 8세의 약속을 받아냈다. 또한 12만 플로린*의 보조금을 샤를 8세에게 제공하고, 왕의 대리인 두 명이 도시에 남아 프랑스와 나폴리 왕국에 관한 모든 회의에 참관하는 것을 허용하며, 원정이 끝날 때까지 자체 병력을 지휘할 총사령관을 임명하지 않는다는 데 동의했다. 사적인 자격으로라도 메디치 가문을 복권하려는 샤를의 시도는 저항에 부딪혔지만, 가문을 상대로 보복을 가하지 않겠다는 동의는 끌어냈다. 마지막으로, 피렌체는 공식적으로 프랑스 왕의 보호 아래 들어갔고, 프랑스 주재 피렌체 상인들은 연초에 박탈당한 자신들의 특권을 되찾았다. 11월 3일, 이러한 내용으로 협약이 체결되었다. 샤를 8세는 3일 후 도시를 떠나 남쪽으로의 진군을 재개했다.[38]

샤를 8세는 자신을 환대해준 시에나 시민들에 대해서는 과중한 부담을 요구하지 않았다. 그들은 프랑스 왕이 미리 파견한 두 특사의 요구를 이미 거절했는데, 항구 이용과 3만 두카트의 보조금 지급이 그 내용이었다. 그러나 왕은 요새의 항복을 요구하지도 않았고 보조금을 빌려주지 못하는 사정에 대해서도 받아들였다. 프랑스 왕의 입성과 단기 체류의 가능성이 높아지자 점점 더 인기를 잃어가던 시에나의 과두 정부는 무언가 양보해야 한다는 압박에 직면했다. 그러나 이 문제는 왕의 직접적인 관심사가 아니었다. 대부분의 군대가 왕이 시에나에 도착하기도 전에 그곳을 통과했고, 도비니는 로마냐에서 자신의 부대를 이끌고 12월 초 시에나 영토를 지나갔다.

---

* 플로린 florin 은 1252년 이탈리아 피렌체 지방의 금화에서 시작되었다. 중세 유럽에서 상당한 부국이었던 피렌체의 플로린은 서유럽 최초의 주조 금화로서 유럽 전체로 퍼져나갔다.

주세페 베추올리의 작품으로, 1494년 11월 17일 샤를 8세가 피렌체에 입성하는 역사적 순간을 묘사하고 있다. 이 사건은 피에로 데 메디치가 추방된 직후에 일어났다.

시에나 영토를 벗어난 프랑스군은 교황령으로 진입했다. 교황은 불안에 휩싸였다. 페르디난도가 12월까지 로마냐로부터 철군을 완료했고 로마 부근에 주둔하는 다른 나폴리 부대들과 합류했기 때문에 도시를 방어할 병력은 충분했다. 그러나 9월에 프랑스 요원들의 도움으로 프로스페로 콜론나가 기지를 발휘해 오스티아 요새를 점령하자, 테베레강까지 이어진 로마의 보급로가 차단되었다. 그는 줄리아노 델라 로베레를 위해 요새를 점령했다. 그것은 곧 그곳이 프랑스 손에 들어갔다는 것을 의미했다. 샤를 8세는 교회 개혁을 의제로 한 공의회 소집을 논의하고 있었고, 가능하다면 교황의 폐위까지 고려했다. 왕에게 로마로 진입하지 말 것을 설득하기 위해 파견된 교황 특사는 성공하지 못했다. 심지어 특사단 중 한 명인 레몽 페로디 추기경은 진영을 바꾸어 왕의 편이 되었다. 샤를 8세는 교황에게 사절단을 보내 프랑스군의 통과와 보급 문제, 나폴리 왕국의 왕위 계승 문제에 관한 의향을 물었다. 알렉산데르는 아스카니오 스포르차에게 도움을 구했다. 아스카니오는 교황을 대신해 비테르보에 가서 프랑스 왕과 협상에 나서겠다는 데 동의했다. 하지만 자신이 제공하는 교황에 대한 밀라노 측의 보호('protection'이 아닌 'tutelage'를 사용했다)*에 대해 매우 많은 대가를 요구했다. 12월 9일, 교황은 아스카니오와 프로스페로를 체포했다. 그러나 프로스페로의 체포에도 콜론나 가문은 오스티아 요새의 인도를 거부하고 계속해서 로마의 보급을 방해했다. 프로스페로는 교황의 군 지휘권 condotta 을 받아들인다는 동의하에 석방되었다. 그러나 그는 이 약속을 지키겠다는 생각이 전혀 없었을 것이다. 한편 루도비코 스포르차는 아스카니오 체포에 격노하여 샤를 8세와 거리를 두려던 바로 그 시점에 다시 일시적으로나마 프랑스 편으로 기울었다. 이에 프랑스 왕은 재빨리 아스카니오의 석방을 요구했다.

---

* 군사적으로 교황을 '보호'해주겠다는 의미가 아니라, 프랑스의 요구에 교황이 어떤 식으로 대처해야 하는지에 대해 '조언'이나 '지침'을 제공하겠다는 의미에서 'tutelage'를 사용했다는 의미이다.

프랑스군이 진격하자 라치오 북부의 도시들은 성문을 열어주었다. 본대에서 분견대들이 파견되어 로마 서쪽으로는 오스티아의 콜론나와 연결하고, 동쪽으로는 나폴리의 아브루치와 연결하는 경로를 확보하려고 했다. 알폰소 왕에 복무하러 떠나기 전 비르지니오 오르시니는 교황과 페르디난도의 동의하에 프랑스군이 로마 북부의 자신의 영

13세기부터 유럽에서 널리 사용된 피렌체 플로린은 국제 무역의 주요 통화였으며, 서유럽 경제에서 중요한 역할을 했다.

지를 통과할 수 있도록 허락하라는 지시를 내린 바 있었고, 오르시니 가문의 사람들은 이를 따랐다. 알렉산데르는 도주를 염두에 두었다. 하지만 이는 자칫 교황직을 사직하는 일이 될 수도 있었다. 페르디난도는 나폴리로의 퇴로가 차단되기 전에 군대를 철수하려고 했다. 나폴리군은 철수하고, 알렉산데르는 아스카니오 스포르차를 석방하며, 로마는 프랑스군을 받아들이는 것을 골자로 하는 휴전이 체결되었다.

12월 29일, 선발대를 지휘하는 몽팡시에가 도시에 진입했다. 이틀 후 저녁 무렵, 샤를 8세가 본대와 함께 도착했다. 프랑스 왕은 피렌체에서와 마찬가지로 갑옷을 입고 긴 창을 든 정복자의 모습으로 횃불이 켜져 있는 진흙투성이 길을 따라 로마에 입성했다. 왕의 양옆에는 알렉산데르가 가장 두려워하는 두 명의 추기경 아스카니오 스포르차와 줄리아노 델라 로베레가 말을 타고 있었다.[39] 그 주변으로

포병대가 도시를 향해 포신을 겨냥한 채 도열해 있었다. 샤를의 병사들은 점령군처럼 행동했다. 샤를 8세는 엄격한 명령을 내려 병사들의 강제 침입, 약탈 및 폭행 등을 철저히 금지했다. 알렉산데르는 처음에는 국왕의 알현을 거부했다. 1월 7일에는 로마의 중심 요새인 카스텔 산탄젤로 Castel Sant'Angelo (산탄젤로성)에 스스로를 유폐했다.

샤를 8세가 교회의 수장인 교황을 상대로 어떠한 결정적인 조치도 취하지 않기로 결정했다는 사실이 곧 분명히 드러났다. 그럼에도 최종적으로 비준된 조약에서 거의 대부분의 요구 사항이 충족되었다. 교황은 프랑스군에게 자유 통행과 보급을 허락했고, 오스티아와 치비타베키아 항구, 그리고 나폴리 왕국 내 교황령 월경지 enclave 테라치나 등의 핵심 요새들을 프랑스 왕이 일시적으로 점거하는 데 동의했다. 알렉산데르는 포로로 억류 중인 튀르크 왕자 젬을 인계하는 데도 동의했다―십자군은 여전히 샤를 8세의 원정을 정당화해주는 궁극적인 대의명분이었고, 젬은 바예지드를 상대로 쓸모 있는 무기가 될 수 있었다. 하지만 술탄이 그의 형제이자 왕위 경쟁자이기도 한 젬의 안전을 위해 지급한 보조금은 그대로 보유했다. 교황은 자신의 아들이자 추기경인 체사레 보르자―프랑스인들과 함께 떠났다가 얼마 안 있어 슬며시 로마로 되놀아왔다―도 프랑스 왕에게 볼모로 내주어야 했다. 그러나 체사레에게는 샤를 8세를 나폴리 왕으로 책봉할 권한이 없었고, 따라서 이 문제는 차후로 미뤄졌다.[40]

1월 28일, 샤를 8세는 로마를 떠났다. 군대의 대부분은 이미 남쪽을 향해 진군했고, 몬테포르티노를 비롯한 요새들과 적대적이라고 판단되는 영주들의 요새화된 마을을 장악한 가운데, 개중 일부는 베네치아인 마리노 사누토의 말에 따르면, "프랑스인, 스위스인, 가스코뉴인, 피카르디인, 스코틀랜드인 그리고 독일인들로 이루어진 기괴한 조합의 군인들"에 의해 "극도로 잔인하게" 약탈당하고 불태워졌다.[41] 하지만 바로 원정의 이 단계부터 프랑스군은 심각한 저항과 훨씬 더 격렬한 전투를 겪게 될 것이었다. 알폰소는 군사적 수완과 통솔력으로 명성이 높았고, 그의 군대는 손상을 입지 않았으며, 그의 지휘관들은 이탈리아에서 최고 수준이었다. 또한 교황령 접경지대에서 나폴리까지의 경로는 잘 방비되어 있었다. 그러나 샤를 8세가 로마를 떠나기 전, 알폰소는 공식적으로 왕위를 페르디난도에게 양위하고 시칠리아로 떠날 준비를 마쳤다.

알폰소는 진작부터 양위를 고려하고 있었다.[42] 하지만 최종 결정은 분명 연일 나폴리로 전달되는 우려스러운 소식들로 촉발되었다. 샤를 8세의 로마 입성과 칼라브리아 공작이 자신의 부대와 함께 나폴리 왕국으로 퇴각했다는 소식이 들렸고, 뒤이어 프랑스 요원들이 개입하여 아브루치에서 반란이 일어났다는 보고, 그리고 교황이 프랑스 왕과 협정을 체결했다는 소식 등이 이어졌다. 알폰소는 자신이 모은 보물들을 가지고 시칠리아로 출항했다. 그의 아들에게는 텅 빈 금고와 프랑스에게 항복할 일만 남은 왕국이 남겨졌다.[43]

알폰소와 그의 동맹 세력들이 프랑스에게 제대로 된 저항을 하지 못했다는 사실은 후대의 관점에서 보면 당대인들이 느꼈던 것만큼 그렇게 충격적일 것까지는 없다. 샤를 8세가 반도 전체를 정복하기 위해 원정을 시작한 것은 아니었지만, 나폴리에 도달하기 위해서는 다른 몇몇 국가를 통과해야만 했다. 사보이아, 루카, 시에나 같은

밀라노 공작 루도비코 스포르차(1452-1508)는 그의 조카 잔 갈레아초 스포르차가 공작이었을 때
도 밀라노의 실질적 통치자였다. 합스부르크의 막시밀리안 1세와 혼인 동맹을 맺으며 권력 기반을
다졌던 그는 프랑스와 동맹을 체결한 후 샤를 8세의 이탈리아 원정을 지원하여 이탈리아 전역을 혼
란에 빠뜨렸다.

작은 국가들은 프랑스군이 방해받지 않고 영토를 통과하도록 할 생각이었다. 루도비코 스포르차는 샤를 8세의 동맹이었고, 밀라노 공작령은 프랑스군에 개방되어 있었다. 남쪽으로부터, 그리고 제노바를 통해 밀라노를 침공하려던 나폴리의 시도는 실패했다. 루도비코는 피렌체 요새들이 몇 주간 프랑스군을 지연시켜줄 것이라고 기대했지만 피렌체인들은 알폰소를 대신해 공격의 예봉을 감내할 생각이 없었으며, 피렌체에서 알폰소를 대변하는 핵심 인물인 피에로 데 메디치는 실각했다. 교황은 자신의 지위를 지켜줄 최선의 선택이라고 확신할 경우에만 동맹과 함께할 뜻을 분명히 했다. 교황령 서남부에 많은 영토와 요새를 보유하고 있던 로마의 영주들은 샤를 8세 편에 가담하거나 그게 아니더라도 알폰소의 대의를 위한답시고 자신들의 영토와 요새가 파괴되는 것을 감당할 생각이 없었다. 프랑스군은 이탈리아를 통과하며 적의 사기를 저하시키고 자원을 고갈시키겠다는 목적으로 파괴를 일삼지 않았다. 그러나 자신들에게 도전할 경우 어떤 대가를 치러야 하는지 보여주려고 할 때에는 어떠한 저항에 맞닥뜨리더라도 약탈과 학살로 응수했다.

나폴리 왕국에서도 이와 다르지 않았다. 페스카라 후작 알폰소 다발로스―그의 가문은 알폰소의 조부인 아라곤의 알폰소 5세를 따라 나폴리로 올 때부터 유독 아라곤 왕조에 충성스러웠다―의 요새 몬테산조반니의 지휘관은 항복 권유를 거절하며 사절의 목을 베었다. 이러한 전시규약 위반과 프랑스군에 대한 모욕은 2월 9일 포병의 포격이 몇 시간 동안 이어진 다음 요새가 함락되었을 때 끔찍한 보복을 불렀다. 수백 명의 주민 가운데 겨우 몇 명만이 살아남았다. 이러

한 학살 소식이 전해지자 다른 어떤 곳에서도 비슷한 운명을 무릅쓸 만한 일은 일어나지 않았다.[44]

알폰소가 떠났다고 해서 나폴리인들이 젊은 새 왕을 위해 어떤 큰 희생을 각오할 만큼 특별히 더 각성하는 일은 일어나지 않았다. 페르디난도의 유일한 기회는 국경에서 맞서 싸우는 것이었다. 그러나 프랑스군은 신속하게 나폴리로 이어지는 여러 경로를 따라 진격했고, 그를 압도했다. 군대가 후퇴하자 도시들은 프랑스군에 성문을 개방했다. 페르디난도 자신은 카푸아에 근거지를 마련했으나 나폴리에서 발생한 소요를 진압하기 위해 그곳으로 가야 했다. 그가 자리를 비우자 카푸아에 남은 사령관 잔 자코모 트리불치오는 프랑스 편으로 넘어갔다. 비르지니오 오르시니와 니콜로 오르시니도 자신들의 병력을 빼낸 다음 똑같은 일을 시도했다. 그들 모두 페르디난도의 허락하에 행동했다고 주장했다. 하지만 트리불치오는 샤를 8세와 용병 계약을 맺은 반면 오르시니가 사람들은 전쟁 포로로 취급되었다. 2월 17일, 페르디난도가 카푸아 인근에 도착했을 때 그는 카푸아 시민들이 프랑스에 항복할 것이라는 경고를 받았고, 이에 나폴리로 돌아가야 했다. 다음 날 샤를 8세는 카푸아에 입성했다.[45]

나폴리로 복귀한 페르디난도는 온통 약달에만 관심이 팔린 백성들의 지지를 모아낼 수 없었다. 그는 안전을 위해 카스텔누오보(누오보성)와 카스텔델로보(델로보성) 요새로 피신했다. 그의 명령에 따라, 항구의 선박과 무기고는 프랑스군에 넘어가지 않게 소각되었다. 결국 페르디난도가 도주를 결심하고 배를 탔을 때, 프랑스군은 벌써 나폴리에 당도했다. 하지만 그는 멀리 도망가는 대신 나폴리 인근의 섬인 프로치다와 요새가 있는 이스키아로 갔다. 나폴리시의 주요 요새들은 여전히 건재했고 프랑스와 공방을 주고받았다. 이 때문에 2월 22일 나폴리에 처음 입성한 샤를 8세의 행렬은 이탈리아 다른 도시들에서의 위풍당당했던 개선 행렬과는 달리 절제된 형식으로 진행되었다. 갑옷이 아니라 사냥 복장을 하고, 장창이 아니라 매 hawk 를 데리고, 군마가 아니라 노새를 탄 채로 비교적 조촐한 호위대만 대동하고 입성한 것이다. 측근들 사이에서는 성대한 행사를 열어야 한다는 의견이 지배적이었다. 하지만 샤를 8세 스스로 그날은 공식적인 개선 행사를 열지 않기로 결정했다.[46] 요새들의 저항을 분쇄하는 데 3주가 걸렸는데, 어느 정도는 연안을 통제해야 할 프랑스 함대가 폭풍에 흩어져 당도하지 못했기 때문이다.

프랑스의 나폴리 침공이 신속하고 손쉽게 달성되었다는 사실은 이탈리아의 다른 국가들에게 상당한 경각심을 불러일으켰다. 어느 정도 과장이 섞인 마리노 사누토의 논평에 따르면, 단 한 사람도 아라곤 가문에 충성을 바치지 않았고, 모두가 싸움 한 번 없이 프랑스 왕에게 굴복했다.[47] 루도비코 스포르차는 물론이고 다른 모든 사람들에게도 그토록 신속한 궤멸은 거의 불가능해 보였다. 남편 프란체스코 곤차가에게 보낸 편지에서 이사벨라 데스테는 다음과 같이 썼다. "요새나 보물, 군대보다도 백성들의 마음을 헤아리는 데 더 관심을 가져야 한다는 점을 모든 통치자가 명심해야 합니다. 전장의 적보다도 백성들의 분노가 전쟁 수행을 더 어렵게 만들기 때문입니다."[48] 샤를 8세조차도 자신이 그렇게 환대받을 줄 몰랐다. 그는 본국에 있는 부르봉 공작에게 "귀족과 백성들이 나에게 보여주는 이 큰 애정과 호

의를 당신은 믿지 못할 것입니다"라고 썼다.[49]

　나폴리시와 왕의 직함만 유지하게 해준다면 나머지 왕국 전체를 프랑스에게 양도하겠다는 페르디난도의 요구는 샤를 8세로부터 위압적으로 거부당했다. 왕의 직함을 포기하고 프랑스로 은퇴한다면 넉넉한 보조금을 지급해주겠다는 프랑스의 역제안도 거절당했다. 결국 페르디난도는 이스키아의 은신처를 떠나 시칠리아로 건너갔다.[50] 몇몇 고립된 지역을 제외하고 이제 나폴리까지 확보한 샤를 8세는 왕국 전역을 아우르는 정부를 수립하기 시작했다. 하지만 그가 나폴리에 입성한 지 며칠 지나지 않아 젬이 사망하면서 십자군 원정 계획은 심각한 타격을 입었고, 그에 대한 전망도 어느 때보다 불투명해졌다. 샤를 8세는 여름의 더위가 시작되기 전에 프랑스로 돌아갈 계획이었다.[51] 프랑스인들은 나폴리에 도착한 지 몇 주 만에 프랑스로 돌아가는 일에 대해 언급하기 시작했고, 돌아가는 길에 루도비코 스포르차를 자리에서 물러나게 할 수도 있다고 생각했다.[52] 그들은 벌써부터 싸움 한번 없이 이탈리아를 떠날 일은 없을 거라고 분명하게 의식하고 있었다.

나폴리의 프랑스인

샤를 8세는 1494년에서 1495년으로 넘어가는 겨울 내내 자신에게 대항하는 동맹 구축을 위해 외교적인 움직임이 진행되고 있다는 것을 잘 알고 있었다. 주동자는 아라곤의 페르난도로, 그는 1494년 늦여름 이탈리아에서 일어난 사건들에 대해 불편한 심기를 내비치며 베네치아와의 반프랑스 동맹 결성 가능성을 언급하고, 추가로 병력과 함선을 시칠리아에 파견했다. 그는 프랑스의 침공이 교황을 직접적으로 위협하자 중립직인 입장에서 확실히 벗어나 행동을 취할 때가 됐다고 생각했다. 1495년 1월 그는 샤를 8세에게 오스티아를 교황에게 반환하라고 요구했다. 이미 막시밀리안과 가문 간 혼사 문제를 논의 중이던 그는 이탈리아에서 샤를 8세가 달성한 성공에 황제 당선자(1493년 프리드리히 3세 사망)가 분노하고 있다는 점을 잘 활용했다. 그 결과 막시밀리안은 조만간 베네치아에 대한 오랜 적대감을 잠시 접어둘 참이었다. 베네치아도 1494년 11월부터 루도비코를 부추겨 프랑스로부터 점점 더 거리를 두게 하면서, 프랑스의 남방 원정 내내 아스티에 머물렀던 루이 도를레앙에 대한 두려움을 불어넣었다.

1495년 3월 초, 동맹 문제의 협상권을 가진 밀라노 대표단이 동맹 결성의 최종 단계를 마무리하기 위해 베네치아에 있는 황제와 스페인 측 사절단에 합류했다. 참가한 모든 세력은 자신들이 결성 중인 동맹이 너무 공공연하게 반프랑스적인 편향을 드러내지 않도록 주의를 기울였다. 베네치아 동맹 또는 신성동맹이라고 알려진 동맹이 1495년 3월 31일 체결되었다. 동맹의 성격은 이탈리아에 국가를 보유한 세력—여기에는 이제 샤를 8세도 포함되었다—이 동맹에 참여하는 이탈리아 국가들을 상대로 정당한 이유 없이 침공할 경우 이를 저지하는 방어 동맹으로 규정되었다.[53]

동맹의 위협이 드리워지자 샤를 8세의 프랑스 귀환 문제는 더욱 긴박해졌다. 그럼에도 샤를 8세는 6주간 더 나폴리에 머무르면서, 아침에는 대신들과 함께 시정을 청취하며 회의를 주재했고 오후에는 나폴리의 봄 정취를 만끽하면서 시간을 보냈다. 그는 "지상낙원을 만드는 데 필요한 것은 아담과 이브뿐"이라고 쓰기도 했다.[54] 그의 신하들도 사냥과 마상시합, 연회 등을 마음껏 즐겼다.

이 짧은 첫 번째 점령 기간 동안 프랑스가 나폴리에 세운 행정체제는 독단적인 조처와 현상유지 사이의 불안한 타협의 산물이었다. 제도를 변화시키려는 어떠한 계획도 없었다. 샤를 8세는 통상적으로 하듯이 포상과 보조금을 분배하고 청원에 응대했을 뿐이다. 가장 중요한 일곱 개의 공직은 다섯 명의 프랑스인과 두 명의 나폴리인에게 분배되었고, 조정 Council of State 의 구성은 프랑스인들로 채워졌다. 몰수된 토지, 수익성 좋은 독점권 그리고 부유한 여성 상속인 같은 주된 포상도 대부분 프랑스군 지휘관들에게 주어졌다. 각 도시와 요새의 관리자 자리도 모두 프랑스인에게 돌아갔다.

샤를 8세 본인은 귀족은 물론이고 일반 백성들까지 포함한 자신의 새로운 신민들에 대해 선의를 잃지 않았다. 샤를 8세의 나폴리 치세기가 남긴 한 가지 영속적인 유산이 있다면 도시의 통치 기관인 산로렌초 배심단 Tribunale di San Lorenzo 의 구성원으로 귀족들과 나란히 나폴리 민중 popolo 의 대표자가 참여하게 되었다는 것이다. 그러나 대체로 귀족들이 각자의 영지와 지역의 관직을 계속해서 유지할 수 있었다고 하더라도 프랑스인들이 보여준 오만과 우월감 때문에 그들은 자존심에 상처를 입었다. 많은 프랑스 귀족들의 우선적인 관심사가 자신들에게 부여된 토지와 특권을 현금으로 전환하는 문제였다. 그들은 왕국에 정착한다거나 지속적인 관계를 맺을 의향이 전혀 없었다.[55] 나폴리인 사이에 새로운 주인들에 대한 환멸이 빠르게 번져나갔다.

19세기 프랑스 화가 엘루아 피르맹 페롱(1802–1876)의 1837년 유화로, 1495년 5월 12일 샤를 8세가 나폴리에 입성하는 역사적 장면을 묘사하고 있다.

5월 12일, 샤를 8세는 도시에 정식으로 입성하는 의례를 통해 자신의 백성들에게 군주로서의 모습을 선보였다. 이번에는 어의를 갖추어 입고 특별히 제작한 왕관을 쓴 다음 손에 보주와 홀을 들었다. 그는 준마를 타고 나폴리 귀족들이 운반하는 캐노피 아래에서 사령관과 대신, 관리들에 둘러싸여 행진했다. 행차는 성당 앞에서 끝이 났고, 그곳 제단 앞에서 샤를 8세는 백성을 잘 다스리겠다는 서약을 했다.[56] 이는 대관식은 아니었는데, 아직 교황의 책봉을 받지 못해 왕관을 쓸 수 없었기 때문이다.

프랑스의 철군과 포르노보 전투

5월 20일, 샤를 8세는 나폴리를 떠났다. 프랑스군의 일부 부대는 이미 철군을 시작했다. 약 1,000명의 창기병과 6,000명의 보병이 왕과 그 군속들과 함께 북쪽으로 진군했다. 부왕^{viceroy}으로 임명된 몽팡시에 백작 질베르 드 부르봉이 800명의 프랑스 창기병과 500명의 이탈리아 창기병, 그리고 2,700명의 보병과 함께 남았다.[57] 샤를 8세와 부대 일부만이라도 바다로 이동하는 문제에 대한 논의가 있었다. 하지만 이용할 수 있는 선박 수가 너무 적었고, 어찌 됐건 왕은 동맹을 두려워한다는 기색을 조금이라도 내비치는 것은 자신답지 않은 일이라고 생각했다. 또한 그는 교황이 자신을 나폴리 왕에 책봉하도록 더 압박을 가할 기회를 갖고 싶어했다. 그러나 알렉산데르는 샤를 8세를 만날 생각이 없었다. 5월 29일, 교황은 추기경단 대부분과 자신의 호위 부대, 그리고 베네치아와 밀라노에서 파견한 분견대를 대동하고 로마를 떠나 오르비에토를 향해 출발했다. 로마에서 교황을 만나지 못해 실망감을 표한 샤를 8세는 6월 1일 평화적으로 도시에 입성했고, 이틀만 머물렀다. 그는 교황령 도시 테라치나와 치비타베키아에서는 수비대를 철수시켰지만 오스티아는 포기하지 않았다. 샤를 8세가 들어올 때와 거의 같은 경로를 따라 북쪽으로 이동하는 동안 알렉산데르는 페루자로 물러났다.

6월 13일, 프랑스 왕은 시에나에 도착했다. 그는 그곳에서 시에나 내정에 개입해줄 것을 요청받았다. 발리아^{Balia}의 집권 세력과 반대 세력 모두 프랑스 지휘관 한 명을 남겨달라고 요구했다. 샤를 8세는 리니 백작 루이 드 뤽상부르를 지명했다. 그러나 리니 백작은 병력을 일부 남겨두었을 뿐 그곳에 머물지 않았다. 그는 굳이 시에나를 차지할 마음이 없었고, 단지 시에나인들로부터 주둔비를 뜯어낼 기회 정도로만 생각했다. 이 때문에 시에나인들의 당파 싸움을 효과적으로 관리하지 못했을뿐더러, 십중팔구 명확한 행동 지침을 하달받지 못했을 리니의 부관은 8월 1일 시에나에서 철수했다.[58]

동맹 측이 롬바르디아와 베네토에서 군대를 동원하고 있다는 소식을 들은 프랑스 왕은 동행 중인 제노바 망명 인사 오비에토 피에스키와 파올로 캄포프레고소, 줄리아노 델라 로베레 추기경의 제안을 받아들여 제노바에 구축된 밀라노의 지배 체제를 전복하기로 했다. 두 명의 호전적인 추기경과 피에스키를 대동한 상당한 규모의 병력이 루니자나 방면으로 파견되었고, 여기에 최근 바다를 통해 프랑스에서 도착한 병사들이 합류했다.

프랑스 왕이 피사로 이동할 무렵, 시에나에서는 피렌체 사절단이 피사를 비롯한 다른 요새들을 반환하기로 한 약속을 지켜달라고 탄원했다. 피렌체에서는 프랑스 왕에 대한 반감이 점점 고조되고 있었다. 그럼에도 피렌체는 거액의 대부를 제공하고 아스티까지 프랑스군과 동행할 병력을 파견하겠다고 제안했다. 샤를 8세는 피렌체인들과 한 약속을 지키겠다는 생각과 리니를 비롯한 다른 대신들의 조언, 즉 피사와 리보르노를 손에 쥐고 있는 편이 프랑스에 유리하다—특히 제노바에서 계획된 반란이 성공할 경우 나폴리와의 연락망을 확보할 수 있다는 점에서—는 조언 사이에서 갈팡질팡했다. 게다가 피사인들의 적극적인 호소는 왕은 물론이고 그의 병사들에게도 강한 인상을 남겼다. 샤를 8세는 피사와 루니자나에서 장악한 요새들에 주둔할 수비대를 재편성한 다음 6월 22일 피사를 떠났다. 그는 피렌체인들에게 자신이 아스티에 무사히 도착할 때까지 최종 답변을 기다려야 할 것이라고 말했다.[59]

루도비코 스포르차는 동맹이 체결되자마자 갈레아초 다 산세베리노와 소규모 부대를 아스티에 파견해 항복을 권유했다. 루이 도를레앙은 이를 거부했다. 뿐만 아니라 그 틈을 이용해 6월 10일 노바라를 기습 공격하여 점령했다. 하지만 샤를 8세는 이 소식에 기뻐하지 않았다. 루이가 아스티에 머무르면서 이탈리아에서 빠져나갈 통로를 지키고 있어야 했는데, 반대로 밀라노군에 포위된 채 노바라에 묶여 있었기 때문이다. 한편 베네치아인들은 함대를 보내 아풀리아의 프랑스군을 괴롭혔고, 병력 모집에도 적극적으로 나섰다. 프란체스코 곤차가가 총사령관 자격으로 지휘를 맡았다. 6월이 끝나갈 무렵, 상당한 규모의 병력이 파르마 인근에서 산맥을 따라 이동하는 프랑스군을 기다리고 있었다.

이탈리아 전쟁 최초의 주요 전투인 포르노보 전투를 위한 무대가 마련되었다. 1만~1만 1,000명 규모의 프랑스군이 파르마를 향해 타로 계곡을 따라 내려왔다. 곤차가 측은 약 2만 명의 병력이었는데, 4분의 1은 밀라노 병사였고 나머지는 베네치아군과 베네치아 민병대로 채워졌다. 곤차가가 베네치아 당국으로부터 받은 지침은 가능한 한 전투를 피하면서 프랑스군을 괴롭혀 이탈리아를 빠져나가게 하라는 것이었다. 샤를 8세는 휴전과 함께 국경까지 무사통과를 요구했으

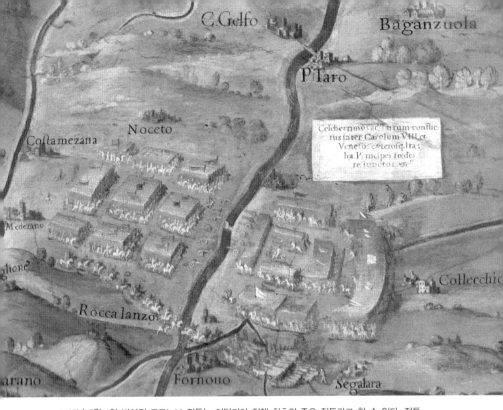

1495년 7월 6일 벌어진 포르노보 전투는 이탈리아 전쟁 최초의 주요 전투라고 할 수 있다. 전투 결과에 대해 프랑스군과 베네치아 동맹군 모두 자신들의 승리를 주장했다. 하지만 역사가 프란체스코 구이차르디니가 "프랑스의 승리라는 것이 중론"이라고 평한 데서 알 수 있듯 프랑스군은 큰 피해 없이 철수할 수 있었다.

나 곤차가는 이를 거절했다.

7월 6일, 프랑스군은 타로강을 사이에 두고 동맹군과 대치한 상태에서 강 좌안으로 내려갔다. 주된 전투는 북쪽으로 길을 뚫는 선봉대가 맡을 것으로 예상되었다. 스위스 보병과 포병대를 포함한 전력의 절반이 피에르 드 지에와 잔 자코모 트리불치오의 지휘로 그쪽에 배치되었다. 곤차가는 강을 가로지르는 네 개의 별도 공격 부대로 이루어진 정교한 전투 계획을 세웠다. 잔 프란체스코 다 산세베리노가 이끄는 밀라노 부대가 프랑스 측 선발대와 교전에 돌입하면, 곤차가와 베르나르디노 포르테브라초가 이끄는 두 개의 중기병부대가 프랑스 왕과 친위대가 있는 프랑스군 중앙과 후위의 우익을 공격하고, 베네치아 경기병부대인 스트라디오트 Stradiot 가 프랑스군의 후미를 돌아 좌익을 공격한다는 것이었다. 최초의 돌격이 시작된 시점에서는 이용할 수 있는 공간이 제한된 계곡 지형의 특성과 예비 병력을 많이 유지하는 이탈리아의 전투 관행이 맞물리면서, 가용 병력의 절반만 교전에 임할 수 있었다. 나머지 부대는 강 오른편에서 곤차가의 숙부 로돌포의 돌격 신호를 기다려야 했다.

말할 것도 없이 계획은 제대로 먹히지 않았다. 산세베리노 부대가 가까스로 강을 건너 프랑스군 선발대와 교전을 치르는 동안, 의문이 들 만한 임무를 맡은 곤차가와 포르테브라초는 간밤에 내린 폭우로 크게 불어난 강물로 인해 같은 지점에서 강을 건널 수밖에 없었다. 이로 인해 프랑스군에게 방어 대형을 갖출 충분한 시간이 주어졌다. 그러는 동안 스트라디오트는 잠시 프랑스 선발대를 교란하다가 되돌아왔는데, 화물 운송대를 발견하고 약탈했다. 이러한 문란한 규율은 삽시간에 일부 보병부대로 퍼져나가 그들을 전장 중앙으로부터 이탈시켰다. 프란체스코 곤차가와 포르테브라초는 자신들이 싸우는 중앙 지점이 수적 열세임을 알았으나 예비 병력의 동원을 책임지는 로돌포 곤차가는 이미 전사한 상태였다. 프랑스 왕이 상당한 위험에 빠질 만큼 한 시간 정도의 치열한 전투가 벌어진 뒤 이탈리아군은 강 건너로 후퇴했고, 프랑스군은 대열을 정비해 진군을 계속했다.[60]

양측 모두 승리를 주장했다. 프랑스군은 30만 두카트 상당의 전

이탈리아 화가 틴토레토의 작품으로, 베네치아 동맹군 총사령관 프란체스코 곤차가가 포르노보 전투에서 프랑스군에 맞서 용맹스럽게 싸우는 장면을 묘사하고 있다. 곤차가는 수적 우위를 살리지 못하고 사실상 실패했음에도 적극적인 자기 미화를 통해 승장의 이미지를 강화했다.

리품을 잃어버리고 전장을 이탈했다. 이탈리아군은 더 많은 심각한 인명 피해를 당했고, 프랑스군의 진군을 멈추는 데 실패했다. 실제로 전투는 중기병의 주도로 치러졌고, 이탈리아군은 수적 우위를 이용하지 못했다. 그러나 프란체스코 곤차가는 프랑스군을 거의 패배 직전까지 몰고 갔다. 그의 명성은 적극적인 자기 미화로 점철된 이야기를 통해 크게 강화되었다.[61] 이탈리아인들은 공식적으로는 포르노보 전투를 승리—프랑스인들이 보기에는 어처구니없게도—로 기념했지만, 사적으로는 많은 이들이 그렇게 확신하지 못했다. 구이차르디니의 평결에 따르면, "프랑스의 승리라는 것이 중론"이었다.[62] 하지만 이 전투의 결과와 중요성에 대한 평가는 흐지부지되고 말았는데, 이 전투가 새로운 종류의 전쟁이자 전투의 원형, 즉 이탈리아인들에게 익숙한 예측 불가능하고 유혈이 낭자하며 차원이 다른 규모의 전투 원형으로 빠르게 신화화했기 때문이다. 전투를 직접 목격한 사람들의 설명과 그렇지 않은 당대인들의 설명 사이에는 뚜렷한 차이가 있었다. 후자의 경우 전투를 자신들이 기대하는 방식의 싸움으로 묘사했다. 가령 프랑스 포병대나 프랑스군과 스위스군의 속공이 맹활약하는 전투로 말이다.[63]

프랑스군은 질서정연하게 이동했다. 동맹군은 멀찍이서 쫓아왔다. 어느 쪽도 두 번째 전투를 원하지 않았다. 곤차가군이 노바라를 포위한 밀라노군과 합류할 무렵인 7월 15일 샤를 8세는 아스티에 도착했다. 그곳에서 그는 제노바에 파견했던 부대와 조우했다. 제노바에서 반란은 발생하지 않았다. 육군을 지원한 프랑스 함대도 제노바 함대에 패해 나포당했다. 3개월간 교착상태가 지속되었다. 샤를 8세는 군비와 병력의 증원을 기다렸고, 동맹 측은 노바라에 대한 공격 개시를 주저했다. 루이 도를레앙은 프랑스군 본대가 자신을 도우러 와서 동맹군을 몰아내고 무도비코를 타도해주길 희망했다. 그러나 9월 중순이 되어서야 스위스군의 실질적인 증원이 이루어지기 시작했고, 습한 날씨가 계속되며 겨울이 빨리 시작될 조짐을 보이자 양측 모두 타협을 추진했다.

샤를 8세는 8월 26일에 벌써 토리노에서 피렌체 사절단과 조약을 체결했다. 그는 점거한 요새를 추가로 반환한다는 약속의 대가로 7만 두카트의 대부와 피렌체가 부담하는 250명의 창기병을 나폴리 프랑스군에 파병한다는 동의를 끌어냈다. 9월 22일, 루이 도를레앙은 노바라에서 신속히 철수했다. 3일 후 완전히 기진맥진한 노바라 요새는 그대로 주저앉았다. 1만 명 정도의 남성 가운데 절반만이 3개월간의 포위공격에서 살아남았고, 무기를 들 수 있는 인원도 겨우 500~600명에 불과했다.[64] 루이는 자신의 밀라노 공작 계승권 요구를 밀어붙이고 싶은 마음이 굴뚝같았지만 왕의 동의와 도움 없이는 불가능했다. 샤를 8세는 사촌의 요구는 물론이고 자신이 밀라노를 차지하는 것에도 거의 관심이 없었다. 그는 10월 9일 베르첼리 평화조약에 동의했다. 이 조약은 동맹과의 강화가 아닌 밀라노와의 단독 협정이었다. 스페인과 베네치아 대표단이 이 조약에 반대했다. 하지만 루도비코 스포르차는 이를 무시하고 프랑스가 나폴리 공급 노선으로 제노바를 자유롭게 이용할 수 있도록 해주었다. 샤를 8세로서는 체면치레도 한 데다 나폴리 방어를 위한 귀중한 지원도 확보했기에 홀가분하게 프랑스로 귀환했다.

프랑스의 나폴리 상실

프랑스의 나폴리 지배는 이러한 조약들만으로 지켜지지 않았다. 스페인과 베네치아가 페르디난도를 도와 나폴리 왕국을 수복하러 왔기 때문이다. '위대한 지휘관'이라는 별칭을 얻을 정도로 특출난 군 지휘력을 갖춘 곤살로 페르난데스 데 코르도바도 샤를 8세가 나폴리를 떠난 지 며칠 뒤인 1495년 5월 24일, 겨우내 시칠리아에서 준비한 소규모 병력과 함께 칼라브리아에 상륙했다. 페르디난도는 이들의 도움을 받아 프랑스와의 전투에 복귀할 수 있었다. 하지만 대가가 따랐다. 페르디난도는 레조(레조디칼라브리아)를 포함하여 칼라브리아의 몇몇 중요한 도시를 시칠리아 왕국에 병합한다는 데 동의해야 했다.[65] 또한 초기에 스페인군은 프랑스군의 적수가 되지 못했다. 6월 21일 세미나라에서 도비니가 이끄는 노련한 중기병 및 스위스 보병과 처음으로 대적한 나폴리와 스페인 연합군은 처참하게 패배했다. 도비니의 추정에 따르면, 보병 3,000~4,000명, 기병 800~1,000명의 연합군 규모가 도비니의 중기병 100명, 스위스 보병 1,200명을 수적으로 압도했음에도 말이다.[66] 곤살로 데 코르도바는 몇 개월 동안 중기병을 모으고 일부 보병에게 장창을 갖추게 하며 더 이상의 큰 교전을 회피했다.

세미나라 전투 후 페르디난도는 메시나로 향했고, 그곳에서 아버지 알폰소가 마련해준 배와 스페인에서 빌려준 배를 이용해 나폴리로 향했다. 7월 6일에서 7일 사이 밤 나폴리에서 민중 봉기가 발생했고, 바로 그날 페르디난도는 열광적인 환영을 받으며 나폴리에 복귀했다. 프랑스군은 페르디난도를 다시 몰아내려고 시도했지만 실패한 뒤, 항만에 정박 중이던 선박들까지 보호할 수 있는 도시의 요새들로 퇴각했다. 젊은 왕을 지지하기 위해 몰려든 사람들 중에는 프로스페로 콜론나와 파브리치오 콜론나도 있었다. 프로스페로는 왕의 나폴리 작전을 직접 도왔다. 하지만 프레시 남작 프랑수아 드 투르즐이 이끄는 원군이 친프랑스계 나폴리 영주들의 도움을 받아 페르디난도가 파견한 더 큰 규모의 부대를 에볼리에서 격퇴했다. 그러나 카스텔누오보의 몽팡시에는 프랑스군의 이 승리 소식을 듣지 못했다.

세미나라 전투에서 프랑스군은 나폴리의 페르디난도 2세와 스페인의 '위대한 지휘관' 곤살로 페르난데스 데 코르도바가 이끄는 나폴리-스페인 연합군을 상대로 완승을 거두며 프랑스군의 군사적 우위를 보여주었다. 하지만 나폴리 전쟁의 전반적인 흐름을 바꾸지는 못했다.

그는 식량 부족으로 50일 이내에 원군이 오지 않을 경우 항복한다는 10월 4일의 협상안을 받아들였다. 프랑스 원군이 물러났고, 전투는 소강상태에 빠졌다. 몽팡시에는 이 틈을 이용해 바다를 통해 다수의 병사와 함께 도비니 진영에 합류했다. 페르디난도는 이를 휴전협정 위반으로 판단하고 카스텔누오보에 대한 공격을 재개했다. 1495년 11월 27일 아라곤군이 화약 지뢰를 창의적으로 이용하여 방어선을 돌파했고, 본성은 12월 8일 항복했다. 휴전에 참여하지 않았던 카

스텔델로보의 수비대는 2주 후 항복 조건을 받아들이고 1496년 2월 17일 최종 항복했다.[67]

　페르디난도가 나폴리시를 장악하는 데는 성공했지만 여전히 왕국 대부분은 프랑스군과 프랑스를 지지하는 나폴리 영주들에게 장악된 상태였다. 나폴리의 왕좌가 걸려 있는 만큼 이 싸움은 침략군을 몰아내는 투쟁이자 동시에 일종의 내전이었다. 칼라브리아에서는 곤살로 데 코르도바가 적극적인 행동, 즉 지역 접수에 나섰다. 아풀리아의 베네치아인들도 페르디난도를 지원하는 싸움을 나섰다. 그러나 그들 역시 자신들만의 계획을 가지고 있었는데, 오랫동안 베네치아인들은 나폴리 해안에서 전략적으로 중요한 항구를 손에 넣어 아드리아해에 대한 통제를 강화하는 데 이용하고 싶어했다. 1495년 6월, 아풀리아 연안에 배치된 베네치아 함대의 사령관 안토니오 그리마니는 프랑스군이 장악한 항구들에 대한 공격 명령을 받았다. 7월 1일, 모노폴리항이 맹공을 받은 뒤 함락되었고, 이후 함대는 페르디난도를 지원하기 위해 항로를 나폴리로 변경했다. 베네치아는 페르디난도에게 20만 두카트를 빌려주는 대가로 트라니, 브린디시 그리고 오트란토 항구의 조차권을 부채가 모두 청산될 때까지 인정받았다. 이듬해 봄, 프란체스코 곤차가가 지휘하는 장기병 700명과 보병 3,000명으로 이루어진 베네치아 원군이 도착하자 왕국의 동부 지역에서 힘의 균형이 프랑스에 불리해지기 시작했다. 곤살로도 자신의 병력을 이끌고 6월 말 동맹군 진영에 합류했다. 프랑스로부터 오는 원군과 자금이 줄어들자 몽팡시에와 그의 부대도 점차 자신감을 잃어갔다. 그는 스페인 선단이 해안가를 순찰하기 시작하자 1496년 7월 27일 아텔라에 있

페르디난도 2세(1469–1496)는 프랑스의 침공에 맞서 왕국을 지키는 데 헌신했으며, 곤살로 데 코르도바의 도움을 받아 잃었던 왕국의 많은 지역을 되찾기까지 했다. 그 때문에 짧은 재위 기간(1495–1496)에도 불구하고 용감하고 능력 있는 통치자로 평가받았다.

는 마지막 주력 기지를 포기하고 항복했다. 그러나 페르디난도는 여전히 몽팡시에가 지난해 10월 나폴리에서 체결한 휴전협정을 위반했다고 판단했기에, 그와 그의 병사들을 포추올리 인근의 말라리아가 창궐하는 늪지대에 억류했다. 몽팡시에를 포함해 많은 병사들이 말라리아로 죽은 다음에야 남은 병사들의 프랑스행 승선이 허락되었다. 가에타의 프랑스 수비대는 11월까지 저항을 계속했다. 가장 마지막으로 (베네치아에 항복하려고 했으나 거절된 이후) 아라곤 왕에게 항복한 도시는 1498년 2월에 항복한 타란토였다.

그 무렵, 1496년 10월 초 페르디난도가 열병으로 사망했다. 앞서 1495년 12월에는 그의 아버지가 사망했다. 왕위는 알폰소의 동생 페데리코에게 돌아갔으나 그 또한 왕국 전체를 장악하기 위해 분투해야 했다. 더군다나 프랑스 왕은 아직 나폴리 왕위를 포기할 생각이 없었다. 아라곤의 페르난도 또한 페데리코보다는 자신이 더 나폴리 왕으로 자격이 있다고 생각했다.

나폴리에서 프랑스군의 마지막 철군은 대부분의 이탈리아인들에게 정상으로의 복귀를 의미했다. 유럽에서 가장 강력한 왕이 깜짝 놀랄 만큼 손쉽게 반도를 통과해 이탈리아 최대 국가를 침공했으나 그는 곧 떠났고 나폴리 왕국에 남은 그의 군대는 버텨내지 못했다. 샤를 8세가 돌아오려고 할 것이라는 우려가 있었지만 가까운 시일 내에 일어날 가능성은 없었다. 밀라노에 새로운 공작 그리고 나폴리에 새로운 왕이 들어섰으나 여전히 그들은 이전처럼 스포르차 가문의 공작이었고 아라곤 가문의 왕이었다. 알렉산데르 6세는 교황의 권위에 심각하게 도전했던 일련의 사태 속에서도 살아남았다. 피렌체에서만 샤를 8세의 침공 이전과 상황이 크게 달라졌다. 메디치가는 망명길에 올랐고, 예언자이자 사제인 지롤라모 사보나롤라가 피렌체 정부와 사회에 막강한 영향력을 행사했다. 피사 시민들은 여전히 피렌체 지배자들에게 저항했다.

심지어 1496년 후반 이탈리아인들의 관심사와 우려도 1494년 초의 그것과 거의 다르지 않았고, 여전히 숙고해야 할 일들이 산더미 같았다. 프랑스 왕이 돌아올지도 모를뿐더러 스페인의 군주들도 나폴리 전쟁의 결과에 결정적으로 개입했다. 그리고 그 스페인 군주들과 막시밀리안은 베네치아 동맹의 구성원이었다. 이탈리아 문제에 대한 이러한 수준의 국제적 이해관계는 만약 그것이 지속될 경우—그렇게 되겠지만—우려할 만한 결과를 낳을 것이었다. 이탈리아 원정에서 사용된 무기나 전략에 대해서도 생각할 거리가 있다. 이는 이탈리아의 잘 알려진 군사적 관행과 관례가 프랑스와 스페인의 무기와 전략에 대해 효과적인 대응을 보여주지 못했다는 점을 시사했다. 하지만 이러한 고려 사항들은 다시 한 번 이탈리아에 대한 더 큰 규모의 외국군 침략이 일어날 때라야 당면한 과제로 취급될 것이다. 물론 일은 그렇게 흘러갈 것이었는데, 그러나 1496년에는 가장 비관적인 이탈리아인조차도 앞으로 닥칠 수십 년간의 전란을 예측하지 못했다.

2장

정복당한 밀라노와 나폴리
1496-1503

1498년 4월, 샤를 8세는 때 이른 죽음을 맞이하며 나폴리 정복을 재개할 기회를 갖지 못했다. 왕은 몽팡시에 부대가 아직 나폴리에서 버티고 있는 동안 보급과 증원을 위해 노력했으나 원군을 보낼 기회를 갖지 못했다. 북부 이탈리아에 대한 몇 차례 침공은 있었다. 1497년 초, 줄리아노 델라 로베레와 제노바 망명객 바티스티노 캄포프레고소가 국왕의 격려를 받고 제노바와 사보나를 장악하기 위해 침공을 시도했으나 실패로 돌아갔다. 왕은 아스티의 프랑스군 사령관 잔 자코모 트리불치오에게 이들을 지원할 원군을 파병하도록 지시했다. 트리불치오는 마지못해 명령에 따랐는데, 그가 보기에는 다소나마 성공을 거두고 있던 밀라노 공작령 침공에 자신의 병력을 집중하는 것이 타당했기 때문이다. 국경 지역 일부가 점령되고 알레산드리아가 위협을 받았으나 2월 중순경 트리불치오군은 아스티로 퇴각했다. 사보나를 장악하려는 또 한 차례의 무성의한 시도가 있었다. 그러나 그 역시 실패로 돌아갔다. 이 원정들은 샤를 8세가 승인했지만 그것을 주도한 것은 원정군을 직접 지휘한 세 명의 망명객이었다.

이제 프랑스 왕만이 이탈리아에 관심을 갖는 유일한 알프스 이북의 왕은 아니었다. 아라곤 국왕 페르난도는 자신이야말로 백부인 나폴리 국왕 알폰소 1세(아라곤의 알폰소 5세)의 합법적인 승계자라고 주장했고, 일부 나폴리 영주들 또한 페데리코보다 그를 선호했다. 나폴리에 파견한 자신의 대표단이 페데리코를 왕으로 인정했음에도 페르난도는 외교적 채널을 통해 자신의 권리를 주장했다. 그러나 이는 페데리코의 왕권에 대한 직접적인 도전이라기보다는 프랑스와의 교섭에서 사용할 일종의 협상 카드였다. 페르난도와 샤를 8세는 나폴리 왕국을 분할하는 안이나 나바라와 나폴리의 교환 같은 안들을 논의했다. 하지만 결정적인 합의에는 이르지 못했다.

페르난도가 페데리코를 나폴리의 합법적인 왕으로 인정하기를 거부한 것은 궁극적으로 이탈리아에 중대한 결과를 초래한다. 몇 년 후 그가 직접 통치하기로 결정함으로써 나폴리는 아라곤 왕실 치하의 다른 나라들과 재결합되고, 이는 페르난도가 미래의 신성로마제국 황제인 자신의 손자 카를로스(카를 5세)에게 물려줄 유산에 나폴리가 포함되는 것을 의미했다.

막시밀리안의 이탈리아 원정, 1496

향후 신성로마제국이 개입함으로써 이딜리아 국가 제제 전체와 유럽 정치에서 이탈리아의 역할을 재규정하게 될 터인데, 그것을 예견케 하는 또 다른 사건이 1496년 발생했다. 선거로 선출된 황제 막시밀리안이 이탈리아 전쟁에 처음으로 직접 가담한 것이다. 아직 이 단계에서는 제국의 권위를 뒷받침할 만한 실질적인 세력이 존재하지 않았다. 더군다나 황제의 개입이 실패로 귀결되었기 때문에 비상한 예

신성로마제국 황제 막시밀리안 1세(1459–1519). 그는 이탈리아 전쟁에 적극적으로 참여했는데, 합스부르크 가문의 영향력을 확대하기 위해서였다. 그의 정책은 손자 카를 5세 시대에 결실을 맺는다.

지력을 갖춘 관찰자가 아니라면 이 사건이 갖는 온전한 중요성을 제대로 이해하기 어려웠다. 막시밀리안에게 이탈리아에 개입할 것을 촉구한 이는 루도비코 스포르차였다. 그는 막시밀리안의 지원을 이용하여 자신의 입지를 강화하려고 했다. 제국의 제후들은 원정에 찬성하지 않았기 때문에, 8월 말 막시밀리안이 이탈리아에 당도했을 때 그의 병력은 그가 약속한 수보다 훨씬 적었다. 그는 밀라노와 베네치아가 자금도 지원해주고 병력 모집에도 도움을 줄 것이라고 기대했다. 그러나 베네치아는 이를 거부했고 루도비코도 선뜻 나서지 않았다. 루도비코가 생각하기에 막시밀리안이 보유한 병력만으로도 최소 밀라노의 서부 국경지대를 강화하는 데는 도움이 될 수 있을 것 같았다. 막시밀리안은 자신의 영향력을 이용하여 사보이아 공작이나 몬페라토 후작 같은 친프랑스계 인사를 끌어들이려고 했지만 그러한 시도는 무위로 돌아갔다.

막시밀리안은 이탈리아에 가기 전 피사와 피렌체 사이의 분쟁을 중재하기 위해 피사에 갈 의향이 있다고 밝혔다. 그는 피렌체인들에게 황제의 권위를 이용하여 그들과 피사인 사이의 분쟁을 해결할 것이라고 이야기했다. 그러나 피렌체인들은 반란을 일으킨 도시들을 돌려받기 전까지는 어떠한 판단도 받아들이지 않을 것임을 분명히 했다.[1] 막시밀리안은 제노바에서 라스페치아까지는 여섯 척의 베네치아 갤리선 및 대포와 1,000명의 독일 보병을 실은 제노바 선박을 이용하여 이동하고, 피사까지는 육로를 이용해 10월 말 당도했다. 그는 그곳에서 피렌체인들이 재탈환한 리보르노에 대한 포위공격을 준비했다. 육로로 이동했던 보병 1,000명에 기병 500명으로 이루어진 또 다른 독일 병력과 피사를 방어하던 밀라노와 베네치아 병력도 공격에 가담했다. 리보르노를 수비하는 피렌체인들은 만반의 준비를 갖추고 있었다. 여기에 때마침 프랑스 선박이 곡물과 그들이 프랑스에서 고용한 스위스인 및 가스코뉴인으로 구성된 600명의 보병을 싣고 도착하면서 사기도 충천해 있었다. 프랑스 선단은 병력과 곡물을 하역한 후 막시밀리안의 함대를 흩어지게 하고 일부 선박은 침몰시키기까지 한 폭풍을 피해 서둘러 떠났다. 막시밀리안은 이러한 차질이 빚어지기도 전에 포위공격을 풀고 피사로 돌아갔다가 별안간 밀라노 공작령으로 다시 떠났다. 트리불치오 휘하의 프랑스군이 밀라노에 대한 공격을 개시할 무렵에는 그곳에서 다시 자신의 영지로 서둘러 돌아갔다. 제국의 이탈리아 개입에 대한 이탈리아인들의 평가는 거창하게 황제로서의 권위를 내세웠지만 충분한 세력과 자금을 갖추지 못한 허장성세에 불과했다는 것이었다. 여기에는 설명할 수 없는 이유로 갑작스럽게 철수한 막시밀리안의 특이한 태도도 한몫했다.

피사 전쟁, 1495-1499

한 가지 측면에서만 보면, 15년간 크고 작은 규모의 충돌로 질질 끌어온 피사와 피렌체의 전쟁은 이탈리아 전쟁의 지엽말단에 불과한 사건으로 보이기도 한다. 그러나 1490년대 후반에 이 분쟁은 한동안 이탈리아 정치의 핵심이었다. 이 전쟁은 15세기 이탈리아에서 잘 알려진 유형으로 습격과 기동, 이따금씩 요새화된 마을과 소규모 요새를 둘러싼 격렬한 전투로 이루어졌다. 또한 용병대장들이 그들의 고용주로부터 결정적인 전투를 회피하고 고의로 전쟁을 질질 끄는 의심을 받곤 했던 전쟁이었으며, 군사적·정치적 경쟁과 불신 그리고 전통적 동맹과 적대 등으로 점철된 전쟁이었다. 그러나 피사인들의 결연한 항전은 당대인들로부터 찬사를 불러일으키기도 했다. 하나의 본보기로서 피사인들이 자신들의 도시와 자유를 지키기 위해 보여준 용기와 투쟁심에 대한 찬사는 비단 피사의 세평만이 아니었다. 피렌체인조차 그들의 영웅적인 모습을 칭송했다.[2] 피사인의 방위는 공화주의적이고 시민적인 이상뿐만 아니라 피렌체인이 그들에게 가한 고통스러운 경험에 대한 쓰라린 기억에 의해서도 고취되었다. 하지만 피렌체인 역시 아무리 많은 비용이 들더라도 피사의 상실을 받아들일 생각이 없었다.

전쟁의 초기 국면에서 양측은 모두 프랑스 왕의 지지를 고대했다. 피사인들은 다시 피렌체에 종속되는 일이 없도록 프랑스 왕이 자신들을 지켜주리라 기대했고, 피렌체인들은 피사와 여전히 프랑스 수비대가 주둔하고 있는 루니자나 요새들의 반환을 고대했다. 샤를 8세의 지지부진한 요새 반환 이행에 불만을 품고 있던 피렌체인들은 프랑스군이 피사인들을 도와 피렌체의 공격을 격퇴하자 그 분노가 절정에 이르렀다. 프랑스 왕의 진짜 의도(그가 확고한 결정을 내렸다는 가정하에)가 무엇인지에 대한 해석은 피사인들이 공을 늘여 지지를 얻어내려고 했던 피사 주둔 프랑스군 사령관 당트라그 남작 로베르 드 발자크의 모호한 태도 때문에 더욱 복잡해졌다.

피렌체에 요새들을 반환하라는 프랑스 왕의 명령은 리보르노의 성주를 통해 수행되었다. 하지만 발자크는 2만 두카트를 받고 피사의 주 요새를 피사인들에게 팔았고, 사르차나와 사르차넬로 요새는 비숫한 금액에 제노바인들에게, 이후 3월에는 1만 5,000두카트에 피에트라산타 요새를 루카에 매각했다. 루카와 제노바 모두 과거 자신들이 보유했고 마땅히 자신들의 영토라고 생각하는 지역들을 다시 차지하려고 했다. 피렌체인들은 실망감을 억누른 채 프랑스 왕과의 동맹을 계속 유지했고, 그를 압박하여 피사 탈환을 위한 지원을 끄집어내려고 했다.

프랑스군이 철수했다고 해서 피사인들이 홀로 피렌체를 상대해야 하는 일은 일어나지 않았다. 이미 1495년에도 제노바로부터 무기와 자금, 밀라노와 베네치아로부터 말과 병력을 제공받았다. 막시밀리안도 루도비코 스포르차의 부추김에 소수의 독일 보병부대를 파견했다. 루도비코 스포르차와 베네치아는 피렌체에 영향력을 행사할 목적으로 피사인들을 도왔다. 그러나 이내 자신들이 피사를 장악하겠다는 열망을 품었다. 피사인들은 어느 쪽에 대해서도 항복할 준비가 되어 있었지만 루도비코가 원했던 조건에 대해선 반대했다. 한편 베네치아인들은 시기도 적절치 않고 루도비코를 화나게 하고 싶지도 않다는 이유로 피사인의 항복을 여러 차례 거절하는 신중한 태도를 유지했다.[3] 밀라노인과 베네치아인의 경쟁 관계는 피사의 방위를 더 어렵게 만들었다. 막시밀리안의 피사 원정이 실패한 이후에는 루도비코도 자신의 병력을 철수하기 시작했다.

피사인들에게는 다행스럽게도 피렌체인들은 내부 분열로 인해 전력을 다해 전쟁을 수행하기 어려웠다. 이 무렵 피렌체는 지롤라모 사보나롤라에 대한 찬성과 반대로 파벌이 갈렸는데, 그는 새로운 헌법을 지지하는 입장이었고 그 문제가 당시 약 3,000명의 시민이 참여하는 대평의회 the Great Council 의 중심 의제였다. 어쨌든 피사(스페인 지지 세력으로 간주되었다)와 피렌체가 4월 말 체결된 프랑스와 스페인의 6개월 휴전협정에 포함되면서 1497년에는 전쟁이 소강상태에 들어갔다. 휴전이 거의 끝나갈 무렵, 베네치아는 피사에 주둔 중인 보병 1,000명, 기병 1,000명, 경기병 stradiot 100명에 더해 추가로 지원군을 보내기로 결정했다. 하지만 이듬해 여름, 피렌체가 사보나롤라의 체포와 처형으로 정치적 혼란이 극에 달한 다음에야 전쟁은 새로운 국면으로 진입했다. 정치 무대에서 사보나롤라가 제거되자 (사보나롤라가 피렌체 정부에 영향력을 행사하는 것을 싫어하던) 루도비코 스포르차는 보다 공개적으로 피렌체를 지지했다.[4]

피렌체의 새로운 결의는 이탈리아에서 가장 유명한 용병대장 파올로 비텔리를 자신들의 총사령관으로 임명하면서 드러났다. 베네치아는 새로운 전략을 구사하기 시작했다. 다른 전선에 공격을 가함으로써 피렌체군을 피사에서 끌어낸다는 것이었다. 이로써 전투의 중심이 동부의 카센티노 계곡으로 이동했다. 10월 초, 베네치아는 비비에나시의 메디치 지지자들의 도움을 받아 그곳을 점령한 뒤 중기병 700명과 보병 6,000명을 집중 배치했다. 이 심각한 위협에 대처하기 위해 파올로 비텔리와 그의 형제 비텔로초가 파견되었다. 비텔리는 노련하게 적을 압도했고, 2월경 니콜로 오르시니가 지휘하는 상당한 규모의 원군을 증파하려던 베네치아의 계획은 아펜니노산맥에서 가로막혔다.[5]

대략 2만 명의 병력을 동원한 베네치아로서는 전쟁 비용이 매우 부담스러웠다. 1499년 초가 되면 보다 중요한 다른 문제들이 베네치아 의회에서 우선순위를 차지했다. 베네치아 해외 식민지들에 대한 뒤르크의 위협이 가시화된 것과, 프랑스의 신임 국왕 루이 12세의 밀라노 공작령 장악 계획이 그것이다. 베네치아는 피렌체로부터 12년간 18만 두카트의 전쟁 배상금을 지급받는다는 에르콜레 데스테의 중재안이 자신들이 기대했던 것보다 훨씬 못 미치는 액수임에도 받아들일 준비가 되어 있었다. 약간의 논의를 거친 후, 그들은 전쟁에서 손을 뗄 수 있다면 충분히 받아들일 만한 조건이라는 결론에 도달했다.[6]

　베네치아군이 신속히 철수한 뒤에도 피사는 피렌체 복귀를 거부했다. 그들은 에르콜레 데스테의 중재안이 피렌체의 보복으로부터 자신들을 제대로 지켜주지 못할 것이라고 믿었다. 이제 피사인들만이 홀로 남겨진 상태에서 피렌체는 파올로 비텔리가 이 상황을 최대로 이용해 피사에 직접적인 공세를 가하기를 바랐다. 8월, 피사 성벽의 일부가 피렌체군의 포격으로 파괴되었으나 비텔리는 성벽이 더 붕괴될 때까지 진격 명령을 자제했다. 그는 지나친 인명 살상 없이도 공격이 가능하다고 보았다. 그러나 공격이 계획된 바로 그날 너무 많은 병사들이―비텔리 본인을 포함하여―병에 걸린 상태여서 9월 초 포위공격은 해제되었다. 피렌체인들이 보기에 이 사건은 그들이 고용한 용병대장에게 충분한 열의가 없음을 보여주는 일련의 사례 가운데 가장 최근의 것에 불과하며, 일부 사람들은 그가 피사와 내통하고 있다고 믿었다. 그는 체포되어 피렌체로 압송되었고 고문을 받다 처형되었다. 하지만 비텔리의 처형으로 다른 용병대장들의 공화국에 대한 충성도가 더 올라간 것도 아니었고, 본래 높은 평가를 받지 못하던 피렌체의 군사적 명성이 더 높아진 것도 아니었다.

프랑스의 밀라노 침공 준비

1498년 4월 7일, 갑작스럽게 사망한 샤를 8세의 뒤를 이어 루이 도를레앙이 프랑스 왕위에 올랐다(루이 12세). 이 일은 이탈리아에 중요한 결과를 초래할 것이었다. 치세 초기부터 그는 밀라노 공작령을 신속히 정복하는 것이 자신의 우선 과제임을 분명히 했다. 그러나 해결해야 할 다른 문제들이 있었는데, 이는 그 자체만으로도 긴급한 문제일 뿐 아니라 이탈리아 원정을 위한 선결 조건이기도 했다.

먼저 샤를 8세의 누이 잔(잔 드 프랑스)과의 결혼 생활에서 아직 아이를 갖지 못했다는 것과 샤를 8세의 미망인 안(안 드 브르타뉴)의 지위 문제가 있었다. 왕위를 계승할 후계자를 생산하는 문제와 샤를 8세와 안의 결혼을 통해 확보했던 브르타뉴에 대한 통제권을 계속해서 유지하는 문제에 대한 해결책은 왕 자신이 잔과 이혼한 다음 안과 재혼하는 것이었다. 이혼과 재혼 모두 교황의 승인이 필요했다. 알렉산데르는 충분히 설득이 가능했다. 알렉산데르는 추기경의 길을 포기하고 세속 영주가 되고 싶어하는 자신의 아들 체사레의 바람을 충족시켜주려고 했다. 루이가 왕위에 등극한 지 몇 개월 지나지 않아 프랑스 왕실과 교황청 사이에 맞교환이 시작되었다. 프랑스 왕은 체사레에게 영지를 비롯한 여러 특권을 하사하고, 교황은 루이와 잔의 혼인을 무효화할 수 있도록 편의를 봐줄 것이었다.

체사레가 프랑스 왕으로부터 기대했던 여러 호의 가운데 자신이 고른 신붓감인 카를로타를 얻는 데 도움을 받는 것도 있었다. 카

샤를 8세의 뒤를 이은 루이 12세(1462-1515)는 1499년 밀라노를 정복하며 제2차 이탈리아 전쟁을 시작했다. 그는 나폴리까지 점령하려고 했지만, 결국 스페인에 패해 나폴리를 상실했다. 이로 인해 이탈리아에서 스페인의 영향력은 더 커졌다.

를로타는 나폴리 왕 페데리코와 그의 첫 번째 부인인 사보이아의 안의 딸로 프랑스에서 자랐다. 추기경직을 사임한 체사레는 10월에 프랑스로 출발했다. 그는 1499년 1월 루이 12세와 안이 결혼하는 데 필요한 교황의 승인장을 가지고 갔다. 한편 루이 12세는 카를로타가 체사레와의 결혼을 거부하면서 홍정의 조건을 맞추는 데 어려움을 겪고 있었다. 마침내 루이 12세는 샤를로트 달브레라는 충분히 받아들일 만한 대안을 찾는 데 성공했다. 5월에 체결된 혼인 계약서에는 프랑스 왕의 기대를 반영한 한 가지 조항이 들어 있었다. 내용인즉 체사레와 그의 가문이 나폴리와 밀라노 원정에서 자신을 도와야 한다는 것이었다.[7] 알렉산데르와 루이 12세를 연결하는 모든 의무와 이해관계는 바로 이 결혼과 체사레 보르자에 대한 프랑스 왕의 후원 관계에서 비롯되었다. 교황청과 프랑스 사이에 공식적인 동맹관계는 존재하지 않았다.

나폴리 원정을 계획했던 샤를 8세와 마찬가지로 루이 12세도 이탈리아 원정 전에 먼저 왕국의 국경을 단속하려고 했다. 왕위에 오른 지 몇 달도 되지 않아 부르고뉴 공작령을 수복하려는 막시밀리안이 동부 국경지대를 침공했다. 막시밀리안이 대동한 소수의 병력은 지방 주둔군에 의해 쉽게 격퇴되있다. 루이 12세는 막시밀리안의 아들 필리프 대공과 협상을 진행함으로써 외교적으로도 선수를 쳤다. 이제 어머니로부터 물려받은 영지를 직접 통치할 만큼 나이가 찬 필리프는 아버지의 후견에서 벗어나 독자적으로 행동하려고 했으며 프랑스에 대한 적대감도 훨씬 덜했다. 1498년 8월에 체결된 조약에서 필리프는 부르고뉴와 피카르디에 대한 권리를 주장하지 않고, 플랑

CÆSAR BORGIA

AUT CÆSAR
AUT NIHIL

체사레 보르자(1475–1507)는 르네상스 시대 이탈리아의 주요 인물 중 한 명으로, 교황 알렉산데르 6세의 아들이었다. 그는 정치인이자 군사 지도자로 활동했으며, 마키아벨리의 『군주론』에 큰 영향을 주었다.

드르 백작령에 대해서는 봉신 서약을 하는 대신 아르투아의 세 도시를 받는 데 동의했다. 화해에 응하지 않은 막시밀리안은 어떠한 효과적인 대응도 할 수 없었다. 헨리 7세가 루이 12세의 제안에 선뜻 동의함으로써 1498년 7월 갱신된 에타플 조약으로 추가적인 안보 조치도 확보했다. 페르난도 및 이사벨 여왕과의 협상은 더 난항을 겪었지만 8월 초 마르쿠시 조약을 체결했다. 프랑스와 스페인 사이의 주요 국경 분쟁은 전혀 다루어지지 않았지만 양국은 공통의 적을 상대한다는 데 인식을 같이했다. 다만 교황은 예외로 했고, 다른 이탈리아 세력에 대해서도 전혀 언급이 없었다.

루이 12세는 밀라노 침공에 적극적인 도움을 줄 베네치아와의 동맹 협상에도 착수했다. 루이 12세와 베네치아 모두 좋은 관계를 맺으려고 했으며, 1498년 7월에 베네치아 의회는 이미—원칙적으로—루도비코 스포르차를 상대로 한 루이 12세의 전쟁에 참여할 것을 결정했다. 이는 베네치아와 루도비코 스포르차의 사이가 얼마나 나빴는지 분명하게 보여준다. 많은 베네치아인이 그를 제거하기 위해서라면 프랑스 왕 같은 강력한 군주가 그들의 이웃이 되고, 또 롬바르디아의 지배를 놓고 자신들과 경쟁자가 되는 것을 무릅쓰고서라도 프랑스 왕을 노울 준비가 되어 있었다. 도세doge를 비롯한 다른 이들은 이 정도의 위험 부담을 감당할 필요가 없다고 생각했지만 그들은 의회에서 이 문제를 다룰 때마다 장시간의 토론 끝에 거듭 표결에서 패배했다.

몇 가지 중요한 문제에 대한 이견이 협상을 길게 끌었다. 하나는 피사 문제였다. 루이 12세는 피사를 피렌체에 되돌려주거나 자신이나 교황이 관리하길 원했다. 반면 베네치아는 피사의 독립을 바랐다. 다른 문제는 밀라노 영토에서 베네치아의 몫을 어느 정도로 할 것인가였다. 베네치아 내 몇몇 낙관적 전망에 따르면, 심지어 루이 12세가 공작령 전체를 베네치아에게 주고 대신 매년 조공을 받는 것으로 만족할지도 모른다고 관측했다. 보다 현실적으로는 루이 12세가 아다강 양안에 접하는 영토 정도는 양보할 것이라는 전망도 있었다. 하지만 루이 12세는 이것도 지나친 요구라고 보았고, 베네치아는 강의 좌안 정도에만 만족해야 한다고 주장했다. 또 다른 쟁점은 프랑스가 10만 두카트의 경비를 베네치아가 부담해야 한다고 요구한 점이었다. 베네치아는 그 정도의 경비를 요구하는 것은 왕의 명예에 걸맞지 않다고 주장했다. 하지만 루이 12세는 프랑스 백성들에게 원정 경비는 이탈리아 사람들이 부담한다고 말할 수 있기를 바란다며 프랑스 협상 대표단의 입장을 두둔했다.[8] 피사 문제는 베네치아가 에르콜레 데스테의 중재안을 받아들임으로써 의제에서 빠졌다. 또한 베네치아는 향후 자신들이 획득할 영토를 크레모나시와 아직 자신들이 장악하지 못한 아다강 동안의 영토 전체로 한정했다. 프랑스가 요구한 보조금 지불에도 동의했다. 그들은 중기병 1,500명, 보병 4,000명으로 동부 방면을 공격하여 프랑스의 밀라노 침공을 돕고, 어떤 식으로든 루이 12세의 제노바 침공을 방해하지 않기로 했다. 대신 프랑스는 오스만이 베네치아를 공격할 경우 해군을 지원하기로 약속했다. 1499년 2월 9일, 블루아에서 조약이 체결되었다. 하지만 몇 주간은 비밀에 부쳐졌다.[9] 동맹이 공개된 이후에도 여전히 이탈리아 사람들 사이에서는 베네치아가 정말로 프랑스의 밀라노 침공을 도울 것인지를 두고 회의적인 시각이 존재했다. 이는 베네치아가 지원하지 않는다면 침공은 이루어지지 않을 것이라는 믿음으로 이어졌다.[10]

　루이 12세는 밀라노 국경 서쪽 지역에서도 동맹을 확보했다. 프랑스는 집요하고 끈질긴 외교적 노력으로 때마침 루도비코 스포르차로부터 비교적 관대한 제안을 거절당한 사보이아의 젊은 공작 필리베르토를 끌어들이는 데 성공했다. 1499년 6월 최종 체결된 조약에 따르면, 공작은 프랑스 창기병 200명에 대한 지휘권과 그에 따른 수당을 지급받는 대신 프랑스에 경기병 600명과 보병 2,000명을 제공하며, 프랑스군의 영토 통과도 허가하기로 했다. 루이 12세는 또한 (1495년 노바라 포위전 당시 내내 자신과 함께했던) 살루초 후작 루도비코의 지원을 확보하고, 그의 부대 병력을 창기병 60명에서 100명으로 증원하기로 했다. 아울러 창기병 50명과 기마궁수 200명에 대한 지휘권을 미성년 조카 굴리엘모 후작을 대신해 몬페라토를 통치하고 있던 코스탄티노 아르니티에게 부여했다. 이러한 노력들에 맞선 루도비코 스포르차의 대응은 더디고 비효율적이었다.[11] 이제 이탈리아로 가는 길이 프랑스군에 열렸다.

　루이 12세가 공개적으로 표명한 바에 따르면, 침공에 소요되는 비용은 정복 후 밀라노의 새정으로 충당되어야만 했다.[12] 하지만 군인들에게 지급할 선불 비용은 필요했다. 문제는 그가 즉위할 당시 국고가 적자 상태였다는 것이다. 그러나 루이 12세는 샤를 8세보다 재정 문제에서 훨씬 더 (탐욕스럽다는 말을 들을 만큼) 치밀했다. 1499년 4월, 그는 2년치 전쟁 비용을 충당할 만큼 자금을 모았다고 주장했다.[13] 그는 무질서하게 방치된 군대도 개혁해야 했는데, 특히 중기병대의 육성과 재조직이 시급했다. 1499년 여름, 노르망디, 피카르디, 영국 및 스위스인 수천 명으로 구성되는 보병부대 모집령이 떨어졌다. 스위스 용병부대를 확보하는 데는 어느 정도의 시간과 신중한 외교적 노력이 필요했다. 1499년 3월, 루체른 조약이 체결되어 스위스와의 동맹이 갱신되었다. 프랑스 왕은 2만 리브르를 스위스에 지불하는 대신 제공 가능한 수준에서 자신이 필요로 하는 만큼의 병력을 소집할 수 있는 공식 승인을 획득했다. 군대를 지휘할 지휘관으로는 리니와 도비니 그리고 트리불치오를 발탁했다. 군대는 5월부터 아스티에 집결할 예정이었고, 여전히 그곳에 주둔 중인 트리불치오가 밀라노 공격의 선봉에 설 것이었다.[14]

　루도비코 스포르차의 방어 준비는 잘 진행되지 않았다. 프랑스 왕의 단호하고 집요한 외교적 노력이 그를 완전히 압도했다. 루도비코도 가끔씩 치열하게 외교적 노력을 경주했지만 번번이 우유부단함과 자만심에 엇나가곤 했다. 이탈리아 내에서는 페데리코만이 실질적인 지원을 제공할 준비가 되어 있었다. 페데리코에게는 프랑스의 이탈리아 침공을 반대할 분명한 이유가 있었다. 그렇다고 루도비코를 돕기 위해 자기 왕국의 방어를 양보할 만큼은 아니었다. 밀라노 공작이 가장 큰 기대를 건 것은 막시밀리안의 지원이었다. 1493년부터 1498년까지, 루도비코는 제국의 공작령 책봉과 1493년 막시밀리안과 결혼한 조카 비앙카의 지참금으로 대략 100만 두카트를 그에게 지불했다. 그 대가로 루도비코는 밀라노 공작령이 제국의 완전한 일부로 편입되고 공격을 받을 경우 막시밀리안이 방어해주기를 바랐다. 그러나 그가 막시밀리안으로부터 받은 지원이라고는 몇몇 외교적 개입에 불과했다. 한편 프랑스의 밀라노 공격에 가담한 베네치아의 위협에 맞서 루도비코는 바예지드에게 사절을 보내 베네치아를 상대로 한 튀르크의 전쟁을 전비 지급을 통해 돕겠다고 제안했다. 그만큼 루도비코는 돈의 힘에 의존했다. 1498년 가을에는 루이 12세의 요구를 아예 돈으로 매수하여 매년 그에게 조공을 바치겠다는 제안을 하기까지 했다.[15]

그의 돈이 군대를 정비하는 데 쓰였다면 더 효과적이었을 것이다. 밀라노의 군사력은 계속해서 부실해졌는데, 무관심과 부실한 보수 그리고 능력 있는 지휘관들을 붙잡아두려는 노력을 수년간 거의 기울이지 않은 결과였다. 루도비코는 프란체스코 곤차가를 고용하기 위해 어느 정도 노력했지만 베네치아에 빼앗겼다. 1499년 당시 밀라노군에 복무한 지휘관들 가운데 산세베리노 형제가 유명했는데, 그렇다고 해도 그들의 아버지 로베르토에 비할 바는 아니었다. 공작이 총애하는 사위 갈레아초도 열병식과 마상시합에서는 빛이 났지만 유능한 현장 지휘관은 아니었다. 1499년 3월, 루도비코에 따르면 그의 병력은 중기병 1,500명, 경기병 1,100명 그리고 보병은 기껏해야 5,000명으로, 그의 판단으로는 당시 루이 12세가 갖춘 병력에 비해 기병의 수는 다소 적었고 보병은 절반밖에 되지 않았다.[16]

루도비코는 베네치아의 위협에 대한 대응으로 자신과 페데리코가 지원하는 비용으로 막시밀리안이 독일 병력을 동원하여 베네치아 국경을 침략해주길 바랐다. 또한 피렌체가 중기병 300명과 보병 2,000명을 지원해주기를 바랐지만 거절당했다. 에르콜레 데스테는 소수의 중기병을 파견한 것이 전부였고, 그의 아들 알폰소는 루도비코의 비용으로 200명의 중기병부대를 운영하고 있으면서도 편리

비앙카 마리아 스포르차(1472–1510)는 밀라노 공작 갈레아초 마리아 스포르차의 딸이자
신성로마제국 황제 막시밀리안 1세의 황후였다. 어린 나이에 사보이아 공작과 결혼했으나
사별했고, 막시밀리안 1세와 재혼했다. 막시밀리안 1세와의 사이에서 자녀는 없었다.

하게도 시의적절하게 매독에 걸리는 바람에 매형 루도비코를 도우러 출전하지 못했다. 페데리코는 루도비코가 프랑스의 침공을 당할 경우 지원하겠다고 공언한 대로 프로스페로 콜론나가 지휘하는 중기병 400명과 보병 1,500명을 파병했지만 너무 늦는 바람에 아무 소용이 없었다. 밀라노 공작이 다른 이탈리아 국가로부터 받은 유일하게 실효성 있는 지원은 자신의 미성년 아들을 대신해 로마냐의 이몰라와 포를리를 통치하고 있던 조카 카테리나 스포르차가 보낸 보병 500명이 전부였다.[17]

　루도비코는 7월이 되어서야 외국 용병을 고용하는 데 진지한 노력을 기울이기 시작했다. 스위스인 수천 명이 용병 일을 위해 찾아왔다. 하지만 스위스 당국이 루이 12세에게 제공한 것과 같은 조직화된 부대를 고용할 수는 없었다. 공작은 하는 수 없이 개인이나 소집단으로 이루어진 용병단에 의존해야만 했다. 하지만 이들은 조직화된 용병부대만큼 엄격한 규율과 실전에서의 전술적 역량을 발휘할 수 없었다. 독일의 보병단과 부르고뉴의 기병 및 포병을 모집하기 위한 시도도 역시 늦었다.[18] 공작령 요새에서 뜯어낸 총포류를 긁어모아 간신히 포병부대 하나를 만들어냈다. 공작령 내 요새들의 방비 상태도 좋지 않았다. 요새를 수리해보려는 노력이 4월부터 시작되었지만 이내 중단되었다. 루도비코는 갈레아초 다 산세베리노에게 "수리에 필요한 시간을 정확히 계산하여 마지막 순간까지 기다린 뒤 작업을 재개하라"[19]고 명령했다. 작업은 7월 15일 트리불치오가 국경을 넘어서고 나서야 다시 시작되었다. 루도비코가 아직도 방어 태세를 갖추고 더 많은 병력을 모집하고 고용하느라 정신없는 동안 프랑스군의 침공이 시작되었다.

루도비코는 공작령 방어를 위해 주민들을 대상으로 대규모 보병 동원령을 내렸다.[20] 그러나 그는 인기 있는 군주가 아니었다. 그의 통치 아래 많은 불만을 야기한 스포르차 정부의 행태들—지역 사회에 깊이 뿌리 내린 저명한 귀족 가문들보다 신분이 낮은 총신들 우대하기, 편파적인 정의, 높은 세금, 지방 권력 구조에 공작가 가신들의 개입 등—이 부각되었다. 공작이 자신의 사익을 위해 국가 자원을 관리하고 이용한다는 민심이 확산되면서 불만은 더욱 고조되었다.

프랑스의 밀라노 침공, 1499-1500

도시 내부 공모자들의 조력을 받아 알레산드리아를 장악하려던 시도와는 별개로, 7월에 시작된 트리불치오의 침공은 국경 부근에서 소규모 요새 몇 개를 장악하는 데 그쳤다. 밀라노와 베네치아에서는 이를 베네치아를 자극해 그들 스스로 밀라노에 대한 공격 준비를 완료하게 하려는 숨은 의도를 지닌 것으로 믿었다.[21] 8월 말경, 니콜로 오르시니가 지휘하는 베네치아군이 아디제강을 건너 밀라노 영토에 침입했다. 병력은 중기병 1,600명과 경기병 600명을 포함해 총 1만 2,000명 규모였다.[22] 베네치아군이 블루아 조약에서 베네치아 몫으로 할당된 영토를 차지하기 위해 공격을 개시했을 때 저항은 거의 받지 않았다. 가장 중요한 지역인 크레모나시는 9월 8일 항복했고, 도시의 요새는 일주일을 더 버텼다.

서부에서는 8월 중순까지도 제대로 된 원정이 시작되지 않았다. 3만 명을 언급했지만 루이 12세 본인도 병력이 얼마나 준비되었는지 확신하지 못했다. 추산컨대 기병 약 1만 명—창기병 1,500명과 경기병 800명 포함—에, 보병 1만 7,000명 정도였다. 그중 스위스 보병이 6,000명이고, 나머지는 대체로 사보이아인 2,000명과 포병 2,500명을 포함한 프랑스 보병이었다.[23] 밀라노군의 병력 규모는 추산이 더 어려웠다. 루도비코가 여전히 군대를 모집하고 있었기 때문이다. 베네치아 자료에 따르면 총 2만 3,000명 규모로 추정된다.[24] 루이 12세는 신속하게 실행되는 원정을 원했다. 그는 장기간의 포위공격보다는 모든 것을 쏟아부은 결정적인 전투를 선호했다. 또한 맨 처음 점령한 지역을 매우 잔인하게 다루어 다른 지역들의 항복을 끌어내겠다는 의도를 분명히 했다.[25] 아스티에서 약 5마일 떨어진 로카다라초가 이러한 운명을 맞을 첫 번째 밀라노 요새였다. 포격 다섯 시간 만에 400명의 수비대가 항복했는데, 그들 중 다수가 주민들과 함께 학살되었다. 4일간의 저항 끝에 8월 19일 함락된 안노나에서는 수비대 포함 수백 명의 주민이 칼로 난자당했다. 보게라와 토르토나 같은 도시들은 이러한 본보기에 놀라 프랑스군에 맞서기를 포기하고 서둘러 항복을 선언했다. 이윽고 프랑스군은 알레산드리아시를 포위했다.

루도비코는 전투를 피하고 프랑스군이 공성전에서 힘을 빼게 한다는 계획을 세웠다. 알레산드리아와 파비아는 이 방어 전략에서 결절점 nodal point 에 해당하며, 그가 병력을 더 모을 수 있게 시간을 벌어주어야 했다.[26] 하지만 이 전략은 시간과 돈이라는 곧 부족해질 자원과 그의 백성들이 그에 대해 거의 갖지 못하는 충성심에 의존했다. 포위공격이 시작된 지 겨우 며칠 만에 그의 무능한 지휘관 갈레아초다 산세베리노는 알레산드리아를 버리고 도망갔다. 성에는 5,000명

Nicola Orsini conte di Pitigliano morto nel 1510.

니콜로 오르시니(1442-1510)는 이탈리아의
군사 지도자이자 귀족이었다. 오르시니 가문
의 일원으로 피틸리아노 백작이었던 그는 베
네치아 공화국의 장군으로 활동했으며, 이탈
리아 전쟁에 참여했다. 그의 가문은 13세기
부터 피틸리아노를 통치했다.

의 병사가 남았지만 주민들은 루도비코 스포르차를 위해 자신들을
희생할 생각이 조금도 없었다. 다음 날인 8월 29일 아침, 프랑스군이
도시에 입성했다. 밀라노군 대부분은 싸우기보다 도망치기에 급급했
지만 대략 3,000명이 사로잡혀 무장해제되었다. 약탈이 있었지만 학
살은 일어나지 않았다. 갈레아초는 파비아로 달아났다. 하지만 주민
들이 그와 그의 부하들을 받아주지 않아 밀라노로 가야 했다.

　낙담에 빠져 우유부단해진 루도비코는 점점 더 적대적으로 변
해가는 주민들 때문에 사실상 자신도 성안에 갇혔음을 깨달았다. 서
쪽에서는 프랑스군이 사실상 아무런 저항도 받지 않고 진격해오고
있었고, 동쪽에서는 베네치아군이 빠르게 다가오는 상황이었다. 루
도비코는 북쪽으로 달아나 막시밀리안에게 보호를 요청했다. 그보다

앞서서는 동생인 아스카니오에게 아들들을 보내 보살핌을 받도록 했다. 9월 2일, 공작이 밀라노를 출발한 지 몇 시간 만에 트리불치오와 주로 이탈리아인으로 구성된 병력 5,000명이 밀라노에 입성했다. 트리불치오는 프랑스군의 입성을 차단하며 그들이 밀라노를 적대적인 도시로 취급할 위험을 사전에 방지했다. 며칠 후, 프랑스군은 베네치아 몫인 기아라다다(제라다다)와 크레모나를 제외한 공작령의 나머지 영토를 확보하기 위해 흩어졌다. 밀라노인들은 이 영토들이 베네치아로 넘어가는 것을 불편한 심정으로 바라보았다. 트리불치오도 공작령이 분할되어서는 안 된다는 점에서는 그들과 같은 심정이었다.[27] 밀라노 시민들의 입장에선 공작령이 공작의 영토인 만큼이나 자신들의 것이기도 했다.

프랑스에 남아 자신의 군대가 순조롭게 진군하고 있다는 소식을 접한 루이 12세는 친정을 결정했다. 이동 중에 그는 9월 17일 밀라노 요새가 항복했다는 소식을 들었다. 새롭게 차지한 공작령을 지나는 루이 12세의 행군은 백성들에게 복종을 강요하기 위해 다가오는 위풍당당한 정복자의 진군이라기보다는 휴식과 사냥이 어우러진 느긋한 여정이었다.

10월 6일, 밀라노에 정식 입성하면서 왕은 공삭의 복상인 회색(다람쥐) 모피로 장식된 흰색 망토를 걸쳤다. 프랑스와 이탈리아 고관대작들의 눈부신 행렬이 왕과 함께 대로를 통과했다. 이탈리아 고관대작들로는 공작령 내의 많은 귀족 외에도 프랑스 왕으로부터 군 지휘권을 부여받은 사보이아 공작, 몬페라토와 살루초 후작 그리고 체사레 보르자가 있었다. 군 지휘권이 없는 만토바 후작과 페라라 공작도 참석했다. 교황의 특사 조반니 보르자 추기경과 피렌체, 제노바, 시에나, 피사 및 루카에서 파견한 대사들의 모습도 볼 수 있었다. 다른 두 명의 추기경 줄리아노 델라 로베레와 조르주 당부아즈도 국왕과 동행했다. 화려하게 치장된 거리는 좋은 옷으로 차려입고 구경 나온 밀라노 시민들로 가득했다. 그러나 베네치아의 보고에 따르면, 약간이라도 진정성이 담긴 환호는 거의 볼 수 없었다.[28]

많은 밀라노인이 이제 프랑스의 직접 통치 아래 놓이리라는 사실을 깨닫기까지는 어느 정도 시간이 필요했다. 특히 도시의 유서 깊은 가문 출신 인사들은 밀라노가 프랑스 왕에게 매년 일정한 세금을 납부하는 조건으로 (제노바를 제외하고) 스포르차가 통치한 모든 영토에 대해 지배권을 유지하는 자치적인 공화국으로 남기를 희망했다. 파비아 같은 공작령 내의 다른 도시들도 밀라노에 종속되지 않는 자치권을 원했다. 하지만 루이 12세와 그 측근들은 이러한 열망에 대해 어떠한 이해나 공감도 가지고 있지 않았다. 루이 12세는 많은 프랑스 귀족과 군 지휘관에게 관대하게 영지를 하사함으로써 공작령의 행정적 통합성을 약화시켰다.[29]

루이 12세가 밀라노에 체류하는 동안 공작령의 새로운 행정 구조에 대한 구상이 이루어졌다. 가장 오랫동안 남을 혁신은 상원 설치였다. 프랑스의 고등법원처럼 공작령 전체의 민간 행정기구를 감독하는 역할을 맡았다. 17명의 구성원 가운데 과반 이상이 이탈리아인이었고, 의장은 프랑스인이 맡았다. 재무 행정의 수장 자리에는 프랑스의 지방행정구역과 마찬가지로 재무총감이 임명되었다. 군사 업무는 프랑스 지방행정구역의 주지사와 유사한 권력을 가지면서 동시에 공작령에서 가장 중요한 정치적 권한을 가진 자리이기도 한 총독에게 주어졌다. 그 자리는 트리불치오에게 돌아갔다.

11월 8일 국왕이 프랑스로 돌아가기 위해 밀라노를 출발하기도 전부터 불화의 조짐이 보였다. 밀라노의 주민 대표단이 루이 12세에게 공식적으로 충성 서약식을 갖기로 한 10월 29일 전날 폭동이 발생했고, 그 와중에 세무 관리들이 불에 타 죽었다. 루이 12세는 주민들을 진정시키기 위한 연설에서, 자신이 롬바르디아 침공에 40만 두카트를 썼는데 주민들이 기꺼이 세금을 납부해준다면 왕실 금고를 채우는 데 쓰지 않고 주민들을 위해 쓸 것이라고 말했다.[30] 프랑스군이 도시 민가에서 숙영하는 것도 또 다른 불만 요인이었다. 자신들의 손쉬운 승리를 자축하는 프랑스 병사들의 눈꼴사나운 거만함이 문제의 전부는 아니었다. 스포르차 통치 시절에는 병사들이 보통 농촌 민가에서 숙영했던 것이다. 징계령이 공포되고 본보기로 처형이 집행되면서 어느 정도 효과가 나타나기도 했지만 불만은 곪아가고 있었다.

트리불치오가 총독에 임명된 것도 또 다른 불만의 원인이었다. 밀라노의 많은 귀족들이 밀라노 출신 인사의 임명을 반기기는커녕 동급으로 치지도 않았던 자의 정부에 복종해야 한다는 사실에 분개했다. 더욱 문제인 것은 그가 겔프당*의 주요 인사라는 점이었다. 매 단계마다 밀라노 정계의 씨실과 날실을 구성하는 겔프와 기벨린 파벌의 존재를 계산에 넣어야 하지만 어느 특정한 상황에서 구체적으

---

* 중세 말기 로마 교황과 신성로마제국 황제의 대립 때 교황을 지지한 당파이다. 그에 반해 기벨린당은 황제를 지지했다.

로 어떻게 영향력을 행사할지는 판단하기 어려웠다. 전통적으로 겔프당과 앙주가기 연계되어왔다고 해서 모든 겔프당원이 트리불치오와 프랑스를 지지한 것은 아니었다. 마찬가지로 모든 기벨린당원이 그들에 반대한 것도 아니었다. 트리불치오는 겔프당을 통해 공작령 전역에 걸쳐 자신의 개인적 권위를 강화하려고 했다. 기벨린당 귀족들이 루도비코 스포르차의 복권을 지지한 것은 프랑스 왕이 아닌 트리불치오에 대한 적대감 때문이었다.[31]

루도비코 스포르차의 귀환과 최후의 패배

루도비코는 줄곧 밀라노에서 가져온 보물을 이용해 제국에서 병력을 모집하여 돌아갈 기회를 엿보고 있었다. 그와 아스카니오가 독일 보병을 주력으로 하고 스위스 보병과 알바니아 경기병 그리고 부르고뉴 중기병으로 이루어진 3만 명 혹은 그 이상의 병력을 모았다는 소문이 파다했다. 아마도 8,000명이라고 보는 것이 더 정확할 것이다.[32] 트리불치오는 리니가 지키고 있는 북부 국경지대에 증원군을 보냈다. 1월 20일, 스포르차군이 알프스를 통해 남쪽으로 진군하며 키아벤나와 벨린초나 그리고 도모도솔라를 점령했다. 프랑스는 포병의 화력으로 코모를 공격한 아스카니오의 공세를 물리쳤다. 리니는 계속해서 저항을 이어가고 싶어했다. 하지만 1월 말 밀라노에서 발생한 소요 사태를 억누르는 데 실패한 트리불치오가 그를 남쪽으로 소환했다. 2월 1일, 트리불치오와 리니는 성에 강력한 수비대를 남겨놓고 밀라노에서 빠져나와 서부 노바라로 퇴각했다. 아스카니오는 코모를 점령하고, 2월 3일 약 6,000명의 독일 보병부대와 함께 밀라노에 입성했다.

이틀 뒤, 의기양양해진 그의 형도 정식으로 입성했다.

과거의 잘못을 어느 정도나마 의식하고 있던 루도비코는 밀라노인들에게 행한 연설에서, 스스로를 군인 군주로 내세우며 프랑스와 베네치아로부터 백성들을 지킬 준비가 되어 있고, 현명한 군주로서 언제든 조언과 충고를 받아들일 준비가 되어 있다고 공언했다.[33] 루도비코가 프랑스를 상대로 군대를 지휘하는 동안 아스카니오는 밀라노에 남아 공작령 통치에 전념했다. 특히 기벨린당이 겔프당을 상대로 보복을 벌이는 가운데 질서를 유지해야 했고, 자발적인 기부를 받아 군비도 마련해야 했다.

스포르차 가문은 자신들의 지불 능력보다 더 많은 병력을 모집했음을 깨달았다. 2월 중순 기준 병력 현황을 보면, 루도비코는 독일 보병 6,000명에 이탈리아 보병 4,000명 그리고 중기병 500명을 보유했고, 추가로 스위스 병사 1만 5,000명, 부르고뉴 기병 1,500명, 독일 중기병 300명이 합류하는 중이었다. 여기에 루도비코가 수천 명의 이탈리아 보병을 추가 모집하라고 지시한 상태였다.[34] 루도비코는 베네치아군이 공작령 동부를 확보하는 데 주력하는 동안 프랑스군을 상대하는 데 전력을 집중했다.

2월 9일, 파비아가 루도비코군의 오랜 포격 끝에 굴복했다. 이틀 후에는 루도비코군이 공격하기도 전에 비제바노가 항복했다. 이제 양군은 하루만 달리면 닿을 수 있는 거리에 도달했다. 프랑스군은 로마냐에 주둔 중이던 이브 달레그르가 상당수의 병력을 이끌고 합류했다. 2월 말, 중기병 100명, 보병 1,000명과 함께 달레그르가 노바라의 방비 강화를 위해 파견되었다. 대략 1만 1,000명쯤 되는 프랑스군의 주력은 모르타라에 주둔했다.[35] 루이 12세가 파견한 상당한 규모의 프랑스 증원군이 도착하는 동안 루도비코는 지금이 노바라를 공격할 적기라고 판단했다. 3월 5일 공성이 시작되었고, 시내까지 루도비코 군의 돌파가 이루어진 적도 있었지만 격퇴되었다. 3월 20일, 루도비코 군이 집중포화를 퍼부었다. 공포에 질린 시민들은 항복을 제안했다. 장기간의 포위공격을 버티느니 전력을 보존해 훗날의 결전에 대비하는 게 낫다고 판단한 프랑스군은 루도비코와의 평화협정에 동의했고, 이틀 후 철수했다.

루도비코군은 기강이 해이했고 식량과 자금도 부족했다. 3월 하순경 벌써 2,000명의 스위스군이 이탈했는데, 그때가 마침 프랑스가 이제 막 모집한 수천 명의 스위스 증원 부대가 모르타라에 도착하기 시작한 시점이었다. 여기에 더해 루이 12세가 보낸 노련한 장수 루이 드 라 트레무아유가 500명의 창기병과 함께 도착했고,[36] 많은 프랑스 귀족들이 전투에 참여하기 위해 서둘러 군대에 가담하는 중이었다. 라 트레무아유가 총책임을 맡아 군대를 더 잘 정돈된 상태로 이끌었다.

라 트레무아유의 지휘 아래 프랑스군은 노바라로 진격했고, 4월 8일 도착했다. 루도비코는 도시 외곽에서 병력을 전투 상태로 배치했다. 보병을 중앙에 두고 중기병을 우익에, 경기병을 좌익에 세웠다. 프랑스군은 그들을 향해 진격했다. 일부 기병 간의 소규모 접전과 포격을 주고받은 뒤 양측의 보병부대가 격돌했다. 루도비코 측 이탈리아 보병부대의 선두 대열이 흔들리자 스위스와 독일 보병들이 지원을 거부했다. 곧바로 루도비코군은 혼란에 빠져 노바라성으로 후퇴했다. 밤마다 양 진영의 스위스 용병들이 서로 어울렸는데, 이는 부르고뉴인과 프랑스인도 마찬가지였다. 스위스 용병들과 부르고뉴 용병들은 협상을 통해 상호 안전통행을 보장했다. 또한 그들 사이에서 루도비코가 발견될 경우 그를 보호하지 않기로 합의했다. 루도비코의 나머지 병력은 도시를 버리고 달아날 때 프랑스군에 쫓겨 각자도생할 수밖에 없었다. 스위스 용병들은 프랑스군에 있는 자신들의 동족을 통해 개별적으로 신원을 보장받을 수 있었다. 결국 절망적인 상태에 빠진 공작은 비대하고 창백해진 몸으로 어울리지 않게 스위스 보병으로 분장했으나 발각되어 구금되었다.[37]

형의 패배와 억류 소식을 들은 아스카니오는 루도비코의 어린 두 아들을 막시밀리안에게 보냈다. 그리고 자신은 남쪽으로 도피를 시도했는데, 호위 부대와 함께 베네치아군에게 잡혔다. 프랑스군은 아무런 저항도 받지 않고 스포르차가 점령했거나 그를 지지했던 모든 지역을 신속하게 재점령했다. 공작의 복귀를 가장 앞장서서 지지했던 사람들은 보복을 피해 공작령 밖으로 달아나려고 했지만 상당수가 체포되었다. 아스카니오처럼 베네치아 점령 영토에서 안전을 확보했다고 생각했던 사람들도 프랑스에 인도되었다. 아스카니오와 루노비코는 포로 신분으로 프랑스에 이송되었다—루도비코는 심엄한 감금 상태에서 여생을 마감하고, 아스카니오는 결국 풀려난다.

불과 몇 달 전 프랑스 왕에게 충성을 맹세했던 밀라노 주민들의 반란 그리고 그와 동시에 이루어진 스포르차의 짧은 복권으로 공작령과 그 주민들에 대한 프랑스의 태도는 변화한다. 프랑스군의 폭력과 약탈은 침공 직후보다 심해졌고, 스포르차를 지지한 도시들은 막대한 배상금으로 속죄해야 했다. 밀라노시에는 전쟁 비용 전체에 해당하는 80만 두카트라는 경악할 만한 액수의 배상금이 책정되었다. 시민들은 협상을 통해 가까스로 그 금액을 30만 두카트로 낮추었지만 밀라노같이 부유한 도시도 허리가 휘어질 정도로 벅찬 액수였다. 파르마에 대해서는 7만 5,000두카트를 요구했으나 3만 두카트로 타협이 이루어졌고, 파비아는 5만 두카트, 로디는 2만 두카트를 지불해야 했다.[38] 형벌을 집행하고 행정을 재조직하는 등의 전반적인 책임은 루이 12세가 라 트레무아유와 함께 이탈리아로 파견한 당부아즈 추기경이 맡았다. 그는 베르첼리 작전이 끝나기를 기다렸다가 4월 14일 2,000명의 병력을 대동하고 밀라노시에 입성했다.[39]

다시 재편된 공작령 정부는 전보다 훨씬 더 군사적인 성격이 강했다. 루이 12세는 도비니와 추기경의 젊은 조카 샤를 드 쇼몽 당부아즈를 부총독으로 임명했다. 라 트레무아유는 국왕의 부름을 받고 6월에 당부아즈 추기경 그리고 트리불치오를 비롯한 많은 롬바르디아인과 함께 프랑스로 돌아갔다. 많은 병력이 공작령에 남았는데, 창기병 1,200명과 스위스 용병 1만 명이 남았다는 추산이 있다. 라 트레무아유에게 보고된 추정치에 따르면 창기병 수는 총 845명이었다.[40] 한편 적어도 향후 몇 년간 공작령 정부에 대한 실질적인 감독권은 당부아즈 추기경에게 있었던 것으로 보이며, 이는 1501년 6월부터 9월까지 밀라노에 장기간 체류하는 동안 더욱 강화되었다.

공작령 행정의 세세한 사항들을 결정하는 데까지 루이 12세의 재상이 관여할 만큼 밀라노는 왕에게 중요한 곳이었다. 밀라노는 왕이 일생을 바친 열정의 대상이라고도 언급되었다.[41] 그러나 그는 밀

프랑스의 노련한 장수 루이 드 라 트레무 아유(1460-1525)는 세 명의 프랑스 왕 (샤를 8세, 루이 12세, 프랑수아 1세)을 섬기며 여러 작위를 보유했다. 생토뱅 뒤코르미에 전투에서 중요한 승리를 거두며 브르타뉴 전쟁에서 큰 공을 세 웠던 그는, 하지만 마지막이 된 파비아 전투에서 전사했다.

라노를 짧고 비정기적으로만 방문했다. 그곳에 영지를 하사받은 프 랑스 장군과 귀족들도 밀라노에 정착하려고 하지 않았다. 반란자들 의 재산을 그들에게 할당했을 때는 적어도 2~3년은 그곳에 머문다 는 조건이 전제되었다. 만일 재산을 처분하고 프랑스로 돌아가려고 할 경우에는 절반은 몰수되고 절반만 판매할 수 있었다. 그러나 이 규정이 광범위하게 시행된 것 같지는 않다. 반란자들의 재산을 처분 하는 시장이 활발하게 돌아갔고, 처분된 재산 대부분은 반란자들의 친척 손에 들어갔으며, 프랑스인과 이탈리아인 수혜자들은 처분된 재산을 현금화해 수령했다.[42]

이탈리아 세력이 된 프랑스

나폴리 왕국을 통치했던 샤를 8세에 비하면 루이 12세의 밀라노 공작령 통치 체제는 보다 확고하고 완전하게 확립되었다. 밀라노 공작의 정치적 영향력은 공작령의 경계를 훨씬 넘어서까지 닿았다. 단지 동맹이나 전쟁에 참여하는 식으로만이 아니라 중소 영주나 루카와 시에나 같은 공화국들의 주인 혹은 '보호자' 자격으로 영향력을 행사했다. 루이 12세는 이탈리아 정치에서 단순히 밀라노 공작의 역할만 차지한 게 아니었다. 그의 힘은 더 강했고, 그의 이해관계는 더 다양하고 광범위했다. 이탈리아 국가 체제의 균형은 깨졌고, 다른 이탈리아 국가들은 제각각 새로운 질서에 적응해야 했다.

그중 하나인 제노바는 루이 12세가 법적으로 자신의 영토라고 생각했는데, 과거 루도비코 스포르차뿐 아니라 프랑스 국왕의 종주권 아래 있기도 했다. 1499년 9월 6일, 제노바는 공식적으로 루이 12세에게 항복하기로 결정했다. 시민 대표 24인으로 구성된 사절단이 밀라노에 있는 프랑스 왕에게 파견되어 완강한 프랑스 측 변호인들과 항복 조건을 놓고 까다로운 협상을 벌였다. 제노바인들은 사실상 자치를 원했다. 그러나 왕의 변호인단은 국왕 관리들을 통해 훨씬 더 광범위한 직접 통제가 이루어져야 하며, 왕이 전쟁에 참여할 경우 선박과 병사들을 의무적으로 제공해야 한다고 주장했다. 합의된 타협안에는 제노바가 유럽의 다른 국가들과의 무역에 의존하고 있다는 점을 양해해주는 내용도 있었다. 전시 상황에서 제노바는 프랑스 왕에게 선박을 공급해야 하지만 영국과 스페인 국왕 그리고 플랑드르 백작(부르고뉴 공작이기도 하다)을 상대로는 적대적인 임무를 수행하지 않아도 되었다.[43] 제노바인들은 루도비코 스포르차가 복귀했을 때도 그의 제안을 무시했고 아무런 도움도 제공하지 않았다.

프랑스는 만토바 후작, 페라라 공작, 볼로냐의 조반니 벤티볼리오 그리고 루카 공화국 등을 지목하며 몇몇 이탈리아 소국이 프랑스 왕과의 동맹과 선린을 배신했다고 주장했다. 1500년 5월, 프랑스는 베네치아에 사절을 보내 함께 이 나라들을 침공하여 영토를 취하자고 제안했다. 명분은 이 나라들이 신뢰를 저버림으로써 동맹에 야기한 비용을 회수한다는 것이었다. 이 제안에 흥미를 느낀 베네치아는 페라라와 만토바를 자신들 몫으로 내어줄 것을 요구했다. 프랑스는 베네치아가 적어도 자신들이 차지한 밀라노 영토의 일부를 양도하든 나폴리 왕국의 영토와 교환하든, 일정한 양보를 해야 한다고 보았지만, 베네치아의 제안을 충분히 고려할 만한 것으로 보았다.[44]

북부 이탈리아 영토를 어떻게 분배할지를 놓고 베네치아와 프랑스 사이에서 벌어진 설왕설래는 페라라 공작과 만토바 후작이 각기 프랑스와 교섭을 종결지으면서 마무리되었다. 루도비코가 밀라노로 복귀했을 때 모호한 태도를 취했다는 혐의를 받은 페라라 공작은 거액의 돈을 즉각 지불하는 것으로 루이 12세와의 관계를 회복했다. 다른 나라들도 프랑스가 요구하는 배상금을 지불함으로써 군사 보복의 위협을 피해갔다. 프란체스코 곤차가—루도비코에게 도움을 약속했다는 점과 1499년 10월 그에게 제공된 50명의 창기병부대로 군사적 지원에 나서지 않았다는 혐의를 받았고, 그의 형제 조반니는 1500년 3월 베네치아에 맞서 밀라노군을 지휘하기도 했다—의 경우에는 루이 12세가 5만 두카트의 배상금을 부과했다. 카르피와 코레조, 미란돌라의 영주들에게는 루도비코에게 약간의 도움을 제공했다는 이유로 각각 2만 5,000두카트의 배상금이 부과되었는데, 그 작은 영지들에서는 지급이 불가능한 수준의 부담이었다. 몬페라토 후작령의 총독^{governor} 코스탄티노 아르니티는 제공하기로 되어 있던 병력을 보내지 않았다는 혐의로 직위에서 해제되었다. 그를 대신해서 살루초 후작이 총독에 임명되었는데, 마치 자신이 몬페라토 후작이라도 되는 양 행세하자 루이 12세는 그를 해임하고 백성들의 지지를 받는 젊은 후작 굴리엘모에게 프랑스 보호 아래 정부 운영을 맡겼다.[45]

볼로냐 교황령의 민간 정부에게는 프랑스군이 볼로냐 영토를 통과할 때 보여준 불신의 태도는 물론이고 조반니 벤티볼리오가 밀라노로 복귀한 루도비코에게 축전과 자금을 보냈다는 사실에 대해서도 속죄해야 한다며 4만 두카트가 부과되었다. 시에나는 1500년 2월, 4,000두카트를 지참한 사절을 루도비코에게 보낸 것이 유죄로 지목되었다. 그 전해 가을, 시에나는 루이 12세와 동맹을 맺기 위해 시도했으나 좌절되었는데, 부분적으로는 프랑스 왕이 그에 대한 일 처리를 리니에게 일임했기 때문이다. 1495년 샤를 8세에 의해 시에나 군사령관으로 임명되었던 리니는 당시 자신이 남기고 갔던 수비병들을 시에나가 강제로 추방한 데 대해 배상을 요구했다. 새로운 계약을 통해 다시 그를 시에나 군사령관으로 임명하는 문제를 놓고 몇 개월간 협상이 진행되었으나 결론이 나지 않았다. 루도비코 복귀 후, 시에나가 다시 한 번 프랑스의 보호를 요청했을 때, 그들은 대가를 지불해야 한다는 말을 들었다. 한편 루카인들은 왜 죄를 추궁받는지도 불분명한 상태에서 프랑스에 피에트라산타와 모트로네—두 요새 모두 불과 몇 년 전까지 프랑스 지휘관들에게 현금을 지급하고 지키게 했던 곳이다—를 양도한 뒤 2만 5,000두카트에 되사야 했다.[46]

루이 12세와 당부아즈 추기경이 그 많은 약소 세력들이 저질렀다는 소위 배신 행위에 대한 처벌로 기꺼이 현금 지급을 받아들일 용의가 있었다는 사실은 그들에게 과연 북부 이탈리아의 광활한 지역을 정복할 진지한 의도가 있기는 했는지 의문을 갖게 한다. 만토바와 페라라 분할에 관해 베네치아와 논의한 것도 사실 베네치아가 장악한 밀라노 영토의 반환 협상을 시작하기 위한 술책이었을 수 있다. 루이 12세는 그의 군대가 알프스를 지나기 전부터 이탈리아인들이 밀라노 공작령 침공 비용을 부담해야 한다는 뜻을 분명히 했다. 루도비코 스포르차를 생포한 후, 프랑스 지휘관들은 각자 어떤 이탈리아 세력을 궁정에서 후원할지 논의했다. 당연히 그들은 자신들의 후원이 좋은 값을 받아낼 수 있을 거라고 예측했다.[47] 프랑스 장군들과 마찬가지로 루이 12세와 당부아즈 추기경도 보호의 대가로 돈을 요구하는 것에 전혀 거리낌이 없었다. 이는 이탈리아의 강대국과 약소국 사이의 권력관계 패턴에서 근본적인 변화가 발생했음을 의미한다. 15세기 이탈리아에서 '보호'는 대개 군사적 계약의 형태를 띠는 보조금을 의미했다. 약소 영주들과 작은 나라들은 자신들의 후원국들로부터 대가를 지불할 필요 없이 현금이나 실물 형태의 지원을 기대할 수 있었다. 그러나 프랑스인늘에게 '보호'는 대가를 지불해야 하는 것이었다. 그들은 겁박을 가해 돈을 뜯어내는 것을 명예를 더럽히는 일이라고 보지 않았다.[48]

　　피렌체인들은 어느 정도 다른 대접을 받았다. 1499년 10월 그들은 루이 12세와 동맹 문제를 협상했다. 그들은 루이 12세가 피사를 수복할 때 도움을 주기로 약속한 대가로 루이 12세의 이탈리아 영토 방위를 돕는 데 중기병 400명과 보병 3,000명을 제공하기로 했다. 또한 루이 12세가 나폴리 침공을 감행할 경우 500명의 중기병을 파병하기로 했다. 루도비코 스포르차에게 진 빚은 프랑스 왕에게 갚기로 했다. 실제로 밀라노를 장악하자마자 루이 12세는 피사를 신속하게 제압할 만한 상당한 규모의 병력을 파병하는 데 동의했다.[49]

프랑스 왕은 노련한 이브 달레그르를 파병 부대의 지휘관으로 임명하려고 했지만 피렌체인들은 현명하지 못하게도 무능한 보몽을 더 선호했다. 그가 1496년에 리보르노를 수복시켜주었기 때문이다. 비용 지불을 전제로 스위스 보병 4,000명과 가스코뉴 보병 2,000명이 파병되었다. 5월에 파르마에서 소집된 보병 1,500명에 대해서도 피렌체가 추가로 비용을 부담해야 했다. 파병 부대는 피렌체 비용으로 볼로냐, 미란돌라, 카르피 그리고 코레조에서 돈을 뜯어내기 위해 한 달간 시간을 질질 끈 다음에야, 이미 탈영으로 그 수가 줄어든 부대를 이끌고 6월 말 피사에 도착했다. 원정 도중 그들은 피에트라산타를 점령했는데, 피렌체로서는 실망스럽게도 그들에게 양도하지 않았다.

하루 동안 이루어진 프랑스군 포병대의 포격으로 피사 성문에 상당한 균열이 생겼다. 프랑스군은 난폭하게 공세를 강화했으나 피사인들이 맹렬히 방어한 내부 토사 방벽에 가로막혔다. 두 번째 시도는 없었다. 열흘이 지나지 않아 맨 처음에는 가스코뉴인들이, 그다음에는 스위스인들이 롬바르디아 쪽을 향해 집단적으로 되돌아갔다. 보몽은 굴욕적이게도 이를 멈추게 할 수 없었다. 프랑스에서 파병한 중기병부대를 겨울 동안 피렌체 영토에 주둔시켜 피사에 대한 압박을 유지하는 것이 어떻겠느냐는 프랑스의 제안을 피렌체인들은 거절했다. 그들은 프랑스군이 자신들의 문제를 해결할 수 있다는 신뢰를 상실한 상태였다. 원정의 실패로 프랑스와 피렌체가 상호 반목을 겪는 동안 피사인들은 루이 12세를 달래는 데 진력했다. 그들은 프랑스군의 공세를 격퇴한 다음에도 '피사'만이 아니라 '프랑스'를 연호했고, 원정군이 물러간 후에는 피사의 여인들이 성 밖에 남겨진 부상자들을 찾아 성으로 데리고 와서 건강이 회복될 때까지 돌봐주었다.[50]

또 다른 동맹인 교황에게 제공된 프랑스의 군사원조는 좀 더 성공적이었다. 밀라노 공작령에 대한 최초의 침공이 종결되자 창기병 300명과 주로 스위스인과 가스코뉴인으로 구성된 4,000명의 보병부대가 이 원정에서 왕의 부관lieutenant 으로 임명된 달레그르와 체사레 보르자의 지휘 아래 교황령 내 로마냐주에 파병되었다. 알렉산데르는 프랑스 왕에게 명목상으로는 교황의 대리인 자격이지만 사실상 독립적인 지배자로 군림하는 영주들에게 잠식된 교황령 영토와 도시들을 되찾을 수 있도록 도움을 요청했다. 교황은 그들에게서 영토를 되찾아 로마냐 공작령을 세운 다음 자신의 아들을 공작에 책봉할 계획이었다. 루이 12세도 교황이 이혼과 재혼의 편의를 봐준 데 대한 보답과는 별도로 이 원정에 관심을 가지고 있었다. 교황의 계획에서 첫 번째 목표에 해당하는 도시인 이몰라와 포를리가 루도비코의 조카인 카테리나 스포르차가 섭정 자격으로 통치하는 곳이었기 때문이다. 그녀가 루도비코에게 수백 명의 보병을 지원했다는 사실만으로도 프랑스 왕에게는 그녀를 처벌해야 할 동기가 충분했다. 알렉산데르가 비용을 부담한다는 사실도 그가 교황이 요청한 병력을 기꺼이

강인한 여성 통치자로 '포를리의 호랑이'로 불렸던 카테리나 스포르차(1463-1509)는 정치적 수완과 군사적 능력을 갖췄던 인물로 평가된다. 하지만 마키아벨리도 지적하듯 "민심 확보"에 실패하면서 포를리를 잃고 만다.

제공하는 데 충분히 기여했다는 점은 의심의 여지가 없다.[51]

이몰라시는 11월 말 그곳에 파병된 병력에 아무런 저항도 하지 않았다. 그러나 도시의 요새는 12월 11일 수비대가 항복할 때까지 저항을 이어갔다. 포를리에는 카테리나 스포르차가 있었다. 하지만 그렇다고 해서 주민들이 싸움 한 번 없이 굴복하는 것을 막을 수는 없었다. 그녀는 직접 난공불락으로 명성이 자자한 라발디노 요새의 방어를 지휘했다. 그녀가 보여준 불굴의 의지와 기백 넘치는 통솔력은 프랑스군의 존경을 살 정도였다. 하지만 장기간 지속된 프랑스 포병대의 포격으로 점차 성벽에 틈이 생겼고, 깊은 해자를 돌로 메워 만든 임시 둑길을 통해 1500년 1월 12일 프랑스군의 돌격이 이루어졌다. 카테리나는 포로로 잡혔고, 400명의 수비대는 사살되었다.

달레그르와 그가 지휘하는 병력이 롬바르디아의 스포르차 세력을 대적하기 위해 그곳으로 다시 소환되었을 때, 체사레는 또 다른 스포르차 가문의 일원이 통치하는 영주령—자신의 누이 루크레치아의 전남편 조반니 스포르차가 다스리는 페사로를 일컫는다—으로 향했다. 그러나 달레그르의 병력 없이 체사레는 원정을 계속할 수 없었다. 이에 그의 아버지가 곧 해결책을 마련했는데, 1500년 3월 알렉산데르는 그를 교황군의 사령관으로 임명했다. 곧바로 체사레는 자신만의 병력을 결성했다. 1500년 10월에 시작된 두 번째 로마냐 원정에서 그는 프랑스군의 지원에 훨씬 덜 의존했다. 조반니 스포르차는 체사레의 병력이 도착하기도 전에 페사로에서 달아났다. 리미니의 판돌포 말라테스타도 병력이 도착하기를 기다리지 않고 교황령 관리에게 영토를 헌납했다. 체사레의 다음 목표인 파엔차는 자신들의 어린 영주 아스토레 만프레디를 보호하기로 굳게 마음먹었기에 겨울 내내 지속될 공성전이 11월에 시작되었다. 11월, 수백 명의 프랑스 창기병이 밀라노에서 파견되었다. 알렉산데르의 주장으로 더 많은 기병과 가스코뉴 보병 4,000명이 2월과 3월에 추가로 파병되었다.[52] 하지만 1501년 4월 말, 마침내 파엔차인들이 명예로운 항복을 위해 협상에 나선 것은 상대의 병력 증강 때문이 아니라 지쳤기 때문이었다.

루이 12세는 나폴리에서 교황의 지지를 원했기 때문에 병력을 다시 한 번 보냈다. 하지만 체사레에 대해서는 볼로냐나 피렌체를 공격하는 것은 선을 넘는 행위라고 경고했다.[53] 그러나 이조차도 프랑스군이 떠나기 전에 체사레가 볼로냐를 겁박하여 볼로냐성을 그에게 양도하는 것을 막지는 못했다. 이후 체사레는 토스카나로 진격하여 피렌체를 압박해 중기병 300명에 대한 용병 계약을 요구했다. 그러자 루이 12세는 다시 한 번 경고하며 그에게 토스카나를 떠나도록 명령했다. 왕의 명령에 따라 토스카나를 떠나기 전 체사레는 피옴비노 점령을 위한 공격에 나섰다. 그곳의 영주 자코포 다피아노는 루이 12세로부터 보호권을 구매하지 않은 상태였다.[54] 1501년 6월, 체사레는 도비니가 나폴리 왕국 정벌군을 이끌고 그곳에 도착하기 직전 바닷길을 이용해 로마로 복귀했다. 그러자 루이 12세는 체사레와 그의 아버지가 프랑스 병력의 대여 비용을 갚아야 한다며 체사레에게 나폴리 원정에 참가할 것을 요구했다.

나폴리 침공

나폴리 침공을 준비한 루이 12세는 한 가지 면에서 어리석다고까지는 못해도 당시 사람들을 깜짝 놀라게 했다. 아라곤의 페르난도와 나폴리를 분할하기로 약속한 것이다. 1500년 10월 10일 샹보르와 11월 11일 그라나다에서 체결된 조약을 통해 루이 12세는 국왕 칭호와 함께 나폴리시와 인근의 테라디라보로주, 그리고 왕국 북동부의 아브루치를, 페르난도는 공작 칭호와 함께 칼라브리아와 아풀리아가 속한 남부 주들을 갖기로 한 것이다.[55] 이 비밀 협정 소식은 프랑스의 나폴리 원정군이 이미 로마에 도착하여 프랑스 왕의 요청대로 알렉산데르가 나폴리 분할을 공식적으로 확정하기 훨씬 전부터 새어나왔다. 교황은 루이에게는 나폴리 국왕의 칭호를, 페르난도에게는 교황령의 봉신 자격으로 칼라브리아와 아풀리아의 공작 작위를 인정해주었다.[56]

애초부터 두 왕의 동기에는 이해할 수 없는 측면들이 있었다. 공식적으로는 튀르크에 맞서 힘을 모을 수 있다는 것이 명분이었다.

페르난도는 6촌 조카에 대한 배신으로 비칠 수 있는 것을 오히려 페데리코가 튀르크인의 도움을 받기 위해 그들과 협상했다는 점을 지적하며 정당화했다. 또한 루이 12세와 평화를 유지하기 위해서는 왕국 분할에 페데리코가 동의해야 하며, 조카가 왕국을 전부 잃을 바에야 정당한 자격을 갖춘 자신이 절반이라도 지키는 것이 낫다고 주장했다.[57] 그렇다면 루이 12세는 왜 향후 자신이 정복할 영토를 기꺼이 나누려고 했을까? 페르난도와 이사벨에 따르면, 루이 12세는 나폴리 문제로 자신들과 평화가 깨지는 것을 어떻게든 피하고 싶어했고, 나폴리 왕국이 프랑스 왕실이나 스페인 왕실 중 어느 한쪽의 소유여야 한다면, 차라리 공유하는 쪽을 선택하는 것이 낫다고 판단했다.[58] 페르난도의 반대를 미연에 방지하려고 했다는 것도 가능한 설명이다. 물론 왕국의 절반이라는 매우 비싼 값을 치러야 하지만 말이다.

각자의 동기가 무엇이든 어느 쪽도 이 협정을 영구적인 것으로 생각하지는 않았다. 만약 그리 생각했다면 협정문을 좀 더 꼼꼼하게 작성했을 것이다. 당시 그들은 나폴리 왕국의 수입을 양측이 똑같이 나누어 갖는 방도—문제를 일으킬 소지가 다분한데도—에 대해서만 논의했을 뿐 카피타나타와 바실리카타 두 주에 대해서는 아무런 언급도 하지 않았다.

루이 12세는 스위스 용병을 원정에 동원하기 위해 또 다른 희생을 감내해야 했다. 전략적으로 중요한 알프스 통행로alpine passes 와 이어지는 골짜기 머리 부분에 해당하는 벨린초나를 스위스인들에게 넘겨주기로 했던 것이다. 벨린초나는 1500년 4월 밀라노 원정에 불만을 품고 귀환 중이던 스위스 용병들에게 점령된 곳으로 프랑스군은 이를 되찾으려 했지만 실패했다. 1501년 6월 초, 프랑스의 나폴리 원정군이 밀라노 공작령을 출발했다. 전쟁 재무관의 회계장부에 따르면, 도비니는 약 1,000명의 창기병과 대부분 프랑스인으로 이루어진 보병 7,000명, 그리고 중포 12문을 포함하여 화포 36문으로 구성된 군대를 이끌었다.[59] 또한 육상으로 이동하는 병력을 지원하기 위한 추가 병력이 필리프 드 라벤슈타인(필리프 드 클레브)이 지휘하는 함대에 승선하여 툴롱항에서 나폴리를 향해 출항했다.[60] 체사레 보르자는 루이 12세의 원정 담당 참모 가운데 한 명으로 임명되었다. 명목상 그의 지휘를 받는 100명의 창기병부대가 달레그르의 인솔 아래 남쪽으로 내려왔고, 6월 28일 로마를 떠날 때까지 프랑스군과 함께 남아 있었다. 체사레 본인은 프랑스와의 관계가 불투명한 상태에서 며칠 뒤 천천히 개인 호위대와 함께 뒤따랐다.

그 무렵, 원정군은 사실상 아무런 저항도 받지 않고 벌써 나폴리 왕국에 진입하여 카푸아에 이르렀다. 그곳에 있던 페데리코는 나폴리로 후퇴했다. 페데리코가 로마에서 공개되기 전까지 자신의 왕국을 루이 12세와 페르난도가 분할하기로 했다는 사실을 몰랐던 것은 분명하다.[61] 그의 병력은 왕국 북부에 집중되어 있었고, 곤살로 데 코르도바가 스페인에 할당된 지역들을 확보하기 위해 7월 초 칼라브리아에 상륙하는 것도 전혀 막지 않았다. 봉신으로서 군사적 의무가 있는 영주들을 소집해 병력을 최대한 결집하려는 페데리코의 시도는 실패로 돌아갔다. 그런 식으로 병력을 모집하는 방법은 14세기 이후로 사용된 적이 없었다. 어떤 나폴리 영주도 페데리코 편에 설 준비가 되어 있지 않았다. 그가 가진 병력이라고 해봐야 중기병 700명에

경기병 500명, 그리고 보병 6,000명이 전부였다.[62]

　페데리코 측에 가담한 인물로는 프로스페로와 파브리치오 콜론나가 있었다. 파브리치오는 자신이 교황령에서 인솔해온 약간의 병력과 페데리코의 가용 병력 대부분을 데리고 카푸아를 방어할 책임을 맡았다. 카푸아 외부 방어 요새들에 대한 프랑스 포병의 포격과 나폴리 포병의 대응 포격이 이어졌다. 나흘 후, 요새들은 제압되었고 수비병은 모두 학살되었다. 도시 성벽에 대한 포격이 시작되었다. 곧 균열이 발생했다. 도시 주민들과 그곳에 피란 왔던 사람들은 전의를 상실했고, 항복 협상을 촉구했다. 7월 24일, 아직 항복 협상이 진행되는 와중에 프랑스군이 성벽의 균열된 곳을 통해 도시에 진입하여 약탈을 자행했다. 수백 명이, 어떤 보고에 따르면 수천 명이 사망했다. 콜론나도 포로로 잡혔고, 상당한 액수의 몸값을 지불해야 했다. 카푸아 약탈 사건은 이탈리아 전쟁의 가장 끔찍한 사건 가운데 하나라는 명성을 얻었다.[63] 페데리코가 몸값 협상을 위해 파견한 사절단의 보고에 따르면, 도비니는 사절단에게 직접 시내를 둘러보고 약탈 결과를 눈으로 확인하게 하고는 나폴리인들에게 더한 일도 일어날 수 있다는 사실을 전달하라고 했다.[64]

　7월 25일, 프랑스군이 나폴리시 앞에 모습을 드러냈을 때, 페데리코는 수도 방어를 포기하고 이스키아섬으로 후퇴한 뒤 협상을 시도했다. 나폴리는 약탈의 위험을 피하는 대가로 6만 두카트를 지불했다. 8월 2일, 카스텔누오보의 요새 수비대가 프랑스군에 항복했고, 이틀 뒤 도비니가 도시에 입성했다. 나폴리시와 테라디라보로가 프랑스에 장악된 상태에서 라 팔리스의 영주 자크 드 샤반이 지휘하는 분견대가 아브루치를 장악하기 위해 파견되었다. 페데리코는 루이 12세와 왕국의 권리를 양도하는 조건을 협상하는 동안 이스키아섬으로 물러나 있는 것에 동의했다. 6개월 안에 협상이 타결되지 않으면 그는 자신의 선택에 따라 왕국에 대한 권리 주장의 자유를 되찾게 될 것이었다. 그러나 왕의 부관 자격으로 도비니와 동등한 지위임을 주장하는 필리프 드 라벤슈타인이 함대를 이끌고 나폴리에 도착했고, 그는 이 조건이 루이 12세에게 불리하다며 비판했다. 결국 큰 무리 없이 페데리코를 설득하여 프랑스로 이주하겠다는 동의를 이끌어냈다. 9월 초, 페데리코는 프랑스 함선의 호위를 받으며 이스키아섬을 떠났다. 그는 각별한 예우를 받으며 프랑스에 도착했고, 매년 5만 프랑의 연금을 지급받았다. 그는 1504년 프랑스에서 사망했다.[65]

스페인군은 자신들 몫의 왕국 영토를 그렇게 빠른 속도로 장악하지 않았다. 곤살로 데 코르도바는 프랑스군보다 훨씬 작은 규모의 병력을 이끌고 시칠리아를 출발하여 7월 5일 칼라브리아에 상륙했다. 스스로 계산한 바에 따르면, 중기병 190명, 경기병 300명, 보병 4,000명 규모였다.[66] 프랑스군은 곧 페르난도가 자신의 몫이라고 생각했던 영토까지 잠식하는데, 곤살로는 충돌을 야기할 만한 어떤 일도 하지 말라는 명령을 내렸다.[67] 몇 개월 동안 그는 타란토를 봉쇄하는 데 전념했다. 이 도시는 보급이 원활하게 이루어진 데다 포텐차 백작 안토니오 데 구에바라의 지휘 아래 확고한 방어 태세를 갖추고 있었다. 더군다나 페데리코의 장자 페르디난도가 그곳에 머무르고 있었기에 한층 더 결연했다. 1502년 3월 1일, 마침내 타란토가 굴복했을 때 곤살로는 젊은 왕자가 자유를 얻을 것이라고 약속했다. 그러나 그는 억류됐고 몇 달 후 스페인으로 압송되었다. 왕자는 그곳에서 남은 생을 부유한 포로로 지낼 것이었다.[68]

　　루이 12세가 나폴리에 파견한 부왕은 스페인이 자기 몫의 영토를 온전히 차지하는 것을 보장해주기보다는 프랑스 몫을 더 확대하기 위해 열정적으로 노력했다. 10월 12일 나폴리에 도착하여 행정과 군대에 대한 통치 권한을 위임받은 느무르 공작 루이 다르마냐크는 출신 신분을 제외하고는 이러한 책임을 떠맡기에 추천할 만한 자질이 거의 없는 젊은 청년에 불과했다(그는 어머니인 루이즈 당주를 통해 왕과 인척 관계로 연결되어 있었다). 도비니로서는 이 임명을 납득할 수 없었다. 자신이야말로 그 직무에 더 적합한 자격을 갖추고 있다고 느꼈기 때문이다. 그리하여 루이 12세에게 사직을 요구했으나 허락을 받지 못했다.[69] 행정 책임자로서 재상직을 맡을 장 니콜라이와 도착 후 겨우 한 달 만에 사망하는 에티엔 드 베스크 같은 관료들도 역시 프랑스에서 파견되었다. 체사레 보르자는 국왕으로부터 봉사에 대한 사의 표명은 있었지만 나폴리를 떠날 것을 요구받았다. 다만 그의 부대는 계속 남아 프랑스군과 함께했다. 라벤슈타인도 튀르크인들과 싸우기 위해 선단을 이끌고 베네치아와 합류했다.

　　1495년의 샤를 8세와 마찬가지로 부이 12세가 자신의 새 왕국 정부의 부양을 위해 실시했던 주된 계획은 영지와 관직 그리고 성직록 등을 하사하는 것이었다. 밀라노 정복 후에 그랬던 것처럼 일부 수혜자들은 재빠르게 토지를 처분했다. 예를 들어, 1495년 잠시 보유했던 영지를 다시 하사받은 피에르 드 지에는 곧바로 영지를 원주인에게 팔아버렸다. 페데리코 치하에서 프랑스를 지지했다는 이유로 재산을 빼앗긴 나폴리 영주들을 비롯하여 다른 여러 사람들의 요구도 고려해야 했다.[70] 'Bon ordre, justice et police(질서, 정의 그리고 법의 준수)'가 루이 12세가 이탈리아를 통치하는 프랑스 정부에 하달한 국시였다.[71] 하지만 니콜라이 같은 양심적인 관리들의 노력에도 불구하고 나폴리 왕국의 프랑스 정부는 지역 주민들은 물론이고 군대의 요구조차 무시하며 자신들의 치부만을 우선하는 장교와 재정 관리들의 탐욕과 유용으로 악취를 풍겼다. 이러한 일은 처음도 마지막도 아니었다.

나폴리에서 프랑스를 축출한 스페인

프랑스든 스페인이든 어느 쪽 군인들도 정규적으로 급료를 지급받지 못했다. 그로 인해 나폴리 왕국의 주민들은 병사들의 강탈과 분노한 희생자들의 보복이 야기한 불가피한 결과들을 감당해야 했다. 한층 더 심각한 문제는 영주들 사이에서 점차 불만이 고조되고 있다는 것이었다. 많은 영주들이 프랑스 점령지와 스페인 점령지 모두에 영지를 가지고 있었다. 프랑스 세력과 살레르노 대공 로베르토 다 산세베리노 같은 중요한 망명객들이 돌아오면서 앙주파의 충성도는 더욱 강화되었다. 앙주파의 가장 핵심 일원인 산세베리노 가문은 칼라브리아에 토지를 소유한 주요 지주 가문이기도 했다. 그에 반해 아라곤 왕가를 지지했던 영주들은 페르난도로 충성의 대상을 이전했다. 그 가운데는 페데리코가 떠나면서 이스키아섬을 맡겼고 끝까지 프랑스에 항복하지 않고 섬을 지켰던 아발로스d'Avalos 가문이 있었고, 타란토에 있는 곤살로 부대에 합류하여 곤살로의 핵심 지휘관과 참모가 되었던 파브리치오 콜론나와 프로스페로 콜론나도 있었다.

그리고 양측 모두 자신들 몫이라고 주장하는 카피타나타주와 바실리카타주처럼 아직도 해결되지 않은 문제들이 남아 있었다. 관건은 대규모 가축 이목移牧 지대에 대한 장악이었다. 여기에 부과하는 세금을 도가나dogana 라고 했는데, 나폴리 왕실의 주된 수입원이었다. 프랑스와 스페인은 왕국의 수입을 균등하게 나누기로 약속했지만 처음부터 어느 쪽도 이 풍족한 세금의 징수를 상대에게 맡기려고 하지 않았다. 그런 이유로 프랑스와 스페인 모두 자신들이 거둘 수 있는 세금은 직접 징수했다. 1502년 4월과 6월에 느무르와 곤살로가 회담을 열어 어느 쪽이 이 지역들을 보유하고 관리해야 하는가에 관해 자신들의 군주가 합의에 도달할 수 있을 만한 타협안을 만들기 위해 노력했다. 그러나 실현 가능한 어떠한 합의도 도출해내지 못했다.[72]

곤살로는 여전히 가능한 한 프랑스와 교전을 피하라는 명령을 받고 있는 상태였다. 페르난도와 이사벨은 서신을 통해 전쟁으로 왕국 전체를 얻는 것보다 현재 가지고 있는 것을 평화롭게 유지하는 것이 자신들을 더 잘 섬기는 것이라고 밝혔다.[73] 그러나 이 편지가 작성되고 있을 무렵, 프랑스군과 스페인군 사이에 벌어지던 산발적인 교전은 점점 고조되면서 공개적인 전쟁으로 확대되있다. 자신의 병력이 수적으로 프랑스군에 열세이고, 느무르군이 보유하고 있는 스위스 용병에 맞설 만한 고도로 훈련된 창보병도 부족하다는 것을 잘 알고 있던 곤살로는 몇몇 전초기지에만 수비대를 남겨놓고 아풀리아 해안의 바를레타로 퇴각했다. 이러한 전략은 그가 나중에 수령하게 될 페르난도의 지시 내용과도 부합하는 것이었다. 그 지시와 함께 스페인의 왕과 여왕이 루이 12세와 공식적으로 전쟁 상태임을 알리는 통지문도 하달되었다. 곤살로는 수직으로 열세이기 때문에 개활지 전투를 피하고 핵심 거점들을 확실히 지켜내는 가운데 페르난도가 보기에 프랑스보다 우위에 있는 해상을 통해 본국과 긴밀히 소통하면서 이동 중인 구호 함대와 지원 병력을 기다리라는 명령을 받았다.[74]

곤살로가 군대를 물린 지 한 달 후인 8월 중순, 프랑스군은 카노사를 포위했다. 카노사 수비대는 공병 및 보병 지휘관으로 명성이 자자한 페드로 나바로가 지휘했다. 수비대는 프랑스군의 공격을 단호히 막아내며 명예로운 항복 조건을 받아냈고, 바를레타로 퇴각했다. 느무르는 곤살로를 바를레타에서 끌어내 전투를 치르려는 시도가 무위로 돌아가자 병력을 넓은 지역에 산개시켜 보급로를 차단했다. 그리고 자신은 아풀리아를 관통하여 그 지역을 프랑스군의 통제 아래 두었다. 그는 베네치아인들—여전히 해안가를 따라 몇몇 도시를 보유하고 있었다—이 보급을 통해 스페인을 돕고 있다고 불평했으나 베네치아는 이를 부인하며 자신들은 중립을 지키고 있다고 주장했다.[75] 베네치아인의 수중에 있는 도시 가운데 트라니는 중립지대로, 프랑스와 스페인 군인들이 작은 충돌을 일으키거나 포로를 다루는 과정에서 서로 모욕이나 욕설을 주고받다가 개인 간의 결투나 소규모 전투가 벌어지던 곳으로 유명했다. 곤살로와 느무르는 포로를 모욕적으로 다루고 몸값을 지나치게 높게 요구한다는 불만이 심각할 정도로 커지자 계급에 따라 몸값을 정하는 것에 동의했다.[76]

나폴리에 파견된 베네치아 관리들의 평가에 따르면, 나폴리 왕국의 거의 모든 백성이 1502년 가을 무렵에는 프랑스에 우호적이었다. 소문이 무성했던 지원 병력이 도착한 이후에도 스페인은 여전히 배척당했다. 그들은 지나치게 거만한 나머지 자신들에게 우호적인 사람들로부터도 동조를 얻지 못했다. 프랑스인들이 둘 중 덜 나쁜 악이었던 것이다.[77] 왕국의 병력 상황에 관한 상세한 목록에 따르면, 11월 당시 프랑스군은 창기병 1,200명, 기마궁수 3,000명, 보병 6,000명이었고, 스페인군은 중기병 420명, 기마석궁수 170명, 경기병 250명, 보병 5,000명이었다.[78] 기병대의 엄청난 수적 차이만으로도 곤살로가 프랑스군과의 정면 대결을 피한 사실을 이해할 만하다.

이 수치는 가을과 초겨울에 칼라브리아에 도착한 스페인 지원 병력을 포함하지 않은 것이다. 11월 중순까지 대략 보병 3,000명, 경기병 300명 그리고 중기병 200명이 스페인, 시칠리아, 로마 등지로부터 도착했다(로마에서는 600명의 보병을 보르자 가문에 고용된 스페인 병사들로부터 모집했다). 프랑스를 지지하는 칼라브리아의 영주들이 느무르에게 도움을 요청했다. 그달 말 느무르는 도비니가 지휘하는 창기병 100명과 스위스 보병 1,500명을 파견했다. 이로써 칼라브리아의 동맹 영주들을 포함한 프랑스 측의 총 병력은 중기병 400명, 경기병 600명, 보병 5,000명 이상이 되었다. 도비니는 세미나라에서 스페인 연합 병력을 따라잡았다. 프랑스군과 동맹 영주들의 중기병에 수적으로 크게 밀린 스페인 중기병은 곧 제압당했다. 이미 스위스 용병과 가스코뉴 궁수 그리고 경기병들을 상대로 힘겹게 싸우던 스페인 보병부대는 프랑스 중기병이 공격에 합류하자 도저히 버텨낼 새간이 없었다. 기병은 많은 수가 빠져나가는 데 성공했지만 보병은 상당수 사로잡혔다.[79]

이 두 번째 세미나라 전투 이후 도비니가 칼라브리아에 머물면서 아풀리아의 프랑스군과 스페인군의 병력 차이는 그리 크지 않았다. 이듬해에도 곤살로는 여전히 수적으로 부족한 상태였고, 그나마 부족한 병력들에게 식량을 공급하는 것도 쉽지 않은 형편이었다. 그런데 그의 운수가 변화하기 시작했다는 징조들이 나타났다. 스페인군이 버텨내고 지원군이 도착하면서 왕국 내의 여론도 변하기 시작했다. 프랑스의 승리도 더 이상 확실해 보이지 않았다.[80] 아브루치 지역으로 밀고들어간 곤살로군은 부분적으로나마 이목업에 대해 도가나를 거둘 수 있었다. 2월 중순, 브린디시 해상에서 프랑스 함대를 상대로 스페인 해군이 승리를 거두면서는 시칠리아를 출발한 곡물 선박이 바를레타에 도달할 수 있었다. 며칠 후, 드디어 곤살로는 자신의 병력 대부분을 이끌고 바를레타를 빠져나와 프랑스군의 군사기지 가운데 하나인 루보를 점령하고 지휘관 라 팔리스와 중기병 150명, 보병 800명을 사로잡았다.[81]

이 무렵 또 하나의 유명한 결투가 벌어졌다. 2월 13일 베네치아인이 장악하고 있던 트라니에서 이탈리아 중기병과 프랑스 중기병 사이에 벌어진 13 대 13의 결투가 그것이다. '바를레타의 결투disfida di Barletta'라고 알려진 이 대결에서 이탈리아인들이 결정적인 승리를 거두면서 많은 이탈리아인에게 자긍심과 위안을 주었고, 이후 수세기 동안 지속될 이탈리아 애국주의의 신화로 남았다.[82]

추가로 상당한 규모의 스페인 지원군이 칼라브리아에 도착했다. 4월 21일, 페르난도 데 안드라다가 지휘하는 스페인군이 세미나라 인근에서 프랑스군을 대파했다(제3차 세미나라 전투). 스페인 중기

바를레타 결투 400주년 기념 포스터.

병(이번에는 수적으로 프랑스를 압도했다)과 경기병이 프랑스 중기병을 격파했을 뿐만 아니라, 투창으로 무장한 갈리시아인들과 아스투리아스인들이 최근 합류한 스페인 보병부대도 측면을 공격해준 기병대의 도움으로 1,500명의 스위스 용병부대를 압도했다.[83] 오랫동안 기다렸던 란츠크네히트 부대 2,000명이 아풀리아에 도착하자 전체적인 군사력의 균형도 스페인 쪽으로 훨씬 기울었다. 곤살로도 이제 스위스 부대에 맞설 수 있는 창보병을 보유하게 되었다. 4월 27일, 그는 부대를 이끌고 바를레타를 출발했다. 느무르도 그에 맞서기 위해 진지를 출발했다.

양군은 4월 28일 체리뇰라에서 만났다. 먼저 도착한 곤살로는 콜론나의 조언에 따라 지친 병사들을 독려하여 경계선을 따라 호壕를 깊게 판 뒤 퍼올린 흙을 이용해 한쪽 면에 둑을 쌓아올렸다. 그는 이 둑 뒤에 군대를 배치했는데, 중앙에 란츠크네히트 부대를 배치하고 화승총 arquebuse 으로 무장한 소총수 부대로 엄호하게 했다. 좌익에는 중기병 300명을 배치하고 역시 화승총부대로 엄호했다. 그는 또 다른 화승총부대를 포병대와 함께 배치한 뒤 우익에 800명의 경기병부대를 배치했다. 그리고 자신은 후미에 배치한 400명의 중기병과 함께 대기했다. 저녁이 시작될 무렵 도착한 프랑스군은 즉시 공격할 것인지를 두고 지휘관 사이에서 이견이 발생했다. 달레그르는 공격해야 한다고 주장했고, 스위스 용병부대의 지휘관 샹두 영주도 부하들이 싸우고 싶어 안달이 나 있는 상태라고 말했다. 느무르는 숙고 끝에 마지못해 진격을 명령했다.

느무르는 중기병 250명과 경기병 400명을 선두에 세우고 그 뒤를 스위스 용병부대 3,500명을 포함한 6,000~7,000명 규모의 보병 부대가 따르게 했다. 달레그르는 후위에서 중기병 400명과 경기병 700명을 지휘했다. 그들은 호의 존재를 알지 못했다. 프랑스 군마는 독일 창병이 지키는 방어벽을 돌파하지 못했고, 화승총부대의 반복되는 일제사격에 군마와 병사들이 쓰러지면서 스페인 진영 앞에 살상 지대가 형성되며 혼란이 가중되었다. 느무르도 방벽을 우회하는 길을 찾는 도중 화승총에 맞아 전사했다. 특유의 급속 행군으로 도착한 스위스 용병들도 호를 돌파하지 못했다. 샹듀도 다른 많은 병사들처럼 스페인 화승총병의 총격에 쓰러졌다. 곧이어 스페인 중기병부대가 그들의 양쪽 측면을 공격했다. 곤살로는 자신의 예비부대를 이끌고 행동에 돌입했고, 다수의 스페인 보병들도 자리에서 벗어나 공격에 가담했다. 한 시간도 지나지 않아 전투는 종료되었다. 당일 프랑스군은 2,000명 이상이 전사했고 다수가 포로로 잡혔다. 대포와 텐트를 비롯한 장비들도 전부 몰수당했다. 달레그르가 공격 명령을 내리지 않은 덕에 후위 부대는 살아남았다. 곤살로가 예비부대를 이끌고 직접 전투에 가담한 것은 달레그르가 공격하지 않으리라는 계산을 전제로 한 것으로 볼 수 있다.[84] 훗날 파브리치오 콜론나는 당시의 승리를 병사들의 공훈이나 지휘관의 용맹이 아니라 호 넉분이었다고 논평했다.[85] 그럼에도 체리뇰라 전투는 지형지물을 잘 활용한 것은 물론 화승총병을 적재적소에 이용한 점에서 이 위대한 사령관의 명성을 드높인 업적 가운데 하나이자 전술의 교범으로 인정받았다.[86]

한편 이 전투에 참여한 양측 사령관 모두 명령에 불복종했다고 할 수 있는데, 4월 초 리옹에서 루이 12세와 부르고뉴의 필리프(펠리

곤살로 데 코르도바가 체리뇰라 전투에서 사망한 프랑스군 사령관 느무르 공작의 시신을 바라보고 있다. 1503년 4월 28일 벌어진 스페인군과 프랑스군의 체리뇰라 전투는 나폴리 전쟁의 흐름을 바꾸었고, 이탈리아에서 스페인의 지배력을 확립하는 데 중요한 역할을 했다.

페 1세)가 체결한 평화협정이 이들에게도 통지되었기 때문이다. 루이 12세의 세 살짜리 딸 클로드와 그보다 더 어린 필리프의 아들 카를이 결혼하고, 그들이 나폴리 왕국의 프랑스 몫과 스페인 몫을 상속한다는 것이었다. 분쟁 지역은 필리프와 프랑스 왕의 대리인이 공동 감독하기로 했다. 이 협정에 대해 필리프의 장인 장모인 페르난도와 이사벨의 비준을 기다리는 동안 루이 12세는 느무르에게, 필리프는 곤살로에게 적대행위를 중단할 것을 명령했다. 느무르가 이 명령을 전달받았다면 그가 그것을 무시한 것이 된다. 한편 곤살로는 필리프가 자신에게 그런 명령을 내릴 권한이 없다고 보았다. 실제로 스페인 군주들에게 협정은 상당히 만족스럽지 않았고, 따라서 비준은 거부되었다. 아울러 필리프가 자신들이 위임한 권한을 넘어서는 월권을 행사하고 있다고 주장했다. 4월 30일, 루이 12세도 자신의 딸을 자신의 상속인인 프랑수아 당굴렘이 아닌 어느 누구와도 결혼시키지 않겠다는 내용의 비밀 선언에 서명하고 날인했다.[87]

물론 그렇다고 루이 12세가 페르난도와 이사벨의 배신에 대해 불평하지 않은 건 아니며, 곤살로가 승리를 공고히 하는 동안에도 그것은 계속되었다. 곤살로는 병사들이 자신들의 전리품을 지키는 데 너무 신경을 쓴 데다 보병들의 저항이 강해 전투에서 살아남은 프랑스 병사들을 추격할 수 없었다. 그래도 5월 16일 나폴리시에 무난히 입성할 수 있었다. 프랑스군은 곤살로의 진격에 도시 요새에 수비대를 남겨두고 후퇴했다. 그러나 카푸아와 아베르사는 싸움 없이 내주었고, 가에타를 지키는 데 집중했다. 프랑스가 점령 중이던 다른 지역들도 대부분 곧 항복했다. 오직 체리뇰라 전투에서 경기병 사령관이었던 루이 다르만이 전투 생존자 수백 명을 규합하여 만든 부대를 이끌고 아풀리아의 베노사를 근거지로 스페인군과 싸움을 이어갔다. 안드라다가 지휘하는 스페인군은 칼라브리아를 확실히 단속한 다음 포로로 붙잡은 도비니를 데리고 북쪽으로 출발하여 6월 하순 나폴리에 도착했다.

6월 12일, 스페인의 공격으로 카스텔누오보가 함락되었다. 스페인군은 페드로 나바로와 이탈리아인 안토넬로 다 트라니가 설치한 화약 지뢰로 성벽에 균열을 낸 뒤 갈라진 틈을 통해 진입했다. 7월 11일 함락된 카스텔델로보처럼 화약 지뢰는 나폴리시의 다른 주요 요새들을 함락하는 데도 기여했다. 구이차르디니의 기록에 따르면, "아직 대응책이 고안되지 않은 만큼 이 새로운 공격 방식은 더욱 가공할 만했다". 이 작전으로 페드로 나바로의 명성이 크게 높아졌는데, 어떤 요새도 그의 지뢰를 상대로는 버텨내지 못할 것이라고 믿어질 정도였다.[88]

나폴리에서 발생한 재앙적인 사태 전환에 대해 루이 12세는 육상과 해상을 통해 군대를 새로 파병하여 패배를 되갚고 "실추된 우리의 명예와 명성"을 회복하겠다는 단호한 태도를 취했다.[89] 달레그르에게 보낸 분노에 찬 서신에서 그는 왕국을 떠나지 말고 카푸아를 반드시 수복하라고 지시했다. 그런 다음 스위스 용병 6,000명과 석궁수 4,000명, 중기병 900명 내지 1,000명과 포병대를 이끌고 곧 도착할 예정인 라 트레무아유를 기다리라고 지시했다.[90] 4월, 나폴리를 향해 이동 중이던 지원군은 부르고뉴의 필리프와 협정이 체결되자 제노바에서 멈췄다. 갤리선단과 곡물을 실은 선박들이 지난겨울 나폴리 해안에서 스페인 선박들을 괴롭혔던 프레장 드 비두의 지휘 아래 석궁수 1,200명을 태우고 항해했다. 배에는 몇 달 전 느무르 대신 부왕으로 임명된 살루초 후작 루도비코가 승선해 있었다[91](지난 1월, 루이 12세는 느무르에게 서신을 보내 그의 능력을 의심할 수밖에 없는 모든 이유를 상기시켜준 바 있다). 살루초 후작과 일부 병력은 6월 11일 가에타에 상륙했다. 후작은 성벽의 보수를 지시하고 낙담한 병사들을 다시 결집했다. 8월 초, 추가로 4,000명의 프랑스 보병이 바다를 통해 가에타에 도착했다.

그 무렵, 지원군 본대는 겨우 밀라노를 출발한 상태였다. 라 트레무아유는 프랑스에서 일부 병사들을 데리고 6월 중순에야 밀라노 공작령에 도착했다. 다른 부대들은 밀라노에 주둔해 있던 병력들로 충원되었다. 그들 모두가 나폴리로 이동하는 것에 만족했던 것은 아니다. 나폴리 왕국은 이미 잃어버린 것이나 다름없다고 믿었던 것이다. 스위스 용병을 모집하는 문제가 지체를 야기한 주요인이었다. 북부 국경지대에서 스위스와 벌인 또 한 차례의 짧은 전쟁이 4월에야 끝났다. 스위스 당국은 프랑스나 밀라노를 방어하는 것은 몰라도 공격적인 원정에는 병력을 보내고 싶어하지 않았다. 그리고 많은 스위스 병사들도 어떤 이유로든 나폴리에서 싸우는 것을 원하지 않았다. 스위스 용병들을 대상으로 하는 전문 모집책 앙투안 드 베세는 체포되어 한 달간 구금되었다. 경험이 부족한 이류 용병들만 정부 방침을 어기고 복무에 동의했다. 자신이 꼭 필요로 하는 스위스 용병들을 양적으로나 질적으로 다 채울 때까지 출발하려고 하지 않았던 라 트레무아유는 카스텔델로보가 함락되었다는 소식이 들릴 때까지도 파르마에 머물러 있었다. 그러다 막상 떠날 준비가 되자 심각한 병에 걸렸다. 8월 초가 돼서야 프랑스군은 남쪽으로 이동했다.[92] 페라라와 볼로냐 그리고 피렌체 같은 일부 이탈리아 국가도 군대를 파견했다. 프랑스군이 로마에 주둔하고 있을 때 한 베네치아인은 군대의 규모를 창기병 940명, 경기병 1,500명, 보병 4,000명 미만으로 파악했다.[93]

프랑스군은 9월 말이 돼서야 로마를 떠났다. 8월 18일 알렉산데르 6세가 서거한 이후 치러진 콘클라베가 끝날 때까지 그곳에 머무르라는 지시를 받았기 때문이다. 당부아즈 추기경은 교황 선출의 희망을 품고 서둘러 로마로 달려갔다. 장기간 콘클라베가 지속된 끝에 추기경단 내의 경쟁 당파들 사이에서 합의가 이루어져 프란체스코 피콜로미니가 교황 비오 3세로 선출되었다. 보호가 필요했던 체사레 보르자는 프랑스와 협정을 맺고 자신의 병력을 프랑스 원정군에 파견하기로 약속했다. 병든 라 트레무아유를 대신해서 군대를 지휘할 권한은 만토바 후작 프란체스코 곤차가에게 주어졌다. 루이 12세는 살루초 후작에게 만토바 후작이 그와 동등한 지위임을 확실히 전달했다.[94]

곤살로는 6월 19일 나폴리를 출발했다. 카스텔델로보가 함락되고 페드로 나바로가 합류하고 나서야 가에타에 대한 포위공격이 시작되었다. 토사 방벽으로 둘러싸인 도시 외곽 언덕에 자리 잡은 프랑스 포병대는 저지대에 주둔한 스페인군에 상당한 피해를 입혔다. 스페인군의 포격이 며칠 동안이나 지속되면서 성벽에 상당히 큰 균열이 생겼다. 하지만 8월 1일 시도된 공세는 숙련된 프랑스 포병대의 포격에 막혀 중단되었다. 곤살로는 포위를 풀고 천천히 남쪽으로 이동하면서 프랑스군과의 정면 대결 준비에 전념했다. 안드라다와 그의 병력이 가에타에 합류했다. 곤살로가 아브루치에 보낸 병력은 주 전체를 장악하는 데 성공했다.

마침내 프란체스코 곤차가가 지휘하는 프랑스군이 나폴리 왕국에 들어서고 가에타에서 많은 병력과 합류하자, 곤살로는 가에타시 남쪽 몇 마일 떨어진 지점에서 바다와 맞나는 가릴리아노강 뒤로 군대를 물렸다. 프랑스군은 나폴리로 가는 내륙 경로가 요새들로 철저히 방비되고 있었기 때문에 해안가 쪽으로 진격을 시도했다. 그러나 그곳은 곤살로가 막고 있었다. 곤차가는 프레장 드 비두에게 부교 설치를 명령하는 것으로 대책을 마련했다. 진척 상황을 예의 주시하는 가운데 부교가 설치되었고, 11월 6일 프랑스군은 강을 건너기 시작했다. 스페인군도 이에 대비해 진용을 갖추고 기다리고 있었다. 격렬한 전투 끝에 프랑스군이 교두보를 마련하는 데 성공했지만 스페인군에 둘러싸여 나머지 병력이 강을 건널 수도, 더 뚫고 나갈 수도 없는 상황이 되었다.[95]

와병을 핑계로 지휘권을 포기한 곤차가는 만토바로 돌아가기 위해 출발했다. 그는 프랑스 지휘관들로부터 존중받지 못했는데, 그들은 군대가 답보 상태에 빠진 것을 그의 탓으로 돌렸다. 그가 프랑스어를 하지 못한다는 사실도 도움이 되지 않았다. 같은 이탈리아인이지만 살루초 후작은 프랑스인들과 훨씬 더 잘 융합했고 지휘권을 인계받았을 때도 그의 권위는 잘 받아들여졌다.[96]

지칠 줄 모르고 내리는 비로 양측 모두 생활 조건이 절망적인 상태였다. 강의 수위가 오르면서 숙영지가 물바다가 됐고, 흠뻑 젖은 텐트와 임시로 만든 오두막은 빗속에서 버텨내지 못했다. 옷이 젖은 채로 지낸 탓에 병사들은 추위로 고통받았고, 어디에서나 땅은 진창이었다. 그러한 상황에서는 질병이 창궐할 수밖에 없었다. 게다가 양측 모두 식량이 부족했다. 프랑스인들은 양쪽 모두 상황이 나쁘나면 스페인 측이 훨씬 더 곤경에 처해 있을 것이라고 믿으며 위안을 삼았다.[97] 프랑스군은 물론이고 곤살로의 병사들도 그가 병력을 물리기를 바랐다. 그러나 폭풍우 때문에 숙영지가 물에 잠겨 더 높은 지대로 이동해야 하는 상황에서도 그는 후퇴하지 않았다. 그는 프랑스군이 강을 건너는 것을 허용하지 않았다. 게다가 프랑스군은 스페인군

르네상스 시대 화가 핀투리키오가 1503년에서 1508년 사이에 그린 비오 3세(1439–1503)의 대관식
프레스코화. 화려한 의식과 다양한 인물의 모습을 상세히 묘사하여 당시 교황 대관식의 장엄함을
잘 보여준다. 비오 3세는 단 26일간 재위한 후 사망했다.

보다 더 빠르게 고갈되고 있었던 반면—프랑스군은 탈영이 더 용이했고, 사료 부족으로 말이 많이 죽는 바람에 기병이 약해져 있었다—곤살로는 계속해서 지원을 받고 있었다.

지원은 스페인에서 온 것이 아니었다. 페르난도는 프랑스의 국경지대 침공에 대응해야 했다. 11월 11일 체결된 5개월간의 휴전협정도 나폴리를 제외한 국경지대에 한정된 것이었다.[98] 곤살로가 받은 지원은 로마에서 온 것이었다. 그곳에서 스페인 대사와 곤살로가 파견한 요원들은 이제는 해산된 체사레 보르자의 군대에서 복무한 스페인 병사들과 오르시니 가문과 그 당파의 용병대장들을 모집했다. 이들은 겔프당의 일원이고 콜론나의 적이었기 때문에 당연히 프랑스 편에 서리라고 추정되었다. 그러나 로마 주재 프랑스 대사 루이 드 빌뇌브가 이를 너무나 당연시한 바람에 스페인의 제안을 따라가지 못했다. 오르시니 가문은 공히 중기병 500명을 제공하는 계약을 체결했다.[99]

이 계약으로 곤살로가 얻은 가장 중요한 지휘관은 기백이 넘치는 바르톨로메오 달비아노였다. 그는 곤살로에게 스페인군도 부교를 설치해야 한다고 설득했다. 그는 직접 감독하여 프랑스 부교보다 몇 마일 상류에 스페인군 부교를 설치했다. 12월 28일, 3,500명의 스페인 보병 선발대와 전마 몇 기를 이끌고 강을 건넌 것도 달비아노였다. 그 뒤를 독일 창보병 2,000명을 이끄는 곤살로와 경기병 200명을 지휘하는 프로스페로 콜론나가 따랐다. 후위에서는 중기병 300명과 디에고 데 멘도사가 지휘하는 5,000~6,000명 규모의 또 다른 보병부대가 프랑스의 교두보를 봉쇄할 계획이었다. 불의의 기습을 당한 프

19세기 이탈리아 화가 주세페 로렌초 가테리가 그린 역사화. 자신의 아버지이자 후원자였던 알렉산데르 6세의 사망 이후 체사레 보르자가 바티칸을 떠나는 장면을 묘사하고 있다.

랑스군은 무질서한 상태로 밀렸다. 산산이 흩어지고 사기가 저하된 나머지 보병들이 병목 상태의 좁은 다리를 통해 퇴각하는 것을 엄호하던 몇몇 중기병부대의 방어 대열을 제외하면, 프랑스군은 제대로 된 역습을 시도조차 못했다. 선박에 적재된 다수의 화포들도 폭풍으로 가라앉았다. 스페인군은 이틀 만에 가에타에 도착했다. 할 만큼 한 프랑스군은 12월 31일 평화협정을 체결했고, 1월 2일 도시는 항복했다.[100]

프랑스군은 이제 떠나도록 허락받는 일만 남았다. 도비니와 라 팔리스를 포함한 포로들은 석방되었다. 그러나 곤살로는 프랑스 편에서 싸운 나폴리 영주들을 반역자로 처분해야 한다는 주장을 굽히지 않았다. 귀족들과 중기병들은 배를 타고 떠난 반면 무수히 많은 보병들은 돈 한푼 없이 무장이 해제된 상태로 걸어서 고향에 가야 했다. 복수심에 불타는 민간인들의 손에 죽든 추위와 배고픔으로 죽든 많은 이가 살아남지 못했다. 배를 타고 가에타를 출발해 밀라노 공작령에 도착한 사람들도 비참한 상태이긴 마찬가지였다. 페라라 대사의 보고에 따르면, 도비니를 비롯한 다른 지휘관들마저도 "산송장 같아 보였고", 대부분 "병들고 가난에 찌든 모습"이었으며, 중기병들도 두 발로 걸어서 도착했다.[101] 북부 이탈리아에 도착한 직후 사망한 이들 가운데는 살루초 후작도 있었다.

프랑스에 도착한 생존자 가운데 오직 도비니만이 국왕으로부터 환대를 받았다. 그 밖의 생존자들에 대해서는 크게 분노했는데, 그들에게 대패의 책임을 물어 직위해제했다. 달레그르 같은 지휘관들에게는 아예 접견조차 거부했다. 병사들은 기강 해이로, 그들의 지휘관들은 사분오열된 채로 지휘 권한을 놓고 서로 경쟁하는 데 급급했다는 비난을 들었다. 국왕이 더 이상 지원군을 보낼 수 없어 3월에 후퇴 명령을 내릴 때까지 아풀리아를 사수한 무이 다르의 집념은 다른 지휘관들의 실패를 더욱 도드라지게 만들었다.[102]

곤살로 데 코르도바는 이전부터 '위대한 지휘관'으로 명성이 자자했지만 이 전쟁을 통해 유럽 전사戰史에서 길이 남을 인물로 각인되었다. 나폴리 왕국에서 축출되었다고 자신의 병사들을 비난한 루이 12세가 옳았는가, 아니면 곤살로의 승리였는가? 루이 12세도 일

DON GONCALO FERNANDES DE CORDVA SAC.
CÆS. AC REG. HISP. MAJ. EXERC. VICE GENER PRÆF.

이전에도 군사적으로 명성을 날렸던 곤살로 데 코르도바(1453–1515)는 이탈리아 전쟁을 통해 유럽 전사에 길이 남는 인물이 되었다. 17세기 중반까지 유럽 지상전의 제왕으로 군림했던 스페인 육군의 전장 패러다임을 바꾼 개혁가라는 평가를 받는다.

정 부분 책임을 져야 마땅하다. 처음에는 명백히 동등한 지위를 갖는 여러 명의 부관을 그리고 나중에는 무능한 느무르를 임명했다는 점에서, 그는 모두가 인정할 만한 권위 있는 군사령관을 세우지 못한 실수를 범했다. 그러나 느무르가 지휘관으로서 명백히 부족한 인물이었음에도 곤살로는 오랫동안 그와의 정면 대결을 회피하며 바를레타에서 시간을 보냈다. 대부분의 전투는 칼라브리아에서 벌어졌고, 곤살로는 그곳의 스페인군을 직접 지휘할 수 없었다. 그리고 그가 가릴리아노 전투에서 승리한 것에 대해서는, 프랑스군을 쫓기 위해 수 마일에 걸쳐 흩어져 있던 자신의 병력을 어떻게 효과적으로 통제할 수 있었느냐는 점이 반드시 규명되어야 한다.

곤살로의 전략적 인내―바를레타의 겨울, 가릴리아노에서 프랑스군의 진격을 봉쇄한 우기雨期―는 병사들의 인내심을 극한까지 시험했다. 널리 알려진 대로 스페인군은 강인했지만 급료나 전리품을 얻지 못할 경우 반란을 일으킬 수도 있었다. 곤살로는 특히 체리뇰라에서 승리를 거둔 이후에는 자주 참을성 있게 그들의 요구 사항을 처리해야 했다. 그들이 자신에게 항상 대단한 존경심을 가지고 대하지 않는데도 말이다. 그러나 일단 그들이 전투에 돌입하면 그는 그들의 충성심을 신뢰할 수 있었으며, 그의 용기나 전술적 감각도 의심의 여지 없이 출중했다. 달비아노는 그러한 지휘관 밑에서 복무하는데 달리 무엇을 더 바랄 게 있겠느냐며 열변을 토했다. 그가 승리를 쟁취했다는 것은 의심의 여지가 없다. 그의 깃발 아래에서는 패배가 불가능해 보였다.[103]

프랑스 병사들이 전투 시에 보여준 용맹함에 대해서나, 그들이 대부분의 전투에서 수적 우위에 있었고 더 우수한 중기병과 창보병을 보유하고 있었다는 점에 대해서는 의문의 여지가 없다. 곤살로의 전략 전술은 그들이 자신을 상대로 이러한 장점들을 발휘할 기회를 주지 않는 것이었다. 그는 독일 창보병부대를 확보할 때까지 전투를 회피했다. 창보병과 화승총병의 집중사격을 조합한 단순 방어 전술로 체리뇰라에서 프랑스군 공격의 추동력을 분쇄했다. 가릴리아노에서는 기습 공격을 통해 프랑스군이 전투대형을 갖출 기회 자체를 원천 봉쇄했다. 굶주린 말과 사기가 꺾인 병사들이 진흙투성이 지형에서 효과적인 돌격을 감행할 만큼 힘을 짜냈음에도 말이다. 곤살로라는 탁월한 지휘관은 단연코 나폴리의 스페인군이 가진 가장 중요한 자산 가운데 하나였다. 그러나 프랑스군이 더 잘 통솔되었다면, 전쟁의 결과는 사뭇 다른 양상으로 이어질 수 있었다.

3장

충돌의 확대

나폴리에서 패배한 이후에도 프랑스는 여전히 이탈리아에서 가장 강력한 세력으로 인식되었다. 이탈리아 국가들은 샤를 8세에게 맞섰던 것처럼 단결하여 루이 12세에 대항하기보다는 오히려 프랑스 왕의 보호와 개입을 읍소하는 편이었다. 전 유럽에 걸쳐 루이 12세와 경쟁 관계였던 페르난도와 막시밀리안은 점점 더 이탈리아 전장으로 끌려 들어갔다. 줄리아노 델라 로베레 추기경 시절에 이미 전쟁에서 적극적인 역할을 담당했던 신임 교황 율리우스(율리오) 2세는 이탈리아 내 반反프랑스 동맹 세력 구축에서도 주도적인 역할을 담당했다. 그러나 그러한 일들이 일어나기 전에 루이 12세는 캉브레 동맹 League of Cambrai이라는 반反베네치아 연합체 결성을 주도했는데, 이는 베네치아 공화국이 직면할 역사상 가장 심각한 위협이었다.

1502년 7월에서 8월, 루이 12세는 두 번째로 밀라노 공국을 방문했다. 하지만 이번에는 군사 원정이 아니라 공식 방문이었기에 군대가 아니라 신하들을 대동했다. 이탈리아 내 주요 국가들은 물론이고 중소 국가들에서도 아스티와 밀라노에 대표자를 보내 프랑스 왕에게 경의를 표하고 그의 보호와 지원을 요청했다. 만토바와 살루초,

IVLIVS · II · PONT · MAX ·

율리우스 2세(1443-1513)는 교황령을 확장하고 외세를 몰아내려고 노력하면서 '전사 교황'의 이미지를 구축했다. 그럼에도 예술의 후원자이기도 했던 그는 미켈란젤로, 라파엘로 등을 지원했으며, 그의 재위 기간(1503-1513)이 르네상스 전성기와 함께했다.

몬페라토의 후작들과 페라라 공작, 체사레 보르자에 의해 이제 막 축출된 우르비노 공작 구이도발도 다 몬테펠트로, 그리고 체사레 본인을 비롯한 몇몇 제후는 직접 방문했다. 프랑스로 돌아가는 길에 제노바를 방문한 프랑스 왕은 그곳에서 성대한 입성식을 가졌다. 이제 막 시작된 나폴리와의 전쟁이 프랑스 쪽에 유리하게 돌아가고 있는 상황에서 이루어진 롬바르디아와 제노바 방문은 이탈리아에서 절정에 달한 루이 12세의 힘과 영향력을 보여준다. 그러나 북부 이탈리아는 물론이고 밀라노 공국에서조차 프랑스의 지배가 도전받지 않은 것은 아니다. 너무 많은 미해결 분쟁과 프랑스 왕의 말 한마디만으로는 진정될 수 없는 상충하는 야망들이 존재했다. 프랑스 왕이 자신의 개입을 요청하는 모든 상황에 대해, 심지어 그 자신이 원한다고 하더라도, 뜻을 관철하기 위해 군대를 보낼 수 있는 상황이 아니었다. 나폴리 전쟁 외에도 밀라노 공국에 대한 지속적인 위협에 대처해야 했다.

루이 12세에게 큰 불만을 품고 있던 스위스의 주정부들 cantons 이 바로 이러한 위협에 해당했다. 그는 스위스인들에게 벨린초나를 주겠다고 약속했으나 지키지 않았다. 루이 12세와 샤를 8세에게 복무했던 수천 명의 스위스 용병들은 자신들이 아직도 받아야 할 빚이 있다고 주장했다. 1501년 8월, 약 4,000명의 스위스 병력이 롬바르디아 출신 망명객 300명과 함께 벨린초나 남부의 루가노를 장악했다. 이 습격을 매우 엄중히 취급한 프랑스는 1만 명의 병력을 파견했다. 17일 후 스위스 병력이 철수했고, 9월 중순 프랑스는 스위스 삼림주들 forest cantons 에게 2년간의 벨린초나 보유를 인정했다. 미지급된 급료를 정산하기 위한 합의도 이루어졌다.[1] 그러나 이는 잠정적인 합의였을 뿐, 추가 협상이 실패하자 1503년 3월 중순, 1만 5,000명의 스위스 병력이 마조레 호수가에 있는 로카르노를 습격했다. 밀라노 방면으로 더 깊숙이 들어간 습격은 경고와 불안을 유발했다. 나폴리 전쟁에 집중하고 싶었던 루이 12세는 벨린초나의 양도를 결정했다. 이조차도 삼림주들을 만족시키기에는 충분치 않았지만 다른 주들이 삼림주들의 이익을 위해 전쟁을 계속할 정도는 아니었기에 4월 11일 아로나 화약이 체결되었다. 화약이 체결된 직후, 그라우뷘덴(그리종)주가 키아벤나를 장악하려고 시도했으나 신속하게 격퇴되었다. 그러나 프랑스로서는 북부 국경지대에 여전히 신경을 곤두세울 수밖에 없었고, 공국 내에서 운용하는 가장 많은 수비 병력을 그곳을 방어하는 데 배치했다.[2]

루이 12세가 이탈리아에서 행사하는 영향력이 본인이 직접 통치하는 영토 이외의 지역에서는 제한적일 수밖에 없다는 사실은 교황령의 사례에서 가장 명백히 드러났다. 루이 12세가 북부 이탈리아에 체류할 무렵 그를 알현하기 위해 다수의 사절과 제후가 찾아왔다. 그들은 보르자 가문의 야망으로부터 자신들을 보호해주길 바랐다. 왕도 보르자 가문이 장악하는 영토가 늘어나는 것을 원치 않았다. 하지만 그렇다고 교황을 적으로 삼고 싶지도 않았다. 체사레 보르자는 정복 사업을 위해 더 이상 프랑스 병력에 의존할 필요가 없었지만 프랑스와의 관계 단절을 원치 않았기 때문에 루이 12세가 어느 정도 영향력을 행사할 여지가 있었다. 그러나 알렉산데르의 경우는 달랐다. 그와 프랑스의 결속력은 더 약했던 데다 나폴리의 운명이 여전히 불확실한 상황에서 그를 스페인 동맹 쪽으로 더 물러나게 할 여유가 없었다. 양측 이해관계의 균형은 볼로냐 문제에서 분명히 드러났다. 교황령의 두 번째 도시가 그들의 문제가 아니라고 말할 위치에 있지 않은 루이 12세는 그의 보호가 볼로냐가 아닌 벤티볼리오 가문에 있다는 태도를 분명히 했다. 하지만 볼로냐가 체사레의 로마냐 공국에 통합되는 것을 호의적으로 보지 않는다는 점도 분명히 했다. 이에 체사레는 물러섰다. 루이 12세가 오르시니 가문을 보호하는 문제는 보다 미묘한 딜레마를 낳았다. 오르시니 가문과 그 가문이 주도하는 겔프당 출신 용병대장들—페루자의 발리오니 가문이나 치타디카스텔로의 비텔리 가문 등이 여기에 포함된다—은 체사레군의 주력이었음에도 보르자 가문은 그들의 재산을 집어삼킬 계획을 철회하지 않았다. 루이 12세는 오르시니 가문과 그 영지에 대한 교황의 공격을 만류하고 싶었지만 다시금 나폴리 전쟁에서 교황의 지지를 얻어야 한다는 바람이 우선순위를 차지했다. 1503년 8월 알렉산데르의 죽음으로 오르시니 가문은 살아남았다. 이후 로마에서 프랑스와 체사레 보르자 간에 조약이 체결되었다. 이는 오르시니 가문이 프랑스가 아니라 스페인과 용병 계약을 맺고 가릴리아노에 있는 곤살로 데 코르도바의 군대에 가담하는 데 일조했다.

아마도 루이 12세는 이탈리아 남부에서 일어나는 사건에 너무 신경을 쓴 나머지 알렉산데르의 죽음 이후 체사레 보르자의 영지에서 발생하고 있었던 일에 관심을 쓸 여력이 없었을 것이다. 우르비노 공작과 피옴비노 영주를 비롯해 영지를 빼앗긴 영주들 가운데 일부가 돌아왔지만, 베네치아인들도 로마냐에서 영토를 늘릴 기회를 엿보고 있었다. 그들은 리미니와 파엔차는 물론 체세나와 이몰라 지역의 상당

부분을 장악했으며, 일련의 계곡과 요새를 차지함으로써 산악 통행로와 귀중한 로마냐 보병들의 모집소까지 통제했다. 신임 교황 율리우스 2세로 등극한 줄리아노 델라 로베레가 이에 항의했지만[3] 베네치아인들은 자신들이 차지한 영토 가운데 어느 것도 반환하지 않겠다는 의사를 밝혔다. 교황은 루이 12세와 페르난도 그리고 막시밀리안에게 호소했다. 그러나 아무런 실질적인 도움도 얻지 못했다. 그렇다고 자신이 단독으로 베네치아를 상대할 수는 없었다. 하지만 그는 1503년의 영토는 물론이고 라벤나와 체르비아같이 훨씬 오랫동안 보유했던 교황령의 다른 도시들까지 되찾겠다는 목표를 잊지 않을 것이었다.[4]

피렌체와 피사

피렌체인들은 여전히 루이 12세에게 피사 탈환—그들은 프랑스 주재 대사에게 "어떤 사안도 이보다 중요한 것은 없다"는 훈령을 내렸다[5]—을 위한 원조와 보호를 악착같이 요청했다. 1502년 4월, 체사레 보르자의 위협에 피렌체는 루이 12세와 새로운 조약을 체결했다. 프랑스 왕으로부터 보호를 받는 대신 3년에 걸쳐 12만 스쿠디를 지불한다는 내용이었다. 대신 루이 12세는 필요한 경우 피렌체 방어를 위해 중기병 400명의 파병을 약속했다.[6] 그 필요는 곧 생겨났다. 체사레의 두 용병대장 비텔로초 비텔리와 잔 파올로 발리오니가 6월에 피렌체 영토를 침략했다. 밀라노에서 프랑스 창기병 400명이 그들을 몰아내기 위해 파병되었고, 이에 용병대장들은 철수했다. 그러나 당부아즈 추기경도 피사인들을 프랑스 왕의 보호막 안으로 데려왔다. 피렌체인들이 피사에 들어갈 때는 외부인 자격으로 통행료를 지불해야 하고 아울러 그곳에 주둔하는 프랑스 경비병들의 비용도 지불해야 한다는 당부아즈의 제안을 피렌체는 당연히 받아들이지 않았다.[7]

피렌체인들은 프랑스군이 가시적으로 존재하는 것이 안보상 이득이 된다고 판단했고, 루이 12세는 프랑스군의 이탈리아 주둔 비용을 떠넘길 방법을 찾고 있었다. 루이 12세의 동의하에 1503년 피렌체는 캉의 대법관 baille de Caen 자크 드 쇠이와 창기병 100명을 고용하는 용병 계약을 체결했다. 그러나 그와 그의 병사들은 나폴리로 파병된 프랑스 원군의 일부였고(피렌체가 비용을 부담한 이탈리아 창기병 100명도 추가로 그곳에 파병되었다), 그는 가릴리아노 전투 후 가에타에서 사망했다.[8] 간혹 루이 12세는 자신의 동맹들과 피보호국들의 지휘관 가운데 피렌체가 떠맡을 수 있는 이탈리아 지휘관을 제안하곤 했다. 피렌체는 (스페인의 예를 들어가며) 루이 12세가 보다 많은 이탈리아 지휘관을 책임져야 한다고 주장했다. 그러면 루이 12세는 자신은 그렇게 할 준비가 충분히 되어 있으나 피렌체가 먼저 실천해야 한다는 식으로 대답했다.[9] 결국 어느 쪽도 자신들이 원하는 바를 얻지 못했다. 피렌체는 루이 12세가 원하는 만큼의 돈을 지불하지 않을 것이며, 루이 12세도 피렌체의 숙원인 피사 수복에 명쾌한 지지를 보내지 않을 것이었다.

피사를 포위하는 데 필요한 재원을 낭비하고 싶지 않았던 피렌체는 경작을 방해하거나 생산된 것을 파괴하는 식으로 피사인을 굶주리게 하는 기초적인 전략에 의존했다. 피렌체인들이 반복해서 루이 12세에게 상기시킨 것처럼 피사가 계속해서 피렌체에 저항할 수 있었던 것은 루카와 제노바 그리고 시에나의 원조 덕이었다. 피렌체는 시에나의 판돌포 페트루치의 개입을 유난히 싫어했다. 루이 12세는 체사레 보르자의 요구로 추방되었던 판돌포를 1503년 초 본국으로 돌아갈 수 있게 해주었는데, 판돌포는 그 대가로 왕에게 2만 두카트의 지불을 약속했다. 그러나 돈이 지불되지 않자 루이 12세는 판돌포를 적으로 간주하고 피렌체를 부추겨 프랑스 병력의 지원하에 그를 공격했다.[10] 피렌체는 왕에게 보다 약한 이웃 도시인 루카를 응징해야 한다고 호소하기도 했는데, 왕의 대신들은 피렌체에 루카는 보호 비용을 낸 만큼 보호받을 것이라고 경고했다.[11] 루이 12세는 피렌체의 압박으로 고삐를 죄기 전까지는 제노바가 피사에 상당한 정도의 원조를 제공하는 것도 억제하지 않았다.[12]

피렌체에 보다 염려스러운 점은 피사가 스페인에도 도움을 구했다는 사실이다. 스페인의 보호를 받기 위해 피사가 제안한 조건—피렌체가 점령한 피사의 영토와 항구를 수복시켜주는 대가로 페르난도는 피사 수입의 절반을 갖는다[13]—으로 스페인도 피사에서 이해관계의 당사자가 되었다. 페르난도는 곤살로를 통해 피사와 (그리고 이탈리아의 다른 지역과도) 접촉하며 긴밀한 관계를 유지했다.[14] 1505년 3월, 페르난도는 곤살로에게 현재로서는 피사를 자신의 보호 아래 둘 생각이 없다고 말했다. 하지만 곤살로는 루카와 제노바 그리고 시에나를 통한 지원으로 피사의 자유를 유지하려고 노력했다.[15] 토스카나에 마련된 교두보는 피옴비노의 영주 자코포 다피아노를 스페인의 보호 아래로 끌어들임으로써 공고해졌다. 곤살로는 그곳에 함선과 병력을 파견했다.[16]

스페인이 피사에 관심을 보이자 피렌체에는 경고등이 울렸다.

1505년 8월 바르톨로메오 달비아노가 상당한 규모의 중기병부대를 이끌고 토스카나에 모습을 드러내자 공포는 더욱 고조되었다. 그의 등장은 곤살로의 지시가 없었더라도 묵인하에 이루어졌을 것으로 의심되었다. 1503년 10월 달비아노와 오르시니 가문이 스페인과 체결한 계약 내용 가운데는 일단 나폴리 왕국을 확보하고 나면 메디치 가문의 피렌체 복귀를 돕는다는 약속이 포함되어 있었다.[17] 오르시니 당파의 열성적인 일원이었던 달비아노에게 메디치 가문―혼인 관계를 통해서 오르시니 가문과 긴밀하게 연결되어 있었다―의 복귀는 개인적인 관심사이기도 했다. 이 때문에 곤살로가 토스카나에 데려갈 보병 지원을 거절했을 때 그는 상당한 불만을 표했다. 또한 실제로는 페르난도의 지시였지만 곤살로가 오르시니가와 달비아노에게 1503년에 합의된 용병 계약은 반드시 변경되어야 한다고 말했을 때는 그에게 깊은 환멸을 느꼈다. 양측 사이에는 중기병 200명의 계약 관계만 남았고, 통상적인 요율로 지불되는 지휘관 자리를 제외하고는 더 이상 어떠한 용병 계약도 존재하지 않았다.[18]

　　달비아노의 토스카나 원정은 곤살로의 지시를 어기고 독자적으로 이루어졌고, 페르난도는 "그러한 공개적인 불복종과 반란"이 처벌되기를 바랐다.[19] 피렌체의 정보에 따르면, 달비아노의 병력은 중기병 150~200명과 경기병 200명에 불과했다.[20] 어쨌든 피렌체를 직접 공격한다는 것은 생각할 수 없었다. 그는 아마도 피사에 있는 자신의 병력을 염두에 두고 있었을 것이다. 피렌체로서는 다행스럽게도 지휘관이 지형지물에 대한 지식을 잘 활용할 줄 아는 에르콜레 벤티볼리오였다. 그는 달비아노군을 끌어내 피사 인근의 캄필리아에서 교

전을 치렀고, 그 전투에서 적을 궤멸함으로써 달비아노의 침략을 신속하게 종결지었다.[21]

에르콜레 벤티볼리오는 승리의 여세를 이어가기 위해 한 차례 더 공격을 가해 피사를 제압하자고 피렌체를 설득했다. 신속하게 포위 진지가 구축되었고, 9월 6일 공격 준비가 끝났다. 포격으로 성벽에 틈이 생겼지만 두 차례 가해진 피렌체 보병의 무성의한 공격은 쉽게 격퇴되었다. 피옴비노에서 출발한 스페인 원군이 피사에 곧 도착한다는 소문으로 포위공격이 가망 없는 짓이라는 분위기가 팽배해졌다. 결국 포위는 해제되었다. 이 전투에서 용병들이 보여준 통탄할 만한 성과는 피렌체인들을 니콜로 마키아벨리의 숙원 사업에 동의하게 만들었다. 시민들로부터 민병대를 모집하고 육성하여 신뢰할 수도 없고 비싸기만 한 용병부대에 대한 의존에서 벗어나야 한다는 것이었다.[22]

페르난도는 아마 이 포위공격의 소식을 듣지 못한 상태에서 단독으로든 루이 12세와 함께든 피렌체와 피사를 중재하겠다는 의사를 표명했을 것이다. 1505년 11월, 피사 정부는 그해 초 곤살로와 체결한 협정을 공개하며 도시가 스페인의 보호를 받게 되었다고 선언했다.[23] 하지만 페르난도는 피사가 자신의 보호 아래 있다는 것을 결코 공개적으로 인정하지 않았다. 도시에 주둔한 스페인 병력의 비용도 지불하지 않았다. 그러나 그들의 존재와 페르난도와 피사 사이의 모호한 관계가 지속되는 것만으로도 피렌체인에게는 또 다른 공세를 걱정할 만한 충분한 이유가 되었다. 그들은 피사를 공격하여 페르난도의 심기를 거스르고 싶어하지 않았고, 페르난도는 피사를 차지하여 루이 12세의 심기를 거스르고 싶어하지 않았다.

피사는 1509년까지 계속해서 제노바와 루카의 지원을 받았고, 그로 인해 저항을 지속할 수 있었다. 그러나 1509년 1월, 피렌체에게 징벌적 약탈을 당한 루카는 협상을 통해 더 이상 피사에 원조를 하지 않겠다는 데 동의했다. 제노바의 경우, 1509년 3월 루이 12세와 페르난도가 피렌체와 조약을 체결한 뒤 루이 12세로부터 원조 중단을 지시받았다. 이 조약을 통해 루이 12세와 페르난도는 상당한 대가를 받는 조건으로(루이 12세에게는 10만 두카트, 페르난도에게는 5만 두카트) 자신들의 영지에서는 피사에 더 이상 어떠한 원조도 하지 않을 것을 약속했다. 1509년 6월 8일 굶주림에 지친 피사는 마침내 항복했다. 자신들의 전리품을 되찾는 데 그토록 필사적이었던 피렌체는 상당히 관대한 조건으로 피사인들을 사면하는 데 동의했다.[24]

나폴리의 페르난도

1504년 11월, 이사벨 여왕의 서거로 페르난도의 위상에 근본적인 변화가 일어났다. 이사벨은 카스티야의 통치자였고, 그곳에서 페르난도는 여왕의 부군으로서의 권력밖에 갖지 못했다. 여왕은 유언을 통해 페르난도를 카스티야의 총독으로 임명하고, 남편인 부르고뉴의 필리프와 함께 플랑드르에 머물고 있는 자신의 딸이자 상속자인 후아나를 대리하게 했다. 당시 알려진 바에 따르면, 후아나는 정신적으로 불안정하여 통치권을 감당하기 어려웠기에 필리프는 자신이 왕이 되어 카스티야를 다스려야 한다고 생각했다. 1506년 4월, 필리프와 후아나가 그곳에 도착했을 때, 영향력 있는 카스티야의 귀족들이 그의 주변으로 결집했다. 자신의 지위가 유지될 수 없다는 것을 알아차린 페르난도는 1506년 6월 말 총독직을 사임하고 카스티야를 떠났다. 페르난도가 새 신부와 함께 나폴리로 가던 도중 필리프가 병으로 사망했다는 소식이 전해졌다. 페르난도는 자신의 사위와 경쟁 관계에 있던 1505년 10월 블루아에서 루이 12세와 동맹을 맺고 그의 지지를 구했는데, 루이 12세의 조카 제르맹 드 푸아와의 혼인을 통해 양자의 관계는 더욱 공고해졌다. 프랑스 왕은 조카의 지참금으로 나폴리 왕국과 시칠리아 그리고 예루살렘에 대한 자신의 권리를 양도했다. 대신 그에 대한 보상으로 10년에 걸쳐 100만 두카트를 받기로 했다.

나폴리로 가는 동안 페르난도는 곤살로 데 코르도바를 나폴리 왕국에서 내보내기로 마음먹었다. 그는 처음부터 곤살로의 나폴리 통치에 불만을 가지고 있었다. 곤살로는 페르난도와 상의도 없이 몰수된 영지와 관직을 자신의 동료와 부관들에게 분배했다. 군기가 문란하고 급료를 제대로 지급받지 못한 병사들이 주민들을 함부로 대한다는 보고도 국왕의 비난을 자처했다. 왕은 나폴리 통치 비용을 왕국 자체 수입으로 충당하기를 바랐기에 병력 규모의 축소를 명령했다. 오르시니 가문뿐만 아니라 모든 이탈리아 지휘관에게는 향후 용병 계약이 아니라 군 지휘관 자리가 주어지도록 했다. 모든 경기병 및 보병 부대와 마찬가지로 중기병도 대부분 스페인 사람들로 채우도록 했다. 그러나 이러한 명령은 1년 전과 비교해보았을 때 1505년 11월 현재 여전히 이행되지 않고 있었다. 페르난도는 이탈리아 용병 대장들과의 계약으로 얻을 수 있는 정치적 후원 측면을 그리 중시하지 않는 듯했다. 그가 보기에 용병 계약은 지불한 돈에 비하면 병사들의 수준을 담보할 수 없는 불필요하게 값비싼 제도에 불과했다. 몇

DOÑA ISABEL LA CATOLICA murió 1504

이사벨 1세(1451-1504)는 카스티야의 여왕으로, 남편 페르난도 2세와 함께 스페인 통일의 기초를 마련했다. 남편과 함께 '가톨릭 공동왕'으로 불리며, 1492년 그라나다를 점령함으로써 레콩키스타(재정복)를 완성했다. 스페인을 유럽 가톨릭 세력의 보루로 만들었으며, 콜럼버스의 항해를 후원해 스페인의 황금시대를 열었다.

년 후, 나폴리 부왕은 이탈리아 주둔 스페인군의 총사령관이 되어 토스카나와 롬바르디아 원정에 많은 시간을 쓰게 될 것이다. 하지만 이 시점에서는 페르난도가 곤살로에게 다른 이탈리아 국가들과의 접촉을 유지하라는 지침을 주긴 했지만, 스페인 병력을 나폴리 왕국 밖에서 어떻게 적극적으로 활용할지에 대해서는 아무런 계획도 수립하지 않은 상태였다.

페르난도의 주된 관심사는 나폴리를 아라곤 왕실에 흡수 통합하는 것이었다. 하지만 카스티야 귀족인 곤살로의 최우선 충성 대상은 페르난도가 아닌 이사벨이었고, 그가 필리프를 지지하는 쪽으로 기울었다는 소문도 있었다. 1506년 7월, 곤살로는 페르난도에게 보낸 서신에서, 자신을 신하이자 봉신으로 원하는 한 자신은 다른 어떤 왕도 인정하지 않을 것이라고 맹세했다.[25] 그러나 그는 페르난도의 호출 명령에는 거듭 응하지 않았다. 그러다 마침내 왕이 자신을 만나기 위해 직접 나폴리로 오고 있다는 것을 알았다.

페르난도가 나폴리에 도착해 열린 입성식에서 곤살로는 프로스페로 콜론나와 함께 행렬 선두에서 명예롭게 입장했고, 파브리치오 콜론나는 왕의 깃발을 들었다. 페르난도가 나폴리시에 머문 한 달 동안(그는 왕국을 순시하지 않았다) 곤살로는 여전히 공식적으로 부왕 직함을 유지하며 예와 성의를 다한 대우를 받았다. 그러나 페르난도는 그가 실시한 영지 분배와 관직 임명 등 많은 조치들을 번복했다. 왕은 프랑스로 망명을 떠났던 일군의 앙주파 귀족을 대동했는데, 블루아 조약에서 그는 이 귀족들의 본국 귀환과 몰수된 재산의 반환에 동의한 바 있다. 프랑스 편에 섰다가 곤살로에 의해 투옥된 다른 귀족들도 방면되었다. 왕으로부터 보상 약속이 있었지만 반역을 저지른 귀족들에게서 몰수한 영지를 분배받은 이들은 이를 다시 반환하라는 명령이 당연히 반갑지 않았다. 한편 조약 준수 의무와는 별개로 앙주파 귀족들과의 화해는 나폴리의 안정을 추구하는 페르난도의 계획에서 중요한 부분을 차지했다.

곤살로 치하에서 나폴리는 정복당한 왕국으로서 통치되었다. 반면 페르난도는 나폴리가 합법적으로 승계된 영토임을 강조했다. 나폴리 왕국은 아라곤 왕국을 구성하는 다른 나라들처럼 부왕을 통해 통치될 것이다. 잘 확립되어 있는 이 체제에서 개별 구성 국가들은 고유한 통치 형식과 제도들을 유지하고, 서로 간에 어떠한 종속 관계도 없으며, 오직 자신들의 공통 군주에 의해서만 하나로 연결된다. 페르난도는 1507년 1월 30일 개최된 의회에서 자신의 새로운 신민들―영주 대표단과 나폴리시를 비롯한 왕령지 도시들의 대표단―로부터 충성 서약을 받았다. 충성 서약은 페르난도와 후아나 그리고 그녀의 상속자들에 대한 것이었지 제르맹에 대한 언급은 없었다.[26] 그러나 페르난도는 교황에게 자신과 제르맹 그리고 그들이 갖게 될 자녀들에게도 아라곤가와 앙주가의 왕위 계승권 요구를 통합한다는 의미에서 책봉해줄 것을 요구했다.[27] 그는 자신의 조카이자 리바고르사 백작 후안 데 아라곤을 새로운 부왕으로 임명했다. 이 역시 신임 부왕이 앙주파 영주 가운데 핵심이라고 할 수 있는 살레르노 공 로베르토 다 산세베리노의 처남이었기에 앙주가와 아라곤가의 전통을 하나로 모으는 상징적인 조치로 비칠 수 있었다. 이는 페르난도가 주선하여 앙주가와 아라곤가 귀족 가문 사이에 맺어진 무수히 많은 혼인 가운데 하나였다. 6월 초 왕이 나폴리를 떠날 때 리바고르사는 부왕으로서 나폴리에 머물렀고, 곤살로는 왕을 따라 카스티야로 돌아갔다.

이탈리아의 루이 12세, 1507

루이 12세는 두 가지 주된 이유로 다시금 이탈리아 방문을 계획했다. 하나는 로마냐에서 베네치아를 상대로 프랑스 왕의 도움을 요청한 교황을 만나는 것이었고, 다른 하나는 제노바에서 일어난 반란을 진압하는 것이었다. 하지만 교황은 프랑스 왕과의 접촉을 피했는데, 그가 제노바인들에게 동정적이었던 것도 일부 원인으로 작용했다. 루이 12세는 1506년 가을 율리우스 2세가 자신의 군대를 이끌고 페루자와 볼로냐로 원정을 감행하면서 도움을 요청했을 때, 볼로냐에서 벤티볼리오를 축출함으로써 교황을 도와주었다. 잔 파올로 발리오니가 눈치껏 항복하고 가족과 함께 페루자에 머무는 것을 허락받은 데 반해 조반니 벤티볼리오는 대담하게도 교황의 볼로냐 입성을 놓고 협상안을 내걸었다. 10월 말, 프랑스군—중기병 800명, 보병 4,000명, 대포 15문[28]—이 볼로냐 인근에 도달했고, 11월 1일 포병이 성을 포격했다. 조반니 벤티볼리오는 볼로냐가 교황에게 도전하면 루이 12세의 보호를 받지 못할 것이라는 쇼몽의 경고가 더해지자 게임이 끝났다는 것을 깨달았다. 그날 밤, 그는 아들들과 함께 안전을 약속한 쇼몽에게로 도주했다. 프랑스는 훗날 교황을 상대할 유용한 도구임을 입증할 벤티볼리오에게 계속해서 피난처를 제공해줄 것이다.

유용한 도구를 사용할 기회는 금방 찾아왔다. 율리우스 2세가 제노바인들의 저항을 부추기고 있다는, 근거가 아예 없다고 볼 수 없는 의구심을 루이 12세가 품은 것이다. 왕은 편지 한 통이면 벤티볼리오를 다시 볼로냐로 되돌려놓을 수 있다고 으름장을 놓았다.[29] 루이 12세의 이탈리아행이 분명해지면서 교황은 점점 더 좌불안석이 되었다. 루이 12세와 그의 대신들은 교황이 추기경 시절 망명 과정에서 프랑스의 보호를 받은 후에 교황이 되었으면 응당 프랑스 왕의 의도에 동의를 표함으로써 고마움을 표현해야 한다고 생각했다. 그러나 율리우스 2세는 당부아즈 추기경이 프랑스 왕을 등에 업고 자신을 대신해 교황이 되려 했다는 의구심을 가졌다. 그는 루이 12세가 북부 이탈리아에 오는 것을 기다리지 않고 1507년 2월 말 서둘러 볼로냐를 떠나 로마로 돌아갔다.[30]

1506년 7월 제노바에서 시작된 봉기는 프랑스가 아니라 귀족들에게 대항하여 포폴라리popolari*가 일으킨 것이었다. 물론 프랑스의 친귀족 정책—특히 리비에라에서 심했다—이 귀족과 포폴라리 사이에 악감정을 불러온 근본적인 요인이었다. 프랑스인 총독 필리프 드 로크베르탱은 시정부 헌장을 변경하여 귀족 몫의 관직 비율을 절반에서 3분의 1로 줄이는 데 동의했다. 이러한 조건에서 시정부에 참여하기를 거부한 많은 귀족이 도시를 떠났다. (친귀족 정책을 일부 복원한) 달레그르가 총독으로 있는 사보나가 그들의 근거지가 되었다.

포폴라리는 프랑스 왕에게 충성한다고 밝혔으나 루이 12세는 그들의 개혁에 동의하지 않았다. 제노바인들이 리비에라 서부—프랑

---

* '대중', '민중'이라는 의미의 '포폴라레popolare'의 복수형.

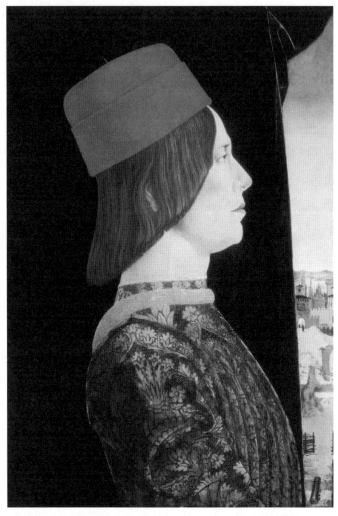

볼로냐의 실질적 통치자였던 조반니 벤티볼리오(1443-1508)의 초상화. 르네상스 시대 화가 에르콜레 데 로베르티가 1474년에서 1477년 사이에 그린 것으로 추정된다. 위엄 있고 당당한 모습의 벤티볼리오를 묘사함으로써 그의 정치적 권위를 잘 보여주는 작품으로, 르네상스 시대 초상화의 걸작으로 평가받고 있다.

스는 이 지역 대부분을 강력한 귀족 잔 루이지 피에스키가 통치하게 했다―와 리비에라 동부의 귀족들 땅까지 장악한 다음 이를 프랑스 관리들에게 인계하기를 거부하자 루이 12세의 반감은 더욱 커졌다. 제노바인들에게 벌금을 부과할지 고심하던 루이 12세는 11월 말부터 군사 원정을 통해 이들을 복종시킬 계획을 세웠다. 3월 하순까지 모든 프랑스 관리가 제노바를 떠났고, 도시를 통제하던 요새인 카스텔레토에 수비대가 남아 주둔했다. 수비대와 시민들 사이에서 교전이 시작되었고, 시민들은 성벽 외곽의 작은 요새인 카스텔라초를 점거하고 그곳의 수비대를 학살했다. 3월 28일, 의회는 제노바가 프랑스 왕과 전쟁 중이라고 선언했다. 2주 후 제노바 시민의 군사행동을 주도한 파올로 다 노비라는 장인이 도제로 선출되었다.

당시 제노바인들은 프랑스 왕이 강력한 군대를 대동하고 벌써 피에몬테에 도착한 사실을 모르고 있었다. 군대에 대한 부실한 지휘 통솔이 나폴리에서 초래한 사태를 염두에 두고 있던 루이 12세는 향후 모든 원정을 직접 통솔하겠다는 의도를 밝힌 바 있었다.[31] 루이 12세는 치세 내내 자주 병마에 시달렸지만 다시 건강을 되찾았고 예전처럼 무기를 들 수 있다고 확언했다.[32] 그는 군대를 정비하고 보병과 기병을 고용하는 데 필요한 '금화 100만 프랑'을 확보하고 있으며, 포병과 군수품도 모두 준비된 상태라고 자랑했다. "일단 전쟁에 돌입하면 그대들은 내가 자금을 아낌없이 동원하고 몸소 전투를 지휘하며 어떻게 전쟁을 이끌어가는지 똑똑히 보게 될 것이오." 그의 시야에는 제노바뿐 아니라 베네치아와 막시밀리안도 포함되어 있었다.[33] 그는 창기병 800명과 수천 명의 보병을 이끌고 이탈리아로 쳐들어갔다. 스위스 주정부들에게는 보병 4,000명을 요구했고, 여기에 스위스인 자원병 2,000명이 가세했다. 밀라노 공국에 주둔하는 프랑스군에서 파견된 병력은 물론 프랑스인 자원병도 많이 있었다. 대략 2만의 병력이 제노바 원정에 참여했다.[34] 달레그르와 사보나의 제노바 귀족들이 동부 리비에라 지역을 장악했고, 프레장 드 비두가 지휘하는 프랑스 함대는 제노바 수역에서 대기했다.

4월 22일, 쇼몽이 이끄는 본대가 제노바 인근에 도착했으나 전투 참관을 원하는 왕이 올 때까지 공격을 연기했다. 라 팔리스가 이끄는 분견대가 도시의 서쪽 방면 방어 상태를 시험해보기 위해 파견되었다. 꽤 치열한 전투가 벌어졌고 라 팔리스가 부상을 당했으나 프랑스군은 제노바 수비대를 몰아내고 성벽 외곽 고지대의 중요한 보루를 장악했다. 제노바는 사절 두 명을 프랑스 진영에 파견해 평화 조건을 협상했다. 왕은 이들과의 협상을 당부아즈 추기경에게 일임했는데, 그는 루이 12세가 수용할 수 있는 조건은 무조건적인 항복뿐이라고 통고했다. 그러는 동안 수천 명의 제노바군이 빼앗긴 보루들을 되찾으려고 시도했다. 처음에는 성공하는 듯 보였다. 하지만 이내 퇴각해야 했다. 제노바의 저항은 그걸로 끝이었고, 다음 날 아침 네 명의 사절이 찾아와 왕에게 도시를 넘겼다. 제노바는 이제 왕의 자비에 맡겨졌다. 왕은 제노바가 약탈당하는 것을 원치 않았다.

4월 29일, 프랑스 왕은 정복자로서 의기양양하게 제노바에 입성했다. 그는 포르타산톰마소에 들어설 때 들고 있던 전곤戰棍, battle mace 으로 성문을 내리치며 "자랑스러운 제노바여, 내가 무력으로 그대를 얻었노라"라고 외쳤다.[35] 왕은 전신 갑주에 타조 깃털로 장식한 투구를 쓰고 의례용 덮개로 장식된 검은색 전투마를 탔다. 그 뒤로 다섯 명의 추기경과 원정에 참여하러 온 이탈리아의 제후들—만토바 후작과 몬페라토 후작 그리고 페라라 공작—그리고 프랑스 귀족과 지휘관 및 중기병들의 행렬이 이어졌다. 왕의 호위 궁수부대와 그 지휘관들은 걸어서 행렬에 가담했다. 하지만 "도시의 안위를 생각해서" 보병들은 참여하지 않았다.[36]

병사들의 폭력과 약탈—특히 스위스와 독일 용병들은 도시에 들어가지 못하도록 제지를 당해 더욱 분개했다—을 억제하는 것도 어려운 일이었고, 파올로 다 노비같이 몇몇은 처형을 당하기도 했지만, 무엇보다도 제노바인들의 자긍심과 경제력이 큰 타격을 받았다. 그들은 원정 비용으로 20만 스쿠디를, 그리고 새로운 요새를 짓는 데 40만 스쿠디를 지불해야 했다. 엄숙한 의식을 통해 제노바인들이 왕에게 충성을 맹세했고, 1499년에 합의한 조항들은 문자 그대로 찢기고 불태워졌으며, 프랑스 왕이 부여한 새로운 특권이 낭독되었다. 내용상으로는 본질적으로 크게 다르지 않았지만 합의된 조항이 아닌 특권이었기에 왕이 원하면 언제든지 무효화될 수 있었다.[37]

프랑스인이 보기에 제노바인이 일으킨 봉기를 진압한 것은 프랑스 왕의 영광스러운 승리로 환호해야 할 일이었다. 프랑스에서 널리 회자되었던 한 설명에 따르면, 200년이 넘는 기간 동안 어떤 군주도 "그렇게 적은 비용으로, 그렇게 적은 피를 흘리고, 그렇게 위대한 정복을 이루어내지 못했다".[38] 이는 나폴리에서 당한 패배로 그들이 입은 수치심을 지워내기에 충분했다. 5월 14일에 제노바를 떠난 루이 12세는 밀라노 공국을 지날 때 승리자로서 환호를 받았다. 그는 개선문을 통해 밀라노시에 당당히 입장했고, 그가 도시에 머무르는 동안 마상시합과 연회 등 각종 축하 행사가 이어졌다.

캉브레 동맹의 기원

루이 12세는 프랑스로 돌아가기 위해 이탈리아를 떠나기 전인 1507년 6월 말, 사보나에서 페르난도와 만났다. 루이 12세가 손님을 위해 마련한 공식적인 의식과 호화로운 연회는 두 군주 가문 사이의 신뢰와 우애를 과시하기 위해 의도된 것이었다. 그들 사이에 오간 사적 대화는 비밀에 부쳐졌다. 페르난도 측이 준비한 제안서에 따르면, 막시밀리안과의 관계가 회담의 주된 의제였던 것으로 보인다.[39] 루이 12세 측의 회담 의제에는 페르난도를 설득해 반베네치아 연합 전선을 구축하려는 시도도 포함되어 있는 것으로 보인다. 그는 몇 년간 베네치아에 대해 적개심을 품어왔고—스위스가 밀라노를 침공했을 때 도움을 제공하지 않은 것, 그리고 (본인 생각에는) 나폴리 전쟁에서 스페인 편에 선 것이 그 이유였다—과거 밀라노 공국 영토의 일부였으나 현재는 베네치아가 차지하고 있는 영토를 되찾고 싶어했다. 베네치아를 상대로 한 전쟁은 두 왕의 동의하에 준비될 예정인 교황과 막시밀리안을 포함한 향후 회담의 주제로 선정된 것으로 보인다.[40]

베네치아 영토를 축소하는 것이 바람직한 것인가의 문제가 외교 의제의 중심으로 부상하고 있었다. 루이 12세가 밀라노 공국으로 재통합하기를 원하는 영토 말고도 베네치아는 여전히 나폴리 왕국 아풀리아 해안의 여러 항구도시와 로마냐의 교황령 영토도 보유하고 있었다. 막시밀리안도 오스트리아 대공 자격으로 오스트리아-베네치아 국경에서 베네치아와 여러 분쟁을 겪고 있었고, 황제 자격으로는 이론적으로 제국 영토에 속하는 베로나와 비첸차 같은 도시들을 황제의 책봉도 없이 소유하고 있는 베네치아에 대해 문제를 삼을 수 있는 근거를 가지고 있었다. 만토바 후작이나 페라라 공작 같은 베네치아 인근의 다른 제후들도 15세기 베네치아의 팽창기 때 귀중한 영토를 빼앗겼다. 그러나 캉브레 동맹이라는 반베네치아 연합이 결성되기 전에 해결해야 할 다른 문제들이 있었는데, 특히 루이 12세와 막시밀리안의 관계가 그것이었다.

1507~1508년의 몇 달간 막시밀리안은 이탈리아에서 루이 12세를 공격할 것처럼 보였다. 그는 수년간 황제로서 대관식을 치르고 제국의 권리를 확고히 하기 위해 이탈리아를 방문하겠다는 의사를 표명해왔다. 1507년 7월, 제국 의회는 1만 2,000명의 원정 병력을 약속했고, 경비는 이탈리아에서 자체적으로 충당하기를 희망했다.[41] 그러나 이 정도로는 밀라노의 프랑스 세력에 도전하기에 충분치 않았고, 이에 대신 베네치아를 공격하기로 결정했다. 베네치아가 프랑스에 맞서는 동맹 제안을 거부했을 뿐만 아니라 황제 대관식을 위해 로마로 가는 것뿐인데도 군대를 대동하고 자국의 영토를 통과할 수 없다는 베네치아의 비협조적 태도를 명분으로 들었다. 1508년 2월 초, 막시밀리안이 베네치아에 선전포고를 하자 여전히 루이 12세와 동맹관계였던 베네치아는 그에게 도움을 요청했다. 왕의 명령에 따라 쇼몽은 수천의 병력을 파병했고, 주력 병력은 공국에서 비상 대기 상태에 들어갔다.

2월 초, 최초로 감행된 막시밀리안의 베네치아 침공은 얼마 지나지 않아 좌절을 맛보았다. 그가 끌어모을 수 있는 병력 대부분은 자신의 세습 영지에서 모집한 병사들이었고, 한정된 재원 때문에 고용할 수 있는 용병도 많지 않았다. 2월 말, 그는 식스트 트라우트손이 지휘하는 우회 병력을 파견하여 백운암 지대인 카도레를 점령하게 했다. 바르톨로메오 달비아노(1506년 2월 다시 베네치아로 복귀했다)가 이에 대응해 파견되었다. 달비아노는 베네치아에 충성하는 카도레 주민들의 제안을 받아들여 중기병 100명, 경기병 400명 그리고 보병 1,500명을 이끌고 산길을 넘어 피에베디카도레에서 독일군을 기습했다.[42] 3월 2일 베네치아군이 당도했을 때 독일군은 퇴각을 준비하고 있었다. 달비아노는 지친 병력을 독려하여 마을 외곽 평지에서 그들과 대치했다. 그는 기마석궁수와 스트라디오트 부대를 정면에 내세우고, 마른 강바닥 뒤에 장창병을 배치했다. 이 장애물 때문에 독일 창보병의 진격이 방해를 받았고, 그사이 베네치아 기병이 양 측면을 공격했다. 트라우트손을 포함한 독일 병력 3분의 2가 사망했고 겨우 수백 명만이 안전한 곳으로 도주할 수 있었다.[43] 압도적인 승리를 거둔 달비아노는 프리울리 민병대의 도움을 받아 며칠 만에 카도레 전역을 수복했다.

막시밀리안 사신은 트렌토 남부에서 베로나를 향해 진격했다. 하지만 총사령관 니콜로 오르시니가 이끄는 베네치아군 본대와 쇼몽이 파견한 알레산드로 트리불치오의 프랑스군에 의해 봉쇄되었다. 막시밀리안은 곧바로 후퇴했다. 베네치아는 여세를 몰아 오스트리아 영토까지 진격하려고 했으나 프랑스는 이에 동의하지 않았다. 그러나 동쪽 방면의 달비아노는 정규군 4,000명과 귀족 제롤라모 사보르냔이 지휘하는 지역 민병대를 이끌고 포르데노네를 포함하여 막시밀리안이 주둔했던 프리울리 지역을 신속하게 점령했다. 그런 다음 제국 영토로 쳐들어가 고리치아와 5월 6일 항복한 트리에스테항을 점령하고 이스트리아(이스트라)반도로 진격했다. 이탈리아에서 제국의 힘과 권위를 확립하려던 막시밀리안의 계획은 순식간에 굴욕으로 뒤바뀌었다.[44]

막시밀리안은 자신의 영토조차 반환을 요구하지 못하는 상태에서 휴전을 제안했다. 베네치아와 루이 12세도 휴전에 동의할 준비가 되어 있었다. 하지만 프랑스 왕은 자신과 막시밀리안 사이에 존재하는 모든 분쟁 지역을 포괄하기를 원했다. 프랑스 협상 대표단이 추가 지침을 기다리는 동안 베네치아와 막시밀리안은 이탈리아에 대해서만 3년간의 휴전협정을 체결했다. 이 협정에서 루이 12세는 베네치아의 동맹 자격으로 3개월 안에 휴전협정에 응할 수 있다고만 언급되었다. 분노한 루이 12세는 이를 모욕으로 간주하고 베네치아를 맹비난했다.[45]

이제 프랑스 왕은 막시밀리안과의 견해차를 좁히기 위해 진지하게 노력하겠다는 마음을 갖게 되었고, 더 나아가 베네치아를 상대로 한 동맹까지도 염두에 두었다. 심지어 막시밀리안이 밀라노를 침공하겠다는 위협을 계속하는 동안에도 양측은 (밀라노와 만토바를 통해) 베네치아에 대한 합동 공격을 위한 간접적인 접촉을 유지했다. 막시밀리안은 양측이 침공하려는 영토의 대부분을 자신이 차지하고, 루이 12세는 병력 파병은 물론 자신의 원정 비용까지 보조해야 한다는 불가능한 요구 조건을 내세웠다. 한편 양측이 베네치아를 상대

오르시니 당파의 열성적인 일원이었던 바르톨로메오 달비아노(1455-1515)는 이탈리아의 콘도티에로(용병대장)였다. 뛰어난 군사 지도자였던 그는 이탈리아 전쟁에서 베네치아 공화국을 위해 여러 전투에서 활약했다.

로 한 동맹을 현실화하기 위해서는 다른 어떤 중요한 문제보다도 루이 12세가 밀라노를 어떤 자격으로 책봉받느냐 하는 예민한 문제를 해결해야만 했다. 이 문제는 1508년 11월 말과 12월 초 캉브레에서 진행된 회담에서 타결되었다. 이 회담에서 막시밀리안을 대표해 그의 딸 마르가레테―어린 대공 카를의 섭정 자격으로 네덜란드를 통치하고 있었고, 변덕스러운 아버지보다 정치적으로 훨씬 더 명민했다—가 협상에 나섰고, 루이 12세 측에서는 당부아즈 추기경이 왕의 재상 자격으로 협상에 임했다.

두 개의 조약이 합의되었고, 둘 다 12월 10일 조인되었다. 하나는 막시밀리안과 그의 손자 카를, 루이 12세 그리고 겔더스 공작 에그몬트의 카를 사이의 조약이었다. 이 조약은 나바라, 겔더스, 플랑드르와 아르투아 그리고 밀라노를 둘러싼 분쟁들을 포괄했다. 루이 12세는 밀라노 영지에 대해 본인과 그 후손들이 새로운 책봉을 받기로 했다. 공개되지 않은 두 번째 조약은 베네치아를 상대로 한 루이 12세와 막시밀리안의 합동 공격에 교황과 페르난도를 합류시켜 동맹을 구성하는 것에 대한 것이었다. 공격은 오는 4월에 시작되며, 현재 베네치아가 점령 중인 영토에서 각자가 권리를 주장하는 모든 땅을 수복할 때까지 계속될 것이었다. 페라라 공작과 만토바 후작도 동맹에 가담했다. 조약대로라면 사실상 베네치아는 베네치아시를 제외하고는 이탈리아 내의 모든 영토를 빼앗겨야 했다.[46]

페르난도는 캉브레에 대표단을 파견했지만 교황은 파견이 지체되는 바람에 대표단을 보내지 못했다. 그러나 교황을 대신해 당부아즈 추기경이 협상에 임했고, 교황의 비준을 받아내겠다는 약속까지 했다. 결국 율리우스 2세는 이 기회를 흘려보낼 수 없다고 판단하고 3월 말 조약을 비준했다. 자신들을 상대로 한 동맹이 결성되고 있다는 낌새를 맡은 베네치아는 마지막까지도 프랑스를 불신하는 교황이 최소한 중립은 지켜줄 것이라고 희망했다. 그러나 1509년 4월 그들은 교황과 황제 그리고 유럽에서 가장 강력한 두 명의 세속 군주의 동맹을 홀로 상대해야 하는 현실에 직면해야 했다.

캉브레 동맹 전쟁의 시작

일단 필요한 일이라는 확신이 서자 베네치아는 신속하게 병력을 모집했다. 기마 '석궁수'(석궁 대신 화승총으로 무장한 경우도 있었다)와 스트라디오트는 물론 중기병 1,650명과 민병대 9,000명이 포함된 보병 2만 2,000명을 소집했다.[47] 총사령관은 백전노장인 피틸리아노 백작 니콜로 오르시니였고, 부사령관은 총독직을 맡고 있는 바르톨로메오 달비아노였다. 모든 조짐으로 보았을 때 최초의 공격은 프랑스로부터 시작될 것으로 예측되었기에 베네치아군은 밀라노와의 국경지대로 이동했다.

　1월경, 프랑스에서는 원정 준비가 활발하게 진행되고 있었다. 당부아즈 추기경은 루이 12세가 이전의 어떤 프랑스 왕보다도 강력한 전력을 갖추어 이탈리아로 진격할 것이라고 확신했다. 이는 막시밀리안이 약속을 이행하지 않을 경우 그에게 대응하기에 충분할 정도의 전력이기도 했다. 루이 12세도 베네치아와 막시밀리안 그리고 교황의 전력이 다 더해진다고 해도 이길 수 있어야 한다고 주장했다. 프랑스는 이미 이탈리아에 1,100명의 창기병이 주둔 중이었고, 500명이 추가로 프랑스에서 파병될 예정이었으며, 국왕에게 사적으로 봉직하는 300명의 기사와 가신들도 부름을 받고 왕과 함께 출정에 나설 준비를 하고 있었다.[48] 국왕이 직접 중요한 원정을 주도하고 있었기에 많은 기사들이 자비로 원정에 자원했다. 또한 프랑스 전역에서 보병을 소집하는 왕명이 하달되었다. 이것은 일대 혁신이었다. 루이 12세는 각각 1,000명 규모의 보병 중대 여섯 개를 창설하여 중기병 중대를 통솔하는 명망 있는 기병 지휘관들의 휘하에 배치하려고 했다. 그는 새로 모집된 보병부대와 중기병부대를 결합함으로써 지휘관들의 위신을 높이고, 보병과 기병 사이의 합동작전도 용이하게 수행할 수 있기를 희망했다.

스위스 용병들을 모집하기 위한 대리인도 파견되었으나 여기에는 문제가 있었다. 루이 12세가 필요로 할 경우 언제든지 스위스 병사들을 모집할 수 있도록 허용한 1499년의 협정은 그 기한이 만료될 예정이었고, 스위스는 협정을 갱신하지 않을 생각이었다. 스위스 주 정부들 사이의 복잡한 정치적 협상 과정을 제대로 이해하지 못한 상태에서 프랑스는 영향력 있는 인사들에게 아낌없이 쏟아부은 뇌물과 선물 공세를 통해 자신들이 원하면 무엇이든 얻을 수 있다고 믿었다. 그들은 스위스를 동맹이 아니라 프랑스 왕의 희망 사항에 무조건 따라야 하는 속국으로 간주하는 경향이 있었다.

이러한 행태에 대한 분노는 샤를 8세와 루이 12세의 이전 군사 원정에 복무하고도 여전히 급료를 다 받지 못했다고 주장하는 스위스 용병들의 불만과 더해지면서 늘 잠재해 있던 반프랑스 감정을 강화했다. 여기에 스위스인들 사이에서 외국 세력들로부터 뇌물과 보조금pension을 받은 인사들에 대한 비판의 강도도 점점 더 강해졌다. 협정을 갱신하자는 프랑스의 제안에 스위스는 냉담하게 반응했다. 그러나 많은 가난한 스위스인들에게는 여전히 용병 일로 버는 수익이 필요했고, 몇몇 정치 엘리트가 버젓이 뒷돈을 받고 용병부대 파견을 결정하는 일이 벌어지면서 이런저런 용병 모집책의 제안에 응하지 말라는 명령에 대해 회의적인 태도가 형성되었다. 프랑스 모집책들은 공식적인 금지 명령이 무시되면서 스위스 주정부들이 제공하는 용병 부대에 비하면 수준이 떨어지지만—결속력도 약하고 규율도 느슨했다—수천 명의 자원자를 모집할 수 있었다. 어쨌든 루이 12세는 스위스 주정부들에게 더 좋은 조건을 제안할 생각이 없었다. 그는 그라우뷘덴주와 란츠크네히트 쪽으로 관심을 선회했는데, 그러면서도 조속히 프랑스 보병을 훈련시켜 이들을 실질적으로 대체할 수 있기를 희망했다.[49]

자신이 도착할 때까지 공격을 개시하지 말라는 국왕의 명령이 있었음에도 쇼몽은 자신의 사적인 명예욕에 굴복한 나머지 루이 12세의 전령관이 베네치아에 도착해 전쟁을 선포하기도 전인 4월 15일, 군대에 아다강 도하를 명령했다. 그는 트레빌리오 요새를 포함한 베네치아 마을 몇 군데를 장악한 다음 이틀 뒤 퇴각했다. 그러나 베네치아군은 5월 둘째 주까지 그가 장악한 모든 지역을 수복했다. 루이 12세는 병력을 추가로 이끌고 4월 말 이탈리아에 도착했고, 5월 1일 밀라노시에 입성했다. 이제 프랑스는 본격적으로 전쟁을 시작할 참이었다. 국왕 자신의 추정치에 따르면, 창기병 2,300명, 보병은 스위스 용병 6,000명을 포함하여 총 2만 명이었다. 계속해서 더 많은 스위스 용병들이 도착했는데, 일주일 후 왕의 급여 대상자 명단에는 7,500명이 기재되었다. 수천 명이 넘는 용병이 왕의 명령으로 되돌아가야 했다.[50] 루이 12세는 베네치아와의 전투를 간절히 원했지만 베네치아군은 전투를 회피하고, 적군의 진격을 교란하고 봉쇄하는 방식으로 베네토를 방어하라는 명령을 받았다. 이러한 전략은 피틸리아노의 견

캉브레 동맹 전쟁(1508–1516)은 이탈리아 전쟁의 일부로, 베네치아를 상대로 일어났다. 프랑스, 스페인, 신성로마제국, 교황령 등이 반베네치아 동맹을 이루어 참여했다. 하지만 전쟁 초기와 달리 동맹관계가 자주 바뀌며 복잡한 양상을 띠었다. 그림은 캉브레 동맹 전쟁 중 일어난 크레모나 점령(1509) 이후, 스위스 용병들이 알프스를 넘어 고향으로 돌아가는 모습을 담고 있다.

해와 잘 부합하는 것이었지만 적의 영토에서 전투를 벌여야 한다는 달비아노의 주장이 받아들여지지 않은 결과이기도 했다.

아냐델로 전투

5월 9일, 프랑스군 전체가 아무런 저항도 받지 않고 아다강을 건넜다. 베네치아로서는 적에게 실질적인 타격을 줄 수 있는 좋은 기회를 놓친 셈이었다. 이제 양측 군대는 매우 근접한 상태였다. 5월 14일, 베네치아군이 주둔지를 옮기기 위해 이동하면서 대로를 따라 몇 마일을 쭉 늘어선 모양새가 되었다. 잔 자코모 트리불치오가 이끄는 프랑스 선발부대가 아냐델로 인근에서 베네치아군 후발 부대를 따라잡으면서 프랑스군은 공격 기회를 포착했다. 후위 부대와 판디노에 있는 새로운 주둔지를 향해 가장 먼저 출발했던 달비아노는 교전 소식을 듣고 서둘러 되돌아왔다. 다행히도 교전 초기 피에로 델 몬테와 사코초 다 스폴레토 같은 노련한 보병 지휘관들이 바닥이 드러난 운하 뒤편에 방어 진형을 구축했다. 그들의 오른편으로 중기병이 보병에 집중포화를 퍼붓는 프랑스 포병대와 사거리를 유지하며 자리를 잡았다. 베네치아 포병이 진용을 갖추어 반격을 가하기 전에 사코초 다 스폴레토와 파도바 및 프리울리의 민병대가 운하 바닥을 건너 프랑스 포병부대를 향해 진격했다. 하지만 프랑스 기병대에게 측면을 공격당했다.

바로 이 시점에 달비아노가 도착했고, 그는 중기병을 이끌고 프랑스 기병을 향해 돌진했다. 달비아노 부대의 나머지 보병들도 민병대를 지원하기 위해 진격했고, 베네치아군의 다른 부대들도 병력을 보내 공격에 가담했다. 얼마 동안은 베네치아가 승리할 것처럼 보였다. 프랑스군의 스위스 보병부대는 심하게 압박을 받았고, 달비아노는 중기병을 이끌고 프랑스 왕이 있는 프랑스군의 중심부를 공격했다. 이에 대응하여 루이 12세는 새로 500명의 중기병을 투입하여 베네치아군의 공격을 받고 재정비 중인 기병대를 지원했다. 공격 명령을 받지 않은 베네치아군 제3열의 나머지 병력들—그들의 지휘관은 판디노에 있었다—은 전투에 가담하기를 주저하고 있었는데, 그러다가 트리불치오의 기병대와 재배치된 프랑스 포병대의 공격을 받았다. 지원을 받지 못한 상태에서 전투를 계속하던 달비아노와 그의 부대는 곧 프랑스군에 제압당했다.

사코초와 피에로 델 몬테를 포함해 수천 명의 베네치아 보병이 전투 현장에서 전사했다. 여기에다 도주하다가 추격하는 프랑스군에 살해당해 그 시신이 수 마일에 걸쳐 들판에 흩어진 수천 명의 병력을 더해야 한다. 루이 12세는 군대의 기강 유지를 위해 베네치아군의 생포를 금지했다. 물론 이는 베네치아군의 지휘관에게는 해당되지 않았다. 달비아노는 타고 있던 말이 죽은 뒤에 맨 땅에서 싸우다 얼굴에 부상을 입은 채 생포되었다. 후위에 배치되어 있던 베네치아 포병대의 주력 무기인 약 30문의 대포 역시 포획되었다.[51]

베네치아군 패배 책임의 상당 부분은 달비아노 탓으로 돌려졌다. 그가 프랑스군을 상대로 정면 공격을 할 것이 아니라 베네치아군을 위험한 위치에서 빼내기만 했어야 한다는 것이다. 충격에 빠진 베네치아인들은 달비아노에 대해서는 너무 많은 일을 했다는 이유로, 지원군을 보내지 않은 피틸리아노에 대해서는 너무 적은 일을 했다

아냐델로 전투는 이탈리아 전쟁 중 벌어졌던 수많은 전투 가운데서도 매우 중요한 자리를 차지한다. 1509년 5월 14일 벌어진 이 전투에서 프랑스군은 베네치아군에 대승을 거두었다. 바르톨로메오 달비아노는 포로가 되었고, 베네치아는 북부 이탈리아 지역을 상실하는 큰 타격을 입었다.

는 이유로 비난했다.[52] 그럼에도 베네치아는 달비아노를 다시 돌려받으려고 했다. 하지만 루이 12세는 그를 계속 붙잡아두기로 결심했고, 프랑스로 압송했다.

아냐델로 전투는 이탈리아 전쟁에서 벌어진 많은 전투 가운데서도 가장 중요한 전투 가운데 하나였다. 전투가 이루어진 방식 때문이 아니라 당시 입은 패배로 베네치아가 한 세기 넘게 이탈리아 본토에서 획득한 거의 모든 영토를 상실함으로써 공화국 역사에서 가장 결정적인 순간의 도래를 알렸기 때문이다. 전투에 가담하지 않은 베네치아군의 주력이 온전히 남아 있었으나 사기가 크게 저하된 탓에, 베네치아는 주력부대의 보전을 위해 동쪽으로 퇴각을 명령했다. 이들은 시민들의 반대로 테라페르마*의 주요 도시로부터 주둔을 거부당하다가 마침내 석호 지대에 있는 메스트레에 베네치아시를 방어하는 진지를 구축했다. 메스트레에 도착하는 동안 부대 병력은 탈영으로 크게 줄어들었다. 아냐델로 전투에 참여한 브레시아와 크레마 출신 사람들은 루이 12세에게 투항한 도시 대표단의 일원이 되기에 충분할 정도로 제때 고향으로 돌아갔다.[53] 단 2주 만에 프랑스군은 루이 12세가 요구한 모든 영토를 장악했다. 그러자 베네치아인들에게는 다행스럽게도 진격을 중단했다.

프란체스코 곤차가는 4월에 이미 루이 12세가 요구한 영토를 점령하기 시작했다. 알폰소 데스테도 아냐델로 전투 이후 페라라에서

---

* 베네치아 공화국의 세 개 영토 행정구역 중 하나로, 북부 이탈리아에 위치한 본토 영토를 가리킨다. 다른 두 구역은 베네치아 본섬인 도가도와 해외 영토인 스타토 다 마르(도미니 다 마르)이다.

비스도미노라는 이름의 베네치아 관리를 축출하고 폴레시네를 비롯해 베네치아에 빼앗겼던 영토를 신속하게 수복했다. 막시밀리안은 그 특유의 성격대로 다른 세력들보다 행동이 굼떴다. 세 개 분견대로 구성된 제국군—보병 1만 명과 기병 1,500명으로 구성되었다—은 6월 1일 베네치아 영토에 진입해 아디제강 유역과 발수가나 계곡 그리고 카도레 지역 등으로 침투했다.[54] 그들은 프리울리 지역 대부분을 그냥 지나친 뒤, 1508년 베네치아에 빼앗긴 고리치아와 트리에스테를 수복했다. 프리울리의 두 주요 도시인 치비달레와 우디네는 점령되지 않았다. 아냐델로 전투에서 프리울리 민병대가 받은 타격에도 안토니오 사보르냔은 수천 명의 민병대를 소집하여 소수의 베네치아 주둔병을 보완하고 제국군이 지역을 장악하는 것을 막아냈다.[55] 프리울리 서부의 트레비소도 시민들이 제국군에 항복하는 것을 고심하기는 했지만 베네치아 수중에 남았다.

트레비소는 베네토 지역에서 유일하게 베네치아 수중에 남아 있는 도시였다. 베네치아로서는 막시밀리안이 요구하는 영토를 지키는 데 너무 많은 노력을 기울일 경우 프랑스의 진격을 초래할 우려가 있음을 염려했다. 또한 루이 12세보다는 막시밀리안으로부터 영토를 수복하는 것이 훨씬 더 쉬울 것이라는 섬노 고려해 베로나와 비첸차 주민들에게 스스로 선택에 따라 제국의 종주권을 받아들이는 것도 허용했다. 그곳 관리와 수비대에게는 철수를 명령했다.[56] 파도바의 교구사제들에게도 떠나라는 지시를 내렸다. 하지만 그 지시는 철회되었는데, 너무 늦게 이루어지는 바람에 관리들은 벌써 철수해버린 상태였다. 베로나와 비첸차 그리고 파도바는 막시밀리안의 종주권을 받아들일 준비가 되었지만 부근에 항복 의사를 전달할 제국군이 없었다. 베로나는 막시밀리안에게 사절을 파견해 충성을 맹세했다. 비첸차와 파도바는 막시밀리안으로부터 전권을 위임받았다며 자신에게 항복하면 된다는 비첸차 출신의 망명객 레오나르도 트리시노—상태가 꾀죄죄한 10여 명의 부하밖에 거느리지 않았다—의 보증을 수용하는 것에 만족했다.

순식간에 그 많은 테라페르마의 영토를 상실한 베네치아는 망연자실한 상태였다. 군 지휘관들뿐 아니라 정부의 주요 인사들도 지탄을 받았다.[57] 어떤 이들은 이탈리아 본토로의 팽창 정책 전체를 비난했다. 이들의 주장에 따르면, 영토 팽창이라는 목적을 추구하는 동안 베네치아는 적들을 양산해냈고, 자신들의 진정한 해양적·상업적 소명으로부터 멀어졌으며, 영지와 대저택 생활로부터 오는 사치와 향락으로 무기력해졌고, 본토에서 구할 수 있는 수지맞는 관직에 현혹되어 타락했다.[58]

테라페르마의 도시들은 왜 그렇게 쉽게 베네치아에 대한 충성을 포기했는가? 베네치아가 처음부터 자신들의 우선순위가 무엇인지 분명히 했다는 점을 고려해야 한다. 즉 그들은 종속 도시들의 방어를 위해 병력을 분산 배치하기보다는 본 병력을 그대로 유지한 상태에서 베네치아시 방어에 주력하는 것을 우선했다. 또한 10년 전 밀라노 공국의 도시 엘리트층이 그랬던 거처럼 1509년 당시 베네치아 종속 도시들의 시민들도 외국 군주가 멀리서 종주권만 행사하고 자신들은 사실상 자치를 누리는—특히 중요한 것은 자기들도 주변으로 확장하여 속지를 통치할 수 있을 것이라고 생각했다는 점이다—몽상에 현혹되어 있었다. 그러한 몽상으로 인해 독일의 유명한 제국 도시들이 사실상 독립적인 지위를 누리고 있다는 점을 염두에 두었던 도시 엘리트층은 루이 12세보다는 막시밀리안에게 항복하는 것을 선호했다. 파도바 사절단은 막시밀리안에게 항복하면서 그가 자신들을 (귀족이자 대평의회 구성원이기도 한) 베네치아인 3,000명의 폭정으로부터 해방시켜주었다고 말했다. 이들이 도시의 모든 건물과 교회는 물론 교회의 사제직, 중요한 관직과 작위, 그리고 도시 밖의 영지까지 모두 차지하고 있었다는 것이다.[59] 실제로 베네치아인들은 파도바에서 많은 부동산을 매입했고, 파도바시의 엘리트층은 자신들의 입지가 위태로워지면서 재산을 빼앗기고 있다고 느꼈다. 하지만 다른 지역들에서는 베네치아인들에 대한 분노가 그렇게 강렬하지 않았다.

프랑스군 혹은 제국군이 주둔하는 가운데 생활하는 것이 얼마나 짜증나는 일인지 경험하는 순간 도시 귀족들과 엘리트층이 품었던 정치적 환상은 순식간에 사라질 것이었다. 여전히 공화국보다는 제국에 종속되는 것을 선호하는 사람들도 있었다. 자신들의 도시가 프랑스나 제국의 지배 아래 들어간 다음에도 베네치아군에 복무하며 계속해서 베네치아에 충성을 다하는 사람들도 존재했을 것이다.[60] 그러나 십중팔구 대부분의 사람늘에게는, 특히 도시의 주인이 자주 바뀌는 만큼 더욱더, 어느 한 세력에게 충성을 바치는 것이 중요한 게 아니라 가족의 평화와 안전 그리고 재산을 안전하게 지키는 것이 무엇보다도 우선시되었다.

양측 병사들은 원정 중이 아닐 때조차도 시민들을 약탈하고 학대할 수 있었다. 베네치아는 시민들로부터 호의를 얻어내기 위해 의도적으로 병사들을 억제하기 위해 노력했다. 프랑스나 독일의 병력이 주둔하는 가운데 생활하는 것은 확실히 더 가혹한 경험이었다. 그들은 도시와 농촌의 주민들로부터 숙소나 음식, 음료, 땔감 및 기타 여러 보급품의 공급은 물론 간혹 자신들의 급료까지도 지불해주길 기대했다. 많은 수의 병사와 함께 지내는 데 익숙하지 않았던 도시민들은 그만큼 더 그 경험을 참을 수 없어했다.

그러나 가장 큰 고통을 겪은 것은 농촌 주민이었다. 그들은 도시 엘리트층이 베네치아인들이 물러간 것을 기회로 도시 주변 영토들에 대한 자신들의 장악력을 키우고 그곳에서 도시민들이 누리는 특권을 강화할 것도 잘 알고 있었다. 이는 농촌 주민들이 제국이나 프랑스보다 베네치아 정부를 뚜렷이 더 선호하는 주된 이유이며, 왜 그들이 베네치아의 군대 동원에 중요한 기여를 했는가를 설명해주었다. 그들은 후방에서 프랑스군과 제국군을 괴롭혔고 베네치아군을 지원했다. 적군에 대한 베네치아의 정보 대부분은 농민들로부터 나왔다. 한 베네치아 연대기 작가에 따르면, 독일 군인들은 요새가 없는 구역에서는 감히 주둔할 엄두도 내지 못했다.[61] 베로나 인근에서는 농민들이 기백 명 단위로 조직화하여 규모가 더 작은 집단의 병사들을 공격했고, 더 강한 적군이 자신들을 추적하기 전에 해산했다.[62] 베네치아는 농촌 주민들의 충성이야말로 자신들의 온건하고 공정한 통치의 우월성을 인정해주는 것이라며 흡족해했다. 여기에는 일단의—정말 일단에 불과하다—진실이 있다. 물론 훨씬 더 나쁜 대안을 피하자는 것이 가장 강력한 동기였다.[63]

베네치아의 반격

베네치아가 빼앗긴 영토를 일부라도 되찾기 위한 시도를 할 수 있으려면 먼저 자기들의 도시를 방어할 궁리부터 해야 했다. 이러한 비상 상황에 대비한 계획을 수립하는 데 익숙하지 않았던 그들은 민병대 조직을 갖추고 있지 않았기 때문에 베네치아 거주민들—이들 중 다수가 이주민이었다—중에서 어떤 전투원들을 찾을 수 있는지 가늠해보는 것부터 시작했다. 그들은 자신들이 직면한 위협을 줄이기 위해 더 많은 영토를 희생하기로 하는 냉정한 결정을 내렸다. 그렇게 해야만 적의 수를 줄일 수 있기 때문이었다.

아냐델로에서의 참패 소식이 전해진 바로 그날, 베네치아는 로마냐 영토를 교황에게 되돌려주어야 한다고 결정했다. 그리고 며칠 후에는 나폴리의 항구들도 페르난도에게 반환한다는 결정을 내렸다.[64] 교황의 군대는 이미 로마냐에서 행동에 들어갔는데, 교황은 전쟁 전에 제안된 부분적인 영토 이양을 거부하며 완전한 항복만을 받아들일 수 있다는 입장이었다. 그는 루이 12세와 막시밀리안의 군대를 지원하기 위해 소수의 병력을 파견하기도 했다. 나폴리 왕국에서는 베네치아가 점유한 항구들을 탈환하기 위한 스페인군의 원정이 부왕의 와병으로 지연되고 있었다. 스페인에서 파병한 보병 2,000명이 포함된 원정군이 6월 초 항구 앞에 도착했을 때는 항복 명령이 그곳의 베네치아인들에게 전달되었을 것이다. 며칠 내로 그들은 모두 항복했다. 베네치아는 막시밀리안을 달래기 위해 그가 오스트리아 군주 자격으로 요구한 영토들을 반환하고, 황제 자격으로 요구한 지역들에 대해서는 제국의 종주권을 인정하겠다고 제안했으나 성공하지 못했다.

교황과 페르난도는 자신들의 요구가 모두 충족된 마당에 베네치아가 완전히 몰락해서 루이 12세와 막시밀리안이 롬바르디아 전체를 나눠 먹는 것을 원치 않았다. 페르난도의 경우 막시밀리안이 요구하는 그의 손자 카를의 카스티야 통치권 문제를 처리해야 하기 때문에 동맹에 남아야 할 이유가 있었다. 하지만 그해 그는 북쪽으로 어떠한 병력도 파병하지 않았다. 율리우스 2세도 루이 12세 및 막시밀리안과의 동맹에서 공개적으로 철수한다면 그들로부터 교황령이 공격당할 수 있음을 염려했지만 어쨌든 그가 공개적으로 동맹에 참여하는 시기는 실질적으로 끝났다.

손실을 최소화한 베네치아는 영구히 빼앗겨서는 안 될 영토들을 수복하기 위한 준비에 들어갔다. 7월 17일, 베네치아군은 베네치아시에서 온 민간인들의 도움을 받아 속임수로 성문을 장악하고 파도바를 탈환했다. 독일군 수비대는 요새로 퇴각했으나 곧 항복했다. 이 작전의 성공으로 크게 고무된 베네치아인들은 8월 초 프란체스코 곤차가의 생포라는 또 다른 작전을 성공시켰다. 베네치아 병사들은 잠을 자고 있던 그를 몰래 납치했는데, 당시 후작은 루이 12세의 명령으로 프랑스 창기병부대를 대동하고 레냐고 요새를 공격하는 막시밀리안을 돕기 위해 이동 중이었다.

제국군은 손쉽게 자신들의 수중에 떨어진 영토들을 장악하기 위해 분투했다. 하지만 프리울리에 주둔 중이던 제국군은 그 지역을 안전하게 확보할 만큼 강하지 못했다. 따라서 막시밀리안의 계획대로 본대와의 연계를 통해 트레비소를 포위하기에는 역부족이었다. 루이 12세는 라 팔리스에게 창기병 500명을 내주며 동맹을 돕도록 했지만 대부분의 군병력은 7월 1일 그가 밀라노에 입성할 때 개선 행진에 동원되었다. 밀라노에서 병을 얻은 루이 12세는 이탈리아 여름의 열기가 병을 악화시킬까 두려워 8월에 프랑스로 돌아갔다. 한편 막시밀리안은 6월 중순경 마침내 이탈리아에 도착했고, 8월 10일 파도바에 대한 포위공격을 개시했다.

이번에는 베네치아도 얌전히 항복할 생각이 없었다. 피틸리아노의 지휘 아래 보병 1만 4,000명, 중기병 500명, 기마석궁수 600명[65] 그리고 스트라디오트 950명이 도시를 방어하기 위해 배치되었고, 여기에 베네치아 귀족 수백 명이 보강되었다. 귀족들은 주로 성문 방어에 배치되었다. 이들이 투입된 주된 이유는 군대는 물론 베네치아 백성들에게 도시를 수호하겠다는 결연한 의지를 보여주기 위해서였다. 사전 조치로 거동이 수상한 파도바인들을 베네치아로 압송했다. 베네치아 정부는 이탈리아는 물론 전 세계의 눈이 파도바 수비대에 쏠려 있다고 격려했다.[66] 이탈리아 병사들은 이탈리아의 명예는 물론 이탈리아 군대의 명성을 입증하려고 했다. 그들은 프랑스와 독일 군대에 패배할 경우 입게 될 고통—향후 자신들의 경력에 미칠 악영향을 포함하여—에 대해 두려워했다.[67]

막시밀리안도 선두의 승패에 자신의 명성이 달려 있다고 느꼈다. 그는 제국군의 규모가 6만 명이 넘는다는 식의 과장된 보고서를 유포하기도 했다(베네치아인들은 이를 믿었지만 낙담하기보다는 오히려 사수 의지를 더욱 다짐했다). 그러나 프랑스와 교황청이 파견한 병력 그리고 페라라와 만토바 출신 병력 4,000명을 포함해도 제국군의 실제 병력은 총 1만 5,000~1만 6,000명이라는 것이 사실에 더 가까웠다.[68]

베네치아 총사령관 니콜로 오르시니(피틸리아노 백작)가 신성로마제국 황제 막시밀리안 1세에 맞서 파도바를 방어하겠다고 맹세하고 있다. 1509년 9월 15일부터 시작된 공성전에서 피틸리아노는 아냐델로 전투 이후 남은 병력과 베네치아에서 온 자원병을 도시에 집결시켰다. 그의 지휘 아래 파도바 수비대는 제국군의 공격을 성공적으로 막아냈고, 결국 10월 1일 막시밀리안 1세는 포위를 풀고 철수했다. 파도바 방어는 베네치아 공화국에게 중요한 승리였으며, 막시밀리안 1세에게 큰 타격을 주었다.

프랑스군과 독일군의 사이도 나빠 잘 조율된 공격을 조직하기가 어려웠다. 페라라의 포병부대가 수비대에게 어느 정도 걱정거리가 되기는 했지만 파도바 성벽에 충분한 손상을 주지는 못했다. 반면 베네치아 포병은 제국군이 진지를 이동시켜야 할 만큼 부담이 되었다. 제국군 진지는 보급이 부족했고, 병사들에게 지불한 자금도 충분치 않았다. 10월 1일, 막시밀리안은 포위를 풀었다.

막시밀리안은 파도바 인근에 약간의 병력을 남겨두고 10월 말 트렌토로 향하기 전 비첸차와 베로나로 이동했다. 자신의 세습 영지에서 데려온 병력들에게 부과된 4개월의 복무 기간이 곧 만료될 예정이었기 때문에 병력을 좀 더 모집하려고 했던 것이다. 베네치아는 막시밀리안이 떠나자마자 재빨리 비첸차를 수복했다. 하지만 베로나에서는 그들의 요구 사항을 처리하는 데 시간을 너무 오래 끌었다. 그들이 대응 채비를 갖추는 동안 프랑스는 막시밀리안의 병력에 지급할 자금은 물론 지원병까지 파병했다.[69]

페라라인들도 베네치아에 타격을 가했다. 알폰소 데스테는 페라라 북부 포강 유역의 저지대 습지 폴레시네를 점령했다. 이 지역은 베네치아가 그의 아버지로부터 빼앗은 지역이었다. 베네치아인들은 아직 이곳을 포기할 생각이 없었다. 11월 말, 해군 총사령관 안젤로 트레비산이 포강을 거슬러 올라가며 강변의 마을들을 약탈하고 불태웠다. 17척의 갤리선 외에도 다양한 크기의 하천 함대급 선박이 몇십 척 있었고, 약탈을 위해 자원한 자들이 승선한 선박도 다수 참여했다. 육로를 통해 조반니 파올로 그라데니고가 지휘하는 기병과 보병이 지원을 위해 파견되었지만 함대를 보호할 만큼 충분한 규모는 아니었다. 함대는 페라라 안쪽 수 마일까지 침투해 들어갔다가 페라라 포병의 공격을 받고 퇴각했다. 트레비산은 함대를 페라라에서 10마일가량 떨어진 폴레셀라로 이동시켰다. 강둑에 방어용 토루가 구축되었다. 하지만 병력은 어느 정도 거리를 두고 주둔했기에 육군과 해군이 협력 작전을 펼치기에는 어려움이 있었다. 트레비산은 갤리선들을 한데 묶어 강을 건너기 위한 부교로 만들었다. 그러나 높아진 강의 수위로 베네치아 선박들이 더 노출되는 바람에 강둑에서의 포격에 취약해졌다. 그리고 실제로 공작의 동생 이폴리도 데스테 추기경의 지시로 은밀히 배치된 포병부대가 12월 22일 새벽 일제히 포격을 가하자 정박된 갤리선들은 아주 훌륭한 표적이 되었다. 여섯 척의 갤리선이 파괴되었고, 아홉 척이 나포되었으며, 더 작은 선박들이 집중 포화를 받는 동안 단 두 척의 갤리선만 빠져나갔다.[70]

베네치아로 복귀한 트레비산은 재판을 받고 3년 추방형을 선고받았다. 심각한 패배에 책임이 있는 지휘관을 처벌하는 것은 베네치아에서 일상적으로 일어나는 일이었다. 베네치아로서는 이 패배가 아냐델로의 패배만큼이나 참담한 경험이었다. 사실상 베네치아가 속국으로 간주했던 페라라군에 당한 패배였을 뿐만 아니라 베네치아 스스로 자랑해 마지않던 해군이 당한 패배였기 때문에 그 충격은 더욱 컸다.[71] 한 가지 좋은 결과라면 교황과의 화해 필요성이 명확해졌다는 것이다. 7월 이후 여섯 명의 베네치아 사절단이 로마에 머무르고 있었다. 협상은 순탄치 않았는데, 특히 페라라 문제가 난제였다. 페라라 자체는 교황의 봉지封地였지만 지난 2세기 동안은 베네치아인들이 특권을 누리고 있었다. 교황은 이것의 포기를 요구했다. 폴레셀라 전투 이후 베네치아는 다른 많은 양보와 함께 특권 포기를 받아들였다. 1510년 2월, 율리우스 2세는 베네치아에 대한 파문을 거두어들였다.

베네치아 원정, 1510

겨울을 거치면서 막시밀리안과 루이 12세는 베네치아에 대한 다음 원정 계획을 논의했다. 막시밀리안은 루이 12세가 원정 병력 대부분을 대고 그 비용도 일부는 왕이 직접, 나머지는 다른 프랑스인들이 부담해주기를 바랐다. 대신 그 프랑스인들에게는 그들이 원정 비용을 다 상환받을 때까지 원정으로 자신이 되찾게 될 영토—베로나는 제외하고—를 보유할 수 있게 해주겠다는 생각이었다.[72] 그에 반해 막시밀리안이 독일에 머무르는 동안에는 전투 부담을 떠맡고 싶지 않았던 루이 12세는 막시밀리안을 돕는 대가로 베로나를 염두에 두고 있었다. 상당한 규모의 프랑스 병력이 그곳에 주둔하고 있었고, 제국군 수비대에 지불하는 급료도 프랑스의 융자에 의존했다. 이 융자금에 대한 담보로 1510년 2월 프랑스는 도시에 있는 요새 두 곳을 차지했다.[73] 루이 12세는 자신이 직접 이탈리아에 가지 않고 프랑스에서 원정을 지휘하기로 한 결정을 막시밀리안이 베로나 양도를 거절한 탓으로 돌렸다.[74]

루이 12세는 페르난도를 훨씬 더 불신했다. 그는 페르난도를 캉브레 동맹에 더 확실히 묶어두기 위해 1509년 12월 그와 막시밀리안의 조약을 중재했다. 막시밀리안은 카를이 20세가 될 때까지 후아나와 카를을 대리하여 페르난도가 카스티야를 통치한다는 것에 동의했다. 그에 대한 내가로 페르난도는 막시밀리안이 원하는 영토를 모두 확보할 때까지 베네치아를 상대로 벌이는 전쟁에 지원을 아끼지 않는다는 약속을 재확인했다.[75] 바로 이 조약 때문에 1510년 베네치아 원정에 페르난도가 병력을 파견한 것이다. 비록 너무 늦게 도착해 거의 아무런 역할도 하지 않았지만 말이다.

원정은 5월에 시작되었고, 공격은 두 갈래로 나뉘어 전개되었다. 쇼몽이 지휘하는 프랑스군은 5월 13일 알폰소 데스테의 페라라 군과 합류하여 베네치아가 점령하고 있는 폴레시네 지역으로 진격했다. 루돌프 폰 안할트가 지휘하는 제국군은 베로나에 주둔한 프랑스군과 합류한 뒤 진격을 시작했다.[76] 베네치아는 지난 1월 사망한 피틸리아노 대신 잔 파올로 발리오니를 사령관으로 내세웠다. 베네치아의 전략은 그대로였다. 총력전을 피하고 파도바와 트레비소를 사수한 상태에서 베네치아시의 방어를 최우선하는 것이었다.

5월 23일, 양 갈래로 진격한 원정군이 하나로 합류할 무렵 그들은 이미 그 주변 영토까지 포함하여 폴레시네와 비첸차를 점령한 상태였다. 비첸차에서는 최악의 참극이 발생했다. 모사노 동굴에 피신해 있던 1,000명이 넘는 남녀와 아이들이 그들을 약탈하기 위해 입구에 불을 놓은 병사들에 의해 질식사한 것이다. 레냐고가 프랑스군에 함락된 뒤, 동맹군은 바사노와 벨루노같이 주요 알프스 통행로로 이어지는 경로상의 도시들을 점령했다. 하지만 베네치아의 스트라디오트 부대에 시달리고 농민들의 소극적인 저항에 방해를 받는 바람에 동맹군은 막시밀리안의 바람대로 폰 안할트의 군대가 프리울리에서 4,000명의 병력과 함께 주둔 중인 브룬스비크 공작 에리히 폰 브라운슈바이크와 연결되는 길을 열지는 못했다.[77] 막시밀리안은 파도바나 트레비소 중 하나에 포위공격을 하고 싶어했다. 그러나 루이 12세는 막시밀리안이 그 일에 착수하기 전에 먼저 이탈리아에 와야 한다고 생각했다.

6월 말, 나폴리에서 테르몰리 공작이 이끄는 스페인 중기병 400명이 동맹군에 합류했다.[78] 하지만 쇼몽이 제노바와 밀라노에서 발생한 문제를 처리하라는 명령을 받고 자신의 부대 대부분을 이끌고 철수한 다음부터는 원정의 활력이 다해갔다. 쇼몽은 창기병 400명을 제국군에 남겨놓고 8월 초 밀라노로 돌아갔다. 제국군은 급료 미지급으로 인한 탈영으로 계속해서 그 수가 줄어들었다. 그러자 루초 말베치가 지휘하는 베네치아군이 곧바로 공격을 개시했다. 이에 동맹군이 퇴각하자 베네치아군은 프랑스 수비대가 주둔해 있는 레냐고를 제외하고 빼앗긴 영토 전체를 신속하게 수복했다. 8월 말에는 비첸차도 되찾았다. 프랑스와 스페인 분견대가 포함된 제국군은 베로나까지 후퇴했다. 그들은 9월 중순에 있었던 베네치아 공세는 성공적으로 막아냈지만 반격을 가할 처지는 아니었다. 폰 안할트가 9월 초 질병으로 사망했고, 브룬스비크 공작이 그를 대신해 사령관이 되었으나 그의 계약은 10월 종료된 다음 갱신되지 않았다. 독일 병사들은 급료 지급을 요구하며 명령을 듣지 않았다. 10월 말, 페르난도는 테르몰리에게 베로나에서 병력을 철수해 나폴리로 돌아갈 것을 명령했다. 막시밀리안이 베네치아를 상대로 요구한 영토들 가운데 베로나와 레냐고만 여전히 동맹군 수중에 남아 있었다. 그나마 그 두 도시의 요새들도 프랑스군이 차지하고 있었다.

율리우스 2세와 프랑스

교황은 이미 베네치아가 아니라 루이 12세를 자신의 주적으로 결정했다. 그는 제노바 내 프랑스 지배 체제 전복 시도와 쇼몽을 밀라노로 불러들이게 만든 스위스 침공의 배후였다. 그는 페라라 공작을 공격하기도 했는데, 그가 프랑스 왕의 보호를 받고 있기 때문이었다.

1510년 5월, 당부아즈 추기경이 죽었지만 루이 12세에 대한 율리우스 2세의 분노는 가라앉지 않았다. 그는 신의 의지를 받들어 자신이 이탈리아에서 프랑스를 몰아내야만 한다고 말했다.[79]

율리우스 2세는 제노바에서 프랑스를 축출하는 것으로부터 시작하자고 생각했고, 그렇게 되면 밀라노에서 반란을 이끌어낼 수 있다고 판단했다.[80] 그는 베네치아의 협조를 받아 7월 중순 교황령 함대를 파견해 프레고소파의 제노바 망명객들을 해안에 상륙시키려고 했다. 육로로는 소규모의 기병과 보병 병력을 지휘하는 마르칸토니오 콜론나로 하여금 도시로 진격하도록 했다. 이 시도는 실패로 돌아갔지만 율리우스 2세는 9월 초와 10월 말에도 공세를 폈다. 두 경우 모두 함대가 제노바에 도착할 무렵 프랑스군의 수적 우위가 분명했고—병력이 신속하게 충원되었다—그들을 상대로 한 봉기의 조짐도 전혀 보이지 않았다.

교황은 스위스를 움직여 프랑스에 맞서게도 했다. 이 공작에서 교황을 도운 조력자는 스위스 연방과 사보이아 그리고 밀라노 공국 사이에 자리한 발레 지역의 시옹 주교후prince-bishop 마티아스 쉬너였다. 그는 유능하고 정력적이며 설득력을 갖춘 인물로 발레 지역의 영적·세속적 통치자로서 스위스에서도 상당한 영향력을 행사했다. 그는 프랑스가 발레를 위성국으로 취급하려는 것에 반대하여 프랑스 왕의 밀라노 통치보다 스포르차 공작 가문의 통치를 더 선호했다. 1510년 3월, 그는 교황과 스위스의 동맹을 성사시켰다. 양측은 교황청과 그 영토가 위협을 받을 경우 스위스가 교황의 경비로 6,000명의 병력을 파견하고, 교황의 적에게는 용병을 제공하지 않기로 약속했다.

7월 말, 쉬너는 스위스 연방의회에 교황을 위해 6,000명의 병력을 모집해달라고 요청했다. 스위스는 자신들의 병력이 밀라노를 통과해 교황의 군대와 합류해도 된다고 결정했다. 하지만 프랑스군을 주적으로 규정하지는 않았다. 교황이 요청한 것보다 더 많은 총 1만 명에 달하는 병력이 9월 초 국경에 집결했다.[81] 프랑스의 병력 자원은 교황의 의도대로 제노바 방위, 베네치아를 상대하는 제국군 지원, 페라라 공작 지원으로 길게 늘어져 있었다. 쇼몽의 목표는 스위스군을 봉쇄하고 그들의 식량 공급을 방해하는 것이었다. 프랑스군은 동쪽 방면으로 산기슭을 따라 밀집대형으로 이동하면서 스위스군을 그림자처럼 따라다녔다. 이 때문에 스위스군은 식량을 찾기 어려웠고, 돈도 없었으며, 교황으로부터는 아무런 언질도 없었다. 며칠 후 그들은 귀환하기로 결정했다. 스위스군은 가는 곳마다 약탈을 자행하며 고향으로 돌아갔다. 교황은 스위스군의 퇴각에 분노했다. 그와 루이 12세 사이를 중재하겠다는 스위스 측의 제안은 그의 화를 더 돋우었을 뿐이다. 교황은 이를 무례한 행위로 간주하고 스위스 용병부대가 교황이 갚아야 한다며 요구하던 비용에 대해 지불을 거절했다.[82]

　　율리우스 2세는 자신이 스위스에 병력을 요청한 것을 프랑스가 알폰소 데스테를 지원하고 있다는 것으로 정당화했다. 율리우스 2세와 알폰소 사이의 분쟁에는 다른 원인들도 있었지만 알폰소와 프랑스의 연계가 가장 컸다. 7월 초, 알폰소를 상대로 한 원정이 시작되었고, 프란체스코 알리도시 추기경이 전권 사령관으로 임명되었다. 알폰소는 일부 영토의 양도를 제시하며 교황과 타협을 시도했다. 하지만 율리우스 2세는 이에 응하지 않았다. 그는 페라라 자체를 원했을 뿐 아니라 이 원정을 프랑스를 상대로 한 공격으로 보고 있었다. 8월 초, 프랑스군이 직접 페라라 방어에 나섰다. 알폰소가 150명의 중기병과 함께 베네토의 프랑스 주둔지를 떠나 자신의 영토를 방어하러 갔을 때, 쇼몽은 샤티용 영주 자크 콜리니가 지휘하는 창기병 250명과 이탈리아 및 가스코뉴 보병 3,000명을 딸려 보냈다.[83] 알리도시는 교황군의 전력을 중기병 1,000명과 보병 1만 명으로 파악했다. 중기병 700명과 보병 8,000명으로 파악한 다른 추정치도 있다.[84] 교황군이 알폰소의 두 번째 도시 모데나에 입성했다. 하지만 공작은 약간의 병력과 함께 8월 말에나 페라라에 당도할 수 있었다.

돌연 율리우스 2세가 자신이 직접 작전을 지휘하겠다고 결정했다. 9월 22일 볼로냐에 도착한 그는 이내 병에 걸렸지만 계속해서 군대에 대한 적극적인 통제권을 행사했다. 10월 초, 루이 12세의 명령을 받은 쇼몽이 알폰소를 지원하기 위해 원군을 이끌고 도착했다. 그는 병력을 레조(레조에밀리아)와 루비에라에 주둔시켰는데, 당시 교황군 진영은 모데나에 있었다. 쇼몽의 도착만이 율리우스 2세의 바람대로 페라라에 공격을 집중 중인 교황군을 방해한 유일한 장애물은 아니었다. 교황의 조카이자 사령관인 우르비노 공작 프란체스코 마리아 델라 로베레[85]와 알리도시 추기경의 상호 반감과 경쟁심이 극에 달해 함께 일을 도모할 수 없을 정도였던 것이다. (베네치아에 포로로 억류되어 있다가 풀려난) 프란체스코 곤차가를 사령관으로 임명했지만 그가 만토바에 머물러 있는 바람에 문제를 해결하지 못했다. 베네치아와 스페인 지원병이 그나마 좌절한 율리우스 2세에게 어느 정도 위안이 되었다. 10월 초, 폴레시네의 베네치아 진영에는 중기병 320수, 석궁수

770명, 스트라디오트 330명 그리고 보병 2,600명 정도의 병력이 파올로 카펠로의 지휘 아래 주둔 중이었고, 그곳에 중기병 100명을 추가로 파병하라는 명령이 내려졌다.[86] 페르난도는 파브리치오 콜론나가 지휘하는 중기병 300명을 보냈다. 이는 율리우스 2세로부터 마침내 나폴리 국왕으로 책봉을 받는 데 대한 대가였는데, 교황의 교서는 콜론나가 도착해서 중기병부대와 함께 교황에게 복무하기로 서약한 다음에야 전달되었다. 율리우스 2세의 이러한 신중함에는 충분한 근거가 있었다. 페르난도는 공공연하게 프랑스의 적이 되는 것을 원치 않아 했기 때문이다. 약간의 망설임이 있었지만, 스페인 지원군이 페라라를 지원하는 프랑스군을 상대로 공격할 수 있다는 데까지는 합의가 이루어졌다.

쇼몽은 스페인군과 베네치아군이 당도하기 전에 볼로냐를 장악하기로 결정했다. 그는 벤티볼리오 가문 사람 몇 명을 대동했는데, 자신이 도착할 때쯤엔 율리우스 2세가 볼로냐에서 빠져나갔을 것이라고 추정했다. 하지만 몸져누워 있던 교황은 10월 19일 프랑스군이 도착했을 때도 그대로 머물러 있었다. 볼로냐인들도 벤티볼리오 가문을 맞이하기 위해 봉기를 일으키는 대신 도시 방어를 조직하고 있었다. 쇼몽은 특히 교황이 머무르고 있는 상황에서는 도시를 포위공격할 의도가 없었기 때문에 군대를 철수했다. 폴레시네에서 알폰소 데스테의 군대와 대치 중이던 베네치아군의 일부 병력이 파브리치오 콜론나가 지휘하는 교황군과 스페인군 진영에 합류하여 프랑스군과 대치했다. 한편 쇼몽은 루이 12세의 명령에 따라 비용을 절감하기 위해 이탈리아인 보병부대를 해산해야 했다. 그는 로버트 스튜어트 도비니가 지휘하는 창기병 500명과 보병 2,000명을 남겨놓고[87] 동계 숙영지 마린을 위해 파르마로 이동했다.

율리우스 2세는 페라라를 공격하기 전에 먼저 미란돌라를 확보해야 한다는 조언을 받았다. 작지만 튼튼하게 방비되어 있는 이 도시는 피코 가문이 소유한 작은 나라의 중심 도시였다. 당시에는 잔 자코모 트리불치오의 딸이자 루도비코 피코의 미망인인 프란체스카가 장악하고 있었다. 그녀는 도시에 프랑스 수비대를 주둔시키고, 미란돌라와 자신의 자녀들을 루이 12세의 보호 아래 두었다. 파브리치오 콜론나와 우르비노 공작은 피코 가문의 또 다른 요새인 콘코르디아를 12월 8일 함락했지만 날씨가 이렇게 매서운 상태에서는 미란돌라를 포위공격해서는 안 된다는 데 의견을 같이했다. 하지만 폭설이 내리는 가운데서도 포위공격을 밀고 나가야 한다고 결심한 율리우스 2세는 1511년 1월 초 전황을 직접 확인하기 위해 볼로냐를 떠났다. 그는 눈바람을 맞으며 요새 사거리 안에서 포위 작전을 직접 지켜보았다. 1월 20일 도시가 항복했을 때는 거리를 돌아다니며 병사들의 약탈을 만류했다.

여전히 교황은 페라라를 직접 공격할 수 없었는데, 프랑스군이 진지를 옮겨 이동로를 막아버렸기 때문이다. 그는 볼로냐로 돌아간 뒤 라벤나로 이동했다. 활력을 불어넣는 그의 존재가 사라지자 원정은 시들해졌다. 교황은 자신의 병력이 프랑스군을 상대로 모데나를 지켜내지 못하겠지만 막시밀리안 손에 있다면 프랑스가 그곳을 공격하지 않을 것이라고 예측했다. 그는 1월 말 마르칸토니오 콜론나를 보내 모데나 수비대를 지휘하게 하면서도 도시의 통치 권한을 황제

볼로냐에서 미켈란젤로를 만나는 율리우스 2세. 이탈리아 화가 아나스타시오 폰테부오니의 작품으로, 잘 알려진 대로 율리우스 2세는 미켈란젤로, 라파엘로 등을 지원했던 당대 예술의 후원자였다. 이 만남 이후 미켈란젤로는 시스티나 성당의 천장화를 그린다.

의 사절에게 인계하라고 명령했다. 몇 달간 막시밀리안은 율리우스 2세와 루이 12세의 화해를 위해 노력했다. 만토바에서 모두가 참여하는 평화회담을 개최하자는 그의 제안을 페르난도는 열렬히 환영했다. 하지만 루이 12세의 반응은 미온적이었다. 율리우스 2세도 평화에 별 관심이 없었고, 3월 중순에 열린 회담에 대표단을 보내지도 않았다. 막시밀리안을 대표해서 구르크 주교 마테우스 랑이 4월에 교황을 만나기 위해 볼로냐로 찾아갔을 때도 그와 루이 12세의 관계 개선에 대한 논의는 거부했다.

   랑이 볼로냐를 떠났다는 것은 적대행위의 재개를 의미했다. 3월에 죽은 쇼몽의 뒤를 이어 잔 자코모 트리불치오가 지휘하는 프랑스군이 5월 초 콘코르디아를 함락했다. 교황군과 베네치아군은 볼로냐를 지키기 위해 후퇴했다. 교황은 이번에는 볼로냐에서 프랑스군을 기다리지 않고 라벤나로 떠났다. 볼로냐인들은 반란을 일으켰고, 벤티볼리오 가문의 지지자들이 그들을 맞이하기 위해 파견되었다. 5월 21일, 알리도시가 달아났고, 교황군도 화물과 대포를 버려둔 채 뒤를 따랐다. 베네치아군도 달아나는 것 외에 달리 선택의 여지가 없었다. 트리불치오의 주장에 따르면, 이들을 추격한 프랑스군은 보병 3,000명을 살해하고 나머지는 무장해제했는데, 그는 왕에게 보고하면서 이를 밀라노 침공에 버금가는 위대한 위업이라고 묘사했다.[88] 벤티볼리오는 위풍당당하게 복귀했고, 며칠 후 율리우스 2세가 건설한 새 요새가 항복하자 그것을 파괴하도록 시민들을 부추겼다. 트리불치오는 루이 12세의 명령으로 도비니 휘하의 창기병 400명을 볼로냐에 남겨두고, 나머지 병력을 이끌고 밀라노로 돌아갔다. 도중에 그는 미란돌라를 점령하고 프랑스 수비대를 배치했다. 프랑스군의 승리로 알폰소 데스테는 몇 년 전 교황군이 빼앗아간 영토를 손쉽게 되찾을 수 있었다.

율리우스 2세는 라벤나에서 볼로냐를 상실한 데 대해 알리도시는 물론이고 우르비노 공작까지 비난했다. 공작은 이에 대한 보복으로 길거리에서 추기경을 살해했다. 교황을 둘러싸고 벌어지는 사건 사고로 인한 위기에 더해 또 다른 공세가 교황을 상대로 추진되고 있었다. 이는 오랫동안 루이 12세가 신중하게 검토하고 준비해온 것으로, 교황과 소원해진 일군의 추기경이 공의회를 소집하겠다는 뜻을 밝히면서 시작되었다. 공의회는 피사에서 열릴 예정이었고, 루이 12세의 요청에 따라 피렌체에서 준비하기로 했다. 교황이 아닌 다른 누군가가 이런 식으로 공의회를 소집하는 것은 교황권에 대한 중대한 도전이었다.

율리우스 2세는 그토록 적극적으로 전쟁에 가담한 데 대한 비용을 치르는 중이었다. 이탈리아 국가들은 교황이 세속 군주와 같이 행동하고 전쟁을 벌이는 데 익숙했다(물론 대개는 직접 군사작전에 참여하지 않았다). 하지만 다른 유럽 국가들에서는 교황청의 수장으로서 교황이 갖는 영적 권위의 아우라가 여전히 큰 의미를 지니고 있었다. 그들도 교회의 관할권이나 서임권 문제를 놓고 교황에게 도전하긴 했지만 그를 상대로 전쟁을 벌이는 데 대해서는 이탈리아 군주들보다 신중했다. 반면 교황들은 1509년 4월 율리우스 2세가 베네치아 시민들을 파문하고 1510년 8월에는 알폰소 데스테를 파문했던 것처럼 영적 무기를 사용하여 세속적인 목적을 달성하는 데 전혀 거리낌이 없었다. 그런 점에서 루이 12세가 율리우스 2세에게 이탈리아에서 자신을 반대한다는 이유로 공의회를 개최하겠다고 위협을 가한 것은 교황의 방식으로 교황을 상대했다는 의미이다. 율리우스 2세는 이에 신속하게 대응했다. 자신이 직접 로마에서 공의회를 소집하기로 결정한 것이다. 로마로 돌아간 그는 7월 중순 공의회 소집을 공표하며 피사 공의회는 불법이라고 선언했다. 율리우스 2세와 루이 12세 사이에 평화의 가능성은 그 어느 때보다도 멀어졌다.

베네토 원정, 1511

여전히 캉브레 조약에서 요구했던 영토를 점령하려는 막시밀리안은 다시 한 번 루이 12세와 페르난도에게 도움을 청했다. 하지만 페르난도는 베네치아를 상대로 한 이해의 원정에는 병력을 보내지 않았고, 루이 12세는 친정 계획을 포기했다. 루이 12세의 이러한 결정은 이탈리아 원정에 신물이 난 귀족들을 안심시켰다. 이번에는 제국으로부터 지원을 받지 못한 막시밀리안은 루이 12세가 제공한 병력에 비할 만큼의 안정적이고 규모 있는 병력을 모집할 수 없었다. 그는 이탈리아 원정의 전진기지인 베로나에 집결할 때까지 병력을 두 배로 늘리는 데 성공했지만 여전히 자금과 보급품이 부족했고, 굶주린 병사들이 주민들을 약탈하고 거칠게 대하면서 민심까지 악화되었다. 사령관을 찾는 것도 문제였다. 프란체스코 곤차가를 총사령관으로 임명했지만 그는 다시 한 번 어느 쪽도 온전히 편들지 않겠다는 입장을 고수하며 지휘권을 받지 않았다. 프랑스군은 라 팔리스가 창기병 700~800명과 그라우뷘덴 출신 1,200명을 포함한 6,000명 규모의 보병 대부분을 지휘했다.[89] 8월 초 베로나를 출발한 보병 1만 명과 기병 3,000명의 대부분을 프랑스 병력이 차지했다.[90]

베네치아는 피틸리아노를 대신할 만족스러운 후임자를 여전히 찾지 못하고 있었다. 와병 중인 루초 말베치에 대해선 총독 계약을 갱신하지 않았고, 그 자리를 잔 파올로 발리오니가 대신했다. 베네치아로서는 급이 낮은 이탈리아 용병대장에게 지휘를 맡길 수밖에 없었다. 이들은 병사들을 확실히 통제하는 데 문제가 있었고, 베네치아 정부의 전략 지침에 대해 문제를 제기하거나 영향력을 행사할 수 없었다. 그리하여 전략 지침에 따라 베네치아군은 적군이 진격해오자 다시 한 번 후퇴했고, 불운한 베네토 주민들은 무방비 상태로 제국군과 프랑스군의 점령과 약탈을 감당해야 했다. 알폰소 데스테는 신속하게 폴레시네를 재점령할 수 있었다. 그러는 동안 베네치아군은 파도바와 트레비소 방어에 집중했다.

발리오니가 지휘하는 파도바는 방어 태세를 강화하기 위한 시간을 벌었고, 트레비소는 보병 지휘관으로 각광받기 시작한 렌초 다 체리가 지휘를 맡았다. 이들은 막시밀리안이 다음 행보에 대해 우물쭈물하는 사이 숨 쉴 공간을 확보했다. 마침내 막시밀리안이 프리울리를 먼저 확보하기로 결정하자, 제국군은 소규모 프랑스 분견대와 함께 그곳으로 향했다. 라 팔리스는 프랑스 병력 대부분을 이끌고 피아베 강변에 있는 트레비소 북부에 머물렀는데, 도비니 휘하의 창기병 400명이 그곳에서 합류했다. 한편 베네치아의 스트라디오트의 존재는 보급선에 위협을 가하거나 진지에 질병을 퍼뜨릴 수 있었다.

그 끔찍한 해에 프리울리를 괴롭힌 골칫거리는 전염병만이 아니었다. 잔혹한 당파 싸움과 영주들을 상대로 한 농민들의 봉기, 그리고 파괴적인 지진까지 겪었다. 짐작건대 프리울리 주민들은 제국군을 상대로 예전만큼 저항할 수 없었다. 안토니오 사보르냔은 프리울리는 물론 자신이 그곳에서 누리는 특권도 보호하기 위해 막시밀리안과 협상을 체결했다. 프리울리 지역 거의 대부분이 제국군의 손에 떨어졌다.

10월 초, 프리울리를 확실히 확보한 제국군은 프랑스군과 합류했다. 막시밀리안은 트레비소에 대한 포위공격을 명령했다. 하지만 포위 일주일 만에 프랑스군의 퇴각을 지시하는 루이 12세의 명령이 도착했다. 프랑스군은 아무 거리낌 없이 10월 15일 철수했다. 제국군만으로는 지속하기 불가능했기에 트레비소 포위공격은 허망하게 종결되었다. 막시밀리안은 11월이 되기 전에 베네치아군이 프리울리를 수복하고(중요한 요새인 그라디스카는 제외하고), 제국군을 다시 베로나로 밀어붙이고, 알폰소 데스테를 폴레시네에서 몰아내는 것을 막을 힘이 없었다. 그나마 작은 위안이라면 티롤 부대가 산지에서 계속 전투를 이어나가며 벨루노 등의 영토를 획득했다는 것이다. 하지만 막시밀리안은 베로나에서조차도 병력을 철수할 수밖에 없었고, 12월 초가 되면 수비대 대부분이 프랑스 병력이었다.

신성동맹

10월 초, 로마에서 율리우스 2세와 페르난도 그리고 베네치아 사이에 새로운 동맹이 체결되자 루이 12세는 베네토에서 병력을 철수했다.[91] 이 동맹은 교황의 권익을 도모하기 위해 결성되었기 때문에 신성동맹이라고 불렸다. 동맹을 제안하고 군사력의 대부분을 제공한 페르난도는 동맹은 어느 특정 세력을 명시적으로 반대하려는 것이 아니라 루이 12세의 힘을 억제하기 위한 것임을 강조했다. 그가 보기에 루이 12세는 이탈리아를 전부 정복하려는 의도를 가지고 있었다.[92] 율리우스 2세도 그 점에 기꺼이 동의했고, 베네치아도 외교적 고립을 탈피할 수 있다는 데 만족해했다. 베네치아가 동맹에서 져야 할 의무는 비교적 가벼웠는데, 그들이 감당할 수 있는 수준의 병력과 갤리선을 제공하면 됐다. 교황의 의무는 페르난도가 임명하는 사령관에게 중기병 600명을 제공하는 것이었다. 페르난도는 중기병 1,200명, 경기병 1,000명 그리고 스페인 보병 1만 명을 보내기로 했고, 교황과 베네치아는 스페인 병력의 주둔 비용으로 매달 4만 두카트를 지불하기로 했다.[93] 한편 페르난도는 영국의 헨리 8세도 동맹에 꼭 포함시키려고 했는데(헨리 8세도 이를 승인했다), 아울러 그와 개별적으로 조약을 체결하여 아키텐에서 프랑스를 공격하는 데 합의했다.

　　루이 12세는 교황을 상대로 또다시 전쟁을 벌이는 것을 피하기 위해 공의회를 개최하겠다는 위협으로 대응했다. 그러나 이 전략은 전망이 그리 밝지 않았다. 프랑스에서조차도 여기에 연루되고 싶어 하는 성직자가 거의 없었다. 막시밀리안의 지지는 오락가락했고, 페르난도는 거세게 반대했으며, 이탈리아에서도 어느 나라 하나 찬성하지 않았다. 피렌체는 루이 12세의 압력으로 마지못해 피사에서 공의회가 열리는 것은 받아들였지만 반교황파 추기경들이 요구한 프랑스 병력의 호위는 거부했다. 자국의 성직자들에게 공의회에 참석하

영국의 전제군주 헨리 8세(1491-1547). 페르난도는 이탈리아에서 루이 12세
의 힘을 억제하기 위해 신성동맹을 이끌어냈다. 그는 헨리 8세도 동맹에 포함
시키려고 했는데, 헨리 8세 역시 이에 동의했다. 따로 조약을 체결한 페르난도와
헨리 8세는 아키텐에서 프랑스를 공격하는 데도 합의했다.

라고 강요하지도 않았다. 공의회가 공식적으로 개최되는 11월 5일이 되기 전부터도 실패는 분명해 보였다. 공의회 장소를 빠르게 밀라노로 옮겼지만 거기라고 해서 참석자가 더 늘지는 않았다.

밀라노의 프랑스 세력은 남쪽에서 신성동맹이 가하는 위협뿐만 아니라 북쪽에서도 다시 시작된 스위스의 위협에 직면해야 했다. 여기에는 여러 다양한 동기가 숨어 있었다. 일부 스위스 사절을 함부로 대우한 데 대한 보복이기도 했고, 1510년 원정 때보다 더 수익성 있고 성공적인 원정을 수행하려는 바람도 들어 있었다. 몇몇은 이러한 위협을 통해 그해 가을 협상에서 자신들에게 보다 유리한 조건으로 루이 12세의 동의를 끌어내려고 했다.[94]

지출 경비를 억제하려 했던 왕의 바람 때문에 이탈리아에 파견된 프랑스 지휘관들은 좌절할 수밖에 없었다. 이들은 일부라도 왕이 동의해주지 않겠느냐는 희망으로 이런저런 요구 사항을 제시하며 보병 2만 명의 모집 권한을 요청했다.[95] 왕은 이들의 새 사령관으로 자신의 조카 가스통 드 푸아를 임명했다. 1511년 10월, 왕의 부관이자 밀라노 총독으로 임명될 당시 22세에 불과했던 드 푸아는 이미 여러 차례 이탈리아 원정에 참여한 바 있었다. 군 지휘관으로서는 짧은 경력이었지만 그는 자신의 탁월한 지휘 역량을 증명해 보일 것이다. 그는 왕의 명령에 따라 병력 대부분을 파르마의 공국 영지에 집중 배치해 신성동맹과의 정면충돌에 대비했다. 그러나 로마냐에 있는 교황군은 나폴리에서 스페인군이 도착할 때까지 시간을 벌고 있었다.

스위스군의 침공에 대처하는 것이 드 푸아의 첫 번째 시험 무대였다. 11월 말, 스위스군이 밀라노 북쪽 국경지대에 집결하기 시작했다. 드 푸아는 파르마, 볼로냐 그리고 밀라노의 동부 국경지대에도 병력을 배치해야 했기 때문에 본인에게는 창기병 500명에 기사 200명, 왕실 소속 기마궁수 200명 그리고 보병 2,000명이 전부였다.[96] 루이 12세는 보병 6,000명을 더 모집하라고 명령하며 드 푸아에게 스위스군이 평지에 내려올 때까지 기다렸다가 전투를 개시해 그들이 후퇴하도록 밀어붙이라는 지침을 내렸다.[97] 그러나 그가 이 명령을 전달할 무렵 스위스군은 이미 행동에 돌입한 상태였다. 드 푸아와 그의 부관들은 지난해 사용한 전략을 따르기로 했는데, 즉 스위스군에 근접한 상태에서 전투를 피하고 보급을 방해하는 것이었다.[98]

12월 초, 약 1만 명의 스위스군이 집결했고, 더 많은 인원이 도착하는 중이었다. 그들은 야코프 슈타프퍼를 자신들의 사령관으로 선택했다. 그들은 밀라노를 향해 진격하면서 엄격한 규율을 유지했고 징발 물자에 값을 지불했다. 12월 14일, 그들은 밀라노시가 보이는 곳까지 진격했고, 프랑스를 상대로 한 밀라노 시민들의 봉기를 기대하며 자신들은 침략자가 아니라 해방자로 이곳에 왔다고 호소했다.[99] 그러나 밀라노 시민들은 도시 방어를 위해 민병대 6,000명을 제공하는 데 동의했다. 공국 내 다른 지역에서 보낸 지원군도 속속 당도했다. 스위스군은 밀라노급 도시를 포위공격할 만큼 충분한 전력이 아니었고, 그들을 돕기 위해 동맹군이 오고 있다는 조짐도 보이지 않았다. 협상이 시작되었다. 프랑스는 기꺼이 돈을 지불할 용의가 있었다. 하지만 스위스는 로카르노와 루가노의 이양 그리고 스위스 병사들이 교황을 위해 싸울 수 있도록 자신들이 원할 경우 언제든지 방해받지 않고 공국을 통과할 수 있는 권리—프랑스로서는 결코 받아

MORTE TVÀ EGREGIVM · CORRVMPIS GASTO: TRIVMPHVM·
GALLIA SIC VICTRIX SE SVPERASSE DOLET·

느무르 공작 가스통 드 푸아(1489-1512)는 프랑스의 뛰어난 군사 지휘관이었다. '이탈리아의 번개'라는 별명이 있었던 그는 빠른 행군과 대담한 공격으로 유명했고, 짧지만 빛나는 군사 경력을 남겼다.

들일 수 없는 조건―를 요구했다.[100] 그런데 예기치 않게 스위스군의 진영이 해체되었다. 와해된 스위스 병사들은 인근 지역들을 초토화하며 무리 지어 고향으로 돌아갔다.

다행히 프랑스로서는 동맹 측의 공격을 동시에 상대하지 않아도 되었다. 나폴리 부왕 라몬 데 카르도나가 지휘하는 스페인군은 12월이 되어서야 로마냐에 도착했다. 1월 말 교황이 마침내 볼로냐의 포위라는 소원을 성취하기 전까지 로마냐에서 동맹군의 원정은 제대로 갈피를 잡지 못하고 있었다. 하지만 그것도 잠시 2월 5일 드 푸아가 악천후를 뚫고 30마일이 넘는 거리를 신속하게 주파하는 강행군으로 증원 병력을 이끌고 볼로냐에 도착했다. 그는 볼로냐시 남쪽에 스페인군과 교황군이 주둔하고 있다는 사실을 모르고 있었다. 프랑스군의 도착 사실을 전해들은 카르도나는 포위를 풀고 퇴각했다.

드 푸아는 볼로냐를 구해내자마자 브레시아가 베네치아에 함락되었다는 소식을 들었다. 브레시아에서는 프랑스인이 주민들에게 환영을 받지 못하고 있던 터라 프랑스 지배에 반대하는 여러 건의 반란 모의가 있었다. 1월 중순, 그 가운데 가장 최근의 것이 수면 위로 부상했다. 브레시아의 유력한 귀족 루이지 아보가드로가 베네치아군의 도착에 맞춰 그와 그의 동맹 세력들이 브레시아 주민들로부터 모집한 병력과 함께 봉기를 일으킬 계획을 세웠던 것이다. 음모가 탄로났을 때 도시 밖에 있었던 그는 베네치아 측에 다시 한 번 시도해보자고 요청했다. 그는 2월 2일에서 3일로 넘어가는 밤에 1만 명의 병력을 이끌고 성에 진입했다. 그 뒤를 베네치아군이 따랐다. 프랑스를 상대로 한 봉기가 브레시아와 베르가모 및 그 인접 지역에서 일어났다. 브레시아와 베르가모의 프랑스 수비대는 성내 요새로 대피했다. 다른 지역에서도 봉기가 일어날까 두려웠던 잔 자코모 트레불치오는 보병 2,000명을 대동하고 로디, 크레마, 크레모나 등을 돌며 단속을 강화했다.

드 푸아는 브레시아 함락 소식에 신속하게 대응했다. 그는 2월 8일 볼로냐를 떠나 17일 브레시아에 도착했다. 프란체스코 곤차가가 드 푸아의 병력이 자신의 영토를 통과할 수 있도록 보장해준 덕분에 이동 시간을 3~4일 단축할 수 있었다. 이동하는 동안 베로나에 주둔하고 있던 란츠크네히트 병력 일부가 합류했다. 브레시아의 베네치아군은 프랑스군이 그렇게 짧은 시간 안에 볼로냐에서 올 수 있을 것이라고는 생각하지 못했기 때문에 프랑스군이 등장하자 깜짝 놀랐다. 게다가 아보가드로와 함께했던 브레시아 민병대 대부분도 이미 집으로 돌아간 뒤여서 베네치아 병력은 소수에 불과했다.

2월 18~19일 밤, 드 푸아는 말에서 내린 중기병 500명과 보병 6,000명을 이끌고 비밀통로를 통해 브레시아 요새로 잠입했고, 달레그르에게 중기병 500명을 주어 성벽을 지키게 했다. 공격은 도시 안에서 시작되었다. 뒤 열의 화승총부대가 일제사격을 가하고 쭈그려 앉아 있던 중기병들이 선봉에서 돌격을 감행했다.[101] 방어는 지지부진했고, 지붕 위에서 타일과 돌, 끓는 물 따위를 던져대는 부녀자들에게 의존하고 있었다. 일부 스트라디오트는 싸움을 피해 성문 쪽으로 달아났는데 그곳에는 달레그르의 병력이 지키고 있었다. 이들도 곧 성안으로 진입해 살육에 합세했다. 저녁이 되자 방어 병력은 전멸했고, 거리에는 수천 구의 시신이 나뒹굴었다.

브레시아의 베네치아 당국은 항복 요구를 거절했다. 이 말인즉 슨 합법적으로 약탈이 가능해졌다는 뜻이었다. 드 푸아는 병사들에게 이를 허용했고, 브레시아 주민들은 3일간 이탈리아 전쟁에서 벌어진 가장 끔찍한 약탈을 겪어야 했다. 개별 포로들에게 부과된 무거운 몸값을 포함해 전리품의 추산 가치는 300~400만 두카트에 달했다. 수레 4,000대 분량의 물품이 반출되었다고 한다.[102] 많은 프랑스 병사들이 브레시아에서 전리품과 몸값으로 부유해져 고향으로 돌아갔다. 혹자는 이탈리아에서 프랑스의 운명이 쇠하게 된 것도 이 같은 군병력의 고갈 탓이라고 비난했다.[103] 브레시아시는 막대한 벌금을 물어야 했고, 특권은 상실되었으며, 많은 시민이 추방되었다. 베르가모를 비롯해 반란에 동참한 다른 도시들도 마찬가지 처지였으나 적어도 약탈은 모면했다.

드 푸아는 밀라노로 돌아간 다음 다시 에밀리아로 갔다. 막시밀리안이 프랑스군의 군사적 성공을 이용하려고 그에게 파도바와 트레비소를 상대로 한 원정에 군대를 보내달라고 요청했다. 드 푸아는 프랑스 왕의 명령 없이는 어떤 것도 할 수 없으며, 자신의 우선적인 관심은 스페인군이고, 스위스군도 언제 다시 되돌아올지 모른다고 응답했다. 루이 12세의 반응도 거의 똑같았다.[104] 그는 드 푸아에게 군대를 모아 스페인군을 추적한 뒤 결정적인 교전을 벌이라고 지시했다. 이탈리아 전선을 확실히 해결해놓겠다는 이러한 계획의 이면에는 영국군의 프랑스 침공에 대비한 준비가 필요하다는 루이 12세의 조바심이 어느 정도 반영되어 있었다.

반면 페르난도는 베네치아와 스위스가 롬바르디아에서 프랑스를 공격할 준비를 완료하고, 스페인과 영국이 프랑스 남서부를 침공할 준비를 마칠 때까지 카르도나가 기다리기를 바랐다. 이는 선천적으로 조심성을 타고난 카르도나—그의 부하들이 느끼기에는 지나치게 조심성이 많은—와도 잘 어울리는 지침이었다. 그래서 프랑스군이 접근하자 스페인군과 교황군은 뒤로 물러났다. 프랑스군은 식량 확보에 심각한 어려움을 겪었고, 더 이상 기다릴 수가 없었다. 지휘관들 사이에 어느 정도 논쟁을 거친 뒤 라벤나를 공격하여 적의 개입을 끌어내보자는 결정이 이루어졌다. 라벤나시는 적의 입장에서 그냥 포기해버리기에는 너무도 중요한 곳이 아니겠냐는 판단이었다. 4월 9일에 이루어진 공격은 성공을 거두진 못했지만 카르도나군이 도시를 방어하기 위해 접근하게 만드는 데는 성공했다.

라벤나 전투

전투는 부활 주일인 4월 11일 벌어졌다—바로 그날부터 이 전투는 세기적 대결로 간주되었다. 스페인군과 교황군은 라벤나 남쪽 론코강 우안에 자리를 잡았다. 지대가 높은 강 제방은 그 위로 많은 수의 기병과 보병이 쉽게 통과할 수 있을 만큼 폭이 충분히 넓었다. 그들은 강과 직각을 이루며 긴 곡선 모양의 참호를 팠고, 강 끝 쪽에 약간의 틈을 남겨놓았다. 참호 끝 쪽에는 대포를 배치했다. 다른 부대들은 일렬로 정렬해 있었는데, 참호를 방어하기 위한 것은 아니었다. 중기병이 강에 가장 가까이 있었고, 보병이 중앙에 그리고 경기병이 오른쪽 날개에 자리 잡았다. 보병부대를 지휘한 페드로 나바로는 부대 앞에 돌출된 칼날을 장착한 경수레 50대를 배치해놓고 화승총부대로 엄호했다. 프랑스군은 드 푸아가 설치한 부교를 통해 도시와 가까운 곳에서 강을 건넜다. 달레그르는 후위에 남아 군대의 도하를 보호했다. 그들은 참호를 따라 진을 쳤는데, 중기병이 강둑과 가장 가까운 쪽에 섰고 그 앞에 대포를 배치했다. 독일, 프랑스, 이탈리아 보병부대가 각각 나란히 배치되었고, 왼쪽에는 경기병과 궁수가 자리 잡았다.

스페인군과 교황군은 수적으로 열세였고, 그들도 이를 잘 알고 있었다. 그들의 병력은 약 2만 명이었는데, 프랑스군은 3만 명 이상이었다.[105] 카르도나는 마르칸토니오 콜론나가 지휘하는 병력 1,500명을 라벤나에 배치했는데, 교황군 대부분은 우르비노 공작이 부왕의 지휘 아래 들어가는 것을 거부하면서 그곳에 배치되지 않았다. 알폰소 데스테는 중기병 100명과 경기병 200명을 거느리고 프랑스 측에 합류했다. 더 중요한 것은, 그가 명성이 자자한 자신의 포병부대를 데리고 왔다는 것인데, 이로써 프랑스 측은 동맹군보다 대포가 두 배이상 많았다. 스페인 포병부대 맞은편에 배치된 포대 외에도 강 건너편에 몇 개의 포대가 더 있었고, 데스테의 포병부대도 프랑스군 대열맨 끝 쪽에 자리 잡고 있었다.

전투는 유례없이 길고—두 시간 이상 지속되었다—맹렬하게 진행된 포격과 함께 시작되었다. 스페인군의 대포는 보병을 타격했고 상당한 피해를 입혔다. 동맹군 보병은 나바로의 지시 아래 엎드려서 프랑스군과 페라라군의 포격을 피할 수 있는 곳으로 이동했다. 그러나 기병부대에게는 피할 곳이 없었고 집중포화를 받았다. 결국 스페인 중기병은 방어 위치를 벗어나 프랑스 중기병을 공격할 수밖에 없었다. 페스카라 후작이 이끄는 스페인 경기병부대가 페라라 포병부대를 제압하기 위해 진격하자 프랑스 측 경기병부대의 공격을 받았다. 프랑스와 스페인 중기병부대 간의 교전에서는 스페인이 규율과 조직력 면에서 열세였다. 달레그르의 후위 부대가 전투에 가담하자 형세가 스페인에 불리하게 전개되었다. 알론소 카르바할이 지휘하는 스페인의 후위 부대는 격퇴되어 전장을 벗어났고, 카르도나도 그들과 함께 달아났다. 한편 프랑스 보병은 참호를 건너 동맹군 보병을 공격했으나 수레 방어벽을 돌파하는 과정에서 화승총부대로부터 큰 피해를 입었다. 가스코뉴 부대는 강둑을 따라 도주했다. 스페인 보병부대와 프랑스군의 란츠크네히트 부대는 치열한 접전을 벌이고 있었고, 스페인 기병부대를 제압한 프랑스 기병부대가 보병을 지원해 줄 수 있었다. 파브리치오 콜론나는 가능한 모든 중기병을 모아 동맹군 보병을 방어했으나 패배를 막기에는 역부족이었다. 3,000명의 스페인 보병은 강둑을 따라 질서정연하게 퇴각할 수 있었지만 나머지는 죽거나 생포되었으며 뿔뿔이 흩어졌다.[106]

오후가 중간쯤 지났을 무렵, 치열했던 전투도 끝났다. 살육의 규모에 큰 충격을 받은 당대인들은 이 전투를 지난 수백 년 동안 이탈리아에서 치러진 전투들 가운데 가장 유혈이 낭자한 것으로 평가했다. 사망자가 1만 명이 넘는 것으로 추산되었는데, 2만 명 가까이라고 보는 이도 있었다. 어느 쪽이 더 많이 죽었는지에 대해서는 이견이 있었다. 아마도 동맹군 측이 프랑스 측보다 세 배 이상의 피해를 입었을 것이다. 한 가지 중요한 측면에서만 프랑스 측의 피해가 더 컸는데, 바로 지휘관들의 사상자 수였다. 스페인군은 몇몇 노련하고 검증된 지휘관들이 전사했으나 페드로 나바로, 파브리치오 콜론나,

1512년 4월 11일 벌어진 라벤나 전투에서 가스통 드 푸아가 이끄는 프랑스군은 스페인-교황군을 상대로 대승을 거두었다. 하지만 가스통 드 푸아의 전사로 프랑스군의 사기는 크게 떨어졌고, 프랑스의 승리도 빛을 바랬다.

페스카라 후작 페란테 프란체스코 다발로스 등의 주요 지휘관은 대부분 죽지 않고 포로로 잡혔다. 교황의 특사 조반니 데 메디치 추기경도 전투 후 포로로 붙잡혔다. 프랑스는 지휘관과 귀족들의 피해가 컸다. 전사자로는 가스통 드 푸아(스페인 보병에 의해 전사한 것으로 보인다), 이브 달레그르와 그의 아들, 가스코뉴 보병부대 지휘관이자 몰라르 영주 소프레 알르망, 그리고 란츠크네히트 부대의 지휘관인 프라이부르크의 필리프와 야코프 엠프서 등이 있었다.

프랑스로서는 드 푸아의 죽음으로 승리의 빛이 크게 바랬다. 용맹과 무모함의 경계를 넘나들긴 했지만 그는 짧은 기간이나마 군사령관으로서 항상 전투의 중심에 서서 영감을 주는 지도자로서의 모습을 보여주었다. 반면 카르도나는 자신의 하급 지휘관에게 지휘권을 넘겨준 것으로 보인다. 그는 패배로 인해 두루 비난을 받아야만 했다. 페르난도가 로마에 파견한 대사 헤로니모 비크는 "사실 그가 전쟁에 대해 뭘 안단 말인가. 다들 *그가* 조언도 구하지 않고 결정도 내리지 않는다고 불만을 토로한다"고 말했다.[107] 한편 알폰소 데스테의 포병부대 배치가 가져온 치명적인 결과 때문에 전투에서 패배했다고 판단하는 이들도 있었다. 피에리에 따르면, 이것이 "프랑스가 승리한 진짜 이유"였다.[108] 그의 역할에 대해서는 프랑스인들이 너 비판적으로 평가했는데, 양측의 근접전이 시작된 이후에도 데스테의 포병부대가 계속해서 포격을 가함으로써 아군의 사상자를 많이 발생시켰다는 것이다.[109]

인명 피해는 다음 날에도 계속되었다. 항복 제의가 이루어진 직후, 앞서 이루어진 포격으로 인해 갈라진 성벽 틈새로 고삐 풀린 가

가스통 드 푸아의 죽음은 라벤나 전투의 승리에도 불구하고 프랑스군의 사기를 크게 떨어뜨렸으며, 프랑스의 이탈리아 정복 야망에 큰 타격을 주었다.

스코뉴 병사들과 란츠크네히트가 난입하여 라벤나시를 마구 약탈하면서 발생한 피해였다.[110] 며칠 내로 거의 모든 로마냐 지역이 프랑스군에 항복했고, 요새들만이 조금 더 버텼다. 이번 정복은 프랑스의 잘 조율된 노력의 결과는 아니었는데, 지칠 대로 지친 병사들의 관심이 온통 부상을 돌보고 라벤나에서 약탈한 전리품을 챙기는 데만 가 있었기 때문이다. 라 팔리스가 상급 지휘관 자격으로 사령관직을 맡았다. 그와 다툰 페라라 공작은 생존한 자신의 병사들을 데리고 주둔지를 이탈했다. 그중에는 부상자들과 콜론나와 페스카라를 비롯한 포로들도 포함되어 있었다. 영국과 스페인이 프랑스를 침공하고, 막시밀리안이 베네치아와 휴전협정을 체결했으며, 스위스가 다시 밀라노를 위협하고 있다는 소식이 들려왔다. 그럼에도 프랑스군은 돈을 아끼기 위해 보병 4,600명을 해산했다.

4월 20일, 라 팔리스는 남아 있는 병력 가운데 절반 이상을 데리고 밀라노로 출발했다. 산세베리노 추기경이 반교황파 공의회의 볼로냐 특사 자격으로 그의 형제 갈레아초와 창기병 300명 및 보병 6,000명을 데리고 공의회의 이름으로 로마냐 정복을 마무리하기 위해 남았다.[111] 군대에 로마를 압박하라는 루이 12세의 명령이 도착했다. 하지만 이는 그가 이달리아의 진짜 상황을 모르고 있었을 때 발부된 것이었다. 군 지휘관들은 롬바르디아가 처한 위협이 가장 시급한 문제라고 판단했다.[112]

프랑스 세력의 축출

심각한 패배를 당했음에도 페르난도, 그리고 처음에는 어느 정도 낙담했던 교황 모두 프랑스에 맞서 결연히 싸움을 이어가기로 결심했다. 페르난도는 나폴리 왕국이 위험에 빠질지도 모른다는 두려움을 떨쳐버리고 카르도나에게 지원 병력을 보내라고 명령했다. 실제로 5월 초 나폴리로 돌아간 부왕은 군대를 재정비한 후 같은 달 말에 다시 북부 이탈리아로 출발했다. 율리우스 2세도 곧 군대의 재정비에 착수했다. 우르비노 공작 역시 루이 12세 쪽으로 넘어갈까도 고민했지만 다시 한편이 되었다. 라 팔리스도 교황군과 스페인군이 재편되고 있다는 사실을 알았다. 하지만 그에게는 스위스 문제가 보다 당면한 관심사였다.

광범위하고 강력한 반프랑스 감정에 휩쓸린 스위스 주정부들은 신성동맹 편에 서기로 결정했다. 12명의 대표단이 교황 특사인 쉬너 추기경과 협상하기 위해 베네치아에 파견되었다. 베네치아도 협상에 참여하기를 바랐던 터라 쉬너는 이들도 회담에 포함시켰다. 회담 결과, 스위스는 명목상 동맹이 아닌 교황과 맺은 조약에 따라 교황이 요구한 병력 6,000명을 제공하기로 했다. 물론 베네치아와 페르난도도 이에 따른 비용 부담에 참여할 것이었다. 4월 초, 베네치아에서 체결된 이 조약은 2주 후 스위스 연방의회에서 승인되었다. 공식적으로 모집된 부대뿐만 아니라 자원자들에게도 참가가 허용되었다. 또한 스위스 역시 자체적으로 프랑스를 상대로 싸울 것이라고 결정했다. 스위스는 용병 공급이라는 전통적인 역할 이상의 무언가를 수행하고 있었지만 그렇다고 국제적 동맹의 구성원 역할까지 맡지는 않았다. 트렌토에 모인 군대 규모는 약 2만 4,000명이었다. 그중 6,000명이 자원병이었다. 늘 그렇듯이 군대는 자신들의 사령관을 스스로 선출했는데,

울리히 폰 호엔작스 남작과 야코프 슈타프퍼가 그들이었다.[113] 스위스 주정부들은 이들에 대해서 비용을 부담할 계획이 없었고, 동맹 측은 자원병까지 포함하여 모든 비용을 자신들이 제공해야 한다는 것을 알았다. 그러나 그 정도로 강력한 병력이라면—임금과 보급을 지불할 재원이 담보된다는 전제하에—전력이 약해진 프랑스군을 상대로 결정적인 승리를 충분히 보장할 만했다.

밀라노에 주둔한 프랑스군의 상황은 악화일로에 있었다. 루이 12세는 자신의 왕실 병력과 추가로 창기병 200명의 복귀를 명령했다.[114] 남아 있는 프랑스 병력도 대부분 고향으로 돌아가고 싶어했고, 프랑스 군인과 관리 그리고 그들의 요구라면 이제 신물이 난 밀라노 주민들도 진심으로 그렇게 되길 바랐다. 라 팔리스는 충분한 지지도 받지 못했다. 도비니와 트리불치오 같은 지휘관들은 그를 자신들의 상관으로 받아들일 준비가 되어 있지 않았다. 루이 12세는 그가 군사령관임을 분명히 했지만 그를 밀라노 총독으로 임명하지는 않았다. 피렌체는 롬바르디아에 창기병 200명을 파병함으로써 루이 12세에 대한 조약상의 의무를 최종적으로 완수했다. 반면 신중에 신중을 기하던 막시밀리안으로부터는 어떠한 지원도 오지 않았다. 그는 5월에 베네치아와의 휴전협정을 비준했고, 동맹에 대한 지원을 전면하지 않았으면서도 스위스군이 티롤을 통과해 트렌토에 집결할 수 있도록 허가했다. 5월 25~26일, 스위스군이 베로나에 도착하자 그곳의 제국 관리가 그들을 맞이했다. 프랑스 수비대는 전날 그곳을 떠나 라 팔리스 부대에 합류했다.

스위스군은 용병부대처럼 행동했다. 그들은 보급이 확보될 때까지 베로나로 이동하기를 거부했고, 지속적으로 임금 지불을 요구했다. 스위스 지휘관들은 베네치아에 보낸 서신에서 (심각한 투는 아니었지만) 돈이 제대로 준비되지 않을 경우 프랑스 편에 설 수도 있다고 위협했다.[115] 베네치아와 교황 그리고 나폴리 부왕은 스위스인들에게 그들이 정복한 밀라노 영토에서 자금을 조달할 수 있도록 해주겠다는 약속을 통해 스위스군의 이동을 끌어낼 수 있었다. 쉬너 추기경이 베로나에 도착한 것도 도움이 되었는데, 그는 교황 특사로서의 권위는 물론 개인적으로도 스위스인들에게 영향력을 가지고 있었다.

쉬너를 비롯한 동맹의 다른 대표자들은 무엇을 해야 할지 논의했다. 교황군은 로마냐를 수복하는 중이었다. 6월 10일, 벤티볼리오와 함께 마지막 프랑스 병력이 그 지역을 떠났다. 동맹은 카르도나를 기다리지 않기로 결정했고, 6월 1일 공국을 압박하기 위해 베네치아군—창기병 550명, 경기병 1,200명, 보병 5,500명 및 포병대—이 스위스 병력과 합류했다.[116] 라 팔리스로부터 가로챈 서신을 통해 그에게 보병 8,000명에 장비도 제대로 갖추지 못한 창기병 700~800명밖에 없음이 드러났다.[117] 막시밀리안의 소환 명령을 받고 4,000명—몇백 명은 남았다—의 란츠크네히트가 프랑스 진영을 떠났을 때, 라 팔리스는 자신이 가진 최고의 보병 전력을 상실한 셈이었다. 그는 스위스군과 베네치아군이 진격해오자 크레모나를 포기했다. 쉬너는 동맹의 이름으로 크레모나의 항복을 수락했다. 배상금으로 받은 4만 두카트는 스위스 병사들의 급료를 지급하는 데 도움이 되었다. 라 팔리스는 파비아로 퇴각했지만 며칠간 포위공격을 당한 뒤 철수했다. 궤멸적인 패배가 될 수도 있었으나 베네치아군이 프랑스군의 퇴로를 막아 공을 독

차지하려 한다고 믿은 스위스군이 어느 순간 전투를 거부한 것이 라 팔리스에게는 천만다행이었다. 베네치아군은 프랑스군을 추격하려고 했지만, 스위스군은 파비아의 배상금으로 급료 분납금을 추가로 지불하지 않으면 추격을 거부하겠다는 입장이었다.

사실상 프랑스군은 공국을 포기했고, 7월 초 프랑스로 철수했다. 공국 전역에서 프랑스 관리들과 지지자들이 물러나는 중이었다. 몇몇은 봉기가 발생하여 피살당하기도 했다. 망명객 자노 캄포프레고소가 지지자들과 베네치아가 제공한 약간의 병력을 대동하고 귀국한 뒤 동맹을 대신해 항복을 요구하자 제노바도 봉기자들 손에 넘어갔다. 프랑스 총독은 항구에 있는 새 요새로 도주했고, 6월 22일 캄포프레고소가 도시에 입성했다. 일주일 후 그는 도제로 선출되었다. 7월경이면 제노바와 롬바르디아 이곳저곳에 산재된 요새 수비대 정도가 이탈리아에 남아 있는 루이 12세 세력의 전부였다.

4장

새로운 질서의 탄생
1512-1519

이탈리아 내 프랑스 세력은 그들의 적대국들마저도 깜짝 놀랄 만큼 급속하게 몰락했다. 신성동맹의 동맹국들 사이에서도, 그리고 동맹과 스위스 사이에서도 프랑스가 지배했던 영토들을 어떻게 처리해야 할지에 대해 아무런 계획도 준비되어 있지 않았다. 각 나라들은 중대한 사항들에 대해 이견을 보였다. 특히 밀라노 공작령에 어떤 영토들이 포함되어야 하는지, 누가 그곳을 통치해야 하는지가 가장 큰 관건이었다. 이를 둘러싼 이견이 기존의 다른 갈등 사안들에 더해지면서 동맹관계는 물론 북부 이탈리아의 정치 지형에 중대한 변화를 야기했다.

교황 율리우스 2세가 매우 빈약한 근거를 가지고 파르마와 피아첸차를 교황령에 합병시켜야 한다고 주장하면서 향후 발생할 군사적·외교적 갈등의 한 축이 만들어졌다. 1512년 7월 초, 피아첸차에서는 지배적인 위치를 점하고 있던 겔프당이 교황에게 항복할 것을 요구하는 선동에 돌입했다. 파르마는 좀 더 버텼지만 9월 초 레조(레조에밀리아)의 교황령 총독이 레조의 겔프당 세력들을 규합해 도시를 장악했다.

레조는 7월 초 교황군이 위협적으로 접근해오자 교황에게 항복했다. 율리우스 2세는 계속해서 알폰소 데스테의 나머지 영토를 장악하는 일에 매진했다. 알폰소는 자신의 보호자인 프랑스 세력이 이탈리아에서 밀려나자 로마로 가서 교황에게 공식적으로 용서를 구했고 나름 정중히 대접도 받았지만 페라라를 포기하라는 압박에 직면해야 했다. 7월 19일, 그는 교황의 바람과 달리 페라라를 포기하지 않은 상태에서 파브리치오 콜론나─라벤나 전투에서 패배한 뒤 페라라에서 포로 자격으로 정중한 대접을 받고 지내왔다─의 호위를 받으며 로마를 떠나 콜론나 가문의 영지에 마련된 은신처로 향했다. 알폰소는 나폴리에서 롬바르디아로 이동 중인 프로스페로 콜론나가 지휘하는 스페인 군대와 함께 북부 이탈리아로 되돌아왔다. 그는 10월 중순 페라라로 귀환했다. 율리우스 2세는 동맹국들을 설득해 페라라 공작을 상대로 새로운 군사 원정을 시도하려고 했으나 성공하지 못했다.

한편 알폰소가 콜론나로부터 받은 도움으로 교황과 스페인 대사 헤로니모 비크 사이에 거친 설전이 오갔다. 그들 사이에는 이미 불화가 존재했는데, 율리우스 2세가 북부 이탈리아에 주둔할 필요가 없다고 말했던 스페인 병력에 대해 더 이상의 주둔 비용 지급을 거부하고 있었기 때문이다. 페르난도는 신성동맹의 규약이 여전히 발효 중임에도 율리우스 2세와 베네치아 어느 쪽도 스페인 병력에 대해 비용을 부담하지 않고 있다는 점에 불만을 품었고, 율리우스 2세가 스페인군이 이탈리아에서 칠수하기를 바란다는 사실도 알았다. 밀라노 공작령의 처분 문제에 관해 목소리를 높여야겠다고 마음먹은 페르난도는 자신의 영향력을 강화하기 위해 북부 이탈리아에 계속 군대를 주둔시키려고 했다. 하지만 주둔 비용을 감당할 만한 충분한 자금을 찾을 능력도 의지도 없었다.

7월, 나폴리에서 군대를 철수한 카르도나는 무언가 할 일을 찾는 듯했다. 그는 모데나에 자신의 병력을 남겨놓고 랑 추기경이 만토바에서 주최한 회담에 참석했다. 랑은 제국 대표로서 롬바르디아 처분 문제에서 주도적인 역할을 확보하려고 분투하고 있었다(밀라노 문제가 가장 중요한 의제였음에도 쉬너와 스위스인들은 물론 밀라노인들조차도 회담에 대표단을 파견해달라는 초청을 받지 못했다). 카르도나는 롬바르디아에 주둔하고 있는 제국군과의 협력을 위해 자신의 병력을 데리고 갈 것이었다. 그러나 우선은 만토바에서 합의된 대로 토스카나로 진군하여 그곳의 친프랑스 정부를 전복한 다음 망명 중인 메디치 가문을 피렌체로 복귀시킨 뒤 자금을 확보하여 군대 유지비용을 충당할 계획이었다. 이는 페르난도가 전폭적으로 지지할 계획이었다.[1]

메디치 가문의 복귀

카르도나는 동맹의 기치 아래 피렌체로 진군했다. 하지만 자신의 병력—보병 5,000명에 중기병 200명[2]—이 전부였다. 율리우스 2세도 이 계획을 승인했고 추기경인 조반니 데 메디치가 교황 특사 자격으로 군대와 동행했으나 교황군은 참여하지 않았다. 8월 28일, 원정군은 피렌체의 지배 아래 있는 도시 프라토에 당도했다. 프라토는 3,000명 이상의 민병대가 방어하고 있었다. 스페인 병사들은 보급을 전혀 받지 못해 극도로 굶주린 상태였다. 경포 몇 문이 전부였던 스페인군은 성벽에 약간의 균열밖에 낼 수 없었지만 포위공격에서 용

메디치 가문의 주문으로 산드로 보티첼리가 1475년경 그린 작품으로 '동방박사의 경배'라는 제목이
있지만 실상은 메디치 가문의 가족 초상화라고 할 수 있다. 코시모 데 메디치(무릎 꿇은 자세)와
그의 두 아들 피에로와 조반니(중앙의 뒷모습 인물들)는 동방박사 3인, 메디치 가문의 주요 인물
들은 왕족과 같은 위엄 있는 모습으로 표현했다(그림에는 보티첼리의 모습도 보이는데, 오른쪽 맨
끝의 인물이다). 메디치 가문을 위해 역사화, 신화화, 종교화, 초상화 등 다양한 종류의 그림을 그
렸던 보티첼리의 작품을 통해 메디치 가문은 자신들의 권력과 영향력을 과시하고 선전했다.

맹하기로 명성이 자자한 스페인 보병부대가 그 명성을 시험해보기라도 하듯 맹렬히 싸워 성안으로 진입했다. 전투로 단련된 직업군인들의 적수가 되지 못했던 방어 병력은 한 시간 만에 제압되었다. 프라토는 무자비하게 약탈당했다. 스페인군과 동행했던 한 이탈리아인 목격자는 자신이 보고 들은 것 때문에 일주일간 아팠다고 토로했다. "오 주여, 오 주여, 오 주여, 어찌 이리 잔인하단 말입니까!"[3]

약탈을 피해 도망친 사람들을 통해 5,000명이 넘는 사망자가 발생했다는 소문이 피렌체에 들려오면서 피렌체 주민들은 공포에 휩싸였다. 반드시 피에로 소데리니 정부를 지키고 메디치 가문을 들이지 않겠다는 결의는 무너져버렸다. 일단의 젊은 귀족들이 소데리니를 관저에서 축출했고, 그는 망명길에 올랐다. 9월 1일, 조반니 추기경의 동생 줄리아노 데 메디치가 공식적인 의전 없이 입성했다. 이틀 후에는 카르도나와의 조약이 체결되었다. 카르도나는 신성동맹을 대표하여, 그리고 페르난도의 대리인 자격으로 피렌체를 자신의 보호 아래 두었다. 피렌체나 나폴리가 공격 위협을 받을 경우 상호 병력을 보내기로 합의가 이루어졌다. 메디치 가문과 가문의 추종자들은 모두 사면을 받았고, 재산도 원상복구되었다. 막시밀리안이나 제국의 대리인이 이 조약을 비준할 경우 피렌체는 4만 두카트를 지불하기로 했다.[4] 피렌체 측 자료에 따르면, 그들은 카르도나의 병사들 몫으로도 8만 두카트, 카르도나 개인 몫으로는 2만 두카트를 지불하기로 약속했다. 카르도나는 군대를 이끌고 롬바르디아로 떠나면서 루카와 시에나에서도 돈을 갈취했다.[5]

피렌체에서는 카르도나와의 조약 체결이 완결되기도 전부터 정부 개혁을 놓고 실랑이가 벌어졌다. 귀족들은 성정이 유순한 줄리아노를 설득해 메디치 가문에 특권을 주지 않는 합의안을 받아들이게 하려고 했다. 그러자 이에 불만을 느낀 메디치 가문의 지지 세력이 조반니 추기경의 개입을 요청했다. 그는 도시 인근에 주둔 중인 스페인군의 영향력을 이용하여 그들이 떠나기 전에 메디치 가문의 피렌체 지배를 공고히 하기 위한 토대를 마련하려고 했다. 물론 그러고 나서 여러 헌정적 조치가 취해질 것이었다.

밀라노 타협

밀라노 공작령에 대한 합의안을 찾는 것은 하나의 안으로 모든 이해 당사자를 만족시켜야 하는 거의 해결이 불가능한 복잡한 문제였다. 베네치아는 1509년 이전의 영토를 모두 수복하겠다는 입장이었으나 이는 베르가모를 원하는 막시밀리안의 입장과 충돌했다. 스위스는 알프스 협곡 입구에 근거지를 확보하는 중이었다. 그라우뷘덴주는 적절한 기회를 틈타 6월에 키아벤나와 발텔리나를 확보했는데, 이 지역들을 포기할 생각이 전혀 없었다. 어떤 세력도 교황이 파르마와 피아첸차를 합병하는 것에 찬성하지 않았다. 이는 공작령이 루도비코 스포르차 시절과 동일한 국경을 가져야 하고 독립된 공작에 의해 통치되어야 한다는 입장인 밀라노도 마찬가지였다.

그들이 자신들의 공작으로 선택한 인물은 루도비코의 19세 아들 마시밀리아노였다. 그는 오스트리아의 마르가레테의 후견으로 플랑드르에서 지내다가 인스부르크로 왔다. 페르난도와 막시밀리안은 자신들의 손자인 카를이나 페르디난트(페르난도) 중 하나가 공작이 될 수도 있다는 생각을 제시해보았지만 마시밀리아노야말로 가장 널리 받아들여질 수 있는 후보였다. 마시밀리아노는 이 할아버지들*이 자신들의 생각이 어떻게 받아들여질지 시험해보는 동안 밀라노에 가지 못하고 있었다. 또한 그가 공작이 된다면 그를 도와 자리를 잡게 해줄 쉬너와 스위스 세력이 랑 추기경과 분쟁 상태에 빠질 수 있기 때문에라도 밀라노행을 억제하고 있었다. 막시밀리안은 황제로서의 권리를 주장한 반면 스위스는 전쟁의 승자로서의 권리를 내세웠다. 스위스는 승리로 획득한 영토적·재정적·상업적 이익을 확고히 하기 위해 밀라노의 임시정부와 영구적인 동맹 조약을 체결했다. 스위스는 마시밀리아노를 공작으로 인정하고 그를 지원하는 일에 착수했다. 대신 마시밀리아노는 그를 보호하기 위해 파견된 병력에 대해 비용을 지불하기로 했다. 매년 4만 두카트의 보조금이 스위스에 지불되고 루가노, 로카르노, 도모도솔라의 스위스 병합이 확정되었다. 또한 스위스 상인들은 국경에서부터 밀라노시 사이에서 징수되는 모든 통행료를 면제받았다.[6]

12월 29일, 마침내 마시밀리아노가 랑 추기경으로부터 자신의 수도에 입성하는 것을 허락받았을 때, 스위스와 황제 대표단은 누가 도시의 열쇠를 그에게 건네주어야 하는가를 놓고 논쟁을 벌였다. 제국 대표단과 쉬너 및 스위스 사이에 마시밀리아노에 대한 지배력을 둘러싼 경쟁이 계속되었다. 통치 경험이 전무한 데다 그에 대한 적성도 거의 보여주지 못했던 젊은 공작은 통치 업무보다는 노는 데 더

---

* 페르난도와 막시밀리안을 말한다.

밀라노 공작 마시밀리아노 스포르차(1493–1530)는 루도비코 스포르차의 첫째 아들로, 1512–1515년 밀라노를 통치했다. 마리냐노 전투(1515년 9월 13–14일)에서 프랑스에 패배한 뒤 포로가 되어 밀라노의 권리를 포기하고 프랑스에서 여생을 보냈다. 그의 짧은 통치는 이탈리아 전쟁 시기의 복잡한 정세를 반영한다고 할 수 있다.

정신이 팔려 있었다. 공작의 신하들은 그가 동맹과 보호자들이 남겨 놓은 수입을 탕진하는 것을 보고 곧 환멸에 빠졌다.

거리를 두는 베네치아

베네치아는 젊은 공작을 장악하려는 이 경쟁에 참여하지 않았다. 그들은 동쪽으로 군대를 물린 다음 자신들이 장악하려는 도시들에 주둔 중인 프랑스 수비대의 수를 줄이는 데 집중했다. 1512년 8월, 중기병 1,000명, 경기병 1,600명 그리고 보병 1만 명이 넘는 병력이 브레시아를 포위공격했다. 자신들이 원하는 영토를 장악하는 것에 스위스와 밀라노가 반대하지 않을까 살짝 의구심을 가지고 있던 베네치아는 동맹군 병력이 공격에 가담하는 것을 바라지 않았다.[7] 베네치아로서는 황제와의 갈등이 여전히 해결되지 않은 상태인 데다 율리우스 2세와 페르난도로부터 계속해서 황제에게 양보하라는 압력을 받아오던 터였다 ―그럼에도 페르난도는 베네치아가 프랑스와의 동맹으로 넘어가지 않도록 유념했다.

교황의 우선순위는 라테란 공의회에 대한 막시밀리안의 동의를 얻어내는 것이었다. 1512년 11월, 랑 추기경이 율리우스 2세와 방어 동맹을 체결하는 것은 물론 라테란 공의회에 대한 황제의 동의를 전달하고 피사 공의회의 분리주의적 행태를 규탄하기 위해 로마에 도착했다. 베네치아는 신성동맹에서 제외되는 것으로 간주되었고, 율리우스 2세는 군사적 수단과 영적 제재를 모두 동원하여 베네치아를 막시밀리안에게 굴복시키겠다고 약속했다.[8] 그는 베네치아가 막시밀리안의 요구를 수용하지 않으면 파문하겠다고 위협했다. 하지만 전쟁을 치를 생각은 없었다. 그도 베네치아를 프랑스군의 품으로 몰아내는 것만은 피하고 싶어했다.

그러나 이 조약은 베네치아가 루이 12세와 동맹을 맺게 한 자극제 가운데 하나였다. 10월 25일, 동맹군 총사령관 카르도나가 브레시아를 차지한 것은 또 다른 자극제였다. 카르도나는 토스카나에서 롬바르디아로 가는 도중 9월 말 모데나에서 랑을 만났는데, 양측은 그가 프랑스로부터 브레시아를 수복해야만 베네치아가 그곳을 차지하는 것을 막을 수 있다는 데 동의했다. 브레시아의 프랑스 사령관 도비니는 카르도나에게 항복하는 것을 선호했다. 그와 그의 수비대 병력은 프랑스로 떠나도록 허락받았다. 베네치아는 막시밀리안에게 양보한 모든 제안을 무효화하고, 대신 1513년 3월 루이 12세와 새로운 동맹을 맺기로 결정했다. 이는 심지어 루이 12세가 크레모나와 기아라다다를 베네치아에 양도하지 않겠다는 조건마저 감내하고 이루어진 것이었다. 브레시아와 베르가모, 크레마는 루이 12세의 밀라노 공작령 수복을 원조하는 조건으로 베네치아가 차지하기로 했다. 프랑스에 억류된 베네치아 포로들도 석방될 예정이었다.[9] 이들 가운데는 바르톨로메오 달비아노도 있었는데, 그는 베네치아로 돌아와 5월 말 총사령관으로 임명되었다.

프랑스의 밀라노 침공, 1513

루이 12세가 베네치아와 조약을 체결할 무렵, 그는 자신의 가장 완강한 적수로부터 해방되었다. 율리우스 2세가 1513년 2월 20일 밤에 사망한 것이다. 새 교황은 레오 10세로 불리게 될 조반니 데 메디치였다. 율리우스 2세보다 훨씬 젊었던 레오 10세는 그 정도로 호전적이지 않았으며, 외교 문제에 훨씬 더 미묘하고 가변적이었다. 그를 상대할 사람들은 그의 확고부동한 목표가 메디치 가문을 군주급 왕조로 격상시키는 것임을 곧 알게 되는데—피렌체를 지배하는 것만으로는 충분하지 않았다—그 점을 제외하면 그는 의중을 읽기 힘든 인물이었다. 그가 교황의 자리에 앉음으로써 당연히 피렌체에서 메디치 가문의 위상은 강화되었고, 레오 10세는 피렌체의 외교 정책을 실질적으로 좌우했다.

밀라노 수복을 준비하는 동안 루이 12세는 신임 교황의 행보에 대해서도, 동맹인 피렌체에 대해서도 확신할 수 없었다. 그는 4월에

〈교황 레오 10세와 두 추기경〉. 라파엘로가 1518년경에 그린 르네상스 시대의 걸작으로 앉아 있는
레오 10세(1475-1521) 양옆으로 두 명의 추기경이 서 있다. 왼쪽의 추기경은 후에 교황 클레멘스
7세가 되는 줄리오 데 메디치이고, 오른쪽은 루이지 데 로시이다. 교황의 모습을 이상화하지 않고
현실적으로 묘사했다는 점이 특징이다. 한편 줄리오 데 메디치는 라파엘로의 중요한 후원자이기도
했다.

페르난도와 1년간 휴전협정을 체결했는데, 이탈리아에서 최소 하나의 적을 중립화하려고 했던 것 같다. 그러나 휴전은 이탈리아가 아니라 프랑스와 스페인 사이의 전선에만 해당되었기 때문에 여전히 페르난도는 이탈리아에서 프랑스를 상대로 적대행위를 할 수 있었다. 그럼에도 카르도나는 이미 군대를 이끌고 나폴리로 철수하라는 명령과 함께 남겨놓고 올 병력의 주둔 비용은 가급적 다른 쪽에 떠넘기라는 지침을 받은 상태였다.[10]

카르도나가 철수하기 전, 프랑스의 밀라노 침공이 시작되었다. 라 트레무아유와 잔 자코모 트리불치오가 지휘하는 프랑스군―창기병 1,200~1,400명, 경기병 600명, 보병 1만 1,500명―이 5월 중순 알프스를 갈로질러 2,500명의 이탈리아군과 함께 피에몬테에 집결했다.[11] 5월 말 기준 마시밀리아노 측 병력은 스페인과 나폴리 중기병 1,200명, 경기병 1,000명, 스페인 보병 800명, 롬바르디아 보병 3,000명 그리고 스위스 보병 7,000명 정도로 알려졌다.[12] 그러나 카르도나는 마시밀리아노를 도와 공작령 북서부 지역을 방어하기 위해 파견했던 병력을 빠르게 철수하여 오히려 프랑스의 침공을 촉진시켰다. 그는 병력을 피아첸차에 대기시켜놓았는데, 그곳은 율리우스 2세가 사망한 뒤 그가 파르마와 함께 점령하여 마시밀리아노에게 바친 도시였다. 마시밀리아노는 프랑스에 대항하여 교황의 지지를 확보하기 위해 이 도시들을 레오 10세에게 양도하는 것에 동의했으나 교황은 그를 돕기 위한 어떠한 병력도 파병하지 않았다. 공작에게는 스위스와 롬바르디아 병력만 남았다. 반대 진영에서는 베네치아가 달비아노에게 스페인군이 스위스군에 가담할 경우에만 프랑스 편으로 참전하라는 명령을 내렸다. 베네치아는 중기병 없이 스위스군만으로는 프랑스군에 큰 걸림돌이 되지 못할 것이며, 원정은 곧 끝나리라고 믿었다.[13]

6월 초까지 프랑스군은 공작령의 서부 지역 대부분에서 압도했다. 제노바에서는 프랑스 함대의 도움을 받은 아도르노와 피에스키가 자노 캄포프레고소를 도제에서 물러나게 한 뒤, 안토니오토 아도르노가 총독이 되어 루이 12세를 위해 복무했다. 동부에서는 바르톨로메오 달비아노가 지휘하는 베네치아군이 크레모나를 점령했다. 로디와 기아라다다는 마시밀리아노에 맞서 반기를 들었다. 여전히 프랑스 수비대가 요새에 주둔하고 있던 밀라노시는 혼란스러운 상태에서 원정 결과를 기다리고 있었다. 스위스군이 집결해 있는 코모와 노바라 주변 지역만이 노바라에 머물고 있는 마시밀리아노의 수중에 남아 있었다.

겨우내 루이 12세는 스위스와 합의에 도달하기 위해 노력했다. 그는 라 트레무아유와 트리불치오를 루체른에 보내 협상에 임했다. 루이 12세는 로카르노와 루가노의 요새들을 스위스에 반환하도록 명령함으로써 자신이 진지한 의도를 가지고 있음을 분명히 했다. 요새를 돌려받은 것에는 만족했지만 프랑스군이 밀라노에서 철수하지 않은 것에는 그럴 수 없었던 스위스는, 침공에 대한 대응으로 신속하게 수천 명의 원군을 조직하여 파견했다. 이들이 노바라를 향해 출발했다는 소식이 전해지자, 라 트레무아유는 6월 5일 이제 막 시작한 노바라에 대한 포위공격을 중단하기로 결정했다. 그날 7,000~8,000명 규모의 스위스군 행렬이 프랑스군의 진지를 우회하여 노바라에 입성했고, 이미 마시밀리아노와 함께 그곳에 주둔 중이던 4,000명의 병력과 합류했다.

해질녘까지, 프랑스군은 겨우 수 마일을 이동했고 행군을 중단한 곳에서 이동 때와 마찬가지로 여기저기 산개한 상태로 진지를 구축했다. 따라서 동트기 전 시작된 스위스군의 공격에 제대로 방비되어 있지 않았다. 스위스군에는 대포가 거의 없었고 경기병도 소수에 불과했으며, 관목으로 둘러싸인 도랑으로 나뉜 지형은 방어군이 그 뒤로 진지를 구축할 시간만 있었다면 유리하게 작용했을 것이다. 그러나 스위스군은 엄격한 전투 규율을 유지한 상태에서 프랑스군의 포화와 보병부대를 돌파했다. 그들은 프랑스와 이탈리아 보병부대가 궤멸된 뒤 홀로 남겨진 약 6,000명의 란츠크네히트 부대와 격돌했을 때 가장 격렬한 저항에 직면했는데, 이때 가장 많은 사상자가 발생했다. 프랑스 중기병은 이들을 보호하기 위한 노력을 거의 하지 못했다. 중기병이 활약하기에는 지형이 적합하지 않았기 때문이다. 프랑스 기병대는 진지와 물자를 스위스군에게 고스란히 남겨놓고 거의 대부분 무탈하게 도주에 성공했다. 프랑스군의 대포까지 포획한 스위스군은 부상병들을 데리고 의기양양하게 노바라로 되돌아갔다.[14]

아리오타(노바라) 전투는 이탈리아 전쟁이 벌어지는 동안 스위스군이 보여준 군사직 명성의 징집을 찍었다. 약 1만 명의 병력 대부분이 수일간의 행군을 마치고 노바라에 도착한 지 불과 몇 시간 만에(게다가 바짝 뒤쫓아오던 3,000명의 지원 병력을 기다리지도 않고), 사실상 기병과 포병의 지원이 진무한 상태에서, 약 7,000명으로 구성되는 스위스군의 주력 전투대형 규모와 맞먹는 란츠크네히트 부대를 비롯하여 수적으로 우세한 프랑스군을 상대로, 대규모 전투대형을 제대로 전개하기 어려운 불리한 지형을 극복하고 압도적인 승리를 거두었던 것이다. 이는 스위스 보병의 용맹함과 육체적 강인함뿐 아니라 고된 훈련과 엄격한 규율 덕분이었다. 물론 기습 공격이었다는 점, 프랑스군이 넓게 산개되어 있어서 방어 대형을 제대로 갖추지 못했다는 점도 승리에 보탬이 된 요소인 것은 분명하다. 하지만 그렇다고 해서 스위스군이 거둔 위업이나 프랑스군이 당한 굴욕을 평가절하할 수는 없다.

프랑스군이 완패를 당한 이후에야 스페인도 스위스 편에 가담하여 프랑스군을 이탈리아에서 몰아내는 데 기여했다. 카르도나는 프로스페로 콜론나가 지휘하는 창기병 400명을 보내 마시밀리아노를 지원했다. 또한 보병 3,000명, 경기병 200명과 함께 페스카라 후작을 제노바에 보내 프레고소파를 도와 6월 17일 안토니오토 아도르노를 해임하고 오타비아노 캄포프레고소를 도제로 임명하게 했다. 그러나 이는 이미 아도르노와 유리한 협정을 맺은 스위스를 불편하게 했다. 스위스군은 아스티를 점령하고 피에몬테로 진군해 몬페라토 대부분을 약탈했다.

루이 12세가 그해 이탈리아로 추가 원정대를 보낼 수 없다는 사실은 명백했다. 그는 프랑스 북부에서 영국의 헨리 8세와 막시밀리안의 침공을 막아내는 중이었다. 헨리 8세는 테루안과 투르네를 점령하고, 8월에는 기네가트에서 프랑스군에게 또 한 차례의 굴욕적인 패배를 안겼다. 같은 달, 스위스는 부르고뉴를 침공해 디종을 포위했다. 라 트레무아유는 막대한 배상금을 지불하고 프랑스 왕의 밀라노 영유권을 포기한다는 조건으로 스위스와 조약을 체결했다. 스위스군은 철수했다. 하지만 루이 12세는 조약을 비준할 생각이 없었다.

그 어느 때보다도 밀라노 공작령에 대한 스위스의 지배력이 강화되었다. 마시밀리아노는 그들이 흘린 피 덕분에 자신의 통치권을 지키게 되었음을 인정하고 그에 대한 보상으로 총 40만 라인란트 플로린Rhenish florins*을 추가 지급하는 데 동의했다. 그러나 그는 이를 충당할 만한 자금도, 쉬너 추기경이 제안한 대로 베네치아를 공격하기 위해 스위스에 돈을 지불할 여유도 없었다.[15]

베네토 전쟁

베네치아를 상대로 전쟁을 계속하는 일은 스페인군과 제국군에게 맡겨졌다. 페르난도는 의당 그래야 한다고 생각했는데, 결국 베네치아에게 빼앗은 영토가 자신의 손자 페르난도(페르디난트 1세)에게 귀속되어야 한다고 생각했기 때문이다.[16] 5월 31일, 베네치아는 브레시아시를 점령하는 등—도시 요새는 점령하지 못했다—나름 진전이 있었으나 프랑스군의 패배 소식을 접한 뒤 후퇴했다. 렌초 다 체리는 크레마를 지키기 위해 수비대와 함께 남았다. 달비아노가 베로나를 점령하기 위해 전광석화 같은 공격을 시도했으나 6월 18일 격퇴되었다. 언제나 그랬듯이 베네지아군의 본대는 달비아노가 주둔하고 있는 파도바와 잔 파올로 발리오니가 지휘하는 트레비소로 물러났다.

---

* 14세기에서 15세기 사이에 라인란트 지역에서 사용된 금화이다. 피렌체의 플로린 금화를 본떠 만들어졌으며, 무게는 3.4~3.8그램이었다. 라인란트 플로린은 독일 화폐 시스템에서 중요한 역할을 했으며, 여러 세기에 걸쳐 다양한 형태로 발전했다.

7월 초, 카르도나의 병력이 제국군과 합류했다. 그는 연합군의 총사령관이 되었고, 랑은 총독을 맡았다.[17] 여기에 교황 측이 파병한 중기병 200명도 합류했는데, 베네치아가 베로나와 비첸차의 상실을 염려한 나머지 레오 10세의 중재를 계속해서 거부했기 때문이다.

랑의 강력한 요청으로 파도바에 대한 포위공격이 시도되었다. 하지만 소용없는 일이었음이 곧 드러났고 8월 17일, 18일간의 포위가 해제되었다. 몇 주간을 잠자코 보낸 연합군은 병력을 먹여 살릴 수단을 확보하기 위해 파도바와 베네치아 사이의 지역들을 휩쓸고 다녔다. 물자 약탈은 물론 베네치아인들에게 굴욕을 주기 위한 의도로 베네치아 귀족들의 장원을 목표로 삼았다. 불타는 메스트레의 화염이 베네치아에서도 보였고, 석호를 가로지른 포격이 인정사정없이 쏟아졌다. 베네치아군의 주력이 온전히 남아 있고, 파도바와 트레비소를 양옆에 끼고 있었기 때문에 연합군이 오래 머물 수 있는 상황도 아니었지만, 베네치아는 영토에 가해지는 피해가 더 늘어나는 것을 막기 위해 달비아노의 출진을 허락했다.

적군의 퇴각을 봉쇄하려는 베네치아군의 시도는 10월 7일 비첸차 부근에서 참패를 당하면서 종결되었다. 달비아노는 심혈을 기울여 병력을 배치했다. 두 부대로 나눈 경기병과 자신이 직접 지휘하는 중기병부대의 일부는 연합군의 왼쪽 측면을 겨냥했고, 언덕 위에서는 다수의 보병과 농민이 돌격 명령을 기다렸다. 잔 파올로 발리오니는 나머지 중기병부대를 이끌고 적군의 오른쪽 측면을 공격하기로 했다. 보병의 주력은 두 개의 전투대형으로 정렬해 있었다. 카르도나와 프로스페로 콜론나는 중기병 대부분을 중앙에 배치하고, 한편에는 카리스마 넘치는 지휘관 게오르크 폰 프룬츠베르크가 지휘하는 란츠크네히트의 방진이, 다른 한편에는 페스카라가 지휘하는 스페인 창병부대의 방진이 포진해 있었다. 엄격하게 규율이 잡힌 스페인과 독일의 보병부대를 맞닥뜨린 베네치아 민병대는 전의를 상실하여 베네치아 보병부대의 방진 안에서 자리를 지키지 못했다. 그들의 대열 붕괴와 이어진 도주로 스페인과 교황의 중기병을 상대로 우위를 점하고 있던 베네치아 기병들에게 전황이 불리하게 돌아갔다. 란츠크네히트들은 1508년 동족들이 카도레에서 당한 대량 학살에 대한 보복으로 도주하는 베네치아 보병들을 무자비하게 살상했다. 모든 베네치아 깃발과 대포가 포획되었고, 발리오니도 포로가 되었다.[18]

패배의 타격은 비첸차 수비대를 지휘하는 테오도로 트리불치오가 베네치아 병력의 도시 입성을 거부하면서 한층 더 가중되었다. 그는 추격대가 베네치아 병력에 섞여 들어올지도 모른다고 우려했다. 많은 베네치아 기병이 인근의 강을 건너 도주하는 과정에서 익사했다. 비첸차는 그럼에도 스페인군과 교황군 수중에 넘어갔다. 필연적으로 아냐델로 전투에서 달비아노가 경험한 패배의 기억이 떠오를 수밖에 없었다. 그럼에도 베네치아는 패배의 심각성을 폄하하면서 총사령관을 계속 고수했다. 실제로 연합군이 사신들의 승리를 계속 이어가지 못하면서 패배의 직접적인 결과는 비첸차의 상실로 한정되었다. 제국군은 베로나로 철수했고, 카르도나의 부대도 폴레시네에 겨울 진지를 구축했다.

막시밀리안에게는 곤란하게도, 카르도나는 프리울리 원정에는 지원하지 않을 생각이었다. 늘 그렇듯이 병력을 운용할 자금도 부족했고, 페르난도의 복잡한 외교적 구상에서는 베네치아를 동맹의 일원으로 끌어들이는 것도 하나의 선택지였기 때문이다. 제국군의 원정—과거 베네치아에 복무한 전력이 있는 크리스토포로 프란지파네가 지휘했다—은 오소포의 사보르냔 요새를 제외한 프리울리 거의 전 지역을 대상으로 감행되었다. 베네치아 당국은 3월 중순 마지못해 달비아노에게 반격을 지시했다. 달비아노는 그라디스카와 마라노를 제외한 전 지역을 신속하게 수복했다.

베네토 전쟁은 1514년 여름과 겨울 내내 지속되었다. 카르도나의 부대는 보급 문제를 해결하기 위해 분산되었고, 전쟁의 양상은 양 진영에서 파견한 부대들의 약탈과 소규모 접전들로 고착화되었다. 6월, 달비아노에게 파도바를 벗어나 군대를 좀 더 전방에 배치해도 된다는 승인이 떨어졌다. 물론 군대를 위험에 빠뜨려서는 안 된다는 압박성 지침도 함께 전달되었다. 서쪽에서는 크레마가 렌초 다 체리의 지휘 아래 그곳에 주둔하고 있는 베네치아군과 마시밀리아노 스포르차의 총사령관이 된 프로스페로 콜론나가 지휘하는 밀라노군, 그리고 인근에 주둔 중인 실비오 사벨리의 군대가 대립하는 요충지였다. 8월 말, 렌초 다 체리가 사벨리의 병력을 몰아내고 그의 주둔지를 파괴했다. 10월 중순에는 병력이 충분하지 않은 밀라노군만이 베네치아 분견대가 크레마를 출발해 베르가모시—도시의 요새까지는 아니지만—를 점령하지 못하도록 막아야 했다.

10월, 카르도나는 자신의 병력 일부를 이끌고 북쪽의 베로나를 향해 이동했다. 달비아노는 이 기회를 이용해 폴레시네에 남아 있던 스페인군을 공격해 해산시킨 다음 레냐고를 향해 진군했다. 그는 카

막시밀리안 1세와 카를 5세 휘하에서 복무한 게오르크 폰 프룬츠베르크(1473-1528)는 란츠크네히트의 카리스마 넘치는 지휘관이었다. 그의 이름은 2차대전 중 독일 제10SS기갑사단의 별칭('프룬츠베르크')이 되기도 했다.

르도나와 프로스페로 콜론나가 병력을 모아 베르가모 공략에 총력을 기울일 무렵 레냐고에 머물러 있었다. 당시 베르가모는 10월 말 그곳에 들어간 렌초 다 체리가 지키고 있었다. 포위공격이 며칠간 지속되었다. 11월 15일, 렌조 다 체리는 부왕이 제시한 성의 있는 항복 조건을 수용했다. 이 소식을 들은 베네치아 당국은 달비아노에게 병력을 잘 보호해서 파도바로 귀환할 것을 지시했다. 그는 어떠한 경우에도 전투를 벌이지 않게 주의를 기울였다. 달비아노도 베네치아 당국도 자신들의 보병부대에 대해 큰 신뢰가 없었는데—베네치아 정부는 "많은 병사들이 심지어 적을 보지도 않고 도주하며, 규율도 엉망진창이었다"고 불평을 쏟아냈다[19]—란츠크네히트 증원 병력이 적 진영에 합류했다는 소식이 들려오자 날비아노는 신속하게 파도바와 트레비소로 병력을 물렸다. 그러는 동안 스페인 병력은 폴레시네로 되돌아갔고, 독일 병력은 베로나에 진주했다.

롬바르디아를 둘러싼 외교적 분쟁

1513년과 1514년에 군사 원정이 벌어지는 동안, 외교적 차원에서도 밀라노 공작령과 롬바르디아 내 베네치아 영토의 궁극적인 처리를 둘러싼 복잡한 노력이 전개되었다. 문제가 이렇게 복잡해진 것은 상당 부분 페르난도의 명백히 모순된 정책 때문이었는데, 그는 일관된 자신의 진짜 목적을 감추고 있었다. 그 하나는 프랑스를 이탈리아에서 몰아내는 것이었다. 그가 1513년 4월 루이 12세와 체결한 휴전협정은 그 대상에서 이탈리아를 제외했기 때문에 이탈리아에서는 프랑스 세력과 자유롭게 싸울 수 있었다. 다른 하나는 이탈리아 주둔군의 비용을 이탈리아 내 다른 세력들에게 전가하는 것이었다. 하지만 이 부분에 대해서는 납득시키지 못했다. 이 두 가지 목적의 이면에는 밀라노나 베네토 영토 혹은 두 영토 모두를 획득하여 자신의 손자 가운데 한 명, 특히 자신이 총애하는 페르난도—스페인에서 자랐다—에게 물려주고, 손자를 대신해 직접 통치하겠다는 야심이 존재했다. 이러한 이유로 그는 베네치아와 싸우는 막시밀리안을 도와가며 롬바르디아에 자신의 군대를 주둔시켰던 것이다.

페르난도는 밀라노 공작령을 장악하기 위해 군사적 정복에 의존하기보다는 협상을 통해 자신의 손자 페르난도와 루이 12세의 차

녀 르네의 결혼 동맹을 성사시키는 방향으로 일을 추진했다. 즉 르네의 지참금으로 밀라노를 얻겠다는 것이었다. 이 계획에는 루이 12세보다 안 왕비가 더 적극적이었는데, 1514년 1월 그녀가 사망하면서 성사 가능성은 훨씬 낮아졌다. 루이 12세는 곧 헨리 8세의 누이 메리와 재혼했는데, 이 결합은 1514년 8월 헨리 8세와 체결한 동맹 조약의 일환이었다. 이 동맹으로 루이 12세는 외교적 고립에서 탈피했고, 왕국에 대한 침략 위협으로부터 벗어날 수 있었으며(대신 테루안과 투르네를 영국 왕에게 양도해야 했다), 1515년으로 예정된 밀라노 침공 계획에 다시 한 번 박차를 가할 수 있었다.

막시밀리안은 결혼 동맹에 대해 납득할 수 없었고, 그 소년*에게 베네치아 땅을 넘겨주어야 한다는 발상도 그에겐 전혀 매력적이지 않았다. 그는 적어도 베로나는 자신이 직접 소유해야 하며, 파도바와 트레비소를 베네치아에게 양도하는 조건으로 매년 상당한 액수의 보상금을 지급받아야 한다고 주장했다. 베네치아는 페르난도와 레오 10세로부터 막시밀리안에게 양보하라는, 그래서 그가 프랑스를 상대하는 데 모든 노력을 기울일 수 있도록 자유롭게 해줘야 한다는 압력을 받았다. 양측 모두 레오 10세를 중재자로 인정했다. 하지만 어느 쪽도 자신들이 선호하지 않는 결정을 받아들이려고 하지 않았다. 베네치아는 베로나는 물론이고 적법하게 자신들의 것이라고 생각하는 어떤 영토도 영구적으로 상실하는 것은 고려하지 않았다.

---

* 페르난도(페르디난트 1세)를 가리킨다. 막시밀리안의 손자이지만 스페인에서 나고 자라 소원한 관계였다.

교황은 베네치아와 막시밀리안 사이의 타협안을 마련하기 위해 거듭 노력했다. 페르난도가 사신의 손사를 위해 준비한 계획이 실현되지 않기를 바랐기 때문이다. 또한 루이 12세가 밀라노를 다시 차지하는 것도 원치 않았다. 프랑스에 대한 레오 10세의 태도는 복잡했다. 교황청뿐 아니라 자기 가문과 피렌체의 이해관계까지 고려해야 했기 때문이다. 프랑스와 연관된 피렌체의 금융 및 무역의 이해관계는 그 어떤 것보다도 중요한 문제였다. 이 때문에라도 다수의 피렌체인이 스위스인들보다는 프랑스 왕이 밀라노를 지배하는 것을 더 선호했다. 메디치 가문이 망명 중인 동안 프랑스가 피렌체의 지배 체제를 지지했기 때문에 레오 10세 개인으로서는 프랑스에 대해 호의적이지 않았지만, 그럼에도 프랑스가 다시 밀라노로 돌아온다면 교황은 파르마와 피아첸차를 고수하는 선에서 그들과 합리적인 조건으로 관계를 유지하려고 했다. 교회의 중요한 이해관계도 걸려 있었다. 다른 무엇보다도 교황청의 분열 문제를 해결해야 했다. 루이 12세도 분열의 종식을 원했기 때문에 1513년 10월 피사 공의회를 공식적으로 부인하고 라테란 공의회를 인정했다. 이 문제가 해결되자 루이 12세에 대한 레오 10세의 정책은 간파하기가 쉽지 않았다. 그에게 한 가지 일관된 점이 있다면 모든 세력과 우호적인 관계를 유지하려고 했다는 것이다. 그러나 그것은 중립적인 존재로서가 아니라 이해당사자로서의 태도였다. 그는 곧 속임수와 위장의 대명사로서 명성을 떨쳤다. 그는 파악하기도 어려웠을 뿐만 아니라 신뢰할 수도 없는 인물이었다.

프랑수아 1세의 등극과 밀라노 침공, 1515

1515년 1월 1일 이른 시각, 루이 12세가 사망했다. 그의 죽음은 그가 젊고 아름다운 부인에게 멋진 애인 역할을 하느라고 많은 기력을 쏟아부은 것 때문에 더 촉진되었다. 그의 후계자는 20세의 사촌 프랑수아였다. 육체적으로 강건하고 용맹하면서도 세련되고 약간은 오만한 새 국왕은 그를 애지중지했던 홀어머니 루이즈 드 사보이아로부터 세심하게 통치 교육을 받아왔다. 루이 12세 치하에서 그는 군사령관직을 맡았고 조정 회의에도 참석했다. 새 국왕은 자신감이 충만했고 자신의 능력을 펼치고 싶어했다. 그가 왕위를 물려받으면서 이탈리아에 대한 루이 12세의 야망까지는 물려받지 않았기를 바라는 희망은 곧 산산이 부서졌다.

봄을 경과하면서 외교적 준비를 위한 다방면의 노력이 경주되었다. 프랑스 북부 지역 침공에 대비해 1515년 3월 말 카를과의 조약이 체결되었다. 이 조약을 통해 카를은 르네와의 혼인—밀라노 공작령이 르네의 지참금에 포함되지는 않았다—에 동의했다. 2주 후에는 헨리 8세와도 평화협정을 갱신했다. 베네치아와의 동맹도 이 무렵 갱신되었다. 베네치아는 프랑수아 1세의 밀라노 침공을 지원하기로 했고, 프랑수아 1세는 아직도 막시밀리안이 차지하고 있던 베네토를 베네치아가 수복하는 것을 돕기로 했다. 4월 말에는 스위스의 위협에 직면해 있던 제노바 도제 오타비아노 캄포프레고소와의 비밀 협정이 체결되었다.[20]

군사적 영광을 갈망한 젊은 국왕은 재정적으로 신중했던 전임자가 모아놓은 자금을 거리낌 없이 지출해가며 매우 인상적으로 전쟁 준비를 마쳤다. 란츠크네히트만 2만 명 이상 고용했다. 그중에는 란츠크네히트 부대 가운데 가장 가공할 만한 위력을 자랑하며 검은색 복장과 무기, 깃발로 인해 흑색단Black Bands이라고 불린 부대도 있었다. 프랑스 보병은 1만 명이 모집되었고 페드로 나바로의 지휘를 받았다(프랑수아 1세는 그를 등용하기 위해 그의 몸값을 대신 변제했다. 1512년 라벤나에서 포로가 된 이후 페르난도는 그의 석방을 위해 아무 일도 하지 않았던 터라 페드로 나바로는 이제 프랑스 국왕을 위해 복무할 준비가 되어 있었다[21]). 국왕이 직접 원정대를 이끌 예정이었기 때문에 귀족들로 구성된 기병대는 칙령군ordonnance companies의 중기병 수를 3,000명까지 늘렸다.[22] 상당한 규모의 포병대도 편성되었다. 본인이 직접 생산에 관여했다는 로베르 드 라 마르크의 회고록에 따르면, 이 부대에는 페드로 나바로가 고안한 신형 산탄포도 있었다.[23]

마시밀리아노 스포르차는 이러한 가공할 만한 규모의 병력에 맞서기 위해 교황과 페르난도, 막시밀리안, 그리고 1515년 7월 상호방위 동맹에 가입한 스위스의 지원까지도 확보해야만 했다. 그러나 1513년에도 그랬듯이 결국에는 주로 스위스에 의존할 수밖에 없었다. 약간의 망설임 끝에 레오 10세는 동맹과 함께하기로 결정했고 북쪽으로 군대를 파병했다. 하지만 그의 주된 관심사는 파르마와 피아첸차를 고수하는 것이었다. 그는 그곳에서 친프랑스 당파의 봉기가 발생하지나 않을까 우려했다.[24]

프랑스군이 알프스를 통과하자마자 상대하기로 계획한 스위스군과 밀라노군은 피에몬테로 이동했다(사보이아 공작이 프랑수아 1세의 외숙부이기는 했지만 사보이아 공작의 영토는 양측 군대가 모두 접근할 수 있

프랑스의 첫 번째 르네상스형 군주로 평가받는 프랑수아 1세(1494–1547)는 1515년부터 1547년까지 프랑스를 통치했다. 프랑스는 그의 치세 기간에 거대한 문화적 진보를 이룩했다('문예의 아버지이자 부흥자'). 이탈리아 전쟁에서 카를 5세와 치열하게 경쟁했으며, 파비아 전투에서 패한 뒤 포로가 되어 스페인에 억류되기도 했다.

는 중립지대로 간주되었다). 8월 11일, 프랑스 기병대가 살루초에 진입했다는 소식을 전해들은 스위스와 밀라노의 지휘관들은 피네롤로에서 작전회의를 열었다. 그들은 프랑스군이 이용할 경로를 예측하기 위한 노력으로 보병 1만 명은 수사로 보내고, 8,000명은 밀라노 기병과 묶어서 프로스페로 콜론나의 지휘하에 살루초—1513년부터 대부분 지역이 스위스에 점령된 상태였다—로 보내기로 했다. 그러나 프랑수아 1세는 보병과 중기병 일부는 평상시 프랑스군이 알프스를 넘는, 즉 수사로 이어지는 경로로 보낸 반면 자신과 군대의 주력은 훨씬 남서쪽의 보다 복잡한 경로를 따라 이동했다. 또 다른 부대는 마르세유에서 제노바로 항해한 뒤 그곳에서 제노바군과 합류하여 아펜니노산맥을 넘어 알레산드리아와 토르토나를 장악했다. 라 팔리스와 도비니가 이끄는 세 개의 프랑스 중기병부대는 빌라프란카에서 프로스페로 콜론나 부대를 급습했다. 프로스페로를 포함한 대부분의 병력과 군마가 포획되었다. 밀라노 공작은 자신의 총사령관과 기병대를 상실했고, 스위스군은 교황군이나 스페인군과 결합하지 않는 이상 기병대의 지원 없이 프랑스군과 맞서야 했다.

밀라노 공작령으로 퇴각한 스위스군의 뒤를 로트레크 자작 오데 드 푸아가 쫓았다. 잔 자코모 트리불치오가 지휘하는 페드로 나바로 휘하의 창기병 700명과 보병 1만 명으로 구성된 또 다른 프랑스 부대는 노바라를 포위하기 위해 진군했다. 스위스군은 이미 도시를 포기한 상태였고, 요새는 하루쯤 뒤에 항복했다. 프랑수아 1세는 8월 30일 노바라에 입성했다. 프랑스 국왕은 자신의 외숙부들인 카를로 공작과 르네 드 사보이아의 중재로 스위스와 협상을 개시했다. 수천 명의 지원병이 오는 중이었지만 밀라노에 있는 많은 스위스군이 떠날 준비를 했고, 상당수는 프랑스 국왕과 싸우고 싶어하지 않았다. 몇몇 지휘관은 다음과 같은 항복 조건에 동의했다. 스위스군은 밀라노 공작령에서 철수하고 벨린초나를 제외한 영토를 포기한다. 마시밀리아노 스포르차는 프랑스로부터 영지와 수입 그리고 아내를 얻는다. 프랑수아 1세는 총액 100만 에퀴*를 스위스에 지불하되 15만 에퀴는 당장 지급한다.[25] 프랑스 국왕은 이 조약이 실제로 발효될지 의구심을 표했지만 서둘러 군영 내에 있는 귀족들로부터 15만 에퀴를 모아 스위스에 전달했다. 쉬너 추기경은 밀라노에 집결해 있는 대다수의 스위스 병사들에게 조약을 받아들이는 것은 수치스러운 일이며 싸움을 계속해야 한다고 설득했다.

프랑스군은 밀라노 남부로 진격하여 교황군과 카르도나의 스페인군이 합류한 피아첸차 방면 경로를 봉쇄했다. 동쪽에서는 베네치아군이 프랑스군에 합류했다. 언제나 그렇듯 베네치아 당국은 달비아노에게 군대를 위험에 빠뜨리지 말라는 지침을 내렸다. 프랑수아 1세도 자신의 군대가 밀라노에 도착할 때까지 베네치아군을 안전하게 유지해달라고 요청했다.[26] 달비아노는 베네치아군이 단순히 자신들의 이

---

* 에퀴 écu 는 중세와 근대 초기 프랑스에서 사용된 금화 및 은화이다. 프랑스어로 '방패'를 의미하며, 동전 앞면에 방패 모양의 문장이 새겨져 있어 붙여진 이름이다. 에퀴는 여러 종류가 있었으며, 가장 유명한 것으로 에퀴 도르 écu d'or 와 에퀴 블랑 écu blanc 이 있다. 에퀴 도르는 13세기 후반부터 17세기 초반까지 주조된 금화로, 주로 루이 9세와 필리프 4세 시기에 많이 사용되었다. 에퀴 블랑은 14세기 후반부터 17세기까지 주조된 은화로, 주로 샤를 5세와 샤를 6세 시기에 많이 사용되었다. 에퀴는 프랑스 경제와 상업에 큰 영향을 미쳤으며, 당시 유럽의 다른 국가들과의 교역에서도 중요한 역할을 했다.

익만 추구하는 것이 아니라 공동의 목적을 위해 프랑수아 1세와 협력하고 있다는 사실을 보여주어야 한다고 주장했고, 왕의 요청에 따라 프랑스군이 주둔한 마리냐노에서 하루 거리인 로디로 군대를 이동시켰다. 그는 피아첸차에 있는 교황군과 스페인군을 공격할 계획을 세우고 있던 프랑수아 1세와도 의견을 교환했다.[27]

스위스군은 다른 계획을 가지고 있었다. 9월 13일, 이미 하루가 많이 지난 시점에, 그들은 세 개의 큰 전투대형을 이루어 신속하게 움직이며 프랑스군을 향해 진군했다.[28] 프랑스군은 먼지 구름을 일으키며 자신감에 찬 모습으로, 그러나 가난에 찌든 차림새—신발조차 신지 않은 병사들이 많았고, 언제나 그랬듯이 대부분은 갑옷도 전혀 입지 않았다—로 다가오는 그들의 모습에 깊은 인상을 받았다. 그들의 모습은 위풍당당하게 가문의 문장을 뽐내고 있는 젊고 매력적인 국왕이 이끄는 프랑스군과 심지어 기괴한 차림으로 명성이 자자한 란츠크네히트와도 두드러지게 대조를 이루었다. 그들의 포병대는 대포 몇 문이 전부였고, 기병대는 사실상 전무했다.

프랑스 왕은 이윽고 스위스군이 도착하여 세 개의 전투대형으로 배치되었다는 보고를 받았다. 여기저기 도랑이 파인 지형 탓에 노바라 때처럼 기병대를 대규모로 운용하는 것은 쉽지 않은 일이었다. 하지만 이번에는 장기간 지속될 전투 내내 중기병들이 스위스군에게 반복해서 타격을 가하며 보병부대를 든든히 지원할 것이었다. 선봉대는 프랑스 야전 포병대 대부분과 란츠크네히트 9,000명, 그리고 프랑스 화승총부대와 궁수부대로 구성되었다. 그 뒤를 프랑스군 사령관 샤를 드 부르봉이 지휘하는 수백 명의 중기병부대가 지원했다. 이

샤를 드 부르봉(1490-1527)은 프랑스의 군사 지도자이자 부르봉 공작이었다. 프랑수아 1세의 지휘관으로 활약했으나, 후에 신성로마제국 황제 카를 5세 편에 서며 프랑스와 대립했다.

들은 스위스군의 첫 번째 전투대형과 전투에 돌입했다. 스위스군은 수적 열세와 대포의 포격을 비롯한 각종 발사체 무기들의 공격 그리고 상당한 피해를 감수하고 이루어진 프랑스 중기병의 돌격으로 많은 사상자가 발생했음에도 치열한 격전 끝에 우세를 점하기 시작했다. 처음에는 먼지 때문에 그리고 나중에는 날이 어두워지면서 시야 확보가 제대로 되지 않았다. 전투는 날이 저물어 완전히 캄캄해질 때까지 계속되었다. 양측은 서로 멀리 떨어지지 않은 전투 현장에서 싸우다 숙영에 들어갔다. 국왕도 갑옷을 입은 채로 포차에서 휴식을 취했다. 밤중에 베네치아군을 이끌고 오라는 한 장의 서신이 달비아노에게 전해졌다.

날이 밝자 프랑스군은 트럼펫 소리에, 스위스군은 전투 호른 소리에 맞춰 대열을 정비했다. 프랑수아는 여전히 병력을 세 개의 전투 대형으로 나누었는데, 부르봉이 우익을, 국왕의 처남이자 알랑송 공작인 샤를이 좌익을 맡았으며, 자신은 중앙군을 이끌었다. 스위스는 전날 포획한 프랑스군의 대포를 더한 포병대와 7,000명의 병력을 프랑스 왕과 맞서는 중앙에 배치했고, 나머지 두 개 부대는 각각 좌익과 우익에 배치했다. 이날은 양 진영의 세 전투 집단 모두 교전에 참가했다. 기병도 없고 병력 수에서도 열세였지만 다시 한 번 스위스군이 프랑스군을 상대로 승기를 잡았다. 기가 꺾이고 낙담한 프랑스군은 달비아노군의 도착 소식에 다시 사기를 회복했다. 달비아노는 소수의 호위대만 대동하고 먼저 달려왔지만 즉각 전투에 돌입했다. 곧이어 더 많은 수의 베네치아 기병대가 도착했고, 스위스군의 한쪽 부대를 완전히 제압했다. 하지만 스위스의 나머지 두 부대는 부상자들을 수습해서 질서정연하게 밀라노로 퇴각할 수 있었다.[29]

사망한 시신을 공동묘지에 매장한 사람들의 추산에 따르면 그곳에 1만 6,500구의 시신이 있었다. 프랑스 측은 대부분의 시신이 스위스군의 것이라고 주장했다.[30] 이는 프랑스군의 사상자 규모를 과소평가한 것일 수 있다. 규율이 엄격한 스위스군은 프랑스 보병과의 전투에서 우위를 점했으며, 프랑스군의 기병 돌격에 대한 방어 또한 워낙 맹렬해서 둘째 날 스위스군이 다시 공격을 감행하자 감히 그들과 맞설 용기가 나지 않았던 일부 프랑스 중기병들은 전장을 이탈하기도 했다.[31] 이 전투로 프랑스 귀족들은 상당한 인명 피해를 입었는

마리냐노 전투에서 프랑스 편에 선 란츠크네히트의 공격을 받는 스위스군(오른쪽). 전투는 치열한 격전 끝에 프랑수아 1세가 이끄는 프랑스군의 승리로 끝이 났다. 이 전투 결과를 토대로 프랑스는 밀라노를 재점령했다.

데, 라 트레무아유의 외아들과 사령관의 동생 프랑수아 드 부르봉도 여기에 포함되었다. 왕 자신도 여러 차례 창에 찔렸지만 갑옷 덕분에 겨우 부상을 면했다. 구이차르디니에 따르면, 잔 자코모 트리불치오는 총 18차례의 전투를 경험했지만 이 "엄청난 전투"에 비하면 다른 전투들은 모두 애들 장난이었다고 말했다.[32] 전투에서 승리했지만 약탈할 재물도, 받아낼 몸값도 없었던 탓에 프랑스 병사들은 이 빈곤한 적에게 무척 분노했지만 그들의 전투 역량에 대해서만큼은 심심한 경의를 표했다. 국왕은 참모들과 후퇴하는 스위스군을 추격해야 할지 논의하고, 그렇게 하지 않기로 결정했다. 그는 여전히 스위스인들과의 타협을 염두에 두고 있었고, 언젠가는 자신이 스위스 보병부대를 소집할 수 있기를 바랐다.

부상자 2,000명은 밀라노 병원에 수용하고, 1,500명의 전투 가능한 병사들을 마시밀리아노 스포르차와 그의 보병 500명과 함께 성에 배치한 뒤, 나머지 스위스 병력은 고향을 향해 떠났다. 쉬너 추기경은 막시밀리안을 접견하기 위해 인스부르크로 갔다. 프랑스 국왕은 파비아에 머무르면서 샤를 드 부르봉과 페드로 나바로를 밀라노로 보내 성의 포위를 지휘하도록 했다. 이 공격은 짧게 끝났는데, 요새에 있던 스위스인들이 강하게 항복을 주장했기 때문이다. 밀라노 측은 전투가 끝나자마자 대표단을 보내 항복을 제안했고, 마시밀리아노 스포르차는 프랑스 국왕과 타협하는 것 말고는 다른 선택의 여지가 없었다.[33] 그는 관대한 수입을 보장받는 조건으로 프랑스 망명길에 올랐다. 그는 그곳에서 잘 대접받겠지만 다시는 밀라노로 돌아오지 못할 것이었다. 프랑수아 1세는 10월 11일 근위대와 1,300명의 선발된 란츠크네히트 부대의 호위를 받으며 밀라노시에 입성했다. 사보이아 공작과 몬페라토 후작 그리고 살루초가 그를 맞이하러 나왔다. 왕은 갑옷을 차려입고 캐노피 아래에서 말을 탔는데 무기가 아니라 "금으로 된 왕의 지휘봉 윗부분을 손으로 잡고" 행진했다.[34] 이는 정복자가 아니라 국왕의 군사력과 화려함을 강조한 승자의 개선식이었다. 그럼에도 도시에는 벌금이 부과되었고, 몇몇 유력 시민은 망명길에 올랐다. 공작령의 나머지 지역들도 항복했고, 더 이상의 저항은 일어나지 않았다.

이탈리아에서 하나의 정치 세력으로 활동하는 것에 환멸을 느낀 스위스는 프랑스 국왕에게 그와 협업하고 싶다는 의사를 타진했다. 프랑수아 1세도 이에 기꺼이 응했고, 11월 말 조약이 체결되었다. 스위스는 자신들의 밀라노 영토 전체를 양도하고, 프랑수아 1세는 양도된 영토들에 대한 보상과 이전 조약들에서 미지불된 금액에 대한 변제 비용으로 총 100만 스쿠디를 지급하기로 했다. 이제 그는 프랑스와 밀라노의 방어를 위해 스위스 보병을 모집할 수 있게 되었고, 스위스가 공격을 받을 경우 병력을 보내 주정부들을 지원하기로 했다.[35] 그러나 여덟 개 주정부만 이 조약을 비준했다. 알프스 남부 지역 장악을 최우선으로 여겼던 다섯 개 주정부는 영토 상실을 받아들이지 않았다.

스페인군과 교황군은 마리냐노 전투 이후 마시밀리아노 스포르차를 전혀 돕지 않았다. 카르도나는 페르난도의 명을 받고 신속하게 군대를 철수하여 나폴리 왕국 방어에 전념했다. 마리냐노 전투 결과에 대한 교황의 즉각적인 반응은 프랑수아 1세로부터 파르마와 피아첸차를 공격하지 않겠다는 확답을 받아내는 것과 평화 조건을 제시하는 것이었다. 이탈리아에 만약 단 하나의 지배적인 외국 세력이 있어야 한다면 스페인이나 황제보다는 프랑스가 낫다는 것이 레오 10세의 생각이었다.[36] 이는 피렌체의 바람과도 일치하는 방침이었는데, 그들도 프랑수아 1세에게 사절을 파견했다. 10월 중순, 레오 10세와 프랑수아 1세는 합의에 도달했다. 프랑스 국왕이 교황령과 피렌체 그리고 메디치 가문을 보호해주는 대신, 교황은 프랑수아 1세의 밀라노 공작령 지배를 지지하고 파르마와 피아첸차를 프랑스 국왕에게 넘기기로 약속했다.

볼로냐에서 교황과 프랑스 국왕이 회동한다는 데도 합의가 이루어졌다. 12월 초, 볼로냐로 이동하는 도중에 프랑스 국왕은 파르마와 피아첸차를 방문해 따뜻한 환영을 받았다. 자신의 부하들이 한 달 전에 먼저 와서 교황청 관리들로부터 시정을 인계받았던 것이다. 12월 11일부터 15일까지 볼로냐에 머물면서 프랑스 국왕이 교황과 교섭한 주된 사안은 프랑스 교회에 대해 교황과 국왕의 권한을 규정한 정교협약Concordat이 필요하다는 데 대한 합의였다. 나중에 체결된 외교상의 거래 내용으로 보건데, 당시 논의된 다른 의제로는 나폴리 왕국에 대한 프랑스의 통치권 주장과 페라라 공작―레오 10세에게는 실망스럽게도 프랑스 국왕의 보호를 얻어내는 데 성공했다―의 처분 문제가 있었다.

프랑수아 1세는 공작령에서 프랑스 통치권 회복 과정을 마무리 짓기 위해 밀라노로 돌아갔다. 이미 밀라노 원로원을 비롯한 여타 관직들은 루이 12세 시절의 형태로 복원되었다. 프랑스 국왕은 1516년

1월 8일 밀라노를 떠나기 전에 밀라노에 부과된 남은 벌금을 면제해 주었고, 복종할 준비가 된 반란자들에게는 사면을 내려주었다. 밀라노는 그에게 충성을 맹세했다. 10월에는 제노바에서 보낸 사절이 프랑스 국왕에게 충성을 서약했다. 하지만 그곳에서는 프랑스 통치 체제가 재건되지 않았다. 오타비아노 캄포프레고소가 도제가 아니라 프랑스 왕을 대신한 총독이 된 것을 제외하면 다른 제도들에는 변화가 없었고, 통치에 관여하기 위해 파견된 프랑스 관료도 전혀 없었다.

프랑스 국왕은 프랑스로 돌아가면서 샤를 드 부르봉을 자신의 대리인 자격으로 밀라노 공작령에 남겨놓았다. 군병력도 대부분 남아서 공작령의 치안을 유지하고 베네치아를 지원하는 데 동원되었다. 10월부터는 상당한 규모의 병력이 브레시아 포위공격을 지원했다. 밀라노는 한숨을 돌릴 틈도 없었다. 프랑스의 재정적 요구는 스위스에 부담해야 했던 금액보다 가볍지 않았으며, 프랑스군도 부담스러웠다. 페라라와 사보이아 공작이나 만토바와 몬페라토 후작 같은 주변 제후들에게도 그 나라에 주둔하는 프랑스군의 주둔 비용을 부담하거나, '대여'를 통해 왕의 비용 부담을 돕거나, 아니면 그 두 가지를 다 함으로써 선의를 입증해 보이도록 요구했다.

막시밀리안과 스위스의 밀라노 침공, 1516

프랑스 국왕이 밀라노를 떠난 지 두 달도 되지 않아 부르봉은 막시밀리안이 직접 지휘하는 제국과 스위스 연합군의 침공에 맞서 공작령을 방어해야 했다. 침공을 부추긴 사람들 가운데는 헨리 8세도 있었다. 그는 프랑수아 1세의 성공적인 밀라노 원정 소식에 불안해진 나머지 스위스에 자금을 보내 프랑스를 밀라노에서 쫓아낸 뒤 프랑스로 진격하게 하는 한편 자신은 북쪽에서 공격을 재개할 참이었다. 프랑수아 1세와 체결한 제네바 조약에 참여하지 않은 다섯 개 스위스 주정부는 병력을 제공할 준비가 되어 있었다. 그러는 동안 쉬너 추기경은 막시밀리안에게 밀라노에 있는 프랑스 세력을 공격하라고 강하게 설득하고 있었다. 막시밀리안은 나이 들고 병마에 시달리는 와중에도 본인이 직접 원정을 이끌겠다고 결심했다. 하지만 원래 계획은 스위스가 공작령을 침공하는 동안 자신은 베네치아를 공격하는 것이었다. 그는 이 원정을 위한 재원을 마련할 수 없었던 탓—스위스에 파견한 영국 사절 리처드 페이스에게 보낸 자금을 자기 쪽으로 돌려보려고 했으나 실패했다—에 스위스와 합류하는 데 동의해야 했다. 이 원정은 일반적으로는 스위스 병력을 고용한 막시밀리안의 원정으로 알려져 있지만 합동 원정이었다. 침공에 맞서는 프랑스의 계획은 막시밀리안이 전장에 오래 머무를 여유가 없다는 것을 전제로 했다. 그들은 전투를 피하고 강을 따라 전선을 유지하면서 도시들을 방어할 계획을 세웠다.[37]

　3월 초, 1만 5,000명가량의 스위스 병사들이 트렌토에 집결했다. 그들은 자신들의 총사령관으로 밀라노 출신 망명객 갈레아초 비스콘티를 선출했다. 막시밀리안도 그곳에서 합류했다. 그의 군대는 약 1만 명 규모의 독일, 스페인 보병—상당수가 베로나와 브레시아를 지날 때 그곳 수비대에서 모집한 병력이었다—과 4,000~5,000명 규모의 기병으로 이루어졌다.[38] 침공군은 며칠간 베네치아의 아솔라 요새를 점거하려고 했으나 무위로 돌아간 뒤, 본격적으로 밀라노로

밀고들어갔다. 막시밀리안은 밀라노에서 프랑스를 상대로 한 봉기
가 일어날 것이며, 프랑스 측 스위스 병사들이 아군의 스위스 병사들
을 상대로 싸우려 들지 않을 것이라고 확신했다. 부르봉은 아다강 전
선을 유지하기로 결정했다. 하지만 적군의 도하를 막기 어려울 것이
라는 전망에다 밀라노에서 봉기 소식까지 들려오자 도시로 후퇴하여
방어에 전념했다. 브레시아를 포위공격했던 프랑스와 베네치아 병력
도 그곳으로 결집했고, 프랑스와 동맹관계인 여덟 개의 스위스 주정
부에서 파견한 약 8,000명의 병력도 합류했다. 3월 24일 침공군이 밀
라노에 근접할 무렵에는 프랑스에 반대하는 내부 적대 세력들은 진
압되었고, 도시는 포위공격에 대비한 준비를 모두 마쳤다.

막시밀리안은 밀라노에 거의 도착할 무렵부터 포위공격을 감행
하기에는 자금이 너무 부족하다며 조바심을 내고 우울해했다.[39] 그는
며칠 후 자신의 군대만 남겨놓고 전장을 떠났다. 남겨진 이들은 대
부분 롬바르디아에 머물며 베로나나 브레시아로 돌아가거나 베네치
아로 건너갔다. 분노한 스위스 병사들은 페이스에게 급료 지불을 요
구하며 한 달간 로디에 머물렀다. 그들은 영국으로부터 분납금이 도
착할 때까지 그를 갈레아초 비스콘티, 쉬너 추기경과 함께 억류했다.
일단 급료가 지불되자 그들은 고향으로 돌아갔고, 일부는 베로나로
갔다.

베네치아 전쟁의 마지막 단계, 1515-1516

프랑수아 1세는 동맹인 베네치아가 남아 있는 영토를 수복하도록 돕
기 위해 원조를 제공했다. 하지만 이로 인해 전쟁이 조속히 종결된

것은 아니었다. 베네치아는 총사령관 달비아노를 잃었는데, 그는 마리냐노 전투 후 몇 주 만에 사망했다. 테오도로 트리불치오가 그 자리를 대신했지만 동등한 권한을 행사하지는 못했다. 브레시아에서는 베네치아와 프랑스의 공성전 지휘관들이 불화를 겪고 있었다. 프랑스군에 복무하는 란츠크네히트는 황제 진영의 란츠크네히트와의 전투를 거부했다. 12월에 항복 조건에 관한 합의가 이루어졌는데, 독일에서 지원군이 도착하자 폐기되었다. 1516년 2월, 로트레크 자작 오데 드 푸아가 작전에 활력을 불어넣기 위해 파견되었다. 하지만 막시밀리안과 스위스군의 침공으로 인해 철수해야 했다. 공성전을 재개했을 때 마침내 성공을 거두긴 했지만 상당 부분은 브레시아에 주둔한 스페인군과 독일군 사이의 불화 때문이었다. 대부분의 병력이 진영을 이탈해 프랑스군이나 베네치아군에 합류한 것이다. 5월 26일, 스페인 사령관 이카르도와 수비대의 남은 병력이 프랑스에 항복하고 떠났다. 로트레크는 프랑수아 1세와 베네치아의 협약에 따라 브레시아를 베네치아 감독관 안드레아 그리티에게 인계했다.

이로써 베로나만 남았다. 그곳은 당시 막시밀리안 밑에서 복무 중이던 마르칸토니오 콜론나가 독일, 스페인 및 스위스 병력으로 구성된 수천 명의 수비대를 지휘하고 있었다. (부르봉의 총사령관직을 대신한) 로트레크는 그곳에 있는 베네치아군과 합류했으나 도시에 대한 공격을 서두를 생각은 없었다. 그는 병력을 만토바 영지에 주둔시켰다. 8월 말, 베네치아의 강력한 요청으로 마침내 본격적인 공성전을 시작했다. 외부로 확장된 도시 성벽 몇 곳이 포격으로 파괴되었다. 하지만 콜론나는 빈틈없이 어떤 공격에도 대응이 가능한 내부 방어망을 구축하고 있었다. 포위공격은 10월 중순경 수천 명의 독일 증원군이 도착한 다음에야 중단되었다. 이보다 한 달 전, 막시밀리안은 프랑수아 1세에게 강습을 통해 베로나를 점령해서 자신에게 굴욕을 주지 말아달라고 요청하며, 3개월 안에 보다 명예로운 방식으로 베네치아에 도시를 양도하겠다고 약속했다.[40] 베로나의 항복 협상은 브뤼셀에서 열렸고, 12월 초 할아버지를 대신해 카를이 조약에 서명했다.[41] 12월 14일 베로나는 공식적으로 카를의 관리로 넘어갔고, 그는 이를 다시 프랑스에 인계했으며, 프랑스가 최종적으로 베네치아에 양도했다. 베네치아인들은 1517년 1월 17일 도시에 입성했다.

베네치아로서는 1509년에 시작된 전쟁이 마침내 종결된 것이었다. 베네토에서는 전쟁의 어느 단계에서든 전투로부터 직접적인 영향을 받지 않은 지역이 거의 없었다. 대부분의 영토가 이쪽이든 저쪽이든 군대의 주둔을 경험했고, 어떤 곳은 해마다 겪기도 했다. 비첸차의 한 연대기 작가에 따르면, 아냐델로 전투가 벌어진 1509년부터 1517년 사이에 비첸차 정권은 36번이나 교체되었다. 그는 이러한 잦은 변화가 도시에 불행한 결과를 가져오지 않았다고 한다면, 그것이야말로 웃기는 일일 것이라고 논평했다.[42] 베로나와 브레시아 같은 지역은 대규모 수비대 병력을 먹여 살려야 했고, 어떤 때는 몇 년 동안이나 공성 진지가 세워지기도 했다. 제국군에게 적극적으로 복무하거나 협조한 시민들도 많았다. 이들은 망명을 떠나거나 반란에 가담했지만 베네치아 당국은 보복보다는 화해를 통한 일상으로의 복귀에 더 치중했다. 베네치아인들에게 전쟁은 정신을 번쩍 들게 만드는 경험이었다. 그들은 전쟁 자금의 압박 때문에 공화정에 자부심을 가지고 있는 사람들에게는 혐오스러울 수밖에 없는 방식에 의존해야 했다―실제로 그들은 정부 관직과 상원 의원직을 가장 높은 값을 부르는 사람들에게 판매했다. 베네치아인들은 이미 자신들의 해상 제국에 점점 더 큰 위협을 가하는 튀르크 세력과 공존하는 법을 배워야 했다. 관건은 그들이 어디로 더 확장할 수 있는지가 아니라 그들이 가진 것을 계속 지켜낼 수 있는지의 여부였다. 이제 이탈리아 본토에서도 그들은 같은 처지에 놓였다. 자신들의 과거 영토를 수복할 가능성 측면에서는 아직도 영토 획득의 기회가 있을 수 있지만, 더 이상 주요 영토를 추가적으로 확보할 수 있는 세력이 아님은 스스로도 잘 알고 있었다.

메디치 가문의 영토 확장

레오 10세는 자기 가문의 이해관계를 피렌체를 넘어서까지 확장하려는 욕심이 있었다. 처음에는 그의 동생 줄리아노가 이 야망의 중심에 있었지만 1516년 3월 사망한 이후에는 조카인 로렌초가 그 자리를 대신했다. 그는 프랑수아 1세가 나폴리 왕위 계승권을 줄리아노에게 양도할지도 모른다는 낙관적인 생각을 가지고 있었다. 프랑수아 1세가 등극한 지 2주 만에 줄리아노가 왕의 이모인 필리베르타와 프랑스 궁정에서 결혼식을 치렀기 때문이다. 그러나 프랑수아 1세는 교황이 나폴리 왕으로 자신을 책봉해주기를 바랐다. 1516년 1월 23일, 페르난도가 15세 손자 카를에게 자신의 왕국은 물론 카스티야 영토와 정부도 장악해야 한다는 숙제를 남기고 세상을 떠났을 때, 프랑수아 1세는 카를의 스페인 계승 문제를 도와주는 대가로 나폴리 왕국의 계승권 양도를 희망했다. 그는 나폴리 계승권을 줄리아노에게 양도할 생각도, 심지어 교황이 파르마와 피아첸차를 점유하는 것에 대해서도 동의할 생각이 없었다.

레오 10세는 여러 가지 다른 계획도 염두에 두고 있었다. 토스카나에 대해서는 피렌체 지배만으로 만족하지 못하고 시에나와 루카까지도 메디치 국가에 포함하려고 했다. 이 계획에 호의적인 세력은 거의 없었고, 시에나와 루카의 시민들은 확실히 더 그랬다. 시에나의 보르게세 페트루치 정권을 페르난도의 영향권 아래 있는 것으로 파악한 레오 10세는, 페르난도의 죽음을 자신의 계획을 진전시킬 기회로 보았다. 1516년 3월, 그는 시에나 망명객들이 보르게세의 조카이자 그로세트 주교인 라파엘레 페트루치를 내세워 보르게세 정권을 전복하는 것을 도왔다. 라파엘레는 레오 10세가 교황이 되기 전부터 그를 위해 복무해왔으며, 여전히 그의 심복이었다. 레오 10세는 다른 세력들의 반발을 불러일으키지 않고 루카를 장악할 방법도 고민했다. 그는 프랑수아 1세로부터 루이 12세의 루카 공화국 보호 정책을 계승하지 않을 것이라는 약속을 받아냈다. 페르난도는 레오 10세의 토스카나 구상에 반대한다는 입장을 명확히 했는데, 대신 교황에게 페라라 공작령을 메디치 가문에 합병시키자는 제안을 했다.[43] 레오 10세는 페라라 합병안에 충분히 만족했지만 알폰소 데스테는 프랑스의 보호를 계속 받을 수 있었다. 레오 10세는 프랑수아 1세를 설득해 페라라 공작을 포기하도록 할 수도 없었고, 다른 세력들의 지원을 받아 알폰소를 몰아낼 수도 없었다.

줄리아노에게 제안된 또 다른 영토는 우르비노 공작령이었다.

줄리아노는 자신이 망명객 시절 우르비노 궁정에서 받았던 환대를 의식해 이 계획에 찬성하지 않았다. 그러나 로렌초는 그 정도로 신중하게 처신하지 않았다. 1516년 6월, 로렌초가 지휘하는 교황군은 신속하게 공작령을 정복했고, 프란체스코 마리아 델라 로베레는 만토바로 망명했다. 8월에 로렌초는 교황으로부터 공작령 통치권을 인정받았다. 하지만 델라 로베레도 포기하지 않았다. 1517년 1월, 그는 베로나로 가서 서로 적대적인 양 진영 모두로부터 병사들을 모집해 소규모 부대를 만들었다.

2월 초, 델라 로베레는 보병 7,000명(이 가운데 3분의 2는 스페인 병력이었고, 나머지는 란츠크네히트, 가스코뉴 및 이탈리아 병사들이었다)과 기병 600명을 데리고 교황령에 진입했다. 레오 10세도 란츠크네히트와 가스코뉴 병사들을 고용하여 델라 로베레보다 두 배나 많은 병력을 모집했다.[44] 그러나 공작령 백성들은 새로운 공작이 아니라 자신들의 예전 공작을 지원했고, 델라 로베레는 우르비노시를 포함해 공작령을 재정복했다. 3월 말, 로렌초가 총격을 받고 머리에 부상을 입은 뒤로 교황군은 일사불란한 지휘 체계를 상실했고, 교황 역시 군비를 조달하는 데 어려움을 겪었다. 5월에는 란츠크네히트와 가스코뉴 병사 일부가 델라 로베레 측으로 넘어갔다. 레오 10세는 밀라노에 있는 프랑스군에 최소 두 차례 지원을 요청했으나 결국 생각을 고쳐먹었다. 그는 델라 로베레 진영에서 불만을 품고 있는 병사들을 끌어들이는 방법을 썼다. 결국 전쟁은 레오 10세가 델라 로베레에게 복무 중이던 스페인과 가스코뉴 병사들을 매수하는 데 성공하면서 마무리되었다. 이들은 공작과 항복 협상도 진행했는데, 마지못해 수용한 공

티치아노가 그린 프란체스코 마리아 델라 로베레(1490~1538). 교황 율리우스 2세의 조카인 그는 우르비노 공작이자 이탈리아의 유명한 군사 지도자였다. 티치아노는 그를 갑옷을 입은 모습으로 묘사했는데, 손에 베네치아의 지휘봉이 들려 있다.

작은 9월 중순 다시 한 번 만토바로 망명했다.

　　로렌초에게 영토를 확보해준 레오 10세는 그다음 단계로 그의 신붓감을 물색했다. 프랑수아 1세의 친척이기도 한 마들렌 드 라 투르가 그 대상자였다. 그녀는 1519년 4월 분만 중에 사망했는데, 당시 태어난 아이가 미래에 프랑스 왕비가 되는 카테리나(카트린 드 메디시스)였다. 로렌초도 며칠 뒤 사망했다. 우르비노 공작령은 교황청의 직접 통치로 이관되었다.

황제 선거

로렌초의 죽음 당시 레오 10세는 또 다른 죽음의 결과에 촉각을 곤두세우고 있었다. 1519년 1월 막시밀리안이 사망한 것이다. 막시밀리안은 그의 손자 카를이 자신의 뒤를 이어 황제에 선출될 수 있도록 기반을 닦아놓았다. 다른 후보자로는 프랑수아 1세와 헨리 8세가 있었다. 영국 왕은 가능성이 낮았고, 프랑스 왕은 보다 경쟁력 있는 후보였다. 특히 표를 매수하기 위해 엄청난 뇌물을 준비해두었다는 점에서 그랬다. 6월 말 선거인단의 회합이 이루어졌고, 프랑수아 1세는 자신이 패배했음을 알았다. 만장일치로 카를이 선출되었다. 그는 19세였고, 아직도 조정 councillors 의 후견으로부터 자유롭지 못했다. 스페인에서는 심각한 분란이 발생했는데, 카를의 플랑드르 출신 측근들이 보여준 지나친 탐욕이 야기한 불만은 곧 반란으로 비화될 것이었다. 그러나 그의 황제 등극이 중대한 결과를 가져올 것이라는 점에 대해서는 누구도 의심하지 않았다.

　　카를은 황제의 권한으로 부르고뉴와 합스부르크, 스페인 왕국은 물론 신대륙과 이탈리아의 해외 영토까지 아우르는 영토에서 발생하는 부와 자원을 하나로 결합했다. 막시밀리안의 노고가 보여주었듯이 황제의 권한이라는 것도 그것을 실행시켜줄 수 있는 자원이 뒷받침되지 않으면 믿을 만한 것이 못 되었다. 그 점에서 카를은 유럽에서 가장 강력한 군주가 될 것이었다. 이제 이탈리아에서 제국의 권위는 13세기의 프리드리히 2세 때보다도 더 중요해진다. 그와 이탈리아에 있는 그의 대리인들은 이탈리아 중북부 지역을 아우르는 이탈리아 왕국Regnum Italiae 전역에서 각 나라들의 내정에 간섭할 수 있는 권리를 가진다고 주장했다. 여기에는 밀라노 공작령도 포함되었고, 프리드리히 2세 때처럼 나폴리와 시칠리아 왕국도 카를에게 상속되었다. 프랑수아 1세는 밀라노 공작령을 고수한 가운데 나폴리 왕위를 요구했다. 이탈리아는 프랑수아 1세와 카를 그리고 그들의 상속자인 발루아 가문과 합스부르크 가문 사이에서 향후 40년간 벌어질 각축전의 주 무대가 될 것이었다.

5장

이탈리아 패권 경쟁
1520-1529

황제로 선출되기 전 카를 5세는 나폴리 왕국에 대한 권리를 인정받는 대가로 프랑스 왕에게 매년 10만 두카트를 지불한다는, 굴욕적으로 비칠 수도 있는 조약을 프랑수아 1세와 체결했다. 황제가 된 후 그는 프랑수아 1세로부터 자신의 새로운 신분을 인정받기 위해 양자 사이의 관계를 규정하는 조건에 변화를 꾀했다. 당시 그는 측근들의 그늘에서 벗어나 독립적인 정신을 보여주기 시작했으며, 국가 사무에 대해서도 기민한 판단력과 강한 흥미를 가지고 있었다. 프랑스 왕은 그의 새로운 지위를 인정하고 싶지 않았다. 특히 카를이 교황으로부터 대관식을 받기 위해 이탈리아로 이동할 경우 그곳에 머무르는 동안 더 많은 영토를 차지하지 않을까 염려했다. 프랑수아 1세는 카를이 아직 스페인 왕국의 지배권을 놓고 다투고 있고 독일에서 황제로서의 권력을 시험해보고 있는 동안을 절호의 기회로 보았다. 그는 카를의 관심을 이탈리아로부터 돌려놓기 위해 1521년 2월 로베르드 라 마르크의 룩셈부르크 침공에 자금을 지원했고, 앙리 달브레가 스페인령 나바라를 공격하는 것도 도왔다.

카를은 프랑수아 1세의 도전에 기꺼이 맞서고, 시작된 공격에

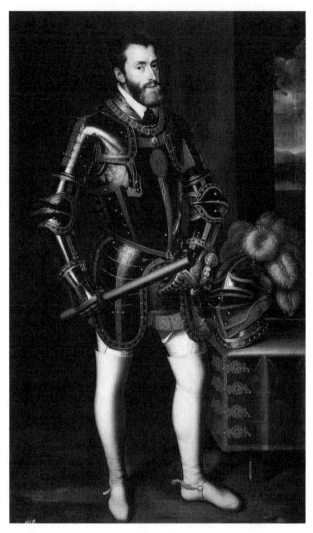

카를 5세(1500–1558)는 신성로마제국 황제이자 스페인 국왕으로 "해가 지지 않는 제국"을 통치했다. 재위 기간 동안 프랑스와의 싸움에 열중했으며, 특히 이탈리아반도를 놓고 두 나라가 부딪히면서 전 이탈리아를 전쟁의 소용돌이에 휘말리게 했다. 프랑수아 1세와 여러 차례 전쟁을 하며 그를 포로로 잡기도 했고, 프랑수아 1세의 아들 앙리 2세와도 전쟁을 치렀다. 1556년 동생 페르디난트 1세에게 신성로마제국을, 아들 펠리페 2세에게 스페인을 물려주고 퇴위했다.

대해 응징을 가함으로써 자신의 능력을 입증하고 싶었다. 하지만 스페인과 독일에서 발생한 골치 아픈 문제들에 발목이 잡혀 있었다. 독일에서는 마르틴 루터와 그의 지지자들이 무시할 수 없는 세력으로 부상하고 있었다. 레오 10세가 프랑수아 1세가 아닌 카를 5세의 편에 서기로 한 것에는 루터의 영향력에 대한 점증하는 두려움도 한몫했다. 카를 5세가 이단의 확산을 억제하겠다고 약속했기 때문이다. 프랑스 왕이 파르마와 피아첸차를 잃는 상황을 꺼려하고, 페라라에 대한 보호를 포기하지 않으려 하며, 레오 10세를 나폴리 원정에 참여시키려고 한 시도도 교황과의 관계에 악영향을 미쳤다. 1521년 5월에 체결된 레오 10세와 카를 5세의 조약은 주로 이탈리아 문제와 메디치 가문의 이해관계에 관한 것이었다. 프랑스를 이탈리아에서 축출하고, 밀라노 공작은 프란체스코 스포르차(마시밀리아노의 동생)에게, 제노바 도제는 안토니오토 아도르노에게 주기로 합의했다. 또한 파르마와 피아첸차를 레오 10세가 갖고, 카를 5세는 레오 10세가 페라라 공작을 비롯해 반역적인 봉신들을 제압하는 데 도움을 주고 메디치 가문을 자신의 보호 아래 두기로 했다. 교황은 카를 5세의 나폴리 왕국 방어와 향후 치르게 될 베네치아와의 전쟁에 도움을 제공하기로 약속했다. 각자 10만 두카트씩 지불해 스위스 용병 1만 6,000명을 고용하고, 프란체스코 스포르차가 밀라노 공작으로 취임한 뒤 지불하기로 한 15만 두카트는 양측이 나누어 갖기로 했다.[1]

혹자는 레오 10세가 평화의 수호자이기는커녕 카를 5세와 프랑수아 1세의 전쟁을 격화시키고, 이탈리아에서 전쟁의 불씨를 재점화했다고 비난했다. 다른 한편으로, 제국의 재상 메르쿠리노 다 가티

나라야말로 카를 5세가 이탈리아를 황제의 주된 관심사로 보게 만든 장본인이었다. 확실히 그는 카를 5세에게 교황과의 동맹이 중요하며 그것을 가능하게 해줄 유일한 방법은 이탈리아에서 교황을 지원하는 일이라는 점을 강조했다.[2] 그러나 1521년 당시 카를 5세와 프랑수아 1세의 관심은 플랑드르 및 제국과 접해 있는 프랑스 북동 국경지대에 집중되어 있었다. 이탈리아에서의 전쟁은 부차적인 문제였다. 이탈리아가 프랑스 왕과 제국 황제가 벌이는 각축전의 주 무대가 되는 바로 그때가 향후 10년간 벌어질 전쟁의 출발점이 되리라는 사실은 오직 회고적으로만 알게 될 것이다.

프랑스 축출, 1521-1522

작전은 망명자들을 이용해 프랑스를 손쉽게 이탈리아에서 축출할 수 있는지 시험해보는 것에서부터 시작되었다. 6월, 안토니오토와 지롤라모 아도르노가 교황과 황제로부터 갤리선을, 스페인으로부터 약간의 보병을 지원받아 제노바에서 오타비아노 캄포프레고소를 축출하려고 한 모험은 실패로 돌아갔다. 밀라노 공국 망명자들의 시도도 역시 실패했다. 너무도 공개적으로 움직인 나머지 여러 도시에서 봉기를 유도하려던 그들의 시도는, 그들의 협력사이거나 그렇게 의심받는 사람들이 잇따라 처형되는 결과만을 낳았을 뿐이다.

프로스페로 콜론나가 교황군과 제국군 그리고 피렌체군을 전반적으로 통합하는 역할을 맡았다. 교황군의 지휘관은 1519년 아버지의 뒤를 이어 만토바 후작이 된 페데리코 곤차가 맡았다. 그를 임명한 주된 이유는 그의 영토를 이용하기 위해서였다. 하지만 당시 그는 실제로 군대를 이끌고 전장에 나서기도 하는 등 그의 아버지보다 더 믿을 만한 인물이었고, 대체로 콜론나의 권위를 잘 수용하는 편이었다. 스페인 보병부대의 지휘는 페스카라 후작이 맡았다. 그는 콜론나의 권위를 존중하지 않았지만 자신의 경쟁심을 상대방을 깎아내리는 데 쓰지 않고 능가하려는 노력으로 분출했다. 스페인 기병부대는 노련하고 명성이 자자한 안토니오 데 레이바가 맡았다. 무능력한 부왕 카르도나도 나폴리에서 합류를 희망했다. 프로스페로 콜론나는 만약 그가 온다면 자신은 떠날 것이라고 경고했다.[3] 아무도 카르도나가 지휘권을 갖기를 원치 않았다. 결국 병까지 걸린 그는 나폴리를 떠날 수 없었다(그는 1522년 3월 그곳에서 사망했다).

원정은 콜론나가 다른 사령관들이 병사들을 이끌고 파르마 인근에 합류할 때까지 기다리느라 8월 말까지 지체되었다. 모집된 독일인 병력 6,000명이 남쪽으로 내려오는 도중 베네치아에 의해 차단될지도 모른다는 우려가 있었지만 무사히 통과했다. 베네치아는 프랑스와 동맹으로 묶여 있었기 때문에 밀라노 공국의 방어를 위해 수백 명의 중기병과 수천 명의 보병을 테오도로 트리불치오에게 지휘를 맡겨 파견했지만, 다시 전쟁을 일으키고 싶지는 않았던 터라 자신들의 영토에서 공격을 하지 않았던 것이다. 프랑수아 1세와 레오 10세 둘 다와 조약을 맺고 병력 제공의 의무를 지고 있던 스위스는 양측 모두에 병력을 보냈다. 8월 29일, 마침내 파르마 포위공격이 시작되었다. 하지만 로트레크가 프랑스군을 이끌고 접근하자 2주 만에 중단되었다. 또한 페라라 공작이 기세를 올리고 있고, 모데나를 공격할지도 모른다는 보고도 올라왔다. 교황군 병력 일부가 이 위협을 처리하기 위해 파견된 가운데 나머지 병력은 로트레크의 행방을 주시하며 기다렸다. 10월 1일, 동맹군은 포강을 건너 크레모나로 진입한 뒤 그달 말 쉬너 추기경이 이끄는 스위스군이 합류할 때까지 머물렀다. 프랑스에 대한 공격이 아니라 교황령 방어를 목적으로 취리히에서 출발한 4,000명의 병력이 레조로 진입하기 위해서는 허락을 기다려야 했다. 상대편 진영에서는, 로트레크가 급료를 지불하지 못해 스위스와 발레 출신 병력들이 유출되고 있었다. 그는 더 많은 병력을 잃을 수밖에 없었던 터라 아다강 너머로 퇴각했다. 그의 동생 레스캥이 제국군과 교황군의 도하를 막아보려고 했지만 실패했다.

　11월 중순경, 프랑스와 베네치아군은 합해서 보병 8,000명에 창기병 1,200명 정도로 보병 2만 명에 창기병 1,500명 규모인 적에게 수적으로 크게 밀리고 있었다.[4] 그들은 병력을 밀라노에 집중했는데, 교외 지역을 불태우는 것과 같은 로트레크의 도시 방어 준비 조처들 때문에 프랑스인에 대한 주민들의 반감이 매우 고조되어 있었다. 성벽 밖에 급조한 토루의 취약성은 11월 20일 도착한 적군에 의해 즉시 간파되었다. 페스카라와 콜론나는 스페인과 독일 보병을 이끌고 기습 공격을 가했고, 밀라노인들은 봉기를 일으켜 이를 지원했다. 베네치아군은 도시를 버리고 떠났고, 부상당한 트리불치오가 포로로 잡히도록 방치했다. 같은 날 로트레크도 자신의 병력을 데리고 철수했다. 밀라노시는 단 두 시간 만에 함락되었다. 파비아, 파르마, 피아첸차 같은 공국 내 다른 도시들도 재빨리 항복했다. 프랑스에게는 크레모나 영토, 밀라노와 노바라의 몇몇 요새 정도만 남았다. 프란체스코 스포르차가 밀라노 공작에 등극했고, 그의 측근 지롤라모 모로네가 그를 대신해 시정을 맡았다. 로트레크는 병력을 데리고 베네치아 영토로 들어가 그곳에서 겨울을 보냈다. 베네치아는 보복이 두려워 마지못해 그들을 받아들였지만 어떠한 공격도 자신들의 영토에서 감행되어서는 안 된다고 강하게 주장했다.[5]

프랑스 축출 작전은 1521년 레오 10세의 갑작스러운 사망으로 동력을 상실하면서 완전히 마무리 짓지 못했다. 결과적으로 교황군과 함께 피렌체군이 철수했고, 동맹군 병력 운용을 위해 마련된 교황령과 피렌체의 기금도 고갈되어 콜론나와 페스카라는 더 많은 병력을 해산할 수밖에 없었다. 취리히에서 파견된 병력은 본국으로 되돌아갔고, 다른 스위스 병력들도 더 이상 정규적으로 급료를 지급받지 못하자 불만을 표출하기 시작했다. 남아 있는 교황군 가운데 일부는 모데나로 갔고, 나머지는 페데리코 곤차가의 지휘 아래 밀라노에 계속 주둔했다.

콘클라베에서 (유일한 것은 아니었지만) 가장 두드러진 대립 구도는 프랑스와 제국의 지지자 사이에서 형성되었다. 1522년 1월 9일, 추기경단은 자신들이 정치적 협잡을 통해 선출한 교황(하드리아노 6세라는 칭호를 받게 될)이 카를 5세의 가정교사 출신이자 당시 스페인의 섭정이었던 위트레흐트의 하드리아노라는 사실을 알았을 때 그 누구보다도 크게 놀랐다. 하드리아노는 8월 말이나 되어서야 로마에 도착할 예정이었는데, 그동안 교회의 세속적 업무는 추기경단에 의해 관리되었다.

프란체스코 마리아 델라 로베레는 이 공백을 틈타 우르비노 공국을 되찾으려고 했다. 그는 레오 10세에 의해 축출된 보르게세 및 파비오 페트루치 그리고 잔 파올로의 아들들인 말라테스타와 오라치오 발리오니 등과 손을 잡았다.[6] 알폰소 데스테도 교황에게 빼앗긴 많은 영토를 수복할 기회로 보고 얼마간의 자금을 지원하여 보병 3,000명과 기병 500명으로 구성된 조촐한 군대를 모집하는 데 기여했다.[7] 12월 말, 델라 로베레는 우르비노 공국과 페사로 그리고 세니갈리아를 수복했다. 다음 해 1월 초에는 말라테스타와 오라치오가 페루자로 복귀했다. 연합군이 그다음 향한 곳은 시에나였다. 하지만 피렌체가 라파엘레 페트루치를 지원하기 위해 병력을 파견하고, 폭설로 작전이 지장을 받으면서 그들의 군사적 성공도 거기서 끝났다. 추기경단은 델라 로베레의 우르비노 지배를 잠정적으로 인정했는데, 이는 줄리오 데 메디치 추기경과의 조약을 통해 확정되었다. 레오 10세가 피렌체에 넘겨준 공국 영토의 일부가 그에게 되돌려졌고, 그는 1년간 피렌체의 총사령관으로 임명되었다. 결과적으로 그는 시에나의 지배 체제를 전복하기 위해 4월에 시도된 또 다른 군사작전에서 성공을 거두지 못했다. 그곳은 이제 막 프랑스 측으로 진영을 바꾼 렌초 다 체리가 통솔하고 있었다.

롬바르디아에서는 프랑스군이 밀라노를 되찾기 위한 군사작전에 돌입했다. 로트레크가 1만 6,000명의 스위스 증원 병력을 지휘하기로 했는데,[8] 스위스는 그에게 밀라노 북쪽의 몬차에서 합류할 것을 요청했다. 사실 이 방식은 3월 초에 그가 이미 수행해봤던 것이기도 했다. 프랑스군에 베네치아 병력—창기병 360명, 경기병 700명, 보병 2,500명[9]—과 조반니 데 메디치의 보병과 경기병이 가세했다. 조반니 데 메디치는 자신의 먼 친척인 레오 10세를 위해 복무했던 이전

제218대 교황 하드리아노 6세(1459-1523)는 1522년 1월 9일부터 1523년 9월 14일까지 짧은 기간 재위했다. 기독교 역사상 유일한 네덜란드인 교황이자 1978년 폴란드 출신의 요한 바오로 2세가 선출되기 전까지 마지막 비이탈리안 교황이었다. 그는 카를 5세의 신임은 얻었지만 로마 시민들에게는 인기 없는 교황이었다.

군사작전에서 대담하고 정력적인 지휘관으로 명성을 쌓은 바 있었다. 연합 병력이 밀라노에 접근했다. 하지만 프로스페로 콜론나는 방어용 토루를 효과적으로 건설함으로써 여전히 성에 남아 있던 프랑스 수비대를 봉쇄하는 한편 수비대에 접근하려는 프랑스군의 시도를 격퇴했다. 이 과정에서 모로네는 도시의 방어를 돕기 위해 밀라노 시민 수천 명이 참여한 민병대를 조직했다. 한편 로트레크는 4월 초 프란체스코 스포르차가 트렌토에서 데려온 6,000명의 란츠크네히트를 이끌고 밀라노에 입성하는 것을 막아내지 못했다.

로트레크가 파비아 장악을 시도하자 프로스페로 콜론나는 밀라노시 밖으로 군대를 이끌고 나와 파비아의 체르토사로 이동시켜 프랑스군을 압박했다. 프랑스군 진영 내 스위스 병사들은 점점 인내심을 잃고 떠나겠다고 으름장을 놓았다. 하지만 급료가 곧 도착한다는 약속에 며칠 더 기다려보는 것으로 설득되었다. 프랑스군은 레스캥이 장악한 노바라로 퇴각한 뒤 프랑수아 1세의 도착을 기다릴 계획이었고, 베네치아군은 자신들의 영토로 되돌아갔다. 노바라를 빼앗겼다는 소식에 격노한 카를 5세는 자신의 지휘관들이 밀라노 장악 후에 적을 공격하기는커녕 시간과 돈을 낭비하는 일 말고는 아무것도 하지 않았다고 힐난했다.[10] 군대에 파견된 스페인 감독관의 설명에 따르면, 지휘관들은 전투를 치를 의향이 충분히 있었다. 하지만 도랑이 너무 많은 지형 때문에 전력이 더 강하다고 하더라도 어느 쪽이든 상대편 진지를 공격하는 쪽이 패배하기 쉬운 조건이었다.[11] 이 논평이 정확했음은 곧 입증될 것이었다. 파비아에서부터 로트레크를 추격해온 콜론나는 란츠크네히트 1만 명, 스페인 보병 4,000명, 이탈리아 보병 4,000명에[12] 중기병 수백 명으로 구성된 병력을 비코카La Bicocca 에 주둔시켰다. 이곳은 도랑과 관개용 수로들로 둘러싸인 정원이 있는 시골 저택으로 밀라노에서 3마일가량 떨어져 있었다. 콜론나는 여기에다 방벽과 포대를 구축했다. 로트레크는 이 진용이 막강하다는 것을 잘 알고 있었으나 스위스 병사들은 전투에 목말라 있었다. 스위스인들은(그리고 란츠크네히트도) 전쟁에서 자신들의 역할은 전투를 하는 것이라고 믿고 있었다.

4월 29일, 로트레크는 자신의 더 현명한 판단을 접고 적 진지를 향한 공격을 명령했다. 스위스 측의 강력한 요청을 받아들여 스위스 병사들이 란츠크네히트 진용을 상대로 정면 공격을 감행하기로 했다. 몽모랑시를 비롯한 프랑스 귀족들도 "전투의 즐거움과 명성의 획득을 위해" 그들과 함께 걸어서 공격에 가담했다.[13] 레스캉은 중기병 400명을 이끌고 좌익에서 돌다리를 건너 적 진지 뒤편으로 돌아갔다. 로트레크는 나머지 보병과 중기병을 이끌고 우익에서 적 진지 진입을 시도했다. 베네치아 병력은 후위에서 예비부대로 남았다. 레스캉이 이끄는 부대는 적 진지 돌파에 성공하여 적의 혼선을 야기하고 적 중기병들의 물자를 상당량 포획했다. 스위스 병사들은 단호하게 공세를 가했다. 하지만 그들의 공격 통로는 고스란히 적의 포격에 노출되었다. 이 포격을 벗어난 이들도 통과가 불가능한 도랑과 방벽을 맞닥뜨려야 했고, 이 죽음의 지대에서 많은 병사들이 가차 없이 발사되는 총격에 희생되었다(페스카라는 화승총부대를 4열로 정렬시켜 앞 열이 무릎을 꿇고 재장전하는 동안 뒤 열이 머리 위로 사격을 하는 식으로 교대 사격이 가능한 전술적 혁신을 이뤄낸 것으로 알려져 있다[14]). 대열의 선두에 섰던 스위스 지휘관과 프랑스 귀족들은 이 전투에서 발생한 약 3,000명의 사망자 가운데서도 유독 높은 비중을 차지했다. 스위스 병사들은 후퇴한 뒤 재공격에 나서기를 거부했다. 이제 스위스 보병은 그 어떤 적도 자신들의 과감한 결단과 전투대형의 파괴력만으로 돌파할 수 있다는 자신감을 다시는 갖지 못하게 될 것이다. 레스캉의 부대도 전황이 불리해진 상태에서 공격을 지속할 수 없었기 때문에 다리를 건너 퇴각해야 했다.[15]

스위스 병사들은 로트레크와 함께 몬차로 퇴각했으나 그곳에서 군대를 이탈해 고향으로 돌아갔다. 베네치아도 밀라노 공국에서 병력을 철수시켰다. 프랑스로 귀환한 로트레크는 국왕의 냉랭한 반응을 견뎌야 했다. 크레모나에 남은 레스캉은 프로스페로 콜론나와 항복 조건

비코카 전투에서 활약한 란츠크네히트의 지휘관 크리스토프 폰 에버슈타인.

을 협의했는데, 정해진 기일 내에 프랑스로부터 원군이 도착하지 않으면 수일 내에 남은 병력을 데리고 철수한다는 조건이었다. 크레모나와 노바라, 밀라노의 요새들만이 여전히 프랑스 수중에 있었다.

　　콜론나가 이러한 항복 조건에 동의한 것은 제국군이 퇴각하는 프랑스군을 쫓기보다는 제노바를 장악하는 것이 바람직하다는 결정이 났기 때문이다. 안토니오토와 지롤라모 아도르노—제국군과 동행하면서 비코카에서도 함께 싸웠다—를 제노바 정부의 수장으로 세우는 것만큼이나 자금을 모으는 것도 제노바를 장악하려는 중요한 목적이었다. 프랑수아 1세는 오타비아노 캄포프레고소를 도와 제노바시를 방어하라고 갤리선 두 척과 함께 페드로 나바로를 파견했다. 하지만 제노바 주민들은 캄포프레고소와 프랑스 왕을 위해 싸울 준비가 되어 있지 않았다. 5월 20일, 스페인과 이탈리아 병력을 이끌고 서쪽에서부터 제노바에 접근한 페스카라는 도시를 향해 포격을 개시했다. 콜론나는 나머지 병력을 이끌고 며칠 후 동쪽에서 접근했다. 협상이 시작되었다. 하지만 아직 협상 중이던 5월 30일 페스카라의 스페인 보병이 포격으로 갈라진 성벽 틈을 통해 성안에 진입했고, 아무런 저항도 받지 않았다. 이 부유한 도시는 체계적으로 약탈당했다. 시민들은 집이 털린 뒤에도 배상금을 지불해야 했고, 병사들도 살육이 아니라 약탈에 집중하는 듯이 보였다.[16] 포로가 된 오타비아노 캄포프레고소와 페드로 나바로는 카를 5세의 명령에 따라 나폴리로 압송되었다. 안토니오토 아도르노는 제국의 보호를 받는 독립된 공화국의 도제로 임명되었다. 또한 제국 대사에게는 공화국 정부를 면밀히 감시하고 모든 중요한 사안에 대해 자문을 제공하는 역할이 주어졌다.

제국의 요구

카를 5세와 이탈리아에 있는 그의 조언자와 대리인들은 제국 영토의 일부로 볼 수 있는 이탈리아 내 국가와 봉토들에 대해 권한을 요구할 참이었다. 밀라노에서 프랑스 세력이 축출되자, 제국의 관리들과 사령관들은 제국에 종속된 것으로 여겨지던 이탈리아 국가들에게 제국군의 롬바르디아 주둔 비용을 부담할 것을 요구했다. 시에나, 루카 그리고 피렌체로부터 돈을 갈취했는데—프랑스와 접촉한 것을 이유로 들며 '불복종'에 대한 벌금 명목으로—그들은 돈을 지불하지 않을 경우 군대를 보내 응징할 것이라고 위협했다. 그러나 이러한 갈취로 원했던 만큼의 금액을 받아내지는 못했으며, 돈을 지불한 도시들도 그것을 선물이라고 주장하며 정기적으로 지불해야 한다는 원칙을 받아들이려 하지 않았다.

하드리아노 6세가 교황에 선출되었을 때, 교황청이 카를 5세의 통제 아래 들어가리라는 것이 대체적인 관측이었다. 그는 프랑수아 1세에 맞서 카를 5세의 편에 서야만 했다. 제국의 대사는 교황에게 직설적으로 요구 사항을 이야기했고, 그는 황제가 지시한 대로 이행해야만 했다. 그러나 교황은 명령을 거부하고 카를 5세와 프랑수아 1세의 화평을 주선했다. 그렇게 해서 단합된 세력으로 헝가리와 로도스 섬—1522년 12월 함락되었다—에서 기독교 세계에 위협을 가하는 튀르크 세력에 맞설 수 있기를 바랐다. 교황은 카를 5세의 로마 주재 대사 후안 마누엘의 지시로 제국군이 파르마와 피아첸차 그리고 레조에서 숙영하기로 한 사실에 매우 분노했다.[17] 다른 숙영지를 구할 수 없어서 그곳으로 보냈다는 것이 교황이 전해들은 명분이었는데, 어쨌든 그 도시들을 교황청에 속한 것으로 생각했다면 그것은 잘못된 생각이라는 말 또한 함께 전달받았다.[18] 모데나와 레조의 지위 문제도 카를 5세와의 갈등을 야기한 또 다른 요인이었다. 교황과 황제 모두 상당량의 금액을 받고 이 도시들에 대한 권리를 알폰소 데스테에게 팔아넘기려고 했는데, 카를 5세는 이 도시들을 제국의 봉토라고 주장한 반면 하드리아노 6세는 교황청에 속한다고 주장했다.[19]

교황은 그의 짧은 재임 기간이 끝나갈 무렵에야 (프랑수아 1세가 그의 화평 노력에 반대해 적대감을 천명함에 따라) 카를 5세와의 방어 동맹에 응했다. 이 동맹에는 헨리 8세, 카를의 동생(당시 오스트리아 대공)인 페르디난트(페르난도), 프란체스코 스포르차, 그리고 피렌체, 시에나, 루카, 제노바가 포함될 예정이었다. 이 이탈리아 국가들은 금전적 부담을 책임지는 것으로 되어 있었지만 로마에서 활동하는 황제의 대리인들은 언제나 그랬듯이 협의도 없이 그들을 조약에 포함시켰을 것이다. 조약에 참여한 당사자로 이름을 올린 줄리오 데 메디치 추기경도 피렌체를 대신해 서명했을 것이다.[20]

프랑스의 밀라노 재침공, 1523-1524

1523년 8월 초, 카를 5세는 하드리아노 6세가 조약에 서명하자마자 이를 당시 그가 계획 중이던 프랑스 침공을 위한 공격 동맹으로 전환하려고 했다.[21] 프랑수아 1세는 밀라노 침공을 계획하고 있었는데, 이번에는 베네치아의 조력 없이 해야 할 처지였다. 카를 5세는 오랜 협상 끝에 1523년 7월 말 베네치아와 합의에 이르렀는데, 그 안에는 베네치아가 밀라노 공국 방어에 참여한다는 내용도 포함되어 있었다[22](베네치아군 총사령관직을 친프랑스 인사인 테오도로 트리불치오에서 프란체스코 마리아 델라 로베레로 교체한 것도 이 합의 내용에서 비롯된 결과였다). 스페인과 영국의 프랑스 침략과 때를 같이해 프로스페로 콜론나가 프로방스에서 프랑스를 공격하고, 프랑스군 사령관 샤를 드 부르봉이 내부 불만 세력을 규합해 봉기를 일으켜 내응케 하는 것이 카를 5세의 의도였다. 한편 프랑스의 밀라노 침공도 공국 내부에서 봉기를 일으킬 프랑스 지지 세력과의 협력하에 이루어지기로 되어 있었다. 하지만 양측 모두 음모는 불발로 돌아갔다. 밀라노인들의 봉기는 시기를 제대로 맞추지 못했고, 프란체스코 스포르차에 대한 암살 시도도 미수에 그쳤다. 프랑스 침공 작전도 부르봉의 음모가 발각되면서 지연되었다. 남쪽으로 이동 중에 그 소식을 전달받은 프랑스 왕은 음모의 여파를 조사하기 위해 프랑스에 남기로 결정했다. 게다가 파리로 곧장 이어지는 피카르디를 침공한 영국군에 대해서도 대응해야 했다. 9월 초, 부르봉은 프랑스 동부의 제국 영토로 도주했으나 그곳에서 공격을 조직화해내는 데는 실패했다. 한편 스페인의 프랑스 침공 계획도 무산되었다.

이탈리아 친정을 취소한 프랑수아 1세는 원정의 지휘권을 이미 알프스를 넘은 보니베의 영주이자 프랑스군의 제독 기욤 구피에에게 이양했다. 한 보고서에 따르면, 구피에가 지휘하는 병력은 자발적으로 참가한 귀족들을 제외하고도 중기병 수가 2,200명이 넘었고, 보병은 3만 6,000명에 이를 정도로 대규모였다.[23] 프로스페로 콜론나의 병력 규모는 이보다 작았는데, 창기병 800명, 경기병 800명, 보병 1만 5,000명 정도였다.[24] 그는 티치노강 전선을 유지하려고 했으나 강의 수위가 낮아 프랑스군은 9월 14일 손쉽게 도하에 성공했다. 병력을 밀라노로 물린 콜론나는 보니베가 진격을 서두르지 않은 틈을 타서 토루를 수리하고 도시의 보급품을 확보할 며칠간의 귀중한 시간적 여유를 확보할 수 있었다. 도시를 사수하자는 모로네의 호소에 밀라노 시민들은 열렬히 화답했다. 동맹군으로부터도 약간의 지원이 제공되었다. 콜론나의 요청에 따라 페데리코 곤차가는 창기병 500명, 경기병 600명 그리고 보병 5,000명으로 구성된 자신의 병력을 이끌고 파비아로 이동했다[25](그는 교황군의 총사령관이었을 뿐만 아니라 1523년 8월부터는 피렌체군의 지휘관도 역임하고 있었으며, 1522년 이후에는 황제로부터 창기병 100명을 지휘하는 콘도타를 보유해오고 있었다). 베네치아 정부로부터 병력의 보전을 최우선으로 삼으라는 여느 때와 동일한 지침을 부여받은 우르비노 공작은 스위스 병력 2,000명이 프랑스군과 합류해 크레마와 베르가모를 위협할지 모른다는 점을 들어 아다강을 건너지 않기로 했다. 보니베는 11월 중순 포위공격을 풀고 아비아테 그라소의 동계 주둔지로 퇴각한 뒤 그곳에서 추가로 파견되는 스위스 증원 병력을 기다렸다.

제국군은 신임 나폴리 부왕 샤를 드 라누아와 페스카라가 나폴리에서 군대를 이끌고 12월 말 도착하면서 한층 강화되었다. 동맹군의 총사령관으로 임명된 라누아가 지휘권을 가졌다. 이로 인해 프로스페로 콜론나와 문제가 발생하지는 않았는데, 그가 오랜 병환 끝에 12월 30일 사망했기 때문이다. 콜론나는 이탈리아 전쟁 이전부터 활동했던 이탈리아 콘도티에리 세대의 마지막 주자 가운데 한 명이었다. 구이차르디니는 그를 전쟁의 전략을 바꾼 인물로 평가했는데, 즉 군대의 진격을 저지하는 방법을 발견하고 전투를 회피함으로써 더 이상 단기간의 군사작전으로 국가의 성패가 갈리는 일이 없도록 했다는 것이다.[26] 이로부터 영향을 받았는지 모르지만 라누아도 프랑스군을 봉쇄하고 보급을 차단하되 전투는 회피하는 전략을 추구했다. 라누아가 처한 주된 어려움은 병사들에게 지급할 돈이 부족하다는 점이었다. 게다가 1524년 1월 독일에서 보낸 란츠크네히트 6,000명이 도착하면서 병력 수는 더욱 늘어났다. 카를 5세는 군대가 와해되고, 그의 명예와 나폴리 왕국 모두 위험에 처할 수 있다는 경고를 들었다. 라누아는 그에게 화평이든 휴전이든 프랑수아 1세와 협상에 나서야 한다고 촉구했다.[27]

베네치아 감독관 레오나르도 에모의 조언에 따라 2월 초 베네치아군이 제국군에 합류하자 그들은 프랑스군을 티치노강 너머로 밀어붙였다. 보니베의 병력은 질병과 보급 부족으로 약화되고 있었다. 렌초 다 체리가 그라우뷘덴 병력 5,000명을 이끌고 베르가모로 진격하여 시선을 분산시켰으나 베네치아군과 밀라노 방어를 위해 자신의 병력을 이끌고 온 조반니 데 메디치에 의해 격퇴되었다. 1만 명의 스위스 지원 병력도 보니베에게 큰 도움이 되지 못했다. 그들은 보니베 병력에 합류하는 것을 거부하며 그가 직접 피에몬테의 세시아 강변에 있는 가티나라까지 와서 자신들을 영접해야 한다고 요구했다. 4월 28일, 보니베가 강 반대편에 도착하자 스위스군은 그에게 자신들은 이미 합류해 있는 스위스 병사들을 고향으로 내려가기 위해 왔지 밀라노 공국을 침공하기 위해 온 것이 아님을 고지했다. 다음 날, 프랑스군 전체가 로마냐노 부근에서 세시아강을 건너기 시작했고, 보니베는 후위를 맡아 병사들의 도주를 차단했다. 강을 건넌 프랑스군은 제국군의 공격을 받았는데, 페스카라의 화승총부대는 그들을 추격하여 다수의 사상자를 만들어냈다. 보니베도 화승총 탄환에 맞아 부상을 입었다. 스위스 병사들과 프랑스군의 나머지 병사들은 더 이상의 추격은 받지 않고 각자 세 갈 길로 갈라졌으며, 아직 프랑스군의 수중에 남아 있던 몇몇 지역―로디, 알레산드리아, 노바라―은 곧 항복했다.

이 원정에서 죽거나 포로로 잡히지 않고 프랑스로 무사히 돌아간 병력이 중기병 350명, 보병 4,000명에 불과하다고 계산한 카를 5세는 이를 그냥 지나쳐버릴 수 없는 복수의 기회로 보았다.[28] 그는 제국군에 합류해 있던 부르봉에게 이탈리아에서 프랑스를 침공하라고 명령했다. 카를 5세의 이탈리아 주재 부관으로 임명된 부르봉은 공동 지휘권을 갖게 되었다. 하지만 이것이 문제를 일으킬 것이었다. 다른 지휘관들은 황제의 결정에 따라 부르봉의 사회적 지위 및 그의 용기와 활력은 인정했지만 군 지휘관으로서는 그를 존중하지 않았다. 카를 5세는 원정에 필요한 많은 비용이 군대의 진격과 함께 프랑스 내에서 조달될 수 있기를 희망했다. 하지만 그의 이러한 희망은 물론이고 프랑수아 1세를 상대로 봉기를 일으키려고 했던 부르봉의 희망도 실현되지 않았다. 게다가 헨리 8세가 피카르디를, 카를 5세 본인이 스페인에서 랑그도크를 동시 다발적으로 침공한다는 계획도 무산되었다. 프랑수아 1세가 강력한 군대를 이끌고 아비뇽에 도착할 무렵인 8월 중순, 침공군은 렌초 다 체리가 지키고 있는 마르세유를 포위하느라 진격을 중단한 상태였다. 9월 29일, 포위를 푼 제국군은 신속히 이탈리아로 후퇴했고, 그 뒤를 몽모랑시가 지휘하는 프랑스 중기병부대가 뒤쫓았다.

프랑수아 1세의 제2차 이탈리아 원정, 1524-1525

프랑스 왕은 자신의 군대를 이끌고 뒤따라갔다. 그는 어떠한 저지도 받지 않았다. 10월 말, 프랑스군은 밀라노에 당도했다. 이번에는 밀라노 시민들도 방어할 마음이 전혀 없었다. 그들은 전염병 때문에 치명적인 인명 피해를 입은 상태였다. 도시에는 스페인 병사 3,000명이 전부였다—9마일 길이의 성벽 가운데 2마일을 간신히 방비할 수 있는 수준이었다. 제국군 사령관들(부르봉과 페스카라가 라누아와 다시 합류했다)은 도시를 포기하고 성의 수비대를 강화했다.[29] 프랑수아 1세는 그들을 추격하지 않고 파비아를 포위공격하기로 결정했다. 그곳에는 중기병 300명과 보병 5,000명이 안토니오 데 레이바의 지휘 아래 주둔해 있었다. 프랑스 왕의 병력은 보병 3만 명에 창기병 2,200명, 경기병 1,400명 정도로 알려졌다.[30] 그는 신속한 승리를 자신했지만 도시로 흐르는 티치노강의 물줄기를 다른 곳으로 돌리려는 시도는 물론 포격으로 생겨난 성벽의 갈라진 틈 사이로 가한 공세도 실패로 돌아갔다. 그는 자신의 위신이 땅에 떨어질 것이라는 우려 때문에 포위 풀기를 거부했다. 그는 손치노에 어렵사리 주둔해 있는 제국의 야전군을 상대하러 나가지도 않고 계속해서 군대를 성 밖에 주둔시킨 상태에서 불편을 감수해가며 농절기 포위공격을 이어갔다.

제국군은 이탈리아 국가들의 지원을 받지 못하고 있었다. 베네치아는 1524년 12월 프랑수아 1세와 상호불가침조약을 체결했고, 동맹 갱신을 위한 협상을 개시했다. 페라라 공작은 다시 한 번 프랑스 왕의 보호를 얻기 위해 프랑스군에 공급되는 군수품 비용의 일부를 부담했다. 우유부단하고 겁이 많으며 지나치게 예민한 신임 교황

줄리오 데 메디치(클레멘스 7세)로부터도 아무런 지원이 없었다. 카를 5세는 그가 추기경단에서 황제파의 대표자로 알려져 있었기에 프랑수아 1세를 상대할 때 지지해주리라고 기대했지만 클레멘스 7세는 어느 쪽과도 전쟁을 치르거나 같은 편에 설 생각이 없었다.

프랑수아 1세가 올버니 공작 존 스튜어트—망명한 스코틀랜드 왕가의 일원이었다—를 보병 5,000명, 창기병과 경기병 500명을 딸려서 나폴리 왕국에 파병하자 클레멘스 7세도 엄격한 중립을 포기할 수밖에 없었다.[31] 이 병력은 렌초 다 체리가 프랑스에서 데려온 병력 및 교황령에서 오르시니가 모집한 병력과 합세하며 규모가 확대되었다. 1월 초, 올버니가 아펜니노산맥을 넘어 루카의 영토로 진입하자 거절할 경우 교황령과 피렌체가 입을 피해를 우려한 교황은 병력이 무사히 교황령을 통과하는 것을 허락했다. 그 대가로 프랑수아 1세는 피렌체 정부를 건드리지 않고 파르마와 피아첸차를 교황의 수중에 남겨두겠다고 약속했다.[32] 그러나 클레멘스 7세는 오르시니에게만 교황령에서 나폴리 왕국을 공격할 병력의 모집을 허락한 것이 아니었다. 그는 콜론나에게도 왕국을 방어할 병력을 모집할 수 있게 허락했다.

황제는 라누아에게 그의 첫 번째 임무는 밀라노가 아니라 나폴리의 수호임을 상기시키며, 필요한 조치를 취할 수 있는 재량권을 부여했다.[33] 라누아는 이미 콜론나에게 나폴리 방어의 책임을 맡기고 왕국 내에서 병력을 조직하기로 한 상태였다. 그는 우고 데 몽카다에게 돈과 병력을 보내 함대를 조직하여 프랑스 선박이 병력을 싣고 납하하는 것을 저지하게 했다. 몽카다의 함대는 제노바에 기지를 두고 있

라파엘 사후 로마에서 가장 인기 있는 초상화가였던 세바스티아노 델 피옴보가 그린 교황 클레멘스 7세(1478-1534). 1523년 교황으로 선출된 클레멘스 7세의 재위 기간(1523-1534)은 여러 부정적인 사건으로 점철되었다. 그래서인지 1526년경에 그려진 이 초상화에 대해 "표정과 자세에서 당시 교회가 처한 불안정한 상황이 암시된다"는 평가가 있다.

었고, 안드레아 도리아가 지휘하는 프랑스 함대는 서부 리비에라에 자리를 잡고 있었다. 렌초 다 체리가 지휘하는 수천 명의 보병이 승선한 프랑스 함대가 진격하자 제노바인들은 사보나를 포기하고 퇴각했다. 프랑수아 1세는 살루초 후작을 보내 리비에라 공략을 계속하도록 조치했고, 렌초는 병력을 이끌고 올버니와 합류했다. 1525년 1월 말, 프랑스의 팽창을 봉쇄하려는 몽카다의 시도가 실패로 끝났다. 그는 포로로 붙잡혔다.

렌초의 병력은 루카 인근에서 올버니군과 합류했다. 루카에서 약간의 돈과 대포 몇 문을 갈취한 올버니는 피렌체는 그대로 두고 1월 말 시에나에 도착했다. 클레멘스 7세는 토스카나에 주둔한 올버니군을 이용해 시에나에 있는 자신의 동맹 세력이 더욱 과두주의적인 체제를 도입할 수 있도록 뒷받침했다(페트루치 가문은 1524년 9월 추방되었다). 올버니는 교황을 기쁘게 하고, 시에나로부터 자금과 대포를 얻어내기 위해 좀 더 머물렀다. 1월 말, 그는 교황령으로 이동했다. 렌초 다 체리가 먼저 도착하여 병력을 모집했으나 콜론나도 수천의 병력을 모집하는 중이었다. 클레멘스는 양측 모두에게 병력 모집을 허락함으로써 프랑스와 오르시니가 콜론나와 맞붙는 전쟁이 로마에서 일어날 수도 있는 위험을 불러왔다. 그때 파비아에서 중대한 전투가 벌어졌다는 소식이 들려왔다.

파비아 전투

프랑스군은 파비아 외곽 자신들의 주둔지와 참호에서 겨울을 보내고 있었다. 1월 말 제국군은 자신들의 병력이 자금 부족으로 해산되기 전에 프랑스군을 전투에 끌어들일 목적으로 접근했다. 프랑스군의 본진은 파비아 남쪽을 지나는 티치노강과 북쪽으로 체르토사까지 뻗어 있는 대규모 수림지의 담장 사이에 자리하고 있었다. 그들의 포위망은 티치노강에서부터 수림지의 가장 바깥쪽 담장까지 이어져 있었다. 중기병들은 수림지에서 군마를 방목했고, 왕은 수림지의 담장을 허물어 통신선을 원활히 하도록 지시했다. 프랑스군 주둔지 반대편에는 수림지 중간을 지나는 베르나볼라라는 개천이 흐르고 있었다.

파비아에 도착한 제국군은 이 개천 건너편의 수림지 담장 바깥쪽에 진을 쳤다. 몇 차례의 격렬한 소규모 접전이 있었지만 프랑스군은 전투를 회피했다. 페스카라가 황제에게 올린 보고에 따르면, 적과 대면한 상태에서 군대를 해산하는 것은 전투에 패배한 것만큼이나 나쁘다고 판단한 제국군 지휘관들은 군대가 해산되기 전에 빠르게 결판을 내기로 뜻을 모았다. 프랑스 왕이 수림지 담장의 견고한 보호에 의존하고 있다고 판단한 페스카라는 수림지를 따라 접근할 것을 제안했고, 다른 지휘관들도 이에 동의했다.[34] 파비아에 있는 안토니오 데 레이바에게도 수비대의 출격을 준비하라는 전갈이 전달되었다.

병력 규모에 대한 추산은 차이가 상당히 크다. 제국군이 도착한 이후 양측 모두 소규모 교전에서 병력을 잃었고, 질병과 탈영도 한몫했다. 프랑스 진영에 있던 그라우뷘덴 병사 수천 명이 전투 직전에 복귀 명령을 받고 돌아갔다. 전투에 참여해 포로로 붙잡힌 플로랑주는 그날 프랑스군의 병력을 중기병 600명에 보병 1만 7,500명으로 추산했다. 그는 나중에 페스카라의 만찬 자리에서 벌어진 논쟁에서

들었다면서, 제국군 규모는 보병 2만 4,000명, 중기병 1,200명, 경기병 1,200명, 그리고 파비아 수비대의 규모는 보병 8,000명에 중기병 220명이었다고 주장했다.[35] 아마도 이는 프랑스군의 전력은 낮춰 잡고 제국군의 것은 높여 잡은 추정치일 것이다. 전투가 끝난 후 프랑수아 1세가 직접 밝힌 바에 따르면 프랑스군의 보병은 2만 6,000명이었다.[36]

2월 23일 밤, 제국군이 수림지 담장을 따라 북쪽으로 이동했다. (위치는 정확하지 않지만) 어느 지점까지 이동한 뒤 담장에 틈을 내었다. 하지만 예상보다 시간이 오래 걸렸고, 동틀 무렵에야 첫 번째 부대가 수림지 안으로 진입했다. 바스토 후작(델 바스토)이 지휘하는 독일과 스페인 보병 3,000명이 수림지 중앙의 미라벨로를 장악하기 위해 진격했다. 그곳에는 대부분 민간인과 주둔지 종사자가 머물러 있었기 때문에 손쉽게 장악되었다. 인근에 있던 프랑스 중기병 파견대가 서둘러 주둔지로 돌아가 경보를 울렸다. 제국군이 이동 중이라는 사실을 이미 보고받았던 프랑수아 1세는 그들이 후퇴하고 있는 것이라고 추정하고 이를 추격하기 위해 무장을 갖추었다. 그는 자신의 기사단과 일부 경기병을 이끌고 적군을 치기 위해 먼저 출발하며 보병들에게 뒤를 따르게 했다.

전투는 제국군 지휘관들이 계획했던 것처럼 진행되지 않았는데—그들의 의도는 미라벨로 주변에서 전투 진용을 갖추는 것이었던 것 같다—프랑스군이 조직화된 전투대형으로 배치되어 있지 않았던 것이다. 전투의 진행 과정에 대한 당대의 설명들은 모순되는 점과 서로 일치되지 않는 세부 사항이 많다. 하지만 대체적인 윤곽에 관해서는 역사가들 사이에 광범위한 합의가 존재한다. 제국군 본대는 베르나볼라 줄기를 따라 미라벨로 방향으로 전진했다. 우익에서는 라누아와 부르봉 그리고 알라르콘이 기병을 이끌고 개천에 바짝 붙어서 진격했고, 좌익에서는 페스카라가 보병을 이끌고 진군했다. 포병대는 수렵지 담장 근처에 남겨놓았다. 프랑수아 1세가 중기병부대를 이끌고 제국군에게 돌격하면서 우위를 점했다. 페스카라는 울퉁불퉁한 잡목림 위에서 프랑스 기병대의 측면을 겨냥해 화승총부대를 전개했고, 그들의 총격으로 다수의 사상자가 발생했다. 이어 제국군 기병대가 집결해 반격을 가했다. 제국군 보병을 겨냥한 프랑스 포병대의 포격은 효과를 거두지 못했다. 보병들이 페스카라의 명령에 따라 수렵지의 움푹 팬 곳에 몸을 숨겼기 때문이다. 델 바스토의 부대가 본대에 합류한 이후, 보병들 간의 격렬한 교전이 있었다. 프랑스 진영에서는 란츠크네히트 흑색단이 전멸했다. 그들의 사령관인 프랑수아 드 로렌과 망명한 서퍽 공작 리처드 드 라 폴의 시신이 전사자들 사이에서 발견되었다. 스위스군은 제국군 본대의 보병부대와 안토니오 데 레이바(통풍을 앓아 병사들이 메고 다니는 가마로 이동했다)가 이끄는 파비아의 란츠크네히트 수비대로부터 공격을 받았다. 그들은 프랑스 기병내가 도주하는 바람에 그대로 방지되면서 무질서한 상태로 도주했다. 누구의 이야기를 들어보더라도 주변의 귀족들이 죽어나가는 상황에서도 왕은 맹렬히 싸웠던 것으로 보인다. 결국 전장을 벗어나 후퇴하게 되었는데, 왕이 타고 있던 말이 화승총에 맞아 쓰러지는 바람에 그는 그 아래 깔리고 말았다. 사로잡힌 왕은 라누아에게 항복했다.

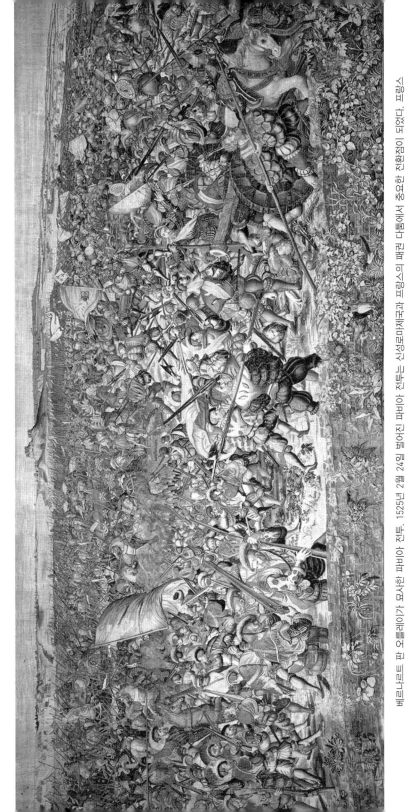

베르나르트 판 오를레이가 묘사한 파비아 전투. 1525년 2월 24일 벌어진 파비아 전투는 신성로마제국과 프랑스의 패권 다툼에서 중요한 전환점이 되었다. 프랑스는 이 전투의 패배로 프랑수아 1세가 포로가 되는 수모를 겪었다.

정오쯤 돼서야 전투가 종결되었다. 프랑스군은 사실상 전멸했다. 알랑송이 지휘하는 기병대 후위 부대만 도주에 성공했는데, 그들이 티치노강의 다리를 끊어놓고 도망치는 바람에 도주하던 다른 병사들이 갇히거나 헤엄쳐 강을 건너다 익사하면서 손실을 더욱 가중시켰다. 사망자 수에 대한 추산은 상당한 차이가 있지만 프랑스 쪽 피해가 훨씬 더 컸다는 데는 일반적으로 이견이 없다. 전사한 다수의 프랑스 귀족 가운데는 라 트레무아유, 라 팔리스, 보니베 같은 이탈리아에서 활동한 군 지휘관도 포함되어 있었다. 레스캥도 부상으로 사망했다. 그는 몸값을 지불할 수 있는 포로 가운데 가장 부유한 축에 속했다. 가장 큰 수확인 프랑스 국왕을 제외하고도 나바라 왕 앙리(앙리 드 나바라), 르네 드 사보이아(역시 부상으로 사망했다), 안 드 몽모랑시, 생폴 백작 프랑수아 드 부르봉 등이 포로가 되었다. 참전한 대귀족 가운데 죽거나 포로가 되지 않은 유일한 인물은 알랑송이었다. 하지만 그 또한 프랑스로 돌아온 뒤 곧 사망했다(혹자는 수치심 때문이라고 했다). 제국군은 수중에 떨어진 많은 포로를 관리하는 데 애를 먹었다. 수천 명의 포로가 무기와 갑옷을 몰수당한 뒤 방면되었다. 제국군의 손실은 훨씬 가벼웠다. 유일하게 전사한 제국군 사령관은 경기병 부대를 지휘한 산탄셀로 후작 페르디난도 카스트리오타였다. 페스카라와 안토니오 데 레이바, 알라르콘은 부상을 입었다.[37]

이 전투는 종종 페스카라가 지휘한 전투로 회자되었는데, 승리의 공 대부분이 그의 계획과 화승총부대의 배치 덕분이었다. 그의 주장에 따르면, 수림지를 따라 공격한 것도 그의 생각이었다.[38] 다만 당대 역사가인 조비오는 총괄 지휘권을 행사한 당사자가 페스카라였지만,[39] 제국 측 자료에는 이 부분에 관한 언급이 없고, 다만 페스카라를 용기 있고 정력적인 지휘관이라고 칭찬했을 뿐이다. 백병전에서는 부르봉과 라누아가 기병 지휘관으로서 가장 영광스러운 자리를 차지했다. 페스카라는 황제가 결단력과 사기로 충만했던 가장 말단의 병사들에게까지 많은 빚을 졌다고 언급했다.[40] 자기 밑에서 복무한 병사들에게 보여준 이러한 감사의 태도 때문에 병사들이 페스카라에게 충성을 바치고 존경했던 것이다. 그러나 파비아 전투는 그에게 있어서나 다른 어떤 지휘관에게 있어서도 전술상의 승리는 아니었다. 누구도 미라벨로의 수림지에서 벌어졌던 사태의 전개 과정을 통제하지 못했던 것이다.

파비아 전투의 여파

프랑스의 잔여 병력은 즉시 밀라노 공국을 빠져나갔다. 스위스인들은 알프스를 넘어 귀향했고, 프랑스인들도 프랑스로 되돌아갔다. 살루초 후작은 리비에라를 떠나 프랑스로 갔고, 안드레아 도리아의 함대는 남쪽으로 내려가 교황령에 있는 올버니 공작과 그의 병사들을 태웠다.

프랑스 왕은 거의 3개월간 피치게토네 요새에 억류되어 있다가 제노바로 이송되었다. 거기서 다시 스페인으로 보내졌다. 이것은 라누아의 결정이었는데, 카를 5세도 자신의 포로가 스페인에 있다는 소식을 듣고는 이에 동의했다. 카를 5세는 병사든 장교든 상관없이 어떤 포로—프랑스군을 통솔할 만한 쓸 만한 인재들—도 프랑스 왕이 석방되기 전까지는 몸값을 받고 풀어주어서는 안 된다고 지시했다.[41]

결국 몽모랑시만 우고 데 몽카다와 맞교환되었다. 생폴과 앙리 드 나바라는 왕의 석방 전에 탈출했다.

황제는 승리 소식을 접하고도 절제된 반응을 보였다. 무엇을 해야 할지 확실치 않았고, 서로 상충하는 조언이 난무하는 가운데 황제는 지속적으로 평화를 정착시키고 프랑수아 1세에게 전쟁을 일으킨 데 대한 비용을 치르게 하겠다는 목표를 세웠다. 황제 자신과 동맹국 몫으로 프랑스 영토의 상당 부분을 요구하자는 주장 대신, 부르고뉴 공국―카를 5세는 이곳을 자신의 정당한 상속지로 생각했다―할양, 플랑드르와 아르투아에 대한 황제의 종주권 인정, 그리고 프랑스의 밀라노와 나폴리 포기라는 보다 온건한 요구 사항들이 채택되었다. 프랑스는 이 요구를 과도하고 굴욕적인 것이라고 보았지만 카를 5세는 그것을 고수했다. 프랑수아 1세는 기사도적인 관대함을 기대했지만 그런 것은 없을 것이라는 점을 깨달은 뒤부터 결연한 입장을 취했다―무엇보다도 부르고뉴 영토는 양보할 수 없는 것이었다. 아들의 석방을 간곡히 기다리던 프랑스의 섭정 루이즈 드 사보이아도 카를 5세가 요구하는 대가가 지나치게 많다고 생각했다.

황제는 프랑스 편에 섰거나 최소한 제국군을 돕지 않은 이탈리아 국가들에 대해서도 어떤 처분을 내려야 할지 숙고했다. 피렌체와 루카, 시에나의 처분은 라누아의 재량에 맡겼다. 카를 5세는 클레멘스 7세와 베네치아를 응징하는 것은 부당한 처사로 보일 수 있어 그들과는 합의를 보는 것이 바람직하다는 판단을 내렸다.[42] 다른 이탈리아 국가들의 가입까지 염두에 둔 클레멘스 7세와의 동맹 조약이 4월 초 체결되었다. 카를 5세는 클레멘스 7세가 원한 부가 조약에 대해서는 비준을 거부했다. 교황은 레조의 교황령 반환을 보장받으려고 했던 것이다(하드리아노 6세가 사망하자 1523년 알폰소 데스테가 레조를 수복했다).[43] 베네치아는 협상할 자세가 되어 있었지만 제시된 조건을 받아들일 수는 없었다. 카를 5세는 물론 이탈리아에서 활동하는 제국의 대리인들에게는 이탈리아 세력들을 응징한다는 구실로 군대 유지에 필요한 자금을 뜯어내는 것이 무엇보다도 중요한 목표였다. 이는 매우 긴박하게 처리해야 할 사안이었는데, 실제로 파비아 전투가 벌어진 시점까지 병사들에게 지급해야 할 금액이 60만 두카트에 달했다. 부가할 수 있는 벌금에 대한 계산이 이루어졌다. 예를 들어 베네치아는 제국군에 병력을 보내지 않은 데 대한 책임으로 13만 두카트를 부가할 수 있다고 보았다.[44] 또한 이탈리아 국가들에게 병력 유지에 필요한 정기적인 분담금을 부가할 수 있기를 희망했다.

　황제 측 인사들이 이탈리아 국가들에 대해 고압적인 태도를 취했던 것은 단지 돈을 뜯어내기 위해서만은 아니었다. 제노바 주재 제국 대사 로페 데 소리아는 제노바인들에게 그들은 카를 5세의 신민일 뿐이라고 말했다. 제노바 측에서는 양자의 관계를 동맹국이라고 보는 것이 더 정확하다는 입장이었지만 말이다.[45] 제국의 대리인들은 제국 영토의 일부로 간주할 수 있는 나라들에 대해서는 내정 문제에 개입할 수 있으며, 제국의 이해관계에 호의적인 정부를 세우는 것도 가능하다고 보았다. 피렌체와 교황령 사이에 자리 잡고 있던 시에나가 그들의 관심을 끌었다. 시에나 정부는 곧장 제국의 대리인들과 협상하겠다는 결정을 내렸고, 15만 두카트를 준비했다. 제국 사절이 돈을 수취하러 왔을 때, 정부의 수장 알레산드로 비키가 돈을 건네자마

안 드 몽모랑시(1493-1567)는 16세기 프랑스의 귀족이자 군인으로, 프랑수아 1세와 앙리 2세 시대에 군사적·정치적으로 큰 영향력을 행사했다. 프랑수아 1세와 마찬가지로 그도 파비아 전투에서 포로가 되었다.

자 암살당하는 사건이 벌어졌다. 하지만 이는 제국에 대한 저항은 아니었다. 도시 내부의 분파 싸움으로 벌어진 문제였다. 몬테델포폴로가 이끄는 새 정부는 자신들을 제국의 진정한 지지자로 묘사했다. 그럼에도 그들은 시정을 개혁하라는 라누아의 지시에 따라 부임한 로마 수재 제국 대사인 세사 공삭의 명령을 선뜻 따를 준비가 되어 있지는 않았다.

제국 대리인들의 오만한 태도는 엄청난 반감을 불러일으켰다—이 때문에 파비아에서 거둔 압도적인 군사적 승리가 제국이 생각했던 것만큼 이탈리아에서 정치적 헤게모니로 전환되지는 않았다. 제국이 군대를 유지하는 데 어려움을 겪고 있다는 점은 잘 알려진 사실이었는데, 이탈리아 국가들에게 그 비용을 전가하려는 시도는 역효과를 불러왔다. 이탈리아의 각 정부들이 제국군이 해체 위기에 빠져 있고, 그렇다면 병력이 배치될 수도 없다는 점을 깨닫은 이상, 자신들에게 요구한 돈을 넘겨주어야 할 이유가 없었던 것이다. 이탈리아에서 스페인을 배제하는 방법은 그들에게 돈을 주어 보내는 것뿐이라는 가티나라의 주장은 설득력이 떨어질 수밖에 없었다.[46] 7월경, 베네치아와 교황 그리고 밀라노 공작은 제국 세력을 이탈리아에서 축출하기 위한 이탈리아 동맹의 결성을 협의했고, 프랑스가 이탈리아에 대한 모든 요구 사항을 포기한다는 조건하에 프랑스에도 동맹을 제안했다.

제국의 밀라노 장악

제국군으로 인해 가장 큰 곤란을 겪었던 지역은 밀라노 공국과 군대 부양을 강요받은 그 주변 국가들이었다. 제국군 부대는 사보이아 공작의 영토와 살루초 후작령(1525년 7월 제국군에 의해 접수되었다), 그리고 기타 제국의 소규모 봉토들로 분산 배치되었다. 제노바 영토로 보낸 부대도 있었지만 제노바는 수용을 거부했다. 교황은 피아첸차에도 주둔군을 보냈다는 소식을 듣고 격분했다. 지휘관들은 병사들의 요구 때문에 벌어질 문제들에 대해 잘 알고 있었고, 그로 인한 병사들의 안전 문제를 염려했지만—병사들이 시민들에게 공격받거나 심지어 살해되는 것도 그리 드문 일이 아니었다—진퇴양난의 상황이었다. 밀라노 공국은 전쟁으로 재원이 바닥난 상태여서 군대를 부양할 처지가 아니었다.

장군들도 이탈리아 동맹에 대한 제안에 대해 알고 있었는데, 특히 지롤라모 모로네가 황제로부터 공적을 충분히 인정받지 못한 것 때문에 불만을 품고 있는 것으로 알려진 페스카라를 음모에 끌어들이려고 했기 때문이다. 모로네는 교황의 동의를 얻어 페스카라에게 나폴리 국왕직을 제안했다. 페스카라는 동조하는 척하며 동료와 황제에게 이러한 상황을 알렸고, 카를 5세는 그가 최선을 다할 수 있도록 재량권을 주었다.[47] 10월 중순, 모로네가 체포되었다. 그는 자백을 통해 프란체스코 스포르차(그는 총액 70만 두카트를 지불하는 조건으로 7월 말에 공작으로 책봉되었다)가 황제를 상대로 반역을 꾀하고 공국을 장악하려 했다고 실토했다. 일부 지역은 제국군에게 점령당하고, 일부 지역은 양보해야 했지만 프란체스코 스포르차는 끝끝내 자신의 거주지이기도 한 밀라노와 크레모나의 핵심 요새들은 지켜야 한다고 고집했다. 제국군이 이 요새들을 포위하는 동안 스포르차에 대한 반역 재판이 시작되었다.

12월 3일 페스카라의 사망—파비아 전투에서 입은 부상이 완전히 회복되지 않은 상태였다—으로 군대의 문제는 더욱 심각해졌다. 부르봉이 총사령관이자 카를 5세의 이탈리아 주재 부관으로 임명되었다. 하지만 그는 당시 스페인에 체류하고 있었고 몇 개월 동안은 이탈리아로 복귀하지 않을 예정이었다. 페스카라는 자신의 사촌 바스토 후작 알폰소 다발로스와 안토니오 데 레이바에게 임시 지휘권을 맡긴 상태에서 군대를 떠났다. 그들은 돈도 없고 신용도 모두 고갈된 상태에서 군대를 유지하기 위해 고군분투했다. 프란체스코 스포르차가 밀라노 공작으로 생존할지의 여부도 계속 불투명한 상태로 남아 있었다. 부르봉은 1526년 2월 밀라노 공작위 수여를 약속받았지만 카를 5세는 이를 공식 확정하지 않았고, 스포르차 역시 제기된 혐의에 대해 아직 유죄 판결이 나지 않은 상태였다.

코냐크 동맹

1526년 1월, 프랑수아 1세는 포로로 스페인에 억류되어 있는 상태에서 카를 5세와의 협정에 서명했다(마드리드 조약). 부르고뉴 공국을 할양하고 나폴리와 밀라노 그리고 제노바에 대한 권리 주장을 포기한다는 것이 주된 영토상의 양보 조치였다. 하지만 프랑스 왕은 이 협정을 준수할 생각이 전혀 없었고, 협정 내용이 알려진 다음부터는 어느 누구도 그렇게 되리라고 기대하지 않았다. 3월 중순, 마침내 프랑수아 1세가 프랑스로 돌아왔을 때, 비록 그의 두 아들이 협정 준수를 위한 인질로 그를 대신해서 스페인에 들어갔지만, 그는 협정 비준을 거부했다. 그의 조정은 그가 부르고뉴를 포기하지 않을 것이라고 천명했다. 카를 5세는 매우 분노했지만 부르고뉴를 차지하기 위해 군사원정을 단행할 여유는 없었다.

황제는 클레멘스 7세 및 베네치아와도 협상을 시도했다. 하지만 밀라노 공국의 운명에 대한 황제의 불명확한 태도가 계속되자 클레멘스 7세와 베네치아는 이탈리아 동맹을 결성하는 쪽으로 기울어졌다. 그들은 프랑수아 1세의 가담을 필수 조건으로 상정하고 왕이 포로로 잡혀 있는 동안 루이즈 드 사보이아와 협상을 진행해왔다. 프랑수아 1세가 프랑스로 돌아오자, 그들은 사절을 보내 그의 합류를 촉구했다. 프랑수아 1세 역시 기꺼이 동맹에 가담할 의향이 있었기 때문에 1926년 5월 22일 신성 코냐크(코냑) 동맹 Holy League of Cognac 이 체결되었다. 세 개의 주요 세력은 물론이고 교황에 의해 강제로 가입되다시피 한 피렌체와 프란체스코 스포르차도 동맹에 포함되었다. 동맹 가입과 보조금 지급을 요청받았던 헨리 8세는 동맹의 보호자로 지명되었다. 그의 친아들 리치몬드 공작(헨리 8세는 그가 밀라노 공작이 될지도 모른다는 공상을 품고 있었다)은 왕의 재상 울지 추기경과 마찬가지로 나폴리의 영지를 하사받았다.[48] 이론상으로는 카를 5세에게도 동맹 가입이 열려 있었지만 이탈리아의 독립 보장을 포함해 그가 결코 동의하지 않을 조건들을 받아들여야 했다. 동맹의 목적은 제국군을 북부 이탈리아에서 몰아내는 것이었다. 카를 5세가 협상을 거부할 경우 동맹은 나폴리 왕국을 침공하고, 클레멘스 7세는 자신이 적합하다고 생각하는 방식으로 나폴리 왕국을 처분하려고 할 것이었다.

마드리드 조약의 의무를 이행할 생각이 없었던 프랑수아 1세는 동맹 가담에 따른 의무에 대해서도 즉각적으로 이행할 의사가 없었다. 그의 주된 목표는 카를 5세를 좀 더 고분고분하게 만드는 것과 헨리 8세와의 협상에서 안전망을 확보하는 것이었다.

그러나 베네치아와 클레멘스 7세는 6월에 시작될 원정 준비에 이미 돌입했다. 그들은 제국군의 무질서와 사기 저하를 이용하려고 했다. 하지만 고용하기로 한 스위스 병력이 합류하기 전까지는 공격 개시를 주저했고, 전략에 대해서도 의견 일치를 보지 못했다. 그들의 군대가 스위스 병력과 합류하려고 이동 중이던 6월 24일, 우르비노 휘하의 베네치아군이 불만을 품은 이탈리아 보병 지휘관의 성문 개방 덕분에 로디를 점령했다.

당시 로디에는 이탈리아 보병만 주둔하고 있었다. 그곳에 주둔 중이던 스페인 보병부대가 자기 동료들에게 밀라노가 약탈당하고 있다는 소식을 듣고 거기에 합류하기 위해 떠났기 때문이다. 밀라노에서는 성의 주둔군과 공조하에 봉기가 일어났는데, 군인들의 행태에 격분하여 유발된 측면이 컸다. 봉기 발생 한 달 만에 스포르차의 저항은 마침내 잦아들었고, 7월 25일 그는 성을 넘겨주었다. 항복 조건에 따라 그는 코모로 압송되었다. 그는 그곳에서 사법관할권과 일정한 급료를 받기로 했고, 카를 5세에 대한 반역죄 재판 결과가 나올 때까지 추가로 여분의 수입을 더 보장받았다. 하지만 스페인 수비대가 떠난다는 언급은 없었고, 그들이 철수를 거부하자 스포르차는 베네치아 영토인 크레마로 이동했다.

제국 측 병력―스페인과 독일 보병 6,000~8,000명에 약간의 이탈리아 병력, 그리고 700명의 창기병과 경기병 약 1,200명[49]―은 밀라노와 파비아, 알레산드리아 그리고 크레모나에 집중되어 있었다. 최종적으로 스포르차를 밀라노성에서 몰아내는 데 성공했음에도 그들은 수세적인 입장에 처해 있었다. 탈영이 광범위하게 발생했고, 남아 있는 병사들도 지불받지 못한 급료가 너무 많아서 전장에 나가는 것을 거부하고 있었다. 8월 초부터 동맹군이 크레모나를 포위공격했고, 9월 말 함락되었다. 8월 말에는 동맹국 함대가 제노바 수역에 도착해 몇 달간 그곳에 머물렀다. 하지만 클레멘스 7세는 9월에 안드레아 도리아가 지휘하는 함대를 철수시켰다. 페드로 나바로가 프랑스 함선들을 지휘했다. 하지만 육상 병력의 지원 없이는 제노바를 공략할 수 없었다. 8월에 이탈리아에 도착한 프랑스 병력이 살루초 후작 미켈레 안토니오의 지휘 아래 제노바로 향할 것이라고 알려졌으나 그들은 그곳이 아닌 롬바르디아로 이동하여 9월 말 동맹군과 합류했다. 보병 4,500명, 창기병 250명, 경기병 300명으로 구성된 프랑스 분견대의 상당수가 밀라노 망명자였다.[50]

프랑스군이 도착할 무렵, 롬바르디아의 제국군에게도 지원병이 당도했다. 교황은 동맹군 함대에서 자신의 함선들을 철수시킨 것처럼 지상군에게도 철군을 명령했다. 클레멘스 7세는 근 몇 달 동안 점증하는 압박에 직면해 있었다. 6월, 로마에 파견된 몽카다는 황제로부터 다음과 같은 지시를 받았다. 만약 클레멘스 7세가 프랑스와 동맹을 맺으면(실제로 그렇게 했다) 페라라 공작과 타협하고 콜론나 가문과 시에나인들을 이용해 교황에 대항하라는 것이었다.[51]

카를 5세는 이탈리아에 파견된 자신의 관리들로부터 시에나가 각별히 제국에 충성스럽다는 보고를 받았는데, 그는 시에나를 클레멘스 7세에 대해 잠재적으로 유용한 억제 수단으로 인식했다. 그는 시에나 주민들이 수천 명의 스페인 병력을 위해 숙소와 주둔 비용을 제공할 것이라는 망상에 빠져 있었다.[52] 한편 클레멘스 7세는 시에나 정부에 대한 메디치 가문의 영향력을 재확립하기 위해 각고의 노력을 기울였다. 7월, 교황과 피렌체의 연합군이 시에나를 상악하기 위해 시에나 망명자들과 함께 파병되었다. 하지만 7월 25일 이루어진 시에나군의 공격으로 공성군 진지는 거의 붕괴 직전이 되었다. 의기양양해진 시에나인들은 대승을 선포했고, 전보다 더욱더 강경하게 교황과 황제 어느 쪽의 명령도 받지 않으려고 했다. 망명자들의 복귀도 거부했다.

롬바르디아의 양 진영 모두 알폰소 데스테의 지원을 기대했다. 그는 개인적으로는 여전히 프랑스 쪽에 기울어 있었지만 카를 5세는 그에게 레조를 제국의 봉토로 주겠다고 제안했다. 알폰소의 요구 내용 가운데는 이탈리아의 제국군 총사령관으로 임명해달라는 것도 있었다. 당시 시점에서는 그의 총사령관 임명 건은 확정되지 않았으나 카를 5세는 그를 레조와 모데나, 카르피 지역의 제후로 책봉해주었다. 기꺼이 황제에게 충성하리라 마음먹은 알폰소는 동맹군의 총사령관직 제안을 거절했다.

곧이어 콜론나 가문을 이용해 교황을 상대하겠다는 황제 대리인들의 계획도 몽카다가 로마에 도착한 직후 시작되었고, 그들은 이후 콜론나 가문의 영지에 머물렀다. 8월 초, 콜론나 가문이 모집한 병력 규모는 로마에 있는 클레멘스 7세 측 병력보다 큰 것으로 보고되었다.[53] 프랑스 사절 기욤 뒤 벨레가 로마에 도착해 아무런 자금도, 병력 지원에 대한 약속도 해주지 못하는 점에 대해 프랑스 왕의 양해를 구하자, 클레멘스 7세는 콜론나 가문을 용서하고 그들과 기꺼이 협상하겠다는 쪽으로 돌아섰다. 양측은 차례로 무장해제하기로 약속했다. 몽카다는 나폴리에서 데려온 병력을 국경지대까지 물렸고, 클레멘스 7세도 비용을 줄이기 위해 몇백 명의 병력만 남기고 모두 해산했다. 정확히 이것이 몽카다와 콜론나 측이 교황과의 협상을 통해 달성하고자 했던 바였고, 클레멘스 7세가 인지하지 못한 상태에서 진행하려고 한 계획이었다.

그들의 목적은 로마를 위협하는 것이었다. 가능하다면 로마시 안으로 진입하되 여의치 않을 경우 주변 농촌 지역을 약탈할 계획이었다. 콜론나 가문은 기병만 300명이 넘었고, 추가로 나폴리에서 더 오는 중이었다. 보병은 콜론나 가문의 영지에서 모집된 병력을 제외하고도 5,000명을 확보했다. 반면 교황 측은 로마에 기병 100명, 보병 200명밖에 남아 있지 않았다.[54] 몽카다와 폼페오 콜론나 추기경 그리고 아스카니오 콜론나는 9월 20일 큰 어려움 없이 병력을 이끌고 로마에 입성할 수 있었다. 로마 시민들은 잠자코 지켜보고만 있었는데, 콜론나 가문이 교황에게 위해를 가하리라고는 생각하지 않았던 것이 어느 정도 영향을 미쳤다. 콜론나의 군사들은 교황령 관계자들의 거주지가 밀집되어 있는 바티칸 인근의 보르고 구역과 교황궁을 약탈했고, 클레멘스 7세는 카스텔산탄젤로로 피신했다. 다음 날, 클레멘스 7세는 몽카다와 4개월간의 휴전에 합의했다. 콜론나 가문의 병력은 나폴리로 물러갔고, 클레멘스 7세는 롬바르디아에서 교황군을 철수시켰다.

클레멘스 7세는 롬바르디아에서 철수한 교황군을 동원해 콜론나 가문의 영지를 공격함으로써 휴전 합의를 위반했다. 그는 콜론나 가문의 영지를 파괴할 작정이었다. 교황이 고용한 콘도티에로 오르시니는 자신의 가신과 지지자들 가운데서 병력을 모집하여 교황을 도왔다. 클레멘스 7세는 로마가 침략받았다는 소식을 듣고 프랑수아 1세가 파견한 렌초 다 체리가 도착했다는 보고를 받고 더욱 고무되었다. 1월 초 도착한 렌초는 자금을 전혀 가지고 오지 않았지만 오르시니 파벌로부터 재원을 끌어와 콜론나 가문을 돕기 위해 나폴리에서 파병된 병력에 맞서 로마 방어를 조직했다.

렌초의 지원군과 프랑스와 영국에서 보낸 보조금 덕분에 한껏

고무된 교황은 나폴리 왕국에 원정군을 파병했다. 렌초는 오르시니 가와 콜론나가 사이의 오랜 분쟁 지역이었던 탈리아코초를 장악하고, 겔프파를 이용해 라퀼라를 스페인에 적대적인 지역으로 돌아서게 했다. 안드레아 도리아가 지휘하는 교황령과 프랑스 함대도 앙주가의 나폴리 왕위 계승 요구자인 보드몽 백작 루이 드 로렌을 태우고 나폴리로 항해하며 해안가의 몇몇 지역을 장악했다. 3월 중순이 되자 양측은 8개월간의 휴전에 합의할 준비가 되었다. 스페인에서 복귀한 라누아는 침략자들에 맞서 싸우려고 하지 않는 백성들을 보며 왕국의 안보를 걱정했다. 클레멘스 7세도 자금 부족을 겪고 있었다. 그의 군대는 지원을 받지 못해 붕괴되어가는 중이었다. 렌초가 모집한 자원병들도 전장에서 장기간 버텨낼 수는 없었다.

클레멘스 7세는 롬바르디아로부터 교황령과 피렌체에 대한 위협이 임박했음에도 남아 있는 병력의 대다수를 해산했다. 그곳에서 동맹군은 수세에 몰렸고, 교황의 지원을 기대할 수 있을지 확신하지 못했다. 1526년 11월 말, 베네치아인들이 몬차를 떠났고, 살루초는 프랑스 병력을 아다강 뒤편으로 후퇴시켰으며, 교황군은 피아첸차를 포기했다. 제국군은 11월 롬바르디아에 도착한 게오르크 폰 프룬츠베르크의 지휘로 란츠크네히트 병력을 1만 6,000명까지 증원했다. 이들 가운데 상당수는 루터파 신도로 반교황주의 열정으로 불타올랐다. 이들은 지금까지 페르디난트 대공이나 부르봉으로부터 너무 적은 급료만 받아왔던 것을 보상받기 위해 피렌체와 교황령의 부유한 도시들을 약탈할 꿈에 부풀어 있었다. 동맹군에서 가장 유능한 지휘관으로 평가받던 조반니 데 메디치는 그들이 포강을 건너는 것을 저지하다 전사했다.[55] 제국군은 피아첸차 인근에서 매서운 겨울 날씨와 궁핍을 견디며 부르봉이 병력을 이끌고 합류하기를 기다리면서 몇 개월을 버텼다. 부르봉은 제국군이 밀라노를 떠날 경우 발생할 수도 있는 밀라노인들의 봉기를 우려했고, 급료를 제대로 지급받지 못한 병사들이 자신의 이동 명령을 순순히 따라줄지도 의심스러워했다. 결국 어느 정도의 자금을 융통해내는 데 성공한 그는 1527년 2월 프룬츠베르크군과 합류했다. 3월 초 창기병 700명, 경기병 800명, 보병 1만 8,000명(독일군 1만 명, 스페인군 5,000명, 이탈리아군 3,000명) 정도의 병력이 구성되었다.[56] 안토니오 데 레이바에게 남아서 밀라노를 지키도록 하는 데는 상당한 설득이 필요했다. 수비대를 유지할 자금을 확보하는 데 얼마나 큰 어려움이 있을지는 충분히 정당한 문제 제기였기 때문이다.

부르봉과 프룬츠베르크도 심각한 문제들에 직면해 있었다. 3월 중순, 독일인 병사들이 자신들의 지휘관을 위협했다. 부르봉은 자신의 막사가 약탈당하는 것을 지켜봐야만 했고, 프룬츠베르크는 반란을 진압해야 하는 중압감 속에서 졸도한 뒤 회복을 위해 페라라로 떠났다. 클레멘스 7세와의 휴전 체결 소식이 주둔지에 전달되고 병사들에게 롬바르니아로 복귀하라는 명령이 떨어졌을 때, 그들은 이를 거부했다. 그들은 로마가 안 된다면 피렌체로 가겠다고 했고, 사령관들은 그들을 제지할 수 없었다. 부르봉은 로마 측에 15만 두카트 이상을 지불하지 않으면 자기로서도 군대와 함께 진격하는 것 말고는 다른 선택의 여지가 없다는 뜻을 전달했다. 로마에서 온 라누아도 다른 해답을 끌어내지 못했다. 부르봉이 계속해서 제국의 명령에 복종하지 않자 델 바스토는 진지를 떠났고, 라누아도 시에나로 이동했다. 토스카나로 진군을 시작한 군대는 제국군처럼 보이고 행동하기보다는 14세기식 용병부대와 더 유사해 보였다.

　동맹군은 이들을 그림자처럼 따라다녔지만 공격을 시도하지는 않았다. 베네치아군의 일부는 뒤에 남아 롬바르디아 동부를 방어했다. 베네치아 당국은 동맹군의 지휘관이기도 한 자신들의 총사령관에게 늘 하던 명령을 내렸고, 우르비노도 이 점을 분명히 했다 —그들은 피렌체와 교황의 영토를 지키기 위해 그들이 할 수 있는 모든 것을 다할 것이나 "이는 항상 베네치아의 수호를 전제로 한 상태에서 이루어질 것이며, 자신들의 군대를 온전하게 유지하는 것에 달려 있다".[57] 이탈리아 방어라는 슬로건이 코냐크 동맹의 협상을 지배했다고 해서 그것이 베네치아의 관점이 변했다는 것을 의미하지는 않았다. 이 시점에서는 그들도 교황의 의도를 확신할 수 없었다. 살루초는 설사 그럴 의향이 있었다고 하더라도 주도적으로 제국군에 공세를 취할 만큼 충분한 병력을 보유하고 있지 않았다. 그는 우르비노와 긴밀히 협조했다. 베네치아 당국은 클레멘스 7세의 이탈로 동맹이 해체되었다고 판단하고 4월 말 프랑수아 1세와 별도의 협정을 체결했다.[58] 그들은 로마에서 클레멘스 7세가 다시 한 번 입장을 바꿔 프랑스 및 베네치아 대사들과 새로운 협상에 들어갔다는 사실을 알지 못했다. 갱신된 동맹의 주요 목표는 교황과 피렌체를 방어하는 것이었고, 프랑스와 베네치아는 상당한 보조금을 교황에게 지급하기로 했다.[59] 하지만 프랑수아 1세와 베네치아 당국은 이러한 조건이 자신들에게 너무 많은 부담을 지운다는 이유로 거부했다.

피렌체인 역시 자신들에 대한 클레멘스 7세의 요구가 과도하다고 느꼈다. 피렌체 내에서 메디치 정권에 대한 불만이 점점 더 가중되었다. 도시 당국은 클레멘스 7세의 전쟁을 지원하기 위한 비용을 더 이상 지불하지 않기로 했고, 부르봉의 군대를 달래기 위한 용도로만 일정 금액을 내놓기로 결정했다. 동맹군 측에는 피렌체 방어를 위해 와달라고 요청했는데, 제국군이 아펜니노산맥을 넘어 토스카나로 진입했을 때 동맹군이 도착했다. 프랑수아 1세와 베네치아 모두 피렌체가 약탈당하는 것을 바라지 않았다. 그들은 클레멘스 7세와는 별도로 피렌체를 동맹에 끌어들이고 싶어했다. 4월 26일, 살루초와 우르비노가 피렌체로 진입했다. 그들의 도착으로 당일 발생한 봉기는 종결되었다. 피렌체가 동맹에 가입하고, 보병 5,000명, 중기병 200명, 경기병 500명을 파병하는 것으로 협상이 체결되었다.[60] 레오 10세가 피렌체에 양도한 산레오 요새가 다시 우르비노 공작에게 반환되었다.

제국군 입장에서 동맹군이 방어하는 피렌체를 공격하는 일은 길고 어려운 모험이 될 것처럼 보였기 때문에 그들은 신속하게 남쪽의 교황령을 향해 진격했다. 동맹군이 보다 느긋한 속도로 그 뒤를 쫓았다. 제국군이 로마를 향해 거침없이 진격한 데 대해 동맹군 사령관들, 특히 우르비노는 그것을 막지 못하고 심지어 막으려는 시도조차 하지 않은 것에 대해 많은 비난을 받아왔다. 하지만 이는 사후 관점에서 그들의 실패가 크게 부각된 데 따른 것이다. 그들은 로마와 같은 거대한 도시가 단 하루 만에 반란군의 공격에 무릎을 꿇을 줄은 전혀 예상하지 못했다.

로마 약탈

5월 5일, 로마 성벽 아래 제국군이 도착했다. 도시 진입을 허용해달라는 부르봉의 요구는 교황에 의해 거절되었다. 로마 방어를 책임지고 있던 렌초 다 체리가 운용할 수 있는 병력은 보병 3,000명이 전부였다. 게다가 이들 중 일부는 추기경들 집안의 가솔 중에서 모집한 무경험자였다. 5월 6일 이른 아침, 스페인과 독일 보병들이 보르고 구역의 성벽을 오르기 시작했다. 안개 때문에 카스텔산탄젤로의 포수들은 목표물을 제대로 확인할 수 없었다. 저항은 미미했다. 하지만 공격을 이끌던 부르봉이 총격에 사망하면서 제국군은 사령관을 잃었다. 제국군은 신속하게 보르고 구역을 제압하고, 방어를 시도하는 자는 거침없이 살육했다. 클레멘스 7세는 간신히 카스텔산탄젤로로 피신할 수 있었다. 제국군 지휘관들은 도시 내 숙소 제공과 체불된 급료 지불을 요구했지만 거절당했다―그러고는 약탈이 시작되었다.

마침내 병사들은 혹독한 동절기 숙영과 남쪽으로의 행군을 버티면서 간절히 소망했던 약탈의 기회를 갖게 되었다. 그들은 자신들의 손에 들어온 사람이면 남녀노소, 속인, 성직자, 이탈리아인, 프랑스인, 스페인인, 독일인 불문하고 어떠한 예외도 두지 않았다. 심지어 대사관 비서 후안 페레스(1526년 8월 세사가 사망한 이후부터 특사로 활동해오고 있었다) 같은 로마 주재 제국 대리인들조차 몸값을 지불해야 했다. 5월 10일 콜론나 가문이 영지에서 병력을 이끌고 로마로 들어왔다. 콜론나 추기경은 자신의 병사들이 약탈의 유혹에 빠지는 것은 막을 수 있었지만 도시 전역에서 발생하는 참극을 막기에는 역부족이었다.

1527년 5월에 벌어진 신성로마제국군의 로마 약탈은 교황권의 붕괴라는 역사적인 상징성과 끔찍한 참혹성으로 유명하다. 이 사건으로 교황의 권위는 약화되고 이탈리아 르네상스가 쇠퇴했으며 유럽의 정치적 균형이 변화했다. 이 사건은 종교개혁 확산의 계기가 되기도 했다.

란츠크네히트의 다수가 루터파였다는 사실은 이러한 신성모독 행위들—값비싼 교회 식기류를 약탈하거나 수녀들을 강간하는 등의 도시 약탈 과정에서 자주 볼 수 있는 특징이었다—에 또 다른 차원의 의미를 부여했다. 성유물함이 박살났고, 전임 교황들의 것을 포함해 무덤들이 파헤쳐졌다. 미사를 풍자한 집회가 열렸고, 란츠크네히트가 '교황' 선출을 패러디하기도 했다. 바티칸의 프레스코화에 루터를 칭찬하는 낙서가 새겨져 있는 것을 지금도 볼 수 있다. 사도 베드로의 도시에서 그러한 신성모독이 행해졌다는 것, 유럽 전역의 순례자들이 방문하는 교회들의 유물과 재단을 더럽혔다는 것이 특히 충격적으로 여겨졌다.

혹자에게는 로마를 르네상스 문화의 중심지로 만들어준 예술가와 학자들의 공동체가 해체된 것도 통탄할 만한 사태였다. 이 공동체의 구성원들은 이탈리아 전역으로 흩어졌다. 일부는 몇 년 후 로마로 돌아왔지만 많은 이들이 돌아오지 않아 다른 지역에 이익을 주었고, 따라서 아마도 궁극적으로는 이탈리아의 문화적 이익에 기여했을 것이다. 로마는 명성을 회복하고 다시 한 번 예술과 학문의 중심지가 될 것이다. 그러나 예술가와 학자 그리고 그들의 후원자들의 정신은 달라질 터였다. 고전기 로마의 부활이라는 르네상스 로마에 대한 강조는 더 약화될 것이다. 약탈을 경험했던, 심지어 단지 그것을 듣기만 했던 많은 사람들에게도 그 사건은 근본적인 성찰을 하게 만든, 그리하여 신앙과 교회 개혁에 대한 열망을 추동하게 만든 사건이었다.

제국의 궁정에서는 기뻐하기보다는 안타까워하는 심정이 지배적이었다. 제국은 다른 나라들에 보낸 서신에서 로마 약탈이 카를 5세의 명령이나 바람과는 무관하게 일어난 일이며, 교황 스스로가 그 일을 자처했다고 주장했다.[61] 다른 이들도 로마 약탈을 끔찍한 비극으로 보면서도 클레멘스 7세의 정치적 실수나 그의 영적 자질 부족 혹은 로마 교황청의 죄악을 비난하는 식으로 사태를 바라보기도 했다. 카스텔산탄젤로에 고립된 클레멘스 7세가 스페인으로 압송되고 황제가 교황권을 통제할지 모른다는 우려도 존재했다. 이탈리아에서 활동하는 몇몇 제국 대리인은 실제로 그러한 제안을 했다. 또한 황제를 향해서는 스스로를 이탈리아의 군주라고 생각하고 로마를 통치할 준비에 들어가야 한다는 촉구가 이어졌다.[62]

사실 로마를 통제한 것은 병사들이었고, 누구도 그들을 통제하지 못했다. 부르봉의 죽음으로 그들은 사령관이 부재한 상태였다. 오랑주 공 필리베르 드 샬롱이 계급도 적합했고 란츠크네히트에게 인기도 있었다. 하지만 제국군의 다른 장군과 장교들은 그가 사령관직을 맡기에는 너무 어리고 경험도 부족하다고 여겼다. 군대는 라누아가 남쪽으로 진격하지 말라고 설득한 이후에는 그 역시 사령관으로 받아들이려 하지 않았다. 라누아는 로마에 도착하자마자 곧 나폴리로 떠났다. 그는 델 바스토, 알라르콘, 그리고 왕국에서 온 군대와 함께 도착한 몽카다에게 군대 지휘를 제안했으나 몽카다는 큰 관심을 보이지 않았다. 카를 5세는 서둘러 총사령관을 임명해달라는 요청을 받았고, 그는 페라라 공작을 적임자로 판단했다.[63] 그러나 알폰소는 병을 핑계로 제안을 고사했다. 사실 다른 사람들과 마찬가지로 그 역시 그 모든 약탈을 저질러놓고도 여전히 급료 지급을 요구하는 병사들을 책임지고 싶어하지 않았다.[64] 오랑주 공 또한 병사들이 막사를 약탈하는 등 사신에게까지 함부로 내들자 환멸을 느끼고 로마를 떠나 시에나로 갔다.

로마의 제국군 수는 나폴리에서 결합한 병력뿐만 아니라 계속 진행되는 약탈에 가담하기 위해 수천 명이 더 몰려드는 바람에 크게 늘어나 있었다. 그러나 많은 수가 아직 달아나지 못하고 로마에 남아 있던 불운한 거주자들과 함께 도시를 뒤덮은 전염병에 걸려 죽어갔

카스텔산탄젤로는 로마의 상징적 건물로 원래는 하드리아누스 황제의 묘였다. 이후 요새, 교황의 거처, 감옥 등으로 사용되었고, 현재는 박물관이다. '천사의 성'으로도 불리며 바티칸과 연결된 비밀 통로가 있다. 로마 약탈 당시 교황 클레멘스 7세는 이곳으로 피신했다.

고, 부정하게 취득한 재물을 가지고도 살 것이 없을 만큼 열악했던 생필품 부족 사태로 어려움을 겪었다. 몇몇은 취득한 재물을 가지고 도시를 벗어났다. 장군들은 군대의 이동을 원했지만―피렌체로 가서 병사들에게 지불할 돈을 뜯어내며 피렌체인이 동맹을 돕는 것을 막거나 롬바르디아로 가서 데 레이바를 지원하거나―스페인과 독일계 장교들은 로마를 떠나기 전에 반드시 클레멘스 7세로부터 돈을 받거나, 아니면 그가 카스텔산탄젤로를 떠나야 한다는 단호한 입장이었다.

절망적인 상황에 놓인 클레멘스 7세는 여전히 살루초와 우르비노 휘하의 동맹군이 자신을 구하러 오기를 바라고 있었다. 실제로 그들은 로마 인근까지 접근했고 정찰 활동을 펼치기도 했다. 하지만 그들의 군대는 굶주리고, 그 수도 줄어들고 있었다. 클레멘스 7세는 구조의 희망을 포기하지 않고 시간을 끌었으나 6월 5일 항복협정에 동의했다. 렌초 다 체리와 오라치오 발리오니가 지휘하는 카스텔산탄젤로 수비대는 아무 조건 없이 떠날 수 있었다. 클레멘스 7세는 총 40만 스쿠디의 금액을 점령군에게 지불하고, 오스티아, 치비타베키아, 모데나, 파르마, 피아첸차를 양도하며, 인질도 제공하기로 합의했다. 첫 번째 분할 납부금인 10만 두카트가 지불되고 오스티아와 치비타베키아가 제국군에 인도된 후, 나머지 조건들에 대한 이행 절차가 진행되면 교황과 추기경들은 나폴리로 떠날 수 있었다.[65]

알라르콘 휘하의 독일과 스페인 병력이 카스텔산탄젤로에 진입하여 교황을 통제했다. 오스티아는 즉각 인도되었지만 치비타베키아는 6월 말에야 양도되었는데, 그곳에 함대를 주둔하고 있던 안드레아 도리아와 별도의 협약이 필요했기 때문이다. 교황으로부터 비밀 지령을 받은 파르마와 피아첸차는 항복을 거부했고, 알폰소 데스테는 자력으로 모데나를 수복했다. 교황령 내 다른 곳에서도 이 기회를 이용해 각사의 요구 사항을 챙겨가는 세력들이 나타났다. 말라테스타 가문은 1527년 6월 체사레 보르자에 의해 축출되었던 리미니로 돌아와 약 1년 동안 도시를 지배했다. 베네치아는 부르봉이 코티뇰라에 남겨놓은 스페인 병력으로부터 보호한다는 명분으로 라벤나와 체르비아를 점령했는데, 이후 자신들의 정부를 복귀시키기로 결정했다. 하지만 클레멘스 7세에게 최악의 사건은 로마가 약탈당했다는 소식이 피렌체에 전해지면서 단 며칠 만에 메디치 가문의 통치 체제가 전복된 상황일 것이다.

피렌체는 클레멘스 7세를 위해 복무하는 병력의 일부를 떠맡으면서 동맹의 일원으로 남았다. 그 가운데는 수장의 죽음에 대한 추모의 의미로 검은색 옷을 입어 흑색단이라고 알려진 조반니 데 메디치의 옛 부대도 포함되어 있었다. 피렌체 보병의 총사령관으로 임명된 오라치오 발리오니와 흑색단이 동맹군 진영으로 파견되었다. 6월 말, 움브리아에 주둔한 동맹군은 로마에 있는 제국군의 다음 행보를 예의 주시하며 그들의 롬바르디아 복귀를 봉쇄하거나 피렌체 방어를 위해 만전을 기하고 있었다.

로마에 있던 제국군 병사들은 7월부터 9월 사이에 식량을 확보하고 더위와 전염병을 피하기 위해 도시를 벗어나 움브리아 남쪽으로 대거 이동했다. 콜론나 가문의 배려 덕택에 리에티와 테르니 같은 기벨린파 도시들은 습격을 모면했다. 스폴레토, 토디 그리고 나르니 같은 겔프파 도시들이 병사들의 집중 공격 대상이었다. 로마 주변에서 일어난 전투의 대부분은 동맹군과 제국군 사이의 충돌이라기보다는 겔프파 대 기벨린파 혹은 오르시니 가문 대 콜론나 가문이라는 당파 투쟁의 성격을 더 많이 띠고 있었다. 로마에서는 콜론나 가문이 성문을 지키고 있었고, 콜론나 추기경은 독일군에게 일정한 영향력을 행사하는 것으로 알려졌는데, 콜론나 가문의 저택을 인질 감금 장소로 사용하는가 하면 독일군의 회의 장소로도 활용했기 때문이다.[66]

콜론나 추기경도, 제국군 사령관들도 보병들을 통제할 수 없었다. 각 부대 지휘관들이 그들을 대신해 협상에 임했는데, 그들은 부대원들을 대신해 결정을 내리는 장교라기보다는 부대원들의 대변인처럼 행동했고, 그들이 원하는 대로 행동하지 않으면 위협을 받곤 했다. 란츠크네히트는 토론을 통한 집단적 결정에 익숙했다. 스페인과 이탈리아 보병들은 자신들의 요구 내용을 제기하는 방식에서 그 정도로 조직적이거나 민주적이지는 않았고, 따라서 좀 더 다루기가 용이했다. 병사들에게 지급할 돈이 마련되었을 때, 독일 병사들에게 우선권이 주어졌으며 스페인, 이탈리아 순이었다. 로마 밖에 주둔해 있던 기병대가 가장 마지막 순번이었다. 문제는 나폴리에서 싹싹 긁어 모으고, 교황에게서 뜯어내고, 심지어 스페인에서 보낸 돈까지 모아서 일련의 요구 내용을 만족시킬 수 있을 때쯤 되면, 또 몇 개월이 흘러 새로운 체불금이 생겨나서 그것을 다시 충족시켜야 했다는 것이다. 병사들은 자신들의 요구 내용이 충족될 때까지 롬바르디아로 돌아가는 것을 거부했다. 군대가 롬바르디아로 철수하는 중이 아니며, 기대와 다르게 교황과 피렌체에서 확보한 자금만으로 군대의 요구 사항을 충족시킬 수 없다는 사실이 카를 5세에게 전달되기까지는 몇 개월이 걸렸다.[67] 결국 황제는 거액의 자금을 보내라는 명령을 내렸다. 하지만 자금 이전을 준비하는 데만도 몇 개월이 필요했다. 게다가 카를 5세는 아직도 군 통솔이라는 위험스러운 임무를 맡을 직임자를 찾지 못하고 있었다. 라누아는 9월에 사망했고, 몽카다는 라누아를 대신해 나폴리 부왕으로 임명되어 그곳에 머물렀다. 페라라 공작은 계속해서 임명을 거부하다가 동맹 쪽으로 넘어가버렸다. 그러자 카를 5세는 12월에 로마로 돌아간 오랑주 공을 임명했는데, 그는 약간의 망설임 끝에 이를 수락했다. 다른 지휘관들도 그를 총사령관으로

헨리 8세의 정비 캐서린 왕비. 로마 약탈은
영국국교회 탄생에 단초가 되기도 했다. 카
를 5세의 눈치를 볼 수밖에 없었던 클레멘
스 7세가 헨리 8세의 이혼 요구를 들어주지
않았기 때문이다(캐서린 왕비는 카를 5세의
이모였다). 결국 헨리 8세는 로마 교황청과
단절하고 수장령을 선포한 뒤 영국국교회
를 세운다.

받아들였다.

　카스텔산탄젤로에 억류된 교황을 석방하라는 황제의 명령이 이
행되는 데만도 몇 개월이 소요되었다. 란츠크네히트는 교황의 몸값 지
불 약속에 대한 담보 차원에서 그를 계속 붙잡아두고 싶어했다. 석방
된 교황은 두 개의 새로운 조약을 체결해야 했는데, 둘 다 11월 26일
에 서명되었다. 하나는 군 지휘관들과 체결한 37만 스쿠디의 지불에
관한 것이었다. 언제 어떤 식으로 지불될지 상세한 내용을 포함하고
있었다.[68] 다른 하나는 프란체스코 수도회의 원장이자 황제의 대리인
인 프란시스코 페르난데스 데 키뇨네스와의 협정이었다. 클레멘스 7
세는 공의회를 열어 교회를 개혁하고 루터파 이단을 일소하겠다고
약속했으며, 이에 대한 보장책으로 이폴리토와 알레산드로 데 메디
치를 인질로 보낼 뿐 아니라 오스티아, 치비타베키아, 치비타카스텔

라나, 포를리의 관리권을 양도하기로 했다.[69] 12월 6일, 억류에서 풀려난 클레멘스 7세는 날이 밝기 전에 변장한 채로(란츠크네히트는 여전히 교황의 석방을 내켜하지 않았기 때문에) 성에서 빠져나간 다음 오르비에토로 향했다.

교황은 또다시 이 조약들이 규정한 의무를 부분적으로만 이행했다. 오스티아와 치비타베키아는 이미 황제의 수중에 있었지만 치비타카스텔라나와 포를리는 인도되지 않았고, 약속했던 돈도 지불되지 않았다. 동맹의 대사들은 클레멘스 7세가 임시 궁정을 차린 오르비에토로 서둘러 달려갔다. 그러나 클레멘스 7세는 동맹에 다시 가입하기 전에 베네치아가 라벤나와 체르비아를 반환해야 한다고 주장했다. 그는 이 도시들을 반드시 사수하겠다고 확고히 마음먹은 상태였다. 또한 그는 페라라 공작을 동맹에 끌어들이기 위해 자신이 그에게 보장해주어야 하는 조건들에 동의하지 않았다. 그 가운데는 모데나와 레조의 소유권을 인정해주는 것도 있었다. 메디치 가문에 적대적인 정부가 들어서 있는 피렌체가 동맹의 일원이라는 점도 상황을 더 어렵게 만든 요인이었다.

롬바르디아 전쟁, 1527-1528

로마에 주둔한 제국군이 롬바르디아 복귀를 거부하는 가운데, 데 레이바는 그곳에 남아 충분치 않은 병력과 자금만 가지고 자신의 위치를 고수하고 있었다. 그는 스페인군을 포함해 다른 군대와 거의 접촉하지 못하고 있었다. 그는 자신이 방치되었다고 생각했다. 하지만 늘 그랬듯이 임금이 체불될 경우 병사들, 특히 란츠크네히트의 지원을 기대할 수 없는 상황 속에서도 결연히 전투에 임했다.

데 레이바의 계산에 따르면, 그는 보병 1만 3,000~1만 4,000명, 중기병 500명, 경기병 700명으로 구성된 베네치아와 프란체스코 스포르차의 부대와 대치하고 있었다.[70] 그는 자신의 병력이 1 대 4로 열세라고 믿었지만 베네치아와 스포르차의 부대가 마리냐노로 진입할 경우 맞서 싸우기로 결정했다. 적군이 마리냐노에 들어오자 그는 자신의 스페인과 이탈리아 병력만으로―야간 행군을 거부한 독일인 병사들은 뒤에 처져 있었다―공격을 감행하여 그들을 몰아내는 데 성공했다. 그는 자신이 인근에 구축해놓은 도랑으로 둘러싸인 주둔지로 철수했다. 7월 말, 데 레이바는 잔 자코모 데 메디치가 프랑스가 고용한 스위스 용병 수천 명을 이끌고 몬차 인근에 도착했다는 소식을 듣고는 그들을 공격하기 위해 출진했다. 이 베테랑 사령관은 황제에게 보낸 서신에서 스위스와 그라우뷘덴 병사들은 "악귀처럼 싸웠고", 자신도 평생 이렇게 격렬한 전투는 처음이라고 보고했다. 세 번째 공세에서 그의 병력은 우위를 차지했다.[71]

스위스 병사들이 추가로 파병되었고, 로트레크도 프랑스군을 이끌고 롬바르디아에 도착했다. 프랑수아 1세는 로마 약탈 소식을 보고받자마자 군대를 보내기로 결정했다.[72] 또한 안드레아 도리아가 지휘하는 갤리선 여덟 척도 파견했다. 도리아는 제노바를 봉쇄 중인 페드로 나바로 휘하의 프랑스 함대에 합류했다. 체사레 캄포프레고소(제노바 도제 출신 자노 캄포프레고소의 아들)가 지휘하는 프랑스 보병 분견대도 육지 쪽 공격을 맡아 파견되었다. 8월 18일, 제노바가 항복했다. 다음 날, 테오도로 트리불치오가 프랑수아 1세의 명을 받아 제노바 총독을 맡기 위해 도착했다. 이는 특히 롬바르디아의 제국 세력에게는 상당한 타격이었다. 제노바는 그들이 스페인과 연락을 주고받는 주된 통로였으며, 자금의 주요 원천이기도 했다. 제노바 은행가들이 제국의 신용장을 현금화해주는 방식으로 자금을 확보해왔던 것이다.

제노바 함락에 뒤이어 9월 12일 로트레크가 알레산드리아를 장악했다. 데 레이바는 자신의 남은 병력을 밀라노(스페인인 병력 2,200명, 독일인 병력 3,400명, 이탈리아인 병력 1,000명)와 파비아(루도비코 벨조이오소가 지휘하는 이탈리아인 병력 2,000명, 중기병 30명, 경기병 100명)에 집중 배치했다.[73] 밀라노를 향해 진격 중이던 로트레크는 여전히 마리냐노에 주둔 중이던 프란체스코 스포르차와 체사레 캄포프레고소 휘하의 베네치아군과 합류했다. 이들은 함께 파비아를 공격했다. 대포의 포격으로 허물어져가던 성벽에 금세 틈이 만들어졌다. 파비아는 10월 5일 함락되었고, 프랑스 왕이 그곳에서 당했던 패배에 대한 보복으로 가차 없이 약탈당했다.

제국군은 여전히 밀라노와 코모, 트레조와 피치게토네 및 몬차의 요새들을 장악하고 있었다. 베네치아군—보병 6,000명, 중기병 500명, 경기병 600명 규모로 추산되었다[74]—은 밀라노 인근의 숙영지로 돌아갔다. 스위스 용병이 거의 다 떠나버리는 바람에 병력 규모가 보병 8,000명에 중기병 300명으로 줄어든 것으로 알려진[75] 로트레크 부대는 남쪽으로 진군했다. 베네치아가 강력히 주장하는 바람에 마지못해 알레산드리아를 프란체스코 스포르차에 넘겨준 로트레크는 파비아에 프랑스 분견대를 배치했다. 그럼에도 스포르차와 베네치아는 그가 공국 침공을 계속 이어가길 바랐다. 하지만 로트레크는 대신 자신의 주요 임무를 계속하기로 결정했는데, 로마에 가서 교황을 해방시킨 다음 나폴리로 진격하는 것이었다. 그는 자신의 병력을 이끌고 볼로냐로 가서 보드몽이 이끄는 란츠크네히트 지원군이 도착하기를 기다렸다.

로트레크는 기다리는 동안 페라라 공작을 설득했다. 11월 중순, 공작이 동맹에 가담하기로 했다. 그는 중기병 100명과 매달 6,000두카트를 제공하는 대가로 동맹의 보호와 페라라, 모데나, 레조에 대한 소유권 인정, 그리고 자신의 아들 에르콜레와 루이 12세의 딸 르네 드 프랑스의 혼인을 보장받았다.[76] 12월 초에는 로트레크가 페데리코 곤차가도 동맹에 가입시켰다. 그는 창기병 80명과 매달 6,000스쿠디를 제공하는 대가로 롬바르디아 총사령관에 임명되었고, 밀라노와 나폴리, 베네치아에서 수입을 보장받았다.[77]

나폴리 침공, 1528

보드몽이 란츠크네히트 병력 3,000명과 함께 도착하자, 로트레크는 친앙주파 거점인 아브루치를 향해 진군함으로써 나폴리 왕국에 대한 원정을 개시했다. 도중에 베네치아가 고용한 란츠크네히트 병력 1,000명도 합류했다. 2월 10일, 트론토강을 건너 나폴리 왕국에 진입했다. 중요 도시 라퀼라를 포함한 아브루치 정복은 제국군 수비대가 물러남으로써 손쉽게 이루어졌다. 원정군은 그곳의 영주들과 공동체들로부터 환대를 받았다. 로트레크는 여세를 몰아 아폴리아로 밀고 들어갔다. 제국군 사령관들이 로마에서 병력을 이동시키기 전에 프랑스군이 먼저 나폴리 왕국에 도착했다. 제국군은 병사들에게 지급할 충분한 자금을 확보하기 위해 마지막까지 노력한 끝에 2월 17일 마침내 로마를 떠날 수 있었다. 오랑주는 나폴리시로 향하려고 했지만 베네벤토에서 열린 작전회의에서 다른 결정이 내려졌다. 나폴리와 그 인근 지역 방어를 위해 약간의 병력만 남겨놓고, 군대의 주력은 트로이아로 진격하여 로트레크군과 정면 대결하기로 한 것이다.[78]

델 바스토가 먼저 출발하여 트로이아가 프랑스군에 함락되는 것을 차단했다. 오랑주는 3월 4일 그곳에 도착했다. 로트레크도 병력을 이끌고 오면서 한 주 정도 양측 군대는 수 마일 거리에서 서로 마주보고 주둔해 있었다. 소규모 접전이 많이 있었지만 제국 측 사령관들이 수적 열세임을 감안하여 전투를 회피했다. 로트레크의 병력은 3월 내내 계속 증가했는데, 알폰소 데스테와 페데리코 곤차가가 창기병을, 살루초 후작이 보병 1,000명과 창기병 100명을 데리고 도착했다. 2주 후에는 피렌체의 흑색단이, 3월 말에는 베네치아 감독관 알비세 피사니가 약 2,000명의 보병을 데리고 합류했다.[79] 제국군은 수적 열세와 보급 문제로 나폴리시까지 후퇴했다. 나폴리 주민들과 병사들이 어떤 모습을 보일지 확신하지 못한 사령관들은 처음에는 성벽 밖에 주둔지를 구축하고 도시를 방어할 계획을 세웠으나 병사들이 강제로 밀고들어올 것을 우려해 그들을 성안으로 이동시켰다.

동맹군은 아풀리아의 나머지 지역 대부분을 장악한 뒤 3월 말 나폴리시를 향해 방향을 돌렸다. 폭우에다 보급까지 차질을 빚으면서 진격이 늦어졌다. 그들은 카푸아와 아베르사 같은 나폴리 주변 지역의 여러 요새를 획득하고 나서 나폴리시 포위공격에 돌입했다. 포위공격이 시작된 4월 말 무렵 동맹군은 약 2만 명, 제국군 병력은 1만 2,000명 정도로 추정되었다.[80] 나폴리는 유럽에서 가장 큰 도시 가운데 하나였다. 페드로 나바로가 설계한 정교한 공성 시설이 천천히 건설되었는데, 끝내 완성을 보지는 못했다. 본진은 도시가 내려다보이며 화려한 저택에 아름다운 정원까지 갖춘 포조레알레 언덕에 자리 잡았다. 포병대가 고지대에 배치되었지만 도시 방어에 위협이 되는 정도는 아니었고, 성가신 수준에 불과했다.

안드레아 도리아의 갤리선 여덟 척이 그의 조카 필리피노의 지휘 아래 항구를 봉쇄하고 있었다. 하지만 해상에서 전달되는 보급을 완전히 차단할 만큼 충분하지는 않았다. 베네치아 함대가 가담하기로 되어 있었지만 그 시점에는 아풀리아 해상에서 항구 장악 작전을 지원하고 있었다. 세기 초에 베네치아가 보유하고 있다가 1509년 되돌려줘야 했던 바로 그 항구였다. 몽카다는 항구에서 도리아의 갤리 선단을 제거하기로 마음먹었다. 공격 가능성에 대한 경고를 받은 필리피노 도리아는 동맹군 주둔지에서 약간의 병력을 더 승선시켰다. 몽카다는 도리아의 여덟 척보다 적은 여섯 척의 갤리선을 보유했지만 4월 28일 카포도르소 해상에서 전투에 돌입할 무렵에는 규모가 더 작은 무장 선박을 여러 척 보유하고 있었다. 이윽고 이탈리아 전쟁에서 가장 중요한 해상 전투가 벌어졌다. 몽카다의 패배로 끝났고, 그 또한 전사했다. 제국군 갤리선 네 척이 침몰했으며, 델 바스토와 아스카니오 콜론나는 포로가 되었다. 그러나 도리아의 함대도 심하게 손상을 입어 해상봉쇄를 실행할 수 없는 상태가 되었다.[81] 몽카다를 비판했던 사람들은 패배의 중요성을 과장해왔던 측면이 있다. 나폴리 통제권을 놓고 그와 경쟁했던 오랑주와 그의 지지자들은 해상에서의 모험을 찬성하지 않았다.

6월 12일, 갤리선 16척으로 구성된 베네치아 함대가 도착하면서 해상봉쇄는 다시 한 번 강화되었다. 그러나 가에타항은 여전히 열려 있어서 그곳을 통해 시칠리아에서 온 곡물 선박의 하역이 가능했고, 화물들의 일부는 나폴리까지 운송되었다. 제국군 경기병대는 동맹군의 전초기지를 약탈하거나 징발대를 운용하는 것은 물론 농촌 지역에서도 물자를 조달할 수 있었다. 동맹군에는 경기병이 거의 없었는데, 이는 프랑스가 경기병의 활용법을 정말 몰랐거나 그들의 가치를 제대로 평가하지 않았기 때문이다. 경기병의 부재는 정찰에도 악영향을 미쳤는데, 동맹군의 정찰 능력은 대체로 최악의 수준이었다. 프랑스 중기병은 주둔지에서 동떨어진 곳에서 숙영을 했고, 따라서 효과적인 정찰 임무를 수행하지 못했다.[82] 동맹군 주둔지의 병사들은 성안의 제국군 병사들보다 보급 부족으로 훨씬 더 많은 어려움을 겪었다. 또한 그들은 열병의 유행으로 더 큰 고통을 겪었는데, 공성 작업으로 수로가 망가져 주둔지 인근이 침수되면서 상황이 더욱 악화되었다.

로트레크가 당면한 문제는 국왕의 태도로 인해 더욱 가중되었다. 그는 군대가 나폴리에 도착하기도 전에 벌써 군대에 할당된 자금의 규모를 줄여버렸다. 이제는 로트레크에게 베네치아가 나폴리 왕국에서 더 이상 영토를 늘리지 못하게 하라는 명령을 내렸다. 그러나 베네치아는 이미 정복한 영토의 절반을 차지하기로 되어 있었고, 그럼에도 자신들의 몫을 제대로 받지 못하고 있다고 느끼고 있었다. 로트레크는 국왕의 지침을 수행하지 않을 생각이었다.[83] 프랑수아 1세는 도리아 함대의 지원도 잃게 만들었다. 도리아는 프랑스 왕으로부터 아스카니오 콜론나와 델 바스토의 신병을 넘기라는 요구를 받기 전부터도 프랑수아 1세가 자신을 대하는 태도에 대해 불만을 가지고 있었다. 그는 프랑스에 인도하기를 거부한 포로들의 몸값 협상 과정에서 그에 대한 불만을 명백히 드러냈다. 데 레이바와 오랑주는 도리아를 제국 쪽으로 포섭할 경우 해상을 통해 스페인과의 연락망을 유지하는 데 매우 유용하게 활용할 수 있다고 판단하고 적극적으로 교섭에 나섰다. 그리하여 그와의 계약 조건 가운데 하나로, 제노바가 프랑스 지배에서 해방될 경우, 보호의 대가로 제국 측에 어떠한 비용도 지불하지 않고 독립된 공화국의 지위를 보장받는다는 약속이 들어갔다.[84]

6월 말, 도리아와 프랑수아 1세의 계약이 만료되자 도리아의 갤리선단이 나폴리를 떠났다(도리아의 갤리선단은 나폴리 보급물자를 싣고 돌아올 것이다). 7월 중순에는 베네치아 함대가 보급물자를 싣기 위해 칼라브리아로 떠났다. 며칠 후, 보병 800명과 로트레크의 병사들에게 지불해야 할 체불 급료를 충당하기에는 턱없이 부족한 자금을 싣고 프랑스 함대가 도착했다. 새로 도착한 병력에는 렌초 다 체리도 포함되어 있었는데, 이들이 동맹군 진지까지 도착하는 데도 전투가 필요할 정도였다. 이들을 호위하기 위해 파견한 병력도 심각한 피해를 입었다. 로트레크는 병에 걸린 상태였지만 결연히 포위공격을 유지하고 있었다. 좀처럼 조언을 듣지 않을 만큼 거만한 로트레크에게도 자유롭게 이야기할 수 있을 정도로 개인적인 권위가 있었던 렌초 다 체리는 증원 병력이 필요하다는 점을 강조했다. 그는 직접 보병과 경기병을 모집하기 위해 아브루치로 갔다. 하지만 너무 늦은 결정이었다. 동맹군 진지에는 진영을 사수할 정도로 적극적으로 복무할 수 있는 병력이 충분치 않았다. 8월 15일에서 16일로 넘어가는 밤에 로트레크가 사망했다. 베네치아 감독관 피사니는 물론 부사령관 보드몽도 이미 사망한 상태였다. 동맹군 잔여 병력의 지휘권은 살루초에게 돌아갔고, 그는 곧 포위공격을 풀었다.

8월 29일, 7,000명도 안 되는 병력이 부상자와 수화물 대부분, 그리고 대포까지 버려둔 상태로 퇴각을 시작했다. 현명하지 못하게도 살루초는 잔여 병력을 통상적인 방식대로 세 부대로 나누었는데, 이 때문에 페란테 곤차가가 지휘하는 몇백 명의 제국군 경기병이 후위 부대를 교란한 뒤 곧바로 전투에 돌입할 수 있었다. 이 전투로 페드로 나바로도 포로가 되었다. 살루초와 선발 부대 약 3,000명은 가까스로 아베르사에 도착했다. 식량도, 대포도, 그리고 싸울 의지도 없는 상태에서 제국군이 들이닥치자 그들은 저항을 포기했다. 8월 30일 체결된 항복 조약으로 프랑스와 베네치아는 자신들이 나폴리 왕국에서 점령한 모든 영토를 반환해야 했다.[85] 살루초는 얼마 후 나폴리에서 포로로 억류되어 있는 동안 사망했다. 페드로 나바로는 카를 5세의 명령으로 사형에 처해졌다. 그는 사형이 집행되기 진 아마 약간의 조력을 받아 감옥에서 죽음을 맞이했다. 동맹군의 이탈리아와 독일 병사 일부는 제국군으로 받아들여졌다. 무기와 갑옷을 몰수당한 프랑스와 스위스 병사 가운데 일부만이 고향으로 돌아가는 위험천만한 도보 여정에서 살아남았다. 일부는 살해당했고, 대다수는 질병과 배고픔으로 쇠약해져 노상에서 죽었다. 또 다른 프랑스 병력은 나폴리 왕국에서 전멸당했다. 유일한 이탈리아 보병부대로 강력한 화력으로 명성이 자자했던 흑색단은 사분오열되었다.

승리를 거둔 제국군 사령관들도 여전히 병사들의 통제를 위해서는 그들의 요구를 들어주어야 한다는 문제에 직면해 있었다. 카를 5세도 파괴된 나폴리 왕국에서 그들을 내보내는 것이 급선무라는 조언을 받았다[86] —그러나 그러기 위해서는 먼저 급료를 지불해야 했다. 부대장들은 자신들의 복무 성과에 대한 보답을 요구했다. 오랑주는 장교들에게 수당을 지급했고, 부대장들에게는 임시로 영지와 작위를 수여한 다음 황제의 재가를 요청했다. 너무 많은 영주들이 프랑스와 협력했다는 의심을 받은 탓에 그들에 대한 기소는 보상을 요구하는 이들에게 돈과 토지를 나누어주어야 할 필요성 때문에 추진되는 것처럼 보였다. 영주들 가운데 4분의 3은 추방될 것이고, 그렇게 되면 나폴리 왕국은 파괴될 것이며, 영지를 하사받은 병사들은 이미 그것을 팔아치우기 시작했다는 보고가 카를 5세에게 올라갔다.[87]

나폴리 왕국에서의 전쟁은 아직 끝나지 않았다. 렌초 다 체리가 바를레타를 근거지로 삼아 여전히 아브루치와 아풀리아에서 프랑스를 위해 전투를 계속하고 있었다. 베네치아도 아직 트라니와 모노폴리 그리고 폴리냐노를 장악하고 있었다. 양측은 도합 보병 1만 명과 기병 1,000명 정도의 병력을 보유하고 있었다.[88] 아직도 이 지역에는 앙주가를 강력하게 지지하는 영주들과 공동체들이 남아 있었다. 라퀼라와 아마트리체가 반란을 일으키자 1529년 2월 반란 진압을 위해 오랑주가 직접 나섰다. 제국은 라퀼라를 응징하기 위해 그 지역의 방대한 영토를 50개의 봉토로 분할한 뒤 대부분을 스페인 지휘관들에게 나누어주었다. 이로 인해 라퀼라시는 엄청난 타격을 입었으며, 다시는 영토에 대한 통제권을 회복하지 못했다. 렌초 다 체리와 베네치아는 계속해서 저항을 이어갔는데, 제국군 사령관들이 자신의 병사들을 아브루치와 아풀리아로 보내 싸우게 하는 데 어려움을 겪는 바람에 반사이익을 누렸다. 하지만 그들이 점령한 지역은 1529년 8월에 체결된 캉브레 조약과 1529년 12월 볼로냐에서 베네치아와 카를 5세가 체결한 조약에 따라 제국에 양도될 것이었다.

마지막 롬바르디아 원정, 1528-1529

나폴리가 포위공격을 당하는 동안 제국군은 페르디난트 대공이 브룬스비크 공작 하인리히가 지휘하는 원군을 보내줄 것으로 기대하고 있었다. 보병 2만 명과 기병 1,700명을 데리고 오는 것으로 보고되었으나 아마도 훨씬 적었을 것이다.[89] 브룬스비크는 페르디난트와 황제로부터 나폴리로 진격하라는 명령을 받았지만 별로 갈 생각이 없었다. 카를 5세는 이 병력을 지원하기 위해 약간의 돈을 보냈다. 하지만 브룬스비크는 어차피 대부분은 롬바르디아에서 충당될 것이라고 예상했다. 젊고 경험이 부족했던 그는 전투에 큰 관심이 없는 지휘관들의 자문에 의존했다. 5월 초, 베네치아 영토에 진입하여 페스키에라를 장악한 부대는 밀라노에서 병력을 이끌고 온 데 레이바를 만나기 위해 천천히 이동했다. 파비아와 아비아테그라소를 장악한 데 레이바는 전쟁을 밀라노에 있는 동맹군에게로 확대해나가는 중이었다. 그는 6월 20일 브룬스비크와 함께 로디를 포위했다. 그러나 주둔지에서 전염병이 발생했고, 브룬스비크의 병력 가운데 일부는 벌써 집으로 돌아갔다. 그리고 어느 시점에선가 브룬스비크도 자신의 안위를 위해 주둔지를 떠나야 했다. 그의 병사들이 급료를 지불하지 않으면 죽여버리겠다고 위협한 데다[90] 로디를 공격하는 것도 거부했기 때문이다. 7월 말, 주둔지는 완전히 해체되었다. 브룬스비크는 자신이 요청한 자금을 지원하지 않았다며 롬바르디아의 제국군 관리들을 비난했다. 관리들과 지휘관들은 브룬스비크의 미숙함과 탐욕스럽고 제멋대로인 독일인 병사들에게 책임을 돌렸다. 이 사건으로 이탈리아에서 독일 병력을 활용하는 것에 대해 황제의 대리인들이 느끼는 환멸은 더욱 깊어졌다.

브룬스비크 부대에 대처하기 위해 프랑수아 1세는 생폴 백작의 지휘 아래 창기병 400명과 보병 1만 명을 파견하기로 계획했다.[91] 결국 생폴은 8월 초에 더 적은 병력만 대동한 가운데 피에몬테에 겨우 도착했다. 그는 우르비노 공작이 지휘하는 베네치아군과 합류했고, 그들은 파비아를 공격하기로 결정했다. 9월 19일 함락된 이 불행한 도시는 다시 한 번 약탈당했다. 그 과정에서 독일과 스페인 병력들에게는 자비가 없었던 반면 이탈리아 병사들은 목숨을 부지할 수 있었다. 머지않아 요새도 함락되었다.

생폴은 테오도로 트리불치오가 제노바의 안위를 우려해 요청한 구원 병력을 보내지 않았다. 트리불치오는 카스텔레토로 철수했다. 나폴리 해역에서 도리아의 함대를 회피한 프랑스 함대가 제노바로 왔지만 도리아의 갤리선단이 접근해오자 사보나를 지키기 위해 방향을 돌렸다. 도리아 함대에는 경우 보병 500명이 승선해 있었지만 9월 12일 제노바항에 입항했을 때 전염병으로 초토화된 도시로부터 아무런 저항도 받지 않았다. 생폴은 10월 초에 상황을 개선하기 위해 군대를 이끌고 제노바에 왔고, 시민들에게 항복을 촉구했다. 그러나 제노바 인들은 방어를 위해 병력을 소집했고, 생폴은 병사들의 탈영이 이어지는 가운데 되돌아갔다. 10월 말, 사보나와 카스텔레토의 프랑스군이 항복했다.

안드레아 도리아의 보호 아래 제노바인들은 자신들의 독립을 회복하고, 오랫동안 심사숙고해왔던 제도 개혁을 단행해 외세의 지배 원인으로 지목된 파벌의 영향력을 제거할 수 있었다. 도리아는 제노바인들이 '신공화국'이라고 부른 체제의 숨은 실력자eminence grise 가 될 것이었다. 반대파들은 그를 제노바의 실질적인 지배자라고 비난했다. 하지만 그는 새로운 체제의 기반을 흔들려고 하지 않았다. 그의 갤리선 함대와 해군 사령관으로서의 명성은 카를 5세가 보기에 이탈리아와 스페인 사이의 해역을 통제하는 데 필수적일 만큼 중요했기 때문에 도리아는 황제에 복속시켜야 한다는 압력으로부터 제노바를 보호해낼 수 있었다.

롬바르디아의 동맹군과 제국군 모두 겨울 숙영지로 이동했다. 데 레이바는 밀라노로, 베네치아군은 아다로, 프란체스코 스포르차는 파비아와 로디로, 생폴은 알레산느리아로 각각 병력을 철수했다. 생폴이 제노바 영토에 가장 적극적으로 공세를 취했다. 그는 12월 초 가비 요새를 공격했고, 제노바 병력이 요새 방어를 위해 이동하자 보병 2,000명과 기병 200명으로 제노바에 기습 공격을 시도했다. 12월 19일, 그의 부대가 제노바에 모습을 드러냈지만 제노바인들이 방어 준비를 하는 것을 보고 퇴각했다. 우연히도 그날과 그다음 날 스페인에서 바다를 통해 보병 한 개 분견대가 도착했다.[92] 제노바는 데 레이바에게 병력 2,000명을 모집해 프랑스 공격에 동참해달라고 제안했으나 그는 그렇게 할 수 없었다. 겨우내 건강이 나쁘기도 했고, 여전히 보급과 임금 지불 문제로 병사들을 통제하는 데 어려움을 겪고 있었기 때문이다. 1월경 밀라노에는 란츠크네히트 2,000명에 스페인 보병 800명과 약간의 이탈리아 병력, 그리고 얼마 안 되는 기병만이 남아 있었다.[93] 데 레이바와 도리아는 오랑주에게 나폴리에서 지원 병력을 보내달라고 요청했다. 하지만 아풀리아 작전이 지속되면서 그곳에도 북쪽으로 병력을 보낼 만한 여력은 없었다.[94]

롬바르디아에서 또 다른 전쟁의 계절이 시작된다는 것을 보여주는 어떠한 위급한 징조도 없었다. 도리아는 제노바에 있는 스페인 보병을 밀라노로 보내 4월 말 데 레이바가 파비아로 탈출하는 것을 도왔다. 그는 베네치아군과 프란체스코 스포르차의 군대가 합류하자 밀라노로 복귀했고, 알레산드리아에서 진격에 나선 생폴은 모르타라와 비제바노의 요새를 장악했다. 동맹군의 사령관들은 밀라노 공격을 논의했으나 적절한 방안을 도출해내지 못했는데, 사실 무엇보다도 병력 자체가 부족했다. 그래서 생폴은 또다시 제노바를 공격하기로 결정했다. 6월 21일, 그의 부대는 약간은 무질서한 상태로 란드리아노에 주둔해 있었다. 그들이 허술한 상태로 이동 중이라는 보고를 받은 데 레이바는 평소 사용하던 가마를 타고 야밤에 밀라노에서 병력을 출진시켜 출발 준비를 하고 있던 프랑스군을 급습했다. 생폴의 프랑스 및 이탈리아 병사들은 어느 정도 저항의 모습을 보였지만 스위스 병사들과 란츠크네히트는 싸울 의사가 없었다. 몇 시간도

되지 않아 그의 부대는 해체되었다. 창을 들고 보병으로 싸우던 생폴은 말을 타고 도주를 시도했으나 지친 말이 하천을 건너지 못하면서 사로잡혔다. 란드리아노 전투에서는 전사자가 거의 발생하지 않았지만 다수의 부상자와 3,000명 정도가 포로로 붙잡혔다.[95] 이것이 롬바르디아에서의 마지막 전투였다. 프랑스군의 패배 소식을 들은 프란체스코 스포르차는 공포에 빠져 로디를 버리고 크레마로 도주했다. 베네치아군은 카사노 인근에서 진지를 구축하고 방어 태세로 전환했다.

바르셀로나 조약과 캉브레 조약

생폴 부대가 란드리아노에서 패퇴하기 전부터도 이탈리아 전쟁의 중요한 분기점이 될 외교적 협상이 진행되고 있었다. 프랑스군의 패배 소식이 협상 결과에 미친 영향은 거의 없었다. 카를 5세가 우위를 점하고 있다는 사실은 명백했다. 하지만 카를 5세도 프랑수아 1세만큼이나 전쟁 중단을 원했다. 그에게는 신경 써야 할 다른 급박한 문제들이 산적했고, 특히 독일 내 종교 갈등 문제가 그러했다. 그는 이 문제를 해결하러 가기 전에 이탈리아에 가서 대관식을 치르고 싶어 했다.

교황이 대관식을 주재해야 했기 때문에 카를 5세는 클레멘스 7세와 일정한 합의에 도달할 필요가 있었다. 교황은 그와 협상할 준비가되어 있었다. *그*가 동맹에 가입하기까지는 여러 장애물이 남아 있었지만 카를 5세는 교황이 원하는 것을 들어줄 생각이었다. 베네치아는 라벤나와 체르비아를 돌려받고, 페라라 공작은 모데나와 레조를 양도하게 될 것이다. 제국군은 메디치 가문이 피렌체로 복귀하는 것에 협조하고, 카를 5세의 딸 마르가레테가 알레산드로 데 메디치와 혼인하기로 했다. 프란체스코 스포르차는 무죄로 판명될 경우 밀라노 공작으로 복귀할 것이다. 그렇지 않을 경우에도 카를 5세는 클레멘스 7세의 동의 없이 밀라노 문제를 처리하지 않기로 했다. 대신 클레멘스 7세는 나폴리 왕국에 대한 책봉을 갱신하고 성직 임명권과 교회 재산에 대한 과세 문제에 대해 양보하며, 로마 약탈 관련자 모두에게 대사면을 내리기로 했다. 이 조약은 1529년 6월 마지막 날 바르셀로나에서 체결되었다.

카를 5세의 이탈리아 순방 계획은 오래전부터 알려져 있었다. 이를 반드시 저지하려고 했던 프랑수아 1세는 이탈리아 내 자신의 동맹 세력들과 새로운 군사 원정 계획을 논의해왔는데, 왕이 직접 이탈리아 원정을 지휘하든, 스페인 국경지대로 군대를 보내든 한다는 것이었다.[96] 그의 동맹국들은 둘 다 가능성이 별로 없다는 것을 잘 알고 있었다. 프랑수아 1세와 카를 5세 모두 평화협정을 체결할 준비가 되어 있었다. 카를 5세의 고모이자 플랑드르의 섭정 마르가레테와 프랑수아 1세의 모친 루이즈 드 사보이아 사이에서 원격으로 협상이 진행되었다. 7월에 두 부인이 캉브레에서 회담을 갖기 전에 많은 외교적 기초 작업들이 수행되었다. 그러나 그곳에서 진행된 양측의 회담은 어떠한 형식에도 구애받지 않았다. 강인하고 지적인 두 여성은 최선의 협상 조건을 끌어내기 위해 단단히 결심한 상태였다. 카를 5세와 프랑수아 1세가 아니라 이들에 의해 협상이 진행되었기 때문에 교황이나 영국 국왕 같은 다른 세력들을 배제할 수 있었다. 몇몇 이탈리아 국가가 캉브레에 사절을 파견했지만 그들은 걱정스럽게 지켜보는 관객이었지 협상 참가자는 아니었다. 프랑수아 1세는 동맹국들에게 그들의 이익을 잘 살피겠다고 약속했지만 약속은 지켜지지 않았다.

여러 면에서 1529년 8월 초에 체결된 캉브레 조약은 1526년 마드리드 조약의 재판이었다. 다만 카를 5세가 아직도 스페인에 인질로 잡혀 있는 프랑수아 1세의 아들에 대해 현금으로 몸값을 치르는 것을 받아들이고 더 이상 부르고뉴 공국의 할양을 주장하지 않기로 했다는 점은 중요한 변화였다. 프랑수아 1세는 이탈리아에 대한 모든 권리를 포기하고, 그곳에서 여전히 보유 중이던 영토를 넘겨주기로 했다. 그는 자신의 이탈리아 동맹국들을 저버렸고, 이러한 신의 성실 위반에 대해 해당 국가 사절들에게 변변찮은 변명으로 일관했다.[97] 이탈리아 국가들은 각자 최선을 다해 황제와 타협하는 수밖에 없었다.

6장

계속되는 영토 분쟁

1529-1547

캉브레 조약이 체결되는 동안 카를 5세는 이미 이탈리아로 향하는 중이었다. 전통적으로는 이때 카를 5세가 이탈리아로 가서 이탈리아 문제를 해결함으로써 이탈리아의 정치적 자유와 독립의 시대가 끝나고 장기간의 스페인 압제 시대가 시작된 것으로 해석되었다. 그러나 새로운 체제하에서도 심지어 소규모 이탈리아 국가나 제후들에게 조차도 여전히 교묘한 계책과 회피가 통할 여지가 많이 남아 있었다. 특히 이탈리아에 대한 프랑스의 야망은 전혀 끝난 것이 아니었다. 이러한 점을 염두에 둔다면 1529~1530년에 이루어진 황제의 이탈리아 방문은 이탈리아의 정치와 전쟁의 영역에서 새로운 시대로의 이행을 의미하지만 그렇게까지 획기적인 사건으로는 보이지 않는다.

로마에서 교황의 주재로 대관식을 치른다는 목적 외에 카를 5세의 다른 계획은 불분명했다. 그는 필요하다면 전쟁도 치를 생각이었다. 그가 타고 온 함대에는 스페인 보병 9,000명과 기병 1,000명이 승선해 있었고, 독일에서 모집된 란츠크네히트 8,000명도 롬바르디아로 오는 중이었다.[1] 데 레이바는 롬바르디아에서 전쟁이 지속되기를 간절히 바랐다. 바르셀로나 조약에 따라 카를 5세는 피렌체를 상대로 클레멘스 7세를 지원하기로 되어 있었고, 오랑주 공도 교황을 지원하기 위해 병력을 이끌고 나폴리에서 북진 중이었다. 카를 5세는 나폴리 왕국에 가는 것도 고려하고 있었는데, 렌초 다 체리의 병력과 베네치아군이 여전히 아풀리아에 잔류 중이었고, 나폴리 정부를 개혁하는 일 역시 시급히 처리해야 할 사안이었다.

1529년 8월 12일 제노바에 도착한 카를 5세는 캉브레 조약의 체결이 확정될 때까지 기다렸다가 피아첸차로 이동하여 그곳에서 몇 주간 머물렀다. 9월 중순, 이때는 카를 5세가 최종적으로 로마와 나폴리에 가지 않기로 결정하기 몇 개월 전이었지만 그는 교황에게 자신을 만나러 볼로냐로 올 것을 요청했다. 고모 마르가레테와 동생 페르디난트는 그에게 가급적 서둘러 이탈리아 문제를 정리하고 독일 내 종교 갈등은 물론 헝가리 왕권에 도전 중인 페르디난트 문제와 튀르크인들의 오스트리아 침공 문제까지 처리해야 한다고 재촉했다. 프랑스의 태도도 그가 처해 있는 상황에 불확실성을 더했다. 프랑수아 1세는 캉브레 조약을 비준하면서도 밀라노와 제노바 그리고 아스티는 포기할 수 없다고 강하게 저항했다. 그는 카를 5세가 자신이 아스티나 심지어 밀라노까지 소유하는 것에 대해 어느 정도 타협의 여지가 있는지 시험해보기도 했다.[2] 카를 5세는 그럴 생각이 없었다. 그러나 그는 교황이나 다른 이탈리아 국가들이 자신이 직접 밀라노 공국을 차지하는 것은 받아들이지 않으리라는 점도 잘 알고 있었다. 그는 밀라노를 분할해 일부는 봉토로 분배해주고 나머지는 주변 국가들에게 팔 생각이었다. 그럼에도 프란체스코 스포르차를 공작으로 세워 양도하는 것이 가장 논란이 적은 해결책이라는 점을 인지하고 있었다.

카를 5세가 처한 이 모든 어려움을 잘 알고 있었던 베네치아는 카를 5세에게 항복하지 않고 계속해서 프란체스코 스포르차에 대한 지원을 이어갔다. 그러다보니 롬바르디아에서의 적대행위들이 중단되지 않았다. 독일에서 보낸 병력들은 베네치아 영토에 머물면서 방화와 약탈을 저질렀고, 베네치아군과의 작은 충돌도 계속되었다. 루도비코 벨조이오소의 지휘로(데 레이바는 피아첸차에 있는 황제와 합류했다) 밀라노에서 파견된 병력이 파비아를 장악했다. 그러나 카를 5세는 베네치아를 패배시키기에는 재원이 충분치 않다고 느꼈다. 그가 나중에 동생에게 설명한 바에 따르면, 당시 그는 휘하 병사들에게 지급할 자금이 점점 말라가고 있었다. 따라서 베네치아와 스포르차를 상대로 전쟁을 지속할 경우 이탈리아에서 "끝나지 않는 전쟁"을 하게 되리라는 것이었다. 그는 이탈리아 문제를 강요가 아니라 협상을 통해 타결하고 그 과정에서 어느 정도 자금을 확보해보기로 결정했다.[3]

볼로냐의 카를 5세와 클레멘스 7세, 1529-1530

법도상 교황이 있는 곳으로 황제가 가야 했기 때문에 카를 5세는 클레멘스 7세가 볼로냐에 도착하기를 기다렸고, 교황은 10월 24일 그곳에 도착했다. 카를 5세는 11월 4일 화려하게 차려입은 수백 명의 조신과 안드레아 도리아, 알레산드로 데 메디치 같은 이탈리아의 여러 명사, 그리고 수천 명의 병사—이들은 호위 병력이라기보다는 군부대에 가까웠다—를 대동하고 그곳에 당도했다. 황제는 양단으로 둘러싼 갑옷을 입고, 투구 대신 검은색 벨벳 모자를 썼으며, 황금 지휘봉을 들었다.[4] 클레멘스 7세는 산페트로니오 대성당 계단에 설치된 연단에 앉아서 그를 기다렸다. 카를 5세는 그곳에서 말을 내려 교황에게 예를 표했다.

황제와 교황은 산페트로니오 성당 옆에 있는 푸블리코 궁전에 마련된 나란히 붙어 있는 숙소에 거처를 잡았다. 그들은 거의 다섯 달 동안 그곳에 머물렀는데, 유럽 내 영적 서열과 세속적 서열에서 최정상을 차지하는 두 인물은 말할 것도 없고, 어떤 군주도 그렇게 오랜 기간 동안 그렇게 근접한 곳에서 머무른 적은 없었다. 그들이 겨우내 많은 사적 만남에서 나눈 대화들에 대해서는 알려진 것이 없다. 하지만 이탈리아 문제가 중요하게 다뤄졌을 것이라는 점에 대해서는 확실하게 말할 수 있다.

밀라노 문제가 하나의 주제였던 것은 분명하다. 클레멘스 7세는 알레산드로 데 메디치에게 줄 수 없다면 프란체스코 스포르차가 밀라노를 맡아야 한다고 생각했다. 스포르차와 베네치아 사절단이 볼로냐에 왔고, 12월 23일 스포르차와 베네치아 양측과의 조약이 체결되었다. 스포르차는 책봉의 대가로 총액 90만 두카트—황폐해진 공국의 사정을 감안할 때 감당이 불가능한 액수였다—를 지불하기로 하고 밀라노 공작 자리를 유지했다. 코모와 밀라노성은 초기 지불에 대한 담보로 제국군이 주둔하기로 했다.[5] 카를 5세가 스포르차를 공작으로 유임하는 데 동의하자 베네치아도 자신들이 나폴리에서 점거하고 있던 도시들을 양도하기로 했다. 카를 5세로서는 스포르차를 공국에서 배제함으로써 베네치아와의 분쟁에 갇히느니 나폴리 왕국만이라도 영토 전체를 확보하는 것이 낫다고 판단했다.[6] 베네치아는 전쟁 비용에 대한 배상금 명목으로 10만 두카트를 지불하고, 아직 해결되지 않은 페르디난트와의 영토 분쟁 결과에 따라 추가 비용을 지불하기로 했다. 라벤나와 체르비아는 교황에게 반환하기로 했다. 베네치아와 카를 5세 모두 밀라노 방어의 의무를 지기로 했고, 베네치아는 나폴리 왕국의 방어를 위해 요청이 있을 경우 갤리선 15척을 보내기로 했다.

이 조약은 페르디난트와 교황, 프란체스코 스포르차, 베네치아와 황제의 동맹을 의미했으며, 당사자들의 동맹 세력들까지 모두 포함되었다. 카를 5세는 제노바와 시에나, 루카의 통치자와 사보이아 공작, 만토바 후작의 지명권을 갖게 되었다.[7] 하지만 실제로 그 권리를 행사하지는 않았다. 이 조약은 이탈리아에서 새로운 국가 시스템을 수립하기 위한 것이라기보다는 황제와 그의 대리인들이 다른 이탈리아 국가들에게 이탈리아 주둔군의 유지비용을 떠넘기기 위한 지속적인 노력의 일환이었다. 카를 5세는 동생에게 보낸 1530년 1월 11일의 장문 편지에서 자신이 이탈리아에 체류하는 동안 진행해왔던 일이 어떤 이유에서 무엇을 달성하기 위한 것이었는가를 직접 정리했는데, 여기에 이탈리아 동맹에 대한 언급은 전혀 없었다.[8]

카를 5세는 나폴리나 로마에 들르지 않고 독일로 돌아가기로 결정했다. 대관식은 볼로냐에서 치르기로 했다. 그의 서른 번째 생일인 2월 24일 성대한 의식이 거행되었다. 대관식 이틀 전에는 플랑드르 추기경 빌럼 판 엥케보이르트의 주재로 롬바르디아 철관 iron crown 을 수여받는 이탈리아 왕 등극식이 열렸다. 이는 고대 제국의 칭호이자 의식이었을 뿐 이탈리아 패권의 확립과는 무관했다. 황제 대관식의 정교한 의식은 고대 로마에서 사용되었을 법한 의례에 따라 거행되었다. 독일 제후는 바이에른의 필리프 공만 참석했기 때문에 행사에서는 이탈리아 제후들이 두드러진 역할을 담당할 여지가 충분했다. 몬페라토 후작이 황제의 홀을, 우르비노 공작이 황제의 검을, 사보이아 공작이 황제의 관을 각각 운반했다.

이 대관식에 관해서는 많은 논의와 연구가 이루어졌다. 카를 5세는 자신을 교황청과 교회의 의식이 암시하는 것처럼 중세 황제들의 후계자로 보았는가, 아니면 볼로냐 거리에 있는 많은 고전적 도상 장식들이 함축하는 것처럼 고대 로마제국 황제들의 후계자로 자처했는가? 황제 자신이 대관식 행사와 그 무대의 중요성에 대해 어떻게 생각했는지에 대해서는 직접적인 기록이 없다. 그가 대관식으로 인해 자신의 권력이 강화되었고 새로운 역할을 부여받았다고 느꼈는지에 대한 언급도 전혀 남아 있지 않다. 분명한 것은 그가 교황의 대관식 주재를 바랐던 것의 이면에 한 가지 실제적인 고려 사항이 있었다는 것이다. 자신의 대관식을 통해 동생이 로마인의 왕(신성로마제국 황제의 후계자)으로 선출될 수 있는 여건을 마련할 수 있다고 보았던 것이다. 그는 이 일이 조속히 진행되지 않을 경우 독일 내 자신의 적대 세력들이 다른 후보자를 선출할지도 모른다고 우려했다.[9] 실제로 그의 동생은 1531년 로마인의 왕으로 선출되었다.

페라라 공작은 대관식에 참석하지 않았는데, 아직도 교황과 화해하지 않은 상태였기 때문이다. 그는 카를 5세가 클레멘스 7세로부터 안전통행증을 얻어준 3월 초에야 볼로냐에 왔다. 양측에 자신의 중재안을 받아들이게 하는 것이 카를 5세가 할 수 있는 최대치였다.[10]

카를 5세는 두 번의 대관식을 가졌다. 1520년 10월 아헨에서 전통에 따라 황제로 즉위한 그는 1530년 2월 24일 볼로냐에서 교황 클레멘스 7세로부터 신성로마제국 황제의 관을 받았다. 이는 교황이 주재한 마지막 황제 대관식이었다. 그림은 볼로냐에서 거행되었던 두 번째 대관식을 묘사하고 있다.

이 중재안에 대한 합의가 이루어진 다음 날인 3월 22일, 카를 5세는 만토바를 향해 떠났다. 그는 그곳에서 한 달간 머물며 공식 행사들과 까다로운 협상으로 보낸 볼로냐에서의 일정을 마치고 처음으로 여유를 만끽했다. 그는 즐겁게 지내는 동안 그곳의 주인인 페데리코 곤차가—몬페라토 후작에게 우선순위에서 밀릴까 싶어 대관식에 참석하지 않았다—를 공작의 지위로 격상시켰다. 또한 10만 두카트를 지불한다는 조건으로 알폰소 데스테가 카르피를 통치하는 것에도 동의했다. 만토바를 떠난 카를 5세는 더 이상 지체하지 않고 독일의 산적한 문제들을 처리하기 위해 알프스를 넘었다.

피렌체 포위, 1529-1530

피렌체 문제야말로 카를 5세가 남겨놓은 가장 중요한 미해결 과제였다. 피렌체는 1529년 10월부터 오랑주 공에게 포위된 상태였다. 카를 5세는 이 거대한 도시를 파괴하기보다는 무거운 배상금을 물리는 조건으로 포위공격을 끝내고 싶어했다. 그러면서도 교황을 지원하겠다는 자신의 약속을 지킨 것으로 교황이 받아들여주길 바랐다. 클레멘스 7세는 오랑주군의 공세에 대해 양가적 입장이었다. 메디치 가문이 다시 피렌체를 통치해야 한다는 점에 대해서는 확고했다. 하지만 피렌체 밖에서 황제군의 주둔 시간이 길어질수록 한 달에 6만 두카트씩 지불하기로 되어 있는 자신의 부담도 더욱 커질 수밖에 없었다. 그렇다고 도시가 약탈되고 파괴되거나 제국군이 자신들의 이익을 위해 피렌체를 마른 수건 쥐어짜듯 수탈하기를 바라지도 않았다.

오랑주 공으로서도 적극적으로 포위공격을 밀어붙일 역량이 없었다. 공략 초기 그가 가진 병력은 대략 보병 1만 500명에 경기병 500명, 중기병 300명 정도였다.[11] 도시를 완진히 포위하는 데는 더 많은 병력이 필요했다. 그는 카를 5세에게 이 점을 강조하며 충분한 병력이 없으면 피렌체를 정복하는 데 10년이 걸릴지도 모른다는 식으로 보고했다. 대부분의 대포가 몇 발 발사 후에 고장이 나버려서 대포의 보급도 필요했다.[12] 휘하 병력들에게 지급할 돈이 부족하다는 것은 그들을 제대로 활용할 수 없다는 의미이기도 했다. 교황에게 받기로 한 금액도 전달되지 않았다. 롬바르디아 지역의 전쟁이 끝나면서 지원 병력이 속속 주둔지로 도착했다. 오랑주 공의 보고에 따르면, 2월 초 이탈리아 보병 1만 4,000명, 스페인 보병 6,000명, 그리고 독일 보병 8,000명에 중기병과 경기병이 각각 800명과 2,000명 규모였다.[13] 물론 그렇다고 이들에게 지급할 돈을 마련하는 일이 더 쉬워지거나 하지는 않았다.

일부 피렌체 시민과 많은 주민들이 메디치 가문의 복귀에 반대하지 않았고, 정보를 전달하거나 보급품을 빼돌리는 식으로 제국군을 도왔다. 심지어 성안에서 전투를 벌이기까지 했다. 하지만 피렌체 정부는 메디치 가문에 적대적인 사람들이 장악하고 있었다. 그들은 광범위한 대중적 지지를 기반으로 사보나롤라 전통의 종교적 열정에 힘입어 강한 충성심을 불러일으켰다. 메디치 가문의 지지자로 알려졌거나 의심되는 사람들은 박해의 대상이 되었다. 클레멘스 7세와의 타협보다는 황제와의 협상이 더 수용 가능한 상황이었다.

포위 초기부터 민병대가 소집되었는데, 4,000명으로 시작해서 그 규모가 1만 명까지 확대되었다.[14] 그들은 방어 병력을 보충했을 뿐만 아니라 성 밖의 적군과 기꺼이 맞서 싸우겠다는 의지까지도 보여주었다. 대부분의 전투는 거의 이탈리아인으로 구성된 용병들에 의해 수행되었다. 그들을 관장하는 도시위원회에 따르면, 용병 가운데 상당수가 "이탈리아의 자유를 위해" 싸운다는 의식을 가지고 있었다.[15] 스테파노 콜론나, 마리오 오르시니, 그리고 1530년 1월 총사령관으로 임명된 말라테스타 발리오니 같은 몇몇 지휘관은 교황령 출신이었다. 병력 규모는 개전 첫 달에는 1만 명 선에서 유지되다가 종전 무렵에는 6,000명 수준으로 떨어졌다.[16]

오랑주는 1529년 10월 중순, 피렌체시 남쪽에 주둔지를 구축했다. 북서쪽 방향으로는 란츠크네히트 병력이 프라토와 피스토이아로 이어지는 도로에 자리를 잡고 있었다. 스페인 병력은 북쪽의 볼로냐로 이어지는 주도로에 자리를 잡았다. 피렌체인들은 1마일가량의 도시 둘레에 있는 모든 건물을 파괴하여 공격 병력이 은신처로 삼을 수 없게 했다. 해가 바뀔 무렵 보급된 보다 믿을 만한 새 화포들이 피렌체시에 집중적인 포격을 가했다. 하지만 크게 특기할 만한 피해가 발생하지는 않았다. 도시의 남쪽 방면을 방어하기 위해 많은 작업이 진행되었는데, 이는 군사 공학자로 활약한 미켈란젤로가 지휘했다. 제국군과 피렌체군은 마치 상징적인 교환처럼 포격과 대응을 주고받았다. 물론 사람이 죽기도 하는 교환이었다(마리오 오르시니도 요새를 순시하던 중 사망했다). 도시를 장악하기 위한 공세가 몇 차례 있었으나 대규모 공세는 11월 11일 딱 한 차례 있었던 기습 공격이 전부였다. 그나마 대응 포격으로 격퇴되었다. 적 진지에 대한 피렌체의 기습 공격은 자주 시도되지는 않았지만 포위군을 긴장하게 할 정도로 충분히

조르조 바사리가 묘사한 피렌체 포위전. 1529년 10월 24일. 신성로마제국군과 메디치 가문 연합군이 피렌체를 포위하고 공격을 가하면서 피렌체 포위전이 시작되었다. 이때 미켈란젤로는 방어 총책임자가 되어 성벽 방어를 지휘했다. 1530년 8월 3일 가비나나 전투에서 피렌체군이 패하면서 전세가 기울었고, 8월 12일 피렌체가 항복하면서 포위전은 끝이 났다. 그와 함께 피렌체 공화국은 메디치 가문의 공국이 되었다.

효과적이었다.

　대부분의 전투는 도시 주변이 아니라 도시가 통치하는 지방 영토에서 보급과 보급선에 대한 통제권을 놓고 벌어졌다. 가장 중요한 보급선은 아르노 계곡을 따라 엠폴리를 거쳐 피사로 이어지는 구간이었다. 1530년 초, 주요 속령 도시 가운데 피사, 리보르노, 엠폴리 그리고 볼테라만이 피렌체의 지배 아래 남아 있었다. 프란체스코 페루치는 엠폴리를 근거지로 삼아 인근 지역의 제국군을 상대로 효과적인 기습 공격을 주도했다. 2월 말, 볼테라가 알레산드로 비텔리에게 항복했다. 그러나 페루치는 엠폴리가 적의 공격 위험으로부터 벗어났다고 판단된 4월 말이 되어서야 볼테라의 재탈환을 위해 나섰다. 그는 먼저 그곳 요새에 주둔하고 있던 수비대를 구출했다. 페루치는 보병 2,000명과 기병 200명을 이끌고 하루 만에 볼테라에 도착한 뒤 그곳 요새를 통해 진입하여 도시를 장악했다.[17] 델 바스토는 5월 29일 엠폴리를 함락한 뒤 6월 중순에 볼테라 공략에 나섰는데, 이미 그곳은 나폴리 사령관 파브리치오 마라말도의 부대가 공격을 진행하고 있었다. 그러나 피렌체군의 굳건한 방어로 공격은 실패로 돌아갔고, 굴욕을 당한 델 바스토는 토스카나를 떠났다.

　피렌체에서는 식량 공급이 점점 힘들어지고 있있다. 이를 보충할 방법을 찾는 것도 점점 더 어려워졌다. 제국군 또한 보급 부족과 질병에 시달리고 있었다. 4월 초, 오랑주는 황제에게 한 번의 제대로 된 기습 공격만으로도 피렌체가 자신의 해골 부대를 전멸시킬 수 있다고 경고했다.[18] 오랑주는 급료를 지급하지 못한 병사들에게 주둔지를 떠나도록 해야만 했는데, 그 결과 4월 말경 병력 규모는 4,000~5,000

명으로 줄어들었다.[19] 피렌체의 사정도 크게 나은 것이 없었다. 오히려 영토를 약탈하는 병사 무리만 늘어났을 뿐이다. 페루치는 볼테라와 피사 방어 부대로부터 가능한 수준의 병력을 규합하여, 피사에 주둔하고 있는 잔 파올로 다 체리와 함께 아르노강 북부 지역에서의 작전을 위한 전초기지로 프라토나 피스토이아를 장악하든가, 피렌체를 향해 진격하라는 명령을 받았다. 이 계획을 전해들은 오랑주는 마라말도에게 페루치 병력을 중간에서 차단하든가, 그것이 불가능할 경우 알레산드로 비텔리 및 그 지역에 주둔 중인 스페인 보병과 합류할 것을 지시했다. 그리고 자신은 주둔지에서 보병 2,000명과 남아 있는 경기병을 이끌고 출진했다. 페루치는 보병 3,000명과 경기병 300명을 이끌고 피사에서 동쪽으로 이동하여 8월 3일 피스토이아 인근에 도착했다. 보병 8,000명에 기병 1,500명 규모의 제국군이 요새화된 마을인 가비나나 근처에서 그들과 맞닥뜨렸다.[20] 마을 안팎에서 벌어진 치열한 전투 끝에 피렌체군이 패배했다. 페루치와 잔 파올로 다 체리도 마지막까지 버티다 항복했다. 페루치는 이미 심하게 부상을 당한 상태에서 마라말도에 의해 처형당했다. 그의 탁월한 무훈을 기려 후세의 이탈리아 애국자들은 그를 영웅으로 추앙했다. 제국군 역시 오랑주 공의 전사로 승리가 빛을 바랬다. 그는 경기병부대를 이끌고 직접 돌격을 지휘하다 화승총부대의 총격에 사망했다.

　　발리오니는 이제 페루자에서 자신의 이익을 챙기고 항복 협상을 통해 피렌체를 구하겠다고 마음먹었다. 가비나나의 소식이 피렌체까지 전달되자 그와 콜론나는 오랑주 전사 이후에 지휘권을 맡아온 페란테 곤차가에게 사절단을 보냈다. 곤차가는 메디치 가문이 반

이탈리아의 조각가, 화가, 건축가이자 시인인 미켈란젤로 부오나로티(1475-1564)는 이탈리아 전쟁 당시 군사 공학자로도 활약했다. 프랑스의 유명 판화가 니콜라 드 라르메생은 동판에 새긴 반신 초상화를 통해 미켈란젤로의 다재다능함과 예술적 업적을 상징적으로 보여주었다.

드시 복귀해야 한다는 조건을 달았고, 또한 황제의 중재를 받아들여야 한다고 제안했다. 피렌체 정부는 이를 거절하고 제국군 진지에 대한 공격을 명령했다. 하지만 발리오니와 콜론나는 이를 거부했다. 발리오니가 부하들에게 항복 준비를 지시하자 대다수 민병대도 그의 편에 섰다. 나머지 병력 역시 몇 시간 후 직무를 중단했다. 이로써 대다수의 피렌체 주민들은 메디치 가문의 복귀를 받아들이느니 차라리 피렌체가 파괴되는 것을 보겠다는 완고한 강경파들의 광신을 공유하지 않는다는 사실이 명백해졌다. 메디치 가문의 지지자들이 속속 모습을 드러냈다. 곤차가와의 협상이 시작되었고, 8월 12일 항복 조건이 타결되었다. 하지만 모호하고 잠정적인 조항이 많아 여전히 일부 인사들은 온건한 공화정 체제에 대한 희망을 버리지 않았다. 4개월

안에 카를 5세가 피렌체의 통치 체제를 결정하기로 했다. 피렌체 시민들은 황제에게 충성을 맹세하고, 대신 도시의 특권들은 보장될 것이다. 메디치 가문이 복귀한다는 명확한 조항은 없었다. 하지만 그런 식으로 해석되었다.[21]

클레멘스 7세도, 카를 5세도 이 조건에 완전히 동의하지는 않았다. 카를 5세는 피렌체로부터 더 많은 돈을, 적어도 20만 두카트는 받아내야 한다고 생각했다. 클레멘스 7세는 피렌체가 황제가 아닌 자신에게 항복해야 한다는 입장이었다. 제국군 병사들이 피렌체를 떠나게 할 만큼 충분한 돈을 마련하려면 한 달은 걸릴 것이기 때문에, 교황은 여전히 도시가 약탈당하지 않을까 염려했다. 발리오니는 피렌체의 항복을 주도한 것에 대한 보상으로 클레멘스 7세로부터 페루자 복귀를 허락받았다. 알레산드로 비텔리가 지휘하는 600명의 이탈리아 병력이 새로운 체제에서 치안을 담당했다.

항복 후 일주일 만에 과두주의자들과 메디치가 인사들이 피렌체 시정부를 장악했다. 7개월간 과도정부가 지속되었고, 알레산드로 데 메디치가 제국 궁정에서 돌아온 1531년 7월 초까지도 황제의 중재안은 발표되지 않았다. 황제는 피렌체가 1527년 이전의 체제로 돌아가야 하며, 알레산드로와 그의 후손들이 영구적으로 수반의 지위를 갖는다고 결정했다. 그리고 이 결정은 피렌체에 대한 황제의 종주권에 근거한다는 점을 강조했다. 만약 피렌체가 이 결정에 따르지 않으면 이는 반란으로 규정될 것이며, 따라서 피렌체는 제국 영토로 귀속될 것이다.[22] 새 정부가 어떤 형태를 취해야 하는지에 대해서는 구체적으로 명시되지 않았다. 1532년 4월에 채택된 헌법은 과두제를 원하는 귀족들의 바람과 군주가 되려는 알레산드로의 욕망이 타협한 결과였다. 그의 지위는 법령에 따라 베네치아의 도제와 유사한 '피렌체 공화국의 공작'으로 규정되었다.[23] 그는 곧 작위 보유에서 그치지 않고 실질적으로 통치권을 행사하겠다는 야망을 드러냈다. 그는 자신의 지위를 강화하기 위해 비텔리가 지휘하는 수비대의 규모를 늘렸고, 도시 북쪽 귀퉁이에 위압적인 요새를 건설했다. 클레멘스 7세가 죽기 직전인 1534년 7월에 시작된 요새 건설은 빠르게 진행되어 1535년 12월이면 수비대가 그곳에 주둔할 수 있었다.

피렌체가 포위당하고 토스카나에 1년간 제국군이 주둔한 사실은 토스카나의 다른 공화국들에도 상당한 반향을 불러일으켰다. 피렌체를 떠난 제국군은 시에나로 진군했다. 피렌체 포위 기간 동안 시에나는 제국군으로부터 상당량의 보급품을 요청받았다. 싫건 좋건 시에나는 그들이 할 수 있는 최선을 다했지만 제국군을 만족시키기에는 역부족이었다. 시에나 출신 망명객들은 카를 5세에게 자신들이 복귀할 수 있도록 도움을 요청했고, 이에 대해 카를 5세는 오랑주에게 이 문제를 검토해보도록 지시했었다. 제국의 대리인들은 카를 5세에게 시에나 정부에는 개혁이 필요하며, 따라서 공화국 체제는 유지하되 송독을 임명할 것을 권고했다. 그러나 황제는 무력을 통해 이러한 변화를 이끌어내고 싶어하지 않았다. 군대가 시에나 영토로 진격한 것은 그의 명령에 따른 것이 아니었다. 곤차가로서는 달리 어디에서 겨울을 보내야 할지 대안이 없었으며, 따라서 시에나 망명객들의 요구사항을 빠르게 처리할 생각이 없었다. 곤차가와 시에나에 파견된 제국 특사 로페 데 소리아는 군대가 이동한 후에도 스페인 병력으로 구성된 수비대가 남아 시에나 정부의 개혁을 지켜내고 망명 인사들이 안전하게 자리를 잡을 수 있도록 보장해주는 것이 가장 중요하다는 데 인식을 같이했다. 물론 이에 대한 비용은 시에나가 부담해야 했다. 11월 말, 망명 인사들이 복귀하고, 황제의 대표 자격으로 소리아가 지휘하며 시에나가 비용을 부담하는 수비대가 시에나나 카를 5세가 필요하다고 생각하는 기간만큼 주둔한다는 내용의 협약이 체결되었다.

　그러나 1531년 1월, 시에나 내부에서 분파 투쟁이 일어나 새로운 망명자들이 발생하자, 소리아는 시에나를 벗어나 제국군 주둔지로 돌아갔다. 카를 5세는 반복해서 무력 사용을 금하는 명령을 내렸다.[24] 하지만 제국군 주둔지를 방문한 시에나 사절단이 체포되었고, 곤차가는 야음을 틈타 1,000명 이상의 병력을 도시로 들여보내 시에나인을 무장해제해야 한다고 제안했다. 카를 5세는 이 제안을 받아들이지 않았다. 그의 궁정 조언자들은 시에나를 나폴리 왕국을 지키는 보호막이자 이탈리아 전역을 관장하는 감시초소로 삼아야 한다고 조언했다. 그러나 동시에 무력이 아니라 시에나인들의 자발적 헌신을 통해 복종을 이끌어내야 시에나의 '절대 군주'가 될 수 있다고도 진언했다.[25] 소리아와 곤차가 둘 다 교체되었다. 황제는 나폴리의 델 바스토에게 시에나의 군사령관직을 맡겼다가 도시가 어느 정도 안정을 회복하자 다시 롬바르디아로 복귀시켰다.

　1531년 4월 새로운 협정이 체결되었다. 망명자들이 복귀했고, 모든 정파가 정부 구성에서 배제되었으며, 350명 규모의 스페인 수비대가 치안을 담당하기로 했다. 델 바스토의 처남이자 아말피 공작인 알폰소 피콜로미니―나폴리에 영지를 보유한 시에나 가문의 방계 출신이었다—가 공화국의 총사령관으로 임명되어 시에나에서 사실상 황제를 대리하는 역할을 맡았다. 시에나에 주둔한 스페인 병력은 분열된 시민들 사이의 강렬한 적개심을 제어하는 데 거의 아무런 역할도 하지 못했다. 하지만 제국 대리인들에게는 시에나 정부를 감시하고, 가능하다면 도시를 황제의 통제 아래 두어야 할 의무가 있다는 믿음을 강화시켰다.

몇몇은 루카에 대해서도 비슷하게 생각했다. 피렌체 포위공격이 진행되는 동안 스페인 관리 후안 아브릴 데 마르시야가 루카에 파견되어 제국군을 위한 보급품 조달을 관장했다. 포위공격이 끝난 뒤에도 그는 특별한 직책 없이 그곳에 잔류했다. 그는 1531~1532년 루카의 정치적 혼란을 이용하여 준총독 수준은 아니더라도 제국 대리인의 권한을 확보하려고 시도했다. 루카 정부는 그가 자신들에게 명령을 내릴 어떠한 권한도 카를 5세로부터 부여받지 못했다고 반박했다.[26] 이에 마르시야는 주장을 철회하고 루카를 떠났다. 1533년 초, 카를 5세가 이탈리아를 재방문했을 때 마르시야는 다시 루카로 돌아가고 싶다는 의사를 밝혔다. 하지만 루카는 그의 복귀를 환영하지 않을 것이라는 점을 분명히 하며, 아울러 자신들의 도시에는 카를 5세의 대리인이 필요하지 않다고 밀했다.[27] 마르시야는 루카로 돌아가지 못했고, 카를 5세는 다른 사람을 대리인으로 보내지도 않았다.

제2차 볼로냐 회담, 1532-1533

카를 5세는 1532년 말, 독일에서 스페인으로 돌아가는 여정에 이탈리아에 들렀고, 클레멘스 7세에게 다시 한 번 만나자고 요청했다. 카를 5세가 논의하려는 주요 사안이 공의회 개최임을 알고 있었던 교황은 마지못해 볼로냐에서의 두 번째 회담에 응했다. 카를 5세는 클레멘스 7세가 볼로냐에 도착할 때까지 한 달간 만토바에서 머무른 뒤 12월 13일 교황과 만났다.

황제 생각으로 1533년 2월 말까지 지속된 회담은 성공적이지 않았다. 클레멘스 7세는 공의회를 소집하자는 제안을 거절했을 뿐만 아니라 프랑스 국왕에 대한 태도도 황제의 심기를 불편하게 했다. 1531년 6월, 클레멘스 7세는 로렌초 데 메디치의 딸 카테리나(카트린 드 메디시스)와 프랑수아 1세의 둘째 아들 오를레앙 공작 앙리의 결혼에 동의했다. 그런데 이는 교황이 모데나와 레조를 알폰소 데스테에게 주기로 한 카를 5세의 결정에 실망감을 표한 후 일어난 일이었다. 클레멘스 7세와 카를 5세가 볼로냐에 체류하는 동안, 프랑수아 1세는 혼인에 대한 확약을 받기 위해 교황 측에 사절을 보내 니스나 마르세유에서 회동하기를 요청했고, 클레멘스 7세도 동의했다.

볼로냐 회담에서 황제의 최우선 의제는 교황과 다른 이탈리아 국가들을 묶어 보편 동맹general league을 결성하는 문제였다. 추정컨대, 이탈리아의 평화 유지가 그 목적이었을 것이다. 즉 이탈리아가 황제와 연합하는 모습을 보여줌으로써 프랑수아 1세의 행동을 제약하고, 그가 마드리드 조약과 캉브레 조약의 내용대로 이탈리아 문제에 개입하지 않도록 하겠다는 것이었다. 또한 동맹군의 비용을 부담한다는 명목하에 이탈리아 내 제국군의 주둔비를 이탈리아 국가들에게 상시적으로 전가하겠다는 의도도 포함되어 있었다. 밀라노, 만토바, 페라라, 제노바, 시에나 그리고 루카가 이탈리아의 평화를 방해하는 그 어떤 세력에 대해서도 반대한다는 입장 아래 카를 5세 및 클레멘스 7세(그리고 클레멘스 7세를 통해 피렌체와도)와의 동맹에 참여하도록 요구받았다. 교황은 마지못해 동의했고, 그의 대리인들이 동맹의 세부 내용 작성에 참여했다. 하지만 다른 이탈리아 국가들은 협의에 참여하지도 못한 채 각자 부담해야 할 금액만 통보받았다.

이들 중 어느 나라도 요구받은 사항에 따르지 않았다. 페라라 공작은 동맹에 참여하는 것 자체를 거부했다. 시에나는 카를 5세의 비위를 맞추기 위해 동맹 참여를 승인하고 분담금도 일시불로 납부했지만 거기까지였다. 루카도 동맹 당사국으로 참여하는 것을 거부했다. 카를 5세는 루카를 자신의 '부속국^{adherents}' 자격으로 참여시켰지만 그럼에도 루카는 정기적인 분담금 납부에는 응하지 않았다. 제노바도 부속국 자격으로 동맹에 포함되었고, 카를 5세가 제노바를 대신해 조약상의 의무 이행을 약속했다. 제노바는 이에 강력히 반발했다. 제국을 공화국의 종주국으로 인정해야 카를 5세가 프랑스의 요구로부터 제노바를 더욱 효과적으로 보호할 수 있다는 점을 이미 제안을 통해 밝혔음에도 제노바는 단호하게 이런 식으로 자신들의 독립성을 훼손하지 않겠다고 천명했다. 카를 5세는 제노바의 동맹 비준을 이끌어내기 위해 그들의 부담을 상당 정도 낮추는 데 동의해야 했다. 그는 이탈리아를 떠나기 직전인 4월 초 제노바에 체류하는 동안 그들의 자유와 특권을 침해할 수 없는 권리로 인정하는 특허장을 발부했고, 그러고 난 다음에야 제노바는 공식적으로 조약을 비준했다.[28]

카를 5세와 그의 관리들은 자신들의 목적에 부합할 때마다 이 이탈리아 동맹을 들먹이곤 할 것이다. 하지만 그것은 오직 서류상으

카테리나 데 메디치(1519-1589)는 메디
치 가문의 합법적인 상속인이자 후계자
였지만 목숨조차 부지하기 힘들었던 어
린 시절을 보냈다. 프랑스 앙리 2세의 왕
비였으며, 남편 사후에는 아들들을 대신
해 섭정으로 프랑스를 통치했다. 문화 예
술 후원과 정치적 영향력으로 16세기 후
반 프랑스와 유럽 역사에 큰 영향을 미
쳤다.

로만 존재했다. 황제의 이해관계와 제국군을 지원하고 보조하는 데
이탈리아 국가들을 강제로 동원하려던 시도가 실패로 돌아간 것은
이탈리아 내에서 황제의 권력이 얼마나 제한적이었는지를 잘 보여준
다.[29] 한 가지 중요한 결과를 꼽는다면, 안토니오 데 레이바가 명목상
동맹군의 일부인 롬바르디아 주둔 병력의 지휘를 맡게 되었다는 점
이다.

　볼로냐를 떠난 카를 5세는 프란체스코 스포르차의 초대로 며
칠간 밀라노에 머물렀다. 밀라노 공작과 카를 5세의 조카이자 덴마
크 왕의 딸 사이에 약혼이 이루어졌다. 공작은 그동안 마련한 돈으로
1531년 3월 코모와 밀라노성을 되찾았다. 밀라노의 취약한 재정 상
태를 제국 관리들에게 낱낱이 보여주고 난 뒤에는 아직 해결되지 않
은 책봉의 대가에 대해서도 합의가 이루어졌다. 어느 누구도 병마에

시달리는 공작이 장수를 누리거나 후계자를 생산해내리라고 기대하지 않았다. 다시 말해 공국의 미래는 아직도 불확실한 상태였다.

프랑수아 1세의 이탈리아 설계

카를 5세의 기대와 달리 프랑수아 1세는 이탈리아에 대한 이해관계를 포기하기는커녕 잃어버린 기반의 일부라도 되찾겠다는 의지가 확고했다. 이탈리아에 여전히 많은 지지자가 있었고, 황제에 반대하는 잠재적인 우호 세력들도 있었다. 캉브레에서 동맹 세력들을 저버린 전력 때문에 프랑스인은 약속을 경시한다는 평판이 강화되면서 프랑수아 1세의 계획에 가담하기를 주저하는 분위기도 없지 않았다. 베네치아 도제 안드레아 그리티는 프랑스인은 신뢰할 만한 친구가 아니며, 자신들만 챙긴다고 말한 것으로 전해진다.[30] 그럼에도 베네치아는 프랑스의 타고난 동맹으로 간주되었다. 그들은 1533년 2월에 결성된 동맹에도 초대받지 못했다. 프랑스의 오랜 동맹이었던 페라라 공작도 캉브레에서 당한 배신으로 감정이 상한 상태였다. 어찌 됐건 그는 교황의 영토 요구에 맞서기 위해서라도 카를 5세와 좋은 관계를 유지해야만 했다.

프랑스 왕은 여선히 제노바와 밀라노 그리고 아스티가 정당한 자신의 영토라고 믿었다. 역설적이게도 그는 제노바가 황제의 종주권에 속한다는 생각을 지지했는데, 그렇기 때문에 자신의 희망대로 황제가 밀라노를 양도할 때 제노바도 함께 넘겨줄 수 있다고 생각했다. 밀라노를 되찾는 것이 이탈리아에서 프랑스 왕의 최우선 목표였다. 그렇다고 해서 그곳을 되찾기 위해 새로 진지한 계획을 세우거나

티치아노가 1546년에서 1550년 사이에 그린 것으로 추정되는 베네치아 도제 안드레아 그리티 (1455–1538)의 초상화. 티치아노의 초상화 중에서도 손꼽히는 걸작으로 평가받고 있으며, 베네치아 도제의 권위와 그리티 개인의 지적, 육체적 활력을 강력하게 표현하고 있다.

하지는 않았다. 하지만 기회가 있을 때마다 강력한 어조로 왜 밀라노 공국이 자신의 정당한 유산인지 역설했다. 그는 자신이 아니라면 자신의 아들 가운데 한 명이 공국을 소유해야 한다고 주장했다. 아스티는 1531년 카를 5세가 자신의 처제인 사보이아 공작 부인 베아트리체에게 양도했는데, 이것이 발단이 되어 프랑스 왕은 자신의 외숙부인 공작과 다툼을 벌였다. 그는 1531년 사망한 자신의 어머니 루이즈(사보이아의 루이즈)의 상속자로서 사보이아 영토 절반에 대한 권리를 주장했고, 니스와 빌프랑슈에 대해서는 프로방스 백작인 앙주 가문의 상속자 자격으로, 그리고 베르첼리에 대해서는 합법적인 밀라노 공작의 권리로 소유권을 주장했다. 이 주장들을 뒷받침할 만한 진정한 법률적 실체는 존재하지 않았다. 사보이아는 프랑스군이 밀라노나 제노바로 이동할 때 거쳐야 하는 영토로, 이곳을 통제하고 싶다는 갈망을 드러낸 프랑스 왕이 그가 처음은 아니었다.

　살루초 후작령에 대한 그의 관심도 마찬가지 맥락에서 볼 수 있다. 1528년 나폴리에서 살루초 후작 미켈레 안토니오가 죽자 그의 형제들인 잔 루도비코와 프란체스코 사이에서 계승권 분쟁이 일어났다. 잔 루도비코는 프랑스로 가서 프랑수아 1세—그는 살루초를 도피네의 속령으로 간주했다—앞에서 자신의 사건을 변론했지만 오히려 체포당했다. 1531년 1월, 프랑스 왕은 살루초를 프랑스 왕실에 귀속한다고 선언했다. 하지만 프란체스코가 살루초 후작으로 인정되자 이내 태도를 바꾸어 그에게 후작 작위를 부여했다.[31] 1533년 4월 말, 조반니 조르조 후작의 죽음으로 팔레올로고스 가문이 단절되자 프랑수아 1세는 몬페라토에 대해서도 자신의 권리를 주장했다. 프란체스코가 몬페라토의 대부분을 점령했다. 하지만 황제의 명령으로 철수해야 했고, 황제는 군대와 함께 데 레이바를 보내 그곳을 장악했다. 몬페라토는 제국의 봉토였고, 카를 5세는 자신이 몬페라토의 운명을 결정할 권리를 갖는다고 주장했다.[32]

아들 앙리와 카테리나 데 메디치의 결혼으로 프랑수아 1세는 앙리를 대신하여 우르비노와 피렌체에 대해서도 소유권을 주장하기 시작했다. 이 결혼식은 1533년 10월 말 마르세유에서 열렸는데, 교황과 프랑스 왕은 그곳에서 10월 중순부터 11월 중순까지 회담을 이어갔다. 카테리나는 거우 12세, 그녀의 남편도 고작 세 살 더 많았지만* 교황은 이 결혼의 성사를 바랐다. 이 결합은 프랑스 왕의 아들에게는 어울리지 않았다. 교황도 카테리나가 나중에 파혼당할까 염려했다. 교황과의 동맹을 통해 밀라노를 되찾겠다는 프랑스 왕의 바람은 실현되지 않았지만 우르비노 공국에 대해서는 클레멘스 7세가 앙리의 권리에 대해 동의한 것으로 알려졌다.[33]

교황과 프랑스 왕은 공의회를 하나만 소집하는 것은 바람직하지 않다는 데 입장을 같이하고 그에 관해 의견을 교환했다. 프랑수아 1세는 구교, 신교를 가리지 않고 독일의 제후 및 도시들과 긴밀한 접촉을 유지하면서 합스부르크 가문을 상대로 음모를 꾸몄다. 몇 년 동안은 오스만 제국의 쉴레이만 대제와 북아프리카 해안의 무슬림 해

---

* 지은이의 착각으로 보인다. 사료에 따르면 카테리나와 앙리 모두 1519년생이다. 또한 알려진 대로 카테리나의 생일이 1519년 4월 13일이라면 1533년 10월 당시 그녀와 앙리(1519년 3월 31일)의 나이는 12세가 아닌 14세이다.

카트린 드 메디시스(카테리나 데 메디치)와 앙리 왕자의 결혼식은 1533년 10월 28일 마르세유에서 거행되었다. 결혼 당시 프랑수아 1세의 둘째 아들이었던 앙리는 왕위 계승자가 아니었다. 하지만 1536년 그의 형인 프랑수아가 급사하면서 왕위 계승자가 되었고, 1547년 부친의 뒤를 이어 프랑스 국왕이 되었다.

적들과도 접촉하며 페르디난트 1세의 오스트리아와 헝가리 영토 그리고 카를 5세의 나폴리와 시칠리아를 포함한 지중해 영토에 대한 공격을 부추기기도 했다. 이는 기밀 사항도 아니었다. 프랑수아 1세에게는 카를 5세가 1535년 여름에 해적들을 상대로 원정을 벌일 때 이를 방해하거나 이용하려고 하지 않는 것이 미덕일 정도였다. 그러나 프랑수아 1세에게는 유감스럽게도 카를 5세는 그해 7월 격렬한 포위 공격 끝에 튀니지를 점령함으로써 자신의 치세에 정점을 찍었다.

밀라노 이양

1535년 11월 1일에서 2일로 넘어가는 밤사이 프란체스코 스포르차가 사망했다. 그는 동생 마시밀리아노가 1530년에 사망했기 때문에 후계자가 없었다. 그의 건강은 이미 심각한 상태였기 때문에 죽음 자체가 충격적이진 않았다. 황제의 대리인이 공국의 통치권을 대행했다. 공국 주민들의 저항이나 봉기는 없었고, 다른 이탈리아 국가들에서도 어떠한 반대 표명도 없었다. 베네치아조차도 밀라노를 이탈리아 군주가 통치하는 독립된 국가로 만들기 위해 또 다른 전쟁을 시작할 준비가 되어 있지 않았다.

데 레이바는 카를 5세에게 밀라노를 직접 통치하라고 조언했다. 하지만 모든 대신이 이 의견을 공유하지는 않았다. 몇몇은 황제 자신의 이익을 위해서도, 그리고 평화를 유지하기 위해서도 새로운 공작에게 공국을 이양하는 것이 최선이라고 주장했다. 만약 그가 공국을 직접 통치하려고 한다면 또 다른 전쟁의 불씨가 될 수 있다는 것이었다.[34] 카를 5세로서는 두 가지 선택 모두 매력적일 수 있었다. 밀라노는 자신의 여러 영토를 잇는 중요한 연결고리 위치에 있었다. 특히 스페인과 제국의 교류를 활성화할 수 있었다. 그러나 장기적으로 봤을 때 자신이 직접 밀라노를 통치할 경우 다른 나라들로부터 질시와 불만을 불러일으킬 가능성이 높았다. 따라서 다른 이에게 밀라노를 양도하는 것이 바람직했다. 카를 5세는 1535년 12월 말에 첫 결정을 내렸는데, 그 특유의 성향대로 당분간은 밀라노를 직접 통치하면서 이탈리아의 다른 나라들과 프랑수아 1세가 어떤 행동을 취하는지 지켜보기로 했다.

프랑스의 사보이아·피에몬테 침공, 1536

그 무렵 프랑수아 1세는 어전회의에서 카를 5세가 이탈리아에서 지나치게 강력해지도록 자신이 방치했다는 점을 언급했다.[35] 황제의 심복이 밀라노를 장악했다는 사실이 그곳을 수복하겠다는 프랑스 왕의 욕구에 불을 붙였다. 사보이아 공국의 영토는 이를 위한 교두보였다. 프랑수아 1세는 사보이아 공작 카를로가 제네바를 상대로 벌인 전쟁을 이용할 생각이었다. 프랑스 왕은 제네바를 대신하여 중재에 참여한 베른 측에 특사를 보내 자신이 직접 사보이아를 공격할 계획이라며 개입을 경고했고, 사보이아 공작에게도 또 다른 특사를 보내 자신이 주장하는 모든 영토를 양도하라고 요구했다. 1536년 2월 중순, 생폴이 지휘하는 두 개의 보병부대가 리옹의 북동부와 동부에 걸쳐 있는 공작의 영토 브레스에 파병되었다.[36] 그들은 그달 말까지 이 지역을 모두 점령한 뒤 사보이아로 진격했다.

프랑수아 1세는 특사를 보내 니스와 베르첼리 그리고 토리노의 양도를 요구했다. 만약 이를 거부할 경우 자신은 그 도시들이 필요하기 때문에 강제로 점령할 것이라고 경고했다.[37] 3월 말, 브리옹 영주 필리프 드 샤보가 이끄는 프랑스군 본대가 피에몬테까지 진격했다. 4월 초에는 토리노에 입성했다. 프랑스의 공식 기록에 따르면, 이 부대의 규모는 대략 보병 2만 4,000명과 기병 3,000명 정도였으나[38] 이 수치는 과장되었을 가능성이 크다. 당시 프랑스 왕은 자신이 모집할 수 있다고 자랑한 모든 병력을 소집하는 데 어려움을 겪었기 때문이다. 그럼에도 사보이아 공작이나 그의 백성들이 할 수 있는 일은 많지 않았다.

프랑스 측은 아스티 점령에 대해서는 프랑스 왕이 아니라 프랑수아 1세에게 충성하는 군대에 의해 이루어진 일이라고 주상했다. 프랑수아 1세를 위해 공개적으로 아스티를 점령하는 것은 카를 5세에 대한 직접적인 도전으로 비칠 수 있었다. 프랑스는 황제의 반발을 예상했으나 그 지역에는 그 정도 규모의 군대를 상대할 만한 충분한 병력이 없었다. 황제는 데 레이바에게 명령해 보병 1,000명을 보냈다. 하지만 그 정도 병력으로는 할 수 있는 게 거의 없었기 때문에 사보이아 공작이 피신해 있는 베르첼리 인근으로 후퇴했다. 베르첼리는 롬바르디아 경계에 위치해 있었고, 샤보는 그 경계를 넘지 말라는 명령을 받았다. 그는 토리노, 피네롤로, 포사노, 쿠네오 등에 수비대를 남겨놓고 군대와 함께 프랑스로 귀환하라는 명령을 받았다. 살루초 후작 프란체스코가 피에몬테 총사령관으로 임명되었다. 프랑스 왕의 계획은 피에몬테에서 몇몇 지역의 방비를 강화하고 그곳에 2만 5,000명의 병력을 주둔시킨 뒤 향후 일어날 일을 지켜보는 것이었다. 그는 피에몬테는 자신의 영토이고, 사보이아를 차지한 것도 합법적으로 자신에게 속하는 것을 사보이아 공작으로부터 되찾은 것일 뿐이며, 카를 5세의 영토는 전혀 공격받지 않았다고 주장했다.[39] 그러나 그는 카를 5세가 이탈리아를 통해 북상하고 있다는 사실을 알고 있었고, 분명 황제는 판을 키울 수밖에 없는 존재였다.

카를 5세의 이탈리아 종단, 1535-1536

튀니지에서의 승리는 황제의 명성을 드높였고, 그는 그 어느 때보다도 자신의 대의가 갖는 정당성에 대해 확신에 차 있었다. 그는 튀니지에서 배를 타고 1535년 8월 22일 시칠리아에 상륙했다. 그는 시칠리아 주민들로부터 큰 환대를 받았는데, 그가 물리친 해적들이 섬에 매우 실질적인 위협 세력이었기 때문이다. 11월 말에 도착한 나폴리에서도 주민들은 자신들의 왕국이 부왕령으로 격하된 데 대해 여전히 서운한 감정을 품고 있으면서도 기꺼운 마음으로 자신들의 왕을 맞이했다. 카를 5세는 나폴리에서 네 달을 머물렀다. 그는 왕국을 순시하는 대신 1532년부터 부왕 페드로 데 톨레도가 확실하게 장악하고 있던 나폴리 정부의 행정 체제를 면밀히 들여다보았다. 나폴리에 있는 동안 카를 5세는 프란체스코 스포르차의 사망과 프랑스의 사보이아 정복 소식을 들었다. 그는 스페인과 독일, 이탈리아인의 병력 모집을 지시했다. 1536년 3월 22일 나폴리를 출발한 카를 5세는 로마로 이동하는 도중에 샤보의 군대가 피에몬테를 침공했다는 소식을 접했다.

신임 교황 바오로 3세는 4월 5일로 예정된 카를 5세의 로마 입성이 황제를 맞이하는 교황에 걸맞은 행사가 되기를 바랐다. 신중하게 짜인 동선을 따라 카를 5세는 고대 로마 시대의 주요 유적지를 지나갔는데, 이는 고전고대에 대한 암시였을 뿐만 아니라 거리에 장식된 성상들은 기독교적 로마에 대한 강조이기도 했다. 교황이 속한 파르네세 가문은 로마의 중소 영주 가문 가운데 하나였다. 그는 일곱 명의 자식을 두었는데 그 가운데 아들 하나와 딸 하나가 살아남았다. 그도 가문의 이해관계를 결코 도외시하지 않았지만 국제관계에 대한 접근에서 클레멘스 7세보다는 정치가다운 태도를 취했다. 그는 중립을 지키고 평화를 촉진하는 것이 교황의 의무라는 점을 확고히 했다.

교황 임기 초기부터 카를 5세와 그가 보낸 특사들은 바오로 3세에게 '이탈리아 동맹'에 가입할 것을 권유했다. 그것이 프랑수아 1세에게 적대적인 행위로 비치리라는 것을 알았던 바오로 3세는 이를 거절했다. 프랑수아 1세는 황제가 전 이탈리아의 군주가 되려 한다고 주장하며, 교황이 카를 5세에 맞서 자신을 좀 더 분명히 지지해주기를 바랐다. 물론 카를 5세는 그러한 주장에 대해 지속적으로 부인했다. 황제는 로마 체류 막바지 시점인 4월 17일, 프랑스와 베네치아 대사를 포함한 많은 인사를 바티칸에서 열린 교황 및 추기경들과의 회동에 초청했다. 보통은 말수가 적었던 황제가 한 시간 동안이나 이야기를 했는데 주로 자신과 프랑스 왕의 관계에 대한 것이었다. 카를 5세의 말에 따르면, 프랑수아 1세는 결코 만족할 줄 몰랐다. 이제 그는 아무런 명분도 없이 사보이아 공작을 공격했고, 밀라노 공국에 대한 그의 요구는 또 다른 큰 전쟁을 불러일으킬 위험이 있었다. 만약 교황이 판단하기에 자신이 잘못된 길을 가고 있다면, 프랑수아 1세의 편을 들어도 좋다. 하지만 그게 아니라면 프랑스 왕에 맞서야 한다. 그에 대해 바오로 3세는 두 군주 가운데 어느 쪽이라도 합리적인 평화를 거부한다면 자신은 그 군주의 반대편에 설 것이라고 응답했다.[40] 카를 5세가 로마를 떠난 뒤, 바오로 3세는 공식적으로 중립을 표명했다.[41]

황제의 맹비난에 대한 대응으로 프랑수아 1세는 교황에게 보낸 서신에서 자신의 사보이아 점령을 정당화했다. 또한 카를 5세도 밀라노를 자신의 아들 앙리에게 양도하는 것에 동의했다며 자신이 직접 공국을 통치하겠다는 것이 아님을 강조했다. 밀라노 문제를 평화의 장애물로 볼 필요가 없다는 것이다.[42] 그러나 그는 카를 5세가 정

1534년부터 1549년까지 재위한 제220대 교황 바오로 3세(1468-1549)는 예수회 같은 새로운 수도
회를 인가하고 트리엔트 공의회를 소집하는 등 가톨릭 개혁에 힘썼다. 또한 미켈란젤로에게 〈최후
의 심판〉을 의뢰하는 등 르네상스 예술을 전폭적으로 후원한 교황이었다. 다만 전임 교황들도 저지
른 친족 등용과 직권 남용을 그대로 답습했다는 비판을 받았다.

한 시한에 따르지 않았고, 카를 5세는 이를 자신이 프랑스 왕에 대해 전쟁을 벌여도 되는 것으로 받아들였다.[43]

카를 5세와 프랑수아 1세의 이탈리아 전쟁 재개, 1536-1537

심지어 그 기한이 만료되기도 전에 데 레이바는 베르첼리의 주둔지에서 군대를 이끌고 토리노를 향해 출정했다. 그는 상당한 수준의 병력을 보유하고 있었다. 독일 보병 1만 5,000명과 스페인 보병 2,000명, 스위스 자원병 약간과 카를 5세가 '선한 부대 good band'라고 묘사한 이탈리아인 등으로 구성된 기병대, 여기에 추가 병력을 더 모집하는 중이었다.[44] 프랑스군은 토리노와 포사노 그리고 쿠네오를 제외한 피에몬테 전 지역에서 철수했다. 하지만 쿠네오는 5월 17일 살루초의 항복으로 진영을 바꾸었는데, 살루초는 황제로부터 보상으로 몬페라토를 기대했다.[45] 카를 5세는 5월 말 아스티에 도착했을 때 이미 프로방스 침공을 계획하고 있었다. 그는 자신이 군대를 이끌고 프랑스로 쳐들어가기 전에 프랑스군이 피에몬테에서 물러나기를 바랐을 것이다. 하지만 포사노가 6월 24일 항복했음에도 토리노는 저항을 계속했기에 프로방스 침공을 시작할 때에도 토리노 포위를 유지하기 위해 별도의 부대를 남겨두어야 했다.

7월 25일, 제국군은 국경을 넘어 프로방스를 침공했고, 니스까지 이어지는 해안 도로를 장악했다. 동시에 나사우 백작 하인리히의 지휘 아래 피카르디 침공도 시작되었다. 프랑수아 1세의 관심도 자연스럽게 남부 전선에 집중되었다. 그는 조정 대신들의 반대에도 선두에서 군대를 이끌고 몽모랑시 부대와 합류했다. 몽모랑시는 제국군의 보급을 차단하기 위해 프로방스를 초토화하는 전략을 채택했다. 8월 13일, 엑스(엑상프로방스)가 제국군에 함락되었다. 카를 5세는 그곳에 침공군의 주둔지를 마련했다. 프랑스군은 카를 5세의 목적지인 마르세유로 이어지는 모든 경로를 차단했다. 황제군 주둔지에서는 수천 명의 병사가 질병으로 사망하는 일이 벌어졌는데, 데 레이바도 그중 한 명이었다. 9월 11일, 카를 5세는 나사우의 부대도 피카르디에서 철군한다는 사실을 모른 채 프로방스에서 철수하기 시작했다.

프로방스 원정이 성과 없이 끝나는 동안 피에몬테에서 황제의 입지도 줄어들고 있었다. 피에몬테의 프랑스군을 지원하기 위해 이탈리아 보병 1만 명과 기병 수백 명이 도착했다.[46] 이는 구이도 란고네를 비롯한 남부 롬바르디아의 군사 귀족들—갈레오토 피코 델라 미란돌라도 그중 한 명이었다—이 모집한 병력이었다. 갈레오토는 1533년 자신의 백부 잔 프란체스코를 죽이고 미란돌라를 차지했는데, 그가 다스리는 이 작은 나라는 이탈리아 내 친프랑스 활동가들과 동맹 세력들에게 매우 중요한 안식처이자 프랑스를 위해 복무할 병력의 집결지 역할을 하게 될 것이다. 체사레 캄포프레고소도 이 그룹의 일원이었는데, 그들의 첫 번째 목표는 제노바였다. 8월 말, 그들은 제노바로 진격했다. 제노바 수비대는 이미 보강된 상태였고, 프레고소파를 지지하는 시민들의 봉기도 일어나지 않았다. 그들은 피에몬테 쪽으로 방향을 돌렸는데, 여기서는 보다 성공적이었다. 그들은 카리냐노를 점령한 뒤 그곳에서 발견한 군수물자로 토리노의 보급을 재정비했고, 피네롤로, 키에리 그리고 카르마뇰라 같은 토리노와 살루초 사이의 여러 지역도 점령했다.

이탈리아로 돌아가는 과정에서 카를 5세는 자신의 병력 일부와 델 바스토를 피에몬테로 보내 그곳에 남아 있는 제국군 및 독일에서 갓 충원된 새로운 란츠크네히트 병력과 합류시켰다. 델 바스토는 이 병력들로 피에몬테 영토 수복에 나섰다. 카를 5세 자신은 제노바로 갔는데, 10월 중순부터 11월 중순까지 머문 뒤 배를 타고 바르셀로나로 갔다. 그는 제노바에 머무르는 동안 몬페라토에 대한 자신의 결정 사항을 공표했다. 이는 자신의 부인인 마르게리타 팔레올로고의 권리를 내세워 영유권을 주장해왔던 만토바 공작(페데리코 곤차가)에게 유리한 결정이었다. 프랑스군은 몬페라토 후작령의 중심 도시인 카살레를 장악하기 위해 재빨리 움직였다. 하지만 델 바스토의 군대가 개입하여 카살레를 차지함으로써 페데리코 곤차가가 자신의 신생 국가의 영토를 넓힐 수 있도록 했다.

프랑수아 1세는 망명자들과 튀르크인들을 이용해 이탈리아에서 카를 5세와의 충돌을 다른 영역으로 확장하려고 했다. 그는 알레산드로 데 메디치가 1537년 1월 6일 자신의 먼 친척뻘인 로렌치노 데 메디치에게 암살당했다는 소식을 듣자마자, 카를 5세가 직접 피렌체를 장악하는 것을 막기 위해 피렌체의 공화파 망명자들을 지원하기로 결정했다.[47] 로렌치노가 알레산드로를 암살한 것은 그의 자리를 차지하기 위해서가 아니라 실정을 막기 위해서였기 때문에, 그는 즉시 피렌체를 떠났다. 일군의 피렌체 귀족이 핵심 평의회인 48인회 the Forty-Eight 를 소집해 조반니 데 메디치의 17세 아들 코시모를—공작이 아닌—정부의 수반으로 선출했다. 황제의 동의를 얻기 위한 특사단이 스페인에 파견되었다. 특사들은 알레산드로가 카를 5세의 딸 마르가레테와 혼인함으로써 양측의 관계가 더욱 긴밀해졌던 것처럼 이번에도 그녀가 코시모와 혼인해주기를 요청했다.

카를 5세는 자신의 딸이 코시모와 혼인하는 것에 동의하지 않았다. 사실 피렌체에서 결정된 것들에 대해 승인해줄지도 불확실했다. 델 바스토는 보병 1,500명을 파병했고, 만약 군사작전이 필요할 경우 피로 콜론나가 지휘하기로 했다. 로마에서는 제국 대사 시푸엔테스 백작이 망명자들의 계획을 막기 위해 분주히 움직였다. 피렌체 수비대 대장 알레산드로 비텔리는 피렌체의 요새를 장악한 뒤 이를 카를 5세와 코시모를 위한 것이라고 천명했다. 카를 5세로서는 피렌체의 요새와 피사와 리보르노의 요새들—알레산드로는 자신이 죽은 뒤 이 요새들을 황제에게 양도할 것이라고 약속한 바 있다—을 확보하는 것이 우선적인 과제였다. 그러나 그는 코시모와 그의 지지자들을 자극해 그들이 프랑스에 도움을 요청하는 일은 피하고 싶었기 때문에, 협상을 통해 망명자 문제가 해결되기를 희망했다.[48] 시푸엔테스는 카를 5세로부터 세부적인 지침을 받아 피렌체에 가서 코시모가 알레산드로에게 부여됐던 권한은 행사할 수 있지만 공작의 지위는 갖지 못할 것이라고 했다. 그는 비텔리에게 황제를 위해 피렌체의 요새를 수호하겠다는 맹세를 받아냈고, 리보르노의 요새도 손에 넣었다. 그러나 피사의 성주는 코시모를 위해 요새를 계속 지키겠다고 고집했다.

망명자 대표단과의 협상은 실패로 돌아갔다. 그들은 군사 원정을 계획하고 있었다. 7월 말, 보병 6,000명과 기병 300명이 미란돌라에 집결했다.[49] 망명자들은 피에몬테에서 재개될 군사 원정 그리고 튀르크 함대와 나폴리 망명객들의 나폴리 공격 계획에 프랑스가 자금과 인력을 지원해주길 희망했다. 코시모는 망명자들이 행동에 들어갔다는 소식을 듣자마자 그들을 상대할 병력을 파견했다. 망명자들의 부대는 전 병력이 피렌체 영토로 진입하기도 전인 8월 1일 프라토 인근 몬테무를로에서 결정적으로 패배했다. 지도자급 인물 몇몇은 사로잡히거나 체포되었다. 이미 그 나이대를 초월한 정치적 감각과 완숙미를 보여준 코시모는 자신의 입지를 굳힐 수 있었다. 이 전투가 벌어지고 두 달 후, 카를 5세는 그에게 공작 작위를 수여했다.

　나폴리 공격이 취소되는 동안, 이탈리아 북서부에서의 전쟁은 일진일퇴를 거듭했으나 중대한 교전은 벌어지지 않았다. 그것은 어디까지나 프랑스군과 제국군 사이의 전쟁이었다. 사보이아 공작은 전쟁에 거의 혹은 전혀 개입하지 않았다. 여전히 주민들 사이에서는 그에 대한 충성심이 많이 남아 있었고, 그는 자신에게 남겨진 공국의 잔존 영토에 피신해 있으면서도 프랑스 통치 지역의 주민들과도 계속 접촉을 유지했다. 그러나 그를 위해 봉기가 일어날 가능성은 적었고, 실제로도 전혀 시도되지 않았다. 1537년 초, 프랑스는 알프스에서 시작되는 주요 도로를 따라 자리 잡고 있는 피네롤로, 토리노, 몬칼리에리 같은 도시 및 요새, 포강의 주요 교차점, 그리고 남쪽의 살루초 일부를 장악하고 있었다. 그러나 이들 지역에 대한 프랑스의 장악력이 안심할 정도는 아니었다. 살루초 대부분의 지역을 장악하고 있던 프란체스코 후작이 3월 말 카르마뇰라 외곽에서 프랑스군과 싸우다 전사하자, 프랑스 왕은 11월에 그의 동생 가브리엘레에게 후작 작위를 수여했다.

피에몬테에서는 프랑스인과 이탈리아 장교들 사이에 그리고 이탈리아인 사이에 갈등이 있었다. 중심부 요새에는 대략 이탈리아군 9,000명과 프랑스 병력 4,000명이 주둔해 있었는데,[50] 농촌 지역은 제국군이 장악하고 있었기 때문에 보급과 전비 조달에 심각한 어려움이 있었다. 늘 그렇듯 주민들은 병사들로부터 강탈과 갈취를 당했고, 그러다보니 반란에 대한 우려도 있었다. 3월 초, 장 드 위미에르가 피에몬테 총사령관으로 임명되었다. 그가 4월 말에 부임하자 이탈리아군 장교 구이도 란고네는 자기보다 상급자인 위미에르의 권위를 받아들이지 못하고 군영을 떠나버렸다.

위미에르가 데려온 병력은 2,000명이 전부였다. 프랑수아 1세는 피에몬테 원정에 더 많은 자원을 투입할 준비가 되어 있었으나 북부 국경지대에서 또 다른 제국군과 싸우는 중이어서 이탈리아로 파병될 병력 일부가 아르투아로 갔다. 뷔르템베르크 공작이 지휘하는 란츠크네히트 1만 명이 남쪽으로 파병되었고, 위미에르는 7월 초에 이 지원병들을 이끌고 공세에 나섰다. 델 바스토와 도리아는 프랑수아 1세가 피에몬테에 전력을 집중할 것이라고 예상하고 그곳에 제국군을 보강해야 한다고 촉구했다. 카를 5세는 델 바스토가 보유하고 있는 병력에다가 피렌체와 니스에 있는 병력, 그리고 전신으로 가고 있는 병력까지 합치면 3만 명의 군대를 모을 수 있을 것으로 추정했다.[51] 그러나 언제나 그랬듯이 병사들의 임금 체불이 심각했고, 임금 지불 없이 그들의 출진을 기대하는 것은 난망했다. 게다가 델 바스토는 제노바는 물론이고 토스카나에서의 프랑스 계략, 파르마와 피아첸차를 장악하려는 프랑스의 도발 가능성까지도 염두에 두어야 했다.[52]

피렌체의 통치자 코시모 데 메디치(1519-1574). 갑옷을 입은 모습은 코시모의 군사적 능력과 정치적 권위를 상징하며, 이러한 표현은 자신을 강력한 지도자로 보이려고 했던 코시모의 의도를 반영한다.

    프랑스군의 공격이 시작되자 델 바스토는 토리노 인근 지점에서 아스티로 후퇴했다. 위미에르는 아스티 점령은 실패했지만 병사들의 불복종에도 몬페라토의 알바와 케라스코, 그리고 남쪽 타나로 강변의 여러 지역을 장악했다. 프랑스 북부 국경지대의 전쟁이 7월 말 휴전으로 마무리되자 프랑수아 1세는 전력을 피에몬테 전선으로 이동시킬 준비를 했다. 위미에르는 가장 강력한 거점에서 가장 믿을 만한 병력을 데리고 지원군이 도착할 때까지 기다리면서, 방어가 불가능한 지역에 대해서는 성벽을 해체하라는 명령을 받았다. 그는 벌써 1만 3,000명의 프랑스 및 이탈리아 병력을 여덟 곳의 요새에 집중 배치했고, 자신은 피네롤로로 물러났다.[53] 델 바스토는 농촌 지역을 장악하고 프랑스군이 점령한 도시들을 봉쇄하기 시작했다.

    몽모랑시가 이끄는 원군이 10월 말 마침내 피에몬테에 도착해 봉쇄를 무너뜨렸을 때는 겨우 세 개 도시―토리노, 피네롤로, 사빌리아노―만이 프랑스 수중에 있었다. 왕은 군대와 합류하여 토리노 동쪽에서 몬페라토까지, 그리고 남쪽으로 타나로강까지의 영토를 빠르게 점령했다. 스페인에서 카를 5세와 진행 중인 평화 협상이 거의 결실을 맺기 직전이라는 사실을 의식한 프랑수아 1세는 협상이 체결되기 전에 피에몬테 영토를 가능한 한 많이 확보하려고 했다.

휴전과 평화

1537년 11월 16일, 스페인 몬손에서 사보이아, 피에몬테, 롬바르디아, 제노바, 니스, 도피네 그리고 프로방스 지역을 아우르는 3개월간의 휴전협정이 체결되었고, 11월 27일 피에몬테에서 공표되었다. 다음 날 델 바스토와 몽모랑시가 카르마뇰라에서 만나 양측이 당시 시점에서 장악하고 있던 지역에 수비대를 주둔시키고 여분의 병력은 철수한다는 데 동의했다. 프랑수아 1세는 우세한 상황에서 휴전을 받아들인 데 대해 이렇게 설명했다. 겨울도 다가오고 있는 데다 너무 많은 작물이 파괴된 상황에서 대규모 부대를 유지하는 것도, 피에몬테에서 장악하고 있는 모든 도시에 공급할 식량을 찾는 일도 어려웠다는 것이다.[54] 카를 5세 역시 이탈리아에서 휴전에 동의할 준비가 되어 있었다. 그에게는 보다 시급한 관심사가 있었는데, 튀르크 문제와 지중해의 해적 문제, 독일 내 종교적·정치적 갈등, 그리고 서서히 싹트기 시작한 네덜란드의 반란이 그것이다.

황제와 프랑스 왕 사이의 모든 문제를 포괄하는 평화 회담이 프랑스와 스페인 국경지대에서 개최되었다. 하지만 프랑수아 1세는 카를 5세의 제안을 거절했다. 늘 그랬듯이 밀라노 문제가 관건이었다. 프랑스 왕은 밀라노 공국의 즉각적이고, 가급적이면 무조건적인 반환이 없이는 어떠한 평화조약도 불가능하다는 입장이었다. 밀라노를 자신의 아들과 결혼할 합스부르크 가문의 신부 지참금으로 가지고 온다 하더라도, 프랑수아 1세는 본인이 직접 통치하기를 바랐다. 카를 5세와 그의 조언자들은 밀라노를 양보한다고 하더라도 프랑스 왕실과 결합되는 것을 막기 위한 제한 조치가 필요하다는 입장이었다. 1536년 8월, 프랑스의 왕세자 프랑수아가 죽으면서 난제 해결이 더욱 복잡해졌다. 새 왕세자 앙리는 자신이 밀라노의 합법적인 주인이라고 생각했다. 하지만 카를 5세는 밀라노를 프랑스 왕위 계승자에게 양보할 생각이 없었다. 또한 앙리가 부인 쪽 가문을 통해 요구하는 피렌체와 우르비노에 대한 권리는 물론 제노바에 대한 프랑스의 어떤 권리 요구도 받아들이지 않을 생각이었다.[55] 피에몬테도 프랑수아 1세가 자신의 유산으로 간주하는 영토 목록에 더해졌다. 그는 밀라노를 받는 조건으로 자신이 사보이아 공작으로부터 빼앗은 영토를 반환해야 한다는 데 동의하지 않았다. 자신의 것이 아닌 그 어떤 영토도 보유하고 있지 않다는 것이었다. 이 근본적인 쟁점들에 대해서는 프랑수아 1세도 카를 5세도 타협할 생각이 없었다—이것들 말고도 그들 사이에는 다루기 힘든 쟁점들이 더 있었다. 어느 한쪽이 물러서지 않는 이상 확실하고 지속 가능한 평화 가능성은 없었다.

그럼에도 양측은 여전히 휴전을 원했고, 휴전은 1538년 6월 1일까지 두 번 갱신되었다. 바오로 3세는 카를 5세와 프랑수아 1세에게 만남을 촉구하면서 양자의 중재를 모색했다. 양측 모두 안전하다고 느낄 수 있는 니스가 적절한 회담 장소로 제안되었다. 카를 5세가 프랑수아 1세보다 이 제안을 더 선호했지만 최종적으로 회담은 개최되었다. 5월 9일 카를 5세가 가장 먼저 빌프랑슈에 도착했다. 일주일 후 교황이 니스에 도착했고, 프랑스 왕은 그보다 2주 뒤 빌뇌브에 도착했다. 카를 5세와 프랑수아 1세는 니스에서 교황과 각각 별도의 회담을 가졌다. 하지만 교황이 배석한 상태에서는 서로 만나지 않았다. 양측의 협상팀만 별도로 만났는데, 험악하고 무익한 대화만 오갔을 뿐이었다. 교황이 양측에 파견한 추기경단도 진전을 만들어내지 못했다. 프랑스는 밀라노만 왕에게 조건 없이 즉각 반환된다면 공의회 개최를 지지하는 것은 물론 튀르크에 대해서도 공격을 개시하겠다는 입장이었다. 제국의 경우에는, 밀라노 반환은 3년 후에나 가능하며,

그동안 프랑수아 1세는 공의회 지지와 튀르크와의 전쟁으로 선의를 표시해야 한다는 입장이었다. 교착상태를 타개하기 위해 바오로 3세는 네 가지 제안을 제시했다. 카를 5세는 그중 자신의 입장과 가장 가까운 제안 하나를 받아들였는데, 제3의 세력이 밀라노를 3년간 통치한다는 것이었다. 그러나 그 제3의 세력이 자신의 동생 페르디난트여야 한다는 조건을 달았다. 프랑수아 1세로서는 당연히 말도 안 된다는 반응을 보일 수밖에 없었다.[56]

평화협정의 체결이 어렵다는 것이 명백해지자 논의는 휴전 연장 쪽으로 전환되었다. 프랑수아 1세는 20년 이상의 휴전을 원한 반면 카를 5세는 최대 5년을 제시했다. 그들은 10년으로 합의를 보았다. 양측은 당시 시점에서 장악한 지역을 그대로 유지하기로 했다. 휴전 조건의 비준을 전제로 사보이아 공작도 휴전 당사자에 포함될 수 있었고, 그럴 경우 중요하지 않은 영토는 반환될 예정이었다. 미란돌라와 마찬가지로 제노바와 피렌체도 명시적으로 휴전 당사자에 포함되었다. 나폴리 망명자들은 배제되었다.[57]

휴전협정이 체결되고, 바오로 3세는 6월 20일 니스를 떠났다. 카를 5세는 니스 회의에서 성사된 프랑수아 1세와의 회담에 참석하기 위해 배를 타러 가기 전에 제노바에서 교황을 만나 추가로 대화를 나눴다. 그들은 7월 중순 프로방스 해안가에 있는 에그모르트에서 며칠간 만나 표면상으로는 선의와 상호 신뢰의 모양새를 보여주었다. 논의는 일반론 수준에 그쳤지만 양측은 10년간의 휴전 조약을 일종의 평화협정으로 간주한다는 데 인식을 같이했다. 양측 대신들 사이에서 해결되지 못한 문제들은 현상유지하기로 했다.[58]

몽모랑시에 따르면, 카를 5세와 프랑수아 1세는 자신들이 살아 있는 한 밀라노를 놓고 다시는 전쟁을 벌이지 않겠다고 서로에게 약속했다.[59] 그들은 그렇게 할 것이었다. 하지만 그렇다고 해서 이것이 밀라노가 더 이상 그들 사이에서 중요한 다툼의 대상이 되지 않았다는 의미는 아니다. 얼마간 프랑수아 1세는 새로운 전략으로 유화책을 들고 나왔다. 황제는 헨트에서 발생한 심각한 반란을 처리하기 위해 네덜란드로 가는 도중 프랑스 왕의 초청으로 1539년 11월부터 1540년 1월까지 프랑스를 여행했는데, 당시 프랑수아 1세는 황제가 성의 표시로 자신에게 밀라노를 양도하지 않을까 기대했다. 하지만 카를 5세는 프랑스 왕의 환대에 온전히 응하는 것만으로도 충분히 성의를 다했다고 생각했다. 카를 5세는 프랑스를 지나는 동안 프랑수아 1세에게 그의 막내아들 샤를과 자신의 딸 마리(마르가레테)의 결혼을 언급하며 마리의 지참금으로 네덜란드와 부르고뉴를 제공할 테니 밀라노와 사보이아 공작에게 빼앗은 영토를 포기하는 게 어떻겠느냐고 제안함으로써 프랑수아 1세를 더욱 실망시켰다. 그것은 프랑수아 1세가 받아들일 수 없는 조건이었다.

1540년 10월, 카를 5세는 자신의 아들인 펠리페(펠리페 2세)에게 밀라노를 양도했다. 펠리페가 직접 공국을 통치하는 것은 아니었지만 이것은 문제의 해결책이 아니었다. 카를 5세는 여전히 다른 대안을 논의할 수 있다는 입장이었지만 프랑수아 1세는 포기할 생각이 없었다. 그는 독일 내 황제 반대 세력을 선동하고, 쉴레이만 대제와의 동맹을 부활시키는 방안을 강구했다. 그는 1541년 7월 롬바르디아를 경유하던 프랑스 특사 두 명이 제국군에게 체포되자—나중에 살

카를 5세의 파리 입성(1540년).

합스부르크 왕가 출신의 펠리페 2세(1527-1598)는 스페인의 최전성기를 이끈 절
대군주였다. 1556년 즉위 후 중앙집권체제를 강화했고, 1580년부터는 포르투갈
국왕도 겸했다. 로마 가톨릭의 수호자를 자처하며 신교와 이슬람을 탄압했고, 레
판토 해전에서는 오스만 제국을 물리쳤다. 하지만 잦은 전쟁으로 국고가 고갈되어
재임 중 네 차례나 파산선고를 했다.

해된 것으로 밝혀졌다—이를 전쟁을 정당화해줄 명분으로 간주하고, 향후 카를 5세와 전쟁을 벌이는 문제까지 고려했다. 그 둘 중 한 명은 체사레 캄포프레고소로 당시 베네치아로 가는 중이었고, 다른 한 명—이 사람이 공격자들의 진짜 목표였다—은 안토니오 린콘이었는데, 여러 해 동안 프랑스에 복무 중이던 스페인 사람으로 임무를 받고 쉴레이만 대제에게 가는 길이었다. 국제법에 따라 외교 사절의 암살은 프랑수아 1세에게 이의를 제기할 수 있는 근거를 제공해주었으며, 그는 이를 최대한 활용했다. 당시 밀라노 총독이었던 델 바스토는 그 사건이 자신의 명령에 따른 것이 아니라고 부인했지만 그렇지 않다는 것이 분명했다.[60] 카를 5세는 특사들에게 어떠한 위해도 가해서는 안 된다고 분명하게 명령을 내렸지만 만약 린콘이 델 바스토에게 붙잡혔다면 반역죄로 다스릴 수 있는 것 아니냐는 입장이었다.[61]

이 문제는 1541년 9월, 황제와 교황이 루카에서 만났을 때 논의한 주제 가운데 하나였다. 당시 카를 5세는 북부 이탈리아를 통해 제노바로 가는 길이었다. 회담은 카를 5세가 제안했다. 주교 회의 ecclesiastical council 와 튀르크 문제에 관해 바오로 3세와 의견을 교환하고, 아울러 교황에게 프랑수아 1세에 반대하는 이탈리아 동맹에 가입할 것을 촉구하기 위해서였다.[62] 카를 5세가 프랑스와 튀르크의 관계에 대해 교황에게 무슨 말을 할지 우려했던 프랑수아 1세는 루카에 특사를 파견하여 바오로 3세에게 린콘 사태에 대해 판정을 내려달라고 요청했다. 바오로 3세가 카를 5세와 프랑수아 1세 사이에서 발생한 모든 분쟁에 대해 중재자로 나설 것이 예상되자 프랑스 왕은 태세를 전환했다.[63]

피에몬테 전쟁 재개, 1542-1544

카를 5세는 튀니지에서처럼 다시 한 번 승리를 기대하며 알제리를 상대로 원정에 나섰다. 하지만 이번에는 일이 잘못 풀려 그의 함대는 폭풍우에 뿔뿔이 흩어지고 난파되었다. 그는 11월 말에 스페인으로 돌아갔다. 프랑수아 1세는 튀르크에 시칠리아와 나폴리를 공격해 달라고 요청한 뒤 자신도 전쟁 준비에 돌입했다. 헨리 8세 및 독일 제후들과의 동맹 추진은 실패로 돌아갔지만 쉴레이만 대제로부터는 지원을 약속받았다. 1542년 7월 12일, 그는 황제에게 전쟁을 선포했다. 이번에는 전장의 주요 무대가 이탈리아가 아니었다. 프랑수아 1세는 프랑스 남부 페르피냥과 북부의 룩셈부르크 공격에 집중했다. 피에몬테에 파견되어 있던 군사령관 단보는 휘하 병력의 대부분을 이끌고 페르피냥을 장악하라는 명령을 받았다.

이로 인해 피에몬테에는 보병 1만 4,000명(그중 절반은 스위스 보병이었다), 프랑스와 이탈리아 중기병 500명, 경기병 700~800명 정도의 병력이 남았다. 프랑스 왕은 이 정도면 밀라노의 델 바스토 병력과 엇비슷한 규모라고 생각했다.[64] 델 바스토는 단보의 부재를 틈타 자신이 직접 피에몬테, 특히 토리노를 공격할 기회를 노렸고, 잔 루도비코 후작에게는 살루초 수복을 시도하라고 부추겼다. 프랑스 병사들의 복무 유지에 필요한 자금을 마련하는 데 어려움이 있었지만 피에몬테의 총독대행 기욤 뒤 벨레는 성공적으로 공격을 억제했다. 뒤 벨레는 단보에게 제국군을 몰아낸 뒤 농촌 지역까지 장악하려면 병력이 더 필요하고, 그게 아니라면 왕이 요새화된 도시만 지키는 것으로 만족해야 한다고 경고했다.[65] 페르피냥 원정에 실패한 단보는 피에몬테로 복귀했다. 아마도 경비를 절감하라는 국왕의 명령에 따라, 그는 토리노 인근의 작은 마을들을 장악하는 데만 주력했다. 또 병력 규모를 늘리는 대신 오히려 많은 병사들을 소집 해제했다. 몇 달간 피에몬테에서는 특기할 만한 군사적 행위가 발생하지 않았다.

궁정의 냉대와 재원 부족에 시달리던 델 바스토는 적군이 감소한 이 상황을 기회로 이용하지 못했다. 그는 너무도 낙담한 나머지, 교황의 손자인 오타비오 파르네세에게 주기 위해 밀라노를 매입하겠다는 제안을 황제가 받아들이도록 권할 준비마저 되어 있었다. 이는 1543년 5월 말, 카를 5세가 스페인에서 북부 이탈리아를 거쳐 독일로 가는 길에 제노바에서 받은 제안이었다. 카를 5세와 프랑수아 1세가 프랑스 북부와 저지대 지역 Low Countries 에서 다시 한 번 전쟁 준비에 돌입하자 바오로 3세는 재차 양측의 중재를 시도했고, 볼로냐에서 회담을 갖자고 제안했다. 프랑수아 1세는 왕국의 국경을 방어하느라 너무 바빠서 이탈리아에 갈 수 없다며 제안을 거절했다.[66] 카를 5세는 어쨌든 이탈리아에 있을 것이기 때문에 교황의 제안에 동의했고, 그들은 파르마와 피아첸차 사이에 있는 부세토에서 6월 말 만났다. 카를 5세는 성공하지는 못했지만 다시 한 번 바오로 3세를 자기 편으로 끌어들여 프랑수아 1세에 맞서게 하려고 시도했다. 그는 제노바에서 피에르 루이지 파르네세가 200만 두카트에 밀라노를 매입하여 자신의 아들인 오타비오에게 주겠다는 제안을 했을 때 어느 정도 마음이 동하기도 했다. 당시 오타비오는 1538년 알레산드로 데 메디치의 미망인이었던 자신의 딸 마르가레테와 결혼하여 황제의 사위이기도 했다. 하지만 부세토에서는 그 제안의 대가가 100만 두카트로 떨어졌기 때문에 더 따져볼 것도 없었다.

　카를 5세는 피렌체와 리보르노의 요새를 코시모 데 메디치에게 현금을 받고 반환하기로 함으로써 델 바스토에게 전달할 자금을 어느 정도 마련할 수 있었다. 7월 초 10만 스쿠디가 전달되었다. 델 바스토는 니스 구출 작전을 준비하는 등 다시 행동에 돌입했다. 6월에 앙기앵 백작 프랑수아 드 부르봉이 지휘하는 프랑스 함대가 사보이아 공작으로부터 니스를 탈환하려고 시도했지만 안드레아 도리아가 이끄는 갤리선 함대에 격퇴되었다. 니스는 8월에 프랑스와 튀르크의 연합함대로부터 다시 공격을 받았고, 8월 22일 2주간의 포위 끝에 함락되었다. 그러나 요새는 버텨냈고, 델 바스토와 사보이아 공작의 지원군이 출병하자 포위가 해제되었다. 기독교인과 튀르크인이 기독교 도시를 함께 공격했다는 것은 매우 충격적인 일로 받아들여졌다. 이 때문에 프랑수아 1세는 오직 프랑스군만 포위공격에 가담했다고 주장하면서 튀르크인의 개입을 축소하려고 했다.[67] 그러나 그는 이후 훨씬 더 충격적인 일을 벌였는데, '바르바로사'라는 이름으로 알려진 튀르크 해군 제독 하이레딘에게 그의 함대와 선원들이 겨울을 날 수 있도록 프랑스의 툴롱항을 거처로 제공한 것이다. 대부분의 툴롱 주민이 그들에게 숙소를 제공한 것으로 알려졌다. 바르바로사는 1544년 5월 말까지 그곳에 머물렀고, 그 후 이탈리아 해안지대를 습격하기 위해 출항했다.

　니스의 포위가 풀렸다는 소식을 들은 델 바스토는 병력을 피에몬테로 돌렸다. 그곳에서는 기프레이 기즈 드 부티에르가 지휘하는 프랑스군과 피로 콜론나가 이끄는 제국군 보병 7,000명 및 기병

400~500명이 본격적으로 작전에 돌입했다.[68] 델 바스토는 몬도비를 장악한 다음 열흘 후에는 카리냐노까지 차지했는데, 이로 인해 프랑스군 주둔지 간의 통신에 심각한 장애가 초래되었다. 이후 델 바스토는 피에몬테와 살루초에 있는 겨울 숙영지로 병력을 이동시켰다. 분노한 프랑수아 1세는 피에몬테에 지원 병력을 보내라고 명령했다. 그는 새해 원정 때 2만 7,000명의 병력이 준비되어 있어야 한다고 못박았다.[69] 또한 당기앵(프랑수아 드 부르봉)을 파견해 지휘권을 인계받고 카리냐노를 수복하도록 했다. 몰아내기에는 적의 병력이 너무 강하다고 판단한 당기앵은 봉쇄에 들어갔다. 델 바스토의 군대가 구원 준비를 마치자 당기앵은 프랑수아 1세에게 연통을 넣어 교전 허가를 요청했다. 교전 허가가 떨어졌고, 궁정의 많은 젊은 조신들이 전투에 참여하기 위해 서둘러 피에몬테로 갔다.

1544년 4월 14일, 양측 병력이 체레솔레 인근에서 만났다. 당기앵은 전투를 준비했고, 델 바스토도 프랑스군의 접근을 알고 있었다. 양군은 전투대형으로 정렬했다. 울타리나 도랑 같은 장애물이 없는 개활지였기에 기병을 효율적으로 사용할 수 있었고, 장창병의 전투대형도 자연적 지형지물로부터 어떠한 방해도 받지 않고 기동할 수 있었다. 양측 모두 야전포병을 보유하고 있었으나 중요한 역할은 맡지 않았다. 또한 총병의 전략적 사용법에 대해 양측 모두 잘 이해하고 있었다. 양군은 각각 세 개씩의 보병부대와 기병부대를 교대로 배치했고, 병력의 총규모도 1만 3,000~1만 4,000명으로 비슷했다.[70]

전투는 양측에서 수백 명 규모의 화승총부대가 야포의 지원 속에 몇 시간 동안 총격을 주고받으며 시작되었는데, "파비아 전투 때처럼" 서로 적의 측면에 자리 잡으려고 각축을 벌였다.[71] 리돌포 발리오니가 지휘하는 피렌체 기병부대—코시모 데 메디치가 제국군을 지원하기 위해 파병한 부대였다—가 오른쪽 측면에 배치된 프랑스 보병의 측면을 공격하기 위해 이동했다. 하지만 오히려 프랑스 경기병에게 공격당해 제국군 왼쪽 날개에 배치된 살레르노 공 페란테 다 산세베리노가 지휘하는 이탈리아 보병부대가 있는 곳까지 밀려났다. 혼란스러운 상황 속에서 프랑스 경기병부대의 지휘관이 생포되었다. 살레르노 보병은 발리오니 부대의 잔여 병력과 함께 퇴각했다.

중앙에서는 제국군의 란츠크네히트 부대가 프랑스 보병부대와 스위스 보병부대를 상대로 두 개의 '전투'를 치르고 있었다. 프랑스군과 독일군은 장창부대의 전투대형 두 번째 열과 세 번째 열에 총병—화승총병과 독일군의 경우 피스톨병—을 배치하여 적군의 앞 열에 위치한 지휘관들을 집중적으로 노렸다. 이 전략은 상당히 효과적이어서 대형의 앞 열에서 사상자 비율이 높았다. 프랑스 화승총부대를 지휘한 블레즈 드 몽뤼크의 기록에 따르면, 그는 프랑스 병사들에게 스위스 병사들처럼 창을 손잡이 아래로 움켜잡으라고 지시했는데, 독일 병사들처럼 창의 끝부분을 잡고서는 어깨에 얹은 상태에서 균형을 잡은 채로 창을 세내로 나눌 수 없기 때문이었다. 독일 병사들이 빠른 속도로 전진하자 그들의 대열에서 약간의 틈이 생겼다. 프랑스군은 보다 빽빽한 대형을 유지했다. 그들의 창은 길이가 더 짧았지만 뒤 열에서 앞 열의 병사들을 밀어주는 추진력은 더 컸다. 스위스 병사들은 독일군이 프랑스군에 근접할 때까지 기다렸다가 "야생 수퇘지처럼" 측면으로 돌진했다.[72] 스위스 병사들 옆에 정렬해 있던 프랑스 중기병들도 란츠크네히트 부대를 향해 돌격했고, 대형을 무너뜨린 다음 압도했다.

프랑스군의 좌익에서는 중기병부대의 기마궁수들이 제국군 우익의 경기병들을 상대로 돌격을 감행했는데, 제국군 대부분이 줄행랑을 치는 바람에 아무런 접전도 벌어지지 않았다. 궁수부대는 그라우뷘덴인과 이탈리아인 보병부대 옆에 자리를 잡았다. 그 옆에는 궁정에서 달려온 자원병을 포함한 당기앵의 중기병부대가 있었다. 오랫동안 스페인군에서 복무해왔던 스페인 정예들과 독일인으로 구성된 제국군 우익의 보병부대가 돌격을 감행하자 그라우뷘덴 병사들이 공포에 빠졌다. 그러자 이탈리아인 보병부대도 동요했다. 그라우뷘덴인과 이탈리아인 보병부대가 달아나자 당기앵은 자신의 부대를 이끌고 스페인과 독일의 정예병을 상대로 두 차례의 돌격을 감행했다. 이로 인해 많은 군마가 죽는 값비싼 대가를 치러야 했다. 중앙에서 벌어지는 전투로 전장이 팽창하면서 중심에서 멀리 밀려나버린 당기앵은 란츠크네히트 부대가 패배하는 것을 볼 수 없었기에 전투에서 패배했다고 생각했다. 하지만 당기앵 부대의 잔존 병력을 공격하기 위해 재집결하던 제국군 측에 그 소식이 전달되자 그들도 퇴각하기 시작했다. 중앙에서 승리를 거둔 스위스와 프랑스 보병부대가 당기앵 부대와 합류하여 후퇴하는 제국군을 추격했다.

많은 스페인과 독일 병사가 항복의 표시로 창을 버리고 포로들의 수를 세는 프랑스 기병들 주변으로 무리 지어 모여들었다. 그들은 이렇게 해서 발견하는 족족 살해하는 프랑스 보병들과, 특히 스위스 보병들로부터 보호를 받으려고 했다.[73] 제국군 병사들의 사망률이 높왔던 주된 이유는 아마도 이러한 흉포함 때문이었을 것이다. 뒤 벨레에 따르면, 1만 2,000~1만 5,000명으로 추정되는 전체 사망자 수에서 200명을 제외하면 전부 제국군이었다.[74] 실제 총 사망자 수는 이수치의 절반 정도일 것이다.[75] 또한 프랑스 측은 3,000명 이상을 포로로 잡았다. 부상당한 델 바스토가 이 전투에서 맡은 역할이 무엇이었는지는 불분명하다. 나중에 그가 한 말에 따르면, 그는 프랑스 기병대의 돌격을 화승총부대로 억제 또는 분쇄할 수 없었다거나 밀집대형을 갖춘 보병부대로 프랑스 보병을 압도할 수 없었다는 것을 믿지 않았다고 한다.[76]

자금과 병력이 더 지원되기만 한다면 밀라노까지도 진격할 수 있다는 전갈이 프랑수아 1세에게 전달되었다. 그는 이 선택을 고려해보지 않은 것은 아니나 제국군이 라인강 일대에 집결하는 상황이었기 때문에 당기앵에게 계속해서 카리냐노를 봉쇄하라는 명령을 내렸다. 당기앵은 장 드 타이스가 지휘하는 프랑스 보병부대와 중기병 200명, 그리고 약간의 포병대를 보내 "적의 영토를 약탈하게 했다".[77] 이 병력은 카살레, 알바 그리고 트리노를 제외한 몬페라토 대부분의 지역을 점령했다. 카리냐노는 6월 말에 당기앵이 제시한 조건에 따라 항복했다.

한편 델 바스토는 자신의 병력을 재조직하여 밀라노 방어에 집중했다. 코시모 데 메디치는 발리오니에게 보병 2,000명과 자금을 보내 그가 경기병부대를 재구축할 수 있도록 지원했다.[78] 예상과 달리 피에몬테로부터의 공격은 일어나지 않았지만, 프랑스에 복무하는 피렌체 망명객 중 가장 활발하게 활동하는 피에로 스트로치가 미란돌라에서 수천 명의 보병을 모아 밀라노로 진격했다. 하지만 당기앵군은 오지 않으며, 제국군이 함정을 파놓고 기다리고 있다는 사실을 깨닫자 그는 아펜니노산맥을 넘어 피에몬테로 가려고 했다. 그러나 6월 4일 세라발레에서 살레르노와 술모나 공 필리프 드 라누아가 지휘하는 제국군에게 패한 뒤 뿔뿔이 흩어졌다. 스트로치는 이에 굴하지 않고 미란돌라로 돌아가 자비로 1만 명의 병력을 추가로 모집했다.[79] 그는 델 바스토가 빈틈없이 가로막고 있는 밀라노 영토를 통과하는 대신 중립 지시를 받은 교황령 관리들이 관할하는 파르마를 경유하여 병력을 이동시켰다.

제국군과 영국군의 침략에 직면한 프랑스 왕이 피에몬테로부터 프랑스 병력 6,000명과 이탈리아 병력 6,000명을 징발해갔기 때문에, 당기앵에게는 남아 있는 자금과 병력이 거의 없었다.[80] 당기앵은 스트로치에게 알바 인근에서 합류하자는 연통을 넣었다. 그들은 연합 병력으로 알바를 포위하여 항복을 받아냈다. 델 바스토가 구원병을 이끌고 왔으나 너무 늦게 도착하는 바람에 다시 돌아가야 했다. 얼마 지나지 않아 그는 휴전을 제안했고, 이것이 받아들여져 피에몬테 전쟁의 한 국면을 종결짓는 휴전이 8월 8일 체결되었다.

크레피 평화조약, 1544

6주 후인 1544년 9월 18일, 카를 5세와 프랑수아 1세 사이의 평화조약이 크레피에서 체결되었다. 카를 5세의 동맹이었던 헨리 8세는 조약에 참여하지 않았고, 2년간 더 프랑스와 전시 상태를 유지할 것이었다. 니스 휴전협정 이후 양측이 점령한 모든 영토는 반환되었다. 프

카를 5세가 비준한 크레피 평화조약 문서. 크레피 평화조약으로 카를 5세는 부르고뉴를, 프랑수아 1세는 나폴리와 플랑드르, 아르투아에 대한 요구를 포기했다.

랑수아 1세는 나폴리, 플랑드르 및 아르투아에 대한 요구를 철회했고, 카를 5세는 부르고뉴를 포기했다. 프랑스 왕은 카를 5세를 도와 튀르크와 싸우고, 아울러 공의회 개최와 독일 신교도들에 대한 대응에 협력하기로 했다. 양 가문은 결혼을 통해 동맹을 맺기로 했는데, 황제의 딸이 프랑스 왕의 아들 샤를 도를레앙과 결혼하고 지참금으로 저지대 지역과 프랑슈콩테를 가져가는 방안—이 경우 프랑스 왕은 밀라노와 아스티에 대한 권리를 포기하기로 했다—이나 황제의 조카인 페르디난트의 딸이 도를레앙과 결혼하면서 밀라노를 지참금으로 가져가는 방안이 논의되었다. 양 방안 중 어느 하나가 시행에 들어가면 프랑스군은 피에몬테와 사보이아에서 철수하고, 프랑스 왕과 사보이아 공작 사이의 분쟁은 중재에 따라 해결하기로 했다.[81]

1544년 카를 5세와 프랑수아 1세 사이에 이루어진 크레피 평화조약을 상징적으로 묘사한 그림. "날짐승의 여왕인 독수리(스페인)"와 "억압된 수탉(프랑스)"의 모습을 통해 카를 5세와 프랑수아 1세의 권력관계 및 정치적 상황을 은유적으로 표현하고 있다.

어느 쪽도 이 조건에 만족하지 않았지만 전쟁을 계속하는 것도 바라지 않았다. 카를 5세는 자금이 바닥나고 있었고, 독일 문제에 집중하기를 원했다. 프랑수아 1세도 9월 13일 영국군에 함락된 불로뉴 문제가 급선무였다. 그가 남은 치세 기간 동안 벌인 군사 활동의 우선순위는 그곳을 탈환하는 것이었다. 황제는 결혼 동맹을 통한 지속적인 평화를 위해 밀라노와 저지대 지역 가운데 어느 곳을 희생해야 할지 고민했고, 스페인 중신들에게 자문을 구했다. 의견은 둘로 나뉘었다. 한쪽은 합스부르크 가문의 세습 영토에 속하는 저지대 지역이 아니라 전쟁의 원인을 제공함으로써 재원 고갈의 주범이 된 밀라노를 포기해야 한다고 주장했다. 다른 한쪽은 밀라노가 독일과 연결되는 중요한 통로이자 나폴리와 시칠리아 방어의 핵심이며 저지대 지역보다 스페인에 훨씬 더 유용하다는 입장이었다.[82] 카를 5세는 저지대 지역을 지키는 쪽으로 결정했다. 그의 고민은 1545년 9월 샤를 도를레앙이 사망함으로써 해결되었다. 프랑수아 1세에게는 왕세자인 앙리가 유일하게 남은 아들이었다. 1546년 7월, 황제는 또다시 자신의 아들 펠리페를 밀라노 공작으로 책봉했다. 이번 책봉은 최종적인 결정이었음에도 3년 동안이나 공개되지 않았는데, 프랑스는 물론이고 이탈리아 국가들의 반응도 우려했기 때문이다.

이탈리아에 대한 스페인의 야욕

밀라노와 저지대 지역 중 어느 쪽을 포기해야 하느냐는 논쟁에서 밀라노를 지켜야 한다고 주장한 쪽은 이탈리아에서 제국이 아니라 스페인의 영향력을 유지하는 데 밀라노의 역할이 중요하다고 생각했다. 이탈리아에서 활동하는 카를 5세의 관리들과 지휘관들―당시 이들 대부분은 부르고뉴 출신이 아니라 스페인이나 이탈리아 출신이었다―은 자신들의 영향력을 확장하려고 할 때 황제의 권한을 내세웠다. 그리고 그들이 그렇게 한 것은 제국이 아니라 스페인의 이익을 위해서였다. 그들은 펠리페가 아니라 페르디난트가 카를 5세의 뒤를 이어 신성로마제국의 황제를 계승해야 한다고 생각했다.

이탈리아에서 스페인의 이해관계를 가장 앞장서서 옹호했던 사람은 이탈리아인 페란테 곤차가였다. 그는 프란체스코 곤차가 후작의 아들로 16세 때 스페인에 있는 카를 5세의 궁정에 보내졌다. 그는 그곳에서 내성적이면서도 용감했던 젊은 황제에게 동질감을 느꼈고, 황제의 궁정이 표방하는 기풍과 가치에 철저히 동화되었다. 그는 사병으로, 경기병의 지휘관으로, 그다음에는 장군으로, 1535년부터 1546년까지는 시칠리아 부왕으로, 그리고 1546년 4월부터는 밀라노 총독으로 카를 5세를 위해 복무하며 경력을 쌓아왔다. 황제는 그를 밀라노 총독으로 임명한 이유에 대해 필요한 모든 일을 그에게 맡길 수 있다고 믿었기 때문이라고 설명하며, 그의 충성심과 열정 그리고 능력에 대해 무한한 신뢰를 보냈다.[83] 그는 카를 5세에게 제노바를 지켜야 하는 것은 물론 저지대 지역을 내주고 사보이아와 피에몬테를 확보해야 하며, 시에나와 루카, 피옴비노를 장악한 뒤, 스위스와 베네치아 그리고 교황이 차지하고 있는 밀라노 공국의 영토 일부도 되찾아와야 한다고 조언했다.[84]

황제는 보다 조심스럽게 접근했다. 그는 옛 밀라노 영토를 수복하자고 스위스나 베네치아와 전쟁을 치르고 싶지는 않았다. 북이탈

리아 안보에 대한 그의 시각은 파르마와 피아첸차 그리고 밀라노 영
토를 보유하고, 피렌체 공작의 충성을 확보하는 것에 기반하고 있었
다.[85] 재원은 한정되어 있고 그에 대한 수요는 많았기 때문에, 그는
가급적 무력이 아니라 설득과 선의에 의존하려고 했다. 그러나 안보
를 위해서라면 무력이든 속임수든 언제든지 사용할 준비가 되어 있
었다. 이탈리아에서 활동하는 그의 대리인들은 자신들이 제안한 목
표를 달성하기 위해서라면 무력도 사용할 수 있다는 입장을 보다 빠
르게 받아들이는 편이었다. 황제의 대리인으로서 종종 강압적인 태
도를 취했던 그들은 이탈리아의 약소국가들이 자신들의 요구를 받
아들이지 않을 경우 필요하다면 이를 불복종으로 간주하고 단죄해야
한다는 입장이었다.

시에나는 여전히 황제와 그의 이탈리아 대리인들이 직접 통제
해야 한다고 생각하는 가장 중요한 목표물이었다. 이 공화국의 문제
는 카를 5세가 1541년 알제리를 상대로 원정 중일 때에도 그랑벨이
남아서 처리해야 할 정도의 의제였다. 그의 지시하에 시에나 정부는
다시 개혁되었는데, 이번에는 제국 관리들을 몇몇 중요한 직책에 임
명할 수 있다는 조항이 포함되었다. 1543년 시에나의 제국 대리인
으로 임명된 후안 데 루나는 카를 5세에게 시에나 해안시내의 요새
들을 점거해야 한다고 권고했다. 하지만 황제는 이를 부적절한 조치
로 보고 거절했다.[86] 데 루나는 황제가 시에나인들을 너무 조심스럽
게 다룬다고 생각했다.[87] 하지만 정작 그 자신이 시에나인들에게 취
한 조치는 1546년에 봉기를 야기했고, 그로 인해 그와 스페인 수비
대는 도시에서 철수해야 했다. 그를 대신해서 부임한 프란체스코 그

라소는 황제에게 시에나 개혁은 군대에 의해 뒷받침되어야 하며, 요새를 건설할 경우 더 적은 수의 병력만으로 충분할 것이라고 조언했다.[88] 카를 5세로부터 개입 명령을 받은 페란테 곤차가는 시에나에 수백 명 규모의 스페인 병력을 수용해야 한다고 요구했다. 시에나인들은 몇몇 인사로부터 이를 받아들이지 않을 경우 자신들을 상대로 무력이 행사될 수도 있다는 경고를 들은 후에야 1547년 최종적으로 400명의 병력을 수용했다. 로마 주재 제국 대사 디에고 데 멘도사는 시에나에서도 황제를 대표하는 책무를 부여받았다. 그는 곧바로 시에나인들에게 비용은 그들이 대면서도 황제를 위해 사용될 요새를 건설하도록 압박했다.

똑같은 제안이 제노바인에 대해서도 제기되었다. 카를 5세는 제노바에 대한 통제권을 확보해야 한다는 생각에는 동의했지만 안드레아 도리아를 화나게 하고 싶은 생각은 없었다. 이 문제는 잔 루이지 피에스키가 1547년 1월 초 도리아를 상대로 벌인 음모가 실패한 후 부각되었다. 피에스키는 그의 가문이 제노바 공화국에서 대대로 누려온 지배적인 지위를 회복하려고 했던 것인데, 음모의 배후에 프랑수아 1세와 교황이 있었다. 피에스키는 항구에서 도리아의 갤리선단을 포획하던 중 익사했고, 도리아의 조카 잔 네티노도 죽었다. 그러나 결정적으로 도리아는 살아남았다. 생존한 피에스키 형제들은 프랑스에 있는 이탈리아 망명객 무리에 합류했다. 도리아와 제노바 정부는 피에스키 세력이 리구리아에서 뿌리 뽑힌 이상 체제에 대한 위협이 사라졌다고 강조했다. 반면 카를 5세의 제노바 대사 고메스 수아레스 데 피게로아와 페란테 곤차가는 보안을 더 강화해야 할 필요성을 역설하며 수비대와 총독 그리고 요새가 필요하다고 주장했다. 카를 5세는 신중한 여론 파악을 지시했다. 이후 피게로아는 제노바인들의 독립에 대한 강한 애착을 인지하고 신중한 태도를 취했다. 그러나 곤차가는 단호하게 밀어붙여야 한다는 입장이었고, 제노바에 침투 부대를 파병해야 한다고 제안했다. 카를 5세는 보다 과두주의적인 정부를 세우고 수비대를 주둔시킨 뒤 요새를 세우는 방향으로 노력할 준비가 되어 있었다. 그러나 수비대는 오지 않았고, 요새도 세워지지 않을 것이다. 도리아는 온건한 수준의 정부 개혁만 추진했고, 그 정도면 충분하다는 입장을 굽히지 않았다.

1547년 9월, 페란테 곤차가가 피아첸차를 장악했다. 이는 제노바에서 개혁 약속을 이행하게 하는 원동력으로 작용했다. 피아첸차는 교황이 아니라 그의 아들 피에르 루이지 파르네세의 영토였는데, 그는 1545년 8월 파르마와 피아첸차를 자신의 아버지로부터 개별 공작령으로 책봉받았다. 바오로 3세는 이 책봉에 대한 추기경들의 반대를 무마하기 위해 1540년 손자 오타비오에게 주어졌던 카메리노를 그의 가문이 포기한다는 데 동의해야 했다. 그러나 카를 5세는 파르마와 피아첸차에 대한 피에르 루이지의 작위를 결코 인정하지 않았다. 그는 이 도시들을 밀라노 공국의 일부로 간주했다. 곤차가는 이 지역들의 전략적 중요성과 공국의 재원에 기여하는 바를 강조하며, 피에르 루이지가 프랑스 쪽으로 기울고 있다는 카를 5세의 우려를 부추겼다. 그는 카를 5세에게는 호의적이고, 자신의 권위를 강요하는 피에르 루이지에게는 적대적인 피아첸차의 귀족들을 이용하는 방안을 마련했다. 그들이 피에르 루이지를 상대로 음모를 꾸미도록 부추긴 다음 자신이 황제를 위해 도시를 점령하겠다고 한 것이다. 카를 5세는 가급적 피에르 루이지를 다치게 하지 말라는 조건으로 이 계획을 승인했다.

교황과의 관계는 이미 나빠져 있었기 때문에 카를 5세는 그를 불쾌하게 만드는 것에 별로 개의치 않았다. 바오로 3세는 카를 5세가 이단자인 헨리 8세와 동맹을 맺었다는 점(교황의 말로는 프랑수아 1세가 튀르크인들과 맺은 동맹보다 더 나쁜[89]), 그리고 1545년 트렌토에서 마침내 열린 공의회의 성격과 장소에 대해 독일 신교도들에게 양보할 준비가 되어 있었다는 점에서, 카를 5세에게 분노했다. 교황은 프랑스 및 베네치아와의 연합을 논의했다(베네치아인들은 거기에 말려들고 싶어 하지 않았다). 이를 알게 된 카를 5세는 1547년 2월 독일 프로테스탄트와의 전쟁을 지원하기 위해 파병한 군대를 철수시킬 정도로 교황에 대해 분노했다.

9월 10일, 피에르 루이지가 피아첸차의 성채에서 음모자들에게 암살당했다. 다음 날 곤차가가 소수의 병력만 데리고 도시를 접수하기 위해 왔다. 그는 요청에 응한 것뿐이라는 의사를 분명하게 내비쳤지만 그가 암살의 배후이며 카를 5세 또한 연루되었다는 의심이 파다했다. 음모의 실행은 황제의 사위 오타비오 파르네세가 피아첸차를 떠날 때까지 연기되었다. 아버지가 암살되었다는 소식을 들은 오타비오는 파르마로 떠났고, 그곳 주민들로부터 영주로 받아들여졌다. 곤차가는 파르마 영토의 상당 부분을 장악했지만 파르마시를 공격하여 교황과 전쟁을 벌이는 모험까지 감수하지는 않았다. 그러나 파르마 장악에 실패함으로써 피아첸차를 지키는 일은 더욱 어렵고 비용이 많이 드는 일이 될 것이었다.

　　피아첸차를 상대로 한 곤차가의 쿠데타와 멘도사의 오만방자한 시에나 통치는 둘 다 역효과를 낳았다. 이탈리아에서 스페인의 권력을 공고히 하기는커녕 이탈리아의 다른 나라들까지 카를 5세의 의도에 더욱 경각심을 갖게 만들었다. 또한 카를 5세가 유럽의 다른 지역에서 어려움을 겪고 있을 때 프랑스가 이탈리아에 개입할 여지를 만들어줬다. 결국 카를 5세는 마지막 수단으로 이탈리아 전쟁을 재개할 수밖에 없었다.

7장

프랑스의 도전
1547-1559

이탈리아 전쟁의 마지막 10년간, 이탈리아에서 제국과 스페인의 패권은 프랑스의 도전에 직면했다. 피에몬테에서 우세를 점하고, 미란돌라에서 파르마까지 중부 이탈리아에서 영역을 확대한 프랑스 세력은 시에나에 교두보를 마련하고 나폴리 왕국을 공격했다. 이러한 위협에 적절히 대응할 만한 기력이 없었던 카를 5세는 이탈리아 영토의 통치와 이탈리아 문제 전반에 대한 관리 감독을 아들인 펠리페에게 점진적으로 이양했다. 그러나 카를 5세는 그렇게 하는 것이 쉬운 일이 아니라는 것을 알았으며, 펠리페는 이탈리아에서 프랑스를 물리치는 데 필요한 재원을 확보하고 활용하기 위해 힘겨운 싸움을 해야 했다. 결국 이탈리아에서 프랑스의 도전에 종지부를 찍고 이탈리아 전쟁을 끝내기 위해서는 프랑스 북부 국경지대에서 전쟁을 치러야만 했다.

1547년 4월, 프랑스의 새 국왕 앙리 2세가 즉위했다. 앙리 2세는 이탈리아어를 유창하게 구사했다. 그의 궁정은 아버지 때처럼 대부분 망명자로 구성된 이탈리아인들로 가득 찼다. 그의 이탈리아인 부인 카트린 드 메디시스는 피렌체 망명객, 특히 사촌인 피에로 스트로치와 그 형제들과 긴밀한 관계를 맺고 있었다. 앙리 2세는 군사 원정을 통해 밀라노와 나폴리를 수복하는 데 아버지만큼 관심을 갖지는 않았지만 사보이아와 피에몬테 그리고 살루초만큼은 수호하겠다는 의지가 굳건했다. 그는 그 지역들을 이탈리아의 침략으로부터 왕국을 보호하는 방어벽으로 간주했다. 프랑스 왕의 군사적 우선순위는 영국으로부터 칼레와 불로뉴를 수복하고, 스코틀랜드 문제에 개입하여 영국이 그곳에 지배권을 확립하는 것을 막아내며, 스코틀랜드의 여왕이자 왕세자의 약혼녀이기도 한 어린 메리를 보호하는 것이었다. 1547년 1월 헨리 8세가 사망하면서 앙리 2세는 자신의 영국인 동명이인을 상대할 필요는 없어졌지만 젊은 국왕 에드워드 6세의 정부, 1553년 7월부터는 메리 여왕을 상대해야 했다. 메리 여왕이 펠리페 2세와 결혼한 1554년부터 그녀가 사망하는 1558년 11월까지는 영국의 합스부르크 왕이 등장하는 것까지 감안해야 했다. 하지만 앙리 2세로서는 다행스럽게도 펠리페 2세는 결코 영국의 정책과 재원을 완전히 장악한 적이 없었다. 이러한 상황에서 앙리 2세의 관심이 남쪽이 아니라 왕국의 북쪽으로 쏠린 것은 이해할 만한 일이었다.

그의 치세 기간 동안 일어난 프랑스의 이탈리아 정책은 많은 부분 이탈리아에서 활동하는 그의 대리인이나 이탈리아 망명객, 그의 부인과 프랑수아 드 기즈, 샤를 드 기즈 추기경 같은 측근들의 이해관계와 주도로 이루어진 결과물이었다. 기즈 형제는 그가 아버지의 궁정에서 소외받던 시절에도 충성스러운 동반자였으며, 그의 정부情婦이자 정치적 영향력이 상당했던 디안 드 푸아티에의 지지자이기도 했다. 프랑수아 드 기즈는 페라라 공작의 딸 안나 데스테와 결혼했는

형의 갑작스러운 사망으로 왕위 계승자가 된 앙리 2세(1519–1559)는 프랑수아 1세의 뒤를 이어 1547년부터 1559년까지 프랑스를 통치했다. 그는 카토-캉브레지 평화협정을 통해 60여 년간 지속된 이탈리아 전쟁을 종식시켰다.

데, 이는 앙리 2세가 후원한 결합이었다. 공작의 동생 이폴리토 데스테 추기경은 프랑수아 1세의 측근이었으며, 앙리 2세와도 좋은 관계를 유지하며 이탈리아에서 프랑스의 이해관계를 대변하는 영향력 있는 인물로 부상했다. 기즈가 형제와 그 추종자들을 견제한 인물은 왕의 또 다른 측근 몽모랑시 원수였는데, 그는 그들의 모험주의적 노선에 반대했다. 앙리 2세는 그의 경험과 판단력을 크게 신뢰했고, 몽모랑시는 재상의 역할을 맡아 외교정책을 통제하려고 노력했다.

독일 문제는 여전히 황제의 주요 관심사였다. 이는 본인 가문의 일과 연관된 문제이기도 했다. 그는 가문의 오랜 관례를 깨고 동생 페르디난트가 아니라 아들 펠리페에게 황제의 자리를 승계하려고 했다. 또한 누가 가문 영토의 어느 부분을 상속할 것인가를 놓고 합스부르크가 구성원들 사이에 불편한 기운이 감돌기도 했다. 특히 카를 5세가 제국으로부터 분리한 뒤 근래에 정복한 영토를 통합하여 확장한 데다 1548년 독립된 국가로까지 인정한 네덜란드가 초미의 관심사였다. 1551년 3월, 합스부르크가의 형제는 페르디난트가 카를 5세의 뒤를 이어 황제를 계승한 뒤 펠리페를 다음 로마인의 왕으로 선출한다는 비밀 협정을 체결했다. 그다음에는 펠리페가 페르디난트의 아들 막시밀리안(막시밀리안 2세)을 로마인의 왕으로 선출할 것이었다. 그러나 페르디난트는 가문의 영토를 분할한다는 카를 5세의 계획에는 동의하지 않았고, 형제는 계속해서 긴장 관계를 유지했다. 이로 인해 카를 5세는 독일 전쟁에서 동생의 협조를 기대할 수 없는 처지였다.

아버지처럼 앙리 2세도 제국 내의 카를 5세 반대 세력과 기꺼이 동맹을 맺을 준비가 되어 있었다. 그는 아버지를 대신해 형과 함께 스페인에 볼모로 잡혀가서 함부로 대우받은 기억 때문에 카를 5세를 증오했다. 또한 그의 아버지가 쉴레이만 대제와 맺었던 암묵적 협력 관계도 계속 이어가면서, 육상과 해상에서 튀르크인과 협력하여 군사작전을 진행할 생각이었다. 하지만 정작 앙리 2세와 카를 5세의 전쟁이 시작된 곳은 파르마와 피에몬테, 즉 이탈리아였다.

파르마와 미란돌라 전쟁, 1551-1552

파르마와 피아첸차 문제는 매우 복잡하게 꼬여갔다. 교황은 아들 피에르 루이지가 암살되고 1547년 페란테 곤차가가 피아첸차를 장악한 다음부터는 무력으로 도시를 되찾으려는 시도를 하지 않았다. 그는 카를 5세에게 피아첸차를 되찾아서 교황령으로 복원시켜줄 것을 요청했다. 그러나 황제는 교황이 그 도시에 대해 아무런 법적 권한도 없다며 이를 거절했다. 카를 5세는 바오로 3세가 앙리 2세와 동맹에 대해 협상 중이라는 것을 알고 있었다. 프랑스 왕도 군대를 보내 피아첸차를 탈환할 마음은 없었다. 하지만 만약 교황이 파르마를 자신의 딸인 디안과 1547년 6월에 약혼한 오라치오 파르네세(오타비오의 동생)에게 준다면 이 도시만큼은 방어할 준비가 되어 있었다. 교황은 프랑스군이 전장에 나타날 때까지 오라치오를 파르마 공작에 책봉할 생각이 없음을 분명히 했는데, 책봉 자체가 전쟁으로 이어질 것이 자명했기 때문이다.[1] 교황의 남은 임기 동안 협상이 단속적으로 진행되었다.

카를 5세가 피아첸차는 물론이고 파르마에 대해서까지 권리를 주장하자, 바오로 3세는 마지막 수단으로 두 도시를 자신의 가문에 넘기지 않겠다고 선언함으로써 문제를 해결하려고 했다. 그러면 카를 5세도 피아첸차를 교회에 넘겨주지 않을 명분이 없다고 보았던 것이다.[2] 오타비오는 카메리노를 받기로 되어 있었고, 오라치오는 카스트로 공국까지 거슬러 올라가는 가문의 영토를 물려받기로 했다. 이 방안에 반대한 오타비오는 1549년 10월 로마를 떠나 비밀리에 파르마로 향했다. 이 소식을 들은 바오로 3세는 파르마에 주둔 중인 교황군 사령관 카밀로 오르시니에게 교황령 영토인 도시를 사수하라고 명령했다. 요새 진입을 거부당한 오타비오는 파르마를 떠났다. 그는 페란테 곤차가와 접촉해 도움을 요청했다. 교황에게는 서신을 통해 명예를 지키기 위해 파르마를 포기할 수 없다는 뜻을 전달했다. 그의 편지는 교황을 격분시켰고, 병에 걸린 바오로 3세는 며칠 후 사망했다. 교황이 임종을 앞두고 있을 때, 그의 조카이자 추기경인 알레산드로 파르네세는 교황을 설득하여 카밀로 오르시니에게 파르마를 오타비오에게 넘겨주라는 명령서에 서명하도록 유도했다.[3]

바오로 3세의 마지막 명령은 조반니 마리아 델 몬테, 즉 율리우스(율리오) 3세가 1550년 2월 말 그의 후임으로 선출되자마자 재확인되었다. 기분에 따라 변덕이 심했던 새 교황은 국정과 씨름하기보다는 느긋하게 사는 것을 좋아했다. 그는 특별히 자신의 가문을 위한 야심 같은 것도 없었고, 자신을 존중해주는 이상 파르네세 가문에 대해서도 적대적이지 않았다. 그러나 오타비오는 안전하다고 느끼지 못했다. 제국군은 피아첸차는 물론이고 파르마 영토도 일부 장악한 상태였고, 황제는 여전히 두 도시를 직접 장악하고 싶어했다. 그러나 율리우

16세기 이탈리아 화가 프란체스코 살비아티가 1558년경 그린 (바오로 3세의 역사)(세부). 교황 바오로 3세와 연관된 역사적 장면을 묘사한 작품이다. 파르네세 가문의 업적을 기념하기 위해 제작된 일련의 프레스코화 가운데 하나로, 당시 이탈리아 르네상스 미술의 전형을 보여주는 작품으로 평가된다.

스 3세는 카를 5세의 파르마 장악을 받아들이지 않을 것이었다. 교황의 주장에 따르면, 피아첸차가 리구리아의 아펜니노산맥을 포강 및 크레모나와 연결하면서 밀라노 방어망의 한 축을 이룬다면, 파르마는 볼로냐와 교황령의 전방방어지역에 해당했다.[4] 파르네세 가문은 딜레마에 봉착했다. 오타비오와 알레산드로 추기경은 카를 5세의 영토 안에서 자신들이 누리는 토지와 성직록도 잃고 싶지 않았지만, 파르마를 그에게 넘겨주고 싶지도 않았다. 결국 오라치오의 제안대로 앙리 2세 쪽에 가담하기로 결정했다. 프랑스 왕은 파르네세 가문을 자기 편으로 끌어들여 파르마를 이탈리아 작전의 또 다른 기지로 이용할 수 있게 된 데 만족해했다. 그는 오라치오가 파르마를 장악하는 것을 더 선호했을 테지만 대신 오타비오와 협약을 체결하는 선에서 타협했다. 율리우스 3세는 오타비오가 앙리 2세의 보호 아래로 들어감으로써 황제의 영토로 둘러싸인 교황령을 위험에 빠뜨릴 것이라고 주장했다. 오타비오는 파르마를 대가로 카메리노를 제안받았기 때문에 파르마가 교황청에 반환되더라도 앙리 2세는 개입할 명분이 없을 것이기 때문이었다. 상황이 이렇게 되자 율리우스 3세는 카를 5세에게 도움을 요청할 수밖에 없었다고 말한다.[5] 그는 카를 5세도 파르네세 가문이 파르마를 포기하지 않을 경우 강제로 그들을 쫓아낼 준비가 되어 있었다고도 했다.[6]

교황은 전쟁에 대해 별 관심이 없었는데, 그는 처음부터 카를 5세에게 자신은 전쟁을 치를 자금이 없다고 경고했다. 페란테 곤차가에 비하면 카를 5세도 관심이 덜한 편이었다. 그럼에도 파르마 인근의 경작지들을 파괴해야 한다는 조언은 했다. 전쟁을 밀어붙인 주된 추

율리우스 3세(1487–1555)는 제221대 교황으로, 1550년부터 1555년까지 재위했다. 개혁에 소극적이었고, 단기적인 정책과 개인적 즐거움을 추구했다는 평가를 받는다.

동력은 앙리 2세로부터 나왔다. 그는 1551년 5월 초 피에로 스트로 치를 파견해 미란돌라의 방어 태세를 점검했고, 오라치오 파르네세 에게 경기병 1,000명의 지휘를 맡겨 이탈리아로 보냈다. 떠나기 전 오라치오는 앙리 2세의 딸 디안과 결혼했다. 5월 말, 앙리 2세는 오타 비오와 조약을 체결했는데, 자신을 파르네세 가문의 보호자로 천명 했다. 그는 파르마 방어를 위해 보병 2,000명과 경기병 200명을 파병 하고, 연간 1만 2,000에퀴의 보조금을 지급하기로 약속했다.[7]

5월 1일, 페란테 곤차가가 파르마 방어에 필요하다는 이유로 데 스테 추기경의 소유지인 브레셀로를 장악함으로써 사태를 촉발했다. 그는 그곳의 경작지를 파괴하여 압박을 가하려고 했다. 하지만 율리우 스 3세는 그것은 오히려 오타비오를 프랑스에 더 의존하게 만들고, 그 들이 파르마와 미란돌라를 연결하여 이탈리아 내 프랑스 세력의 근거 지로 만드는 것을 도와줄 뿐이라고 생각했다.[8] 율리우스 3세는 6월 중 순에 이르러서야 좀 더 열성적으로 전쟁을 추진하는 쪽으로 기울었다. 프랑스를 위해 싸우는 이탈리아 망명 세력들이 볼로냐 영토를 습격한 것이 중요한 계기였다. 습격자들 가운데는 볼로냐 출신 망명객 코르넬 리오 벤티볼리오도 있었고, 오라치오 파르네세도 참여했다. 교황군은 이제 막 페란테 곤차가와 합류한 교황의 소카 산 바티스타 넬 몬테의 지휘 아래 볼로냐를 방어하라는 명령을 받았다. 하지만 6월 26일에는 양군이 다시 갈라졌다. 곤차가가 교황과 프랑스 국왕 사이의 적대감을 증폭시키기 위해 미란돌라에 주둔 중인 병력을 상대하러 교황군 진영 을 떠나기로 결정했기 때문이다.[9] 현 시점에서는 아직 앙리 2세와 율 리우스 3세는 전쟁에 돌입하지 않은 상태였다―앙리 2세가 오타비오 파르네세를 돕고 있을 뿐이었다. 마찬가지로 앙리 2세와 카를 5세도 교전 상태가 아니었다—카를 5세가 교황을 지원하고 있을 뿐이었다.

카밀로 오르시니가 지휘하는 교황군(잔 바티스타 델 몬테는 병에 걸렸다)의 미란돌라 포위공격은 7월 초에 시작되었다. 방어군은 노련한 프랑스 군인 테름이 지휘했다. 파르마 인근에서는, 7월 3일 곤차가가 콜로르노 요새를 점령했다. 피에로 스트로치와 코르넬리오 벤티볼리오는 교황군이 미란돌라에 도착하기 전에 콜로르노의 구원을 위해 그곳을 떠났고, 기병 300명과 보병 1,500명을 이끌고 파르마에 입성했다.[10] 페란테 곤차가가 델 몬테에게 빌려주었던 기병을 되돌려 달라고 요청하기 전부터도, 교황군은 주둔지를 성벽에서 너무 먼 곳에 세우는 바람에 미란돌라를 효과적으로 포위할 만큼 병력이 충분치 않았다. 그런데도 율리우스 3세는 보병 병력을 4,000명까지 줄이라고 명령했다. 8월 중순, 4,000명의 독일 보병이 곤차가를 지원하기 위해 도착했고, 다수의 이탈리아 보병을 해산한 후 곤차가는 보병 8,000명과 기병 1,000명을 이끌고[11] 파르마 파괴를 원치 않았던 율리우스 3세의 반대에도 파르마 인근 지역들을 체계적으로 파괴했다. 곤차가는 이것이야말로 전쟁을 수행하는 정당한 방법이라고 주장하며 교황의 반대를 묵살했다.[12] 그는 다음 수확철에 생산할 곡물의 파종을 막은 다음에야 병사들을 겨울 숙영지로 물렸다.

9월 초, 곤차가는 계획을 변경해 프랑스가 공격을 시작한 피에몬테로 급히 달려가야 했다. 마리냐노 후작은 교황군 보병 1,000명이 포함된 보병 6,000명과 기병 300명의 병력으로 파르마를 상대로 한 군사작전을 이어갔다.[13] 10월 말, 카를 5세의 경비 삭감 명령으로 이용 가능한 병력의 수는 더욱 줄어들었다. 이는 파르마와 미란돌라를 상대로 한 군사작전을 봄까지 마무리하라는 황제의 또 다른 명령을 이행하는 데 도움이 되지 않았다. 테름이 지휘하는 파르마로 전달되는 보급품을 차단하거나 도시에서 나오는 것을 봉쇄하기에는 병력이 충분치 않았으며, 더군다나 제국군 병사들은 임금을 제대로 지급받지 못해 불만이 팽배한 상태였다. 미란돌라에서는 방어 부대가 굳건히 버티고 있었고, 교황군 주둔지를 상대로 성공적인 기습 공격을 감행하기도 했다. 율리우스 3세는 전쟁 비용 때문에 심기가 불편했다. 그는 12월 말 카를 5세에게 보병 2,000명과 기병 200명을 보태줄 테니 곤차가가 미란돌라 포위공격을 맡는 것이 어떻겠냐고 제안했다.[14] 그러나 곤차가는 피에몬테를 떠나지 않았고, 다른 해결 방안을 찾기도 전에 교황은 앙리 2세와 타협을 모색했다.

율리우스 3세는 1552년 4월 15일 협상 타결을 알렸다(그의 조카 잔 바티스타는 같은 날 정찰 중 사망했다). 곤차가는 조약이 발효되기 전 2주 동안 프랑스군보다 먼저 교황군이 비워놓고 떠난 자리를 차지하라는 명령을 내렸지만 실패로 돌아갔다. 휴전에 응해야 할지를 놓고 카를 5세는 곤차가에게 조언을 구했다. 곤자가는 마지못해 그렇게 해야 할 것 같다고 응답했고, 카를 5세는 적절한 시기를 골라 5월 10일 휴전안을 비준했다. 2년간 휴전이 유지될 것이며, 그 기간이 끝난 후에 오타비오는 자유롭게 교황과 협상할 수 있었다. 교황군이 점령한 카스트로는 파르네세 가문에 반환하기로 했다. 이러한 조약 내용들은 명백히 프랑스의 승리를 의미했다. 오타비오 파르네세는 파르마에 남기로 했고, 파르마나 미란돌라에서 프랑스군이 철수해야 한다는 규정도 없었다.

북서 이탈리아 전쟁, 1551-1552

피에몬테와 몬페라토 그리고 살루초는 휴전 대상에 포함되지 않았다. 이 지역에서 벌어진 이전 전쟁들처럼 전쟁은 도시나 요새 탈환을 목적으로 하는 짧은 군사 원정이 주종을 이루었다. 그러한 원정은 대개 며칠 만에 끝났고, 단시일 내에 다시 빼앗기는 일이 부지기수였다. 어느 쪽도 자신들의 전 영토에 수비대를 배치하여 사수할 만큼 병력이 충분하지 않았다. 대체로 프랑스 측이 유리한 입장이었다. 1550년 7월부터 앙리 2세의 부관으로 피에몬테에 주둔 중인 브리사크 영주 샤를 드 코세는 항상 기회를 모색하는 재능 있는 지휘관이었다. 반면 곤차가는 만성적인 자금 부족으로 부하들의 사기와 신뢰성에 대해 확신하지 못하는 상황에 처해 있었다.

1551년 8월 말, 앙리 2세는 피에몬테 전쟁의 재개를 결정했다. 9월 2일에서 3일에 걸쳐 공식 선전포고가 이루어지기도 전에 적대 행위가 시작되었는데, 세 곳에 대한 공격이 동시에 일어났다. 아스티 남서쪽의 산다미아노를 빠르게 점령했고, 토리노 남동쪽의 키에리는 며칠 후 항복했다. 하지만 더 남쪽의 케라스코는 공략에 실패했다. 브리사크의 군대는 몬페라토의 몇몇 지역을 점령했으며, 그의 기병대는 아스티 성문까지 진격했다. 한편 곤차가는 독일 보병 2,000명과 파르마에서 온 일부 기병대를 이끌고 국경에 주둔 중이던 병력과 합류했다. 10월에 곤차가는 몬페라토의 일부 영토를 수복했지만 질병으로 사망한 병사들을 보충할 자금이 없었다. 카를 5세는 그에게 스페인과 독일 병력 일부를 국경 수비대에 배치하고, 이탈리아 보병부대를 해산한 후, 파르마와 미란돌라에 대한 포위공격을 중단하라는 명령을 내렸다.[15] 곤차가는 외딴 지역의 요새에 배치할 이탈리아 보병들이 필요하고, 농촌 지역에도 병력을 배치해야 한다며 명령에 따르지 않았다. 또한 프랑스가 밀라노 공국을 가로질러 지원 병력을 보냈다는 소식을 듣고, 그에 대비한 봉쇄책으로 베르첼리와 카살레 사이에 보병 4,000명을 주둔시켰다.

프랑스에서 브리사크를 지원할 병력이 도착했다. 그중에는 전투를 기대하고 출전한 프랑수아 드 기즈를 비롯하여 많은 프랑스 귀족이 포함되어 있었다.[16] 브리사크는 곤차가가 전투를 치르지 못하는 상황을 틈타 11월 말 토리노 북서쪽의 란초 요새를 장악했다. 제국군은 브리사크군이 진군하기도 전에 물러났고, 그 결과 피에몬테에서 제국군이 장악한 지역은 유일하게 포강 좌안의 볼피아노만 남았다. 그러나 브리사크는 자신이 획득한 모든 영토를 다 지킬 수 없었는데, 왕이 프랑스의 정예 보병부대들을 복귀시키고, 1,300명의 이탈리아 병력을 해산했기 때문이다. 귀족 모험가들도 프랑스로 돌아갔다. 기즈 공은 이번 감군 조치가 야기할 결과에 대한 브리사크의 항의 내용을 전달해야 했다.[17]

1552년 봄, 공세로 전환한 곤차가가 살루초를 침공했다(이곳은 1548년 가브리엘레 후작이 체포되어 폐위된 뒤부터 앙리 2세가 장악해왔다. 후작은 프랑스 감옥에서 사망했다). 5월 초 그가 브라로 진격하자 브리사크는 그곳을 비우고 카르마뇰라로 후퇴해야 했다. 그사이 제국군은 후

1552년 4월 18일 앙리 2세가 메스에 입성하는 모습을 묘사하고 있다. 신성로마제국의 프랑스어 권 도시였던 메스는 별다른 저항 없이 프랑스군에게 성문을 열어주었다. 이 사건을 통해 이전까지 자유도시였던 메스는 프랑스의 일부가 되었다.

작령 대부분을 장악했다. 이후 피에몬테로 돌아간 제국군은 베네를 봉쇄했다. 제국군 병사들은 무기를 팔아 식량을 사야 할 정도로 자금 이 부족했고, 곤차가는 카를 5세에게 보급을 늘려달라고 간청했다. 율리우스 3세와 앙리 2세 사이의 휴전을 비준한 황제는 곤차가에게 방어 태세를 유지하고 피에몬테에서 휴전을 추진하라고 지시했다. 그러나 프랑스는 휴전에 응하지 않았고, 곤차가는 7월 15일 베네 포 위를 풀고 아스티로 물러났다.

궁지에 몰린 카를 5세

전반적으로 어려움에 처한 카를 5세는 곤차가에게 피에몬테에서 철수할 것을 지시했다. 앙리 2세는 카를 5세에 반대하는 독일 제후들과 동맹을 맺고 그를 강하게 압박했다. 1552년 5월 말, 카를 5세는 적들에게 사로잡히는 것을 피해 인스부르크에서 탈출해야만 했다. 그는 이탈리아에서 안전한 피신처를 찾을 수 있다고 생각하지 않았는데, 그곳에서는 본인의 위신이 손상된 상태였고, 병사들은 무분별하기 짝이 없었으며, 자신의 권위를 강화해줄 자금을 가져갈 만한 형편도 아니었다. 주민들은 자포자기 상태에 빠져 있는 데다 이탈리아에는 친구보다 적이 많다는 사실을 인식한 황제는 스페인으로 도피하는 수밖에 없다고 생각했다.[18] 황제가 이탈리아 백성들에게 만족감을 주지 못하고 우군을 확보하지 못한 데는 두 가지 주요한 요인이 기저에 깔려 있었다. 첫 번째는 전쟁 비용과 병력의 주둔 비용으로 제국령에 너무 많은 재정적 부담이 가해졌다는 것이다. 두 번째는 황제가 파견한 부관, 부왕 그리고 여타 관리들이 보여준 태도나 정책, 특히 정부 운영에 폭넓게 참여하는 데 익숙해 있던 현지 귀족들을 경시하는 경향이 문제를 일으켰다. 몇몇 귀족들은 황제를 위해 복무하며 출세하기도 했고, 제국 정부에 상품과 금융 서비스를 제공하여 이윤을 챙기기도 했지만 대부분 모욕감과 소외감을 느꼈다.

독직 혐의로 페란테 곤차가를 고발한 그의 경쟁자와 정적들은 카를 5세에게 밀라노 상황을 실제보다 너 심각한 상태로 묘사했다. 나폴리에서는 페드로 데 톨레도의 폭압 통치가 1547년 여름의 반란을 불러일으켰다. 나폴리인들은 카를 5세에게 자신들의 반란은 황제가 아니라 톨레도에 대한 것임을 분명히 했다. 하지만 황제는 자신의 부왕 말에 귀를 기울였고, 그는 자리를 보존했다. 카를 5세의 로마 대사이자 시에나 대리인인 디에고 데 멘도사는 피옴비노의 책임자이기도 했는데, 그는 마치 부왕인 양 행동했다. 율리우스 3세는 그와의 접견조차 거부할 정도로 그의 오만함과 무례함을 싫어했다. 피옴비노는 영주 자코포 다피아노가 튀르크인들의 함대와 해적들로부터 도시를 제대로 방어해내지 못하면서 카를 5세의 수중에 떨어졌는데,[19] 멘도사는 방어를 강화하기는커녕 유지하는 데도 실패했다. 그는 시에나에서도 요새 건설을 강요하고 시민들을 폭압적으로 다룸으로써 봉기를 야기했는데, 이는 1552년 7월 스페인 세력의 축출로 이어졌다.

이 모든 문제들에 더해 파르마와 미란돌라에서 카를 5세가 패배하자 이탈리아에서 활동하는 프랑스 대리인들과 프랑스에 복무하는 이탈리아 망명객들의 야망이 불타올랐다. 이탈리아에서 활동하는 프랑스 국왕의 주요 대리인들―프랑수아 드 투르농 추기경, 이폴리토 데스테, 프랑스 국왕의 베네치아 대사 오데 드 셀브 그리고 폴드 테름―은 1552년 7월 중순 베네치아 석호 지대에 있는 키오자에서 나흘간 루도비코 피코 델라 미란돌라와 나폴리 왕국에서 가장 강력한 귀족이었으나 최근 톨레도의 원한을 사는 바람에 망명길에 오른 살레르노 영주 페란테 다 산세베리노, 그리고 여타 망명객들을 만났다. 이들의 최우선 목표는 나폴리 침공이었다. 하지만 이는 실현 불가능한 것이 되었다. 앙리 2세가 나폴리 공격을 위해 교황 및 베네치아와 동맹 성사를 추진해왔지만 양측 모두 이를 거절했기 때문이다. 다만 살레르노 세력이 마르세유에서 프랑스 함대와 합류한 뒤, 6월부터 티레니아해에서 활동 중인 튀르크 함대와 함께 나폴리 해안을 공격한다는 데는 합의가 이루어졌다. 시에나 망명객들의 지지를 얻기 위한 시도도 성공적이었다. 이러한 과감한 토스카나 침공 계획은 상당한 모험일 수 있었다. 카를 5세라면 자신의 대리인들에게 그 정도의 재량권을 주는 것은 상상하기 어려웠다. 승인이 떨어지기까지 몇 달에 걸친 서신 왕래와 심사숙고가 있었을 것이다. 하지만 앙리 2세의 대리인들은 이 계획을 즉시 승인할 수 있을 정도로 행동의 자유가 허락되었다―혹은 책임을 떠맡았다.

시에나 전쟁, 1552-1555

프랑스는 시에나에서 스페인을 축출한 것을 자신들의 공적이라고 내세울 것이다. 그들의 지원이 시의적절하게 이루어진 것은 분명하다. 하지만 주민들의 불만이 최고조에 이르렀던 시에나에서는 어찌 됐건 조만간 봉기가 일어날 가능성이 높았다. 그런 상황인데도 멘도사는 요새 건설에만 집착했다. 그는 카를 5세에게는 시에나인들이 요새 건설을 요청했다고 말해놓고 시에나인들에게는 카를 5세 핑계를 댔다. 황제는 멘도사가 보낸 계획에 동의했고, 시에나인들의 항의는 무시해버렸다. 멘도사는 카를 5세로부터 건설에 필요한 비용을 조금밖에 받지 못했고, 시에나인들로부터도 자금과 원자재 및 노동을 거의 지원받지 못했음에도 스스로 비용을 대가면서 사업을 강행했다. 그는 시에나의 모든 당파와 사회 계급을 단 하나의 목적 아래 단결시키는 거의 불가능해 보이는 위업을 달성했는데, 그 목적이란 다름 아닌 시에나를 멘도사와 제국군 그리고 요새로부터 해방시키는 것이었다. 카를 5세가 멘도사에게 취했던 태도를 감안하면, 이는 곧 시에나가 황세에 대한 복종을 거부하고 프랑스의 보호를 구하는 쪽으로 기울었다는 것을 의미했다.

시에나 봉기는 피틸리아노 백작 니콜라 오르시니 같은 친프랑스 영주들 소유의 주변 영지에서 출발하는 프랑스군이 시에나 영토를 침공하는 것과 동시에 일어나도록 계획되었다. 나폴리 공격이 결정되었다는, 멘도사를 속이기 위한 거짓 정보들이 유포되었다. 그로 인해 멘도사는 수비대 병력의 절반을 시에나 항구를 방어하기 위해 파견했다.[20] 봉기를 계획한 음모자 가운데 한 명인 아메리고 아메리기는 시에나 정부의 주요 집행기관인 발리아의 구성원이었는데, 그는 튀르크 함대의 위협에 대응한다는 명목으로 발리아로부터 민병대 소집 명령을 받아냈다. 대부분의 지휘관들조차 시에나를 향해 진격하기 전까지 민병대가 왜 소집되는지 진짜 이유를 모르고 있었다.

민병대가 성벽 아래 나타난 7월 27일, 수비대는 무엇을 해야 할지 몰랐다(멘도사는 로마에 있었다). 성문 한 곳은 민병대에 무력으로 장악되었고, 나머지는 순순히 개방되었다. 다음 날 오후, 프랑스군이 도착하기 시작했고, 스페인 병력과 이들을 돕기 위해 파견된 400명의 피렌체 민병대가 완성된 요새 외벽 안쪽에 집결했다. 코시모는 더 많은 병력을 파견하려고 했지만 프랑스로부터 봉기에 맞서는 것은 자신들에게 맞서는 것과 마찬가지라는 전갈을 받고 파병을 보류했다.

프랑스와 전쟁을 벌이고 싶지 않았던 코시모는 시에나인들과 협상을 개시했다. 멘도사는 자신의 부하들에게 어떤 조건이든 응하라는 지시를 내려야만 했다. 협상은 8월 3일 체결되었다. 수비대는 요새에서 철수하기로 했다. 시에나인은 요새를 철거할 수 있으며, 스페인군이 떠난 후 다른 모든 외국 군대도 철수하기로 했다(실제로는 오르베텔로에 스페인 수비대가 계속 주둔할 것이었다). 시에나는 계속해서 제국에 충성하기로 했다—그러나 카를 5세에 대한 지속적인 충성 맹세는 하지 않으려고 주의를 기울였다.[21] 8월 5일, 스페인 병력이 요새를 떠났고, 시에나인들은 열성적으로 요새를 해체하기 시작했다. 곧 프랑스인들이 시에나에 대해 시에나가 기대했던 것보다 훨씬 더 큰 권력을 차지하기 시작했다. 앙리 2세의 부사령관 자격으로 11월 1일 도착한 이폴리토 데스테 추기경은 마치 총독이라도 된 양 처신했다.

독일 원정을 위해 대군을 모으는 데 전력을 다하고 있던 황제는 시에나 문제에 관심을 가질 여유가 없었다. 그런데도 페드로 데 톨레도는 나폴리에서 출발하는 토스카나 원정을 제안했다. 카를 5세는 이 제안 자체는 거절하지 않았지만 원정 비용을 떠맡는 것은 거부했다. 톨레도는 가용한 자금을 모두 긁어모아 어렵사리 군대를 모집했다. 하지만 병사들에게는 아직 무기가 부족한 상태였고, 황제가 원정의 출발을 재촉할 때까지도 유능한 지휘관을 찾지 못했다. 화려한 승리를 기대했던 메스 공성전이 실패로 돌아가자, 카를 5세는 이탈리아에 새로운 전선을 열어 프랑스의 관심을 돌리길 기대했다.[22] 1553년 1월 동안 총 1만 6,000~1만 8,000명에 달하는 기병과 보병 병력이 해상과 육로를 통해 나폴리에서 토스카나로 이동했다.[23]

톨레도는 사위인 코시모가 원정 병력을 위해 상당한 지원을 제공해줄 것으로 기대했다. 코시모로서도 원정을 돕는 것 말고는 다른

메스 공성전 당시 환자들을 치료하는 앙브루아즈 파레. 프랑스의 외과의사로, 군의관으로 종군하며 총상 치료에 관한 책을 쓰기도 했던 그는 "근대 외과학의 아버지"라는 평가를 받고 있다.

선택지가 없었다. 하지만 2월 말 톨레도가 죽었을 때, 그는 카를 5세의 원정군 지휘 요청을 거절했다. 결국 톨레도의 아들 가르시아가 자리를 대신했는데, 지휘관들에게 권위를 세울 정도의 자질을 갖추지는 못했다. 그 결과 원정은 추진력을 얻지 못하고 좌초될 것이었다. 원정군은 2월 대부분을 발디키아나의 시에나 쪽 영토를 점령한 상태에서 보냈다(그곳은 시에나인들이 방어하지 않았던 영토였다). 그 후 몬티키엘로라는 요새화된 마을을 포위했는데, 마을은 식량과 탄약 부족으로 심각한 피해를 입고 20일 만에 항복했다. 3월 중순경, 롬바르디아에서 마렘마로 보낸 4,000명의 독일군이 그곳에서 400명의 스페인군과 합류한 뒤 방치되었다. 보급부대를 호위하던 독일군 500명이 그로세토 군대에 의해 죽거나 포로로 붙잡히자 남은 병력은 몬탈치노에 있는 본대와 합류하기 위해 떠났다. 시에나 남쪽의 이 작은 마을은 해안가로 이어지는 도로와 연결되어 있으면서 로마로 이어지는 간선도로를 내려다보는 위치에 있는 교통망의 중요한 연결점이었다. 마을은 심각한 포격을 받고 요새의 기반이 흔들릴 만큼 심각한 피해를 입은 상황에서도 굳건한 정신력과 기지로 원정군의 공격을 방어했다. 톨레도(가르시아 데 톨레도)의 병사들은 수비대와 교분을 나눌 정도로 공격에 흥미를 잃었다. 6월 15일, 포위공격이 해제되었고, 톨레도는 카를 5세로부터 병력을 데리고 나폴리로 철수하여 프랑스와 튀르크 함대에 맞서 왕국을 수비하라는 지시를 받았다. 시에나인들은 몬탈치노 방어전을 대승으로 간주하며 환호했다.

　스페인 병력은 오르베텔로에 남았다. 그럼에도 코시모는 자신이 곤경에 처했다고 느꼈다. 그는 재빨리 보병 2,000명을 모집했고, 독일에도 사람을 보내 보병 5,000명과 중기병 500명을 추가로 모집했다.[24] 그는 마리냐노 후작을 지휘관으로 임명한 뒤 시에나와의 국경과 해안지대 방어를 강화했다. 사실 프랑스는 낭상그를 공격할 계획을 세우고 있지 않았다. 테름이 지휘하는 보병 4,000명을 태운 프랑스-튀르크 연합함대가 8월 포르토에르콜레(에르콜레 항구)에 당도하여 제노바 소유의 코르시카섬에 대한 공격에 가세했다. 이로 인해 시에나 시와 그 주변 영토에는 병력이 각각 700명과 2,800명밖에 남지 않았다.[25]

가을이 되자 피렌체 공작은 공국의 방어는 물론 시에나에 대한 공격까지 포함된 계획을 세우고 있었고, 카를 5세에게도 지원을 요청했다. 황제는 코시모에게 보조금과 롬바르디아 주둔 독일 병력 2,000명 그리고 나폴리 주둔 스페인 보병 2,000명 및 기병 300명을 지원하기로 약속했다. 이론적으로 코시모의 이번 원정은 자신의 이익이 아니라 카를 5세를 위해 착수되었으며, 카를 5세도 원정으로 발생할 비용을 갚기로 약속했다. 카를 5세가 이 비용을 다 갚거나 혹은 돈 대신 영토를 지급할 때까지 코시모는 자신이 정복한 모든 영토를 보유하기로 했다.[26] 이 조약은 11월에 체결되었는데, 피에로 스트로치가 1554년 1월 초 시에나에 와서 앙리 2세의 토스카나 부사령관으로 지휘권을 행사하기 한 달 이상 전의 일이었다. 가장 위협적인 피렌체 망명객이 도착했다는 사실은 코시모가 원정에 더욱 박차를 가할 명분을 제공해주었다.[27]

스트로치는 1553년 10월 프랑스 왕의 토스카나 부사령관에 임명되었다. 앙리 2세는 그의 궁정에 있는 모든 이탈리아 망명객에게도 그곳에 가도록 명령했다. 명목상으로는 데스테 추기경의 업무 경감을 돕는다는 취지였지만 사실상 그를 대체하는 것이었다.[28] 추기경도 이를 알았고, 무척 분개했다. 그는 시에나에 있는 내내 코시모를 공격하는 것에 반대했고, 피렌체에서 시에나를 겨냥한 군사 원정이 준비되고 있다는 보고는 풍문일 뿐이라고 일축했다. 심지어 마리냐노 후작이 군대를 이끌고 1554년 1월 말 국경을 넘었을 때조차 시에나인들에게 무기를 들지 말라고 명령했을 정도였다. 물론 그들은 이 명령을 무시했다. 그의 잘못된 과신은 시에나인들이 1년 전에 많은 노력

피렌체 공작 코시모에게 가장 위협적인 존재였던 피에로 스트로치(1510-1558). 피렌체의 부유한 스트로치 가문 출신으로 메디치 가문과 대립했던 그는 프랑스 군사 지도자로 활약했다.

을 들여 주요 성문 가운데 하나인 포르타카몰리아 외곽에 건설한 요새도 제대로 방비되어 있지 않다는 것을 의미했다. 요새는 1월 26일과 27일 사이 밤에 시에나 인근을 지나던 스페인 기병대대의 기습 공격을 받고 함락되었다. 시에나인들은 다시는 이 요새를 탈환하지 못할 것이다. 영토의 방비 상태를 조사 중이던 스트로치는 이틀 뒤 서둘러 도시로 돌아갔다.

마리냐노 후작은 피렌체 민병대와 약간의 용병으로 구성된 보병 4,000명과 스페인 기병 400명 그리고 몇몇 모험가로 이루어진 병력을 보유하고 있었다. 황제가 나폴리와 밀라노에서 지원하기로 약속한 병력은 봄이 돼야 도착할 것이었다.[29] 시에나 규모의 도시를 포위하기에는 턱없이 부족한 병력이었다. Y자 모양의 능선에 위치하고 3마일 길이의 성벽으로 둘러싸인 이 도시는 공격을 통해 함락하기에는 너무도 견고했다. 마리냐노는 도시 북부 포르타카몰리아 앞에 진을 쳤다. 빼앗겼던 싱문 밖 영토를 일부 수복한 프랑스군은 토루를 쌓아 대포를 올려놓을 단을 만들었다. 대부분 시에나에서는 처음 설치된 것들이었다. 마리냐노는 먼저 시에나가 피렌체 국경에서 12마일밖에 떨어져 있지 않음에도 불안정한 연락망 문제를 해결해야 했다. 그는 3월에 스페인 보병 1,500명이 도착하자 부대를 보내 연락망과 보급로를 위협하는 망루와 요새화된 마을에 있는 시에나 거점들을 공격했다. 마리냐노의 계획은 충분한 병력이 모이면 시에나를 봉쇄한다는 것이었다. 이를 위해서는 시에나의 보급 경로인 서쪽의 마렘마로 이어지는 도로와 남쪽의 몬탈치노로 이어지는 도로를 차단해야 했다. 4월 초, 그의 부대는 시에나에서 몇 마일 떨어진 모나스테로 요새를 장악함으로써 마렘마 간선도로에 대한 통제를 완료했다. 이로써 두 번째 공성을 위한 기반이 마련되었다. 그러나 아직도 남쪽 간선도로를 차단하기에는 병력이 부족했다. 그의 병사들은 시에나인들의 망루에서 날아오는 포격과 총격은 물론 도시 수비대의 기습 공격으로부터도 부단히 시달렸다.

마리냐노는 시에나를 상대로 분전을 벌이면서도 영토를 정복하려고 하지는 않았다. 한동안 코시모는 몇 달간 원정을 치르면서도 보잘것없는 성과밖에 거두지 못하고 있는 마리냐노에 대해 조바심을 냈다. 그러나 마리냐노는 코시모의 계획이 탁상공론일 뿐이며 실전에서는 적용이 불가능하다고 응수했다.[30] 발디키아나에서 피렌체 병력 3,500명을 지휘하던 아스카니오 델라 코르냐가 3월 말 키우시를 점령하려고 한 시도는 사전에 작전을 전해들은 스트로치가 매복을 지시하는 바람에 재앙으로 끝나고 말았다. 델라 코르냐를 비롯해 2,000명의 병사가 포로가 되었고, 리돌포 발리오니는 전사했다. 시에나인들은 승전을 축하했지만 코시모가 발디키아나에 신규 병력을 보내는 것을 제때 차단하지 못했다. 5월 말 롬바르디아에서 보낸 상당한 규모의 지원병—보병 3,500명에 약간의 기병[31]—이 도착하자 작전의 강도가 한층 강화되었다. 소규모 마을이 연속적으로 점령되었고, 방어에 참여한 모든 병사와 시민들이 처형되거나 피렌체 갤리선으로 이송되었다. 처음부터 코시모의 지시 아래 이루어진 영토 장악 전쟁은 매우 잔인하게 수행되었다. 그의 무자비함—그래 봤자 주민들의 항전 의지만 강화시킬 뿐이었다—은 시에나 방어에서 주도적인 역할을 수행한 피렌체 망명객들에 대한 두려움과 증오에서 기인했다. 피에로 스트로치 역시 시에나인들로부터 크게 신뢰받지는 못했다. 시에나인들은 그의 우선순위가 시에나인의 생명과 자유를 보호하는 것이 아니라 피렌체이며, 코시모에 대한 망명객들의 복수를 위해서라면 자신들의 이해관계와 안녕이 희생될 수도 있다는 사실을 잘 알고 있었다.

스트로치는 철저히 비밀을 유지한 가운데 대단히 세심하게 피렌체 침공 계획을 수립했다. 침공은 피에몬테에 있는 독일인과 가스코뉴인 병력이 해상에서 포르토에르콜레로 진입하는 것과 육로를 통해 미란돌라 병력이 진격하는 것에 맞추어 계획되었다. 한편 스트로치의 형제 레오네 스트로치와 나폴리 망명객인 솜마 공작 잔 베르나르도 다 산세베리노는 오르베텔로와 피옴비노를 장악하여 다량의 식량을 확보한 다음 시에나에 식량 보급을 재개하기로 했다.[32] 6월 11일 밤, 스트로치가 이끄는 수천 명의 병사들이 시에나를 출발했다. 그들은 다음 날 밤 피렌체 국경을 넘어 코시모가 알아차리기 전에 아르노강에 도착했다. 스트로치는 병사들에게 물건값을 제대로 지불할 것, 피렌체인들을 적으로 취급하지 말 것을 명령했다. 그는 자신들이 해방자로 환영받기를 바랐다. 그들은 아르노강을 건너 미란돌라 병력과 합류했고, 연합군―대략 보병 1만 3,000명에 기병 1,000명이었다[33]― 은 6월 17일 발디니에볼레로 진입했다. 그제야 마리냐노는 7,000명의 병력을 이끌고 최근 폭우로 불어난 아르노강을 건넜다. 스트로치는 자신의 병력이 수적 우위에 있는 동안 마리냐노와 전투를 치러 이점을 취해야 했는데 그에 실패했다. 게다가 피에몬테에서 지원병을 태워 오기로 한 프랑스 함대도 늦게 도착했다. 반면 코시모에게는 롬바르디아와 코르시카로부터 지원병이 당도했다. 6월 27일, 스트로치는 시에나 영토로 되돌아갔다. 마리냐노가 그 뒤를 쫓았지만 추격하지는 않았다.

이 원정이 가져온 가장 주된 결과는 거의 틀림없이 시에나 땅에 주둔하는 병력 규모가 양 진영 모두 증가했다는 점이다. 스트로치는 자신의 병력 대부분을 마렘마로 보냈고, 자신도 6월 말 시에나를 잠깐 방문한 뒤 그들과 합류했는데 안타깝게도 그의 동생 레오네가 마렘마 작전에서 전사했다. 그럼에도 솜마 공작은 스카를리노와 수베레토를 점령하기 위해 진군을 이어갔다. 포르토에르콜레에 일부 병력을 남겨놓은 스트로치는 나머지 병력을 이끌고 몬탈치노로 이동했다. 그들은 그곳에서 7월 중순경 가스코뉴인과 독일인 병사 4,000명과 합류했다. 프랑스-튀르크 연합함대가 마침내 도착한 것이다. 코시모는 마리냐노에게 적들을 끌어내 전투를 치러야 한다고 주장했다. 스트로치 또한 전투를 원하고 있었다. 전투가 시에나 외곽에서 치러질 경우 마리냐노에게 유리할 것이라고 판단한 그는 피렌체 영토에 또 다른 공격을 가해 마리냐노를 시에나시에서 멀리 떨어지게 하기로 결정했다.

7월 17일, 그는 1만 4,000명가량의 병력을 이끌고 피렌체의 발디키아나를 향해 진군했다. 시에나에는 블레즈 드 몽뤼크의 지휘 아래 보병 1,200명과 기병 200명만 남겨두었다.[34] 아레초를 점령하려고 했지만 실패한 프랑스군은 마르차노를 점령하고 약탈한 뒤 키아나로 연결되는 교량에 진지를 구축하기 시작했다. 코시모의 항의를 받고 마리냐노가 스트로치를 추격하기 일주일 전이었다. 나폴리 지원군이 합류한 그의 병력은 보병 1만 6,000명에 경기병 1,000명, 중기병 350명 정도였다.[35] 마리냐노군이 마르차노를 탈환하기 위해 포병을 준비하고 있을 때, 프랑스군이 도착했다.

이후 며칠간 벌어진 소규모 접전에서 프랑스군은 고전을 면치 못했고, 식량과 식수도 부족했다. 스트로치는 시에나에 공급할 보급품이 모여 있는 루치냐노로 이동하기로 결정했다. 8월 2일, 그는 루치냐노로 이어지는 언덕길을 따라 병력을 이동시켰다. 마리냐노군이 나란히 보이는 언덕길을 따라 쫓아왔다. 두 언덕은 마르차노에서 1마일 정도 벗어난 지점에서 바닥이 드러난 메마른 개울인 스칸나갈로를 만나 작은 계곡을 이루었다. 그곳에서 양측 군대가 마주쳤다.

대부분 기마 화승총병으로 이루어진 좌익의 제국군 경기병이 그들 반대편의 프랑스 경기병을 향해 돌격하는 것으로 전투가 시작되었다. 제국군 중기병이 돌격에 가담하기 위해 준비하는 모습이 보이자 중기병의 지원을 받지 못했던 프랑스 경기병이 방향을 돌려 달아났다. 제국군 기병대가 프랑스 기병대의 뒤를 쫓아 사라졌다. 마리냐노는 고지대에 포병대를 배치하고 프랑스 보병을 향해 발포했다. 포병부대가 없어 대응 포격을 할 수 없었던 스트로치는 제국군 기병대가 돌아오기 전에 적 보병부대를 제압하는 것에 희망을 걸고 부대를 전진시켰다. 그들은 열심히 싸웠으나 개울 바닥의 장애물을 지나면서 많은 사상자가 발생했다. 프랑스군의 그라우뷘덴 부대는 이웃인 스위스 병사들에 비해 열등하다는 오명을 다시 한 번 입증하며 격파되었다. 제국군 기병대가 돌아옴으로써 승부가 마무리되었다. 스트로치는 부상을 당해 이미 전장을 떠난 상태였다. 프랑스 측은 총 4,000명이 사망했으며, 다수의 지휘관을 포함하여 많은 수가 부상당하거나 포로가 되었다. 포로 대부분은 곧 석방되었는데, 다만 400명의 독일인 병사들은 제국군으로 편입되었다. 제국군과 피렌체군의 피해 규모는 200명 이하인 것으로 추정되었다.[36]

군대 재건에 실패한 스트로치는 다시는 공세를 취할 수 없었다. 마리냐노는 병력을 이끌고 시에나로 돌아가 포위공격에 박차를 가했다. 그는 이제 남쪽으로 이어지는 도로를 건설하고 그곳에 진지를 구축할 수 있었다. 코시모는 피렌체 국경 부근의 몬테리조니와 카솔레를 점령하라고 재촉했다. 공략에 애를 먹었지만 몬테리조니는 8월 29일 피렌체 망명객 출신의 지휘관이 사익을 위해 항복하면서 점령했다. 카솔레, 시에나와 피옴비노 사이의 여타 지역은 10월이 지나는 동안 점령해나갔다. 나폴리에서 온 스페인 병력 1,500명과 피렌체 민병대 1,000명이 마렘마를 공격하자 스트로치는 그곳에 남아 있는 기병대를 이끌고 그로세토와 포르토에르콜레 방어를 지휘했다. 겨울이 시작되어 추가 원정이 어려워지기 전인 11월 중순, 크레볼레가 함락되면서 시에나와 몬탈치노 사이에 있는 프랑스군의 마지막 전초기지가 제거되었다.

스트로치가 공개적으로 시에나를 포기하고 몬탈치노와 포르토에르콜레, 그로세토 및 키우시를 사수하는 데 집중할 것이며, 시에나가 함락될 경우 그로세토와 포르토에르콜레를 점령지로 유지할 것이라고 천명했다는 소식이 시에나인들에게도 전해졌다.[37] 그는 시에나가 아니라 몬탈치노를 근거로 삼았다. 시에나시로 보급품을 들여오는 일은 목숨을 걸어야 할 만큼 어려워졌다. 스트로치는 '쓸모없는 입들'—너무 어리거나 나이가 들어서 혹은 병약해서 도시를 방어하는 데 참여할 수 없는 사람들—은 추방해버리라는 명령을 내렸다. 시민들은 그러한 조치가 자신들의 가족이 아닌 가난한 사람들이나 난민들에게만 적용되어야 한다며 항의했다. 도시에서 쫓겨난 이 불행한 사람들은 포위선을 통과하는 것도 허락되지 않았다. 3만 명이 시에나를 포위하고 있었는데, 프랑스군은 겨우 보병 5,000명에 몇백 명의 기병이 전부였다.[38]

수많은 시에나인이 결사항전의 결의를 다지고 있었던 반면 프랑스군의 의지는 점점 더 약해지고 있었다. 앙리 2세에게는 시에나보다 피에몬테가 우선이었다. 1555년 1월 중순, 로마 주재 프랑스 대리인들은 시에나가 사절단을 파견해 카를 5세의 대표단과 대화를 시작해야 한다고 제안했다. 코시모는 서신을 통해 자신은 시에나를 파괴할 마음이 전혀 없다면서 시에나인들을 안심시켰다.[39] 시에나 정부는 시민들에게 비밀로 한 상태에서 조심스럽게 협상을 시작했다. 4월 초, 굶주리고 지친 시에나인들이 양보의 기미를 보이자 몽뤼크는 프랑스군이 호위하는 가운데 남아 있는 망명객 전부를 탈출시키는 작전을 준비했다.

4월 17일, 코시모는 시에나 사절단과 협약을 체결했다. 그는 카를 5세로부터 전권을 위임받았다고 천명했다. 황제는 시에나시와 공화국에 다시 특권을 돌려준 상태로 자신의 보호 아래로 받아들이고, 시정부의 개혁을 주도하려고 했다. 황제와 펠리페 2세 혹은 코시모를 상대로 반란을 일으킨 자들을 제외한 모든 시민을 대상으로 대사면이 내려질 것이었다. 시에나는 민족에 관계없이 황제가 보낸 모든 병력을 수용하기로 했고, 다만 그 비용은 카를 5세가 부담하기로 했다. 시민들 동의 없이는 어떠한 요새도 건설하지 않기로 했다. 프랑스군은 4월 22일 전까지 철수하기로 했고, 그 후에는 코시모가 선택한 병력이 주둔하기로 했다.[40]

4월 21일, 시에나의 모든 프랑스 병력이 몬탈치노로 떠났다. 700명 정도의 시에나 시민과 그 가족이 그들과 함께 떠났다. 몇몇은 포위공격 시기의 굶주림으로 도중에 죽기도 했다. 스페인 세력이 돌아오는 것을 보느니 차라리 떠나기로 선택한 시에나인들은 '몬탈치노 시에나 공화국'을 수립했다. 그들은 이론적으로는 여전히 프랑스군이 점령하고 있는 영토의 일부를 통치하게 되겠지만 프랑스인들에게 완전히 의존하는 형편이었다. 마리냐노는 이들이 떠나자마자 기병 300명의 호의를 받으며 황폐해진 거리를 지나 도시에 입성했다.

그는 피렌체로 떠나기 전에 스페인인과 독일인 병력으로 구성된 수비대를 주둔시켰고, 그 지휘권을 코시모 밑에서 복무 중이던 스포르차 스포르차 디 산타 피오라에게 맡겼다.

카를 5세에서 펠리페 2세로

피렌체 공작은 그가 시에나를 복종시키기 위해 지불한 모든 자금과 노력의 대한 보답이 시에나 그 자체이기를 희망했다. 그러나 그러한 야심찬 구상은 달성되기 어려울 것이다. 카를 5세가 오랫동안 자신의 이탈리아 영지와 다른 영토들을 아들 펠리페에게 양여하는 과정을 진행하는 중이었고, 펠리페 자신도 이탈리아 문제에 대해 자신만의 생각을 가지고 있었기 때문이다.

이탈리아에 대한 펠리페의 관심은 그가 밀라노 공작으로 책봉되면서 고취되었는데, 아직 아버지로부터 통치에 참여하는 것을 허락받지 않았음에도 그랬다. 1548년 12월 펠리페가 스페인에서 제국 궁정으로 가는 길에 밀라노 공국을 통과했을 때도 카를 5세는 그가 밀라노에서 공작으로 인정받는 일이 없게 하라고 명령했다. 나폴리 주민들은 펠리페가 와서 톨레도 정부의 부당한 통치를 바로잡아주기를 바랐지만 그는 나폴리를 방문하지 않았다. 그러나 이미 어떻게 하면 이탈리아에서 자기 왕조의 권력을 확장시킬 수 있을지 궁리 중이었고, 특히 다시 한 번 제노바인들에게 압박을 가해 도시 안에 요새를 짓도록 밀어붙일 생각이었다. 1551년 스페인으로 돌아간 이후에도 그는 이탈리아에서 활동하는 제국 대리인들로부터 거듭 개입 요청을 받았다. 그들은 카를 5세 때문에 재원 부족으로 굶어죽을 지경이라고 하소연했다. 건강이 점점 악화되고 있던 데다 1553년과 1554년 초에 정상적인 생활이 어려울 만큼 우울증을 앓았던 황제는 몇 달 동안이나 정사를 돌보지 못하기도 했다. 그러다보니 코르시카에서 프랑스의 침공에 맞서고 있던 제노바인들에게 보낸 스페인의 지원은 펠리페가 주도적으로 처리했다.

카를 5세는 1554년 7월 25일 펠리페와 메리 튜더의 결혼에 맞춰 밀라노―이전에 했던 책봉은 무시하고―와 나폴리를 펠리페에게 양여했다. 펠리페는 나폴리 국왕 책봉에 대해서만 따로 기념식을 가졌다. 밀라노는 이미 자기 것으로 간주했던 것이다. 카를 5세는 펠리페와 상의하지 않고 몇 달 동안 더 이 나라들의 국정에 결정권을 행사했다. 1555년이 돼야 펠리페가 실질적인 권한을 행사할 수 있을 것이었다. 그가 행사한 첫 번째 결정 가운데 하나는 카를 5세의 권유에도 페란테 곤차가를 밀라노 총독으로 재신임하지 않은 것이었다. 펠리페의 생각으로는 이탈리아 상황이 상당히 위태롭기 때문에 밀라노와 나폴리 모두에 권한을 행사할 강력한 인물이 필요했다. 그는 톨레도 가문의 알바 공작 페르난도를 적임자라고 판단하고 그 자리에 임명했다.

바로 이 알바 공에게 시에나 처리를 둘러싼 펠리페와 카를 5세 그리고 코시모 사이의 갈등을 해결해야 하는 까다로운 임무가 주어졌다. 1554년 5월, 카를 5세는 펠리페에게 황제의 대리인 자격으로 시에나를 통할하도록 했다. 이로써 펠리페는 시에나를 자신의 것으로 여겼다. 하지만 이후 카를 5세는 시에나를 공화국으로 남기고 수비대를 보강하여 제국의 보호 아래 둔다는 초기의 입장으로 선회했

메리 튜더(메리 1세)와 11살 연하 펠리페 2세의 결혼은 정치적 동맹의 성격이 강했다. 메리에게는 가톨릭 후계자를 낳아 자신의 통치를 안정시킬 기회였고, 펠리페에게는 영국과의 동맹을 통해 유럽에서의 영향력을 확대할 수 있는 기회였다. 하지만 메리를 지지하는 영국 국민조차 이 결혼에 반대했으며, 그녀의 간곡한 바람에도 둘 사이에는 후사가 없었다(두 차례의 상상임신만 있었다).

다. 황제의 대신들은 본질적으로는 코시모의 견해에 동의하면서도 그가 체결한 협상안에 대해서는 비준에 반대했다. 펠리페도 협상안을 받아들일 수 없다는 입장이었다―그는 시에나를 제국의 봉토로 삼아야 한다고 주장했다. 결국 알바 공은 비준에 찬성하는 서신과 반대하는 서신 두 개를 수령했고, 아울러 어느 쪽을 선택할지에 대한 재량권도 위임받았다. 알바 공은 코시모와 논의 끝에 7월 중순 협상안을 비준했지만, 시에나인들이 카를 5세에게 이를 무효화해달라고 요청하도록 유도하고, 카를 5세가 시에나에 대한 황제의 대리인 자격을 펠리페에게 부여하여 그가 시에나를 봉토로 부여할 수 있는 권한을 갖게 한다는 데 의견을 같이했다. 그렇게 되면 시에나에 대한 코시모의 희망도 살아남을 것이었다. 이미 카를 5세는 펠리페의 바람과는 달리 피렌체 대사 프란시스코 데 톨레도를 시에나 총독으로 임명했다.

해상 전쟁

앙리 2세는 오스만 제국의 쉴레이만 대제와 함께 프랑스, 튀르크 및 해적들로 구성된 연합함대를 만들어 서부 지중해 지역을 공략한다는 선친의 정책을 다시 재개했다. 양측 모두에게 이번 해상 원정의 전략적 목적은 제국과 스페인 세력을 약화시키는 것이었으나 전술적 측면에서는 상당히 다른 견해를 가지고 있었다. 전리품과 노예를 얻기 위해 파괴적 침공을 가하는 것이 튀르크인과 해적에게 일반적이었다면 프랑스인들은 현지인과의 협조하에 작전을 벌이는 경우가 종종 있었다. 이러한 차이가 의미하는 것은 제국 함대―여전히 80세를 훌쩍 넘긴 안드레아 도리아가 지휘하고 있었다―가 수적으로 부족할

제노바 출신의 안드레아 도리아(1466-1560)는 용병대장으로 시작해 여러 국가를 위해 싸웠고, 1528년부터는 제노바 공화국을 실질적으로 통치했다. 그는 제노바 헌법을 개혁했으며, 카를 5세를 위해 지중해에서 활약한 당대 최고의 해군 제독이었다. 그림은 안드레아 도리아를 로마 신화의 바다의 신 넵튠으로 묘사하고 있다. 이는 그의 해상 권력과 영향력을 상징적으로 보여준다.

경우에도 프랑스와 튀르크 함대가 합동작전으로 이탈리아 해안에서 지속적으로 우위를 점하기가 어려웠다는 것이다. 전체적으로 봤을 때 튀르크와의 합동작전은 나폴리와 토스카나에서는 프랑스에 역효과만 불러왔고, 코르시카 전투에서도 프랑스가 기대했던 만큼 도움이 되지 않았다.

1552년 튀르크 함대는 나폴리 해안을 침공한 후 6월 중순부터 7월 중순까지 프랑스의 합류를 기다리며 나폴리 해안에 머물렀다. 역풍 때문에 피옴비노와 엘바로 항해하려는 시도는 실패했지만 8월 8일 밤 우연히 도리아 함대를 상대로 주목할 만한 승리를 거두었다. 튀르크 함대의 위치를 모른 채 병력을 싣고 나폴리로 이동하던 도리아 함대를 만났던 것이다. 이틀 후, 튀르크 함대는 지중해 동부로 떠났는데, 라가르드 영주 폴랭 휘하의 프랑스 함대가 살레르노 영주를 태우고 도착하기 열흘 전이었다. 프랑스 함대는 그들을 뒤따라갔고 지중해 동부에서 겨울을 보냈다.

1553년 7월 초, 오스만 해군 사령관 드라구트가 지휘하는 튀르크 함선 130척과 프랑스 갤리선 24척 그리고 3척의 프리깃함으로 구성된 연합함대가 나폴리 해안으로 돌아왔다. 살레르노는 주민들에게 해를 입혀서는 안 된다는 점을 강조했다. 결국 그는 자신의 지지자들이 있는 지역 주민들을 보호해내는 데 성공했다. 물론 다른 지역들은 그렇게 운이 좋지 못했다. 나폴리에 대한 육상 공격이 논의되고 있던 1557년, 살레르노는 앙리 2세에게 자신이 나폴리 지인에게서 받은 경고를 전달했다. 튀르크인과 함께 공격해온다면 자신들은 돕지 않을 것이라는 내용이었다. 과거 자신들이 당한 피해 때문에 그렇다는

것이다.[41]

　폴랭은 드라구트를 설득해 토스카나로 항해했고, 함대는 1553년 8월 9일 포르토에르콜레에서 성대한 환영을 받았다. 프랑스가 코르시카의 제노바인들과 싸우기 위해 시에나에서 테름이 데려갈 4,000명의 병력을 준비하는 동안, 드라구트는 엘바를 약탈했다. 병력은 함대를 통해 코르시카로 이송되었고, 튀르크 함대가 섬의 동부 해안을 봉쇄하는 동안 프랑스 함대는 서부 지역을 공략했다. 9월 15일 보니파초가 함락되었고, 튀르크인들은 제노바 수비대를 학살하고 도시를 약탈했다. 주민들을 노예로 삼을 수 없다는 사실에 좌절한 드라구트는 프랑스인들에게 배상금 조로 3만 에퀴를 갈취한 다음 그곳을 떠났다. 1553년 원정에서 별다른 소득을 얻지 못했다고 느낀 드라구트는 1554년에는 함대를 이끌고 이탈리아 해역에 잠시 들렀을 뿐 코르시카와 토스카나에서 프랑스에 대한 지원을 거절했다. 1555년 신임 사령관 피알리(피얄레) 파샤가 이끄는 오스만 함대가 프랑스의 코르시카섬 칼비 공략을 지원하기 위해 왔다. 그들은 3,000명의 병력을 지원했으나 8월 10일 공격은 실패로 돌아갔다. 바스티아에 대한 두 번째 공격도 실패로 돌아가자 피알리에게 철수 명령이 떨어졌다. 이것이 프랑스와 튀르크 함대가 벌인 마지막 주요 합동작선이었다. 1558년에 또 다른 작전이 계획되어 있었지만 피알리 파샤는 프랑스가 염두에 두었던 어떠한 목표물에 대해서도 공격을 거부했다.

　동맹인 프랑스의 방해가 사라지자, 튀르크인들은 파괴와 방화, 노예사냥 같은 프랑스인들이 그토록 두려워하던 끔찍한 습격을 감행했다. 1555년 5월 말, 마리냐노가 포르토에르콜레를 포위하기 위해 출격했다. 튀르크인들이 토스카나에서 잠재적 기지를 확보하는 것을 막고, 프랑스군이 시에나 영토에서 유지해온 주요 보급로를 차단하기 위해서였다. 그의 공격은 튀르크인들의 도착을 예상하며 토스카나 해안을 정찰 중이던 도리아 함대와 공조하에 이루어졌다. 프랑스인들이 여러 개의 요새로 포르토에르콜레를 빙 둘러싸고 있었던 터라 6월 18일이 되어서야 그곳들을 전부 장악하고 도시를 확보했다. 7월 중순, 튀르크 함대가 토스카나 해안에 도착했을 때, 그들이 피옴비노를 공격하지 않을까 하는 우려가 있었지만, 해안에 상륙한 튀르크 습격대는 격퇴되었다. 그러나 함대가 코르시카로 떠나기 전 엘바는 한 차례 더 공격을 받았다.

엘바(1548년부터)와 피옴비노(1552년부터) 방어는 코시모 데 메디치에게 일임되었다. 그는 엘바에 요새를 축조하고 튀르크나 해적이 쳐들어왔을 때 섬사람들이 대피하는 포르토페라이오에 성채를 건설하는 등 방어에 상당한 노력을 기울였다. 코시모는 자신의 소유지가 영구적으로 보장되기를 바랐을 것이다. 하지만 결국 후회하게 될 것이다. 튀르크 함대의 활동과 토스카나의 프랑스 세력 때문에 토스카나 항구들이 전략적으로 중요해졌기 때문이다. 1557년 마침내 코시모는 펠리페로부터 시에나를 얻어내는 데 성공하지만 대신 피옴비노와 시에나 해안의 몇몇 항구를 포기해야 했다.

코르시카

프랑스가 코르시카를 목표로 삼은 것은 그 섬이 갖는 해군기지로서의 잠재성 때문이었다. 코르시카는 스페인과 이탈리아 사이의 해상

루트를 차단하는 위치에 있었고, 안전한 항구를 제공하는 것은 물론 갤리선에 필요한 목재와 선원들을 위한 식량과 식수의 공급처로서 적임지였다. 특히 제노바인에게 이 섬이 해양에서 차지하는 중요성은 더욱 컸기에 그들은 결단코 그곳을 사수할 작정이었다. 섬 자체로만 놓고 보면, 코르시카는 가난했고 제노바인을 상대로 반영구적인 반란 상태에 있었다. 제노바는 자신들의 상징적인 금융기관인 산조르조은행을 통해 섬을 통치하고 있었다. 반란의 주도자 삼피에로 코르소의 배후에는 프랑스가 있었는데, 그의 연락책과 지지자들은 1553년 8월 중순 튀르크와 프랑스의 연합함대가 도착한 지 한 달 만에 칼비시를 제외한 섬 전체를 장악했을 때 도움을 제공했다. 폴랭은 제노바인들에게 서신을 보내 튀르크의 공격을 비난했다. 그는 제노바가 프랑스와 스페인 사이에서 중립을 지킨다면 프랑스는 섬을 점령하지 않을 것이라고 말했다.[42] 제노바가 중립 논의를 거부하자 화가 난 앙리 2세는 무력으로 섬을 점령하는 쪽으로 기울었다.[43]

제노바가 군대를 소집해 안드레아 도리아의 지휘로 11월에 코르시카로 파병할 무렵, 드라구트의 함대도 출항했다. 도리아는 칼비를 구원하기 위해 갤리선 함대를 파견했고, 산피오렌초 인근에 병력을 상륙시킨 뒤 포위공격을 개시했다. 코시모는 약 2,500명의 병력과 네 척의 갤리선을 파견해 제노바를 지원했다. 제국군도 나폴리와 롬바르디아에서 파병되었다. 반면 마르세유에서 지원병을 태우고 오던 프랑스 해군의 함대는 폭풍우를 만나 흩어졌다. 그러나 제노바인들에게는 섬의 재정복이 프랑스인들이 했던 것만큼 쉽지는 않았다. 1554년 2월 16일 마침내 산피오렌초 요새를 함락했지만 이미 공성 진지에서는 대부분 질병으로 심각한 인명 손실이 발생한 터였다. 안드레아 도리아는 매우 단호했지만 신체적으로 병약한 상태였기 때문에 갤리선 객실에서 벗어날 수 없었다.[44] 그는 향후 몇 년 동안 반복해서 코르시카로 돌아가야 했다. 프랑스 세력을 축출하는 데 실패하면서 이미 약화되었던 제노바에서의 그의 위상은 더욱 떨어졌다. 그러나 1554년 말까지 제노바는 섬의 대부분을 탈환했다. 프랑스는 드라구트로부터 지원을 기대했지만 실현되지 않았고, 자신들의 노력도 삼피에로 코르소의 불신에 가로막혔다. 이는 당파 싸움으로 점철된 섬에서 특정 당파의 지도자에게 의존했을 때 수반되는 불가피한 문제였다. 제노바인들이 다수의 코르시카 주민들에게 변함없이 인기가 없었다는 사실은 프랑스에 유리한 조건이었다. 특히 반란 세력의 게릴라 전술에 대한 대응으로 제국군이 주민들을 상대로 벌인 보복은 그러한 반감을 더욱 고조시켰다.

1555년을 기준으로 제노바는 자신들이 과거에도 대체로 더 잘 통제했던 섬의 동부를, 프랑스는 유력 가문들이 지배력을 행사하는 섬의 서부를 장악했다. 1555년 튀르크 함대의 도움을 받은 프랑스가 칼비와 바스티아를 포위하며 공세를 가했지만 교착상태를 타개하지는 못했다. 1556년 초, 앙리 2세는 한 차례 더 공격을 지시하며 섬에 있는 자신의 부관에게 펠리페와 카를 5세가 추진하고 있는 전면적인 휴전협정이 체결되기 전까지 최대한 많은 영토를 확보하라고 명령했다.[45] 1556년 2월 중순 발효된 보셀 휴전협정은 그 시점에 양측이 점령 중인 영토를 그대로 인정했는데, 코르시카 영토의 대부분이 프랑스에 속해 있었다.

북서 이탈리아 전쟁, 1552-1556

1550년대 중반, 프랑스는 피에몬테, 살루초 그리고 몬페라토 전쟁에서 상당한 진전을 이루어냈다. 이 지역의 프랑스군은 노련한 지휘관 브리사크가 이끌었는데, 제국군보다 재원도 풍부했고 주민들과의 관계도 좋았다. 피에몬테는 프랑스 왕국의 한 지방인 것처럼 통치되었다. 앙리 2세도 이곳을 지켜내기로 굳게 마음먹은 상태였다. 반면 스페인군과 독일군은 자신들이 지켜주겠다고 한 피에몬테와 몬페라토에서 사보이아 공작과 만토바 공작의 백성을 함부로 다루었고, 그들을 착취하면서 생활했다. 프랑스는 야전에 군대를 배치하고 싶을 때 언제든 자신들이 장악하고 있는 장소에 소규모 수비대를 주둔시킬 수 있었다. 세금을 과도하게 징수하지 않았기 때문에 주민들의 선의에 더 많이 의존할 수 있었고, 병사들도 상당히 규칙적으로 급료를 지급받고 있었기 때문이다. 그에 반해 합스부르크군은 고질적인 급료 지불 문제가 계속되고 있었고, 페란테 곤차가가 브뤼셀로 소환된 이후 그를 대체한 사령관들은 노련한 브리사크의 적수가 되지 못했다.

1552년 7월 곤차가가 베네 포위를 풀고 퇴각하자 브리사크는 곧바로 공세를 가해 8월에는 제국군에게 빼앗긴 살루초 후작령의 영토를 탈환하고, 토리노 북부 지역에 대한 공략까지 마무리 지었다. 반격에 나선 곤차가는 볼피아노와의 연락망 확보를 시도하는 동시에 10월 초 프랑스군이 기습 공격으로 빼앗아간 리구리아 방면 산간지대의 체바를 탈환했다. 11월 중순, 프랑스군은 또 하나의 중요한 요충지인 알바시를 기습적으로 점령했다. 곤차가는 알바를 탈환하지도,

1553년 1월 포기했던 산다미아노를 점령하지도 못했다.

프랑스로 귀환한 일부 부대의 대체 사원이 늦게 도착하면서 몇 달간 브리사크는 병력 부족으로 어려움을 겪었다. 6월이 되자 그는 리구리아 방면 란게(랑게)의 산간지대로 진격했고, 6월 24일 항복한 체바로 진격하기 전 세라발레를 비롯한 몇몇 지역을 손쉽게 장악했다. 또한 일부 병력을 파견해 코르테밀리아를 포위한 뒤 7월 8일 함락했다. 이 공략을 성공함으로써 프랑스는 리비에라로 접근할 수 있게 되었다. 곤차가는 병사들에게 지급할 자금이 없었던 터라 이 작전을 저지하기 위해 할 수 있는 일이 아무것도 없었다. 제노바에서 한 달간 야전에서 병력을 운용할 수 있는 자금을 겨우 모은 그는 7월 말 코르테밀리아 탈환을 시도했으나 실패한 뒤 토리노 방면으로 물러나 있던 브리사크 부대에 접근했다. 어느 쪽도 전투를 하고 싶은 마음은 없었다. 곤차가 측이 병력은 더 많았지만 병사들이 싸움에 나설지 확신하지 못했다. 브리사크는 프랑스 북부 지방의 침공 문제에 직면해 있던 앙리 2세로부터 방어에 전념하고 경험 있는 프랑스 보병과 독일인 부대를 프랑스로 복귀시키라는 명령을 받았다. 8월 3일, 양측은 휴전에 합의했다. 하지만 이는 앙리 2세나 카를 5세의 승인을 받은 것이 아니었기 때문에 10월 1일자로 종료되었다. 휴전 만료 직후 곤차가는 아스티 서쪽의 발페네라 요새를 장악하는 데 성공했다. 하지만 프랑스가 사보이아 공작에게 남아 있던 영토의 행정적 중심지인 베르첼리를 과감하게 습격하는 바람에 빛이 바랬다. 11월 17일에서 18일 사이 밤에 수백의 프랑스 병사가 도시의 성벽을 타고 넘어 들어가 8월에 사망한 사보이아 공작 카를로가 아들 에마누엘레 필리베르토에게 남긴 귀중품을 약탈했다. 수비대는 요새로 대피했고, 곤차가는 구원 병력을 파견했다. 브리사크는 공작의 부관을 데리고 베르첼리에서 철수했다.

1554년 2월 브뤼셀로 소환된 곤차가는 제노바 주재 제국 대사 피게로아—군 지휘 경력이 거의 없는 노인이었다—에게 군권을 일임하라는 명령을 받았다. 브리사크는 재빨리 이 기회를 이용했다. 그는 보병 6,000명과 기병 500명을 동원해 발페네라를 포위하는 한편 별도의 병력을 이용해 양동작전을 펼쳤다. 피게로아는 8월 말까지 보병 1만 2,000명, 중기병 400명, 경기병 600명을 아스티에 집결시킨 뒤에야 발페네라를 구원하기 위해 출발할 수 있었다.[46] 이후 피게로아는 아스티로 돌아갔고, 브리사크는 자신의 병력을 각 주둔지로 분산 배치했다. 몇 달 후, 병력을 증원받은 브리사크는 또 다른 공세를 개시했다. 1554년 12월 14일 포격 몇 시간 만에 이브레아를 함락했고, 다음은 마시노 차례였다. 볼피아노는 봉쇄되었다. 1555년 3월 2일에는 프랑스군이 기지를 발휘해 피게로아가 있는 카살레에 진입했다. 그는 붙잡힐 뻔했지만 2주 후 도시가 항복하기 전에 요새를 무사히 빠져나갔다.

카살레의 함락 소식이 전해지면서 런던에 있는 펠리페의 궁정으로부터 급보가 전달되었다. 내용인즉 알바 공에게 이탈리아 부사령관으로서의 임무를 수행하라는 것이었다.[47] 그러나 알바 공은 충분한 재원을 확보할 때까지 시간을 끌었다. 하지만 그의 희망은 좌절되었고, 1555년 6월 그가 밀라노에 도착했을 때는 독일 병사들에게 이미 10회분, 심지어 20회분의 급료를 체불한 상태에서 원정의 성사를

위해 자금을 마련하느라 분투해야만 했다.[48]

7월 중순 밀라노를 출발한 알바 공은 볼피아노 탈환을 목표로 포강을 따라 이동했다. 산티아 요새를 장악하기 위한 시도는 실패로 끝났다. 열병에 걸려 토리노를 떠날 수 없었던 브리사크는 자신의 부관인 오말 공작 클로드─기즈가 형제들 가운데 또 다른 한 명이었다─를 파견해 9월 초 볼피아노에 대해 포위공격을 개시했다. 9월 23일 브리사크가 항복을 받기 위해 그곳에 도착했을 때, 수비대는 수백 명 규모에서 사지가 멀쩡한 장병들만 치면 50명가량으로 줄어 있었다. 포위공격이 진행되는 동안 알바 공은 폰테스투라에 머물러 있었는데, 오말 공작이 그를 공격하기 위해 파견되자 무질서하게 롬바르디아로 퇴각했다. 그가 폰테스투라 방어를 위해 남겨둔 병력은 프랑스 정찰병들을 물리쳤지만 만토바인으로 구성된 몬칼보의 수비대는 오말 공작에 맞서 겨우 며칠 버텨냈을 뿐이다.

겨울이 지나는 동안 프랑스는 카살레와 베르첼리 인근에서 입지를 굳히고, 피에몬테에서 아직도 적대 세력으로 남아 있는 몇 안 되는 지역 가운데 가장 중요하다고 할 수 있는 포사노와 쿠네오에 대한 압박을 늘려가느라 분주히 활동했다. 알바 공은 병사들에게 지급할 돈이 없었기 때문에 아무것도 할 수 없었다. 1556년 1월, 그는 나폴리로 떠나면서 페스카라의 젊은 후작 프란체스코 페르디난도 다발로스에게 롬바르디아군의 지휘권을 이양했다. 그는 바스토 후작의 아들로 스페인 병사들에게 어느 정도 신뢰를 받고 있었지만 임금 지급에 대한 요구를 진정시킬 수 있는 정도는 아니었다. 실제로 5개월치 임금이 체불된 한 독일인 부대는 반란을 일으키기도 했다.[49] 다발로스는 2월 초 브리사크의 비날레 점령을 막지 못했으며, 2월 중순경 야전에 군을 배치했음에도—대략 보병 9,000명과 경기병 400명—[50] 프랑스와 전투를 벌이게 될까봐 두려워했다.

　　보셀 휴전협정이 체결되었을 당시 밀라노 총독 마드루초 추기경은 그 사실을 모르는 체했다. 제국군이 겨울을 나던 지역 대부분이 프랑스 수중에 넘어갔고, 제국의 봉토를 소유한 봉신들이 황제가 아니라 펠리페에게 복무하는 병력들에게 더 이상 숙소를 제공할 의무가 없어진 상황에서, 마드루초는 밀라노 공국 주둔군의 비용을 어떻게 조달해야 할지 대책이 없었다. 페스카라는 병사들을 적 영토에 밀어넣어 딴생각을 하지 못하게 하려고 브라로 쳐들어갔고, 브리사크는 휴전협정 위반에 대해 항의했다. 결국 3월 7일 브리사크와 페스카라 사이에 국지적인 휴전협정이 체결되었다. 프랑스는 살루초 전부와 피에몬테의 거의 대부분, 그리고 몬페라토의 상당 부분을 손에 넣었다.

프랑스와 교황청의 동맹

1555년 5월 금욕적인 개혁가이자 종교적 권위를 수호하는 데 매우 열성적인 것으로 알려진—특히 스페인의 나폴리 지배와 카를 5세를 싫어했던 것으로 잘 알려져 있었다—나폴리 추기경 잔 피에트로 카라파가 교황에 선출되었다. 바오로 4세는 모든 외국 세력이 축출되면 이탈리아가 더 나아질 것이라고 믿었는데, 스페인보다는 프랑스의 존재로 인한 폐해가 덜하다고 생각했다. 그는 프랑스의 두 왕자가 이탈리아에서—한 명은 베네치아에서, 다른 한 명은 로마에서—교

바오로 4세(1476-1559)는 교황으로 선출되고 채 한 달도 안 돼 선종한 마르첼로 2세의 뒤를 이어 제223대 교황(1555-1559)이 되었다. 그는 엄격하고 정통적인 입장을 취했으며, "교회 밖에는 구원이 없다"는 교리를 재천명했다.

육을 받고 각각 밀라노 공작과 나폴리 왕이 되어야 한다는 주장을 옹호할 것이었다. 전임자들과 달리 그는 강대국들 사이에서 중립을 지키려는 노력을 하지 않았고, 카를 5세와 펠리페에 맞서 기꺼이 프랑스 국왕 편에 설 준비가 되어 있었다. 바오로 4세의 옹호자들은 교황의 호전적인 열정을 그의 조카인 카를로 카라파 탓으로 돌렸다. 교황은 군인이었던 그에게 교황이 된 지 2주 만에 추기경 자리를 만들어주었다. 카를로는 군 경력의 대부분을 북이탈리아와 독일에 있는 카를 5세의 군대에서 복무했는데, 포로의 몸값을 놓고 한 스페인 병사와 분쟁이 생긴 일을 계기로 진영을 바꿔 시에나 전쟁 동안 프랑스 측에서 복무했다. 그가 사실상 교황의 최측근이 되자 피렌체와 나폴리 망명객들은 그의 지원을 기대하며 교황청에 반스페인, 반제국 열정을 불어넣었다. 물론 그 누구보다도 교황 본인이 가장 열성적이었다.[51]

앙리 2세도 교황과의 동맹을 고대했다. 1554년 네덜란드 원정으로 아직 별다른 수익을 얻지 못하고 있는 상태에서 그는 카를 5세와 펠리페만큼 절박한 상황은 아니지만 상당히 심각한 재정적 어려움에 직면해 있었다. 그는 1555년 여름 교황 측과 협상에 들어갔다. 하지만 밀라노와 피에몬테 그리고 사보이아에 대한 권리를 놓고 벌어진 논쟁들 때문에 협상은 암초에 부딪혔다. 앙리 2세는 협상단에게 자신은 전쟁의 방향을 프랑스 국경에서 이탈리아로 전환할 준비가 되어 있다고 말했다.[52] 그는 베네치아와 페라라 공작을 비롯한 여타 이탈리아 제후들이 카를 5세와 펠리페에 맞서 자신과 교황 편에 가담해주기를 희망했다.[53] 1555년 10월 14일 로마에서 앙리 2세와 교황과의 동맹 조약이 체결되었다. 동맹 조건의 대부분은 나폴리 왕국과 시칠리아를 점령했을 때 그 지역들을 어떻게 분할하고 통치할 것인가에 관한 것이었다. 바오로 4세는 앙리 2세의 아들들 가운데 한 명에게는 이 왕국들을, 다른 한 명에게는 밀라노 공국을 책봉하기로 했다. 프랑스 왕은 이탈리아에 보병 8,000명, 창기병 500명 그리고 경기병 1,200명과 35만 에퀴를 보내기로 했다. 약간의 수정을 거친 후 12월 15일 프랑스에서 동맹이 최종 승인되었다. 주요 수정 내용은 프랑스 왕자가 동맹군을 지휘한다는 것, 그리고 시에나는 점령 시 교황청에 귀속되며, 바오로 4세가 선택한 사람에게 부여하기로 했다. 교황은 보병 1만 명에 기병 1,000명 그리고 15만 에퀴를 제공하기로 했다.[54] 1555년 11월 중순 로렌 추기경 샤를 드 기즈가 페라라 공작과 별도로 체결한 조약은 이례적일 정도로 공작에게 유리했다. 그는 밀라노 공국에서 연간 수익이 5만 두카트에 달하는 영지를 지급 받고—크레모나가 첫 번째 후보지였다—나폴리와 토스카나에서도 정복에 성공할 경우 영지를 받기로 했다. 페라라 공국의 방어를 위해 프랑스 왕은 창기병 100명에 경기병 200명, 보병 2,000명을 제공하고, 그에 대한 담보 차원에서 총액 30만 에퀴를 공작에게 지급하기로 했다. 당연히 앙리 2세는 이러한 조건들을 달가워하지 않았지만 그럼에도 1월 이를 비준했다.[55]

로렌 추기경과 그의 형제 기즈 공 프랑수아 그리고 왕비까지도 교황을 동맹으로 활용할 수 있는 이번 이탈리아 원정을 절호의 기회라고 생각하고 지지했다. 몽모랑시는 여느 때처럼 평화를 지지하는 입장이었다. 앙리 2세는 여전히 양측의 의견에 귀를 기울였다. 교황 및 에르콜레 데스테 측과의 동맹 조약이 체결된 직후 몽모랑시는 앙리 2세에게 카를 5세 및 펠리페와 맺은 보셀 휴전협정을 받아들이라고 설득했다. 1556년 2월 5일부터 5년간 효력을 갖는 이 협정에 따르면, 양측은 협정 체결 시점에 확보한 영토를 계속 유지하며 추가적인 요새화 작업도 하지 않기로 했다. 양측 지지 세력도 협정에 포함되며, 교황의 참여는 재량에 맡기기로 했다.[56] 바오로 4세는 공식적으로는 휴전협정을 비난할 수 없었지만 협정에 반대하는 입장이었음은 물론이고 분노를 표출하기까지 했다. 그는 곧바로 앙리 2세에게 협정을 파기하라고 종용했고, 시에나 영토에 있는 프랑스 병력을 로마로 보내달라고 요청했다. 프랑스 대사는 교황이 전쟁의 길로 가지 않도록 촉구하라는 지침을 받았지만 바오로 4세는 이를 듣지 않을 것이었다. 바오로 4세의 도발로 알바 공이 교황령을 침공하자, 앙리 2세도 교황을 지원할 수밖에 없었다.

알바 공의 교황령 침공, 1556

바오로 4세는 말뿐만 아니라 행동으로도 카를 5세와 펠리페에 대해 적대감을 표출했다. 교황은 그들의 지지자들을 투옥하고 박해했으며, 심지어 1556년 7월에는 로마에 파견된 대사와 그곳에 주재하는 우체국장을 알바 공의 로마 침공을 부추겼다는 이유로 구금하기도 했다. 1555년 8월 카를 5세와 펠리페의 지지자들에 대한 제재가 시작되었다. 바오로 4세는 아스카니오 스포르차 디 산타 피오라 추기경의 형제들이 프랑스를 위해 지휘했던 두 척의 갤리선을 교황령 항구인 치비타베키아에서 나폴리 왕국의 가에타항으로 견인한 사실에 대해 매우 분노했다. 추기경은 투옥되었고, 10월 중순 갤리선들이 치비타베키아항으로 원대 복귀한 다음에야 풀려날 수 있었다. 바오로 4세는 의심스러운 영주들에게 요새를 해체하라고 명령하거나 그들의 요새를 몰수하기도 했다.

교황은 영주들 중에서도 콜론나 가문을 주요 공격 대상으로 삼았다. 그들의 영향력은 1520년대 같지 않았는데, 가문의 가장 강력한 구성원이었던 아스카니오의 변덕스러운 행동이 주된 원인이었다. 1553년 아스카니오는 프랑스와 공모했다는 혐의로 나폴리에서 수감되었는데, 그의 아들 마르칸토니오가 영지를 차지했다. 아버지의 영지를 강탈했다는 것도 교황이 마르칸토니오에게 제기한 혐의 가운데 하나였지만, 결국 그의 가문이 로마에서 가장 주도적인 친제국 가문이라는 사실이 공격의 주된 빌미였다. 1556년 4월, 바오로 4세는 콜론나 가문을 파문하고 가문이 소유한 모든 영지와 성직록을 몰수했다. 한 달 후, 그는 자신의 조카인 조반니 카라파에게 마르칸토니오의 영지를 주고 그를 팔리아노 공작으로 책봉했으며, 조반니의 아들 디오메데에게는 카베 후작의 작위를 부여했다.

즉시 카라파 가문은 영지의 방비 강화에 착수했는데, 특히 주요새인 팔리아노를 집중 보강했다. 카를 5세와 펠리페는 이를 심각하게 우려했다. 그들은 피에몬테와 토스카나에서처럼 나폴리 왕국 국경지대에서도 프랑스군이 팔리아노를 근거지로 삼아 편안하게 자리를 잡는 건 아닌지 크게 걱정했다. 카를 5세가 펠리페보다는 교황과의 전쟁에 더 적극적이었다. 하지만 펠리페의 몇몇 조언자도 동맹을 돕는 왕이라는 명성을 얻으려면 콜론나 가문을 지원해야 한다고 설득했다.[57] 전쟁을 언제 시작할지에 관한 결정은 알바 공에게 일임되었다. 1556년 8월 말, 알바 공은 로마에 있는 교황에게 왕(펠리페)의 영토를 공격할 의도가 없다는 확약을 하지 않을 경우, 나폴리 왕국을 방어하기 위한 절차를 밟아나가겠다는 입장을 전달했다.[58] 9월 초, 그는 나폴리에서 병력을 이끌고 교황령으로 진입했다.

침공군은 보병 1만 명(스페인 보병 3,000명에 나머지는 나폴리와 시칠리아 보병)과 기병 4,500명(경기병 1,500명, 중기병 500명에 나머지는 나폴리 영주들이 이끄는 기사들)으로 구성되었고,[59] 지휘관들 가운데는 마르칸토니오 콜론나도 있었다. 이들은 신속하게 교황령 국경과 로마로 이어지는 대로를 방어하는 핵심 거점들을 확보하며 손쉽게 전진해나갔다. 프로시노네와 아나니는 아예 수비대가 요새를 버리고 달아났다. 약탈을 당한 아나니를 제외하면 점령된 지역들에 큰 위해가 가해지지는 않았다. 대부분의 지역이 콜론나 가문에서 몰수한 영지의 일부였기 때문에 침공군을 환영했다. 주민들은 '콜론나'를 외치며 교황군을 공격했다.[60] 줄리오 오르시니가 지휘하는 팔리아노와 벨레트리는 수비 병력을 잘 갖추고 있었지만 알바 공이 그곳들을 지나쳐버렸기 때문에 침공군의 작전에 거의 방해가 되지 않았다.

카라파 추기경은 교황군 사령관으로 임명된 동생 조반니가 사일열quartan fever 로 몸져누운 바람에 실질적으로 로마 방어의 책임을 지고 있었다. 하지만 그는 전직 군인이긴 했지만 숙련된 사령관이나 조직가는 아니었다. 10월 초 로마에 소집된 병력은 대략 보병 7,000명에 기병 600명이었다.[61] 하지만 이들 중 상당수는 임금을 받기 위해 모인 사람들에 불과했으며 군사행동에도 거의 경험이 없었다. 로마에 주둔해 있던 일부 가스코뉴 출신 병사들은 무절제한 행동으로 분란을 야기하기도 했다. 이런 병력으로는 출격을 조직하는 것조차 어려운 일이었고, 전장에서 알바 공의 군대와 맞서는 것은 더더욱 힘든 일이었다.

마르칸토니오 콜론나가 기병대를 이끌고 로마를 습격하는 동안 알바 공은 항복을 선언한 티볼리를 접수하러 갔다. 비코바로는 10월 초 주민들이 주도해 항복했고, 팔롬바라의 사벨리 요새는 짧게 저항한 뒤 함락되어 약탈당했다. 그러자 주변의 모든 콜론나 가문 영지도 알바 공에게 항복했다. 알바 공의 계획은 오스티아를 장악함으로써 강을 거슬러 로마로 가는 보급로를 차단한 뒤 치비타베키아를 공격하러 가는 것이었다.[62] 11월 17일 세 번째 공격만에 굴복하기는 했지만 오스티아 요새 주둔군의 용맹한 방어전 덕분에 피에로 스트로치가 테베레강의 두 번째 하구 북쪽 제방인 피우미치노까지 2,500명의 병력을 데리고 올 시간을 벌었다. 그는 알바 공의 군대가 테베레강과 피우미치노 사이에 있는 섬을 장악하는 것까지는 막을 수 없었지만 그들이 강을 건너는 것은 저지할 수 있었다.

오스티아가 함락되기 전, 이미 로마와 알바 공 측 사이에 접촉이 있었고, 11월 18일 열흘간의 휴전에 합의했다. 11월 말, 카라파 추기경이 알바 공과의 회담을 위해 섬을 방문했다. 추기경과 그의 형제들은 펠리페와 일정한 합의에 도달하는 것이 자신들에게 최상의 이익을 가져다줄 것이라고 느꼈고, 알바 공도 이를 잘 알고 있었다. 그러나 평화협정을 맺도록 교황을 설득하는 것은 또 다른 문제가 될 것이었다. 휴전 기간이 40일로 연장되었음에도 마르칸토니오 콜론나의 영지, 특히 팔리아노 문제는 풀기 어려울 거라는 점이 명백해졌다.

카라파 추기경은 자신의 가문이 시에나를 받는 조건으로 팔리아노를 포기할 수 있다고 제안했다. 이러한 제안은 펠리페에게 확인을 받아야 할 사안이었다.[63] 알바 공은 점령한 섬에 요새를 건설해 방비를 갖추게 하고, 오스티아를 비롯해 주요 점령지 요새에 수비군으로 스페인 보병을 배치한 뒤, 티볼리와 아나니 그리고 콜론나 가문 영지에 포폴리 백작이 지휘하는 기병대를 주둔시켜놓은 다음, 이탈리아 보병과 나머지 기병대를 해산하고 나폴리로 돌아갔다.

기즈 공의 원정, 1557

기즈 공 프랑수아가 교황을 지원하기 위해 프랑스군을 이끌고 곧 이탈리아에 도착할 것이라는 소식이 전해지면서 휴전이 평화협정으로 이어질 것이라는 희망은 무위로 돌아갔다. 베네치아를 전쟁에 끌어들이기 위해 지속적으로 노력해온 바오로 4세는 1556년 12월 중순 카라파 추기경을 베네치아에 파견했다. 하지만 베네치아인들은 라벤나와 체르비아를 공화국에 할양하겠다는 제안에도 동맹 가입 요구를 거절했다. 그들은 이탈리아에서 진정한 독립국으로 남아 있는 단 두 나라인 베네치아와 교황령은 '야만인들'을 이탈리아에서 축출해야 할 공통의 이해관계를 가지고 있다는 바오보 4세의 주장에도 흔들리지 않았다. 그도 그럴 것이 바오로 4세는 프랑스 왕에게 강력한 군대를 이탈리아로 보내달라고 촉구했을 뿐만 아니라 튀르크인들에게도 스페인인들을 공격하는 데 동참해달라고 요청할 것임을 분명히 했기 때문이다.[64]

앙리 2세는 기즈 공 휘하의 군대를 파견함으로써 교황을 지원하겠다는 약속을 지켰다. 하지만 기즈 공은 즉시 로마로 가라는 명령을 받지 않았을뿐더러 그 또한 자신이 할 일을 어느 정도 신중히 결정할 것이었다. 밀라노에 대한 공격이 있을까 우려한 펠리페는 병력을 모집해 공국의 방비를 강화했다. 그러나 기즈 공은 밀라노의 병력이 강해져서 자신의 진로를 가로막기 전에 통과할 생각뿐이었다.[65] 브리사크는 원정군이 포강 유역을 통과할 수 있도록 지원한 뒤 피에몬테에서 주의를 분산시킬 계획이었다. 이 연합군은 1557년 1월 20일 알레산드리아 북쪽의 발렌차를 점령했다. 그곳에서 며칠을 보낸 뒤 브리사크와 그의 부대(프랑스 측에 따르면 스위스 보병 4,000명, 프랑스 보병 4,000명, 이탈리아 보병 3,000명으로 구성되었다)는 피에몬테로 돌아갔다. 한편 기즈 공과 그의 부대(스위스 보병 6,000명, 프랑스 보병 6,000명, 이탈리아 보병 4,000명에 중기병 600명과 경기병 800명으로 구성되었다)는 포강 유역을 따라 계속 진군했다.[66] 1월 말 그들은 피아첸차 공국(파르마 피아첸차 공국) 국경에 도달했다. 1556년 9월 펠리페는 나폴리와 밀라노의 영지들과 함께 요새를 제외한 피아첸차 영토를 오타비오 파르네세에게 반환했다.

오타비오 파르네세는 앙리 2세에게 자신이 펠리페와 화해했음을 알리면서 향후 자신은 중립을 지킬 것이라고 말했다. 앙리 2세는 이를 매우 비열한 배은망덕으로 간주했다.[67] 기즈 공은 남쪽으로 가는 도중에 파르마를 장악하라는 지시를 받았으나 막상 그 지역에 도착해보니 가능하지 않다고 판단했다. 에르콜레 데스테가 파르마를 공격하자고 기즈 공을 재촉했지만—자신이 그곳을 차지할 수 있을 것이라는 희망으로—정작 자신이 마련하기로 했던 대포와 포탄은 준비하지 않았다.

기즈 공과 데스테, 카라파 추기경은 2월 중순 레조에서 만나 무엇을 해야 할지 논의했다. 크레모나나 파르마를 공격하자는 데스테의 제안은 기각되었다. 카라파는 나폴리 왕국 침공을 제안했다. 기즈 공은 피렌체 공작을 먼저 처리해야 후방 공격으로부터 군대의 안전을 확보할 수 있다는 입장이었다. 그러한 위협을 예상한 코시모 공작은 자신의 장남과 앙리 2세의 딸의 결혼을 제안하며 외교적 노력을 통해 이를 무마해보려고 했다. 코시모를 끌어들일 수 있다고 믿은 앙리 2세는 기즈 공에게 협상을 지시했다.[68] 기즈 공과 카라파는 군대가 로마냐를 거쳐 아브루치까지 짧은 단계로 진군해야 한다는 데 동의했다. 만약 코시모가 문제를 일으킨다면, 신속하게 피렌체를 향해 방향을 전환할 것이었다.[69] 그러나 기즈 공은 무엇보다 교황이 원정을 위해 제공하기로 되어 있던 자금과 병력, 보급물자가 준비되었는지 확인하는 것이 우선이라고 생각했다. 그는 카라파 추기경과 함께 로마로 이동하여 3월 초에 도착했다. 그는 그곳에서 몇 주간을 지체하게 될 것이다.

캄파냐에서는 1월 중순에 전쟁이 재개되었다. 피에로 스트로치 휘하의 교황군이 스페인군이 지뢰를 심어 파괴하려던 오스티아 요새를 점령했다. 스페인군은 자기들이 인근에 건설한 토루로 퇴각했다가 며칠 후 항복했다. 교황군과 스페인군 사이에 기습과 소규모 접전이 벌어졌다. 스페인 수비대가 주둔하지 않은 많은 지역이 교황군에게 항복했다. 2월 14일 공격으로 비코바로가 함락되었고, 그곳 수비대는 전멸했다. 포폴리 백작은 티볼리를 떠났다. 그는 반격을 가할 여력이 없었지만 나폴리에서 지원군이 올 거라고 기대했고, 스페인군 또한 교황령 영토에서 밀려나지 않은 상태였다.

로마에 도착한 기즈 공은 여전히 코시모에 대비해 사전 조치를 취해야 한다는 입장이었다. 하지만 교황은 프랑스군이 나폴리가 아닌 다른 곳에 한눈을 팔아서는 안 된다고 주장했다. 기즈 공은 로마에서 프랑스와 이탈리아 병사 일부를 파견해 로마냐와 마르케를 보호한다는 데 합의했다.[70] 그러나 그는 교황령의 일부 지역을 일시적으로 이양받아 필요할 경우 프랑스군의 피난처로 삼아야 한다는 앙리 2세의 오랜 요구 사항에 대해서는 합의를 얻어내지 못했다. 기즈 공은 교황령의 두 주요 항구인 안코나와 치비타베키아를 요구했다.

4월 10일 마르케에서 자신의 부대와 다시 합류한 기즈 공은 알바 공을 전투로 끌어들이려고 했다. 그는 스페인에서 오고 있는 지원군이 알바 공과 합류하기 전이라면 승리할 수 있다고 확신했다. 그의 계획은 그 후 나폴리의 서부 지방들로 진군하는 것이었는데, 그곳에서 프랑스와 튀르크의 함대와 로마에서 파병된 병력의 지원을 받을 것으로 기대했다.[71] 그러나 그는 첫 번째 베이스부터 통과하지 못했다. 그의 병사들이 국경을 넘기는 했지만 임금을 지급받기 전까지는 나폴리 왕국으로 더 들어가는 것을 거부했기 때문이다. 군대는 4월 20일 도착한 구릉 도시 치비텔라 아래에서 행군을 멈추었다. 치비텔라는 주변 고지대로부터의 포격에 취약할 수 있었지만 공격으로 점령하는 것은 어려웠고, 게다가 지난겨울 동안 예상되는 포위공격에 대비해 만반의 준비를 갖추고 있었다. 몬테벨로 백작 안토니오 카라파 휘하의 교황군은 지난가을에 이 지역의 방어 태세를 시험해본 바 있다. 몬테벨로 백작은 약간의 병력을 이끌고 기즈 공과 합류했지만 그와 다툰 뒤 곧 떠났다.[72] 치비텔라 방어군은 성공적으로 공격을 물리쳤고—공격하는 병사들을 향해 단순히 돌을 던지는 것만으로도 매우 효과적인 방어가 가능했다—여기에 알바 공이 아드리아 해안을 따라 줄리아노바로 진격 중이며 프랑스군의 보급로를 위협하고 있다는 보고를 받자 기즈 공은 5월 14일 포위를 풀었다. 기즈 공은 알바 공의 병력이 자신들보다 우세하다는 보고—보병은 1만 8,000명 대 1만 명, 기병은 3,000명 대 1,800명[73]—를 받았음에도 전투를 치르기 위해 진격했다. 그러나 알바 공은 이에 응하지 않았다.

5월 말, 낙담한 기즈 공은 앙리 2세로부터 나폴리 원정을 포기하고 교황령 방어에 만전을 기하면서 롬바르디아와 토스카나에서 전쟁을 지속하라는 명령을 하달받았다. 프랑스 왕은 교황이 약속을 지키지 않았다고 생각했으며, 안코나와 치비타베키아 이양을 거절당했을 때는 굴욕감을 느꼈고, 몬테벨로가 주둔지를 이탈했다는 소식을 듣고는 크게 분노했다. 그는 자신의 군대가 나폴리 왕국 밖에서 안전하게 주둔할 곳이 필요했고, 이를 이용해 이탈리아의 다른 지역에서 공세를 펴려고 했다.[74] 기즈 공은 보병 2,000~3,000명은 페라라로 보내고 나머지는 마르케에 주둔시켜놓은 상태에서 추가 명령을 기다렸다. 바오로 4세는 그가 떠나는 것을 바라지 않았다—교황은 마침내 몬테벨로로부터 나폴리 침공이 불가능하다는 진실을 들었고, 그로 인해 펠리페와 협상하는 쪽으로 기울고 있었지만, 협상이 이루어지기까지 로마의 안전이 염려되었던 것이다.

캄파냐에서는 여름 내내 전쟁이 지속되었는데, 알바 공이 포폴

기즈 공의 치비텔라 포위전(1557년).

리 백작을 소환한 뒤부터는 젊은 마르칸토니오 콜론나가 군대를 지휘했다. 그는 개인적인 원한 때문에 더욱 분기탱천해 있던 터라 매우 열성적으로 가능한 모든 지역을 습격하고 정복했다. 7월 초 보고된 그의 병력은 독일 보병 2,500명, 칼라브리아 보병 1,500명, 농민병 1,000명—틀림없이 콜론나 가문의 영지에서 차출되었을 것이다—그리고 기병 500명으로 이루어져 있었다.[75] 이 정도 병력이면 얼마 안 되는 교황군을 저지하기에 충분했는데, 프랑스군이 나폴리 왕국을 떠난 후에는 알바 공이 스페인과 독일 보병을 지원군으로 보내주기까지 했다. 7월 말, 이제 막 로마에 도착한 스위스 보병 2,000~3,000명이 몬테벨로가 지휘하는 교황군과 함께 팔리아노를 구원하기 위해 파견되었다. 그러나 전투대형을 갖추고 그들을 맞이한 콜론나군에게 대패했다. 카라파는 팔리아노를 구원하는 것이 중요하다는 점을 강조하며 기즈 공에게 군대를 이끌고 로마로 와달라고 요청했다.[76] 와병 중이던 기즈 공은 병력 대부분을 미리 보내 티볼리에서 교황군과 합류하도록 했다. 8월 말 남쪽으로 내려가던 도중, 그는 프랑스군이 8월 10일 피카르디의 생캉탱에서 충격적인 패배를 당했다는 소식과 함께 왕으로부터 귀국하라는 명령을 받았다. 단 교황을 위험한 상황에 두고 떠나지 말라는 권고 때문에 며칠 만이라도 로마에 머무르면서 바오로 4세에게 협상 시간을 벌어주기로 했다.

교황군이 패배했다는 소식을 들은 알바 공은 병력의 일부만 남겨 국경과 프랑스군을 감시하도록 하고 나머지는 교황령으로 데려가기로 결정했다.[77] 그는 영토를 점령하기보다는 로마를 공격할 수 있는 유효 거리까지 군대를 이동시켜 교황에게 평화 협상에 응하도록 압박을 가할 생각이었다. 8월 27일, 그는 로마 성벽까지 군대를 이끌고 가서 몇 시간 동안 머물렀다. 바오로 4세에게 불편한 진실을 이야기할 수 있을 만큼 배짱이 있는 몇 안 되는 사람 가운데 한 명이었던 피에로 스트로치는 교황에게 프랑스군은 떠날 것이고, 그런 상황에서 평화 협상에 응하지 않을 경우 그가 어떤 위험에 빠질지 상세하게 설명했다. 스트로치는 바오로 4세가 중립을 지키고 나폴리 국경지대의 요새들을 해체한다면 펠리페에게 복종을 요구할 수 있고, 펠리페도 교황청 문제에 개입하지 않을 것이라고 조언했다.[78] 명백히 우세한 위치에 있었던 알바 공은 평화를 위해 기꺼이 양보할 의사가 있었고, 9월 9일 이러한 내용에 따라 협정이 체결되었다.

펠리페를 대신해 알바 공은 앙리 2세와의 동맹을 포기하고 중립을 유지하기로 한 교황에게 사의를 표했다. 교황령에서 획득한 영토는 모두 요새를 해체한 후 교황에게 반환하기로 했다. 교황을 상대로 반역을 일으킨 자들만 제외하고 전쟁에 가담한 모든 이에게 사면이 내려졌다. 팔리아노는 양측 모두가 신뢰할 만한 사람이 관리하기로 했으나 협상의 주된 장애물이었다. 알바 공은 콜론나 가문에 돌려주어야 한다고 주장했다. 하지만 교황이 이를 결코 받아들이지 않겠다고 하자 콜론나 가문의 이익을 희생시켰다. 아마도 교황은 몰랐을 비밀 부가 조항이 알바 공과 카라파 추기경 사이에 체결되었다. 팔리아노 요새가 해체된다는 전제조건이 충족되면 펠리페가 교황의 적이나 반란 세력을 제외한 인물을 선택하여 팔리아노를 맡긴다는 것이 그 내용이었다.[79]

자신과 상의 없이 체결된 협정에 대해 펠리페는 1558년 2월 28

일까지도 이를 비준하지 않음으로써 그 내용이 썩 내키지 않는다는 의사를 표시했다. 그러나 바오로 4세의 비타협적인 성정과 그가 교황의 위엄과 의무에 대해 확고한 자의식을 가지고 있었다는 점을 놓고 볼 때, 과연 교황으로부터 더 많은 양보를 끌어낼 수 있었을지에 대해서는 의구심이 든다. 그러한 사정으로 알바 공은 로마에 가서 의례적인 사죄를 표함으로써 바오로 4세의 그리스도의 대리인이라는 자존감을 충족시켜주었고, 이는 정중하게 받아들여졌다. 알바 공에 대한 호의의 뜻으로 투옥 중이던 로마 대사를 포함해 펠리페의 신하들과 일부 로마 영주가 석방되었다.

기즈 공은 알바 공이 오기 전에 로마를 떠났다. 그와 프랑스군 일부를 본국으로 데려오기 위해 프랑스 갤리선이 치비타베키아로 파견되었다. 몇몇 지휘관과 귀족, 화승총부대도 그와 함께 본국행 배에 승선했다. 다른 보병들은 몬탈치노와 페라라로 보내졌고, 기병들은 육로를 통해 프랑스로 돌아갔다.

전쟁의 마지막 국면

앙리 2세는 이후 펠리페에게 더 호의적이 된 교황과의 동맹 결과에 실망을 금치 못했다. 그는 코르시카와 피에몬테, 페라라 그리고 시에나에 여전히 많은 병력을 가지고 있었다. 그러나 결정적인 충돌은 프랑스 북부에서 일어났고, 프랑스 왕은 이탈리아는 물론 심지어 피에몬테에 대해서도 관심을 갖거나 자원을 할당할 여력이 거의 없었다.

코르시카에서는 프랑스가 코르시카 반란 세력의 도움으로 지배를 유지하고 있었으나 튀르크 함대의 위협이 사라진 1558년 여름부터 제노바가 공세를 취했다. 피에몬테에서는 브리사크의 마지막 주요 공격이 기즈 공 군대의 이동 경로를 따라 남쪽 방면으로 전개되었다. 1557년 4월 말, 브리사크는 보병 1만 5,000명과 기병 1,500명, 그리고 중포 및 경포를 포함한 19문의 포병 전력으로 발페네라와 케라스코를 점령한 뒤 사보이아 공작이 장악하고 있던 남부 피에몬테의 마지막 도시 쿠네오를 향해 진격했다.[80] 그는 두 달 동안 여러 차례 공세를 가했지만 페스카라 부대가 인근에 도착했다는 소식을 듣고 6월 27일 포위를 해제했다. 브리사크는 쿠네오 전투에서 4,000명의 병력을 잃었고, 프랑스가 점령한 모든 지역에 수비대를 주둔시키는 것이 어렵다는 것을 이미 파악하고 있었다. 앙리 2세는 계속해서 피에몬테를 노련한 병사들의 공급지로 활용했다. 그는 생캉탱에서 패배한 뒤 피에몬테에 있는 테름을 불러들였고, 브리사크에게는 요새로 퇴각해 프랑스 병사들을 수비대로 주둔시키고 스위스와 이탈리아 보병은 중기병 250명, 경기병 500명과 함께 프랑스로 보내라고 명령했다―대체 자원으로 이탈리아와 스위스 병력을 새로 모집했다.[81] 브리사크가 방어 태세를 유지해야 했다면, 밀라노의 스페인군은 일부 영토를 탈환하는 데 성공했다. 1558년 10월, 솜마 공작이 지휘하는 스페인군은 몬페라토의 몬칼보를 점령하고 약탈한 뒤 카살레에 대한 포위공격을 시작했다. 포위는 카토-캉브레지 평화조약이 체결될 때까지 계속되었다.

토스카나의 경우, 그로세토와 탈라모네항이 포함된 마렘마 지역 대부분과 몬탈치노 남쪽 대부분의 영토가 여전히 프랑스군에 장악된 상태로 '몬탈치노 시에나 공화국'이라는 명목상의 정부가 들어서 있었다. 시에나 영토의 나머지 대부분은 코시모 수중에 있었고, 시에나시에 주둔하고 있던 스페인군은 황폐화된 일부 영토에 대해서만 통제권을 행사했다. 1556년 가을, 토스카나 부사령관으로 부임한 몽뤼크는 보병 2,000명과 기병 200명을 모집했고, 스페인 병사들을 상대로 습격과 매복 작전을 펼쳤다.[82] 1557년 여름에도 그는 보병 4,000명과 기병 300명으로 또 한 차례 일련의 기습 작전을 벌였다.[83] 그러나 알바로 디 산드로가 지휘하는 스페인과 피렌체 연합군에게 수적으로 열세였던 터라 피엔차시를 비롯한 일부 지역을 포기할 수밖에 없었다. 그가 6월 말 피엔차를 재탈환한 것이 프랑스가 이탈리아 전쟁에서 거둔 마지막 성공이었다.

1557년 6월, 코시모 데 메디치는 마침내 그토록 오랫동안 노력해온 것에 대한 대가를 받았다—펠리페로부터 시에나시와 영토를 자신과 후손들의 봉토로 받았다. 대신 펠리페는 값비싼 대가를 받아냈다. 코시모는 카를 5세와 펠리페가 진 상당한 규모의 빚을 탕감해주었고, 봉토가 된 포르토페라이오를 제외한 피옴비노와 엘바를 아피아노 가문에게 돌려주어야 했다. 또한 펠리페는 오르베텔로, 탈라모네, 포르토에르콜레 그리고 포르토산토스테파노의 항구들과 몬테아르젠타리오를 차지했는데, 이 지역들은 이제 나폴리 부왕의 관할권으로 편입되었다. 이 지역들을 통할하여 형성된 것이 바로 프레시디였으며, 향후 스페인과 나폴리 사이에서 중요한 해상 기항지로 자리 잡는다. 프랑스는 시에나의 새 군주와는 휴전협정을 준수했지만 스페인이 장악한 해상 도시들과는 아니었다. 1558년 4월, 오르베텔로를 장악하려는 시도가 있었지만 실패로 돌아갔다.

코시모는 토스카나 해안에서 유일하게 프랑스 수중에 있는 탈라모네항을 점령하기 위해 군대를 파병하라고 펠리페를 설득했다. 9월 초, 나폴리에서 롬바르디아로 이동 중이던 스페인 병력 1,500명이 포르토에르콜레에 상륙했다. 이들은 스페인 선박의 도움으로 각각 30명의 수비대가 방어하고 있던 탈라모네와 카스틸리오네델라페스카이아를 손쉽게 점령했다. 카스틸리오네는 코시모에게 인계되었는데, 코시모는 그 외에도 카스틸리오네 영주로부터 몬테아르젠타리오곶 앞의 질리오섬도 함께 구입했다. 스페인군은 그로세토에 대한 공격은 거부하고 떠났다. 훗날을 기약한 코시모는 프랑스와 휴전 상태를 유지했다. 당시 프랑스는 그 어느 때보다도 시에나 망명객들은 물론 통치 지역 주민들과도 심각한 불화를 겪고 있었다. 1558년 3월 몽뤼크의 후임으로 부임한 프란체스코 데스테는 기즈 가문으로부터 비밀 지령을 받았다. 내용인즉 카라파 가문을 상대로 시에나를 아비뇽과 교환하든가, 코시모에게 매각하라는 것이었다.[84] 병사들은 임금을 지급받지 못한 상태였고—1559년이 되면 거의 2년치 임금이 체불되는 상황이었다—따라서 탈영하지 않은 병사들은 주민들을 착취하며 생활하고 있었다.

1556년부터 1557년 사이 얼마 동안에는 에밀리아에서 새로운 전선이 열리는 듯했다. 1556년 알바 공이 교황령 침공을 준비하면서 스페인 수비대가 레조 북동쪽의 코레조 요새에 배치되었는데, 이는 그곳 영주들의 묵시적 동의하에 이루어졌다. 1557년 1월에는 시지스몬도 데스테 소유의 산마르티노에도 스페인 병력이 배치되었다. 그는 페라라 공작 가문의 방계 혈통으로 펠리페 휘하에 있었다. 에르콜레 데스테의 아들 알폰소는 보병 4,000명과 기병 300명을 이끌고 산마르티노에 가서 주둔 중인 수비대를 해산하고 요새를 파괴했다.[85] 그는 계속해서 코레조로 진격했는데, 그곳 영주는 포위공격이 시작되기도 전에 협상에 응했다. 1557년 4월, 에르콜레는 코레조에서 다시 한 번 스페인군의 위협을 받았다. 그는 페란테 곤차가 소유의 구아스탈라에도 신경을 써야 하는 상황이었는데, 특히 페스카라가 그곳에 병력을 데려와 요새를 보강하기 시작하면서 더욱 그러했다. 기즈 공이 나폴리에서 철수한 후 보낸 스위스 병력도 구아스탈라 공격을 지원할 예정이었다.[86] 그러나 에르콜레의 구아스탈라 점령 시도는 실패로 돌아갔다. 병력이 충분치 않은 상태에서 내응 세력에만 너무 의존했기 때문이다.[87] 앙리 2세는 기즈 공의 부대를 프랑스로 소환한 뒤 에르콜레에게 프랑스 및 스위스 보병과 중기병을 사용해도 된다고 말했다. 다만 그 비용에 대해 나중에 자신이 갚아줄 테니 우선 스스로 부담하라고 했다.

　페라라 공작은 밀라노로부터만 위협을 받고 있던 것이 아니었다. 펠리페도 그를 상대로 한 원정을 준비하고 있었는데, 코시모 데 메디치와 알바 공으로 하여금 이를 조직하게 한 다음 우르비노 공작이나 파르마 공작에게 지휘를 맡길 생각이었다.[88] 하지만 결국은 약간의 스페인 병력을 지원받은 파르네세 가문과 프랑스 병사들을 동원한 에스테 가문 사이에 벌어진 국경 분쟁이 전부였고, 에스테 가문에게 좀 더 유리하게 진행되었다. 파르마 공작이든 페라라 공작이든 스페인 왕과 프랑스 왕을 위해 자신들의 비용을 들여가며 장기간의 대리전에 휘말릴 생각이 없었던 터라 1558년 3월 29일 휴전협정이 체결되었다.

　코시모는 에르콜레에 대한 공격에 가담하기보다는 펠리페와 함께 중재자를 자처했고, 1558년 3월 협상을 타결시켰다. 에르콜레는 앙리 2세와의 동맹을 포기하기로 했고, 아직까지 페라라에 남아 있는 프랑스 병력은 밀라노 영토를 통해 본국으로 무사히 돌아가는 것을 보장받았다. 5월, 모든 프랑스 병력이 페라라에서 철수했다. 에르콜레의 아들이자 상속자인 알폰소와 코시모의 딸 루크레치아 사이에 혼인이 이루어졌다. 앙리 2세는 이 결혼을 막기 위해 알폰소에게 프랑스 수중의 시에나 영토를 포함해 넉넉한 신부 지참금과 함께 자신의 여동생 마르그리트와의 혼인을 제안하기까지 했다. 알폰소는 루크레치아와의 결혼을 선택했음에도 거의 즉시 프랑스 궁정으로 떠났고 그곳에 남아 앙리 2세를 위해 봉사했다 ―덕분에 앙리 2세가 자기 아버지에게 빚진 돈(에르콜레의 추산으로 70만 에퀴에 달하는)의 변제를 요구할 수 있었다.[89]

　에르콜레는 앙리 2세에게 이탈리아 문제에 관심을 갖지 않을 경우 우호적인 인사들을 펠리페에게 빼앗길 수 있다고 경고했다.[90] 그의 경고는 그 자신이 펠리페와 협약을 맺어 펠리페의 보호와 우르비노 공작 구이도발도 델라 로베레의 중기병 100명, 경기병 200명, 보병 200명에 대한 콘도타를 받아들이기로 한 직후에 나온 말이기도 했다.[91] 1년 전, 델라 로베레는 자신에게는 동맹이 없기 때문에 기꺼이 앙리 2세 편에 가담할 수 있지만 만약 프랑스 왕이 자신을 받아주지 않을 경우 자신에게 도움을 약속하는 누구와도 함께할 수 있다고 천명한 바 있다.[92] 코시모도 델라 로베레와의 협상에 관여했다. 그는 자신을 싫어하는 펠리페에게 결코 고분고분한 인물이 아니었지만 어쨌든 이탈리아에서 스페인의 가장 강력한 동맹 세력이었다. 펠리페는 파르네세 가문과 다시 화해하고 만토바의 곤차가 가문과도 친교를 맺음으로써 이제 이탈리아 내 거의 모든 주요 제후와 우호적인 관계를 유지했다. 피코 델라 미란돌라만이 프랑스 왕에게 충성을 바치고 있었지만, 이들을 상대하기에는 완전히 역부족이었다.

카토-캉브레지 평화협정

1558년 가을경, 펠리페와 앙리 2세는 상호 간 분쟁의 포괄적 해결을 위한 평화조약을 체결할 준비가 되어 있었다. 프랑스는 생캉탱에서 패배한 이후 1558년 1월 칼레를 수복하고 저지대 지역까지 침투해 들어가는 등 어느 정도 주도권을 되찾을 정도로 충분히 회복했다. 하지만 1558년 7월 그라블린에서 또 한 번의 충격적인 패배를 겪었다. 양측 모두 지칠 대로 지친 상태였다.

10월, 프랑스 북동부 세르캄프에서 평화 회담이 시작되었다. 해결해야 할 문제들이 산적해 있었지만 카를 5세가 협상에 참여하지 않은 관계로—그는 은퇴 후 스페인에서 지내다가 1558년 9월 사망했다—과거 합스부르크와 발루아 가문의 관계를 괴롭혔던 몇몇 문제들은 의제로 채택되지 않았다. 펠리페는 황제나 제국의 이해관계를 고려할 필요가 없었으며, 앙리 2세는 밀라노나 나폴리에 대한 권리를 제기하지 않았다. 그럼에도 이탈리아 문제가 최우선 의제였다. 프랑스 왕이 이탈리아에 영토를 보유해서는 안 된다는 펠리페의 입장은 확고했다. 코르시카 반란 세력들과 시에나 망명객들의 주장은 안중에도 없었던 앙리 2세와 그의 조신들에게 프랑스 수중에 있는 코르시카와 시에나 영토는 기껏해야 협상 카드에 불과했다. 그들은 그 지역들을 계속 보유할 의사가 없었다. 그러나 피에몬테는 다른 문제였다. 앙리 2세는 그곳을 자신의 영토라고 생각했다. 사보이아는 사보이아 공작에게 반환할 준비가 되어 있었지만 피에몬테에 대해서는 에마누엘레 필리베르토가 포기 대가로 다른 것을 받아주었으면 했다. 그러나 공작은 자신의 유산을 포기할 생각이 없었다.

앙리 2세가 이탈리아 내 영토는 물론이고 칼레와 룩셈부르크 공국까지 포기해야 한다는 펠리페의 집요한 주장 때문에 회담은 11월 들어 거의 결렬 직전이었다. 최후통첩에 직면한 앙리 2세는 조신들의 반대를 무릅쓰고 자신은 거의 모든 대가를 치르더라도 평화를 추구할 것이며, 칼레와 피에몬테의 일부 지역을 제외하고 모든 것을 양보할 수 있다고 천명했다.[93] 이탈리아와 관련해 남은 문제는 피에몬테의 어느 지역을 프랑스가 보유하느냐는 것이었다. 또한 앙리 2세는 에마누엘레 필리베르토가 30대 중반에 들어서는 데다 임신이 어려울 것으로 보이는 자신의 여동생 마르그리트와 결혼해야 한다고 주장했다. 공작은 마지못해 이 제안을 받아들였지만 마르그리트는 프랑스 궁정에서 그의 입장을 효과적으로 대변했다. 반면 에마누엘레 필리베르토가 장군으로서 보여준 공로—특히 생캉탱 승리에 기여했다—에도 불구하고 그는 펠리페의 궁정에서 열렬한 지지를 받지 못했다. 펠리페는 밀라노 공국의 안전을 염두에 두고 프랑스의 피에몬테 보유를 받아들이지 않으면서도, 에마누엘레 필리베르토가 자신의 나라를 온전하게 돌려받으려는 노력을 지원하지 않았고, 일부 지역을 자신이 계속 장악하면서 프랑스 점령지에 맞서야 한다고 주장했다.

회담은 11월 말 펠리페의 아내인 메리 튜더의 사망으로 두 달간 중단되었다. 그녀의 죽음은 1559년 2월 카토-캉브레지에서 회담이 재개되었을 때, 그간 주요 의제였던 칼레 문제의 관점을 바꾸었다. 펠리페에게 영국의 칼레 수복은 더 이상 직접적인 이해관계가 걸린 문제가 아니었기 때문이다. 그러나 시에나 영토의 운명은 다시 한 번 쟁점으로 부상했는데, 카라파와 페라라 공작이 앙리 2세에게 그 땅을 자신들에게 넘겨달라는 설득 작업을 재개했기 때문이다. 몬탈치노의 시에나 망명객들도 마지막까지 자신들이 스스로 운명을 결정할 수 있기를 희망했고, 심지어 시에나가 다시 한 번 자유 공화국이 되기를 바랐다. 앙리 2세는 적어도 망명자들의 사면과 재산 반환을 보장해준다는 서면 동의서를 코시모로부터 받아냈다. 그에 반해 펠리페는 아예 망명자들을 평화 회담에서 제외해야 한다고 주장했기 때문에 나폴리와 밀라노 망명객들이 실제로 얻어낸 것은 그에 미치지 못했다. 피렌체 망명객들에 대해서는 아예 언급조차 없었다.

1559년 4월 3일, 카토-캉브레지 조약이 공식적으로 체결되었다. 칼레를 지킨 앙리 2세는 룩셈부르크를 양도했다. 프랑스는 알프스 산맥 프랑스 방면에 있는 사보이아 공작의 영토 그리고 살루초 후작령과 토리노, 피네롤로, 키에리, 키바소 및 피에몬테의 빌라노바다스티를 제외한 이탈리아 내 모든 점령지로부터 철수하기로 했다. 스페인 군은 아스티와 베르첼리에 주둔하기로 했다. 에마누엘레 필리베르토는 프랑스와 스페인 국왕 사이에서 중립을 지켰다. 그러나 펠리페는 공작에게 압박을 가해 자신과 비밀조약을 체결하도록 했다. 펠리페가 앙리 2세와 양보의 수준을 맞추기 위해 요새를 다섯 개가 아니라 두 개만 유지하기로 동의한 데 대한 대가로 공작은 영원히 그의 동맹으로 남겠다고 약속했다. 또한 빌프랑슈와 니스의 항구에 있는 요새 성주들에게 자신은 물론 펠리페에게도 충성을 맹세하도록 명령했다.[94] 공작과 마르그리트의 결혼은 7월 10일 거의 비공개 행사로 진행되었다. 결혼식은 앙리 2세가 둘의 결혼을 기념해 개최된 마상시합에서 치명적인 부상을 입는 바람에 그가 죽어가는 동안 거행되었다.

이탈리아에 있는 프랑스 병력들 사이에서 철군 명령에 대한 약간의 저항이 있었다. 피에몬테에서는 그토록 많은 비용을 치러가며 쟁취하고 지켜온 영토를 포기해야 한다는 사실에 분노하고 실망한 브리사크가 주민들을 약탈하고 학대하는 병사들의 무분별한 행동을 방치했다. 그는 자신이 건설한 요새들을 체계적으로 파괴했고, 요새를 무너뜨리는 데 사용한 지뢰로 마을 전체가 파괴되는 것조차 개의치 않았다. 이는 앙리 2세의 중단 명령이 있을 때까지 계속되었다. 에마누엘레 필리베르토는 결혼 후 영토를 돌려받기로 되어 있었다. 하지만 왕이 사망했다는 소식을 들은 사보이아와 피에몬테의 프랑스 지휘관들은 신임 국왕 프랑수아 2세로부터 별도의 명령을 받을 때까지 철수를 거부했다. 그는 곧 반환 절차를 진행하라는 명령을 내렸지만 공작의 관리들이 완전히 점유하기까지는 8월이 되어야 했다(프랑스는 1574년이 되어서야 에마누엘레 필리베르토에게 자신들이 차지하고 있던 마지막 영토를 양도했다.[95] 이로 인해 펠리페가 산티아를 계속 가지고 있을 명분도 소멸되었다. 그는 대신 베르첼리와 아스티를 보유하기로 합의했다. 1575년

Henri II blessé par Montgommery.

1559년 6월 30일, 앙리 2세는 사보이아 공작과 자신의 여동생의 결혼식을 기념하여 열린 마상시합에 참가했다. 하지만 몽고메리 백작과의 시합에서 심각한 눈 부상을 입고 극심한 두통을 호소하다 열흘 뒤인 7월 10일 사망했다. 죽기 직전 앙리 2세는 몽고메리에게 대역죄를 묻지 않겠다고 약속했다.

이 지역들도 공작에게 반환되었다). 브리사크는 앙리 2세의 중난 녕령이 떨어지기 전 몬페라토의 요새들도 파괴했다. 몬페라토 주민들은 다시 곤차가 가문의 통치권 아래 들어가는 것을 달가워하지 않았다. 카살레 주민들도 일주일 동안이나 만토바 공작 대리인들의 수용을 거부했다.

평화협정에 따르면, 프랑스는 3개월 이내에 시에나 영토에서 철수하기로 되어 있었다. 그곳의 프랑스군 사령관 코르넬리오 벤티볼리오는 7월 말까지 몬탈치노와 키우시를 비롯한 몇몇 지역에서 철수를 완료했다. 그러나 그로세토와 마렘마의 일부 지역에 주둔 중이던 병사들은 21개월치 체불 임금이 지불되지 않으면 요새에서 철수하지 않겠다며 반란을 일으켰다. 코시모는 병력을 보내 문제를 해결하려는 벤티볼리오의 노력을 지원했고, 자금과 운송 수단을 제공해 병사들이 그들의 화물과 함께 8월 초부터 대기 중이던 프랑스 갤리선에 원활히 탑승할 수 있도록 도왔다. 프랑스군이 철수하자 코시모의 대리인들이 프랑스군의 점령 영토를 장악했다. 몬탈치노의 시에나인들은 이 새로운 체제를 받아들여 자리에서 물러났다.

이탈리아 국가들은 공식적인 평화 협상에 참여하지 못했다. 앙리 2세는 자신의 보호를 필요로 하는 세력들은 물론 동맹 세력들까지 모두 저버렸다. 이탈리아인들에게는 다행스럽게도 펠리페가 이를 이용하여 새로운 영토를 요구하지는 않았다. 만약 그랬다면 평화에 대한 염원이 아무리 강했다고 해도 앙리 2세도 입장을 바꿨을 것이다. 결국 펠리페의 대리인들은 코르시카는 제노바인들에게(코르시카 반란 세력을 제압해야 하는 숙제가 남아 있기는 했지만), 시에나 영토는 코시모에게, 피에몬테는(혹은 그 대부분은) 사보이아 공작에게, 그리고 몬페라토는 만토바 공작에게 양도하는 것으로 협상을 마쳤다. 자신의 아버지가 이탈리아에서 획득한 영토에 펠리페가 추가한 것이라고는 토스카나의 프레시디 항구들과 피에몬테에 있는 두 개의 도시—그나마 나중에 사보이아 공작에게 반환될 예정이었다—가 전부였다. 그러나 펠리페의 조신들은 협정 내용에 깜짝 놀랄 만큼 매우 만족해했

1559년 4월 3일 체결된 카토-캉브레지 조약으로 1494년 샤를 8세의 원정으로 시작된 이탈리아 전쟁은 비로소 막을 내린다. 이 조약을 통해 프랑스는 이탈리아에 대한 주장을 모두 포기하고 스페인 제국의 이탈리아 종주권을 인정했다. 그림에서 서로 악수하는 왕은 펠리페 2세와 앙리 2세이지만, 실제로 이 둘은 만나지 않았고 양국의 대사들이 조약을 체결했다.

다. 여전히 이탈리아를 프랑스 왕과 스페인 왕의 상대적 힘의 크기를 드러내는 주요 지표로 보았던 알바 공 같은 사람들은 협정 내용이 이보다 더 좋을 수 없다고 생각했다. 그들은 앙리 2세가 이탈리아에서 프랑스의 이익을 그렇게까지 포기할 것이라고는 생각지 못했다. 브리사크를 포함한 많은 프랑스 지휘관과 장교들은 앙리 2세가 감수하기로 한 희생에 대해 실망감을 표했다. 이 평화가 지속될 수 있을 것인지에 대해서도 회의적인 태도가 팽배했다.[96] 조만간 프랑스는 내전에 빨려들어갈 것이고, 펠리페는 기존의 영토를 유지하는 데만도 해야 할 일이 산적해 있었다. 그에 비해 적어도 이탈리아에서는 카토-캉브레지 조약으로 1494년 샤를 8세의 원정으로 시작된 장기간의 전쟁이 비로소 막을 내렸다.

8장

전쟁의 변화

이탈리아 전쟁은 통치자들의 위신이나 왕조적인 관심사 혹은 지배 엘리트들의 이해관계뿐만 아니라 영토의 정복과 유지, 그리고 경제적 자원을 확보하기 위해 벌어진 전쟁이기도 했다. 이 전쟁을 위해 스코틀랜드에서부터 발칸반도까지 전 유럽에서 병력이 모집되었으며, 알프스를 넘나들고 지중해를 가로지르는 군사작전이 펼쳐졌고, 평상시의 행동반경으로부터 수백 마일이나 떨어진 곳에서 군부대와 보급로를 유지해야만 했다. 전쟁의 형태도 크게 변화했다. 부분적으로는 전쟁에 참여한 인원수의 증가와 전쟁의 장기화, 그로 인한 장기 복무에 대한 새로운 강조 때문이기도 했고, 화약 무기의 역할이 증가했기 때문이기도 했다. 포르노보 전투(1495년)와 파비아 전투(1525년) 사이에 군대를 구성하는 기병과 보병의 수적 비중이 거의 1 대 1에서 보병의 비중이 6 대 1로 우세한 쪽으로 변화했다. 군병력의 전반적인 증가는 상당 부분 화물 운송 호위대나 수비대 말고도 공격 부대로서 보병의 가치를 새롭게 인식한 결과였다. 스위스와 독일 창보병, 그리고 밀집대형을 이룬 스페인 화승총병의 위력이 새롭게 인식되면서 보병 병력의 증가를 촉진했다. 또한 이미 기병부대에는 도입된

바 있는 상비군이나 장기 복무 제도가 보병부대에도 확대되기 시작
했다. 장비를 갖추고 훈련을 시키는 데 보병 비용이 더 적게 든다는
점도 병력 증가를 설명할 수 있는 분명한 요인이었다. 또한 이탈리아
전쟁이 정복과 점령, 그리고 정복에 대한 방어전 성격을 띠었다는 점
도 한 가지 요인이었다.

　　이러한 요인들은 모두 당시의 전쟁을 특징짓는 새로움과 실험
의지에 기여했다. 동시에 주요 강대국들 사이에 전개된 대결 규모와
강도도 그 자체로 새로운 분위기를 창출했다. 그들은 각자의 근거지
와 보급 거점에서 멀리 떨어진 중립 지역에서 군사적 충돌을 벌였다.
이는 의심의 여지 없이 전투를 통해 결정적인 타격을 가하려는 성향
을 촉진했다. 또한 사상자들로 인한 문제가 증가했고, 포로들을 다루
는 태도도 변화했다. 사령관들과 지휘관들은 더 많은 압박에 직면했
고, 군사 업무의 전문화를 촉진했다.

무기와 군비軍備의 균형

대부분의 유럽 보병이 전통적으로 사용해왔던 무기로는 검과 보병
용 랜스foot lance 혹은 9피트 길이의 창spear, 그리고 13세기에 광범위
하게 도입된 석궁 등이 있었다. 15세기 동안 프랑스군은 석궁을 집
중적으로 도입한 반면 스페인 보병은 단검과 원형 방패 사용을 전문
화했다. 그러는 동안 스위스군은 16피트 길이의 무거운 장창pike 사
용법을 연마했는데, 방진 안에 대인 전투에 특화된 소수의 미늘창병
halberdier을 배치해 단점을 보완했다. 장창 사용은 15세기 말 프랑스
를 제외한 모든 나라의 군대에 빠르게 전파되었고, 석궁은 스페인과

긴 창과 도끼가 결합된 미늘창을 든 스위스 병사. 스위스 화가 페르디난트 호들러가 1895년에 그린 유화로, 이 그림은 스위스의 국가적 자부심을 상징하는 작품이 되었다. 19세기 말 유럽에서 부상한 민족주의 정서와 역사화의 부활을 보여준다.

이탈리아에서 점차 총기로 대체되었다.

이 시기 전쟁에 대한 설명은 대부분 보병의 가장 지배적인 무기인 장창에 초점을 맞추고 있다. 사실 루이 11세도 1470년대에 스위스 장창병을 고용했다. 그와 그의 조신들은 용담공 샤를과의 전쟁에서 보여준 스위스 병사들의 활약에 깊은 인상을 받았다. 동시에 프랑스군 자유궁수단free archers 의 전투 역량에 대해서는 실망을 금치 못했다. 반면 아라곤의 페르난도는 그라나다에서 장창병을 거의 사용하지 않았는데, 1495년 이후 스페인군 총사령관 곤살로 데 코르도바가 이탈리아에서 일부 보병부대에게 무거운 장창의 사용법을 연마시켰다.[1]

장창병의 성공 비밀은 양이었다. 그러나 단지 장창병의 수만 중요한 것이 아니었다. 서로 의존한 상태에서 밀집대형을 이룬 채 장기간 무거운 병기를 다루면서 전진하고 전투하도록 훈련되었다는 점이 관건이었다. 잘 조직된 장창병 방진은 그 정도의 훈련 수준과 단결력을 갖지 못하는 다른 유형의 보병들을 순식간에 압도할 수 있었고, 기병대의 돌격마저도 막아낸 뒤 돌격이 실패하여 대열이 와해된 기병들을 상대로 전세를 역전시킬 수 있었다. 이탈리아 전쟁 초기에는 비록 군사비 지출의 총규모가 이미 걷잡을 수 없이 커져가고 있는 상황이었지만 스위스 상창병을 얼마나 많이 고용하느냐가 군사적 성공을 위한 최상의 방법이었다. 그러나 사실 전쟁의 초기 국면에서 주요 교전국들은 상대방의 방식을 그대로 따라 해서 더 큰 성공을 거두려고 했다기보다는 상대방의 전략을 따라잡고 모방한 다음 다른 방법을 가미해 상대를 물리치려는 시도가 더 많았다. 샤를 8세의 스위스 부대는 제1차 세미나라 전투에서 새로 도착한 스페인 보병부대를 상대로 중요한 승리를 거두었음에도 1494년부터 1495년 사이에는 거의 사용되지 않았다. 이 패배에 대한 곤살로 데 코르도바의 대응법은 자신의 보병 병력 일부를 장창으로 무장하게 한 뒤 훈련시킨 것과 화승총병의 수를 늘린 것이었다. 란츠크네히트 부대 역시 초기에는 막시밀리안의 독려하에 스위스 보병에 대응하기 위해 그들의 대형과 무기를 모방하는 방식으로 훈련했다. 그러나 그들은 스위스 보병들보다 훨씬 더 신속하게 총기를 대량으로 활용하기 시작했다.

장창병과 마찬가지로 화승총병과 이후에 등장하는 머스킷총병도 성공의 열쇠는 대규모 배치에 있었는데, 참호나 방어벽으로 보호를 받을 경우 더욱 효과적이었다. 초기 화승총은 그것이 대체하기 시작한 석궁이나 장궁보다도 정확도가 훨씬 떨어졌다. 하지만 다수의 인원이 몇 개의 열을 지어 교대로 장전하고 발사하는 방식으로 규칙적이고 신속하게 일제사격을 가할 경우 장창병의 방진과 돌격하는 기병 모두를 상대로 치명적인 무기가 될 수 있었다. 1503년 체리뇰라 전투는 대규모 화승총부대를 효과적으로 전개한 최초의 사례였다.[2] 1522년 비코카 전투가 벌어질 무렵에는 이 신무기를 최상의 효율로 사용하는 데 필요한 전략과 규율이 완벽하게 확립되었다. 얼마 지나지 않아 로마냐노 세시아와 파비아 전투에서 페스카라 후작은 화승총병들을 산병skirmishers으로 활용했는데, 그들은 느슨한 대열로 전장을 누비면서 지형지물의 이점을 이용해 적의 측면을 괴롭히는 방식으로 활약했다. 이는 발사체 보병에게 좀 더 공격적인 역할을 부여하는 중대한 변화였다. 하지만 아직까지 이 단계에서는 잘만 다루면 화기를 이용해 장창병의 방진을 멈추게 하거나 흩어지게 할 수는

독일의 판화가 다니엘 호프퍼(1470-1536)의 〈다섯 명의 란츠크네히트〉(에칭). 다니엘 호프퍼의 손에서 탄생한 에칭 기법은 이후 렘브란트 같은 대가들에 의해 더욱 발전되어 예술의 한 장르로 자리잡는다.

있었지만 그것을 대체할 수 있을 정도까지는 아니었다. 1530년대에는 군 지휘관들이 보병부대 규모를 더욱 확대함에 따라 장창병과 화승총병이 긴밀한 협조 아래 전투에 임하는 방법을 찾는 쪽으로 무게 중심이 이동했다. 바로 이 무렵 프랑스와 스페인의 전투대형에서 대규모 혼성 보병부대가 등장했다.

전쟁 초기, 프랑스와 스위스는 총기류에 거의 관심을 보이지 않았다. 그에 반해 스페인은 그라나다 전쟁 후반기부터 총기에 관심을 보였는데, 1496년 페르난도와 이사벨 여왕이 공포한 바야돌리드 보병 법령이 이를 잘 보여준다. 법령에 따르면, 보병부대는 보병용 랜스로 무장한 보병, 검으로 무장한 보병 그리고 발사체 무기로 무장한 보병이 각각 3분의 1의 비율로 구성되어야 했다.[3] 보병용 랜스는 재빨리 장창으로 대체되었고, 발사체 무기는 체리뇰라 전투가 벌어질 무렵이면 대부분 화승총이 대세가 되었다. 란츠크네히트 부대 가운데 가장 명망 높았던 겔더스흑색단은 프랑스 편에서 싸웠던 1515년 마리냐노 전투 당시 부대 편성이 장창병 1만 2,000명, 화승총병 2,000명, 검보병 2,000명, 미늘창병 1,000명이었다.[4] 1530년대가 되면 장창병과 화승총병의 조합으로 유럽 각국의 군 전력에서 보병의 우위가 확고해지고, 스페인, 독일 그리고 이탈리아 화승총병들은 1520년대 이탈리아에서 벌어진 전투에서 승리에 가장 결정적인 역할을 했다.

16세기 초에 이처럼 비교적 갑작스럽게 효과적인 총기류가 등장한 것은 세 가지 요인 때문이었다. 첫째는 1480년대에 화승총 발화장치에서 일어난 기술 발전이었다. 초기 총기류가 그랬던 것처럼 화승총도 엉덩이 부근에서 한 손으로 격발했는데, 기술 발전으로 어깨에서 발사하는 것이 가능해졌다.[5] 두 번째는 화약 성능이 개선되고 가격이 싸졌다. 화약 가격은 15세기에 80%나 떨어졌고, 화약 성능의 개선으로 사거리는 크게 증가하고 사격 속도도 훨씬 빨라졌다.[6] 세 번째는 독일 남부와 이탈리아 북부에서 대규모 화기 제조업이 발전했다. 이는 지리적으로 보았을 때 스위스 용병의 경쟁 상대로 란츠크네히트가 부상한 것과도 연결되었다.[7]

스페인군과 그리고 나중에는 스페인-제국군이 보병의 질과 성취도 면에서 프랑스군보다 우위에 있었다는 점은 의심의 여지가 없다. 종종 언급되는 바이지만, 프랑스 대부분의 지역에서 농민들의 보병 복무 전통이 존재하지 않았고, 지주인 귀족들과 농민층 사이의 사회적 격차가 너무 커서 농민을 보병으로 무장하는 것이 쉽지 않았다. 전쟁이 벌어지는 동안 프랑스 보병을 귀족들이 지휘하는 상설부대로 재조직하려는 시도들이 있었는데, 그 최종적 결과로 1534년 보병부대들이 창설되었다.

군대의 무게중심이 기병에서 보병으로 극적으로 전환된 것은 기병의 수가 유의미하게 감소한 결과가 아니라 보병의 모집 규모가 대거 증가한 결과였다. 프랑스 왕실이 필요로 했던 중기병의 수는 전쟁 내내 거의 변화가 없었다. 대규모 이탈리아 원정에서 기병의 몫은 비율상으로만 감소했다. 1534년까지도 6인 창기병 six-man lance 조직이 그대로 남아 있었다.[8] 프랑스 중기병 한 명이 이끄는 창기병부대에는 두 명의 기마궁수가 포함되어 있었는데, 이들은 대체로 말에서 내려 전투에 임했다. 남아 있는 소집 대장을 보면 이러한 관행이 1530년대까지도 계속되었다는 것을 알 수 있다. 물론 기병부대의 궁수들만 별도의 단일 부대로 소집하는 경우가 점점 더 증가했다는 것도 분명한 사실이다. 확실히 이러한 전통적 관행들이 프랑스군에서 별도의 보병부대가 등장하는 것이나, 석궁 대신 화승총을 도입하는 데 지장을 주었다.

한편 스페인의 중기병은 1493년 국왕이 직접 통제하는 100명 단위의 부대로 재조직되었고, 이것이야말로 진정한 의미에서 스페인군의 상비군 제도 시작이라고 할 수 있다.[9] 스페인 창기병 lance 은 2인이나 3인으로—중기병 1인에 종자 1인 혹은 중기병 2인에 종자 1인—구성되있다. 그러나 스페인 중기병은 기본적으로 동일한 장비를 갖추었음에도 프랑스 중기병에 상응하는 명성을 결코 누려보지 못했다. 그들은 전투에서 공격의 선봉대로 거의 활용되지 않았고, 통상 예비부대로 대기하다가 적의 약점을 노리는 데 동원되었다. 사실 프랑스군도 전쟁이 계속되는 가운데 전략이 변화하면서 이러한 방식을 점점 더 많이 사용했지만 스페인군은 처음부터 중기병을 주력으로 삼는 것을 꺼려했다.

이러한 차이 이면에는 스페인이 경기병을 훨씬 더 잘 활용했다는 점이 있다. 1495년 곤살로 데 코르도바가 첫 번째 스페인 원정군을 이끌고 이탈리아에 파견되었을 때, 그는 중기병을 전혀 데려가지 않았고, 기마병jinetes 이라고 알려진 경기병 600명만 대동했다.[10] 이들은 짧은 랜스나 검 그리고 이따금 활로 가볍게 무장했다. 스페인이 이들을 활용한 것은 수세기 동안 무어인을 상대로 싸워온 결과였는데, 무어인들은 기병부대를 전적으로 경기병에 의존했다. 1493년에 공식적으로 창설된 25개의 기병부대 가운데 5개가 경기병이었는데, 16세기 초에는 경기병부대가 26개였던 반면 중기병부대는 10개에 불과했다. 이렇게 스페인 경기병이 급속도로 팽창한 것은 이들에게 주어진 임무가 매우 광범위해졌음을 의미했다. 정찰과 수색, 그리고 퇴각하는 적의 소탕이라는 전통적인 역할 말고도 경기병은 보병과 긴밀한 공조 작전을 벌이는 데 훨씬 더 적합한 것으로 인식되었다. 스페인군에서는 기마석궁수와 기마화승총병 부대가 전쟁 초기부터 등장했는데, 이는 스페인군이 특별히 이탈리아로부터 받은 영향의 결과물이었다.[11] 베네치아는 스페인 기마병과 유사하게 무장한 발칸 출신의 스트라디오트를 고용하는 데 앞장섰다. 1520년대 무렵이면 이탈리아에서 복무하는 스페인군의 경우 스트라디오트가 스페인 기마병을 대체한다. 프랑스도 스트라디오트를 시험해보았지만 크게 기대하지는 않았다. 중기병의 전통이 프랑스 군대 문화에 워낙 깊숙이 뿌리박혀 있던 터라 빠르게 대체하기가 쉽지 않았다. 그러나 이러한 전통도 16세기 중반이면 명백히 쇠퇴의 조짐을 보였다. 랜스를 들던 기병들이 독일 경기병인 라이터Reiter를 모방하여 격발식 피스톨wheel-lock pistols로 무장하기 시작했고, 그 결과는 기마 전술의 변화로 이어졌다. 독일 라이터 부대는 카라콜caracole 전술을 발전시켰는데, 이는 기병들이 열을 지어 사거리 안에 있는 보병 대열에 갑옷을 관통할 정도의 강력한 총격을 가한 뒤 빠르게 물러나 다음 열에 자리를 내주는 식으로, 순차적으로 공격하는 전술이었다.

전투에 가담한 인원수를 확인하고 증가한 병력 수를 파악하는 것도 중요하지만, 더욱 중요한 것은 전쟁에서 병력 규모가 차지하는 비중이 증대되었다는 것과 이것이 보다 광범위한 전쟁 행위에 대해 함축하는 바이다. 바로 이러한 시기에 주로 기병대와 그에 필요한 보조 병력으로 구성되던 군대에서 전투 보병을 수력으로 하는 군대로의 이행이 일어났다. 서유럽 국가들이 신속한 훈련과 값싼 장비로 조달 가능한 보병 병력의 팽창을 위해 뭐든 감당하려는 토대가 마련되었다.

화약 무기의 충격

보병의 비중이 점점 더 증가하고 그로 인해 군대의 규모가 커지면서 당대인들이 이탈리아 전쟁에 대해 어떤 새로움과 극적인 변화의 느낌을 가졌다면, 그중에서도 대포에 대한 반응이 가장 직접적으로 두드러졌다. 프랑스 대포의 가공할 만한 위력에 대한 구이차르디니의 강조—"너무도 파괴적이어서 몇 시간 동안의 포격만으로도 이전에 이탈리아에서 며칠에 거쳐 수행했던 목표를 달성할 수 있었다"[12]—는 경악과 분노의 감

Fig. 4. Landsknecht-Doppelsöldner mit Hakenbüchse (nach F. Brun).

화승총을 든 란츠크네히트. 스위스 보병의 전투대형과 무기를 모방하던 란츠크네히트는 총기 사용에서 그들보다 훨씬 더 신속하게 대량으로 활용하는 방식을 채택했다.

정을 반영하고 있다. 평민 화승총병의 손에 귀족 장교가 죽거나 다쳤을 때 자주 뒤따랐던 비열한 행위라는 비난처럼 말이다. 물론 이러한 표현들을 총포류에 대한 일반적인 의견으로 곧이곧대로 믿어서는 안 된다.[13] 프랑스 포병은 당대에 얼마나 이례적인 것이었을까? 실제로 대포의 충격은 전쟁의 향방에 얼마나 크게 영향을 미쳤을까? "화약이 바꿔놓은 것은 전쟁의 결과가 아니라 그것의 수행 방식"이었는가?[14]

14세기와 15세기 초반에 점진적으로 발전해왔던 화약 무기는 15세기 중반에 이르러 급격하게 개량되었다. 그 결과 개량되고 저렴한 화약 사용이 가능해졌고, 프랑스 왕이 운영하는 총포 제조 단지에서 이를 가장 빨리 응용했다. 더 강하고, 더 가볍고, 이동이 더 용이하

면서도 보다 강한 타격력으로 돌이 아닌 금속 탄환을 발사하는 대포가 프랑스와 부르고뉴에서 생산되었고, 다른 지역에서도 재빨리 모방되었다. 1494년 샤를 8세는 의심의 여지 없이 유럽에서 가장 크고, 가장 장비를 잘 갖추었으며, 가장 잘 훈련된 포병부대를 보유하고 있었다. 그러나 이러한 발전에 대한 필연적인 반응, 즉 새로운 기술의 확산과 방어 체계의 개선 역시 이미 시작되었고, 대포만으로는 전쟁에서 승리하지 못했다. 구이차르디니에게 시대에 뒤떨어진 방어 시설의 무자비한 파괴는 외국군의 침략에 직면한 이탈리아의 취약성을 보여주는 전형 같은 것이었다. 그에 비해 마키아벨리는 신형 대포가 요새를 빠르게 무력화시킨다는 점은 인정했지만 겁쟁이들에게 성벽이란 늘 있으나 없으나 마찬가지였다는 태도였다. 그가 보기에 전쟁터에서 대포란 그저 하나의 장애물에 지나지 않았다.[15]

이탈리아 전쟁이 보여준 현실은 구이차르디니와 마키아벨리의 입장 모두를 의심스럽게 만들었다. 프랑스 포병은 샤를 8세의 1494~1495년 이탈리아 원정 성공에 큰 기여를 하지 못했다. 주력 공성포들은 전쟁 초기 해상으로 운송되어 루니자나를 돌파할 때 활약했지만 이후 나폴리 점령 때는 뚜렷한 역할을 하지 못했다. 소규모 요새들은 신속하게 제압되었지만 나폴리의 주요 방어 시설들은 완강하게 저항했다.[16] 15년 동안 주기적으로 장기 저항한 밀라노의 스포르체스코성과 피사, 1502년부터 1503년 사이의 겨울 내내 저항한 바를레타, 1509년의 파도바, 1529~1530년의 피렌체, 그리고 1555~1556년의 시에나 모두 잔혹한 폭력의 순간들과 맞서야 했는데, 이 도시들을 상대로 한 군사작전의 성공 여부는 대포의 화력만큼이나 군대의 사기와 전반적인 전략적 상황에 달려 있었다. 그러나 주요 전투들을 통해 드러난 증거로 볼 때 총포의 역할이 점점 더 중요해진 것은 사실이다. 특히 마키아벨리의 다소 부정적인 견해와 달리 화승총병의 역할은 두드러졌다. 프란체스코 구이차르디니는 1521년 라벤나 전투에서 포격에 의한 대량학살의 참상을 묘사했다. "대포가 포탄을 한 발씩 쏘아댈 때마다 중기병들 사이로 길이 나면서 머리가 으깨진 투구나 잘려나간 팔다리와 몸뚱이들이 우수수 공중으로 흩뿌려지는 것을 보면 참혹하고 혐오스럽기가 이루 말할 수 없을 정도다."[17] 그러나 이는 프랑스만이 아닌 페라라인들이 쏘아댄 포격에 대한 묘사이기도 했다. 전반적으로 프랑스보다는 스페인이 전장에서 총포를 더 효율적으로 운용했다고 볼 수 있다.

1500년경이면 화약 무기들의 주요 성능 개선이 이미 마무리된 상태였다. 그때부터는 새로운 혁신보다는 기존의 기술과 기법들이 전파되는 시기였다. 구식 총기나 대포, 투석기 등의 장비들도 쉽게 등한시할 수 없는 자산들이었다. 포병 훈련은 이질적인 신구 방식들이 뒤섞여 잘 조율된 일제사격이나 정확한 포격을 해내기가 쉽지 않았다. 대형 대포들의 발사속도는 매우 느렸고, 보병의 비중이 증가하면서 군대의 이동 속도가 느려지고 있음에도 대형 대포들은 그러한 군대와 동일한 속도로도 이동할 수 없었다. 전장에서 대포는 빈번히 적군에게 포획되어 아군을 포격하는 데 이용되기도 했다. 대포의 이동성이 개선되면서 포격 대상을 바꿀 수 있는 기회가 생겼지만 동시에 대포를 이동하는 동안에는 포격이 중단될 수밖에 없었다. 무엇보다도 포병대를 교체하고 현대화하고 확장하는 데 관건은 비용이었다.

프란체스코 구이차르디니에 따르면 대포는 이탈리아 전쟁에서 대량학살의 수단이 되었다. 그는 라벤나 전투에서 보여준 대포의 위력을 상세히 묘사하며, 그 참상이 "참혹하고 혐오스럽기가 이루 말할 수 없을 정도"라고 썼다.

실제로 이 시기 포병부대의 규모는 크게 확대되지 않았고, 포병 운용에 필요한 훈련된 인원들에 대한 수요도 크게 증가하지 않나. 물론 포좌를 파고 대포를 설치하는 등의 선도적인 일에 필요한 인원들에 대한 수요는 당연히 크게 증가했지만 말이다. 궁극적으로 대포는 공격보다는 방어에 기여했다. 유럽 국가들이 제조하고 사용한 대포의 대부분은 도시나 요새의 성곽, 경계 초소 같은 방어 시설에 투입되어 토루와 포대를 갖춘 요새들이 발전하는 데 기여했다.

요새 방어와 공성술

15세기 후반이 되면 이미 신형 대포의 충격으로 요새 방어를 위한 새로운 기술의 필요성이 분명해졌다. 초기에는 방어벽을 경사지고 두텁게 만드는 것과 개별 요새들을 보수 강화하는 데 초점을 맞추었다. 교황령 북부와 토스카나 지역 전체, 그리고 나폴리의 도시 방어 시설은 낮고 탄탄하며 돌출된 보루 형태로 건설되어 중포의 포격을 흡수하면서도 반격을 위해 광범위한 사계 fields of fire 를 확보해주는 새로운 요새화 실험의 핵심으로 인식되었다. 프란체스코 디 조르조 마르티니와 산갈로 가문이 이끄는 한 세대의 군사 건축가들이 1494년이 되기 20년 전부터 새로운 생각들에 대한 지적 열정을 자극하며 두텁고 정교하게 건설된 외부 토성 같은 새로운 형태의 요새화 토대를 마련하면서 이 분야에 종사해오고 있었다. 스페인과 프랑스 및 유럽의 다른 지역들에서도 독립적으로 이러한 유형의 요새화가 발전하고 있었지만 이 신형 요새화 방식은 이탈리아식 성형요새 trace italienne 로 알려졌다. 전쟁이 진행되는 동안 개별 요새 강화에서 도시 성벽 전체를 재건설하는 쪽으로 관심이 이동했다. 베네토에서는 파도바와 트레비소, 비첸차의 도시 성벽을 다시 건설했고, 밀라노와 시에나, 루카에서도 마찬가지였다. 1530년 이후에는 스페인이 튀르크의 침공 위협에 대비하여 나폴리 왕국과 시칠리아의 해안 요새들을 신형으로 건설했다.[18] 이 시기 이탈리아에서의 집중적인 요새 재건축 현상은 주요 군사적 압력이 어디에 있었는지 보여줄 뿐 아니라 향후 이탈리아 밖에서 광범위하게 활약할 새로운 세대의 군사 건축가와 공학자들에게 훈련의 장을 제공하기도 했다.

이탈리아 전쟁 후반기에 점차 방어 위주의 전략으로 이행했던 것은 어느 정도 이러한 신형 요새가 확산된 결과였다. 포병부대의 확대와 총포류의 개량 속도가 이를 따라가지 못했던 것이다. 그러나 공성군이 요새와 도시 성벽을 무너뜨리기 위해 대포는 물론 새로운 폭파 기술을 활용한 것처럼 효과적인 방어를 위해서는 방어 시설만이 아니라 수비대의 역량과 전체 주민들의 결의 같은 것도 중요했다. 공성포의 느린 발사속도를 감안하면 충분한 인원이 있을 경우 갈라진 성벽 틈을 잠재적인 죽음의 덫으로 활용하는 방식의 적극적인 방어가 가능했다. 부서진 성벽 잔해를 이용해 무너지지 않은 성벽 뒤에 방어진지를 구축하고 화승총부대를 종렬로 배치한 다음 공격해오는 적을 향해 일제히 사격하는 식으로 말이다. 15년간 피렌체의 모든 포위공격—심지어 1500년에는 막강한 프랑스군의 지원까지 받아가면서—을 버텨낸 피사와 1554~1555년의 9개월간 제국군과 피렌체군의 공격을 막아낸 시에나는 전쟁의 양 끄트머리에서 강력한 방어력이 무엇을 성취해낼 수 있는가를 보여준 모범적인 사례였다. 새로운 포병에 맞서 도시를 방어하는 것은 가능했고, "피사처럼 하라fare come Pisa"는 새로운 방어 시설의 가능성을 보여주는 상투적인 표현이 되었다.

신형 도시 성벽과 보루를 갖춘 요새를 건설하는 데는 수년이 걸릴 수 있었고, 전시에 사용되지 못하는 경우도 종종 있었다.[19] 그런 이유로 이탈리아 전쟁이 벌어지는 동안 전투에서 가장 많이 활용된 방어 시설의 유형은 토루였다. 도시는 지역 주민들의 노동을 동원해 며칠 만에 목재를 뼈대로 삼아 다져진 흙으로 채운 방어벽을 만들

16세기 목판화로 무기 장인들의 작업을 점검하는 막시밀리안 황제의 모습을 묘사하고 있다. 막시밀리안은 특히 공성 무기에 관심이 많았던 군주로 알려져 있다.

어낼 수 있었고, 이 벽은 포격을 효과적으로 받아냄으로써 공성을 저지할 수 있었다. 전장에서는 전투의 승패를 좌우할 수도 있는 참호나 방벽을 단 몇 시간 만에 만들어냈다. 이러한 평범하고 일시적인 구조물들이 전쟁의 향방을 좌우할 만큼 중요했다는 사실을 잊어서는 안 된다.

상비군과 직업군인

고전기 이후 최초의 유럽 상비군은 15세기에 등장했다. 중세에는 특정 전투 때마다 군대를 모집했는데, 봉건적 의무에 따라 소집되기도 했고 자원병이나 용병을 모집하기도 했다. 요새 주둔 병력이나 근위대 같은 소규모 군대를 제외하면 대규모 상비군을 최초로 보유하려고 했던 중요한 시도는 1360년대에 있었던 프랑스 국왕 샤를 5세의 개혁이었다. 백년전쟁 중이던 당시 샤를 5세는 상설 기병부대를 창설했다.[20] 1445년 샤를 7세가 칙령군compagnies d'ordonnance 을 창설할 무렵에는 밀라노와 베네치아 같은 몇몇 이탈리아 국가도 전시는 물론이고 평시에도 복무하는 상당한 규모의 상비군을 보유하고 있었다.[21] 이 상비군들은 프랑스와 이탈리아 모두 대부분 중기병이었다. 당시는 아직 훈련된 보병을 대규모 상비군으로 유지해야 할 필요성을 느끼지 못했는데, 단기로 복무하는 민병대 제도도 있었고, 모집해서 훈련하는 데 걸리는 시간이 보병은 길지 않았기 때문이다.

15세기 후반이 되어서야 스위스의 토착 군사 전통에서 등장한 장창병부대가 용병으로서 우월한 활약을 보여주자 훈련된 보병을 상비 부대로 보유해야 할 필요성이 대두되었다. 15세기 중반, 스위스 지방정부들은 징병제를 도입했고, 그 후 일정 비율의 징병 대상자들은 즉시 복무가 가능하도록 준비해야 했다. 그러나 실제로는 이탈리아 전쟁 기간 동안 벌어진 끊임없는 전투와 영토 점령에 대한 새로운 요구, 그리고 전쟁이 언제 다시 재개될지 모른다는 두려움 같은 것들이 상당한 규모의 상비군에 대한 실질적인 수요를 창출했다. 그와 더불어 전문 직업군인들도 등장했다. 스페인은 전쟁이 터지기 직전에 상설 기병부대를 창설했다. 하지만 그라나다 원정 때 이미 수년에 걸쳐 복무하는 보병부대가 필요하다는 것을 알았다. 사실 무어인들과의 분쟁은 그들을 그라나다에서 추방한 것으로 끝나지 않았다. 그 후로도 페르난도는 20년 이상 북아프리카에서 원정을 단행했으며, 이는 이탈리아 및 피레네산맥 국경지대와 더불어 스페인군에게 주어진 군사적 임무의 한 축을 이루었다. 프랑스도 이 무렵 두세 개의 전선에서 동시에 전쟁을 수행했는데, 그러다보니 전투에 참여하거나 이탈리아에서 주둔군 임무를 수행한 일선 지휘관과 부대들이 장기간 복무하는 일이 많았다.

프랑스와 스페인에서는 왕의 뜻에 따라 군사 칙령을 통해 병사들을 계속해서 군대에 묶어둘 수 있었다. 스페인에서는 1493년에 처음 시행되었고, 프랑스의 경우에는 중기병부대에 한해 50년도 더 된 제도였다. 보병의 복무에 관한 칙령들은 1494년 이후에 공포되어 광범위한 상비군 제도를 위한 기반을 완성했다.[22] 그러나 상비군의 대상은 통치자의 백성들로만 한정되지 않았다. 국가가 직접 모집하거나 임금을 지급하는 병력뿐 아니라 국가와 계약을 맺거나 의뢰를 받은 지휘관들이 모집한 병력도 포함되었다. 스위스의 전문 용병이나 란츠크네히트 장창병에 대해서는 광범위하고 지속적인 수요가 존재했다. 그 결과 용병들의 본국이 아닌 기업가적 용병대장들이 조직한 상설 용병부대가 창설되기에 이른다. 전쟁과 전쟁에 참여하는 개인이 늘어나면서 군대의 지속성과, 필연적으로 전문성을 추구하는 새로운 단계로의 이행이 일어났다.

상비군의 발전은 어디까지나 근대 초 군병력의 핵심부에만 해당하는 이야기였다. 전쟁이 도래할 때마다 새로 부대를 창설하거나 스스로 병력을 모집하는 지휘관들에게 의뢰해 전체 병력 수를 채워야 했다. 단기간 복무하는 민병대 제도도 16세기 군 조직의 필수적인 한 부분이었다. 프랑스군과 스페인군 모두 '모험가들'에 크게 의존했다. 이들은 상당수가 하급 귀족 출신으로 전쟁 기간 동안 주로 중무장 보병이나 경기병으로 복무했다. 아냐델로 원정 당시에는 프랑스군에 약 400명의 모험가가 있었다. 국왕의 존재와 그의 눈에 들 가능성이 있다는 점이 그러한 복무가 인기를 끌었던 특별한 이유이기도 했다. 1523년에는 6,000명의 모험가가 프랑수아 1세의 이탈리아 원정에 참여하기 위해 대기했던 것으로 알려졌다.[23] 스위스 용병부대들은 이탈리아 원정에 참여하기 위해 알프스를 통과하는 동안 새로운 병력을 모집하곤 했는데, 집결 상소에 도착할 무렵에는 병력이 칸톤을 떠날 때보다 세 배 정도 늘어나 있기도 했다. 이 때문에 급여 담당자들은 골머리를 앓았고, 필연적으로 부대의 규율과 효율성을 약화시키는 결과를 초래했다.

이 무렵 직업군인이 자리를 잡기 시작했다. 출신이나 재산이 아니라 숙련된 기술과 경험으로 자리를 잡은 전문적인 군 지휘관들이

두 명의 스위스 용병.

15세기 초에 이미 등장했다. 상비군의 등장으로 상설 복무가 제도화되면서 귀족 구성원들이 앞다투어 왕의 군대에서 계급과 포상을 노리며 경쟁하는 바람에 이러한 전문 지휘관들의 등용이 지체되기도 했다. 이탈리아 전쟁 기간 동안 이탈리아에서 복무한 프랑스 지휘관들을 조사한 바에 따르면 귀족 출신이 아닌 경우는 매우 소수에 불과했다. 그러나 동시에 장기간의 복무로 누적된 경험은 그들을 전문 군인들로 분류하기에 충분했다. 이탈리아 전쟁 시기 독일 지휘관들은 압도적인 다수가 제국 기사였는데, 이들은 다른 영토 제후나 제국 도시가 아닌 오직 황제에게만 충성했고, 병력을 모집해 원하는 고용주와 자유롭게 계약을 맺을 권리를 주장했다. 스위스 용병부대의 지휘관들은 지방정부로부터 임명되었든 '자유' 지휘관으로 육성되었든, 대개 군 장교를 배출해온 전통 아래 직업군인의 길을 가는 것이 당연한 귀족 가문 출신의 경험이 풍부한 인물들이었다.[24] 반면에 이탈리아 군 귀족 출신들은 15세기 때보다 직업군인의 길을 가는 것이 더 어려워졌다. 용병제도가 이미 잘 발달되어 있었기 때문이다. 몇몇은 수요가 많이 쏠릴 만큼 가치와 신뢰를 인정받는 지휘관으로 성장하기도 했지만 장기간 자리를 보장받는 경우는 드물었다. 실직 기간을 거치지 않고, 또 중성을 의심받는 일 없이 한 부대에서 다른 부대로 이동할 수 있는 기회는 더욱 드물었다.[25]

군대 병과 가운데 포수와 사수야말로 특유의 전문적인 기술 덕분에 전통적으로 다른 군인과 별개로 취급되어 중세 말 근대 초 전쟁에서 최초의 진정한 직업군인으로 간주되었다. 화승총 다루는 법을 가르치는 것은 비교적 쉬웠기 때문에 민병대들에게도 궁술을 훈련시켰던 것처럼 화승총 사용법을 훈련시킬 수 있었다. 그러나 야전에서 다른 부대와 협력하며 화승총을 효과적으로 다루기 위해서는 더 많은 훈련과 연습이 필요했다. 장창을 다루는 것도, 특히 장창부대 방진에서 가장 중요한 선두 대열에서 장창을 다루기 위해서는 군사훈련에만 전념함으로써 얻을 수 있는 신체적 조건과 기술이 필요했다. 그 때문에 누구나 그 과정을 거치면 전문적인 군인이 될 수 있었다. 이탈리아 전쟁 시기의 군대는 새로운 기술을 습득하고 장기간 복무하며 진급과 급료 인상으로 보상을 받았던 군인들로 가득했다.

훈련과 기술

근대 초기 군사사 서술에는 잘 조직된 훈련소와 인쇄된 훈련 교범 없이는 진지하고 일관된 훈련과 그를 통한 잘 단련된 기술 습득을 기대할 수 없다고 보는 경향이 존재했다. 새로운 인쇄술이 등장했지만 16세기 초까지는 훈련 교범을 대량으로 인쇄하지 않았다. 군사학교도 1600년이 지나기 전까지는 존재감이 희미했다. 그런 이유로 그토록 중요하게 여겨진 책자와 제도들이 존재하지 않은 상태에서 이루어진 전쟁술의 진보는 통상적으로 과소평가되어왔다. 사실 군사 서적이나 교범 가운데 많은 고전이 중세에도 필사본 형태로 이용 가능했고, 유명한 군인들의 서재에서도 발견되었다. 동시에 이 고전 문헌들은 장 드 뵈유나 발투리오, 코르나차노 같은 영향력 있는 15세기 군사 저술가들의 논고는 물론 16세기 전반기에 이 분야에서 등장한 인쇄 저작들에 대해서도 모델이 되었다.[26]

르네상스 군사 문헌에서 고전기의 사상과 선례들이 이렇게 분명한 영향력을 행사한 것 때문에 또 다른 오해가 빚어지기도 했다. 즉 르네상스 시대의 전쟁이 과거의 족쇄에 매여 있다는, 다시 말해 고전적 선례에 합치해야만 그 군사적 해결책은 의미를 갖는다는 오해 말이다. 가령 마키아벨리는 자신의 저서 『전술론』(1521년)에서 파브리치오 콜론나의 입을 통해 이렇게 이야기했다. "거듭 말하지만 고대인들은 모든 면에서 우리보다 더 능숙하고 더 신중하게 일을 처리했다. 우리는 다른 문제들에서도 실수를 범할 때가 있지만 전쟁에 있어서는 항상 그러하다." 사실 이는 그가 대변자 역할로 내세우고 있는 명망가라면 동의하지 않을 '탁상공론식' 견해에 불과하다.[27] 이 박식한 군인이야말로 르네상스 시대의 전형이었다. 그러나 그가 공부한 군사 문헌들의 범위는 손때 묻은 고전 문헌들의 한계를 넘어 빠르게 확산되었는데, 특히 포술이나 요새 구축 같은 당대 전쟁의 주요 관심사들이 이에 해당되었다.

고전 군사 문헌의 주요 목적은 군사 및 신체 훈련이 병사들에게 전장에서 필요한 규율과 인내 그리고 확고한 태도를 길러주는 수단으로 효율적이라는 믿음을 심어주는 것이었다. 이는 인문주의자들의 교육 프로그램뿐 아니라 귀족들의 군사적 관심사에도 깊이 스며들어 있었다. 또한 전문적인 보병 훈련 교관들—이들은 필요한 경우 신병 훈련을 위해 상설 요원으로 유지되었다—이 주재하는 대규모 보병 부대의 훈련에서도 필수적인 요건으로 강조되었다. 고전적인 사례로부터 강하게 영향을 받은 훈련이 궁술 및 권총 사격 시합과 함께 보병 훈련에 포함되었으며, 도보로 진행되는 모의 전투는 많은 마상시합의 필수적인 부분이 되었다.

그럼에도 마상시합은 주로 기사들의 훈련장이었다. 귀족들은 말을 타는 법과 관리하는 법, 그리고 기초적인 무기들을 능숙하게 다루는 법을 알아야 했다. 기사의 주 무기인 중형 랜스 사용법은 병영이나 성의 공터에서 벌어진 비공식적 대결에서 훈련되었고, 공개적으로 열리는 마상시합에서 과시되었다. 중세에는 기사 계급의 군사훈련이 궁정이나 귀족 가문의 영내에서 이루어졌다. 그곳에서 젊은 귀족들은 무리를 이루어 궁정식 취미와 사냥 그리고 전쟁술을 익혔다. 이것이 16세기까지는 '장교 계급'이 군대 생활에 진입하는 경로였다. 그러는 동안 새로운 분야인 포병술이 프랑스에서 창설된 상설 포병부대나 베네치아와 밀라노에 들어선 비인가 포병학교에서 전파되고 있었다.

15세기에는 기술과 훈련의 필요성을 강조하는 교리와 그러한 교리들을 발전시킬 수 있는 적절한 환경의 중요성을 강하게 강조하는 군사교범을 당연히 이용할 수 있었다. 바뀐 것이 있다면 전쟁의 성격과 규모, 그리고 무엇보다도 그것의 지속성이었다. 개별 군인들의 기술 습득에 대한 강조는 중대나 연대, 군 단위로 집결된 병력에 대한 효과적인 통제와 규율에 대한 관심으로 흡수되었다. 성의 안뜰이나 대련장 대신 많은 인원을 훈련할 수 있는 연병장과 대규모 군사작전을 수행할 수 있는 농촌의 개활지가 주 훈련 공간이 되었다. 개별 군인들의 무기 사용법 연마와 한정된 병력으로 수행하는 모의 전투 및 공성전을 위해 실시했던 마상시합은 기술과 훈련을 공개적으로 과시하는 이벤트로서 이러한 이행기를 거치면서도 살아남았다(그러나 16세기 초가 되면 마상시합은 당대에 필요한 보다 광범위한 차원의 군사

기사 문화의 중요한 부분이었던 마상시합은 기사들의 공개 훈련장이기도 했다. 특히 기사들의
주 무기였던 중형 랜스의 사용법이 마상시합에서 과시되었다.

훈련에 활용될 여지가 없어졌다). 1470년대 후반에는 프랑스와 베네치
아, 밀라노 같은 나라에서 분기별로 전 지역의 상비군을 대상으로 열
병과 훈련을 진행했다. 마상시합은 일반적인 예상보다는 천천히 중
요성을 잃어갔지만, 점차 국가적이고 공적인 차원의 행사나 선전을
위한 수단으로 전락해갔다. 하지만 이탈리아 전쟁 초기, 특히 프랑스
와 이탈리아의 군사 전통이 만나는 밀라노에서는 진지하게 치러진
마상시합이 여전히 인기를 누렸다.

　기술 습득 강조에서 의무적인 훈련 중시로의 이행은 넓은 의미

에서의 군사적 전환의 일환이었다. 보다 높은 단계의 군사적 각성이 1484년 이후의 시대를 규정한 것처럼 군복무 기간의 장기화, 부대 조직의 안정화, 전투 인원의 증가, 그리고 보병에 대한 새로운 강조 등, 이 모든 것이 이러한 변화 과정에 기여했다. 기병의 훈련을 보병과 동일한 수준까지 달성할 수는 없었지만 돌격 시 파괴력을 최대치로 높이기 위해 기병의 돌격 대형을 조절하는 것은 훈련 내용의 하나가 되었다. 16세기에 피스톨이 기병의 무기로 도입되었을 때 이는 훨씬 더 중요해졌고, 근접한 거리에서 순차적으로 일제사격을 가하는 것은 기병대의 주요 전술이 되었다.

전술과 전략

중세 전쟁에서 작전과 준비의 역할을 과소평가하는 것은 잘못이지만 대부분의 전투가 마지못해 일어나거나 거의 우연에 의해 일어나는 경우도 잦았다. 불가피한 상황에서 자포자기식으로 일어나기도 했다. 전략은 공성이나 포로의 획득, 소규모 마을이나 성의 약탈, 소모전에 의한 적의 약화, 그리고 손실을 최소화한 상태에서 가을과 겨울 숙영지에 도착할 수 있는 전망 등에 의해 좌우되는 경향이 있었다. 반면 이탈리아 전쟁의 첫 30년 동안에는 전투가 훨씬 더 목적의식적으로, 그리고 충분히 준비된 상태에서 추진되고 수용되었다.

이탈리아 전쟁에서 군사작전의 목적은 영토를 점령하는 것과 적을 몰아내거나 섬멸하는 것이었다. 이러한 목적을 달성하기 위해 전쟁은 더욱 철저히 연구되고 준비되었다. 작전 지역의 지형도를 갖추고 사전에 전투 계획을 짜는 것이 보다 일상화되었다. 산간 통행로의 상태나 대포나 마차를 이동시킬 수 있는 길이 있는지의 여부, 그리고 하천과 그곳에 놓여 있는 교량 상태 등에 관한 정보들은 미리 수집하는 것이 기본이었다. 군 조직이 점점 더 상설화되어가는 분위기 속에서 지휘관들은 자기 부하들을 더 잘 파악하게 되었고, 각 부대들은 함께 행군하고 싸우는 것에 익숙해져갔다. 군대가 점점 더 지배적인 위치를 점하게 된 보병과 포병의 전진과 후퇴 속도에 적응하다보니 전쟁 속도도 어느 정도 느려졌다. 기마석궁수나 기마화승총병으로 구성된 소규모 기병부대를 이용해 기습 공격을 가하거나 적의 측면을 교란하는 작전이 여전히 활용되고 있었지만, 그럼에도 본대는 보급부대나 보병의 행군 속도에 불가피하게 매여 있을 수밖에 없었다. 이 때문에 전투의 위험을 감수하겠다는 결정에 점점 더 무게감이 더해졌다. 그러다보니 불확실성이 줄어들었고, 시간을 가지고 치밀한 준비를 하는 것이 가능했다. 대포를 보호하는 참호 같은 방어진지의 구축도 가능했다. 예비부대를 배치하고 그들의 보호 수단을 갖추는 것도 점점 더 복잡해지는 일련의 전략 전술적 결정의 일환으로 통합되었다.

전투 전술의 변화는 기병보다는 보병에 해당하는 것이었지만 그럼에도 이 시기는 승기병의 역할이 변화하는 시기이기도 했다. 그들은 핵심 타격 부대에서 필요할 때마다 즉각적으로 출동할 준비가 되어 있는 예비부대 역할을 맡았다. 이러한 근본적인 변화는 보다 초기에는 프랑스군이 아닌 스페인군의 전술에서 두드러졌다. 그 수가 증가일로였던 경기병은 기동력이 좋은 보병처럼 활용될 수도 있었고, 전장의 주변부를 돌며 적을 괴롭힐 수도 있었다. 보병의 전술이

야말로 이탈리아 전쟁 기간 동안 가장 두드러지게 발전한 분야였다. 1503년 체리뇰라 전투에서 흙둑과 호에 은신한 스페인과 이탈리아의 화승총부대가 프랑스군의 스위스 용병부대를 쓰러뜨린 바로 그 순간, 어떻게 하면 스위스 용병부대를 물리칠 수 있는가라는 문제에 대한 해결책이 발견되었다. 화승총부대의 총격으로 스위스 병사들의 대열에 균열이 발생하면 즉각 기병부대가 출동해 공격을 가하는 것이다. 관건은 협력이었다. 사회적으로나 군사적 관행상으로나 전통적으로 거의 공통점이 존재하지 않았던 병과 사이의 협력이 변화의 열쇠였다. 많은 군사 전문가들은 여전히 밀집대형을 이룬 장창병을 주력으로 보았는데, 집중사격에 취약한 문제에 대해 그들은 화승총부대의 강력한 화력 지원을 해결책으로 보았다. 보병부대의 전술이 점점 더 복잡해지면서 선임하사라는 새로운 계급도 등장했다. 이들은 주로 병사들을 훈련하고 전투에 즉시 임할 수 있도록 준비태세를 갖추게 하는 임무를 담당했다. 정교한 부대 내 명령체계가 형성되었다. 장병 10명당 1명의 상등병 배치가 부사관 배치의 표준으로 자리 잡았다.

지휘권

이탈리아 전쟁에서는 군 지휘관들이 정치적 통제로부터 어느 정도 독립성을 누렸는데, 이는 상당히 이례적인 경우였다. 아라곤의 페르난도와 카를 5세는 각각 나폴리를 한 번만 방문했고, 샤를 8세도 마찬가지였다. 루이 12세는 나폴리를 방문한 적은 없지만 밀라노는 여러 차례 방문했고, 아냐델로에서는 군대를 지휘하기도 했다. 프랑수아 1세의 이탈리아행은 모두 군사 원정으로 이루어졌는데, 마리냐노에서는 승리를 거두었으나 파비아에서는 재앙적인 패배를 당했고, 피에몬테 원정은 잠시 참여한 정도였다. 앙리 2세는 아예 이탈리아로 군사 원정을 떠난 적이 없었다. 이 군주들이 임명한 밀라노 총독과 나폴리 부왕은 대부분 군인이었는데, 이들은 영토 확장을 위한 군사 원정은 물론 새로 획득한 영토의 관리와 방어 전반에 대한 포괄적인 권한을 가지고 있었다.

밀라노에서는 군대를 이끌고 그곳을 정복한 잔 자코모 트리불치오가 1499년 최초의 프랑스 총독으로 부임했으나 1500년 스포르차의 반격이 실패로 돌아간 뒤 루이 12세의 수석고문인 당부아즈 추기경으로 교체되었다. 곧바로 추기경의 조카이자 경험 많은 군인인 샤를 드 쇼몽이 부총독 자격으로 대체로 부재중이던 총독의 업무를 대신했다. 1511년 쇼몽이 사망하자 가스통 드 푸아가 총독 겸 이탈리아 주둔 프랑스군 사령관으로 임명되었다. 1515년 프랑수아 1세가 밀라노를 재정복한 이후에는 부르봉이, 그다음에는 로트레크—둘 다 탁월한 군인이었다—가 총괄 책임자로 부임했다. 나폴리에 부임한 스페인 출신 부왕들도 적어도 1530년까지는 대체로 군인들이었다. 위대한 지휘관 곤살로 데 코르도바가 페르난도와 이사벨이 임명한 최초의 부왕이었다. 페르난도의 조카이자 정치가인 후안 데 아라곤이 그의 뒤를 이어 임명되었으나 1509년 이후에는 연속해서 군인—라몬 데 카르도나, 샤를 드 라누아, 우고 데 몽카다 그리고 오랑주 공—이 부왕으로 부임했다. 카르도나와 라누아는 북부 이탈리아에서 스페인군과 제국군을 지휘하느라 장기간 나폴리를 떠나 있었다. 1532년 이후 20년간 부왕이었던 페드로 데 톨레도는 이탈리아 주둔 제국군에 대한 총괄적인 명령권을 행사하지 못했다. 1535년 카를 5세가 밀라노를 직접 통치한 이후부터는 이탈리아 북부의 군사 지휘권을 밀라노 총독이 겸임했다. 안토니오 데 레이바, 델 바스토, 페란테 곤차가는 나폴리 부왕의 명령을 받지 않았다. 1555년에는 알바 공이 밀라노 총사령관 겸 나폴리 부왕으로 임명되었다.

이탈리아에서 군인들이 전반적인 상황을 책임졌다는 사실이 놀랄 만한 일은 아니다. 영토 방어와 내부 불안 요소를 억제하는 것이 최우선적 과제였기 때문이다. 하지만 이것이 일반적인 의미에서의 군사점령을 가리키는 것은 아니었다. 양 진영의 수비대 모두 부분적으로만 프랑스와 스페인 병력으로 구성되었다. 외국 총독이나 부왕의 지휘를 받는 병력 가운데 일부는 이탈리아인이었고, 민간 관리의 상당수도 그러했다. 그러나 군인이 점령 정부의 최고위직을 맡았던 터라 점령지에 주둔하며 방어와 전투를 책임졌던 군대는 통상적으로 15세기에 이탈리아에서 벌어진 전쟁들보다는 정치로부터 간섭을 덜 받았다.

이탈리아에 주둔한 외국군에 관해 풀리지 않은 문제 가운데 하나는 양 진영의 중기병부대가 어느 정도까지 프랑스나 스페인에 영토적 기반을 가진 지휘관에 의해 소집되었는가였다. 수년간 정규 복무를 하다보면 당연하게 지휘관에 대해 충성심이 강화되겠지만, 그러한 충성심은 지역적 연고로 인해 더 커질 수도 있었다. 이론상 칙령군 체제는 기병과 보병의 상비 부대들을 국왕의 직접 통제 아래 배치하기 위한 것이었다. 국왕의 모집 담당 장교는 신병 모집을 책임졌고, 급여 담당관은 지휘관들에게 총액을 주는 것이 아니라 병사들에게 개별적으로 급여를 지급하려고 했다. 프랑스군의 장교 선발 권한도 이론상으로는 국왕이나 왕실 관리에게 있었다. 하지만 실제로는 부대 지휘권이 자연스럽게 계승되는 매우 강한 관행이 존재했다. 1494년 이전까지만 하더라도 각 부대마다 지역적 기반이 존재했던 것이다. 스페인은 1493년 칙령으로 상비 기병부대를 창설했는데, 그라나다에서 이미 자신들의 부대와 함께 복무했던 지휘관들에게 왕실의 선택이 집중되었을 것이다. 그런데 이 부대들도 모집 당시에는 특정한 지역적 기반을 가지고 있었다.

그러나 다시 한 번 강조하건대 이 시대의 진정한 혁신은 명백하게 보병부대의 발전이었다. 엄청나게 팽창한 보병부대의 지휘관들은 어떻게 등장했는가? 지역별로 모집된 프랑스의 자유궁수단은 국왕이 임명한 귀족들의 지휘를 받았고, 1509년 이탈리아 원정을 위해 조직되고 훈련되었으며 아냐델로 전투에 참여한 보병부대들은 기병 지휘관들이 파견되어 이끌었다. 1534년에 양성된 프랑수아 1세의 부대도 대부분 귀족들이 지휘권을 맡았다. 이탈리아에서는 베네치아군이 15세기 전반기에 보병 총사령관 직위를 도입했고, 이탈리아 전쟁이 벌어지는 동안 다수의 저명한 보병 지휘관이 등장했다. 이들 역시 귀족 출신인 경우가 많았다. 하지만 위에서 그 자리에 꽂은 경우라기보다는 스스로 보병 지휘관으로서 경력을 쌓아나간 경우가 대부분이었다. 16세기 초에 베네치아 보병부대를 지휘했던 조반 바티스타 카라촐로도 혁신적인 전술로 상당한 명성을 얻은 페스카라 후작 페란테 프란체스코 다발로스처럼 나폴리 귀족 가문 출신이었다. 로마 귀족 가문 안구일라라 출신의 렌초 다 체리 역시 베네치아 보병부대를

스페인 출신의 군사 공학자이자 보병 지휘관인 페드로 나바로(1460?-1528)는 군사적 재능과 공학적 혁신으로 이탈리아 전쟁에서 탁월한 성과를 거두었다. 그는 성벽 파괴용 지뢰 등을 개발하여 스페인군의 승리에 기여했다. 하지만 1512년 라벤나 전투에서 프랑스군의 포로가 된 뒤에는 전향하여 프랑수아 1세 밑에서 복무했다.

지휘했고, 이후에는 프랑스군에서 복무한 가장 믿을 만한 이탈리아 지휘관 가운데 한 명이었다. 이탈리아 전쟁에 참여한 모든 보병 지휘관 가운데 군사적으로 가장 탁월했던 스페인 출신의 페드로 나바로는 귀족이 아니었다. 그의 출신 배경은 거의 알려져 있지 않은데, 젊은 시절 사실상 해적에 가까운 선원 생활을 했다는 말도 있다.

이렇게 노련하면서도 두루 인정받는 지휘 역량은 명백하게 상설화된 부대와 군복무의 연속성이 크게 증가한 결과였다. 동시에 사령관과 그의 지휘관들이 특히 전투 계획과 준비 과정에서 폭넓게 협의해야 할 필요성은 다국적군의 활약이 빈번했던 이탈리아 전쟁에서 더욱 중요해졌다. 란츠크네히트 부대에 존재했던 광범위한 협의 관행은 스위스와 독일의 병사 조직이 간직하고 있던 민주적 특징을 반영한 것이었다. 모든 군대에 부대 지휘관과 장교들로 구성된 평의회가 존재했고, 이들이 핵심 사항들을 처리하는 방식으로 운용되었다. 군대가 연합국 병력으로 구성될 경우에는 이 평의회에 여러 국가에 복무하는 장성과 민간 위원들이 참여하기도 했다.

해전

해상에서의 전투는 육상에서의 그것보다 훨씬 더 느린 과정을 통해 변화했다. 이탈리아 전쟁에서 함대의 역할은 통상적으로 알려진 것보다 훨씬 더 중요했다. 하지만 그럼에도 이 시기를 해상 전투의 이행기로 규정할 수는 없다. 병력과 물자 그리고 자금 운송이 함대에게 주어진 주된 역할이었다. 특히 스페인의 경우는 더욱 그러했다. 카를 5세는 안드레아 도리아가 지휘하는 갤리선단에 어찌나 의존했던지 도리아와 멀어져서 그가 더 이상 자신에게 복무하지 않을까봐 제노바를 직접 지배하겠다는 계획까지 철회했을 정도다. 갤리선과 하천 선단들은 15세기에 했던 방식대로 계속해서 하천과 해안가 전투에서 일정한 역할을 지속적으로 수행했다. 병력을 실어 나르는 데 필요한 중소 규모 선박들에 대한 수요도 꾸준히 증가했다. 매우 규모가 큰 카라크선 carrack 을 포함 gunship 으로 건조해서 배치하려던 초기의 시도는 지중해에서 전통적으로 전함으로 사용되었던 갤리선과의 합동작전의 어려움 때문에 중단되었다.

해상봉쇄는 비교적 실효성이 떨어졌고, 함대 간 충돌은 거의 일어나지 않았다. 하천 함대와의 합동작전으로 치러진 가장 중요한 군

1530년대부터 해상 전투의 중심은 점차 기독교 세계와 오스만 세력 및 바르바리 해적의 대결로 옮겨갔다. 그림은 바르바로사Barbarossa(붉은 수염)라고 불리며 기독교 세계에 악명을 떨쳤던 바르바로스 하이레딘 파샤가 안드레아 도리아의 지휘하에 있던 카를 5세의 신성동맹을 프레베자 해전(1538)에서 격파하는 모습을 묘사하고 있다.

사작전은 1509년 베네치아가 페라라를 공격했을 때 베네치아 함대가 포강 유역까지 진출한 것이었다. 하지만 이 공격도 다른 함대에 의해서가 아니라 강둑에 배치된 포병에 의해 격퇴되었다. 이탈리아 전쟁에서 발생한 단 한 차례의 중요한 해상 전투는 1528년 나폴리만 카포도르소에서 치러진 작전이었다. 1530년대부터는 점차 오스만 세력 및 바르바리 해적과의 충돌이 해상 전투의 핵심이 되어갔다. 간혹 프랑스 함대와 합동작전으로 전개된 이들의 침략은 이탈리아반도와 인근 도서 해안가에 사는 주민들에게 파괴적인 참상을 야기했고, 1550년대에는 이탈리아 국가들의 주요 관심사로 부상하기도 했다.

전쟁 경험

전쟁의 성격과 규모가 변화한 것은 일반 병사들에게 어떤 변화를 가져왔을까? 물론 어떤 측면에서는 변화가 거의 없었다. 전투가 병사들의 활동 시간에서 차지하는 비중은 계속해서 비교적 적게 유지되었다. 경호나 요새 경비를 맡는 엘리트 부대를 제외한 대부분의 병사들은 주둔지나 임시 숙소로 이용하는 민간인 가정에서 시간을 때웠다. 아직 맞춤형 막사를 이용했다는 증거는 없다. 지루함과 고난, 그리고 이따금 발생하는 폭력이 여전히 병사들의 운명이었다.

바뀐 게 있다면 상비 복무 제도가 일부 병력에 도입되기 시작했다는 것과 대폭 증가한 복무 기간이 일상화되었다는 점이다. 전쟁은 단발적인 경험이 아니라 삶의 방식이 되어가고 있었다. 동시에 복무 중인 병사 대부분이 이제 기병이 아니라 보병이었다. 이제 군인의 전형은 종자와 시종 그리고 두 명의 기마궁수를 대동한 갑옷 입은 기사가 아니라 자신의 재원과 부대가 공급하는 한정된 공용 보급품에만 의존하는 개별 장창병과 궁수, 화승총병이 그 자리를 대신했다.

애국심이나 자신을 고용한 국가에 대한 헌신이 없더라도 복무 기간이 더 길어지면서 지휘관에 대한 충성심이 커지는 경향이 있었다. 또한 이러한 장기 복무는 더 강한 동료애와 병사 간의 높은 상호 의존도를 형성했으며, 그로 인해 훈련과 규율이 더욱 장려되었다. 이는 모두 명확히 정의하거나 수량화하기 어려운 사안들이었다. 그러나 이러한 장기 복무에 함축되어 있는 보다 분명하게 규정할 수 있는 한 가지가 있다면 동절기 군사작전에 대한 병사들의 태도가 명확히 변화했다는 것이다. 전통적으로 이탈리아에서 군사 원정이 진행된 시기는 4월부터 10월 초까지로 상당히 짧았고, 말에게 먹일 사료가 부족한 한여름에는 짧은 휴지기도 가졌다. 병사들은 10월에 급료를 정산받고 해산하거나 인하된 급료로 겨울 숙영지에 배치되었다. 하지만 이탈리아 전쟁 동안에는 겨울철 군사작전이 훨씬 더 빈번해졌다. 마키아벨리는 자신이 당대의 관행이라고 묘사한 것에 대해 개탄했고, 『전술론』에서는 자신의 대변인격인 파브리치오 콜론나의 입을 통해 겨울철 군사작전 시 규율이 해이해지는 문제에 대해 언급하기도 했다.[28] 겨울철 군사작전은 특별히 더 위험하고 불편했기에 직업군인들조차 규율이 흐트러지곤 했다.

겨울의 추위나 여름의 무더위에 노출된다는 점을 제외하고도 과밀한 숙소와 열악한 위생, 불충분한 식량 공급, 적절한 의료 혜택의 부재, 그리고 장기간 지속되는 포위공격 같은 것들이 모두 전염병 전파에 유리한 환경이었으며, 이러한 전염병으로 인한 사상자가 전투로 인한 사상자보다 많다는 것이 통설이었다. 전투와 질병으로 인한 피해뿐만 아니라 주둔지 내에서 벌어지는 싸움이나 분노한 농민과의 유혈 충돌 등도 사망률을 높이는 요인이었다.

전투에서 사망할 가능성은 얼마나 되었는가? 중세 전쟁에서 살상을 제약하는 요인들에 관해서는 많은 기록이 남아 있다. 14~15세기에는 중요한 전투가 비교적 적었다는 점과 더불어 몸값을 받고 풀어주는 관행, 군인들 사이의 동료의식, 기사도 정신 그리고 판금 갑옷

등이 모두 그러한 논의에서 등장하는 요인들이었다. 이탈리아 전쟁을 거치면서 전투 시 사망률이 크게 증가했다는 점은 주지의 사실이다. 전투에 참여하는 보병의 수가 크게 증가했다는 점이 한 가지 요인이었는데, 보병은 갑옷도 덜 장착했고 기동성도 비교적 떨어졌기에 항상 기병보다 더 취약한 대상으로 여겨졌다. 그러나 이탈리아 전쟁 시기의 보병들은 그들의 전임자들보다 훨씬 더 전문적이었고 장비도 잘 갖추고 있었다. 보병부대들은 장창부대의 방진과 야전에 구축된 엄폐물로부터도 보호를 받았다. 반면 기병대—총포탄이 날아오는 걸 보고도 보병처럼 몸을 수그릴 수가 없었다—는 야포나 화승총병들에게 보다 손쉬운 목표물이었다.

대포는 잘만 조준하면 기병이든 보병이든 대규모 적 병력에게 치명적인 피해를 안겨줄 수 있었다. 1520년대까지 화승총에 죽거나 부상당한 지휘관 및 사령관의 수가 점점 증가한 것 또한 매우 두드러진 현상이었다. 화약 무기로 인한 부상은 뼈를 으스러뜨리고 감염을 일으키는 경향이 있어서 치료하기가 확실히 어려웠다. 이탈리아 전쟁 초기에 포로로 잡힌 사수나 포수들은 무차별적으로 불구가 되거나 죽음을 당했는데, 이는 그들의 무기가 자아낸 적대감과 공포 때문이었다. 특히 포로를 관리할 의향도 새원도 없었던 독일과 스위스 용병에게 붙잡힌 포로들은 통상 죽음을 당하는 경우가 더 빈번했다. 포격을 통해 성벽에 균열을 낸 뒤 도시 안으로 쇄도해 들어가는 상황에서 특히 더 유혈 충돌이 벌어지곤 했다.

특별히 위험스러운 상황이 만들어지는 또 다른 순간은 전투의 패배가 궤멸 가능성으로 이어지는 경우였다. 적에게 등을 돌리는 것

『군주론』으로 유명한 니콜로 마키아벨리
(1469–1527). 그는 대화 형식으로 서술한
『전술론』에서 전쟁과 군대 생활에 관한
일반적 사상과 군사 전술을 과학적으로
논평했다.

은 언제나 위험하지만 이탈리아 전쟁의 전투들에서 나타난 증거들에 따르면, 더 느리긴 하지만 규율이 잘 잡힌 군대일수록 등을 보이며 도망가기보다는 전투를 치르며 후퇴하는 편이었다. 이 때문에 간혹 값비싼 대가를 치르긴 했지만 말이다. 스페인 보병은 라벤나 전투에서 매우 용감하게 탈출했지만 극심한 손실을 입었고, 스위스 병사들도 1515년 마리냐노 전투에서 대량으로 학살당했다. 무질서하게 패주하는 병력들은 종종 승자에게 사냥당하기도 했다. 포로로 잡혔다가 무기와 갑옷, 말을 몰수당한 뒤 방면된 군인들은 민간인들에게 살해당할 위협에 직면할 가능성이 매우 높았다. 귀족이나 명성이 높은 지휘관들은 패배한 전투에서 살아남을 경우 몸값이나 포로 교환을 위해 살려두는 편이었기 때문에 생존 가능성이 더 높았다.

이탈리아 전쟁 기간 동안 군대의 의료 서비스에서 괄목할 만한 개선이 있었다고 할 수 있다—군대에 소속된 소수의 내과의사와 이발사 겸 외과의사는 자신들의 기술을 증진할 수 있는 풍부한 기회를 얻었다. 1495년 포르노보 전투에 대한 가장 훌륭한 기록은 신성동맹군의 수석군의관 알레산드로 베네데티가 작성한 것이었다. 그는 이 기록에서 한 부상 군인의 상태와 처방에 관해 언급했는데,[29] 그의 능수능란한 외과 시술 덕분에 머리에 총상을 입은 베네치아군 부사령관 베르나르디노 포르테브라초는 목숨을 구했다. 향후 등장하는 군사 기록물의 상당 부분도 전시 부상자들의 치료에 관해 다루고 있다. 하지만 그렇다고 해서 부상당한 무수히 많은 일반 병사까지도 전장에서 충분한 의학적 조치를 받을 기회가 있었다고 생각하는 것은 게으른 판단일 것이다.

일선에서 싸우는 병사들에게 전쟁 경험이 점점 더 가혹한 현실이 되어가고 있다는 사실에는 의심의 여지가 없다.

알림: 8장과 9장은 주로 마이클 말렛이 집필했다. 그는 8장의 텍스트 중 3분의 2 정도에 대해서만 주석을 달고 9장에는 전혀 달지 않았다. 그런 이유로 나는 그가 인용한 자료와 통계 수치의 원문을 확인하는 데 주력했고, 그가 표기한 주석을 토내로 참고 문헌을 삭성했다. 내가 수성하거나 덧붙인 부분에 사용된 문헌들은 물론 최근 연구 성과들을 반영한 참고 자료들도 추가했다.

9장

전쟁 자원

이탈리아 전쟁 60여 년 동안 군대는 엄청난 변화를 겪었다. 귀족 중심의 중기병에서 상당한 규모를 갖춘 보병 위주로 전환된 것은 비용과 공급 측면에서 함의하는 바가 상당히 컸다. 점점 더 사회문화적으로 다양한 배경을 가진 여러 지역에서 병사들을 모집한 것 또한 군부대 관리라는 측면에서 광범위한 영향을 미쳤다. 병사들은 모집 방식에 따라 서로 다른 보상 체계와 관심사 및 의무 조항들을 가지고 있었다. 이 장에서는 초기 상비군의 발전과 군복무의 광범위한 확대라는 맥락에서 병참과 자원 조달에 대해 살펴보려고 한다. 특히 전쟁의 양대 주역인 프랑스와 스페인이 각자의 군대를 창설, 관리 및 지원하기 위해 채택한 방법들을 비교하는 데 주로 초점을 맞출 것이다.[1]

두 나라를 비교하면서 고려해야 할 한 가지 중요한 요인은 그들이 애초에 매우 다른 수준의 헌신과 강도로 전쟁에 참여했다는 것이다. 프랑스는 알프스를 통해 이탈리아로 내려가는 대규모 침공군을 준비한 반면 스페인의 초기 개입은 매우 제한적이었으며, 신중하게 준비된 원정 병력을 해상을 통해 파견했다. 전자의 경우 적절한 병력 관리가 어려웠고, 롬바르디아의 기존 병참 구조에 지나치게 의존해야만 했던 문제를 야기한 반면 보다 절제된 접근을 했던 스페인은 더 신중한 사전 준비를 통해 기록 관리도 잘 이루어졌고, 이탈리아 현지—이 경우 나폴리—의 병참 지원 의존도도 더 낮았다. 중세 말기 군대의 행정 책임은 군대의 집결과 행군 및 부대 내 군기 유지를 관장하는 군 장성 및 참모진과, 임금 지급과 보급 및 숙영을 담당하는 왕실과 지역의 민간 관리로 양분화되는 경향이 있었다. 그러나 군병력이 자신들을 고용한 나라들의 국경 너머에서 장기간 활동했던 이탈리아 전쟁 시기에는 이러한 여러 군대 행정 기능이 종종 군복무 경험이 있으면서 군대 행정만 상근으로 담당하는 전문적인 병참 장교들과 관리들의 손에 통합되는 경향이 있었다. 급료 지급관, 조사관, 병력 소집 및 숙영 담당관, 병력 모집 장교, 주둔지 관리관 등의 인력이 숫자상으로도 증가했을 뿐 아니라 군사 현장의 필수적인 부분으로 자리 잡았다.

모집과 동원

16세기 전반기에는 군인이 되려는 지원자를 찾기가 꽤나 쉬웠다. 유럽의 많은 지역에서 인구 증가가 경제성장을 앞지르고 있었고, 전쟁이 광범위하게 확산되었다는 사실 자체가 당대의 경제적 교란과 일자리 상실 및 사회적 혼란의 원인이었으며, 이러한 모든 것이 군병력 모집에 도움이 되었다. 이제 상당한 규모의 상비군이 존재하고 있음에도 원정 시 병력을 신속하게 동원했다가 전황이 누그러지면 재빨리 군대를 해산하는 것도 이 시기 전쟁의 특징이었다. 병력 모집을 제약하는 한 가지 요인이 있었다면 전쟁에서 전문화가 증가했다는 점이다. 이로 인해 경험을 갖춘 적합한 인력을 구해야 하는 병력 모집관의 압박감은 점점 더 커져갔다. 병력 모집관은 보다 세련된 방법을 구사해야 했다. 하지만 그렇다고 그들의 임무가 심각하게 더 어려워졌다는 증거는 없다. 이 무렵 병력 모집의 범위는 상당히 넓어졌다. 프랑스군과 스페인군 모두 재빨리 많은 수의 이탈리아인을 병력으로 모집했다. 스위스와 독일 보병을 모집하는 것은 필수적인 일이 되어 갔다. 합스부르크 가문의 축이 형성되었다는 것 역시 네덜란드인과 부르고뉴인이 스페인군으로 모집되었다는 것을 의미했다.

15세기와 16세기 초 초기 상비군의 경우 병력 모집 안내를 위해 국왕의 보증서를 사용했다는 점이 특히 특징적이었다. 국왕이 선택한 지휘관들은 중앙에서 시행되는 법령 및 검사 체계 안에서 국왕의 의중을 만족시킬 만한 특별한 복무 역량을 갖춘 부대를 모집하는 임무를 받았다. 적어도 이론상으로는 각 병과마다 병사들의 급여 체계가 정해져 있었고, 초기에는 지휘관들이 지정된 지역에서 정해진 규정에 따라 병사를 모집할 책임을 맡았다. 이러한 방식의 성공 여부는 지휘관들에 대한 중앙과 지방 관리들의 감독과 통제에 달려 있다는 것이 곧 분명해졌다. 이탈리아 전쟁으로 불가피하게 감독과 통제의 범위가 확장될 수밖에 없었고, 이로 인해 초기에는 애초 의도한 것보다 지휘관의 자율성이 확장되었다. 하지만 결국 병력 모집을 포함한 다양한 분야의 군무를 전담하는 직제와 부서가 만들어졌다.

프랑스와 스페인 정부 모두 자발적인 병력 모집 방식인 용병 계약을 대안으로 이용했다. 콘도타라고 불렸던 용병 계약은 13세기 이래로 이탈리아에서 널리 이용되었고, 독일에서는 15세기 내내 '베슈

탈룽·Bestallung '이라는 이름으로 불렸다. 계약은 용병업자와 정부 사이에, 초기에는 주로 병력 모집에 한정해서 체결되었다. 모집할 부대 규모, 복무 기간, 급료 수준, 심지어 부대의 지휘권까지도 처음에는 교섭 대상이었다. 그러나 정부는 점차 관리 감독의 권리를 주장하며 더 많은 통제를 요구했다. 이러한 용병 계약의 주된 기능은 병력을 신속하게 모집하는 것이었는데, 특히 이탈리아에는 용병업자가 이미 완성된 부대를 보유하고 있는 경우가 종종 있었다. 용병부대의 효율성은 계약 기간에 의해 좌우되었다. 15세기 이탈리아에서 장기 계약이 점점 더 증가했다는 사실은 상비군이 등장하는 중요한 맥락을 구성했다. 프랑스와 스페인 모두 자국의 상비군 조직에 맞추어 용병부대의 규모도 줄이고 용병대장의 명령 권한도 제한하는 쪽으로 유도했다. 하지만 그럼에도 이 제도는 특히 이탈리아 국가들이 계속해서 자신들의 병력을 모집하는 수단으로 사용했기 때문에 살아남았다. 16~17세기 내내 스위스와 독일 보병에 대한 모집이 용병 계약을 통해 이루어졌다.[2]

초기 상비군에서는 확실히 자원병 모집으로 무게중심이 이동한 것이 사실이다. 하지만 국왕이나 지방 영주 또는 시정부에 대한 의무에 기초한 이전 방식의 병력 동원도 계속 활용되었다. 민병대 제도는 비교적 훈련이 덜 된 보병이나 모험가들을 대거 필요로 할 때 이용된 제도였다. 실제로 주로 지역을 방어하는 데는 어느 정도 훈련된 민병대를 선별해서 이용하는 방식이 다시 각광을 받기도 했다. 1495년과 1496년 스페인 법령에서 볼 수 있듯이 국왕이 다수의 백성을 단기 군복무에 동원할 수 있는 권리가 15세기 말에 다시 강조되었다. 프랑스에서는 가신 소집령 arrière-ban 전통을 활용했다.[3] 실제로 스위스의 장창병 모집은 민병대 전통과 자원병 제도가 결합된 것이었고, 곤살로 데 코르도바의 초기 이탈리아 원정에 참여한 스페인 보병 대부분이 민병대로 동원되었다가 나중에 상비군으로 전환되었다. 민병대 전통은 특히 프랑스의 보병 모집 제도에서 강하게 살아남았다. 물론 그럼에도 궁극적으로는 훈련을 통해 무기 사용에 능통하고 점점 더 엄격해지는 규율에도 잘 단련되어 있는 전문 직업 보병이 반숙련 민병대보다 명확하게 우위에 있었다는 사실은 논란의 여지가 없다.

자원병 모집 방식으로 전환되면서 초기에는 지휘관이나 용병업자가 자신들의 목적에 적합한 자질을 가진 병사를 선발하도록 요구받았고, 정부 검사관이 이를 점검했다. 반면 민병대 소집은 지방정부나 정부 관리의 책임으로 남아 있었다. 그러나 전반적으로 이 시기에는 정부의 모병 담당관의 존재감이 희미했다. 이탈리아에 주둔해 있는 중기병부대 지휘관들이 지역 대리인을 통하지 않고 자신들의 근거지에서 부대원을 모집할 수 있었는지에 대해서는 알려진 것이 없다.

병력 모집이 점점 더 국제화되고 있던 상황에서 전통적으로 우수한 병사들을 많이 배출하는 것으로 명성이 높은 몇몇 지역이 광범위하게 활용된 것은 당연했다. 주요 국가들은 주변국이나 경쟁국이 자국의 영토 안에서 병력을 모집하는 것을 막기 위해 갖은 노력을 다했다. 그러나 상황이 어려운 변경 지역이나 소규모 국가에서는 자신들의 인력이 수익성 있는 상품이 될 수 있다는 것을 배워가고 있었다. 스위스야말로 이 두 가지 조건을 충족했던 고전적 사례였고, 사보이아와 나바라, 헝가리, 스코틀랜드도 교황령의 일부인 로마냐와 함께 기준을 충족했다. 그 많은 란츠크네히트의 고향이었던 남부 독일도 국내 정치 분열과 중앙집권적 권력의 부재로 용병 자원의 주요 원천으로 부상했다.

흔히 이러한 지역들을 산악 고지대 경제권과 동일시하는 경향이 있다. 지리적·경제적 조건들이 강인하고 효용성 높은 전사를 만들어낸다는 것이다. 목축 경제는 계절적 실업과 척박한 생활 조건 그리고 여성이나 아이도 할 수 있는 양치기 같은 직업들로 대변되었다. 이로 인해 모집된 보병 병력 대다수가 농촌에서 살았고, 16세기 병사는 본질적으로 농민이라는 생각이 자리 잡았다. 그러나 모집 대장을 비롯해 여러 병력 장부를 분석해본 결과 이러한 가정은 잘 들어맞지 않았다. 심지어 스위스의 경우에도 모집 병력 다수는 도시 출신이었다. 이는 확실히 남부 독일에서도 마찬가지였다. 모든 부대가 구두 수선공, 재단사, 목수, 이발사 같은 인력을 필요로 했기 때문에 장인들은 특히 병력 모집관에게 매력적인 대상이었다. 인구가 밀집된 도시—16세기 중반에는 정말로 과잉인구였던 터라—에는 용병 지원을 부추기는 자연스러운 분위기가 형성되어 있었다. 하지만 도시는 실업 상태이거나 일거리가 충분지 않은 농촌 주민들이 자연스럽게 몰려드는 곳이었기에, 그곳에서 모집된 병사들을 반드시 도시민이라고 분류할 수는 없다. 또한 관리들도 공식적인 모집 대장에 농촌 거주자들의 출신지를 인근의 가장 큰 도시로 기록하는 경향이 있었다. 출생지로 아주 작은 마을을 기재하는 것은 일반적인 관리들에게 무의미한 일이었다.

1532년경의 란츠크네히트 모습을 묘사한 판화.

보병에게는 대개 입영 동기도 중요했다. 기병은 16세기 전반기까지 사회적 구성이나 모병 수준이 거의 변하지 않았다. 군사적 역할이 변했음에도 여전히 기병대는 엘리트 부대로 그 구성원이 되기 위해서는 대개 젠트리나 귀족 가문에서 연마하는 특별한 기술을 익혀야 했다. 보병은 아마도 민병대 복무 경험이 자발적인 직업군인이 되기 위한 자연스러운 예비 단계였을 것이다. 스위스에서는 확실히 이런 식으로 일이 진행되었을 것이다. 정규군으로 고용될 기회가 점차 증가하자 주정부에서 민병대로 복무한 경험은 군인의 삶을 살기 위한 일종의 도제 과정이 되어갔다.

많은 이에게 맨 처음 지급된 계약금은 아마도 가장 큰 유인책이었을 것이다. 그와 함께 정기적으로 급료를 지불한다는 약정이 뒤따랐다. 하지만 실제로 지켜지는 경우는 드물었다. 전쟁의 보상이 약탈과 몸값에서 급료를 비롯해 기타 정기적인 지원금으로 바뀌는 데는 오랜 시간이 걸렸다. 약탈은 점차 제한되거나 배척당했고, 전쟁에서 장교의 희생이 커지고 포로를 억류하는 관행이 힘을 얻으면서 일반 보병이 몸값으로 부를 챙길 가능성은 줄어들었다. 그러나 뜻밖의 횡재를 할 가능성은 여전히 남아 있었는데, 전사자 몸에서 팔아먹을 만한 몇 가지 물품을 빼내는 것만으로도 가능했다. 반면 16세기 전반기 내내 표준 임금 규모가 거의 변하지 않으면서 신병들에게 급료가 주는 매력은 점점 줄어들었다. 물론 장기 복무 베테랑들에게 급료를 두 배로 주는 제도를 도입함으로써 이러한 부분을 어느 정도 상쇄하기는 했다.

종종 군 입대가 도피 수단으로 이용되기도 했다. 채무나 채무

추심자 혹은 법의 손아귀나 불만족스러운 가족관계를 피해 도주하는 경우도 있었다. 살아님은 몇몇 도시국가를 예외로 한다면 확실히 아직까지는 애국심이 군 입대의 동기로 작용하지 않았으며, 종교적 신념이나 대립도 마찬가지였다. 전우애는 재입대나 장기 복무에서 분명히 중요한 요인이었다. 또한 군대 생활은 더 넓은 세상에 대한 이해와 깨달음의 시기이기도 했으며, 모험과 새로운 경험을 찾아 떠나는 계기가 되기도 했다.

법령: 소집과 통제

프랑스와 스페인 법령집에 수록되어 있는 군대 관련 법규는 주로 상비 병력에 대한 국왕의 통제권을 확고히 하기 위한 것이었다. 그 가운데 상당 부분은 특별히 왕령으로 창설된 중기병부대에 관한 것이었고, 보병 상비 부대는 좀 더 이후에 추가되었다. 그러나 법령 내용 가운데 많은 부분이 용병부대에도 적용되었다. 샤를 7세가 만든 법령들의 본래 취지 가운데 하나가 왕의 승인 없이는 어느 누구도 병력 모집을 금한다는 것이었다. 그리고 이는 향후 제정된 모든 법령에서 그 취지가 살아남았다. 프랑스의 1439년, 1445년, 1448년 법령에 이어, 부르고뉴 공작 용담공 샤를은 1469년에 첫 군사 법령을 공포했고, 페르난도와 이사벨도 1495년, 1496년, 1503년에 일련의 법령을 공포했다. 루이 12세와 프랑수아 1세는 공히 1498년과 1515년에 법령을 개정함으로써 치세의 시작을 알렸다. 프랑스 보병 군단은 1534년 법령에 의해 창설되었다. 유사한 법령들이 15세기 밀라노와 베네치아에서도 제정되었다.[4]

상비군의 복무규정은 이러한 법령을 통해 정해졌다. 부대의 구조와 규모, 지휘관의 의무와 책임, 장비와 급료 수준, 보급과 숙영 준비, 징계 규정과 규정 위반 시 받는 구체적인 처벌 조항, 그리고 병사들의 통상적인 의무와 권리 등이 법령에 의해 규정되었다. 나중에 제정된 법령들은 각 부대마다 회계 담당관과 감독관을 배치하던 관행이 사라지고 대신 그러한 역할을 담당하는 장교단이 군대와 대규모 주둔지별로 그 직무를 일률적으로 대체했음을 분명하게 보여준다. 헌병 사령관과 기마궁수대로 구성된 그 수행원들은 상당한 관심의 대상이었다.

불행히도 법령이 실제로 어떻게 적용되었는지 보여주는 다량의 일선 행정 문서는 남아 있지 않다. 모집 대장, 급료 장부, 안전통행증, 수송선의 화물 목록, 포로 명단, 숙영지 목록같이 고향 땅에서 멀리 떨어진 옥외 주둔지에서 작성되거나 사용된 문서들은 애당초 거의 보존되지 않는 종류의 문서들이었다. 문서고에 남아 있는 경우에도 보존 처리 과정에서 폐기되거나 파손되기 십상이었다. 프랑스의 군사 문서들은 특히 심각한 손실을 입었고, 스페인과 스위스는 그 정도가 덜한 편이었지만, 그럼에도 초기 상비군의 행정적 메커니즘이 얼마나 효과적으로 작동했는지에 관해 일목요연한 그림을 그리는 작업은 힘겨운 과제이다.

조사 행렬 inspection parade 은 이러한 상비군을 조직하고 통제하려는 시도의 핵심이었다. 이때 부대 내 모든 병사의 주 무기와 말(소지하고 있다면)에 관한 기록을 상세하게 작성하고 점검했다. 이러한 조사는 3개월마다 한 번씩 시행하도록 되어 있었는데, 스페인군에서는

1503년 이후 두 달에 한 번으로 규정했다. 조사 행렬은 아침 일찍 군 장성들의 임석하에 실시되었으나 나중에는 전문위원들이 대신했다. 목적은 각 부대가 정원을 채우고 있는지, 병사들이 적합한 자질을 유지하고 있는지, 그리고 갖추어야 할 무기들을 제대로 갖추고 있는지 확인 점검하는 것이었다. 이론상 조사 행렬 다음에는 급료가 지급되도록 했고, 그래서 임석한 관리들이 급료가 제대로 지급되는지 확인할 수 있도록 했다. 그러나 이 연결고리를 유지하는 것은 어려운 일이었다. 특히 부대가 이동 중이거나 주기적으로 전투에 임해야 하는 원정 중에는 더욱 그러했다. 실제로는 원정 기간 처음과 마지막에 실시된 검열이 중요했는데, 갖가지 결함과 인원 부족의 사유로 벌금을 받거나 심지어 해고까지 당하는 병사와 장교가 있을 정도로 진지하게 형식을 갖추어 진행되었다는 증거가 수두룩하다.

숙영

이 시기에는 맞춤형 막사가 없었기 때문에(그것 자체가 상비군 제도로 인해 등장한 비교적 새로운 현상이었다) 병사들의 숙소를 마련하는 것은 법령 차원에서 해결해야 할 핵심 문제 가운데 하나였다. 병사들의 약탈로부터 민간인을 보호하는 것이 우선 사항이었고, 잠재적인 마찰 지점들을 확인하고 제거하기 위해 법령을 제정하는 데 상당한 공을 들였다. 특히 병사들의 숙영지를 도시와 농촌 중 어느 곳에 마련할 것인지에 관한 결정에서 이러한 법령들이 의도한 바가 분명히 드러났다.

프랑스에서는 칙령에 의해 소집된 기병대의 경우 부대의 결성

단계에서부터 도시에 숙소를 마련했는데, 추후 제정된 법령들에서 그 의도가 재확인되었다. 기병대를 도시에 집중 배치하면 소집 및 점검이 용이하고, 도시의 시장을 통해 보급도 더 용이하다는 것이 정당화의 근거였다. 이렇게 하면 병사들이 직접 식량을 찾으러 다니면서 지역 주민들과 갈등을 일으킬 위험을 피할 수 있었다. 이탈리아의 관행은 상당히 달랐다. 그들은 주로 병력을 농촌에서 숙영시키는 방식을 사용했다. 농촌 숙영의 관행은 이탈리아의 모든 국가에 해당하는 공통 현상이었는데, 이는 병사들을 폭정의 도구로 인식하여 적대시하는 광범위한 전통 때문이었다. 병력을 농촌 주변에 넓게 분산 배치함으로써 병력 집중을 막고, 그렇게 해서 주민들의 이목을 끌지 못하도록 하려는 의도였다. 이는 여전히 기병 위주로 구성되어 있는 군대에 대해서도 많은 의미를 내포하고 있었다. 1517년 베네치아의 유명한 군사위원인 안드레아 그리티는 베네치아군도 도시 숙영의 관행을 받아들여야 한다고 언급했다. 그는 프랑스 방식을 적극 지지하며, 통상적인 이탈리아 전통에 대해 매우 비판적인 반응을 보였다.[5]

특별히 동절기나 평시에는 민가를 병사들의 숙영지로 사용했다. 원정 중에는 야외나 점점 더 정교해지는 야영지에서 숙영하는 것이 동상적인 관행이었다. 그러나 선시 중에도 긴 행군을 할 때는 병참 장교나 각 부대 대표들이 본대보다 앞서 출발해 밤을 보낼 임시 숙소를 찾는 일이 드물지 않았다. 이런 경우에는 여관이나 민가가 단기 숙소로 활용되었다. 보다 장기간 숙소가 필요한 경우에는 빈집을 활용하는 경우가 흔했다. 도시와 농촌에서 병사들의 숙영 문제를 해결하는 것이야말로 전시에 빚어지는 마찰의 가장 중요한 원인이었다. 평시 본국의 민가에 배정된 병사들의 행동을 규제하기 위해 만든 규정들을 원정 중에 다른 나라에서 적용하는 것은 쉽지 않았을 것이고, 원정과 원정 사이에도 마찬가지였을 것이다.

보급

1470년대와 1480년대 프랑스의 루이 11세 정부는 15세기에 보다 항구적인 전쟁 상태에 빠진 것이 군대의 병참과 행정에 어떤 의미를 갖는지에 대해 이미 고려하고 있었다. 그들이 생각해낸 해결책은 국경 안에서 벌어지는 전쟁을 상정하여 고안되었다. 전국 자치체들에서 강제로 징수한 분담금을 도급 상인이 수합한다는 내용이었다. 이탈리아 원정에는 이 새로운 방안이 적합하지 않았는데, 2만 5,000~3만 명의 군대가 적대적인 영토에서 작전을 펼칠 때는 보급 문제가 상당히 다른 방식으로 나타났기 때문이다. 또한 당시 이탈리아 원정군은 전례 없는 규모의 부수 인원을 거느리고 있었다. 1528년 나폴리를 포위한 로트레크군은 총인원이 8만 명에 달했다고 보고되었으나 전투 인원은 2만 5,000명이 채 되지 않았다.[6] 보급을 준비할 때는 이 모든 군식구까지도 고려해야 했다.

그렇다면 이탈리아에서는 군대가 어떻게 물품과 식량을 공급받았는가? 통상적인 답변은 외국 영토에 나가 있는 원정군은 현지에서 조달한다는 것이었다. 식량은 침공군이 응당 차지하는 전리품이었다. 이는 작은 규모로 단기간 일어났던 중세식 전쟁이었다면 실행 가능하고 또 정당화될 수도 있는 방식이었다. 하지만 이제는 방어하는 측이 당연하게도 농촌 지역을 황폐화하고 헛간을 텅 비게 만드는 초토화 정책을 써서 대응했고, 그렇게 되면 침공군도 빠르게 퇴각할 수밖에 없었다. 공격적으로 식량을 징발할 경우 지역 주민들을 자극하여 격렬한 충돌을 유발할 수 있었고, 특히 침공의 목적이 장기적 영토 점령이라면 이러한 방식은 더더욱 부적절했다. 군대가 어느 곳에 주둔하든 대대적인 식량 징발을 허락하는 것은 시간 낭비일 뿐만 아니라 병사들의 규율에도 악영향을 미쳤다는 것이 널리 인정된 사실이다. 그러나 적대국의 영토에서 원정 중이거나 급료를 받지 못한 병사들에게는 그 또한 명백히 선택 가능한 자원이었다.

이탈리아 전쟁이 벌어지는 동안 롬바르디아와 나폴리에 주둔한 소규모 수비대의 경우에는 도시의 시장이나 상점 혹은 농민이나 농촌 주민들에게서 물품을 구입하는 것도 가능했다. 그러나 이는 대규모 부대에게는 적절하지 않은 방식이었다. 대부대 보급을 위한 초기 해결책은 도매상과 도급 상인을 이용해 보급품을 모아 병력이 필요로 하는 곳에서 구매하는 것이었다. 이탈리아 북부와 중부에는 이러한 상인들이 충분했는데, 부유한 대도시들에 물자를 공급하는 경제망이 이미 잘 갖추어져 있었기 때문이다. 단 군대는 언제든 이동할 가능성이 있다는 점에서 달랐는데, 상인들은 주요 궁정에 물자를 공급하는 상인들이 그랬던 것처럼 이에 적응해야 했다. 이탈리아군과 추론컨대 이탈리아 보급 상인들은 군대에 대량으로 물자를 보급하는 것과 같은 특수한 문제에 대해 상대적으로 경험이 부족했을 것이다.

이탈리아 전쟁은 대규모 군대의 이동이 전례 없는 수준으로 활발한 전쟁이었다. 하지만 휴지기와 정상 상태가 장기간 지속되기도 했다. 업자들이나 시장에 의존하기보다는 군 지휘관과 가까운 숙련

용병에게 죽음은 떼려야 뗄 수 없는 관계였다. 전투 중에 사망하는 것은 물론 그 외의 다양한 요인에 의해서도 죽음을 피하기가 쉽지 않았다. 특히 몸값을 지불할 수 없는 일반 용병의 경우에는 설사 포로가 되었다가 방면되더라도 무기와 갑옷 등을 몰수당한 뒤여서 민간인에게 살해당할 가능성도 매우 높았다.

된 관리들에 의해 병참을 조직해야 할 필요성도 서서히 명확해졌다. 병참 장교와 정부의 식량 보급관은 상인과 군대 사이에 개입하여 군대의 이동을 준비하거나 미래 수요를 확인하고 필수 물자를 징발했다. 또한 병력 동원과 여타 전략적 변화를 예측하여 궁극적으로 적절한 장소에 보급기지를 구축하는 것까지 담당했다. 이러한 병참 체계 발전의 마지막 단계는 1550년대에 명확히 드러났다. 이는 전투가 이탈리아를 넘어 유럽 전역으로 확대된 상황을 반영했으며, 향후 네덜란드행 스페인 가도Spanish Road의 구축으로 이어질 기반을 닦았다.

이 시기 병참에 사용된 마지막 방법은 해상을 통한 보급이었다. 남부 이탈리아의 프랑스군이 이따금씩 해상을 통해 물자를 보급받았지만 전반적으로 바닷길을 이용한 병참과 파병은 그것이 필수였던 스페인의 전유물이었다. 스페인에서 선적된 보급품이 이탈리아로 이동 중인 부대만을 위한 것이었는지, 이미 그곳에 자리 잡고 있는 병력에게도 보급되는 것이었는지 분명하지 않을 때도 있지만, 조달된 보급품은 상당히 광범위했다. 1520년대 말경에는 북아프리카 해적들의 활동이 점점 증가하면서 서부 지중해를 가로지르는 해상 노선의 안전에 대해 어느 정도 우려가 제기되었다. 스페인은 시칠리아를 통제함으로써 임청난 이점을 누렸는데, 그곳에서 곡물과 기름, 포도주, 생선, 과일 등의 보급이 이루어졌다.

빵 굽는 것을 포함해 식료품을 공급하고 분배하는 방식은 전쟁 기간 동안 점점 더 중앙 집중식으로 조직화되었지만 통상적으로 어느 수준까지 분배가 이루어졌는지는 불분명하다. 15세기 몇몇 용병 부대에서는 지휘부가 부대원의 식량 조달 및 준비와 분배를 책임졌는데, 이를 위해 개별 병사들의 급료에서 일정액을 차감했다. 식량 보급 방식이 점점 더 중앙 집중식으로 이행하던 와중에도 이러한 유의 관행이 이탈리아 전쟁 동안 부대들에서 만연했던 것으로 추정된다. 병사들이 각자가 먹는 식량에 대해 비용을 지불하는 것은 이 시기 모든 군대에서 볼 수 있는 표준적인 관행이었다.

병사들에게 식량을 공급하는 문제 말고도 승마용과 역축용으로 사용되는 말들에게 사료를 공급하는 문제도 있었다. 기병대가 사용하는 말 말고도 대포와 수레를 끄는 용도로 말을 사용하는 것은 이탈리아에서 발전한 새로운 방식이었다. 전통적으로는 황소가 이 용도로 사용되었으나 그럴 경우 사료 소비는 더 적었지만 속도가 느렸다. 이 시기 군대는 대포를 비롯한 여러 화물 때문에 화물 수송에 대한 필요가 지속적으로 증가하고 있었다. 16세기 들어 중기병부대의 역할은 줄었지만 대신 경기병의 역할과 보병 장교가 말을 타고 소규모 기마부대를 거느리는 경향이 증가하면서 말의 비중은 계속 유지되었다.

사료는 병사들에게 무상 지급되었다. 이런 면에서 보면 군대는 자신들이 필요로 하는 것을 이동 중에 확보하든 지역에서 징발하든 자급자족하지 않았다. 말은 원정이 시작되거나 부대가 동계 숙영지에서 나올 때 주로 확보했다. 말을 비롯된 다른 역축용 가축을 마련하는 것은 이탈리아에 집결한 대규모 부대에서 행정을 담당하는 관리들이 처리해야 할 중요 책무였다. 당시 이탈리아에서는 경주마나 군마 사육에 상당한 관심이 있었지만 군대나 농촌에서 통상적인 용도로 사용하는 말을 전문적으로 공급하는 업자들은 거의 없었다. 전통적으로 말 상인들은 알프스 너머 북부 독일과 헝가리 및 동유럽에서 말을 공급받았다. 스페인 왕국도 군대에 말을 공급하는 데 어려움을 겪었다. 이것이 스페인 중기병이 프랑스 중기병만큼 명성과 위엄을 누리지 못한 원인 가운데 하나였다. 고용한 나라에서 전투 중 사망한 말을 대체해주는 전통적 관행은 상비군 제도의 성장과 함께 점차 사라졌고, 병사들이 적합한 품질의 말을 유지하는 것은 이제 지휘관의 책임이 되었다. 대포와 짐수레를 끄는 역축용 가축을 마련하는 것은 군대 중앙 행정의 소관이었다.

잘 알려져 있지는 않지만 의복도 또 다른 공급 대상 품목이었다. 이로부터 군복이 등장했다. 국왕에게 직접 충성을 바치는 상비군의 증가와 그 연결을 강조하는 군복 같은 고안물의 공급 사이에는 일종의 연결고리가 존재했다. 16세기 초가 되면 근위병은 제복을 통해 확실히 구분이 지어졌고, 그 무렵 새롭게 창설된 베네치아와 피렌체의 정예 민병대는 공화국을 상징하는 색깔의 제복을 입었다. 프랑스의 경우, 자유궁수단은 자신들의 지역과 도시를 상징하는 제복을 입었고, 칙령군의 중기병은 각 부대 지휘관의 복장을 따라 입었다. 신병에게 제공하는 입대 보급품에 제복이라고 볼 수 있는 의복류가 포함되기도 했고, 15세기 이탈리아의 용병부대는 급료의 일부를 의복으로 받는 경우도 있었다. 이는 부대 외양에 어느 정도 통일성을 부여했다. 동시에 병사들은 온갖 종류의 화려한 장식을 통해 각자의 개성과 용맹함을 표현하도록 권장받았다. 특히 란츠크네히트는 제복을 화려하게 치장하는 것을 중시했다.

이 시기에는 개별 병사들의 무기가 누구의 소유인지에 대해 말

끔하게 정리하는 것이 불가능했다. 상비군의 장비 수준은 법령으로 정해져 있었고, 정부는 상비군은 물론 대규모 동원을 위해 무기 비축량을 확보하는 데 관심을 기울였다. 개인 소유의 무기가 인구 전반에 널리 퍼져 있었고, 입대 시 신병이 무기를 지참하고 오는 경우도 흔했다. 스페인의 1495년 법령은 귀족만이 아니라 일반 주민에게도 부여된 군사적 의무의 오랜 전통을 반영하여 스페인 왕국의 모든 신체 건강한 남성에게 집집마다 무기를 소장하고 있다가 유사시 군복무에 응해야 한다는 의무를 규정했다. 남아 있는 모집 대장에 따르면, 적어도 이탈리아 전쟁 초기까지만 하더라도 병사들은 각자 자기 무기를 책임졌으며, 잃어버릴 경우 벌금을 물릴 수도 있었다. 또한 지휘관이 부대원의 무장에 대해 개인적인 책임을 지는 경우도 흔했다.

이 시기에는 단도에서부터 대포에 이르기까지 모든 수준에서 무기 산업과 생산이 확실히 팽창했지만 장비의 내구성 덕분에 공급 문제는 어느 정도 완화되었다. 심지어 포탄과 화승총의 탄환까지도 이따금씩 회수가 가능했다. 병사들은 원정 기간이 끝나면 무기를 전당포에 잡히거나 팔아버리는 경향이 있었는데, 이 말인즉슨 봄이 되면 다시 장비를 갖추느라 압박을 받았다는 것이다. 또한 전투 과정에서 많은 갑옷과 무기의 주인이 바뀌었으며, 전쟁터의 무기는 주기적으로 승리한 측의 넝마꾼이나 지역 무기상에 의해 수거되었다.

재활용과 재사용이 이루어졌음에도 무기와 군사 장비에 대한 수요는 이 시기 대폭 증가했다. 군사 장비에는 무기와 갑옷뿐 아니라 참호를 파거나 나무를 베고 야전축성 등에 필요한 모든 장비가 포함되었다. 정부는 점점 더 자국 영토에서 생산하는 것을 장려했으며, 인

허가제를 통해 수출을 제한하기도 했다. 주요 생산지가 증가하면서 주둔지나 집결지가 어디든 병사들이 신속하게 장비를 공급받을 수 있었다. 투르(샤를 7세와 루이 11세가 이탈리아 무기업자들에게 특혜를 제공하는 방식으로 생산 시설을 유치하여 성장을 촉진했다), 말린, 리에주, 말라가, 밀라노 같은 오래된 무기 생산 중심지들이 다수의 새로운 지역 중심지와 함께 성장했다. 가장 눈부시게 성장한 곳은 브레시아였다. 브레시아는 발트롬피아의 철광산과 주조 공장으로부터 원료를 공급받았다. 1530년대 말 이곳에서 생산된 화승총과 머스킷총의 양은 이미 상당한 수준에 도달하여 1542년 베네치아 정부는 자국의 수요를 다 충족하고도 7,800정의 수출을 허가할 수 있을 정도였다.[7] 1550년대 무렵에는 다수의 생산 기업이 아직 소규모에 불과한데도 무기 생산업으로부터 상당한 부가 창출되었다. 1543년 스페인에서는 포병 총사령관 페드로 데 라 쿠에바와 바스크주 기푸스코아의 무기 제조업자 사이에 화승총 1만 5,000정, 투구 1만 5,000개, 장창 2만 자루를 공급하는 대규모 무기 계약이 체결되기도 했다.[8]

급료

유급 군복무는 두 세기 이상 대부분의 서유럽 군대의 공통된 특징이었다. 이 시기 유급 군복무의 보다 새로운 점이라고 하면 자국의 재정이 아닌 다른 나라의 재정으로 급료를 지불받는 병사들이 차지하는 비중이었다. 이 용병들의 대다수는 자신들을 고용한 국가에 대한 충성이 아니라 동료 스위스인 혹은 독일인과 나란히 생활하고 싸우는 데서 단결심을 끌어내는 전문 보병이었다. 이탈리아에서 급료를 받는 스페인이나 프랑스의 보병부대들은 그곳에서 활동하는 다른 군대 내에서도 일자리를 찾을 수 있었다. 이를테면 1517년 우르비노 공국 원정 당시 프란체스코 마리아 델라 로베레의 군대나 레오 10세의 군대 등이 그러했다.[9]

16세기 전반만 하더라도 유럽 전역에 걸쳐 급여 수준이 놀라우리만큼 유사했고 또 고정되어 있었다. 하지만 일부 병력 집단은 보다 나은 대우를 받은 것도 사실이다. 프랑스군에 복무하는 스위스 장창병은 매달 3.5두카트를 받았고, 독일인 장창병은 약 3두카트, 다른 대부분의 장창병은 한 달에 3두카트를 채 받지 못했다.[10] 진짜 차이는 연간 급료 지급 횟수에 있었다. 스위스 병사들은 매달 균일하게 지불할 것을 요구한 반면 다른 병사들은 급료달과 비급료달 사이에 엄청난 편차가 있었다. 프랑스 칙령군은 1년에 단 4번 급료를 지급받았으며, 베네치아군은 연 8회 지급이 통상적인 관행이었다. 1514년 나폴리에서 복무한 스페인 중기병은 1년에 110두카트를 받았던 반면 같은 부대에 근무한 이탈리아인 중기병은 90두카트를 받았고, 프랑스 중기병도 대체로 90두카트를 수령했다.[11] 그러나 중기병은 최소 두 명의 경기병 부대원 급료를 본인 몫에서 부담해야 했다.

모든 군대가 공통적으로 급료 편차가 훨씬 다양해지는 방향으로 나아갔는데, 특히 보병 사이에서 더욱 그러했다. 장기 복무가 늘고 부사관 수가 증가했다는 것은 일정 비율의 보병들이 두 배의 급료를 받기 시작했다는 것을 의미했다. 1537년 피에몬테 주둔 프랑스군의 이 비율은 약 10%였다. 같은 부대 내에서도 화승총병은 보통의 장창병보다 3분의 1 정도 더 받았다. 1552년 당시 피에몬테의 장창병은

화승총병은 일반적으로 다른 병사들에 비해 급료를 더 받았다. 1552년 피에몬테에서는 장창병이 한 달에 6리브르를 받은 데 반해 화승총병은 7리브르를 받았다. 그림은 1585년경의 화승총병을 묘사하고 있다.

한 달에 6리브르, 화승총병은 7리브르를 받았다.[12] 이런 차이 덕분에 일부 병사는 인플레이션 효과를 상쇄할 수 있었다. 하지만 1530년대를 기준으로 군인들의 구매력은 민간의 장인이나 육체노동자에도 미치지 못했다.

급료의 분배는 군대 행정이 해결해야 할 가장 어려운 문제였다. 상비 부대가 영토 전역의 주둔시와 숙영시에 분산 배치되어 있는 평시에도 지방 재정 당국으로부터 자금을 뽑아내서 이를 각 부대에 공정하게 분배하는 일은 급료 담당관에게 쉽지 않은 과업이었다. 초기 법령들의 목표는 급료 담당관이 특정 부대에 전담 배치되어 급료를 지급받는 병사들을 개별적으로 인지한 상태에서 사실상 그들에게 직접 급료를 지급하는 것이었다. 이러한 방식은 지휘관의 부정행위 가능성을 줄였지만 그 가능성을 급료 담당관에게 열어놓았으며, 그들의 시간을 엄청나게 잡아먹었다. 1494년, 군대 행정의 중앙집중화가 특히 스페인군에서 대폭 진전되었고, 프랑스와 이탈리아에서는 장기 복무한 기병부대 지휘관의 위상이 올라가면서, 급료 담당관들의 부대 방문은 점점 더 형식적인 차원에 그쳤다. 그와 함께 부대 지휘관에게 일괄적으로 급료 지급 권한을 이양하는 방향으로 나아갔다.

1494년 이후 장기간의 전쟁으로 이러한 방향으로의 압력이 가중되었다. 급여 지급 행렬 pay parades 은 자금을 융통할 수 있는지의 여부나 부대 위치, 그리고 전쟁 상황에 따라 더욱 불규칙적으로 이루어졌다. 식량과 장비 모두에 대해 공급 압력이 있었다는 것은 병사들이 점점 더 지휘관으로부터 받는 선불이나 대출에 의존하게 되었음을 의미했고, 오랫동안 기다렸던 급료의 상당액이 빚 정산을 통해 차감되면서 지휘관 손에 그대로 남는 일이 빈번해졌다. 이러한 변화로 지휘관의 권위는 더욱 높아졌고, 자신들의 자금을 투자해서 부대를 유지하는 지위로까지 올라가기도 했다. 이러한 이유들 때문에 정부는 부작용을 알면서도 수용했다. 부패한 지휘관들을 통제하기 위해서는 국가의 명령을 받는 급료 담당관들이 병사들에게 직접 급료를 지급하는 체제로 돌아가야 한다는 의견이 간혹 제기되었지만 전시 상황에서 이는 실행 불가능했다.

이 시기 지휘관들의 권한을 높여준 또 다른 요인으로는 '사망자 급료 dead pay '의 제도화를 들 수 있다. 이는 일종의 부정행위로 시작된 관행이었다. 지휘관이 결원이 발생한 부대원의 자리를 일부러 늦게 보충해서 생기는 급료상의 여분을 사적으로 챙겼던 것이다. 이것이 일종의 보너스로 인정받았고, 대개 부대 병력의 10%에 해당하는 급료 수준이었다. 지휘관들은 이 보너스에서 부사관과 특수 병과 병사들에게 지급되는 추가 급료를 지불해야 했지만 그럼에도 이들은 진급 인원이나 특수 병과 병사들의 모집을 제한하는 방식으로 자신들에게 주어진 재량을 이용해 충분히 이득을 취할 수 있었다.

약탈이나 몸값 같은 전통적 권리들을 정기적으로 지급하는 적절한 수준의 급료로 대체하는 과정은 16세기 초까지도 완결과는 거리가 멀었다. 실제로 이러한 권리들을 통제하고 제한하는 법령들이 제정되었지만, 이 법령들은 약탈물을 체계적으로 분배할 것과 군대를 고용한 국가가 주요한 몫을 차지할 권리가 있다는 점도 강조했다. 포로 교환도 보다 빈번해졌는데, 이는 개별 병사가 아니라 부대 전체와 그 부대의 고용주를 포로 획득의 주체로 보는 시각이 점점 더 강해졌기 때문이다. 부대 내에 헌병이 존재한다는 것은 사소한 약탈 행위에 대해서도 일정한 제약이 가해진다는 것을 의미했다. 그러나 종종 급료나 보급물자를 제대로 지급하지 못했을 경우 병사들에 대한 통제가 완전히 와해될 가능성도 여전히 실질적으로 존재했다. 1527년 로마를 약탈한 군대는 밀린 급료로 40만 두카트를 지불받았다. 1521년 제국군에 의한 밀라노 약탈, 스위스 병사들에게 비코카 공격을 허락한 로트레크의 결정, 그리고 1525년 페스카라와 라누아가 파비아의 프랑스 세력에 대한 공격을 수용한 것 모두 급료를 지불받지 못한 병사들이 일으킬 수도 있는 반란의 위협으로부터 영향을 받은 결정이었다.

해군 자원

초기에 대포로 중무장한 범선을 잠시 시험해본 뒤로는 프랑스와 스페인 모두 지역적 조건에 가장 적합한 전함으로 전통적인 지중해식 갤리선에 집중했다. 이 갤리선들은 병력이나 보급물자, 말 등을 운송하는 여러 척의 소규모 범선과 함께 함대를 구성했다. 함대를 구성하는 선박 가운데 극소수만이 정부가 건조하거나 소유한 것이었다. 대부분은 특정한 원정을 목적으로 상인들로부터 빌리거나 징발한 선박, 아니면 안드레아 도리아 같은 해군 용병업자들을 장기 계약으로 고용해 확보한 선박이었다. 재정을 들여 상당한 수준의 함대를 유지한 유일한 나라는 베네치아였다. 하지만 이 경우에도 함대의 선박—16세기 초에는 갤리선의 수가 100척을 넘어섰다—대부분이 유사시를 대비해 선원을 태우고 장비를 갖출 수 있는 상태로 해군공창에 대기 중이었다. 아드리아해 입구 코르푸섬에 기지를 두고 있는 갤리선 경비 함대만이 지속적으로 임무를 수행한 공화국의 유일한 해군 전력이었다. 이 함대는 이탈리아 전쟁 초기 아풀리아의 베네치아 기지들을 보호하는 임무를 수행하기도 했다.

용어의 본래 의미로 보면 전함의 건조 및 설비를 위한 시설에다 해군 선박의 장비 및 무기 탑재를 위한 선착장까지 갖춘 국가에서 관리하는 시설인 해군공창은 베네치아와 규모가 더 작은 제노바 정도를 제외하면 당시 비교적 새롭게 등장한 시설이었다. 대부분 민간 기업들이 주도한 조선업은 서부 지중해 해안과 포르투갈과 스페인 및 프랑스 대서양 연안의 무수히 많은 소규모 항만에서 이루어졌다. 16세기 초 프랑스에서는 네 개의 별도 '해군본부'에서 국왕을 대신하여

1539년 스페인 전함의 모습. 1539년 5월 탬파만에 도착한 에르난도 데 소토의 함대를 묘사한 그림으로, 당대 스페인 전함의 모습이 어땠는지 보여준다.

해군 활동을 관장했고, 스페인 왕국에서도 유사한 방식으로 역할 분담이 이루어졌다. 말라가, 마르세유, 툴롱, 치비타베키아, 나폴리, 팔레르모가 이 무렵 부분적으로 해군공창 시설을 갖추는 중이었다. 하지만 정부가 해군에 대규모 지출을 단행하는 경우는 매우 드물거나 제한적이었다.

비용 측면에서 핵심 요인은 1520년대 말부터 갤리선단의 규모가 급격히 확장된 것이었다. 이는 전통적인 전투용 갤리선과 함께 병사들로 가득찬 케치식 범선galeas 을 점점 더 많이 사용했기 때문이다. 전투용 갤리선 한 척에는 150~180명의 노잡이와 약간의 선원, 그리고 갑판에 실을 수 있는 최대한 많은 수의 병사들이 승선했다. 이 말인즉슨 카를 5세가 튀니지와 알제리 원정을 위해 준비한 갤리선 70여 척 규모의 선단에는 대략 1만 4,000명 정도의 인원이 필요했다는 것이다. 갤리선 운용에 필요한 인력 증가는 지중해 해상 국가들이 처한 주요 문제가 되었다. 노잡이로는 자원자를 고용하는 것이 중세의 관습이었고, 이는 상당 부분 15세기까지도 이어졌다. 그러나 15세기 말에 오스만제국의 위협이 증가하면서 이탈리아 갤리선단의 규모도 꾸준히 커졌고, 16세기 초에는 프랑스와 스페인의 수요도 더해지면서 징집이나 다른 강제적 수단을 동원하여 갤리선 노잡이를 채우는 것이 관행화되었다. 1480년대에 나폴리와 스페인은 갤리선 노잡이로 죄수들을 이용하기 시작했고, 1520년대에는 오스만제국과 바르바리 포로들이 갤리선에서 노예로 부려졌다. 베네치아는 주로 자신들이 지배하는 발칸 영토에서 갤리선 선원들을 수급했고, 본토Terraferma 에서도 해군 민병대라는 개념을 도입해 인력을 조달했다.

1545년의 프랑스 함대. 솔렌트 해전 당시 와이트섬 동쪽 끝에 정박한 프랑스 함대를 묘사한 그림이다.

이러한 변화의 결과로 확실히 1인당 투입 비용은 감소했다. 당연히 먹여 살려야 했지만 노예와 죄수에게 급료를 지불하지는 않았다. 다만 갤리선 노잡이의 상당수와 모든 선원은 계속해서 자원병이거나 징집병이었기 때문에 함대의 규모가 커지면서 불가피하게 해군의 활동 비용도 급격히 증가할 수밖에 없었다. 1535년 카를 5세의 튀니지 원정 비용은 100만 두카트 이상으로 추정되는데, 그중 거의 절반 이상이 해군 비용이었다. 75척의 갤리선 가운데 3분의 1은 이 비용 계산에 포함되지 않았다. 제노바, 교황 바오로 3세, 몰타기사단 그리고 나폴리의 몇몇 영주 같은 동맹 세력이 제공하거나 지불했기 때문이다. 이 원정에 참여한 2만 6,000명의 병사에게 지급된 급료와 식량 비용도 해군 경비 계산에서 거의 빠졌다. 그럼에도 총비용의 절반이 넘는 액수가 해군 비용이었던 것이다.[13]

전쟁 비용

전쟁 비용은 누가 지불했는가? 전쟁의 재정적 부담은 상당 부분 이탈리아를 놓고 각축을 벌인 강대국들에게 떨어졌는가, 아니면 대부분 이탈리아에 전가되었는가? 이 질문에 대한 대답은 불가피하게 전쟁의 시기와 국면에 따라 달라질 것이다.

영국을 제외한 이 시기 모든 유럽 국가는 통상적인 평시 예산의 거의 절반을 방어와 전쟁 준비에 지출했다. 이 경비에 포함되는 항목으로는 상비군에 지급하는 평시 급료, 요새 유지비, 보병에 대한 면세와 교관 및 헌병의 급료를 포함한 비상근 민병대 훈련 비용, 대포 유지비, 그리고 기타 행정 및 점검 비용 등이 있었다. 전쟁을 치를 때 들어가는 추가 비용의 상당 부분은 대부분 보병으로 이루어진 많은 수의 신병을 단기 복무 계약으로 모집하는 데 사용되었다. 프랑스 재무부의 회계장부에는 평시 회계와 특별 회계가 별도로 분리되어 있었는데, 이는 평시와 전시 지출을 구분하기 위해서였다. 그리고 서로 다른 그룹의 재무 관료와 조사관들이 각각의 회계를 별도로 관장했다. 남아 있는 기록이 보다 완벽했다면 장기 방어 비용과 실제 전쟁 비용 사이의 차이를 보다 효과적으로 구분할 수 있었을 것이다. 이런 상황에서는 법무대신 Chancelier de France 앙투안 뒤프라가 1517년 노르망디

삼부회 앞에서 마리냐노 전투를 포함하여 밀라노 탈환 원정에 사용
된 비용이 750만 리브르(약 370만 두카트)라고 보고한 것은 상설 칙령
군의 유지비용을 모두 포함한 금액으로 보는 것이 타당하다. 뒤프라
가 제시한 수치는 전쟁 비용의 실상을 아주 적나라하게 보여준다. 이
는 최소 프랑스 2년치 총수입의 75%에 해당했고, 1499~1521년 밀
라노 재정수입의 75%에 해당하는 금액이었다.[14]

페르난도가 곤살로 데 코르도바에게 나폴리 점령에 대한 군
사비 지출 장부를 보여달라고 요청했을 때, 곤살로가 수사와 수
녀, 스파이에게 비밀 임무 수행 대가로 지불한 비용을 강조하는 수
치를 제공하여 그를 몹시 분노케 했다는 말이 있다.[15] 1495년과
1501~1503년에 실시한 스페인의 나폴리 원정 당시의 회계장부 상
당수가 지금까지도 남아 있는데, 그에 따르면 1495년에는 20만 두
카트, 1501~1503년에는 100만 두카트가 지출된 것으로 되어 있다.
후자의 금액이 당시 나폴리 연간 수입액의 네 배에 해당한다는 사실
은 언급할 만하다.[16] 피렌체에 대한 포위공격을 포함하여 카를 5세의
1529~1530년 이탈리아 원정에는 125~135만 두카트의 경비가 사용
되었다.[17] 1521년 선전포고부터 파비아 전투 때까지는 거의 2,000만
리브르에 날하는 이례적으로 많은 군비가 시출되었는데, 이 정도 규
모의 수치는 1530~1540년대의 전시에나 기록되는 수준이었다.[18]

전쟁 비용을 잠깐 일별해보는 것만으로도 그것이 얼마나 국가
재정을 고갈시켰는지 어느 정도 상상하게 해준다. 몇몇 역사가에 따
르면, 특히 프랑스의 경우 대규모 이탈리아 원정 비용을 정복한 이탈
리아 국가나 피렌체 같은 이탈리아의 위성국에게 전가할 수 있었는

데, 이들 나라는 정복자에게 보조금까지 지불해야 했다.[19] 이탈리아 재정을 직접 약탈하고, 이탈리아 국가들의 보조금으로 프랑스 주둔 군의 급료를 지급하며, 프랑스군 지휘관들에게 급료 대신 몰수된 토지를 할당하고, 여기에 각종 보조금과 기부금 및 약탈물을 더하면 대대적인 수탈의 실상을 보여주는 강력한 그림이 완성된다. 후임 프랑스 왕들도 침략의 초기 비용은 금방 만회할 수 있으며, 이에 동참한 개인들도 이탈리아 정복 사업을 통해 부자가 될 수 있다고 약속했다. 샤를 8세는 나폴리 정복으로 150만 두카트를 얻을 수 있을 것으로 기대했고, 루이 12세는 1509년 베네치아 영토에서 매달 30만 두카트를 받아낼 수 있다고 확신했다.[20] 그러나 이는 납세자 집단과 군 지휘관들의 지지를 끌어내기 위한 과장된 계산법이었다.

언제나 현실주의자였던 아라곤의 페르난도는 자신의 유언장에서 나폴리에 대해 다음과 같이 언급했다. "이 왕국은 우리가 온갖 노고를 다해 수복한 영토이며, 이를 되찾기 위해 우리는 막대한 국고를 쏟아부어야 했다."[21] 사실 페르난도는 나폴리 점령으로부터 즉각적인 이익을 크게 기대하지 않았다. 그는 과도하게 남용된 왕국의 수입을 최대한 아낄 수 있도록 스페인 점령군의 수를 줄이려고 노력했다. 그는 프랑스인을 추방하는 데 들어가는 비용을 일부 회수하기 위해 특별 기부금에 대한 요구마저 제한할 정도였다. 또한 1505년에는 프랑스에 매년 5만 두카트의 보조금을 지급하는 것에 동의함으로써 왕국을 탈환하려는 프랑스의 잠재적인 위협을 억제하기 위해 최선을 다했다.[22] 페르난도 사후에도 누아용 조약을 통해 카를 5세가 지급을 보장한 이 보조금들은 전쟁의 전 시기를 통틀어 프랑스가 챙긴 가장

확실한 이익이었다.[23]

이 두 경쟁 국가에 대한 재정적·군사적 지원은 이탈리아 국가들에 의해 이루어졌다. 특히 1499년, 1515년 그리고 1526~1527년의 프랑스 원정과 1495~1496년의 스페인 원정에서 베네치아군은 상당히 중요한 역할을 수행했다. 하지만 이러한 지원들이 프랑스와 스페인의 군 당국이 군비를 절약하는 데 기여했는지는 의문이다. 교황은 각기 다른 경우이지만 양측 모두에게 보조금 지급을 제안했다. 물론 그 약속이 늘 지켜진 것은 아니었다. 1527년 클레멘스 7세는 제국군에 지급할 급료로 40만 두카트의 지원을 약속했으나 겨우 15만 두카트만 지급했다.[24] 피렌체는 전쟁 초기 이탈리아 주둔 프랑스군의 급료 지급을 위해 보조금을 제공했다. 하지만 제국군에게 30만 두카트를 지급하기로 한 약속을 지키는 데는 완전히 실패했다.[25] 나폴리 국왕 페데리코와 밀라노 공작 마시밀리아노 스포르차에게 프랑스 망명 대가로 지급한 연금과 루이 12세가 밀라노 책봉의 대가로 막시밀리안에게 지급을 약속한 20만 두카트 역시 프랑스의 이탈리아 원정 경비로 산정되어야 한다.[26]

법무대신 뒤프라는 1517년의 한 연설에서 1515년 점령 이후 밀라노 국고에서 총 80만 리브르(약 37만 5,000두카트)를 가져왔다고 주장했다.[27] 그의 청중 귀에 이는 또다시 음악처럼 들렸을 것이다. 그러나 그가 언급한 금액은 프랑스와 이탈리아 용병에게 지급한 급료를 포함한 밀라노 방어 비용과 밀라노 행정 비용, 그리고 밀라노 방어를 위해서 반드시 우호적인 관계를 유지해야 했던 스위스 용병들에게 지급한 급료를 모두 포함한 것이다. 1520년대 프랑스의 원정

앙투안 뒤프라(1463–1535)는 프랑스의 법률 체계를 개선하고 현대화하는 데 기여한 인물로, 프랑스의 재정 상황을 개선하기 위한 여러 정책을 시행했다. 그는 프랑스의 정치, 법률, 종교 제도에 오랫동안 영향을 미쳤다. 1525년의 뒤프라를 묘사한 초상화다.

Le Chancellier du Prat.

비용은 어떤 식으로든 밀라노 재정수입만 가지고는 충족될 수 없었다. 또한 밀라노가 스페인 통제 아래 있었던 1530년대와 1540년대의 피에몬테 원정 비용도 마찬가지였다. 1550년대에는 800만 리브르(약 300만 두카트)가 넘는 금액이 1551년부터 1556년까지의 군비를 충당하기 위해 이탈리아 내 프랑스 재정 총괄인 알비세 델 베네의 손을 거쳐 이탈리아로 이전되었다.[28]

한편 대략 1532년 이후부터는 나폴리 왕국이 스페인 지배 아래 보다 확고히 자리를 잡으면서 제국의 전쟁 비용을 나폴리 국고에서 끌어다 쓰는 일이 꾸준히 증가했다. 스페인 점령 초기에는 재정적으로 어려웠는데, 경제가 장기간 불균형 상태였던 데다가 친프랑스 성향의 귀족 분파들이 스페인 지배에 대해 적대적인 태도를 유지했기 때문이다. 로트레크의 원정이 실패로 끝나고 뒤이은 반대파 귀족들에 대한 숙청이 진행된 1528년이 전환점이었다. 1532년에는 의회 결의를 통해 상당한 액수의 보조금을 카를 5세에게 지급하기로 결정했다.[29] 비슷한 시기인 1535년에는 합스부르크 가문의 밀라노 장악도 최종적으로 완성되었다. 비록 피에몬테와 파르마를 상대로 한 원정 비용이 상당한 부담이 되긴 했지만 밀라노에서의 재정수입도 점진적으로 개선되었다.

연이은 침략에 따른 상당한 재정적 부담이 침략자들의 본국에 전가된 것은 틀림없는 사실이었다. 법무대신 뒤프라의 연설에도 언급되어 있듯이 1515년 프랑수아 1세는 타유세[taille]* 인상과 영지 매각, 대대적인 융자가 필요했을 정도였다. 카스티야가 국고를 통해 1520년대의 제국 원정을 지원한 내용 또한 잘 기록되어 있다. 계산에 따르면, 1522년부터 1528년까지 170만 두카트가 전비 지불을 위해 스페인에서 이탈리아로 이전되었고, 1529년에 추가로 50~60만 두카트가 더 이전되었다. 카스티야 의회는 이탈리아 전쟁으로 끊임없이 현금이 흘러들어가는 실정에 격분했던 것으로 알려진다.[30] 1520년대는 프랑스에서도 군사 재정이 극심한 적자를 면치 못하던 시기였다. 이로 인해 세금 인상과 대대적인 융자가 시행되어야 했다. 이탈리아 전쟁 막바지에는 양측 모두 재정적으로 고갈된 상태였다. 그

---

* 본래 종속민의 머릿수에 부과하던 인두세였으나 15세기에 정기적으로 부과하는 직접세로 정착되었다. 과세 기준은 지역에 따라 달랐는데, 인구수나 토지 재산에 따라 산정되었다.

들의 영토는 전비를 충당하느라 수십 년간 부가된 높은 수준의 과세를 감당해낼 수 없었고, 군주들의 부채도 증가일로였다. 그때쯤에는 앙리 2세와 펠리페 2세도 신용을 얻는 데 어려움을 겪었다. 은행가와 금융가들은 군주들에게 융자해준 대출금이 변제될 수 있으리라는 희망을 포기한 상태였다.

단편적이나마 이러한 증거들로 알 수 있는 것은 그간 외부 세력, 특히 프랑스의 전비 부담에 대해서는 지나치게 과소평가하고, 반대로 이탈리아의 재정 부담에 대해서는 너무 강조해왔다는 점이다. 이탈리아로 이전된 자금으로 병사들에게 지출된 급료는 이탈리아 지역 경제로 다시 흘러들어왔는데, 특히 병력이 장기간 주둔하거나 숙영하는 상황에서는 더욱 그러했다. 이런 의미에서 통상적으로 생각하는 것과 달리 프랑스와 스페인의 부가 이탈리아로 흘러들어간 반대 경향이 나타났다. 이탈리아 전쟁에서 궁극적으로 더 많은 비용을 지불한 쪽은 이탈리아 사람인지 아니면 프랑스와 스페인의 납세자인지를 결정할 때 균형점을 어디에 두어야 할지 정하는 것은 쉬운 문제가 아니다.

10장

전쟁의 선전과 이미지

이탈리아 전쟁은 유럽의 주요 강대국들이 이탈리아를 주 무대로 경쟁과 각축을 벌인 범유럽적 차원의 전쟁이었다. 주요 원정들은 물론이고 전투나 포위공격 같은 사건도 이탈리아 전역은 물론 반도의 경계를 넘어서까지 널리 선전되었다. 이는 부분적으로는 군주와 그들의 관료가 주도한 것이었는데, 전쟁 비용을 부담하는 사람들로부터 전쟁 노력에 대한 지지를 끌어내는 것이 그 목적이었다. 한편 어느 정도는 정부의 대의를 지지함으로써 편의와 후원을 기대했던 사람들이 주도한 결과이기도 했다. 그러나 전쟁을 다룬 많은 출판물은 인쇄업자나 서적상이 상업적인 목적으로 생산한 것이었다. 이동식 활자 같은 새로운 인쇄 기술의 발전으로 15세기 말이 되면 전단지나 소책자의 복사본을 수백 부씩 빠르고 값싸게 찍어낼 수 있었다. 그로 인해 정부의 공식 문서나 원정의 진행 과정을 알려주는 서신 그리고 종종 목판화로 제작된 삽화까지 있는 각종 시와 노래 및 예언서가 유통되었다. 이 출판물 대부분은 영구적인 기록물을 제공하겠다는 의도가 아니라 최신 소식에 대한 관심을 충족시켜주려는 목적으로 싸구려 종이에 조잡하게 인쇄되었기 때문에 첫 발간 이후 수세기가 지나면서 거의 대부분 소실되었다. 간혹 아주 소량—심지어 단 한 부인 경우도 있다—의 복사물이 남아 있거나, 일기나 비망록에 옮겨 적어 내용이 알려진 경우도 있었다. 또한 전쟁에 관한 이야기는 라틴어나 자국어로 쓰인 보다 문학적인 저작으로 출판되었고, 수백에서 수천 줄짜리 학술 논저나 시로도 기록되었다. 전쟁 이야기를 담은 시각적 우화나 그림이 군주나 그 관료의 의뢰로 제작되었으며, 지방 당국이 승리를 기념하기 위해 고안하기도 했고, 입성식을 갖는 군주의 기분을 맞춰주기 위해 제작되기도 했다. 이탈리아 밖에서 생산 배포된 대부분의 그림과 문헌은 적군을 비난하고 자국 군대의 업적을 찬양하는 애국주의적 색채를 띠고 있었으나 간혹 전쟁의 잔인함과 비통함을 한탄하는 작품들도 있었다. 이탈리아 내에서도 애국주의가 비슷한 방식으로 표현되었고, 외국 군주의 승리가 이탈리아 사람들에 의해 찬양되기도 했다. 그러나 전쟁과 관련된 이탈리아 문헌과 그림은 전쟁으로 인한 파괴와 살상 그리고 외국 군주와 군대에 의한 이탈리아 종속을 비통해하는 보다 어두운 분위기를 띠는 경우가 많았다.

프랑스의 이탈리아

샤를 8세는 1494년 나폴리 왕국에 대한 권리를 주장하며 정복 전쟁에 착수했을 때, 원정의 여정을 기록하기 위해 안 왕비의 비서 앙드레 드 라 비뉴를 데리고 갔다. 라 비뉴는 출발 전에 이미 『기독교의 원천』에서 나폴리를 지상에서는 볼 수 없는 아름다운 정원으로 묘사했다. 프랑스 왕은 지금 기독교 왕국의 잘못을 바로잡기 위해 그곳에 간다는 것이었다. 그러나 그는 이 원정을 불필요하고 값비싼 모험이라고 주장하는 비판적인 목소리도 반영했다. 전쟁이 초래할 비용이나 위험 및 파괴를 고려하지 않고 그것을 단지 자신들의 무용을 과시할 기회로만 생각한 귀족들이 촉구한 무모한 모험이라는 것이다. 그들 생각에 튀르크인이 이탈리아를 위협하면 교황이 방어하면 될 일이었다.[1] 이러한 주장이 라 비뉴의 책에서 주를 이루지는 않았지만 당시 프랑스에서 원정 과정을 공개하는 일에 상당한 관심이 집중되어 있었음을 잘 보여준다.

왕의 행동과 정책에 관한 새로운 소식을 서신이나 사본 형태로 왕실 관료나 대귀족 및 지방정부에 널리 회람시키는 것은 프랑스의 오랜 관행이었다. 샤를 8세는 개별 인사들뿐만 아니라 지방 당국이나 도시 자치체 그리고 고등법원에도 직접 서신을 발송했다. 안 왕비는 자신에게 도착한 이탈리아발 서신과 보고서의 일부 필사본을 자신의 관리들과 브르타뉴 공작령의 관계자들에게 회람시킬 것을 분명하게 지시했다. 인쇄된 회보 형태로 재생산된 기록 가운데 일부는 원래 필사본 형태로 회람되다가 수취인들에 의해 인쇄되었을 것이다. 몇몇 인쇄 회보는 주로 국왕이 자신의 매형인 피에르 드 부르봉에게 보낸 서신으로 구성되었으며, 아마 왕의 명령으로 인쇄되었을 것이다. 이 가운데 일부는 국왕 통치 기구의 소재지인 투르에서 인쇄되었다. 여타 인쇄 회보는 공무적인 성격이 약한 것들로, 이를테면 가족이나 친구들에게 보낸 장문의 사적인 편지가 주종이었다. 이 회보들 가운데 최소한 일부는 상업적인 용도로 출판되었을 것이다.

원정 과정에서 군사를 이끄는 전사로서의 왕의 모습을 초상화로 남길 기회는 거의 없었다. 원정군이 나폴리를 향해 남쪽으로 진군하는 도중 벌어진 전투의 대부분은 왕이 참여하지 않은 파견부대에 의해 치러졌다. 그럼에도 회보의 편집자들이 왕이 무력을 통해 얼마나 정당한 대의를 추구하는지, 혹은 프랑스군이 마주친 저항 세력의 위력이 얼마나 대단한지를 강조하고 과장하는 데는 아무런 문제가 없었다. 요새 공략에 관한 이야기들은 사망한 수비대의 수를 부풀리거나 가공할 만한 적 병력에 맞선 용맹스러운 행위들을 과장하면서 전광석화 같은 공격 속도를 강조했다. 저항 의지를 꺾기 위해 민간인을 고의적으로 학살한 전략에 대해서는 아무런 언급도 없었다. 한 회보에서는 국왕이 피에르 드 부르봉에게 나폴리 왕국의 몬테산조반니 공략─국왕이 직접 목격한 최초의 전투였다─에 관해 언급한 서신 내용이 그 이전에 있었던 교황령의 몬테포르티노 공략에 관한 언급으로 바뀌기도 했는데, 심지어 국왕은 이 전투를 목격한 적도 없다. 국왕이 나폴리시에 최초로 입성하는 장면을 묘사한 회보의 내용도 대부분 허구였다. 샤를 8세는 피에르 드 부르봉에게 보낸 2월 22일자 서신에서 자신은 공식적인 입성식 같은 것은 하고 싶지 않다고 이야기한 대목이 나오는데, 회보의 그다음 내용에는 새롭게 획득한 왕국의 수도를 손아귀에 넣은 군주를 축하하는 성대한 입성식에 대한 긴 묘사가 이어졌다. 뒤이어 교황 특사의 입회 아래 대관식이 치러졌고, 나폴리 귀족들의 의례적인 충성 서약이 이어졌다고 묘사되고 있으나 이 가운데 실제로 일어난 일은 아무것도 없다. 또한 피렌체 정부의 지시로 3일간 공식적인 전승 축하연이 치러졌다고는 하지만 보다 성대한 축하연이 열린 곳은 틀림없이 프랑스였을 것이다.[2]

국왕의 귀국이나 포르노보 전투 소식을 담은 공식 회보는 현재 전해지는 것이 없다. 다만 수송대와 함께 이동하던 질베르 푸앙테라는 프랑스 민간인이 7월 15일자로 기록한 서신이 출간되었는데, 이에 따르면 포르노보 전투에서 프랑스군의 사망자는 50~60명에 불과한 데 반해 이탈리아군 사망자는 4,000명이었다. 또한 전투 후 프랑스군은 원하는 곳에서 숙영을 했는데, 이는 승리의 증표로 여겨질 수 있었다. 그러나 서신에는 아스티까지의 불안한 여정에 대해서도 묘사되어 있는데, 군대가 내내 전투대형으로 이동했다고 언급한 것이다. 샤를 8세는 리용에 있는 당국자들에게 보낸 서신에서 승리를 주장하면서도 약탈당한 짐, 특히 자신의 보석들을 찾을 것을 요청했다.[3] 1495년경 포르노보 전투를 묘사한 판화가 프랑스에서 제작되었다. 판화는 전투 과정에 큰 영향을 미쳤던 타로강을 병사들이 몇 걸음이면 건널 수 있는 실개천으로 묘사해놓는 등 전투를 양식화된 풍경에 담았다. 그럼에도 혼란스러운 전투 상황에 대해 어느 정도의 인상은 전달해주고 있다.[4]

    샤를 8세보다는 루이 12세가 전사 왕의 역할에 훨씬 더 적합했다. 그는 병사들을 이끌고 전투에 참여했다. 그의 치세 때 거둔 주요 승전은 이탈리아를 배경으로 하고 있다. 특히 아냐델로 전투는 그의 상무적 이미지를 확실히 보여주었다. 루이 12세는 장 도통이라는 공식 사관을 기용했는데, 그는 군대와 동행하며 루이 12세에게 밀라노를 확보해준 원정과 나폴리 왕국을 놓고 벌어진 공방전, 그리고 제노바에 대한 프랑스의 지배권을 재확립하기 위해 루이 12세가 주도한 1507년의 원정 등을 기록했다. 안 왕비는 궁정 시인 장 마로에게 국왕의 이탈리아 원정에 동행하여 1507년 제노바와 1509년 베네치아

1495년의 포르노보 전투를 묘사한 판화로, 전투에 참가한 스위스 용병과 스트라디오트(베네치아 경기병부대)의 전투 장면을 볼 수 있다. 당시의 군사 기술과 전략을 보여주는 중요한 자료이다.

를 상대로 거둔 승리를 기념하도록 지시했다. 그 결과 총 1,300행으로 이루어진 『제노바 여행기』와 4,000행의 『베네치아 여행기』가 집 필되었다. 1494~1495년의 원정 기간 동안 체계적으로 발행된 공식 회보에 비견힐 만한 출판물은 없었다. 하지만 당국의 지시와 상업적 이 익을 위해 사적으로 발행된 많은 회보와 인쇄물이 있었다. 루이 12세 치세에는 이탈리아를 대중에게 소개하고 그곳에서 프랑스가 한 일을 선전하는 시 등의 문학작품, 각종 역사서와 논문집 및 우화집이 이 례적으로 많이 발행되었다. 오스트리아의 마르가레테 궁정에서 루이 12세의 궁정으로 옮긴 벨기에의 장 르메르는 전쟁은 대중을 불안하게 하고 불평불만을 갖게 만들기 때문에, 군주의 업적을 대중에게 소개하여 그들이 군주의 정당한 권리를 지지하고 그의 승리를 위해 도움을 제공하며 기도할 수 있게 해야 한다고 기록했다.[5]

나폴리에 대한 루이 12세의 권리 주장은 프랑스 왕위로부터 비롯된 것이지만 그가 보다 관심을 가지고 있었던 밀라노 공국의 경우에는 자신의 개인적인 유산에서 기인한 권리 주장이었다. 밀라노 정복 이후 프랑스 저술가들은 루이 12세가 이탈리아 전역을 지배해야 한다고 썼다. 심지어 스페인의 의해 프랑스 세력이 나폴리에서 축출된 이후에도 그러한 주장을 계속했다. 프랑스는 자신들이 이탈리아를 지배해야 한다는 정당성을 프랑크족의 트로이아 기원설(트로이아인이 고대 이탈리아의 지배자라는 가정하에) 같은 전설이나 샤를마뉴의 정복, 보다 최근에 체결된 조약 및 결혼 동맹 같은 역사적 맥락에 두었다. 갈리아인이야말로 롬바르디아 도시들의 진정한 건설자였으나 훗날 로마인에게 빼앗겼다는 이른바 '갈리아 키살피나'설도 주창되었다. 베네치아를 상대로 전쟁이 벌어지는 동안 생포리앙 샹피에 같은 이는 프랑스어와 이탈리아어, 라틴어로 동시에 출간된 『프랑스의 진정한 기독교 왕 루이 12세의 승리』에서 루이 12세는 정당하게 프랑스에 속하는 도시들을 베네치아인들로부터 수복하는 중이라고 주장했다. 루이 12세의 궁정에 있는 이탈리아 인문주의자들 또한 알프스산맥 양측에 있는 갈리아인들이 원래 하나였다는 식으로 언급했다. 밀라노인들은 1500년, 밀라노가 프랑스인들에 의해 건설되었다는 주장을 이용해 루이 12세의 대신 조르주 당부아즈의 환심을 얻어내려고 노력하기도 했다. 그러나 아스티(루이 12세가 오를레앙 공작의 자격으로 보유해온 도시였다) 출신의 열정적인 친프랑스 성향의 작가 조반 조르조 알리오네에 따르면, 밀라노인과 프랑스인 사이에는 아무런 관계도 없었다. 밀라노인은 갈리아인을 몰아내고 문명화된 땅에 야만적인 관습을 부여한 랑고바르드족의 후손일 뿐이었다. 따라서 프랑스는 야만적인 랑고바르드족을 정복함으로써 이제 자신들의 문명을 다시 회복할 수 있게 되었다는 것이다.[6]

자국의 문화를 이탈리아로 가져와서 이탈리아인을 정치적으로나 사회적으로 프랑스의 지배 체제 아래 동화시키겠다는 발상은 특히 루이 12세 휘하의 작가들에 의해 적극 고취되었다. 샤를 8세 치세 때와 마찬가지로, 어쩌면 십자군 운동을 벌이는 것일 뿐만 아니라 이탈리아인을 무지몽매한 그들의 폭압적인 정부로부터 구원 중인 프랑스가 이탈리아에서 승리를 거두는 것은 신의 의지라고 주장했다. 샤를 8세 시절에는 아라곤의 왕들이 나폴리의 폭군으로 지목되었다면, 루이 12세 때는 잔인하고 신뢰할 수 없는 스페인 민족이 그 자리를 대신했다. 루도비코 스포르차는 조카인 잔 갈레아초 공작을 독살했기 때문에 정통성을 결여한 폭군이었고, 베네치아인 역시 상인들이 통치하는 그들의 공화국이 사회질서를 교란하고 군주의 통치권을 찬탈했기 때문에 역시 폭군이었다. 제노바는 불화로 섬철된 이탈리아에서도 가장 무질서한 도시였다. 몇몇 저자는 이탈리아인들이 자신들의 합법적인 군주*가 개입해줄 것을 간절히 요청했다는 식으로 상상력을 발휘하기도 했다. 프랑스의 귀족은 질서를 보장할 수 있는 유

---

* 프랑스 왕을 말한다.

잔 갈레아초 밀라노 공작(좌)과 그의 삼촌이자 후견인이었던 루도비코 스포르차(우). 1471년에서 1513년 사이에 밀라노에서 활동한 이탈리아의 채색화가이자 판화가인 조반니 피에트로 비라고의 작품이다.

일한 통치 형태인 군주제를 떠받쳐줌으로써 합당한 사회질서를 가져다주는 식으로 이탈리아인들을 그들 스스로로부터 보호해줄 것이다. 프랑스의 사회적·정치적 관행들을 받아들임으로써 그들은 점진적으로 프랑스식 미덕과 믿음을 표출하고 프랑스 왕을 사랑할 것이다. 프랑스어를 배우는 것이 중요한 진전이 될 것이다. 그러나 이탈리아에서 프랑스 세력이 후퇴하자 프랑스와 이탈리아, 프랑스인과 이탈리아인 사이의 관계에 대해서도 장밋빛 전망이 약화되기 시작했다. 이탈리아는 프랑스와 상당히 구분되는, 심지어 적대적이거나 가까이하기 어려운 곳으로 간주되었다. 이탈리아인은 오만하고 탐욕스러우며 불성실한 존재로 취급되었다. 샤를 8세의 나폴리 원정이 좌초되면서부터 이러한 목소리가 들리기 시작했고, 밀라노마저 상실한 루이 12세 시절에는 더욱 빈번하게 표출되었다. 급기야 이탈리아는 프랑스의 무덤이라는 상투적인 문구마저 등장했다.[7]

인쇄 방식의 전단지와 소책자는 제노바와 베네치아를 상대로 국왕이 친정했던 기간 동안 가장 빈번하게 제작되었다. 이탈리아발 서신을 모아 출간한 회보들에 대한 연구는 그 내용이 어느 정도 변화했는지를 확인할 수 있을 만큼 충분한 연구가 진행되지 않았다. 아무런 부연 설명 없이 편지들을 그냥 출판하는 경우가 빈번했다. 리옹의 출판업자 노엘 아브라함은 법무대신 기 드 로슈포르의 의뢰로 다량의 소책자를 출간했다. 그의 첫 번째 의뢰는 1507년의 제노바 침공에 관한 것이었다. 아브라함은 1509년 여러 종의 소책자를 발간했는데, 공공연하게 관변적 성격을 강조했다. 원정이 시작되기 전에 발간된 소책자들에는 베네치아인을 규탄한 교황의 교서 번역본과 이탈리아로 출발하는 부대의 명단(원정군에 속한 스위스 병사와 란츠크네히트를 배려해 독일어로도 발간되었다)을 포함하고 있었다. 아냐델로 전투 소식을 전하는 두 개의 서신 가운데 짧은 것은 프랑스 원정군 주둔지에서 왕비와 미래의 국왕 프랑수아 앞으로 발송된 5월 14일자 서신이 있고, 보다 상세하게 작성된 서신은 베네치아로부터 요새와 도시를 획득한 소식을 포함해 여러 설명을 급하게 조합한 것이었다. 이 서신은 두 가지 판본으로 발간되었는데, 그중 하나에는 이제 막 도착한 크레모나 요새의 항복 소식을 담고 있었다. 아냐델로 전투 후 치러진 루이 12세의 밀라노 입성식에 관한 설명으로는 두 개의 판본이 있다.

이는 파리에서도 발간되었고, 독일어 번역본으로도 발간되었다. 아브라함은 원정을 소재로 한 문학작품도 몇 종 출간했는데, 베네치아를 상대로 한 동맹과 베네치아인의 두려움을 다룬 앙드레 드 라 비뉴의 음유시 모음집, 이탈리아 전쟁을 다룬 장 도통의 서신과 시 모음집, 그리고 대관식부터 밀라노, 나폴리, 제노바 정복 그리고 캉브레 동맹과 베네치아를 상대로 한 공세에 이르기까지 루이 12세 치세의 최절정기를 찬양한 부르고뉴 출신 법률가 셀스위그 데스쿠쉬의 시 모음집 등이 포함되어 있다. 아냐델로 전투와 루이 12세의 밀라노 입성을 주제로 밀라노인 시모네 리타가 쓴 것으로 추정되는 이탈리아 시를 프랑스어로 번역한 세 가지 판본도 열흘 내에 출간되었다.[8]

아브라함의 출판물을 보면 1509년부터 1512년 사이에 프랑스 사람들에게 이용 가능한 매체가 무엇이었는지 알 수 있다(루이 12세 치세 말기에는 프랑스의 이탈리아 내 활동에서 축하할 만한 소식이 많지 않았다). 리용, 파리, 루앙 등 왕국 내 다른 지역의 인쇄업자들도 프랑스의 이탈리아 내 활동에 관한 정보와 논평을 적극적으로 전파했다. 일부 내용을 독일어나 이탈리아어로 번역한 것을 보면 프랑스 밖에도 프랑스 출판물에 대한 시장이 존재했음을 알 수 있다. 이탈리아어로 된 반베네치아 전단지들이 1509년 루이 12세가 이탈리아 원정을 떠나기도 전에 리용에서 인쇄되어 군대가 롬바르디아를 지날 때 배포되기도 했다.[9] 이러한 전단지에는 프랑스 왕에 대한 대대적인 찬양과 그의 대의에 대한 옹호가 넘쳐났고, 전투에 패배했을 때에도 비판보다는 애도가 주를 이루었다. 그의 용기와 그의 정당한 대의는 신의 허락을 받았기에 의심의 여지가 없었다. 루이 12세는 그의 적들보다

도덕적으로 우월한 기사도 정신의 표본으로 그려졌다.

회보나 소책자들에서 묘사된 많은 전투 장면이 기사도적인 모험담에 나오는 상투적인 장면들을 그대로 사용하고 있다는 사실도 부적절한 것으로 인식되지 않았다. 장 도통의 『루이 12세의 연대기』나 장 마로의 『제노바 여행기』에 사용된 것과 같은, 즉 필사본 원고나 싸구려 소책자에 사용된 조잡한 목판화보다 훨씬 세련된 삽화에서는 루이 12세와 그의 측근 귀족들을 대체로 화려한 갑옷과 깃털 달린 투구를 착장하고 장식용 천으로 치장한 말을 타고 질주하는 모습으로 그렸다.[10] 아냐델로 전투를 묘사한 장 페레알의 그림은 현재 소실되었다. 이 그림을 보았던 장 르메르는 성, 도시, 강, 산으로 이루어진 정밀하고 세밀한 배경(전투 현장에 대한 충실한 재현이라기보다는 상상의 풍경에 더 가까워 보인다)과 함께 승자는 물론 도주한 자와 부상당한 이들까지, 전투 장면을 사실적으로 묘사했다고 전한다.[11] 1510년에 출간된 클로드 드 세셀의 『베네치아인을 상대로 한 국왕의 승리』의 두 번째 판본에서는 포로가 된 베네치아군 사령관 바르톨로메오 달비아노가 프랑스 왕 앞에 끌려와 있는 모습과 전장에서 내몰린 베네치아 병사들의 모습이 목판화로 묘사되었다(1509년에 출간된 첫 번째 판본에는 첫 페이지에 해상 선투를 묘사한 목판화가 실렸나).[12] 프랑스에서 제작되어 유일하게 현존하는 라벤나 전투 삽화는 제노바의 프랑스 총독에게 보낸 서신이 실려 있는 소책자에 들어 있다. 하지만 이 목판 삽화는 1493년에 출간된 『프랑스 연대기』에서 사용된 일반적인 전투 장면과 다르지 않다. 전장을 향해 말을 타고 돌진하는 국왕의 모습을 묘사한 것이다.[13] 물론 루이 12세는 라벤나에 있지도 않았고, 전투 자

장 도통(1466–1528)의 『루이 12세기의 연대기』 채색 삽화로, 1506년 5월에 있었던 프랑수아 당 굴렘(프랑수아 1세)과 클로드 드 프랑스(루이 12세의 딸)의 약혼식을 묘사하고 있다. 이 약혼은 당시 왕위 계승과 관련하여 정치적으로 중요한 의미를 가진 사건이었다.

프랑스의 궁정 시인 장 마로(1463?-1526?)가 쓴 『제노바 여행기』 필사본(1508년경)의 다섯 번째 채색 삽화. 제노바를 재점령하기 위해 1507년 루이 12세가 직접 군대를 이끌고 출정하는 모습을 묘사하고 있다.

체도 프랑스에서는 잘 알려져 있지 않았다. 승전을 알리기 위해 프랑스 도시로 전달된 국왕의 서찰도 없었고, 파리 노트르담 성당에서 테데움$^{Te\ Deum}$이 울려퍼지지도 않았다.

프랑수아 1세의 치세는 마리냐노에서의 눈부신 승리와 함께 시작되었다. 이로 인해 그는 영웅적인 전사 왕이라는 이미지를 갖게 되었다. 승전을 축하하기 위해 프랑스 각지에서 시와 노래가 쏟아졌다. 이 가운데 나중에 〈마리냥 전투〉로 개명된 작곡가 클레망 잔캥의 〈전쟁〉이라는 노래는 전투의 각 단계와 '고귀한 국왕 프랑수아 1세의 승리'를 매우 생생하고 시각적으로 묘사했는데, 그로 인해 다른 모든 '전쟁 음악' 작곡가들의 전범이 되었다. 이 전투의 승리는 밀라노에서 프랑스를 축출한 데다 수년간 프랑스에서 녹을 받아왔으면서도 배은망덕하게 프랑스를 상대로 싸움을 하는 등 프랑스 왕에 대한 본연의 임무를 제대로 수행하지 않은 포학한 농민들이라고 비난받았던 스위스인에 대한 복수로 간주되었다.[14] 치세 기간 내내 프랑수아 1세는 밀라노 공국에 대한 권리를 주장했다. 그는 그 권리를 국왕 개인의 소유권 차원이 아닌 프랑스 왕가가 통치하는 영토의 필수 불가결한 일부라는 식으로 묘사했다(사실 그의 주장은 루이 12세의 딸이자 자신의 부인인 클로드의 상속권에 근거하고 있었다). 밀라노에서 전쟁이 잘 풀리지 않았던 1520년대에도 몇몇 낙관적 작가는 여전히 프랑수아 1세가 전 이탈리아의 주인이 될 수 있을 거라는 식으로 묘사했다. 1524년 기욤라 메스트르는 이탈리아 백성들의 요청에 부응하기 위해 프랑수아 1세가 어쩔 수 없이 이탈리아에 갔다는 식으로 묘사했다. 마치 프랑수아 1세가 연인인 '이탈리아 부인$^{Dame\ Italie}$'의 요청에 응해 그녀에게

갔다는 것처럼 말이다.[15]

그러나 당시 프랑스 사람들은 프랑스인이 되고 싶어한다는 이 탈리아의 욕망이라는 것에 그다지 납득하는 분위기가 아니었다. 마 리냐노 전투의 승리도 이를 바꾸지 못했다. 프랑스인과 이탈리아인 사이의 적대감을 보여주는 것이 더 많았기에 이탈리아 사람들이 '훌 륭한 프랑스인'이 되는 일은 결코 없을 것으로 여겨졌다. 클로드 드 세셀(수년간 왕실을 위해 일했으며, 1515년에는 프랑수아 1세를 위해 『프랑스 의 군주정』을 집필하기도 했다)은 루이 12세 치세 동안 프랑스의 영향력 이 이탈리아 본토를 넘어 지중해 전역으로 확장될 것이라고 전망했 다. 그러나 1516년에는 마음을 바꾸어 유럽 내 세력균형에 대한 위 협으로 비칠 수 있기 때문에 이탈리아, 특히 밀라노에서 프랑스의 지 배력을 지속적으로 구축하는 것은 불가능하다고 주장했다.[16] 이탈리 아 개입에 대한 환멸도 파비아 전투로 국왕이 포로가 된 이후 자연스 럽게 더 깊어졌다.

국왕을 위한 선전 활동에서 이러한 환멸을 직접적으로 다룬 것 같지는 않다. 하지만 이탈리아 문제에 대한 일부 보고서의 내용이 호 의적이지 않다는 것 정도는 인지했을 것이다. 1524년 보니베의 병력 이 밀라노 공국 거의 모든 곳에서 철수할 무렵, 5월 8일자 국왕의 서 신이 프랑스 주요 도시로 발송되었다. 적군과 대면한 상태에서 인명 을 지키며 질서정연하게 이루어지는 철군을 패배라고 규정하여 "사 실을 왜곡한" 자들에 대한 비난이 골자였다. 서신의 목적은 실제로 일어난 일과 상충하는 내용을 퍼뜨리는 자들의 이야기를 바로잡고 "진실"을 알리는 것이었다.[17]

사보이아 공작의 영토를 침공한 것에 대해서는 공작이 먼저 프랑스 왕의 영토를 침공하고 왕의 백성을 위협하는 등 침략적 행위를 했기 때문에 프랑수아 1세가 어쩔 수 없이 같은 식으로 대응할 수밖에 없었고, 결국 사보이아 백성들에게도 도움이 되었다는 식이었다. 나폴리와 밀라노 침공을 정당화하는 데도 동일한 성격의 논변이 동원되었다. 사보이아 공작 영토의 일부는 어머니인 루이즈 드 사보이아의 승계권을 통해 프랑수아 1세에게 속한다는 주장도 언급되었다. 피에몬테는 갈리아 키살피나의 일부였다. 피에몬테 총독으로 복무한 기욤 뒤 벨레는 프랑수아 1세가 앙주 가문의 유산을 통해 피에몬테와 니스에 대한 권리를 가지며, 왕세자는 살루초에 대한 권리를, 그리고 프랑스가 몬페라토, 롬바르디아 및 에밀리아에 대해 역사적 권리를 가진다고 주장했다.[18] 장 테노드는 자신의 저서 『덕의 승리』에서 프랑스군을 왕국의 전 지역에서 모여든 병사들로 구성된 군대로 묘사했는데, 거기에는 롬바르디아도 포함되어 있었다. 밀라노만이 아니라 피에몬테와 사보이아는 물론 이탈리아 전체가 프랑스 영토라는 것이다.[19] 그러나 피에몬테 정복은 프랑스인 사이에서 큰 열광을 불러일으킨 것으로 보이지 않는다. 아마도 국왕이 원정에서 큰 역할을 하지 않았기 때문에 더욱 그랬던 것 같다.

제국의 이탈리아

막시밀리안이 다른 군주들에 비해 종종 평가절하를 받아온 것은 사실이다. 하지만 그 자신은 현명하고 의로운 통치자이자 군사 지도자의 이미지를 구축하는 데 세심한 주의를 기울였다. 이탈리아 전쟁에서, 특히 베네치아를 상대로 한 원정에서 그와 그의 군대가 맡은 역할은 이러한 자기 홍보에서 두드러지게 위용을 드러냈다. 그는 자신의 일대기를 삽화가 들어간 낭만적인 이야기로 묘사하는 작품을 의뢰했고, 그 결과 『백색 왕』이 출간되었다. 책에서 막시밀리안은 백색왕이라는 인물로, 프랑스 왕은 청색 왕으로, 베네치아 도제는 물고기의 왕으로 등장했다. 그가 의뢰한 이탈리아 전쟁에 관한 대부분의 삽화는 1513년의 아냐델로 전투와 노바라 전투 정도를 제외하면 자신이나 자신의 군대가 직접적으로 개입한 사건들을 소재로 한 것이었다. 1509년의 원정도 제국군의 파도바와 몬셀리스 포위, 치비달레 공격 그리고 베네치아 점령 등을 묘사한 삽화를 통해 기념되었다.[20] 그는 란츠크네히트가 전투 장면을 묘사한 플래카드를 높이 쳐들고 행진하는 세밀화 연작 〈개선 행렬〉의 제작을 감독하기도 했다. 여기에는 제국군에 의해 바다로 쫓겨나는 산마르코의 사자를 그린 '대베네치아 전쟁'을 소재로 한 두 쪽짜리 세밀화도 포함되었다. 〈개선 행렬〉이 다룬 전쟁 장면 중에서도 가장 순수하게 선전 효과를 노린 작품이었다.[21]

막시밀리안은 독일과 이탈리아의 광범위한 대중을 대상으로 한 보다 일상적인 선전 활동에도 관심을 기울였다. 회보를 배포하는 과정에서 집필, 편집, 교정 및 연출 등에 직접 개입하기도 했다. 베네토에서는 원정이 진행되기 전부터, 그리고 원정이 진행되는 동안에도 선전용 전단지가 배포되었다. 일부는 풍선에 담아 하늘에 띄워 적진으로 날려 보내기도 했다. 제국군 사수가 화살을 쏘아 풍선을 터뜨리면 적 병사들 사이에 전단지가 떨어지도록 했던 것이다.[22] 1508년 2월 우

『백색 왕』의 목판화 삽화. 막시밀리안 1세의 군사적 업적을 강조한 작품으로, 특히 보헤미아 전투와 관련된 내용을 다루고 있다.

막시밀리안 1세의 개선 행렬. 독일의 화가이자 목판화가인 한스 부르크마이어(1473–1531)의 작품으로, 1517년에서 1518년 사이에 제작되었다.

디네 거리에서 발견된 인쇄 종이에는 막시밀리안의 이름으로 다음과 같은 내용이 선포되어 있었다. 그가 이탈리아 왕위에 올라 모든 압제자, 특히 다른 이들의 땅을 점거하고 있는 베네치아인들로부터 모든 이탈리아인을 해방하고, 부당하게 징수되고 있는 세금들을 없애고 대신 진정한 제국의 세금만 부과하기 위해 이탈리아로 오고 있다는 것이다.[23] 베네토 주민들에게 베네치아인에 맞서 봉기하라는 내용의 전단지들이 배포되었다. 1509년, 1510년 그리고 1511년에는 베네치아 주민들의 봉기를 선동하는 전단지들이 베네치아시에 유입되기도 했다.[24] 간혹 제국 의회로부터 막시밀리안에 대한 재정적 지원을 끌어내기 위해 독일 대중을 대상으로 한 전단지가 뿌려지기도 했다. 하지만 제국 의회 구성원들은 이에 휩쓸리지 않았다. 이탈리아에서 제국군의 승리가 없는 동안에도 막시밀리안은 1511년 프랑스의 볼로냐 점령에서처럼 아무리 사소하더라도 란츠크네히트 부대가 승리를 위해 수행한 역할을 묘사하는 전쟁 회보를 발간했다.[25]

막시밀리안의 전쟁 선전이 제국 의회를 설득하여 그가 필요로 했던 전쟁 자금을 지원하게 하는 데는 실패했지만, 그럼에도 이탈리아 전쟁을 다룬 독일 내 다른 출판물의 어조와 접근 방식에 영향을 미치는 데는 효과가 있었다. 이들 출판물의 경우 제국 의회보다 그의 정책에 보다 호의적이었던 것이다(뉘른베르크, 스트라스부르크, 아우구스부르크 같은 독일 출판업의 중심지인 제국 도시들의 시정부가 이 문제에 대해 어떻게 반응했는지에 대해서는 연구된 바가 없다). 이 출판물의 저자들은 이탈리아 내부의 반베네치아 주장들에 의해서도 영향을 받았다. 이탈리아어로 된 문헌들이 독일에서 번역되고 출간되었던 것이다. 베네치아는 교황이나 황제에게 속한 영토를 찬탈했다는 이유로 비난받았고, 베네치아인은 이탈리아 본토에 대한 어떠한 합법적인 권리도 갖고 있지 않기 때문에 결과적으로 압제자라는 논리였다. 그들은 오만하고 무례했으며 부패하고 기만적이었다. 게다가 튀르크와 결탁하기도 했다.[26]

한 독일어판 단면인쇄 소식지는 산마르코의 사자가 그려진 깃발을 들고 있는 꼬리가 둘로 갈라진 인어로 베네치아를 묘사했는데, 막시밀리안과 교황, 루이 12세 그리고 아라곤의 페르난도가 양쪽 해안에서 깃발을 잡고 찢어버리는 모습을 묘사한 목판화를 실었다.[27]

막시밀리안 1세의 문장은 신성로마제국 황제의
권위를 보여주는 상징적인 표지였다.

이탈리아 전쟁에 관한 독일의 다른 삽화들은 막시밀리안의 역할을 강조했다. 장 르메르의 책 『베네치아인의 전설』은 친프랑스적인 내용임에도 속표지에 막시밀리안이 단독으로 동맹을 대표하여 의기소침한 베네치아의 도제와 의원들을 상대하는 모습과 함께 아래쪽에 제국군이 도주하는 베네치아 병사들을 쫓는 내용의 목판화를 넣었다.[28] 1519년에 출간된 시인 울리히 폰 후텐의 풍자시집에는 그가 쓴 〈황제와 베네치아인에 관하여〉라는 시가 있는데, 베네치아인을 주피터의 독수리에게 쫓겨 물가로 도망치는 개구리로 묘사했다(목판화 삽화에는 왕관을 쓴 독수리가 발톱으로 왕홀을 쥔 채 땅 위를 맴돌고 있고, 놀란 개구리가 바다로 뛰어드는 모습이 묘사되어 있다). 전체 시 가운데 10편은 베네치아인을 비난하고, 2편은 바르톨로메오 달비아노를 직접 겨냥하며, 6편은 아냐델로 전투의 승리를 찬양한다. 하지만 그 전투가 사실은 프랑스의 승리였다는 언급은 없으며, 베네치아는 다시 한 번 독수리에게 죽음을 당하는 개구리로 언급된다. 전투를 묘사한 삽화에서 베네치아 병사들은 제국군 군기를 들고 그들 위로 날아다니는 란츠크네히트로부터 도주하는 모습으로 그려졌다.[29]

카를 5세도 황제이자 스페인 왕국의—따라서 나폴리 왕국도—통치자로서 이탈리아 전쟁에 관여했다. 그는 이탈리아에서 자신의 목적과 정책을 달성하기 위해 제국이 아닌 스페인의 병력과 자원에 더 의존했다. 이탈리아에 있는 그의 관료와 지휘관들은 이탈리아인이 아닐 경우 대체로 스페인인이었다(이탈리아인들은 이들을 싸잡아 '제국 대리인'이라고 불렀다). 이들 스페인 출신 제국 대리인들은 심지어 자신들이 의식적으로 스페인의 이탈리아 지배를 위해 일할 때도 카를 5세가 황제 자격으로 이탈리아 문제에 개입하고 있으며, 제국의 일부라고 볼 수 있는 이탈리아 북부와 중부 지역의 이탈리아인들은 황제를 지지하고 그에게 복종해야 한다는 주장을 언제든 서슴없이 펼칠 준비가 되어 있었다. 그들은 향후 스페인 왕위에 오를 펠리페가 나폴리 왕국은 물론 밀라노 공국도 소유해야 하며, 스페인이 이탈리아에서 패권적 지위를 가져야 한다고 생각했다.

그러나 정작 스페인은 이탈리아 문제에 그렇게 큰 관심을 가지고 있지 않았다. 스페인 왕국의 백성들에게는 다른 분쟁이 더 중요했다. 그들에게는 밀라노 공국을 장악하는 것보다 프랑스와 스페인 국경지대에서 벌어지는 프랑스와의 분쟁이 더 중요한 관심사였다. 무슬림 세력과 북아프리카 해안지대의 바르바리 해적들은 특히 중요한 관심 대상이었다. 페르난도가 통치하는 동안에는 스페인 함대가 오랑항에 진입했다는 소식—아냐델로 전투 3일 후였다—이나 1510년 부지(지금의 알제리 베자이아) 그리고 1511년 트리폴리 함락 같은 소식이 롬바르디아나 베네토에서 진행되는 전쟁의 진척 과정보다 훨씬 더 중요했다. 그들은 황제인 카를 5세의 국제적 이해관계에도 공감하지 못했다. 그들은 카를 5세가 스페인에 남아 있기를 바랐으며, 다른 기독교 세력들과는 평화적인 관계를 유지하고 페르난도가 했던 북아프리카 해적들과의 싸움이나 계속해나가기를 바랐다. 그들은 이탈리아 원정은 고사하고 튀르크와의 싸움에 대해서도 마지못해 자금 지원을 해주던 참이었다. 심지어 카를 5세 치하 스페인 왕실의 공식 연대기 작가마저도 카를 5세에 대해 칭찬보다는 비판을 기록할 정도였다.[30]

카를 5세의 이탈리아 정책을 지지하게끔 스페인인을 설득하기 위한 노력이 일부 있기는 했다. 15세기 말, 저렴하게 인쇄된 뉴스 전단지가 스페인에 등장하기 시작했는데, 카를 5세는 이 홍보물들 relaciones 을 자신의 지지 세력을 늘리는 데 이용하려고 했다. 제국 조정의 지시에 따라 재상 가티나라의 비서 알폰소 데 발데스는 『새로운 이탈리아와의 관계』라는 소책자를 집필했는데, 이 글에서 파비아 전투는 카스티야의 승리로 제시되었다. 카를 5세의 문장과 제국의 독수리, 그리고 그의 개인적 상징인 헤라클레스의 기둥이 목판인쇄된 이 소책자에는 제국군 사령관들이 보낸 서신과, 제국군의 사망자는 거의 없다는 주장과 함께 프랑스군의 사상자와 포로들을 기록한 5페이지짜리 목록이 들어 있었다. 이 승리는 기독교인 사이의 전쟁을 종식하고 카를 5세가 튀르크 및 부어인과의 싸움에 전념할 수 있도록 하겠다는 신의 의지가 반영된 것이었다.[31] 로마 약탈 소식이 제국 궁정에는 제대로 전달되지 않았지만 이 충격적인 사건을 스페인 백성들에게 긍정적인 시각에서 전달하려는 노력은 이루어졌다. 1527년 7월 15일자로 자치체 의회들에 발송된 서신에는 약탈의 책임을 지도부가 부재했던 병사들에게 돌렸다. 교황의 순종적인 벗이었던 카를 5

세는 이 일로 크게 괴로워했고, 설교자들이 교회 연단에서 이 사태를 설명하는 조처가 취해지기를 바랐다. 식자층을 대상으로는 발데스가 〈로마에서 벌어진 사태에 대한 담화〉라는 글을 썼는데, 그는 약탈의 책임을 교황에게 지우는 한편 "모든 악의 총본산"인 로마를 정화하는 유일한 방법은 그것뿐이었다며 약탈을 정당화했다. 이 글은 필사본 형태로 회람되었다. 훨씬 광범위하게 배포된 서적은 운문 형태로 작성된 『슬픔에 빠진 교황 성하』였는데, 주석 보완본으로도 출간되었다. 이 책에서도 책임은 교황에게 전가되었다. 교회를 통치할 능력이 없음을 스스로 입증했다는 것이다. 약탈은 카스티야인들의 영광스러운 모험의 전통으로 제시되었다.[32] 교황에 대한 이렇듯 적대적인 견해들은 1530년에 치러진 황제 대관식을 묘사하거나 그것의 상징을 설명하는 홍보물에는 당연히 등장하지 않았다.

　카를 5세 역시 자신의 정책을 정당화하는 출판물의 출간을 명령했다. 1528년, 그는 비서인 곤살로 페레스에게 자신이 프랑수아 1세와 주고받은 모욕적인 서신들을 소책자로 출간할 것을 명령하면서 황제의 도량과 선의를, 그리고 프랑스 왕의 비열함을 강조하도록 했다.[33] 카를 5세가 스페인과 로마 백성에게 자신의 1529년 이탈리아 여정의 이유를 설명하는 '연설'이 이탈리아어로 출간되었다. 교회를 개혁하고, 이탈리아 백성의 고통을 덜어주며, 십자군 운동을 전개하겠다는 세 가지 이유가 제시되었다. 기독교 군주들 사이의 분쟁이 해결되기만 하면 카를 5세가 십자군 운동을 주도해 콘스탄티노플을 재정복하고 예루살렘에서 이교도들을 몰아낼 수 있다는 것이었다.[34] 1536년 4월 로마에서 교황을 앞에 두고 황제가 프랑수아 1세를 비난한 연설에 관해서는 최소 세 가지 종류의 홍보물이 카스티야어로 발간되었다. 두 종은 당시 사건을 설명하는 익명의 편지 형식이었는데, 하나는 이전에 공식 홍보물에서 사용한 것과 동일하게 목판인쇄된 카를 5세의 문장이 들어가 있었고, 다른 하나는 세비야에서 발간되었는데 보다 투박하게 황제와 교황의 문장이 인쇄되어 있었다(교황의 문장은 바오로 3세가 아니라 클레멘스 7세의 것이었다). 그 후로 스페인 내에서 벌어진 제국의 선전 활동은 더 이상 이탈리아에 초점을 맞추지 않았다.

이탈리아 전쟁에서 스페인 병력이 참여한 전투, 심지어 파비아 전투에 대해서조차 스페인어로 된 어떠한 시각적 홍보 매체도 알려진 게 없다. 독일에서는 외르크 브라우가 제작한 파비아 전투에 관한 단 하나의 목판화가 두 가지 판본으로 출판되었는데, 하나는 독일어 해설, 다른 하나는 라틴어 해설이 달려 있다.[35] 파비아 전투를 묘사한 주요 작품으로는 페스카라 후작의 의뢰로 1531년 네덜란드에서 제작되어 카를 5세에게 증정된 태피스트리 세트를 들 수 있다. 이 작품의 디자이너인 베르나르트 판 오를레이는 전투 당시 벌어진 세부 사건들에 관해 명백히 스페인 관점에서 이루어진 상세한 설명을 전달받은 것으로 보인다. 각각의 작품에서 프랑스군은 수세에 몰려 있으며, 프랑스군 진영에 대한 공격, 그리고 당연하게도 프랑수아 1세의 생포 등이 묘사되어 있다.[36] 파비아 전투를 묘사한 작품 중에는 각 부대와 지휘관을 식별할 수 있게 프랑스어 라벨이 붙어 있는 그림도 있는데, 이는 아마도 제국 측 지지자가 역시 네덜란드에서 의뢰한 작품일 가능성이 크다. 아마도 그랑벨이 의뢰했을 것이고 마르텐 판 헴스케르크가 디자인했으며 1556년 네덜란드에서 출판된, '카를 5세의

네덜란드 미술에 이탈리아 르네상스 스타일을 도입한 선구자 가운데 한 명인 베르나르트 판 오를레이가 묘사한 파비아 전투.

승리 The Victories of Charles '를 주제로 한 12점의 정교한 판화fine engravings 시리즈 중에는 파비아 전투에서 생포한 프랑수아 1세를 묘사한 작품도 있었다. 이 시리즈 가운데 두 점은 로마 약탈을 소재로 했는데, 하나는 성곽 공격용 사다리에서 떨어져 사망한 부르봉을 묘사했고, 다른 하나는 교황이 피신한 카스텔산탄젤로를 겨냥한 포병대를 다루었다. 이 시리즈의 첫 번째 인쇄본에서는 로마 약탈에 대해 간접적으로 언급하는데, 교황 클레멘스 7세를 완패한 황제의 적 가운데 하나로 묘사한다. 이들은 밧줄에 묶인 채 서 있으며, 카를 5세가 앉아 있는 왕좌 아래쪽에 자리한 독수리가 밧줄 끝부분을 부리로 물고 있다.[37]

전시의 교황

이탈리아 전쟁에서 교황의 참전은 유럽 전역에서 하나의 제도로서 교황과 교황권이 인식되는 방식에 상당한 영향을 미쳤다. 교황이 세속적 목적을 위해 기독교 세력들을 상대로 능동적으로 전쟁을 일으켰다는 점, 그리고 때때로 자기 가문을 군주적 지위로 격상시키겠다는 목적을 위해 일으킨 군사 원정에 교회 재산을 유용했다는 점 등은 로마 교황청을 향한 환멸을 더욱 자극하여 신교 확산에 기름을 부었다. 가톨릭교회에 등을 돌리지 않은 사람들조차도 교황의 전쟁 개입이 함축하는 의미에 대해서는 인정하지 않을 수 없었을 것이다. 이탈리아인들은 교황이 영토를 확장하거나 방어하기 위해 혹은 사적인 이익을 위해 교황군을 운용하는 것에 익숙한 상태였다. 만약 교황이 자신들의 군주와 같은 편에서 싸웠다면 이러한 군사적 활동도 교황의 합법적인 역할일 수 있다는 생각이 다른 유럽 지역 주민들에게 보

전사 교황 율리우스 2세. 교황의 호전적 이미지는 율리우스 2세가 교황직을 맡는 동안 가장 두드러졌는데, 종교보다 전쟁에 더 관심이 있는 것으로 비칠 정도였다.

다 쉽게 받아들여졌을 수도 있을 것이다. 그러나 전쟁의 어느 시점에 선가 프랑스와 독일 그리고 스페인의 선전원이나 작가들은 자신들의 군주와 병사들이 교황에 맞서 싸우는 이유를 설명해야 할 수밖에 없었다.

　교황의 호전적 이미지는 율리우스 2세가 교황직을 맡는 동안 가장 두드러졌다. 율리우스 2세는 각종 논문과 설교는 물론 거리에서 불리고 팔렸던 음유시나 시집에서 카이사르의 후계자이자 기독교 제국을 부활시킬 적임자로 엄청난 환대를 받았다. '교황 율리우스 2세가 온 세상을 바로잡는다'는 1512년 말이나 1513년 초, 프랑스가 이탈리아에서는 신성동맹에게, 본국에서는 영국에게 패배를 당했을 무렵 출간된 작자 미상의 음유시집의 제목이었다. 목판화로 제작된 삽화는 동맹의 다른 구성원들에게 둘러싸여 있는 율리우스 2세가 자신의 목자용 십자가로 프랑스 수탉을 후려치는 장면을 묘사했다.[38]

하지만 다른 측면에서 보면 율리우스 2세는 종교보다 전쟁에 더 관심이 있는 인물로 비칠 수도 있었다. 1506년 그가 교황군을 이끌고 페루자와 볼로냐로 진격했던 일이나, 1511년 미란돌라 포위공격 당시 주둔지에 모습을 드러낸 점 등도 이러한 그의 이미지를 강력히 뒷받침했다. 프랑스에서는 율리우스 2세가 베네치아와 평화협정을 맺고 루이 12세의 동맹에서 적으로 진영을 바꾼 뒤부터, 전사로서의 교황 이미지는 교회를 수호하는 기독교 국왕의 그것과 강렬한 대비를 이루면서 루이 12세가 율리우스 2세에게 도전하기 위해 준비한 공의회 지지자들에게 명분을 제공해주었다. 프랑스 신학자들은 프랑스 국왕에게 불의한 전쟁을 일으킨 교황에 맞서 군사적으로 자신을 보호할 권리가 있다고 판단했다.[39] 프랑스 궁정과 결탁한 작가들은 교황을 사제복을 갑옷으로 갈아입고 칼을 휘두르는 존재로 묘사했다. 장르메르는 공의회에 관해 쓴 한 논고에서 "나이 든 성직자가 피로 물든 무기를 들고 공격을 재촉하는 모습이란 … 얼마나 멋진 광경인가"라고 썼다.[40] 독일에서는 울리히 폰 후텐이 교황을 상대로 베네치아인보다도 많은 총 14편의 풍자시를 썼다. "살인자이자 지옥에서 부화한" 율리우스 2세는 평화를 사랑하는 군주들을 전쟁의 구렁텅이로 밀어넣음으로써 온 세상을 혼란에 빠뜨렸다는 비난을 받았다. 관련된 삽화에서는 율리우스 2세가 교황의 긴 사제복을 입고 왕관을 쓴 상태에서 전신 갑옷을 장착한 모습을 보여준다.[41] 율리우스 2세에 대한 가장 유명한 비방서는 익명으로 출판되었지만 에라스무스의 저작으로 여겨지는 『천국에서 거부당한 율리우스』이다. 이 책에서 교황은 자신의 세속적 권세와 자신이 일으킨 전쟁들을 과시하며 성 베드로에게 천국의 문을 열어줄 것을 요구하지만 그를 위해 싸우다 죽은 자들의 영혼과 함께 천국의 문 앞에서 입장을 거절당한다. 그러자 율리우스 2세는 성 베드로에게 곧 전투에서 죽을 수천의 병사가 자신에게 합류하여 강제로 천국의 문을 밀고들어갈 힘이 생기면 다시 돌아올 것이라고 위협한다.[42]

교황의 전사 이미지가 가져온 충격이 어찌나 강렬했던지 레오 10세에게도 그 여파가 미쳤다. 그리스도와 적그리스도를 대비하여 묘사한 루카스 크라나흐의 판화는 속세의 왕관을 거부하는 그리스도가 교황의 세속적 권세와 대조를 이루는 장면을 담고 있는데, 포동포동하게 살이 찌고 땅딸막한 체형의 레오 10세 모습으로 그려진 작품 속의 교황은 병사들과 대포에 둘러싸여 있다. 1521년에 출간된 이 소책자는 독일어와 라틴어 판본으로 출판되었으며 광범위하게 유통되었다. 루터는 이 책이 평신도들에게 더할 나위 없이 적합하다고 생각했다.[43] 그러나 레오 10세는 율리우스 2세만큼 강력한 군주로 여겨지지는 않았다. 프랑스와 취리히에서 세 가지 판본으로 출판된 한 판화에서는 스위스가 유럽의 강대국들을 상대하는 것처럼 보이는 '플럭스flux' 게임(포커 게임의 일종)을 묘사한다. 레오 10세는 이 장면에서 안경 너머로 판을 주시하면서 도대체 어떻게 게임에 참여해야 할지 도통 모르겠다는 모습으로 그려져 있다.[44] 클레멘스 7세는 훨씬 더 유약하게 그려졌다. 그의 교황청이 기독교 강대국들 사이의 평화

협정 중재 임무를 맡았을 때, 사악하다고까지는 할 수 없지만 어리석은 방식으로 전쟁에 개입함으로써 로마 약탈을 부추겼다는 비난은 제국 측 선전물에만 등장한 것이 아니었다. 교황이 기독교 강대국들에 맞서 전쟁에 관여한다는 생각은 이미 익숙한 관념이 되었지만, 그렇다고 해서 어느 누구도 클레멘스 7세 혹은 이탈리아 전쟁에 관여한 그의 후계자들을 진지하게 전사 교황으로 간주하지는 않았다.

이탈리아의 비애

이탈리아 전쟁은 이탈리아 내에서도 대중적인 노래부터 학술적인 라틴어 논문에 이르기까지 새로운 소식이나 논평, 예언이나 진단, 통치자와 사령관들에 대한 풍자나 찬양, 승리에 대한 기념, 그리고 패배와 전쟁이 가져온 고통과 파괴에 대한 한탄 등을 담은 무수히 많은 출판물을 양산해냈다. 인쇄업자, 서적 판매상, 길거리 행상의 존재는 자신들의 국가나 지역에 직접적으로 영향을 미치는 사건과 그 추이뿐 아니라 이탈리아 다른 지역에서 일어나는 일에 대해서도 그 정보와 논평에 관심을 갖는 시장이 존재한다는 것을 명백히 보여주었다. 타지인의 불행은 만약 그들이 전통적인 경쟁자이거나 앙숙이라면 일정한 만족감을 불러일으켰을 수도 있겠지만 대개의 경우 "이탈리아인이 마주하고 있는 공통의 비극적 운명을 우려하는 자각이 침략과 약탈의 이야기 속에 반영되어 있었다".[45]

이탈리아 정부들은 프랑스 국왕이나 황제의 관료들이 했던 것처럼 뉴스나 선전을 담은 공식적인 회보 같은 인쇄물을 출판하지는 않았다. 물론 어떤 식으로든 권력자의 후원을 받은 출판물이 발행되는 경우는 있었다. 예를 들어 캉브레 동맹 전쟁 초기 볼로냐에서는 1511년 프랑스군이 접근하자 도시를 버리고 달아나버려 많은 사람이 증오해 마지않았던 전직 교황 특사 프란체스코 알리도시를 비방하는 전단지가 그가 죽은 다음 공짜로 배포되었다. 분리주의 성격의 피사 공의회를 소집했던 주역 가운데 한 명인 페데리코 다 산세베리노 추기경을 찬양하는 시가 적힌 전단지도 1512년 3월 그가 볼로냐로 입성하는 모습을 지켜보던 군중에게 창문을 통해 흩뿌려졌다. 교황과 스페인을 조롱하는 전단지(이탈리아어와 카스티아어를 섞어서 작성된 것도 있었다)가 도시를 포위한 스페인과 교황 측 병사들에게 뿌려지기도 했다.[46] 베네치아를 상대로 한 전쟁 초기에 페라라에서 제작된 반베네치아 출판물의 홍수는 공국 정부의 공식적인 승인하에 인쇄된 것이었다. 그러나 정부가 그것들을 공식적으로 의뢰한 것인지는 밝혀지지 않았다. 출판물은 베네치아의 파괴를 예언하거나 베네치아인들의 비탄을 조롱하는 노래부터 페라라의 폴레셀라 전투 승리를 축하하는 내용, 그리고 베네치아 대사가 막시밀리안에게 했다는 가상 연설문 내용, 즉 베네치아가 점거 영토들을 반환하고 제국의 권위에 복종해야 한다는 황제의 요구를 수락했다는 것에 이르기까지 다양했다. 이 출판물 가운데 다수는 알폰소 밑에서 일하는 한 페라라인이 수집하고 주해를 달았다.[47] 로마에서는 교황은 아니더라도 교황령 관료들이 친교황 성향의 출판물을 감독하는 데 일정한 역할을 담당했을 것이다. 1509년에 인쇄된 한 풍자 모음집―당대의 정세를 (종종 풍자적으로) 논평한 익명의 시들로 파스퀴노 Pasquino 라는 별명의 낡은 고대 조각상 근처에 게시되곤 했다―은 율리우스 2세가 주도적인 역할을 했던 캉브레 동맹에 대해 많이 언급했다. 이 모음집에 어떤 시를 포함할지 결정하고 교황의 정책을 비판하는 것으로 추정되는 작품은 배제하는 데 교황령 검열관들이 개입했으리라는 것은 누가 봐도 명백했다.[48]

베네치아는 인쇄업과 출판업의 주요 중심지였고, 이탈리아 전쟁과 관련한 많은 출판물이 이곳에서 생산되었다. 그러나 반베네치아 선전 활동이 절정에 이르고 그중 일부는 베네치아시까지 파고들어갔던 동안에도, 호의적인 저작을 퍼뜨리기 위한 당국 차원의 활동이 벌어졌던 흔적은 전혀 없다. 정부가 반베네치아 출판물의 존재를 알았을 때도 그것들의 판매를 중단시켰을 뿐 그에 대응하는 출판물을 만들지는 않았다. 아마도 베네치아 정부와 의회는 그럴 필요가 없다고 느꼈을 텐데, 베네치아 작가와 인쇄업자가 자신들이 승인할 만한 대응을 만들어낼 것이라고 믿었기 때문이다. 베네치아의 종말을 예견하는 선전물에 대해서는 베네치아의 저력과 궁극적인 승리를 확신하는 저작물이 맞불을 놓았다. 베네치아에서는 어느 시기를 막론하고 길거리나 광장에서 공개적으로 정부 정책에 대해 토론하는 것을 권장하지 않았고, 일정 정도의 검열도 존재했다. 페라라를 상대로 한 전쟁 신동은 승인될 수 있었시만 베네치아가 황제와 협상을 진행하는 와중에 막시밀리안을 비난하는 저작물을 출간하는 것은 10인 위원회에 의해 검열되었다.[49]

전쟁과 관련하여 이탈리아에서 생산된 많은 출판물은 불가피하게 호의적이든 적대적이든 연관된 외국 세력에 대한 일정한 논평을 포함하기 마련이었다. 변화하는 전쟁의 성쇠에도 계속해서 프랑스와 제국에 충성하는 열성적인 지지자들도 있었다. 그러나 대부분의 출판물은 사선의 흐름에 따른 분위기 변화를 반영했다. 많은 것이 특정 시점에서 작가와 그의 잠재적 독자들이 전선의 어느 편에 위치해 있느냐에 달려 있었다. 가령 적어도 1494년 원정 초기 국면에서 밀라노와 피렌체 그리고 페라라 시인들은 샤를 8세와 프랑스에 호의적인 입장이었다. 로마와 나폴리 시인들은 적대적이었고, 베네치아의 경우에는 처음에는 중립적이었으나 시간이 지날수록 점점 더 비판적으로 바뀌어갔다. 나폴리로 향하는 프랑스군의 규모에 대한 경악과 우려는 이탈리아의 포르노보 전투 승리를 시인들이 찬양하면서 조롱조로 바뀌었다.[50] 모든 이탈리아인이 1527년에 자행된 로마 약탈에 대해서는 공포의 감정을 공유했는데, 그러한 일이 황제가 알지 못한 상태에서 자행될 수 있었다고 믿는 사람은 거의 없었다. 그러나 그 사태에 대해 황제가 어느 정도 책임을 져야 하느냐에 대해서는 해석의 여지가 매우 광범위했다. 어떤 이들은 황제가 이탈리아 정복에만 몰두해 있었던 만큼 그의 병사들이 보여준 불경함과 잔혹함에는 황제의 잘못도 있으며, 따라서 그를 진정한 황제로 볼 수 없다고 주장했다. 그러나 많은 사람이 카를 5세에 대해 언제든 보다 호의적인 관점을 가질 준비가 되어 있었다. 당대에 널리 유행했던 예언서에 따르면, 제2의 샤를마뉴에 해당하는 고결한 군주가 등장해 교회의 쇄신과 정화를 주도하여 평화와 번영의 황금시대를 가져올 것인데, 이를 제국에 유리하게 해석할 여지가 있었던 것이다—같은 예언이 1494년 이탈리아 원정이 단행되었을 때는 샤를 8세에게 적용되었다.[51]

　예언은 전쟁에 관한 대중 문학에서 중요한 요소였다. 불가사의

르네상스 시기 독일을 대표하는 화가이자 판화가이며 조각가인 알브레히트 뒤러(1471-1528)가 그린 샤를마뉴(카롤루스 대제)의 상상도. 1494년 이탈리아 원정 당시 프랑스 선전원들은 자신들의 국왕 샤를 8세를 제2의 샤를마뉴로 포장하려고 노력했다.

한 상징을 동반한 복합적 의미를 갖는 예언들이 한 세기 반 이상 유럽에서 회자되어오다가 당대의 사건들에 맞추어 재가공되고 단순화된 다음 음유시인들에 의해 불리고 판매될 수 있도록 시가 형태로 전환되었다. 식자층의 경우 더 세련된 형식으로 예언을 접할지 모르지만 기본적인 관념은 동일했다. 전투와 포위 및 약탈, 전진과 후퇴 그리고 동맹과 조약 같은 전쟁에 관한 새로운 소식들은 대중 문학에 공급되는 또 다른 주요 소재였다. 이 소식들은 음유시 형태로 표현되든, 기사도 소설에 삽입된 이름 없는 판화 형태로 묘사되든, 혹은 소책자 형식의 보고서나 길거리에서 팔리는 단면인쇄 소식지의 형태든 간에 시인들의 허황된 이야기가 아니라 믿을 만한 사실에 근거한다고 주장되었다. 박식한 시인들의 경우 음유시인들이 잘못된 정보를 판매한다고 이따금씩 비난했는데, 그러면서 자신들의 시는 실제 정확한 사실만을 말한다고 주장했다. 길거리 문학은 영웅적인 행위보다도 전쟁이 가져온 유혈 참상과 잔혹함, 재앙을 보다 강조했다. 당대의 전쟁 참상을 베르길리우스 같은 라틴어 시인이나 기사도 서사시를 모델로 삼는 작가들의 보다 고상한 문학작품에 담아내는 것은 쉽지 않았다. 가령 루도비코 아리오스토는 〈광란의 오를란도〉라는 장시에서 표면적으로는 기독교도와 사라센인 사이에 벌어진 샤를마뉴의 전쟁을 묘사하면서도 이야기 속에 총과 대포를 등장시켰다. 그는 당대 몇몇 사건에 대해 직접적으로 언급하기도 했다. 라벤나 전투에서 알폰소 데스테가 보여준 전략에 대한 찬사(자신이 데스테군에서 복무했다), 라벤나와 브레시아를 약탈한 프랑스에 대한 비난이 그것이다. 데스테군에서 은퇴한 이후에는 자신의 작품을 수정하여 화승총 사용을

비기사도적이고 군인으로서의 긍지를 파괴하는 것이라고 비난하기도 했다.[52]

세련미나 문학적 가치 등 모든 수준에서 보더라도 이탈리아 전쟁 문학의 주된 장르 가운데 하나는 비가lamento였다. 몇몇 비가는 1495년 나폴리 함락이나 1512년 브레시아 약탈 같은 특정한 사건을 대상으로 삼았다. 몇몇은 풍자적이기도 했는데, 가령 패주한 적은 자신들의 불운과 굴욕을 한탄하는 존재로 조롱받았다. 작품의 텍스트나 동반되는 삽화 속에서 이탈리아를 여성으로, 특히 심란하고 암담한 젊은 여성이나 자식에게 배신당한 어머니로 의인화하며 이탈리아의 분열로 외국 군주와 그들의 탐욕스럽고 잔혹한 군대의 먹잇감으로 전락된 현실을 한탄하는 작품도 많았다. "이탈리아인이여, 당신들이 단결했다면 / 누구도 당신들과 전쟁을 하려 들지 않았을 것이오 / … 그러나 당신들 사이에 시기 질투가 계속된다면 / 확실컨대 당신들은 언제나 불신자들과 프랑스인에 의해 파괴될 것이오." 이는 1510년 베네치아에서 출간된 『이탈리아인이여 잠들지 마시오』라는 음유시집에 담긴 경고이다.[53] 1494년 이후 전쟁의 양상을 설명해주는 시 모음집으로는 1522년 『이탈리아 전쟁의 만연한 실상』이라는 제목으로 처음 출간되었다가 몇 차례의 개정과 재출판을 거쳐 『이탈리아의 참혹한 전쟁』으로 제목이 확정된 저작이 있다.

어떻게 애국적인 이탈리아인들이 비통함을 딛고 새로운 정치 현실에 대처할 방안을 찾을 수 있는가는 대중적인 시나 노래에 어울리는 주제는 아니었다. 그것이 얼마나 어려운지에 대해서는 역사학자 파올로 조비오가 쓴 대화록에 잘 드러나 있다. 그는 클레멘스 7세의 재임 중에 일어난 로마 약탈 사건 당시 황제의 지지자로서 로마에 머무르고 있었다. 대화록은 그가 나폴리만의 이스키아섬에 피신한 뒤 나눈 대화를 재구성한 것이다. 대화 상대는 이스키아성을 소유한 가문 출신의 제국군 사령관 알폰소 다발로스(바스토 후작)와 부왕 평의회에서 일하는 나폴리 출신의 변호사 조반니 안토니오 무셰톨라였다. 바스토 후작은 로마 공격 당시 현장에 없었지만 그 직후 클레멘스 7세와 협상하기 위해 그곳에 갔다. 그는 대화에서 자신이 황제에게 복무하는 이유는 그가 승리하는 것만이 이탈리아에 지속적인 평화를 가져다줄 것이라고 생각하기 때문이라고 말했다. 그로 인해 이탈리아의 자유 회복이라는 꿈을 포기하는 한이 있더라도 말이다. 그는 카를 5세가 밀라노 공국을 프란체스코 스포르차에게 반환할 것이라고 생각했다. 물론 제국군 병사들의 과도한 요구로 밀라노가 파괴되고 있다는 점은 인정했다. 조비오는 로마 약탈에 분노를 터뜨렸다. 카를 5세가 스스로를 과거 로마를 약탈했던 고트족이나 반달족 수준으로 격하한 사건이라는 것이다. 그럼에도 그는 이탈리아인이 자유를 되찾을 수 있으리라는 희망을 버리지 않았다. 그러나 모든 것은 카를 5세의 절제와 정의에 달려 있다고 생각했다. 무셰톨라는 로마 약탈이 신이 보낸 징벌일 수 있다는 입장을 취했다. 따라서 이탈리아인은 다시 자유로워지는 날이 올 때까지 신중한 종복처럼 기꺼운 마음으로 처신해야 한다고 생각했다.[54]

전쟁의 시각적 재현은 이탈리아에서 거의 의뢰되지 않았다. 오타비오 파르네세와 결혼한 카를 5세의 딸 마르게레테는 로마에 있는 그녀의 궁정에 파비아 전투를 묘사한 프레스코화를 소장하고 있었다.[55] 그녀는 트렌토의 주교급 추기경 Cardinal-Bishop 이 보여주었던 신중함은 가지지 못했던 모양이다. 추기경은 자신이 소유한 트렌토성의 방 하나를 파비아 전투와 로마 약탈을 그린 작품들로 장식하라는 제안을 거절했는데, 만약 그 그림들을 교황이나 프랑스 왕 또는 그들의 대리인들이 본다면 곤란해지지 않겠냐고 말했다고 한다.[56] 바티스타 도시가 그린 병사들의 시신을 배경으로 갑옷을 입고 있는 알폰소 데 스테의 초상화는 초상화 주인에게 중요한 의미를 가지고 있는 특정한 전투를 묘사한 것으로 보이는데, 아마도 라벤나 전투나 폴레셀라 전투일 것이다. 에네아 피오 다 카르피가 1529년 자신이 소유한 스페차노성을 장식하기 위해 의뢰한 프레스코화 기법의 세 폭짜리 전투 장면도 라벤나 전투를 묘사한 것으로 보인다. 다만 두 경우 모두 전투 장면이 지나치게 통상적이어서 확신할 수는 없다.[57] 자신의 서명을 'NA DAT'이라고 적은 한 예술가가 1512년에 제작한 판화는 〈라벤나의 패배〉로 알려져 있으며, 통상 익명의 이탈리아 작가의 작품으로 받아들여지고 있다. 작품은 전투에 돌입하기 전 상호 대치 중인 군대를 표현하고 있다. 이 인쇄본의 복사본을 아고스티노 베네치아노가 1518년에 제작했는데, 후에 조르조 바사리가 피렌체 베키오궁의 레오 10세 방에서 전투를 묘사할 때 모델로 사용했다.[58] 프랑스는 물론 베네치아의 승리이기도 했던 마리냐노 전투는 추안 안드레아 바바소리가 베네치아에서 인쇄한 여덟 점의 채색 목판화로 기념되었다. 전투를 묘사한 이 작품들은 밀라노시의 다른 예술가가 다른 규모로 제작한 목판에 첨가되었다. 작품의 한쪽 귀퉁이에는 프랑수아 1세와 베네치아의 승리를 찬양하는 약간의 표식과 글귀가 적혀 있다. 이는 예술

이탈리아 화가 바티스타 도시(1490-1945)가 그린 알폰소 데스테. 그의 뒤로 보이는 전투 장면은 아마도 그가 참전했던 라벤나 전투 내지 폴레셀라 전투인 것으로 보인다.

작품이라기보다는 신문 지면에 더 가까웠다.[59]

이 작품에 묘사된 병사들의 모습은 천진난만하고 약간은 우스꽝스럽기까지 하다. 하지만 유명한 예술가들이 만들어낸 작품들보다 당대의 전쟁을 더 사실적으로 묘사한 측면도 있다. 이탈리아 르네상스 예술가들은 병사들을 그릴 때 당대의 병사들이 입던 의복이나 갑옷이 아니라 고전기나 준고전기 혹은 상상 속의 갑옷을 입히는 경향이 있었으며, 날씬한 젊은이로 묘사하여 장면을 우아하게 꾸미는 경우가 많았다. 이탈리아에는 병사들, 특히 란츠크네히트의 삶을 담고 있으며 그중 일부는 수준 높은 예술성을 지니고 있기도 한 독일식 판화 예술이 없었다. 이탈리아 예술가들은 당대의 전쟁을 재현해달라는 의뢰를 받으면 어느 정도 아름답기는 하지만 고전기의 무기와 당대의 무기가 뒤섞인 도상학적으로 기이하게 혼합적인 작품을 만들어냈다. 아고스티노 부스티는 가스통 드 푸아의 무덤을 장식하기 위해 고전적인 돋을새김 양식으로, 로마식 갑옷에 로마 기병대의 무기를 들고 등자가 없는 말을 탄 기병대와, 란츠크네히트나 스위스 용병 스타일로 깃털 달린 모자와 슬래시 소매를 한 준고전적 복장으로 미늘창을 들고 최신식 대포와 나란히 걷는 보병의 모습을 묘사했다.[60]

1507년 제노바와 1509년 아냐델로에서 거둔 루이 12세의 승리를 기념하기 위해 밀라노 당국이 준비한 개선식 행사도 혼합적이었다. 학자들이 말하는 고전기 로마의 개선식 장면들처럼 일반적인 개선문과 우화적 인물, 점령한 도시와 요새를 상징하는 모형들이 행진에 등장했고, 왕은 개선 마차triumphal car 라는 것에 오르도록 되어 있었다. 하지만 충분히 예상되듯이 그는 두 경우 모두 개선 마차에 오르기를 거부했다. 프랑스 왕실 의전에 따르면 개선식에서 국왕은 말을 타고 캐노피 아래에서 이동하도록 되어 있었고, 실제 행사에서도 프랑스 의전이 우선되었다. 루이 12세는 1509년에도 고대 로마 시대 전례에 따라 포로로 잡힌 바르톨로메오 달비아노가 패배한 적군의 사령관 자격으로 개선식에 참여해야 한다는 밀라노의 제안을 거절했다. 루이 12세에게 예우를 받아야 할 포로를 그렇게 무례하게 취급하는 것은 기사도적이지 않았다.[61] 고전풍의 입성식은 황제가 이탈리아 도시들을 방문할 때 훨씬 더 적합해 보였고, 이탈리아 예술가들이 카를 5세를 위해 고안한 제국의 도상은 유럽 전역에서 수용되었다. 그러나 상징이나 우화, 암시 같은 것들은 모호할 수밖에 없다. 제국 궁정을 위해 생산된 예술 작품들은 황제에게 그 의미를 설명해주는 해설이 병기되어야만 했다. 개선식을 보러 나온 군중 가운데 행사의 상징을 해독할 수 있는 사람은 거의 없었다. 그런 이유로 카를 5세의 밀라노 입성식 장면을 해설하는 소책자가 발간되기도 했다. 그러한 안내서가 없었다면 군중은 그저 몇몇 인물을 새긴 개선문만 볼 수 있을 뿐 그것들이 무엇을 의미하는지는 전혀 몰랐을 것이다.[62]

1530년 이후에는 프랑스 및 제국의 선전 활동과 마찬가지로 이탈리아에서도 전쟁에 관한 노래와 시를 담은 소식지의 발행이 크게 줄어들었다. 시중에 떠돌던 예언들도 갑자기 사라졌다. 주요 사안—밀라노와 나폴리의 운명—이 정리되는 것처럼 보였고, 전쟁에 군사적으로 적극 관여했던 베네치아도 발을 뺐다. 피에몬테, 파르마, 시에나 그리고 코르시카 등에서 군사 원정과 포위공격이 일어났지만 롬바르디아 원정 때처럼 이탈리아 내 다른 지역들의 관심을 끌지 못했고, 항의나 경고 혹은 애도의 목소리는 직접적으로 영향을 받는 사람들의 몫이 되었다.[63] 여전히 『이탈리아의 참혹한 전쟁』의 새 판본이나 『나는 이탈리아다』 같은 소식지에 실린 삽화—베네치아에서 제작된 판화로 이탈리아를 절망에 빠진 여인으로 인격화했다. 그 여인이 외국군에게 위협을 당하는 가운데 오직 베네치아만이 여전히 자유로우며 그녀를 보호해줄 수 있는 것으로 묘사되었다—를 소비할 시장은 존재했다. 그러나 이탈리아인들은 전반적으로 전쟁에 질려 있던 터라 그에 관해 더 듣고 읽는 것에 흥미를 잃어버린 듯 보였다.

11장

전쟁의 유산

아직까지는 이탈리아 전쟁의 결과가 무엇이었는지에 대한 집중적인 역사적 논쟁이 이루어지지 않았다. 전쟁을 경험했던 사람들은 자연스럽게 전쟁이 가져온 파괴, 군대가 남긴 폐허가 된 도시와 황폐화된 농촌을 한탄했지만 경제사가들은 전쟁이 경제에 미친 장기적인 피해와 변화가 무엇이었는지 평가하려는 공동의 노력을 기울이지 않았다. 근대 초에 있었던 장기간의 경기 침체에 관한 논의에서, 일반적으로 16세기 말 혹은 17세기 초가 침체가 분명해지는 시기로 지목되었는데, 전쟁 시기가 아니라는 점이 의미심장하다. 이는 평화가 정착될 경우 빠른 회복이 가능하다는 점을 의미한다. 문화사가들은 전쟁이 교육받은 이탈리아인 사이에서 일종의 신뢰의 위기를 불러왔음을 지적한다. 자신들이 그토록 자랑스러워했던 정치제도와 전통은 물론이고 지적 생활까지도 자신들이 겪고 있는 재앙에 기여한 것은 아닌지, 이탈리아인을 알프스 너머의 보다 세련되지 못하고 호전적인 사람들의 침략에 취약하게 만든 것은 아닌지, 의구심을 품게 만들었다는 것이다. 그러나 이탈리아인이 예술 분야, 특히 시각예술과 건축 및 음악 분야에서 이룬 아이디어와 혁신이 유럽의 다른 지역에 미친 영향은 전쟁 이전보다 이후에 더 커질 것이었다. 전쟁이 야기한 가장 명백한 장기적 변화는 정치 분야에서 일어났다. 이탈리아 주요 국가 가운데 두 곳이 스페인 국왕의 영토로 편입되었고, 다른 나라의 정치적 역할도 근본적으로 변화했다. 카토-캉브레지 조약 이후의 이탈리아 국가 체제는 1494년 샤를 8세의 나폴리 침공 이전과는 매우 달라졌다.

전쟁으로 인해 이탈리아의 사회, 정치, 문화 및 경제에서 일어난 변화와 그것과 무관하게 진행되었을 과정 사이에는 구분이 필요하다. 이탈리아 전쟁은 60년 이상―2~3세대에 해당한다―지속되었는데, 그처럼 역동적인 사회가 전쟁이라는 파열이 없었다고 하더라도 그렇게 오랜 기간 동안 정태적인 사회로 남아 있었을 것이라고 보는 것은 상상할 수 없다.

경제적 결과

아마도 전쟁 결과에 대해 가장 잘 알려진 설명은 1529년 12월에 롬바르디아를 여행한 두 명의 영국인 대사가 작성한 보고서일 것이다. 기록에 따르면, 그들이 거쳐간 베르첼리와 파비아 사이 50마일가량의 지역은 곡물과 포도 경작의 최적지로 유명한 곳이었다. 그러나 너무도 황폐해진 나머지 들판에서 일하는 사람을 전혀 볼 수 없었고, 규모가 큰 마을에서조차 절망에 빠진 대여섯 명의 주민밖에 남아 있지 않았다. 수확할 사람이 아무도 없었던지라 포도가 관리되지 않은 포도나무에 그대로 달려 있었다. 과거 이탈리아에서 가장 "좋은" 도시 가운데 하나였던 비제바노도 "완전히 파괴되어 황량해졌고", 파비아 역시 마찬가지로 처참한 상태였다. 이탈리아 내 다른 지역 주민들도 전쟁과 기아, 전염병 때문에 죄다 "죽거나 떠났고", 그 결과 사람이 부족해서 향후 몇 년간 이탈리아가 회복될 가망은 전혀 없다는 말들이 횡행했다.[1]

이러한 비참한 상태―파괴된 농장, 황폐해진 경작지, 버려진 마을, 약탈로 불타고 파괴된 도시, 군대의 식량 징발로 헐벗은 농촌 마을―야말로 전쟁으로 야기된 가장 명백한 경제적 결과였다. 전쟁이 상업에 미친 영향은 눈에 덜 띄었는데, 교역 활동 지장과 불안정성 증가, 약탈로 인한 물자 상실로 피해를 본 측면이 있었지만, 몇몇 상인에게는 대규모 인원에게 식량과 음료, 의복과 무기 등을 공급하면서 이윤을 획득할 기회를 제공하기도 했다. 군대가 소비한 것 모두가 훔치거나 강제로 징발한 것은 아니었기 때문이다. 교통로가 막히고 국경이 폐쇄되거나 이동하면서 기존에 이용하던 시장이나 공급처가 막히는 경우가 있었지만 동시에 새로운 시장이 열리기도 했다. 군대에 임금을 지급하고 물자를 공급해야 할 필요성 때문에 생겨난 금융 거래에 진출하는 것―조세 징수 대행, 대출, 신용장 현금화―은 불가피하게 위험을 수반했다. 하지만 상당한 이윤을 남길 기회를 제공하기도 했다. 전쟁의 경제적 결과에 대해 이탈리아 전체를 놓고 일반화를 시도하는 것은 불가능하다. 다양한 경제활동을 영위하는 각 지역들이 서로 다른 시간대에 전쟁의 충격을 겪었고, 일단 평화가 돌아온 다음에는 최악의 폐허조차 놀랄 만큼 빠르게 회복이 이루어질 수도 있었다.

이탈리아에서 1499년부터 1529년까지 전투가 가장 치열했던 30년 동안 분쟁의 중심지였던 롬바르디아야말로 가장 큰 피해를 당한 곳이었을 것이다. 파비아 같은 몇몇 도시는 여러 차례 약탈을 당했다. 평시나 휴전 기간에도 롬바르디아 주민들은 프랑스군이나 스위스군 또는 제국군이나 스페인군을 지원해야 했다. 프랑스군이 루도비코 스포르차를 처음으로 밀라노 공국에서 몰아낸 1499년 이래로 공국은 단 한 번도 외국군의 영향으로부터 벗어나지 못했다. 롬바르디아는 이탈리아에서 가장 부유하고 비옥한 지역이었지만 그곳에서 치러진 원정의 여파로 주민들이 계속해서 군대를 부양하기에는 역부족이었다. 밀라노 공국에 가장 막대한 부담을 지운 카를 5세의 사령관과 관리들조차 이곳의 자원이 고갈되었고, 따라서 짊어지고 있는 부담을 감당해낼 수 없다는 점을 인정했다.

1529년 이후 롬바르디아는 더 이상 전쟁터가 되지 않았다. 하지만 그럼에도 향후 20년간 피에몬테 전쟁에 참전하는 병력을 부양해야 했다. 공국이 외부 지원 없이 전쟁 비용을 모두 부담하는 것은 불가능했다. 1536년부터 1538년까지 피에몬테 전쟁 첫 3년 동안 전쟁 비용으로 스페인에서 지급된 돈은 100만 스쿠디 이상이었다. 그에 비해 밀라노는 61만 6,000스쿠디를 지불했다. 1540년대에는 훨씬 더 적은 금액이 지원되었다. 카를 5세는 밀라노가 감당하지 못하는 부분을 나폴리와 시칠리아가 대신해주길 바랐다. 1550년부터 1555년까지 전쟁 비용으로 다시 한 번 스페인에서 200만 스쿠디 이상의 비용이 이전되었는데, 이는 대략 밀라노가 부담한 비용과 동일한 수준이었다.[2]

피에몬테 전쟁은 병력이 집중되어 있던 밀라노 공국 서부 지역에서 가장 격렬했다. 병사들은 임금을 지급받지 못하면 폭동을 일으킬 수도 있었는데, 실제로 1537년 6월과 7월에 스페인 병사들은 반란을 일으켜 발렌차를 점령하고 토르토나를 공격한 뒤 알레산드리아를 초토화했다. 1542년 델 바스토 총독은 카를 5세에게 무수히 많은 농민이 토지를 버리고 떠나는 바람에 경작이 이루어지지 않고 있으며, 상업 거래도 대부분 중단된 상태라고 경고했다. 그해 공국에서 쥐어짜낸 총금액의 3분의 2가 피에몬테 병력에 지출되었다.[3] 페란테 곤차가가 총독이었을 때는 피아첸차 수비대와 시에나 주둔 병력 그리고 파르마 전쟁 등에 지출하느라 추가 비용이 더 들어갔다. 프랑스의 몬페라토 점령 이후에는 그곳에 주둔하고 있던 부대들이 공국의 서부 지역으로 퇴각했다. 이 병력들의 행실은 임금이 지급될 때도 견딜 수 없을 정도였기에 1557년 8월 밀라노는 황제에게 사절을 파견하여 다음과 같이 말하도록 지침을 내렸다. 통상 그랬듯이 그들이 임금까지 지급받지 못할 경우 자신들은 정말로 그들을 감당할 수 없다고 말이다. 공국의 서부 지역은 상당수 주민들이 재산을 잃고 떠나는 등 상황이 심각하게 악화되었고, 구제책이 마련되지 않을 경우 나머지 주민들도 떠나지 않을 수 없는 상황이었다.[4]

공국의 서부 지역에서는 전쟁이 계속된 반면 동부 지역은 군대를 부양하느라 막대한 과세에 시달리긴 했지만 병사들과 함께 생활하는 경우가 훨씬 드물었고 여러모로 평화의 혜택을 누렸다. 그곳에서는 회복이 좀 더 빠르게 진행되었고, 롬바르디아의 근면한 주민들은 자신들의 회복력을 보여주었다. 예를 들어 크레모나는 30년 동안 스포르차 가문의 공작과 프랑스, 베네치아 그리고 스페인 등 지배 세력이 여러 번 교체되었으며, 1511년과 1524년 발발한 두 차례의 대규모 전염병과 1518년의 기근을 겪었다. 그러나 이 "지옥 같은 악순

환"에도[5] 위축된 직물업을 부활시킬 만큼 충분한 사람들이 살아남았고, 비누, 종이, 비단, 도자기 생산에 투자할 수 있는 충분한 자본이 남아 있었다. 귀족들에게도 화려한 저택을 지을 만한 여유가 남아 있었다. 1540년대까지 인구가 벌써 전쟁 이전 수준을 회복했고, 1550년대의 크레모나는 다수의 상인과 "무수히 많은 장인과 노동자"로 붐비는 번영하는 도시로 묘사하기에 부족함이 없었다.[6]

1536년 피에몬테와 몬페라토, 살루초가 전쟁터가 되기 이전에도 롬바르디아에서는 전투에 참여한 무수히 많은 군대를 목격할 수 있었다. 프랑스군은 프랑스를 오가는 도중 그곳을 거쳤는데, 때로는 알프스를 넘은 후에 그곳에서 병력을 소집하느라 몇 주씩 머무르기도 했다. 제국군은 1520년대 내내 겨울 대부분을 그곳에서 숙영을 하며 보냈다. 이 지역에서 전쟁이 벌어지는 동안 몬페라토는 피에몬테보다 전투 빈도가 덜했지만 제국군을 위해 군사기지 역할을 해야 했다. 제국군은 프랑스군이 피에몬테와 살루초 주민을 다룬 것보다 훨씬 더 무자비하게 몬페라토 주민을 다뤘다.

그럼에도 전쟁이 끝났을 무렵 피에몬테는 경작이 거의 이루어지지 않고 가축과 주민이 뿔뿔이 흩어졌을 만큼 황폐해진 상태였다. 몇몇 지역의 운하와 하천 제방은 유지 보수 부실로 무너지기도 했다.[7] 1561년 4월 칙령에서 에마누엘레 필리베르토 공작은 전쟁으로 주민들에게 무수히 많은 피해가 발생했으며, 수많은 백성이 죽고 도주한 주민과 장인, 농업 노동자가 부지기수여서 경작되지 않는 토지가 천지이고, "장인과 산업이 부재한 나라"로 전락했다고 선언했다.[8] 10년 후에도 그는 세금 징수의 어려움을 여전히 주민과 토지의 빈곤 탓으로 돌렸다.[9] 그러나 피에몬테는 비옥했고, 공작은 토지를 경작할 이민자를 끌어들이기 위해 노력했으며, 배수용 수로 건설을 지시했다. 산업 진흥을 위한 노력은 그다지 성공적이지 못했다. 무역을 통제하고 관세를 인상하는 등의 정책으로 피에몬테 주민들이 자신들의 농산물을 훨씬 더 자유롭게 판매할 수 있었던 프랑스 점령 시절을 향수 어린 시선으로 되돌아볼 정도였다.

피에몬테와 롬바르디아의 이웃들과 비교했을 때 제노바 주민들은 전쟁의 어려움을 가볍게 모면한 편이었다. 1522년 제국군이 자행한 약탈이 최악의 사건이었으며, 1550년대의 코르시카 전쟁이 그들이 짊어져야 했던 가장 큰 군사적 부담이었다. 밀라노의 스페인 정부가 제노바 금융업자들에게 진 빚을 떠안느라 몹시 쪼들렸던 밀라노 납세자들에 비하면 제노바인들은 "감내하기 힘든 고리대금"을 통해 스페인 국왕과 그 백성의 고혈로 자신들의 부를 늘리면서 전쟁 시기를 잘 헤어나왔다.[10] 제노바 금융업자들은 카를 5세가 자신의 이탈리아 주둔군에게 보낸 자금의 상당 부분을 취급했다. 또한 전쟁으로 인해 제노바의 은행가와 상인들은 제노바와 카스티야 사이에 맺어져 있던 오랜 상업적 유대관계를 보다 강화하고 발전시킬 기회를 누렸다. 제노바는 합스부르크 가문의 재정 지원 역할을 맡으면서 '황금세기'의 토대를 닦았다. 1528년 이후 몇 년 동안은 카를 5세와의 긴밀한 관계로 인해 제노바 경제에 문제가 발생하기도 했는데, 프랑수아 1세가 제노바 상인들에게 프랑스 시장을 차단했기 때문이다. 이 조치로 제노바에서 생산된 고급 견직물의 주요 소비시장이었던 프랑스를 잃는 바람에 견직물 산업이 큰 타격을 입었다. 그러나 이 조치는 제노바인보다 프랑수아 1세에게 더 큰 타격을 주었다. 그는 피에몬테 전쟁에 필요한 자금 조달을 위해 제노바 견직물에 대한 금수 조치를 해제했고, 1541년에는 프랑스 시장을 제노바에 완전히 재개방했다.

제노바와 역사적 라이벌 관계를 형성했던 베네치아의 경우, 전쟁 중 겪었던 최악의 시기는 1509년부터 1516년까지 수년간 테라페르마의 주들이 점령당했을 때다. 본토에 있는 베네치아 공화국 속령 도시 가운데 오직 트레비소만이 적군의 손에 넘어가지 않았다. 베네치아군이 참전한 1520년대의 군사 원정은 대부분 베네치아 영토 밖에서 치러졌고, 1529년 이후에는 튀르크를 상대로 한 전쟁을 제외하면 이탈리아 전쟁에 직접 가담하지도 않았다. 베네치아시는 한 번도 포위되거나 공격당한 적이 없었고, 테라페르마에서 군대에 복무하지 않았던 시민과 귀족들이 경험한 전쟁의 가장 직접적인 결과—전쟁 비용을 위한 세금을 납부하고 베네치아로 몰려든 피란민을 목격한 것을 제외하면—는 상업 활동에 초래된 지장 정도였다.

캉브레 동맹 전쟁이 벌어지는 동안 베네치아는 프랑스와 전쟁을 치르면서 프랑스가 통제하는 지역과의 교역이 중단되었다. 남부 독일과의 교역은 막시밀리안의 안전통행증 발행에 달려 있었는데, 다만 발행되었다 해도 반드시 준수된 것은 아니었다. 1513년, 막시밀리안은 산악지대를 통과하는 모든 통행로의 봉쇄를 명령했다. 베네치아는 유럽과 오스만이 통제하는 지중해 동부 지역을 연결하는 상업적 허브로서의 역할도 동부 지역으로 보낼 상품의 부족으로 위태로워졌고, 베네치아 갤리선이 유럽에 공급한 상품을 소화하던 전통적 시장들로부터도 배제되었다. 동쪽으로 또는 서쪽의 플랑드르나 영국으로 항해하던 정기 수송 선단의 운항도 해군 작전에 갤리선이 징발되어 손상을 입거나 파괴되는 바람에 지장을 받았다. 프랑스나 스페인 혹은 제국군에게 점령된 베네치아 속령 도시들의 무역 패턴에도 역시 지장이 초래되었다. 가령 프랑스가 브레시아를 점령하는 동안, 브레시아인들은 자신들이 베네치아에 판매해왔던 상품들을 밀라노나 롬바르디아 내 다른 지역들에 공급하고 싶었지만, 밀라노인들은 브레시아 상품과의 경쟁을 원하지 않았을뿐더러 오히려 브레시아를 자신들의 시장으로 간주했다. 브레시아 산업은 악화일로를 걸었고, 1512년 약탈로 도시가 초토화되기 전부터도 교역은 축소되었다.

베네치아는 본토 수복 이후, 주민들이 전쟁 동안 겪은 손실과 피해로 도탄 상태에 있었지만 이를 돌보는 데 전념할 수 없었다. 베네치아의 우선순위는 공화국의 재정을 회복하는 것이었다. 이에 정부는 주민들에게 새로운 세금을 부과하거나 세율을 인상했으며, 공동체와 개인에게 정부에 대한 대부를 장려했다. 테라페르마의 교역은 그 어느 때보다도 베네치아 무역에 종속되었다. 베네치아 상품은 통행세 부과 없이 무제한으로 현지 시장에서 판매된 반면 다른 지역에서 생산된 상품은 일단 모두 베네치아로 보낸 뒤 통행세를 비롯한 각종 세금을 부과한 다음 현지에서 판매되었다. 그럼에도 베네치아 정부는 베네치아시를 모든 테라페르마 교역의 중심지로 만드는 데 실패했다. 테라페르마 주민들은 밀수같이 규제를 우회하는 방법을 찾는 데 능수능란했다. 그렇지만 그러한 규제와 세금 인상은 점령군이 물러난 뒤에도 베네치아 테라페르마 경제에 오랫동안 어두운 그림자를 드리웠다.

전쟁 시기 내내 주요 강대국 입장에서 토스카나 원정은 대체로 그 중요성에서 부차적이었다. 피사 전쟁이 1495년부터 1509년까지 거의 15년을 끌었던 것은 그 도시를 반드시 되찾겠다는 피렌체의 결연한 의지에 비해 다른 나라—밀라노, 베네치아, 프랑스, 스페인—의 군대는 단편적으로만 개입했기 때문이다. 1512년 메디치 가문을 피렌체 권좌에 복귀시킨 스페인군은 프라토를 약탈했지만 그 직후 곧바로 떠났다. 1530년 두 번째로 메디치 가문을 권좌에 복귀시킨 제국군은 이번에는 피렌체 영토에 다소 오래 머물렀지만 대략 1년 정도에 불과했다. 피사 주민들이 가장 심하게 피해를 입었는데, 도시 주변의 농촌은 해마다 피렌체 군사들에 의해 초토화되었다.

피사 경제를 피렌체 경제의 부속물로 취급해왔던 피렌체 입장에서 피사의 항복은 비로소 경제가 정상 상태로 회복된 것을 의미했다. 피렌체인에게 전쟁과 그로 인해 형성된 동맹에 참여함으로써 얻은 가장 명확한 경제적 결과는 그들이 프랑스 국왕의 반대 진영에 가담하면서 프랑스와의 무역에 지장—시민들의 재산이 납세나 강제적인 대부에 의해 전쟁 비용으로 전용된 점을 제외한다면—을 초래한 것이었다. 전쟁으로 인해 정치 엘리트들의 경제력이 약화되면서 메디치 가문에 정치적으로 종속되는 결과가 초래되었다는 주장이 흔하게 제기되었다.[11] 한편 르네상스 시기 피렌체 경제를 포괄적으로 연구한 리처드 골드스웨이트는 피렌체시 포위 같은 사건들은 "피렌체 경제에 단기적 충격을 넘어서는 영향을 거의 미치지 않았고", 전쟁은 "언제나 경제에 타격을 가하지만 … 대개는 일시적인 지장일 뿐이며 그로 인해 아무리 어려운 상황이 초래된다고 하더라도 경제에 구조적인 손상을 가하는 경우는 거의 없다"는 결론을 내렸다.[12]

1550년대 중반 시에나 원정 당시 영토 내 주민들을 상대로 고의적으로 수행되었던 '더러운 전쟁 mala guerra'의 여파로 이후 몇 세기 동안 광범위한 지역이 인구 감소 현상을 겪었다.[13] 몇몇 마을 주민들은 한계지에서나마 먹고살기 위해서 발버둥을 쳤다. 하지만 농작물과 집이 초토화되고 가축 떼마저 도둑맞는 상황에서 영구적으로 마을을 떠나지 않을 수 없었다. 그러나 15~16세기 시에나 지역의 인구를 분석한 한 연구 결과에 따르면, 마렘마 같은 일부 지역은 다른 곳보다 증가세가 현저하게 낮긴 했지만 16세기 동안 전반적으로 크게 증가했다. 인구밀도 차이나 이동 패턴은 15세기의 상황을 반영하고 있었고, 1550년대의 교란으로 뚜렷한 영향은 발생하지 않았다.[14] 또한 프레시디에 편입된 해안 항구들의 상실도 시에나 경제에 주목할 만한 영향을 미치지는 않았다. 그 항구들은 시에나 경제에 크게 중요하지 않았던 것이다.

나폴리 왕국의 경우, 전쟁 첫 10년과 로트레크의 침공이 있던 몇 년, 그리고 1528년의 나폴리 포위공격 정도가 왕국 내에서 원정으로 인해 전투가 치러진 경우였다. 1557년 기즈 공의 침공은 거의 원정으로 분류할 수도 없는 수준이었다. 침공하는 측이나 방어하는 측이나 나폴리 왕국의 주요 경제적 자산 가운데 하나인 동부 지방의 대규모 이목 가축 떼에 대한 과세권 장악이 중요한 목표였다. 그런 이유로 가축 떼의 이동 양상이 일시적으로 지장을 받았을지는 몰라도 장기적인 영향은 없었다. 1530년대부터는 나폴리 왕국의 정부와 주민에게 튀르크인과 북아프리카 해적의 해안가 습격이 프랑스군의 침공 가능성보다 훨씬 더 큰 관심사였다. 튀르크인을 상대로 한 방어 시설을 짓고 인력을 배치하는 데 필요한 비용을 충당하기 위해서라면 상당한 정도로 세금을 인상하더라도 정당화될 수 있었다. 이는 특히 1550년대에 뚜렷이 드러났는데, 당시 식료품과 포도주를 비롯한 여러 상품에 부과된 몇 가지 신규 과세는 경제활동에 항구적인 장애를 초래할 정도였다. 주민들은 왕국에 주둔한 스페인 병력의 뒷바라지는 물론 카를 5세가 다른 곳에서 수행하는 전쟁 비용에 대해서도 '공여donativi'에 응해야 했다. 1536년에는 150만 두카트, 1541년과 1552년에는 80만 두카트 그리고 1545년과 1549년에는 60만 두카트를 부담했다.[15] 토스카나 프레시디에 유지하고 있던 주둔군 비용도 역시 나폴리 주민들에게 전가되었다.

15세기 말, 이탈리아는 아마도 유럽에서 가장 부유한 지역이었을 것이다. 초기에 프랑스는 전쟁 비용을 몸값이나 전리품은 물론 이탈리아인이 부담하는 보조금이나 보호비로 충당할 수 있을 것이라고 기대했다. 카를 5세의 대리인들도 이탈리아 국가들로부터 정기적으로 공여를 받는 체계를 만들어 이탈리아 주둔 제국군의 비용을 충당할 수 있기를 오랫동안 희망했다. 머지않아 군주들과 그들의 관리들은 막대한 금액을 이탈리아로 보내지 않으면 그곳의 주둔군이 해산되거나 붕괴될 것이라는 사실에 직면해야 했다. 전쟁 비용을 충당하기 위해 이탈리아 안에서 징수된 돈이든, 이탈리아로 보내진 돈이든 대부분 이탈리아 안에서 소비되었다. 이러한 자금 유입이 전쟁이 야기한 피해와 지장을 상쇄했는지는 매우 불확실하다. 이탈리아에서 전쟁은 경제적 재앙이 아니었다. 그러나 전쟁으로 인한 피해가 이익보다 훨씬 컸다는 것은 부인하기 어려울 것이다.

새로운 국가 체제

1559년 이탈리아의 정치 지도는 1494년의 그것과는 상당히 다른 모습이었다. 동맹과 분쟁을 통해 반도의 정치체제를 좌우했던 다섯 개의 주요 국가 가운데 나폴리와 밀라노는 더 이상 독립적인 세력이 아니었다. 피렌체는 이제 공화정이 아니라 독립된 세속 군주 가운데 가장 강력한 공작의 통치를 받았다. 베네치아는 이전까지 이탈리아를 지배하려는 경쟁 세력들로부터 집중적으로 견제를 받으며 그들 스스로 기회만 되면 언제든 영토 확장에 나서려 했다면, 이제는 이탈리아 내부 문제에 대해 신중한 태도를 유지했다. 이탈리아 국가들을 단일 동맹이든, 대립하는 양 진영으로 묶어주든, 15세기에 자주 등장했던 것과 같은 동맹 체제는 더 이상 존재하지 않았다. 보다 작은 규모의 몇몇 국가는 사라졌다. 시에나 공화국은 새로 등장한 피렌체 공작에게 복속되었다. 파엔차와 포를리 같은 로마냐의 영주령은 교황의 직접 통치권 아래 통합되었다.

그러나 다른 군소 세력은 살아남았다. 루카도 그중 하나였고, 그들은 향후 수세기 동안 자신들의 공화정 정부를 지켜낼 것이다. 살아남은 세 번째 공화국이었던 제노바는 전쟁을 지나면서 더욱 강력하고 안정된 세력으로 부상했는데, 이는 1528년의 헌정 개혁과 안드레아 도리아의 정치적 감각 덕분이었다. 페라라와 우르비노, 만토바의 공작들도 역시 살아남았다. 파르마와 피아첸차를 다스리는 파르네세

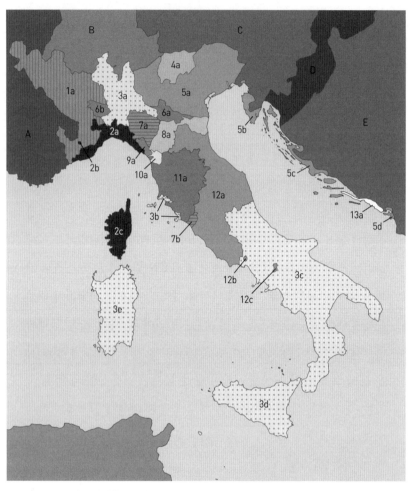

카토-캉브레지 조약 이후의 이탈리아와 주변 국가. 1: 사보이아(1a-사보이아 공국), 2: 제노바 도제(2a-제노바 공화국, 2b-텐다 백작령, 2c-코르시카), 3: 스페인 합스부르크(3a-밀라노 공국, 3b-프레시디, 3c-나폴리 왕국, 3d-시칠리아 왕국, 3e-사르데냐 왕국), 4: 주교후(4a-트렌토 주교후령), 5: 베네치아 도제(5a: 베네치아 공화국, 5b: 이스트리아, 5c: 달마티아, 5d: 베네치아령 알바니아), 6: 곤차가(6a: 만토바 공국, 6b: 몬페라토 후작령), 7: 파르네세(7a-파르마 피아첸차 공국, 7b-카스트로 공국), 8: 에스테(8a-페라라 공국), 9: 치보말라스피나(9a-마사 후작령과 카라라 영지), 10: 루카 의회(10a-루카 공화국), 11: 메디치(11a-토스카나 공국), 12: 교황(12a-교황령, 12b-폰테코르보, 12c-베네벤토), 13: 렉토르(13a-라구사 공화국), A: 프랑스 왕국, B: 스위스 연방, C: 오스트리아 합스부르크(신성로마제국), D: 헝가리 왕국, E: 오스만 제국.

공작 가문 같은 영주령이 등장하기도 했다. 만토바 공작의 영토는 구아스탈라와 사비오네타 같은 곤차가 가문의 여러 방계 가문이 소유한 영지들로 둘러싸이게 되었다. 만토바 공작은 이제 몬페라토의 영주이기도 했는데, 몬페라토를 크레모나와 교환하려는 시도는 실패했다. 몬페라토는 만토바와 지리적으로 꽤 떨어져 있었을 뿐 아니라 전략적으로 중요한 지역이었기 때문에 방어하는 데 비용이 많이 들었다. 곤차가 가문은 스페인 병력의 몬페라토 통과를 허용해야 했는데, 그 대가로 요새 건축 비용을 지원받았다. 북서 이탈리아가 전략적으로 중요한 지역으로 새롭게 부상한 데 크게 힘입어 사보이아—15세기에는 이탈리아 국가 체제에서 변두리에 불과했다—공작은 그와의 동맹이 유럽의 세력 판도에 중요한 변수가 될 수 있다는 이유로 이탈리아의 주도적인 제후 가운데 한 명으로 떠올랐다.

유럽 열강 사이에서 교황청의 지위 역시 이탈리아 전쟁을 통해 탈바꿈했다. 전쟁 기간 동안 교황은 이탈리아의 정치적·군사적 사안을 주도적으로 이끌었다—이는 교황청의 이해관계보다 교황 개인의 가문적 이해관계에 의해 추동된 경우가 더 많았다. 이로 인해 알프스 이북의 세력들이 교황을 바라보는 태도 또한 바뀌었는데, 그들은 점점 더 교황을 잠재적인 동맹이나 적이 될 수 있는 이탈리아의 한 군주로 간주했다. 그들은 교황이 무슬림이나 이교도를 상대로 하는 전쟁이 아니더라도 동맹에 가담하여 전쟁 수행에 참여해주기를 바랐고, 기독교 국가들 사이의 분쟁에 중립을 취하거나 중재자 역할을 맡아야 한다는 생각은 받아들이려 하지 않았다. 종교 문제가 국제적으로 중요한 의제로 부상함에 따라 교황권도 유럽 외교에서 보다 중요한 역할을 맡았다. 하지만 그렇다고 일각에서 주장하는 것처럼 로마가 유럽의 외교적 중심이 된 것은 아니었다.[16] 교황과 교황의 특사들은 전쟁 기간 동안 합스부르크 가문과 발루아 왕가 사이에 체결된 가장 중요한 휴전 및 조약에 관한 협상에서 아무런 역할도 하지 못했다.

알프스 너머의 세력들은 교황 선출 결과에 영향을 미치려고 시도하기 시작했다. 공의회 개최를 둘러싼 위기가 끝난 이후부터, 프랑스와 스페인 군대가 나폴리 왕국에서 대치 상태에 들어가고 콘클라베에서 프랑스와 스페인 측 당파가 서로 격돌했던 1503년 이전까지, 이탈리아 외부의 어떤 세력도 교황 선출에 영향을 미치려는 모습은 보이지 않았다. 프로테스탄트 종교개혁은 함께 호흡을 맞출 교황을 확보하려는 군주들의 이해관계를 더욱 강화시켰을 뿐이다. 그들이 선출 과정에 개입한 것은 자신들의 지지자를 교황에 앉히는 것 못지않게 바람직하지 않다고 생각하는—대개는 적대 세력과 너무 가까운 관계를 맺고 있다는 이유로—후보자를 배제하기 위한 것도 있었다. 16세기 후반이 되면 프랑스와 스페인 국왕들은 그들이 원치 않는 후보자가 교황에 선출되는 것에 거부권을 행사할 수 있었다.

이탈리아는 나폴리와 밀라노가 스페인 왕가와 밀착하고, 프랑스 국왕과 황제가 계속해서 이탈리아 내부 문제와 이해관계로 얽히면서, 불가피한 수준으로 유럽의 국가 체제에 보다 긴밀히 얽혀 들어갔다. 특히 북부 이탈리아는 다시 한 번 유럽 열강의 전장이 될 것이었는데, 롬바르디아를 누가 소유하느냐가 핵심적인 전략적 관건이었다. 향후 수세기 동안 이탈리아 국가들의 운명은 스페인과 프랑스의 국왕 그리고 황제 사이에 체결되는 외교적이고 왕조적인 합의에 따라 결정될 것이었다. 크고 작은 이탈리아 국가들 사이의 관계망에서 그토록 중요한 요소였던 '보호'와 '복종'을 낳는 정교하게 맺어진 정치적 후원과 충성의 체제가 근본적으로 재구축되었다. 연금이나 명예를 추구하는 이탈리아 제후와 귀족에게는 스페인 왕이 주된 후원자였는데, 만약 어떤 세력이 더 많은 영토를 획득하려고 한다면 그의 동의가 결정적일 수 있었다. 그는 어떤 계획에 동의하지 않을 경우 무력을 사용하겠다고 위협할 수 있었다—가령 1564년과 1567년에 코르시카 반란 세력이 코시모 1세를 코르시카 왕으로 추대하겠다고 했을 때, 그가 코시모 1세에게 그 계획에 동의하지 않을 것이라는 점을 분명히 했을 때처럼 말이다.[17]

그러나 펠리페만이 이탈리아 국가들이 이용할 수 있는 유일한 후원자는 아니었다. 스페인 왕이 더 이상 황제를 겸하지 않게 된 이후에도 이탈리아 정치 생활에서 황제는 지속적으로 중요한 위치를 차지했다. 황제는 더 이상 이탈리아 내에 직접적으로 영토를 보유하지는 않았지만 그가 행사하는 사법권과 권위는 특히 제국의 봉토를 보유한 이들에게는 여전히 유효한 보호 장치가 될 수 있었다. 이탈리아 국가들은 자신들의 분쟁을 해결하기 위해 제국 재판소에 항소할 수 있었다. 펠리페는 이탈리아에서 그가 황제의 권력을 행사할 수 있게 해줄 대리권을 획득하는 데 성공하지 못했다. 그는 원칙적으로는 제국이 그곳에서 행사하는 특권과 사법권을 존중했으나 실제로는 총독과 밀라노 원로원 Senate of Milan 을 동원해 제국 봉토들에 대해 사법권을 행사하도록 부추겼으며, 황제의 항의가 있을 때만 자제시키는 모양새를 취했다.[18] 이탈리아 국가들에게는 루카가 그랬던 것처럼 어느 한쪽을 선택하지 않고 스페인 왕과 황제 둘 다로부터 이중의 보호를 받는 것도 하나의 선택지였다.[19]

대안으로 다른 보호자를 찾는 이들에게는 교황도 바라 마지않는 명예로운 감투의 원천이 될 수 있었다. 코시모 데 메디치에게 대공 작위를 수여한 것도 교황 비오 5세였고, 이는 나중에 펠리페의 반대에도 황제로부터 승인받았다. 프랑스 국왕도 일단 프랑스 내부의 종교 전쟁이 마무리되면 다시 한 번 이탈리아 국가들을 끌어당기는 강력한 축이 될 것이었다. 심지어 그 이전에도 프랑스 국왕과 좋은 관계를 유지해놓는 것은 스페인에 헌신할 생각이 없는 세력들에게는 충분히 가치 있는 선택지였다. 그리고 그렇게 해도 펠리페나 그의 이탈리아 주둔군으로부터 자동적으로 응징을 초래하지는 않을 것이었다.

이탈리아 국가 체제에서 한 가지 주목할 만한 요소로 망명 정치인들의 영향력을 들 수 있다. 그들의 활동은 15세기보다 이탈리아 전쟁 기간 동안 훨씬 더 두드러졌다. 잦은 격변과 체제 변동은 많은 망명객을 양산해냈으며, 국가에 대한 대립적인 요구가 치열하게 경쟁하면서 자국으로 되돌아가려는 망명 정치인들에게 노력에 따라 기회가 열리기도 했다. 밀라노 공국과 나폴리 왕국, 피렌체, 베네치아의 테라페르마, 시에나와 제노바 그리고 볼로냐와 페루자 출신의 망명객들은 모두 전쟁이 벌어지던 특정 시점에서는 자국의 통치권을 얻기 위한 투쟁에서 중요한 역할을 수행했다. 원정에 참여한 이탈리아 군인 가운데 다수가 잔 자코모 트리불치오와 피에로 스트로치 같

교황 비오 5세의 주재 아래 살라 레지아(바티칸궁)에서 거행된 코시모 1세 데 메디치의 토스카나 대공 대관식. 1569년 토스카나의 초대 대공으로 코시모가 즉위하는 역사적 순간을 묘사하고 있다. 이 대관식은 메디치 가문과 토스카나 공국의 정치적 위상을 크게 높였으며, 코시모가 오랫동안 추구해온 더 높은 정치적 독립성과 권위를 상징한다.

은 사령관을 포함한 망명객이었다. 정치적 망명의 몇몇 패턴은 지속되었지만—베네치아를 비롯해 로마와 페라라 및 만토바의 궁정은 계속해서 망명객들의 천국이었다—이탈리아 전쟁으로 인해 몇 가지 변화가 초래되기도 했다. 망명객들은 이전보다 프랑스나 스페인 왕 혹은 황제에게 훨씬 더 많이 의탁했고, 동정 어린 설명 기회와 적극적인 지원을 훨씬 더 잘 받아냈다.

　알프스 이북의 군주들과 그들의 이탈리아 대리인들은 망명객들의 잠재적인 이용 가치를 재빨리 파악했다. 물론 망명객의 대의를 지지했기 때문에 그들을 도와야 한다는 어느 정도의 의무감을 가졌던 것도 사실이다. 심지어 좀처럼 미더운 구석이라고는 찾아보기 어려웠던 황제 당선자 막시밀리안조차 캉브레 동맹 전쟁 기간과 그 이후에 베네토에서 망명한 제국 지지자들을 도왔고, 카를 5세도 이를 이어받았다. 프랑스 국왕들이 특히 망명객을 환대했다. 그들은 나폴리와 밀라노를 놓고 벌인 경쟁에서 패배했고 제노바에 대한 장악력도 상실했기 때문에 자연스럽게 이 나라들로부터 탈출한 망명객을 수용하는 데 관심을 가졌다. 피렌체 공화파 망명객들의 경우에는 특히 카테리나 데 메디치가 왕비에 오른 1547년 이후 그녀의 혜택을 입었다. 베네치아 역시 이탈리아 망명 정치인들에게 프랑스 국왕의 대리인과 접촉할 수 있는 귀중한 연결고리를 제공해주었다. 전쟁 전 베네치아는 망명객들의 주된 은신처였고, 베네치아인들은 그들에게 넉넉한 지원과 보호를 제공해주면서 기회가 생기면 즉시 이용해먹을 수 있도록 관리했다. 하지만 전쟁 기간 동안, 특히 1530년 이후로 베네치아에 있던 망명 정치인들은 베네치아 정부보다는 프랑스 대리인들로부터 보다 동정 어린 제안 설명 기회를 얻었다.

전쟁 이전처럼 정치적 망명객 대열은 주로 정파 간의 충돌에 의해 발생했다. 순전히 지역적 사안에서 기인한 오래된 당파적 분열은 전쟁을 통해 새로운 존재감을 드러낼 장을 얻었다. 그러한 기존의 분열 상태는 종종 분쟁 지역에서 충성 대상을 선택하는 데 영향을 미치기도 했다. 만약 한 당파가 프랑스를 지지하면 그들의 적대적 당파는 스페인이나 제국을 지지하게 마련이었던 것이다. 그러나 무한히 복잡한 이탈리아 지역 정치의 특성상 분열과 충성의 패턴이 그렇게 단

선적이지 않았던 경우도 빈번했다. 마찬가지로 카를 5세의 황제로서의 지위가 기벨린파와 제국의 연합 그리고 겔프파와 프랑스의 연합에 새로운 활력을 불어넣었음에도 지역적 수준에서 작동하는 충성과 경쟁으로 여전히 이탈리아 정치사회의 뚜렷한 특징이었던 겔프파와 기벨린파의 정치적 지지 행태는 복잡하게 표출되었다. 지역적 맥락에서는 확고한 겔프파로 분류될 수 있는 당파나 개인이 프랑스를 지지할 것이라거나, 혹은 기벨린파라면 황제나 스페인을 지지할 것이라는 점을 결코 확신할 수 없었다. 지역 수준에서 전개된 당파 활동은 이 전쟁에서 전개된 많은 원정과 포위공격의 과정과 결과에 영향을 미쳤는데, 이는 이 책과 같은 개관적인 수준의 연구서에서는 다 담아내는 것이 불가능할 정도의 방식으로 이루어졌다. 1559년 이후에는 정치적 당파들 사이에 폭력적 분쟁이 일어날 여지가 줄어들었다. 하지만 당파적 충성과 분열은 여전히 이탈리아 정치 생활의 일부분으로 잔존했다.

억압당한 민족?

후대의 애국자들에게는 이 전쟁의 직접적인 결과로 이탈리아에 수립된 새로운 정치 질서가 베네치아와 교황령만 진정한 행동의 자유를 유지했을 뿐 이탈리아와 이탈리아인은 외국 세력에 의해 고통스러운 굴욕 상태에 처해진 것으로 비쳤다. 그러나 16세기 이탈리아인들에게는 이것이 반드시 그렇게 보이지만은 않았다. 가령 베네치아인은 이 그림을 반박의 여지가 없는 스페인의 패권 체제라고만 보지 않았다. 즉 스페인의 존재감에 의해 보장되는 힘의 균형 아래로 언제든 기회만 생기면 돌진할 준비가 되어 있는 제후들의 서로 대립하는 야망과 이해관계가 지속되는 상태로 이해했다.[20] 15세기에는 이탈리아 국가들이 다른 나라의 반응에 따라 행동이 제약되었다면, 이제는 이웃 국가를 상대로 야심을 채우거나 공격적인 행위를 할 때 스페인이나 프랑스 왕 혹은 황제가 어떻게 반응할지에 대한 고려가 그들의 행동을 제약했다. 또한 많은 이탈리아인이 '야만인들'에 대한 복종을 통탄할 만한 일이라고 본 것은 사실이지만 외국 세력에게 복종하는 것이 역사적으로 경쟁 관계였던 이탈리아 세력에게 복종하는 것보다 낫다고 생각하는 사람들도 많았다.

이따금씩 이탈리아 땅에서 외국 세력을 몰아내기 위해 이탈리아 국가들을 한데 모으는 슬로건이자 실천적 행동을 촉구하는 차원에서 '이탈리아는 이탈리아인에게' 돌려져야 한다는 의식을 활용하려는 시도가 존재했다. 이는 1525~1526년에 베네치아와 교황, 밀라노 공작이 '이탈리아 동맹'을 결성하기 위한 협상에 들어가면서 현실이 되었다. 그러나 이 세력들은 프랑스 국왕의 도움 없이 제국군을 이탈리아 밖으로 몰아낼 수 있다고 믿지 않았고, 그래서 이탈리아 동맹은 코냑 동맹이 되었다. 마찬가지로 바오로 4세가 베네치아인들에게 "이 야만인들을 몰아냄으로써" 이탈리아에 평화를 가져오는 일에 동참해달라고 거듭 촉구하면서 이탈리아의 해방자라는 불멸의 영예를 얻었을 때도, 그는 프랑스 국왕에게 나폴리 왕국을 침공할 군대를 보내달라고 요청했다—비록 베네치아인들이 이의를 제기할 경우 피에몬테에서 프랑스군의 전진을 막을 수 있다는 단서를 달았지만 말이다.[21]

바오로 4세가 이탈리아의 정체성과 단결을 호소한 것은 자신의 고향 나폴리가 스페인의 지배를 받는 데 대한 반감 탓이 컸다—대부분 그러한 호소는 지역적 차원의 이해관계와 결부된 원한과 열망에 기반을 두고 있는 경우가 많았다. 압도적 다수의 이탈리아인에게 정말로 중요한 정치란 지역의 문제였다—지역의 목표와 지역의 경쟁 관계가 그들이 가장 관심을 갖는 내용이었다. 밀라노나 피렌체 같은 '지역' 국가들조차도 비교적 최근에 형성되었으며, 많은 자치체가 이들 국가에 편입되는 것을 반기지 않았다. 이 국가들의 지역 엘리트들은 가급적 자신들의 자치권을 많이 확보하기 위해 중앙 권력—밀라노 공작이나 교황 그리고 베네치아나 피렌체 정부—과 협상하는 데 익숙했고, 그들에 대해 아무런 충성심을 보이지 않는 경우도 많았다. 전쟁 기간 동안 자신들을 지역 국가에 복속하려 했던 시도에 분노한 자치 도시와 영주들은 때때로 지역적으로 멀리 떨어져 있는 외국 군주라면 상위 군주로서의 지상권만 인정하면, 자치 공동체나 귀족 가문이 영지를 소국가처럼 다스리는 체제를 인정하지 않겠느냐는 희망을 품기도 했다. 대개는 1509년 베네토처럼 점령군이 진주하고, 끊임없는 재정적 요구에 직면하면서 곧 환멸을 느꼈지만 말이다. 그러나 병력이나 세금 요구는 설사 그것이 이탈리아 군주나 공화국으로부터 오는 것이라고 하더라도 환영받지 못하기는 마찬가지였다.

지역 엘리트와 일반 주민들이 좀 더 존중받고 과도한 부담 없이 자신들의 일상을 영위할 수 있도록 충분한 여지가 주어졌다면, 이탈리아의 정체성을 강조하는 정서가 개인적 상황에 대한 만족감을 능가하지 못했을 것이다. 군사 외교상의 결정들이 밀라노가 아니라 마드리드에서 이루어진다고 한들 롬바르디아의 도시 엘리트들에게는 별로 중요하지 않았다. 그들에게 중요한 것은 성벽 안에서, 그리고 인근 농촌에서 무슨 일이 일어나느냐였다. 스페인의 지배는 그들에게 현상유지를 가능케 해주는 '일종의 보호 우산'이었다.[22] 애국심이 부족하다고 그들을 비난하는 것은 시대착오적인 생각일 뿐이다.

전쟁으로 인해 많은 사람들 사이에서 추상적 이념으로서의 '이탈리아'보다는 스스로를 프랑스나 독일, 스페인 사람과는 종족적으로나 문화적으로 다른 이탈리아 사람이라는 의식으로 정체성이 강화되었음을 보여주는 조짐들도 있었다. 전쟁 초기와 막바지에 행해진 두 개의 언급을 비교해보면 그 차이가 잘 드러날 것이다. 1495년 3월, 루도비코 스포르차는 피렌체 대사에게 보낸 답신에서 "당신은 내게 이탈리아에 대해 말하지만, 나는 그것의 얼굴을 한 번도 본적이 없소"라고 말했다.[23] 1556년 10월, 로마의 영주이자 군인인 카밀로 오르시니는 베네치아 대사에게 "나는 프랑스에는 프랑스 사람이, 스페인에는 스페인 사람이, 그리고 이탈리아에는 이탈리아 사람이 있는 것을 보고 싶소"라고 말했다.[24] 사람들에게 이탈리아인으로서의 정체성을 더욱 의식하게 만든 것은 외국의 지배 경험 그 자체라기보다는 수천수만 명씩이나 되는 외국 병사들의 존재였을 것이다. 그들은 상인이나 순례자 혹은 학생 같은 외국인에 익숙했다. 이 방문자들은 특정 경로로만 이동하고 특정 장소에 집중적으로 모여 있곤 했다. 그러나 병사들은 통상 어떠한 외국인도 거의 볼 수 없는 지역에까지 침투해 들어갔다. 그리고 원정 중이 아닌 때에도 지역 주민들에게 대체로 호의적인 인상을 줄 만한 태도로 처신하지 않았다. 많은 이탈리아인이 전쟁 중에 처음으로 프랑스인이나 스페인인 혹은 독일인이나 스위스인을 만났는데, 아마도 그들이 만난 외국인들은 그 나라를 대표하는 최상의 부류는 아니었을 것이다.

전쟁 중에 이탈리아 사람들이 만들어낸 다른 민족에 대한 고정 관념은 무엇보다도 병사들과의 접촉 경험에 기반한 것으로 보인다. 프랑스인에 대한 공통된 인식은 용감하고 충동적이지만 가끔씩 '프랑스인의 분노^{furia francese}'를 표출하며 잔인해질 때가 있다는 것이었는데, 갈리아인에 대해 고전기 작가들이 언급한 내용과도 일치했다.[25] 탐욕과 자존심은 스페인 사람들의 두드러진 특징으로 널리 간주되었다. 스페인 보병부대 장교단의 주를 이루었던 가난한 중소 귀족 이달고들과의 접촉이 잦아지면서 이런 의견이 강화되었다. 특히 부족한 것은 죄다 이탈리아에서 채울 요량으로 거의 셔츠 하나 달랑 걸치고 스페인에서 건너온 비소뇨^{bisoño}라고 불린 '가난한 신병'들과 접촉한 이후에는 더욱 그러했다. 돌이켜 생각해보면 롬바르디아 사람들에게는 프랑스인이 더 선호되었던 것 같다. 바오로 4세가 인용한 나폴리 속담에 따르면, 스페인 사람들은 신선할 때 좋고, 프랑스 사람들은 소금에 절였을 때 좋았다. 스페인 사람들은 처음 도착했을 때는 모자를 벗고 예의를 갖춘 상냥한 태도로 들어오지만 일단 확실하게 기반을 잡으면 철저히 벗겨먹는다는 것이다. 반면 프랑스 사람들은 처음에는 자신들의 '분노'를 주체하지 못하고 난폭하게 행동하지만 화가 잦아들면 좋은 동료처럼 자신들의 것을 함께 나눈다고 생각했다.[26] 그러나 몇몇 이탈리아인은 스페인을 더 선호했다. 카밀로 오르시니는 수년간 경험해본 결과 프랑스인이 더 무례하다는 결론을 내렸다.[27] 특히 귀족들 사이에서는 스페인이 이탈리아에 머물 것이 분명해지자 스페인과 이탈리아의 가치관 사이에서 친연성을 찾으려고 했다.[28] 스페인 귀족들도 그러한 친연성을 인정할 준비가 되어 있었는지는 다른 문제지만 말이다. 전쟁 기간 동안 이루어진 긴밀한 접촉으로 다른 나라들 사이에서도 이탈리아인에 관한 썩 호의적이지 않은 고정관념들이 굳어졌다. 가령 교활하고 신의가 없으며, 잔인하고 배신을 잘하는 데다 유독하기까지 하다는 것이다.[29] 무엇보다도 그들은 의복이나 음식, 무기 등을 필요로 하는 불운한 병사들을 속이고 바가지를 씌우며 이용해먹을 기회만 호시탐탐 노리는 상인들로 비쳤다.[30]

이탈리아의 도시 엘리트들은 프랑스와 스페인, 독일 귀족들이 자신들을 맞닥뜨릴 때마다 내비치는 업신여기는 듯한 태도에 특히 더 분노했다. 그들은 스스로 평가하는 것만큼 자신들의 지위를 인정받는 것이 군사 귀족들보다 어려웠다. 더 높은 존경을 받을 권리를 확립하려는 욕구는 이미 15세기부터 이탈리아 도시 정치 엘리트들 사이에서 명백히 존재했는데, 그들은 도시 귀족으로서의 고귀한 신분을 인정받고 싶어했다. 몇몇 경우에는 자신들의 폐쇄된 과두제 안으로 상인들이 들어오지 못하게 배제하기까지 했다. 프랑스, 스페인, 독일, 스위스 등 다른 나라들과의 비교가 귀족의 역할과 성격에 관한 논의에서 자주 등장했다―그러한 비교는 더 이상 문헌상의 논의로만 그치지 않고 "시급하고 피할 수 없는 정치적 논쟁의 주제로 비화했다".[31]

전쟁으로 인한 재앙과 그것을 초래하는 데 일조한 이탈리아 정부들의 정치적 실패는 이탈리아 전역의 풍자 작가와 시인들에게 풍족한 소재를 제공해주었다. 스페인과 프랑스 군사력에 제대로 대응

하지 못한 정치가와 외교관의
무능에 대한 불편한 묘사는 칼
arms 과 펜 letters 가운데 무엇이
더 중요한가에 대한 고전적 논
쟁에 새로운 생명력을 불어넣
었다. 프란체스코 구이차르디
니의 『이탈리아 역사』에서 전
쟁은 16세기 역사에서 아마도
가장 위대한 성취에 영감을 불
어넣은 것으로 되어 있다. 또한
이탈리아 전역에서 다양한 사
회계층에 의해 생산된 무수히
많은 연대기와 비망록에 주제

FRANCISCVS. GVICCIARDINVS.

이탈리아의 역사가이자 정치가인 프란체스코 구
이차르디니(1483-1540). 프랑스 판화가 니콜라
드 라르메생의 작품이다.

를 제공했다. 전쟁과 그것이 이탈리아에 가져온 변화에 대한 고찰은
마키아벨리를 전 유럽적인 명사로 만든 두 권의 저서―『군주론』과
『전술론』―의 기저이기도 했다.

　　화가인 자코포 폰토르모와 프란체스코 파르미자니노나 작가인
피에트로 아레티노처럼 전쟁이 시작될 무렵에 태어난 예술가나 작
가 세대의 작품에서는 불안과 불확실성의 징표가 감지되었다. "이 세
대의 분위기는 세계에 대한 냉소적 수용과 격렬한 거부 사이에서 방
향을 전환하여 불안정성이라는 특징을 드러냈다."[32] 문학의 수단으로
이탈리아의 매우 다양하고 풍부한 방언보다는 세련된 형태의 이탈
리아어를 확립해야 한다는 입장을 지지하는 사람들에게는 문학이야

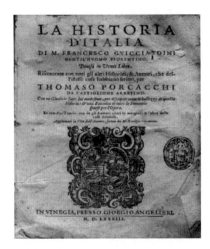

1530년대에 집필된 프란체스코 구이차르디니의 『이탈리아 역사』 표지. 『이탈리아 역사』는 이탈리아 전쟁에 관한 가장 중요한 자료로 평가받고 있다.

말로 "현실의 전쟁과 정치에서는 이길 수 없는 강대국들을 … 정신으로나마 이길 수 있는" 수단으로 보일 수 있었다.[33]

그럼에도 전쟁은 이탈리아 문화에 긍정적인 영향을 미쳤다. 이탈리아에 온 군인과 관리 중에는 자신들이 본 그림이나 조각 및 건축에 깊은 감명을 받은 교육받은 사람들이 많았다. 그들은 이탈리아 예술가들에게 작품을 구매하거나 의뢰했다. 1519년 프랑스에서 사망한 레오나르도 다 빈치는 프랑스 왕으로부터 영예로운 대접을 받았다. 카를 5세의 초상화가로 선택된 티치아노도 전쟁이 없었다면 외국 군주를 위해 봉사할 일이 없었을 무수히 많은 이탈리아 예술가 가운데 가장 잘 알려진 사례일 뿐이다. 다른 나라의 눈에 일부 이탈리아 귀족의 지위가 아무리 불안정해 보였어도 발다사레 카스틸리오네가 쓴 『궁정인』은 영어와 스페인어, 프랑스어 그리고 라틴어로 번역되어 수세기 동안 귀족 문화와 행실에 대한 고전적 안내서 역할을 했다. 이탈리아 전쟁은 이탈리아 르네상스 문화가 알프스 너머로 확산되는 데 크게 기여했다. 문화야말로 이탈리아인의 우위가 인정된, 그래서 그들이 스스로 위안을 삼을 수 있는 분야였다.

군 집단의 변화

이탈리아 군 집단도 전쟁으로 변화를 경험했다. 전쟁을 직업으로 삼은 이들에게 열려 있던 직업적 전망이 크게 변화했고, 훨씬 더 많은 이탈리아 남성이 일정 기간 민병대에 속해 공식적인 군사훈련을 받으며 시간을 보낼 가능성이 높아졌다.

15세기에 이탈리아 직업군인은 대개 기병이었는데, 이들과 고용관계로 묶여 있는 콘도티에리에게는 부대를 유지하는 것이 중요한 문제였다. 보병 순찰대의 경우 평시에도 콘도티에리나 국가로부터 보수를 받을 수 있었지만, 제한된 규모로만 유지되었다. 전쟁 초기 국면 이후, 프랑스와 스페인 국왕들은 통상적인 이탈리아 방식으로 콘도티에리와 그의 부대를 고용하려 하지 않았다. 이탈리아 병력을 반드시 고용해야 할 경우에도 자신들의 기존 부대 구조에 편입하는 방식을 선호했다. 지휘권을 부여받은 개인들은 일정 정도 자신들의 인력으로 병력을 채우거나 아예 기존 부대를 지휘하거나 했다.

이러한 변화는 다른 지휘관과 이탈리아 콘도티에리 제후들에게도 적용되었다. 그들은 여전히 군 지휘권을 부여받았지만 군부대의 유지 체제는 군주와 백성을 묶어주는 보호-피보호 관계망의 일부로 자리 잡았고, 콘도타가 이탈리아 제세력 사이의 관계에서 중요한 요소였던 구조는 약화되고 그 중요성을 크게 상실했다. 페라라의 에스테나 만토바의 곤차가 같은 제후는 전시에 군 지휘권을 부여받거나 동맹으로 편입되곤 했는데, 그들은 그러한 상태가 영구적으로 지속되길 바랐지만 후원자나 동맹에 대한 충성의 표시로 병력이나 화포, 군수품, 식량 공급과 재정 지원 등을 제공해야 할 수도 있었다. 외국

군주들은 이탈리아 제후들과 함께한 협업 결과에 대체로 실망했다. 그들은 이탈리아 제후들의 충성과 자원이 기대만큼 전쟁에 동원되지 못한다고 느꼈다. 이탈리아 제후들은 자신들이 지휘권을 행사하는 병력의 일차 목표를 자국 방어로 보는 데 익숙해 있었기 때문에 본국에서 멀리 이동하는 것을 꺼리는 경향이 있었다. 전쟁 후반부에 앙리 2세는 중부 이탈리아에서 발판을 마련하기 위해 우군과 동맹을 찾는 과정에서 이탈리아 제후들에게 보조금을 지급하는 정책에 크게 의존했다. 1556년 이탈리아 현지에서 회계를 담당하던 도미니크 뒤 가브르는 국왕에게 1년에 100만 에퀴를 지급하면 이탈리아 전체를 가질 수도 있다고 언급했다. 그러나 한 번 그렇게 돈을 지급하면 멈출 수가 없고, 그것이 곧 '일종의 세습적인 기여금'처럼 보일 수 있다고 경고했다.[34]

군대 경력을 쌓으려는 이탈리아인들에게 중기병부대에서 복무할 기회는 더 줄어들었다. 이들이 더 이상 군대의 주력 병과가 아니었기 때문이다(전쟁 초기에는 군대 전력을 중기병의 수로 파악하는 경향이 있었으나 종전 무렵에는 주로 보병 규모로 파악했다). 프랑스와 스페인에서도 마찬가지였는데, 중기병을 선택한 사람들은 가장 마지막으로 급료를 받는 처지로 전락할 것이었다. 중기병은 따로 생계 수단이 있어서 장기간 보조를 받지 않아도 버틸 수 있을 것이라고 생각했기 때문이다. 귀족들은 여전히 사회적 위신 때문에 중기병 복무를 선호하는 경우가 많았고—보병 지휘관으로 복무하는 것과 일반 보병 대원으로 복무하는 것은 완전히 별개였다—그들을 고용하는 것은 군사적 선택이기도 했지만 어느 정도는 정치적 선택이기도 했다. 예를 들어

16세기 중반 베네치아인들은 "테라페르마의 유력 가문들과 좋은 관계를 유지하고 그들의 기사도적 허세를 공적 복무의 형태로 전환하기 위해 중기병부대를 보유했다는 사실을 인정했다".[35] 오히려 전쟁 중 이탈리아인들은 경기병으로 명성이 높았다. 그러나 경기병부대는 특정한 원정을 목적으로 고용되거나 육성되었기 때문에 평시에는 소집되지 않는 경우가 많았다. 란츠크네히트나 스위스 장창병 같은 규모와 전문성을 갖춘 용병 보병부대가 이탈리아에서는 발전하지 않았다. 장창 대신 화승총이 이탈리아 전문 보병부대의 무기로 자리 잡았다. 이탈리아 보병부대도 원정을 위해 육성될 수 있었으나 대체로 야전에서 다른 보병부대보다 경시되었다. 급료 수준도 대체로 더 낮았고, 자금이 떨어졌을 경우 가장 먼저 계약이 해지되었다. 이들은 주둔군 병력으로 더 나은 평가를 받았는데, 포위된 상태에서는 스위스나 스페인 보병보다 더 잘 대처하는 것으로 인정받았다.

16세기 후반이 되면 유럽의 다른 지역과 마찬가지로 이탈리아 남성들도 민병대에서 군복무를 수행하는 것이 점점 더 보편적인 경험으로 자리 잡았다. 17세기 초, 이탈리아 남성 15명 가운데 1명꼴로 민병대에 소속된 것으로 추산되었다.[36] 16세기 중반 베네치아에서는 군복무에 적합한 것으로 추정되는 테라페르마 남성 20만 명 중에서 7명 가운데 1명꼴로 민병대 대원이었다.[37] 민병대는 이탈리아 전쟁의 일부 원정에서는 직접 전투에 참여하기도 했다—예를 들어 베네치아 민병대는 캉브레 동맹 전쟁에 참전했고, 피렌체 민병대는 피사 전쟁의 마지막 국면과 피렌체 원정 및 시에나 전쟁에 참전했다. 코시모 데 메디치는 1560년경 베네치아 대사에게 2만 3,000명 규모의 피렌체 민병대를 "흉갑과 장창으로 무장한 매우 훌륭한 부대"라고 소개하며 자랑스러워했다.[38] 1560년대 사보이아와 피에몬테에서 군대 개혁으로 다른 통치자들의 관심을 끌었던 에마누엘레 필리베르토처럼, 잘 훈련되고 잘 무장된 강력한 민병대야말로 코시모가 보여주려고 했던 강력하고 독립적인 제후의 이미지에서 중요한 요소였다.

그들을 포함하여 모든 민병대가 주로 방어 병력으로 편성되었다. 해안선을 접한 나라들은 튀르크나 북아프리카 해적들의 공격에 노출되었기 때문에 바다에서 오는 침략자를 방어하는 것이 민병대가 맡은 주된 역할이었다. 베네치아는 테라페르마 병력과는 별도로 민병대로 운영되는 갤리선 부대를 갖추고 있었다. 1560년대 나폴리 왕국에서 민병대를 결성한 주된 이유는 긴 해안선을 방어해야 할 필요성 때문이었다. 내륙에 자리한 롬바르디아는 17세기까지도 상설 민병대를 육성하지 않았다. 많은 시민이 민병대 복무를 통해 무기 사용법을 훈련받았는데, 주로 화승총과 장창이었다. 무기를 소유하고 휴대할 수 있다는 것이 민병대가 갖는 주요 매력 가운데 하나였다. 1577년 나폴리에서 결성된 기병부대—처음에는 1,200명 규모였는데 1520년 3,000명으로 증가했고, 보병은 2만~2만 4,000명 규모였다—는 '민병대는 보병'이라는 일반적 현상에서 예외에 해당했다. 기병으로 발탁된 사람들은 자비로 복무했고, 이미 숙련된 기술을 갖추고 있었다.[39] 나폴리 왕국의 수많은 소귀족이 풍부한 인력을 제공했다. 에마누엘레 필리베르토가 자신의 보병 민병대와 함께 육성하려고 했던 기병부대는, 사보이아와 피에몬테의 토지 귀족들에게 부과된 오랜 의무에 따라, 봉토 보유자로 구성될 것이었다.

말 위에서 싸울 때 반드시 필요한 승마술을 익히는 것이 전쟁에 참여할 생각이 전혀 없었던 도시 귀족들 사이에서 유행하는 교육 과정이 되었다. 검술을 배우는 것 역시 필요하다면 군 귀족이나 직업군인 사이에서 발전한 공식적인 대결 규칙에 따라 결투를 통해서라도 개인의 명예를 지켜야 한다고 생각했던 사람들에게는 필수였다. 이러한 사회적 동향은 유럽의 다른 지역들에서도 분명히 존재했다. 하지만 많은 이탈리아 도시 귀족이 군 귀족의 기풍을 수용한 점은 분명 특기할 만한 현상이었다. 군 귀족들은 종종 도시는 물론 도시 엘리트들과도 긴밀하게 연계되어 있었다. 그럼에도 양측 모두 그들 사이의 사회적이고 문화적인 차이를 예민하게 의식했고, 가끔은 그것이 상호간 경멸로 이어졌다. 전쟁이 벌어지는 동안과 그 이후에 다른 나라 귀족 및 군인과의 접촉은 도시 엘리트들이 귀족으로서뿐 아니라 존중받고 지켜져야 할 개인적 명예를 지닌 신사로도 인정받을 권리가 있다는 점을 주장하도록 자극했다. 도시 귀족들에게는 직업군인이 되는 것이—기병이나 보병 지휘관으로 복무함으로써—귀족으로서의 지위를 부여해주거나 확고히 해주는 것으로 보일 수 있었다. 반면 옛 토지 귀족의 군사적 성격은 더 약해졌다. 그들은 소작농과 지지자 사이에서 다수의 전투원을 모집할 수 있었고, 전쟁 이전과 전쟁이 벌어지는 동안 정치적 힘의 기반이 되어주었던 요새도 소유하고 있었지만 보다 평화로워진 새로운 정치체제에서 이것들의 가치는 훨씬 덜 중요했다.

전쟁이 끝난 후, 이탈리아에서는 군대 경력을 쌓거나 신사로서의 자격을 강화하기 위해 일정 기간 군복무를 하려는 사람들을 위한 기회가 크게 줄어들었다. 대신 네덜란드나 오스만을 상대로 육상

Guerre des Pays-Bas contre l'Espagne: 1572 : Mousquetaire, arquebusier et piquier de la milice belge.

이탈리아 전쟁 이후 유럽의 여러 나라에서 민병대 복무는 보편적인 경험으로 자리 잡았다. 그와 함께 많은 시민이 무기 사용법을 훈련받았는데, 화승총과 장창이 그 대상이었다. 그림은 화승총과 장창으로 무장한 벨기에 민병대의 모습을 보여주고 있다.

과 해상을 통해 원정을 준비하는 유럽의 다른 지역에서는 군복무 기회가 많았기에 많은 이탈리아인이 해외로 나갔다. 대부분은 스페인군에서 일정 기간 복무했다. 로마의 소귀족들은 교황군에서 복무하는 것보다 스페인이나 프랑스 왕을 위해 복무하는 것을 더 선호했다. 이는 교황령의 이전 세대 군 귀족들의 선택과 다르지 않다. 군복무를 통해 스페인 왕의 호의를 얻으려는 나폴리와 롬바르디아 귀족들은 이탈리아를 떠나야 했다. 나폴리와 롬바르디아가 스페인 제국 내에서 군사기지나 병사들의 훈련소로서 중요한 군사적 기능을 담당하고 있었음에도 말이다. 스페인군의 중추를 구성하는 상비 보병부대인 테르시오tercio 세 개 군단이 나폴리와 롬바르디아, 시칠리아에 주둔하고 있었다. 카를 5세는 부대의 단결력을 높이기 위해 각 테르시오마다 하나의 나라에서만 병력을 충원해야 한다고 명령했는데,[40] 이탈리아가 아니라 스페인이 그 대상이었다. 나폴리인들은 민병대로 복무하거나 해외로 나가야만 했다. 롬바르디아에서는 이탈리아인을 수비대 병력으로도 복무시키지 않았다. 요새에는 스페인 병력이 주둔했다. 다만 실제로는 스페인 사람인 척하면 이탈리아 사람도 수비대 병력에 일부 섞여 들어갈 수 있었다.[41]

　외국군의 존재가 롬바르디아와 나폴리 주민의 일상에서 영구적 사실로 굳어지고, 민병대 대원이나 귀족 교육의 일환으로 일정한 형태의 군사훈련을 받는 이탈리아인의 비중이 더 늘어나면서, 많은 지역에서 요새는 이탈리아 농촌과 도시 풍경에서 보다 지배적인 요소로 자리 잡았다. 성과 요새화된 마을 그리고 성벽으로 둘러싸인 도시는 무수히 많은 예술 작품에서 묘사된 중세 이탈리아를 상징하는 요소였다. 하지만 새로운 군사공학의 원리가 적용됨에 따라 근대적인 요새를 갖춘 도시의 외관에도 급격한 변화가 일어났다. 즉 요새 주변과 더 낮고 더 두터워진 도시 성벽 외부에 아무것도 없는 넓은 띠 모양의 개활지가 필요하게 되었는데, 이는 탁 트인 시야와 포열선 firing line, 도시 내부에서 성벽으로의 접근로 확보와 방어 부대가 한 지점에서 다른 지점으로 신속하게 이동할 수 있는 편의성을 제공하기 위함이었다. 과거의 도시 성벽은 종종 도시 구조와 통합되어 있었는데, 그 안쪽으로 건물이 바짝 붙어 들어서 있고 바깥쪽으로는 분주한 교외가 펼쳐졌다. 특정 직종이나 생산 활동이 교외에 집중되곤 했는데, 공간이 더 넓어 이웃들에게 피해를 줄 가능성이 그만큼 적었기 때문이다. 신형 요새 건설은 많은 가옥과 사업장 및 종교 건물의 철거를 초래했으며, 번성하던 공동체의 소멸로 이어지기도 했다. 전시에 그런 파괴가 일어났다면 차라리 이해하는 것도, 감내하는 것도 더 쉬웠을 것이다. 하지만 즉각적인 위협이 전혀 보이지 않는 상황에서 이를 감내하는 것은 훨씬 더 어려운 일이었다.

여러 나라에서 일관된 방어 체계를 구축하기 위해 광범위한 요새화 프로그램이 진행되었다. 나폴리 왕국의 해안 방어를 위해 건설된 요새와 감시탑 같은 일부 방어 시설은 이탈리아 전쟁이 일어나지 않았더라도 만들어졌을 것이다. 그러나 많은 경우 전쟁 중 드러난 취약성을 보강하기 위해 진행되었다. 밀라노 공국에서는 서부 국경지대 도시들이 특별한 주목을 받았지만 크레모나나 페란테 곤차가가 총독 재임 시절에 새로운 성벽 건설을 시작했던 밀라노시처럼 다른 지역들에서도 새로운 방어 시설이 보강되었다. 제노바는 1536년 프랑스의 위

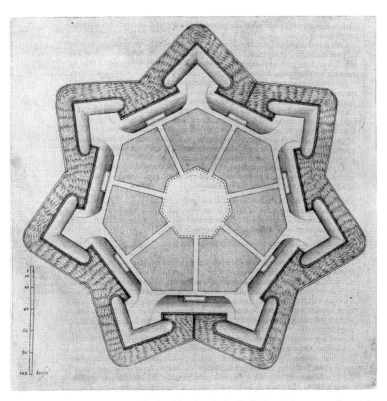

1600년에 출판된 장 에라르의 요새화 이론서 『요새 구축법La Fortification réduicte en art et démonstrée』에 나오는 7각형 모양의 성형요새. 성형요새는 16–17세기에 발전한 방어 체계로, 날카로운 돌출부(보루)를 가진 것이 특징이다.

협에 직면한 뒤 도시를 둘러싼 새로운 성벽과 방어 시설 건축을 시작했다. 나폴리시에서는 부왕 페드로 데 톨레도가 도시의 방어력을 강화하는 것은 물론 도시에 대한 지배력을 높이기 위한 의도로 산마르티노 언덕에 육각성 모양의 신형 요새 산텔모를 건설했다(도시 전 지구에 스페인 병사들의 숙소가 할당되었다). 라퀼라에 건설된 신형 요새는 뿌리 깊은 친앙주가 지역에 대한 통제를 강화할 목적으로 지어졌다.

베네치아는 15세기 말부터 테라페르마 요새들을 현대화했다. 1509년 아냐델로 전투의 패배로 충격을 받은 뒤에는 그 계획을 더 확장하고 가속화했다. 두 명의 베네치아군 사령관 바르톨로메오 달비아노와 프란체스코 마리아 델라 로베레는 요새 현대화 작업 계획과 구상에 지대한 영향을 미쳤다. 요새들은 주민과 베네치아군에게 보호망을 제공해줄 뿐만 아니라 침략 자체를 단념시킬 의도로 건설되었다. "요새와 그 주둔군은 베네치아가 전반적으로 무장 중립 정책을 성공적으로 수행할 수 있었던 본질적인 기반을 제공했다"[42]—베네치아는 1530년대부터 이 정책을 채택했다. 요새 정비 계획은 코시모 데 메디치가 자신의 새로운 공국을 강국으로 부상시키려는 계획의 필수적인 부분이었다. 그는 피렌체에 있는 요새 외에도 그가 코스모폴리스라고 이름 붙인 엘바섬의 포르토페라이오에 요새화된 해군기지를 만들었고, 시에나로 연결되는 이동 노선을 통제하기 위해 그로세토 같은 곳에도 요새를 건설했다. 1560년에는 시에나시에도 스페인이 건설을 시작했던 요새의 잔해 옆에 모서리마다 각도가 잘 잡힌 보루를 갖춘 거대한 규모의 사각형 요새를 건설하기 시작했다.

1540년대에 건설이 시작되어 한 세기 후에 최종 완공된 루카시의 유명한 도시 성벽은 여전히 신형 요새로 둘러싸인 도시의 외관이 얼마나 인상적이고 매력적일 수 있는지를 잘 보여준다. 이제는 방벽에 나무가 심어져 있고, 성벽을 따라 공원이 조성되어 있지만, 여전히 성벽은 도시를 그 주변과 선명하게 분리하고 있고, 그 장대한 외양은 여전히 도시를 속박하는 듯한 인상을 준다. 물론 현재의 루카시는 성벽을 넘어 상당한 거리까지 확장되었지만 말이다. 전쟁 기간 동안 그리고 전쟁 이후에 신형 요새들이 처음으로 이탈리아 도시 둘레에 건설되기 시작했을 때, 그것이 주민들의 삶에 미친 충격은 상당했다. 성벽 건설로 인한 파괴 외에도 대개 그런 프로젝트는 수백, 심지어 수천 명의 (간혹 징발되기도 했던) 노동자가 피땀 흘려 일해도 완공하는 데 십수 년이나 걸렸다. 새로운 성벽은 출입문 수가 더 적은 경우가 많았고, 익숙한 통행로가 차단되는 등 성벽 안 세상과 성벽 밖 세상 사이의 이질감이 이전보다 더 커졌다. 정교하게 지어진 이 요새들 가운데 많은 수가 전시에 전혀 활용된 적이 없었다. 사람들은 종종 요새의 방어 목적보다는 도시의 확장을 저해하는 측면을 더 의식했다. 많은 이탈리아인에게 이탈리아 전쟁이 남긴 가장 눈에 보이는 유산은 바로 이 신형 요새들이었다.

스페인 제국 안의 이탈리아

이탈리아 전쟁이 불러온 모든 장기적 결과 가운데 가장 큰 파급효과를 낳은 것은 당연히 이탈리아반도의 많은 부분이 이제 외국 군주—이탈리아에 거주하지 않는—의 지배를 받게 되었다는 사실이다.

역사가들은 스페인 군주의 직접 지배 아래 들어간 이탈리아 국가들—밀라노와 나폴리뿐 아니라 시칠리아와 사르데냐까지—이 스페인 제국에서 차지한 역할과 '복합 군주국composite monarchy'의 서로 다른 요소들을 하나로 묶어주는 관료와 귀족 가문의 연결망에 이탈리아인이 어떻게 그리고 어느 정도까지 통합되었는지 분석해왔다. 또한 스페인의 지배 아래 들어가지 않은 이탈리아 지역들은 스페인과 어떤 관계를 맺었는지에 대해서도 어느 정도 연구가 이루어졌다. 제노바와 심지어 로마까지도 스페인 제국의 일부로 간주되기도 했다. 하지만 이는 제국의 정의를 정당하거나 유용한 수준 이상으로 확장하는 것이며, 이탈리아가 새로운 유럽 국가 체제에 통합되는 정치적·문화적 복잡성을 왜곡이라고 해도 될 정도로 과도하게 단순화하는 것이다. 스페인 왕의 이탈리아 지배는 스페인 병력과 관리들이 상주하는 지역 밖에서 대다수 이탈리아 주민의 일상생활에 거의 아무런 영향도 미치지 못했다.

일반적으로 복종과 보호 혹은 경쟁과 적대의 네트워크를 통해 서로 연결되기도 하고 나뉘기도 하는 제후와 군사 귀족의 구성원, 이탈리아 전역의 도시 엘리트로 이루어진 정치 집단이 가장 크게 영향을 받았다. 이러한 복잡한 관계망은 전혀 다른 통치 방식에 익숙한 유럽에서 가장 강력한 군주들의 개입으로 균형이 무너졌다. 모든 당파가 이에 적응해야 했다. 이탈리아인은 상당한 정도의 독립성과 활동 공간을 확보하면서도 자신들보다 훨씬 더 강력한 국가들과의 동맹관계를 능수능란하게 바꾸고 조절하기 위해 약삭빠르게 처신해야 했다. 스페인과 프랑스 국왕 그리고 황제는 이탈리아 제후와 정치 엘리트를 통제하고 조종하는 자신들의 능력에 한계가 있다는 것을 깨달아야 했다. 그들은 절대적인 충성과 복종을 요구할 수 없었다. 이탈리아 국가들과 엘리트들은 반도에서 모든 외세를 몰아내야 한다는 명분에도 자신들의 차이를 제쳐놓고 단결을 이루어낼 수 없었다. 그들은 알프스 이북 세력들의 왕조 간 분쟁을 자신들의 개인적 목적을 달성하고 분쟁을 해결하기 위한 기회나 수단으로 보는 경향이 있었다. 또한 자신들이 그들에게 이용당하는 것만큼이나 그들을 이용하는 데 성공했다. 일부 이탈리아인은 전생 이후의 새로운 실서에 어렵지 않게 적응하면서 오히려 그것을 더 넓은 세상에서 경력을 쌓을 기회로 이용했다. 반면 다른 이들은 자신들의 활동 지평이 좁아지고 있다고 느꼈고, 자율성을 상실한 데 대해 분노했다.

이 새로운 질서에 대한 평가는 스페인 왕이 이탈리아에서 지배적인 세력이 되는 것이 전쟁의 고정된 결론은 아니었다는 점을 염두에 두고 이루어져야 한다. 확실히 그 문제는 1529~1530년 카를 5세가 이탈리아를 방문했을 때까지도 결론이 나지 않은 상태였다—그 시기 전후로도 그의 군대는 수세에 몰리는 경우도 잦았고, 그의 사령관들은 급료도 제대로 받지 못한 충분치 않은 병력으로 전선을 사수하느라 고군분투했으며, 병사들이 제대로 싸울 것이라 믿을 수 없어 야전에 임하지도 못했다. 카토-캉브레지 조약으로 구체화된 전쟁의 최종적 결과는 당시 이탈리아인이나 프랑스인, 심지어 스페인인이 보기에도 이탈리아 주둔 스페인군이 거둔 확고부동한 승리의 불가피한 결과는 아니었다. 오히려 깜짝 놀랄 만한 이변으로 비쳤다. 이탈리아인들은 스페인 제국의 힘을 압도적이고 불가피한 것으로 여길 필요가 없었다. 이탈리아 내 스페인 세력의 토대는 이탈리아 전쟁 시기에 살았던 사람들의 관점에서는 그다지 대단하지도, 탄탄해 보이지도 않았을 것이다.

카를 5세

1장 전쟁의 기원과 프랑스의 제1차 원정

1 Labande-Mailfert, 174-92; Chevalier, 186-9.
2 Abulafia, *The Western Mediterranean Kingdoms*; Kekewich.
3 Pellegrini, 264-5.
4 Delaborde, 220-2.
5 Guicciardini, Book I, Chap. 2.
6 Shaw, *The Political Role*, 53-4, 159-60, 177-80.
7 Desjardins and Canestrini, I, 526.
8 Labande-Mailfert, 180-4.
9 Catalano, 184-6.
10 Denis.
11 Labande-Mailfert, 117-34; Knecht, 31-3; Potter, 252-60.
12 Labande-Mailfert, 119-22; Delaborde, 264-7.
13 Mallett, 157-8.
14 *Ibid.*, 159; de Frede, *L'impresa*, 90-5.
15 Delaborde, 306-9.
16 Mallett, 160-1.
17 Delaborde, 331-2.
18 *Ibid.*, 324-5.
19 De Frede, 'Alfonso II', 195-204.
20 *Ibid.*, 205-19; Clough, 198-9.
21 Pellegrini, 501-4.
22 Catalano, 190-3.
23 ASF, Medici avanti il Principato, b. 50, 315: P. Alamanni and A. Niccolini, 29 July 1494, Milan.
24 Guicciardini, Book 1, Chap. 4.
25 Desjardins and Canestrini, I, 313-14.
26 Delaborde, 360; de Frede, *L'impresa*, 130; Catalano, 190.
27 Shaw, 'The Roman barons', 252-7; Shaw, Julius, 92-7.
28 Delaborde, 357, 375-7, 384; de Frede, *L'impresa*, 149-52; Pieri, 325-6.

29 De Frede, *L'impresa*, 177.
30 Pieri, 327-8.
31 Clough, 211
32 Delaborde, 406-11; Desjardins and Canestrini, I, 574-5.
33 Delaborde, 433-4.
34 Pellegrini, II, 543; Segre, 'Ludovico Sforza', 18 (1902), 292-3.
35 Delaborde, 434-6; Desjardins and Canestrini, I, 587-93.
36 Delaborde, 448-51.
37 Sanuto, p. 131.
38 Capponi, 363-75.
39 Sanuto, 163-4; de La Vigne, 112-3.
40 De La Pilorgerie, 123-65.
41 Sanuto, 208.
42 Segre, 'Lodovico Sforza', 20 (1903), 74-5.
43 De Frede, *L'impresa*, 259-68; Galasso, Il Regno, 58-60.
44 De Frede, *L'impresa*, 272-3; Sanuto, 209.
45 De Frede, *L'impresa*, 280-7; Galasso, Il Regno, 62-75; Sanuto, 226-7; de La Pilorgerie, 176-85, 448-53.
46 De La Pilorgerie, 198-205.
47 Sanuto, 236, 262.
48 De Frede, *L'impresa*, 297.
49 Pélicier, IV, 516-7.
50 De Frede, *L'impresa*, 323-5; Galasso, *Il Regno*, 116-7; Sanuto, 260.
51 De La Pilorgerie, 214.
52 Sanuto, 248, 249.
53 Segre, 'Lodovico Sforza', 20 (1903), 368-405.
54 De La Pilorgerie, 216.
55 Cutolo.
56 Delaborde, 602-3; Galasso, *Il Regno*, 105-7.
57 De La Pilorgerie, 274-9.
58 Shaw, 'The French invasions', 171-2.
59 De Frede, *L'impresa*, 380.
60 Benedetti; Guicciardini, Book 2, Chaps, 8-9; de La Pilorgerie, 353-8, 470-2; Pieri, 341-54; Santossuoso; de La Vigne, 158-67.
61 Chambers.
62 Guicciardini, Book II, Chap. 9.
63 'Introduction', to Boillet and Piejus, 8; Matucci.
64 Quilliet, 155-6.
65 Suárez, 288.
66 Pieri, 358-60; de La Pilorgerie, 392-3; d'Aubigny, 21 June 1495.
67 Pepper, 283-5; Delaborde, 675-6; de Frede, *L'impresa*, 418-24.

2장 정복당한 밀라노와 나폴리, 1496-1503

1   Foscari, 911-2: 5 Oct. 1496.
2   Luzzati, 15-8.
3   Lupo Gentile, 23-6, 36-7.
4   Sanuto, I, 697-8, 794, 801, 839, 861, 927.
5   Pieri, *Il Rinascimento*, 373.
6   Scaramella, 5-47.
7   Pélissier, 'Sopra alcuni documenti', 18 (1895), 133.
8   Pélissier, *Louis XII*, I, 276.
9   *Ibid.*, I, 238-310: the terms of the treaty are in Sanuto, II, 522-6.
10 ASF, X, Responsive 59, cc. 130-3: Cosimo Pazzi and Piero Soderini to X di Balia, 7 June 1499, Blois; d'Auton, I 326-7: Ascanio Sforza to Ludovico Sforza, 5 May 1499.
11 Pélissier, *Louis XII*, I, 182-9; Gabotto, III, 123-37; Barbero, 251.
12 Baumgartner, 105.
13 Sanuto, II, 722.
14 Pélissier, Louis XII, I, 149-50.
15 *Ibid.*, 474-5; Pellegrini, 712.
16 Pellegrini, 728.
17 *Ibid.*, 728-9; Machiavelli, ed. Chiapelli, I, 191; Pélissier, *Louis XII*, I, 194-5, 374-8, 436-8, II, 19.
18 Pélissier, *Louis XII*, I, 438-41.
19 *Ibid.*, I, 423-4.
20 *Ibid.*, I, 425.
21 *Ibid.*, I, 505-6.
22 Sanuto, II, 1147-8.
23 *Ibid.*, 1059-60, 1097-9; Pélissier, *Louis XII*, I, 396-7; Pieri, *Il Rinascimento*, 379.
24 Sanuto, II, 998, 1084-5; Maximilian's ambassador in Milan gave the same figure, 11,000 horse and 12,000 foot, in late July (di Brazzara, 102).
25 Pélissier, *Louis XII*, I, 400; Sanuto, II, 721.
26 Pélissier, *Louis XII*, II, 2-18.
27 Sanuto, II, 1222.
28 *Ibid.*, III, 24-5, 32; Pélissier, *Louis XII*, II, 234-6; d'Auton, I, 92-111.
29 Meschini, I, 67-70, 81-2; Sanuto, II, 1302-4.
30 Sanuto, III, 44, 48.
31 Arcangeli, 'Gian Giacomo Trivulzio', 39-48; Pélissier, Louis XII, II, 239-52.
32 Sanuto, III, 89; Pélissier, *Louis XII*, II, 87-116; Pellegrini, 762-72.
33 Arcangeli, 'Ludovico tiranno?', 146-7.
34 Pélissier, *Louis XII*, II, 137-46, 150-3.
35 *Ibid.*, II, 168.
36 Contamine, 'À propos du "voyage de Milan"', 82-8.
37 Pélissier, *Louis XII*, II, 180-6; d'Auton, I, 354-9: Louis de La Trémoille to Louis XII, 99 (10?) Apr. [1500]; Pieri, *Il Rinascimento*, 387; Meschimi, I, 101-4.
38 Pélissier, *Louis XII*, II, 258-9, 262-5, 281-2; Meschini, I, 135-42.
39 Sanuto, III, 233.

40　Meschini, I, 195-6; Contamine, 'À propos du "Voyage de Milan"', 87; La Trémoille's list in d'Auton, I, 383.
41　Baumgartner, 105.
42　Meschini, I, 173-5, 249, note 90.
43　Belgrano, 557-658; Shaw, 'Concepts of *libertà*', 185-6.
44　Pélissier, *Louis XII*, II, 471-7.
45　*Ibid.*, II, 193, 361-76, 390-7.
46　*Ibid.*, 376-84, 397-404; Pélissier, 'Documents sur l'ambassade siennoise', 43-66; Shaw, *L'ascesa*, 125-9; Tommasi, 351-3.
47　Vissière, 'Une amitié hasardeuse', 163-4.
48　Shaw, 'The role of Milan', 32-5.
49　Pélissier, *Louis, XII*, II, 384-8; Desjardins and Canestrini, II, 26-7.
50　Guicciardini, *Storia d'Italia*, Book V, Chap. 1; d'Auton, I, 275-7, 297-312; Machiavelli, *Legazioni*, ed. Bertelli, I, 61-6, 213-28; Desjardins and Canestrini, II, 36-7.
51　Bonvini Mazzanti, 93.
52　Woodward, 198, 203-4.
53　Pélissier, *Louis XII*, II, 418-9.
54　Woodward, 210-8; Mallett, 188-9.
55　Dumont, III, part 2, 444-7.
56　Fernández de Córdova Miralles, 427-8.
57　*CSPSpan*, I, 259-61; Fernández de Córdova Miralles, 419-20.
58　*CSPSpan*, I, 259-61.
59　D'Auton, II, 12; Sanuto, IV, 61.
60　D'Auton, II, 15-27, 78-84.
61　Hernando Sánchez, 52-3.
62　Volpicella, *Federico d'Aragona*, 34-45; Pieri, *Il Rinascimento*, 395.
63　D'Auton, II, 49-64; Sanuto, IV, 76-8; Pieri, *Il Rinascimento*, 396.
64　Sanuto, IV, 78.
65　D'Auton, II, 76-91, 148.
66　Rodriguez Villa, 29 (1896), 45: Gonzalo to de Rojas, 27 July 1501.
67　Serano y Pineda, 21 (1909), 350-1: instructions to Gonzalo, 5, Sept. 1501.
68　De Torre and Rodríguez Pascual, 35 (1916), 422: Gonzalo to Ferdinand and Isabella, 10 Mar. 1502.
69　D'Auton, II, 92-8.
70　D'Auton, II, 248; Courteault, 139-48.
71　Courteault, 140.
72　D'Auton, II, 247-56; Suárez, 368.
73　Serano y Pineda, 21 (1909), 5599: 13 July 1502.
74　*Ibid.*, 564-6: 13 Sept. 1502.
75　Sanuto, IV, 339, 421-2, 517.
76　Giovio, 83.
77　Sanuto, IV, 372.
78　*Ibid.*, 526-30.
79　Pieri, 'La guerra franco-spagnola', 28-30; Pieri, *Il Rinascimento*, 402-3.
80　Sanuto, IV, 638.

81 *Ibid.*, 839-42; Pieri, *Il Rinascimento*, 405.

82 Guicciardini, *Storia d'Italia*, Book V, Chap. 13; d'Auton, III, 127-33; Giovio, 90-8; Sanuto, IV, 777, 783; Pieri, *Il Rinascimento*, 404 5; Procacci.

83 Pieri, *Il Rinascimento*, 406-7.

84 *Ibid.*, 408-16; d'Auton, III, 168-77; Sanuto, V, 32-4 (including a letter from Gonzalo written on 28 April).

85 Giovio, 114-15.

86 Baquer, 371-2; Pieri, 'Consalvo di Cordova', 220-2.

87 Courteault, 182-3; d'Auton, III, 152-7; Sanuto, V, 34.

88 Guicciardini, *Storia d'Italia*, Book VI, Chap. 1; d'Auton, III, 181-5, 380-1; Giovio, 118-20; Giustinian, II, 40-1.

89 Courteault, 191: Louis to Neapolitan nobles, 12 May 1503.

90 *Ibid.*, 197-8: Louis to Yves d'Alègre, c. 20-25 May 1503.

91 Figiuolo, 405-6.

92 Meschini, I, 273-81.

93 Sanuto, V, 112.

94 Figliuolo, 408-9, 420.

95 d'Auton, III, 260-70; Giovio, 133-5.

96 Giovio, 135-6; Sanuto, V, 341; Vissière, 'Une amitié hasardeuse', 160; Figliuolo, 410.

97 Machiavelli, ed. Bertelli, II, 706: 2 Dec. 1503.

98 Sanuto, V, 542-4.

99 *Ibid.*, 177-8; Giustinian, II, 230-3, 237-9; Faraglia, 551-62.

100 Pieri, *Il Rinascimento*, 422-31; Giovio, 142-5; d'Auton, III, 297-305; Sanuto, V, 697-700 (letter from Bartolomeo d'Alviano), 711-3 (letter from Gonzalo), 754.

101 Meschini, I, 307.

102 *Ibid.*, I, 306-9; Antonovics, 23-9; d'Auton, III, 318-28, 337-48.

103 Sanuto, V, 699.

3장 충돌의 확대

1 Meschini, I, 213-16; d'Auton, II, 109-34; Ostinelli, 97-101; Kohler, 14-7.

2 Meschini, I, 245-68; Kohler, 18-9.

3 교황 비오 3세의 짧은 임기가 끝난 다음 10월 31일에 선출되었다.

4 Shaw, *Julius II*, 127-39.

5 Desjardins and Canestrini, II, 91.

6 Machiavelli, ed. Chiappelli, II, 572.

7 Luzzati, 49.

8 Machiavelli, ed. Bertelli, I, 554, II, 563; d'Auton, III, 305; Machiavelli, ed. Chiappelli, II, 589-90.

9 Machiavelli, ed. Bertelli, II, 770, 783, 821-2.

10 Desjardins and Canestrini, II, 161-2: Francesco Pandolfini, 9 Mar. 1506; Shaw, *L'ascesa*, 132-7.

11 Desjardins and Canestrini, II, 124-6: Francesco Pandolfini, 7 Sept. 1505. Louis's protection over Lucca, agreed in 1501, was confirmed in February 1510: ASLucca, Capitoli, 20, ff.

279-81.
12 ASLucca, Capitoli, Reg. 50, f. 17; Luzzati, 67.
13 Desjardins and Canestrini, II, 82.
14 Serano y Pineda, 26 (1912), 307; 27 (1912), 517.
15 *Ibid.*, 28 (1913), 114.
16 Machiavelli, ed. Bertelli, II, 847-9; Giustinian, III, 377; Dupré-Theseider, 33-7.
17 Faraglia, 561.
18 페르난도의 지시에는 그들이 직접 모집한 병력에 대해서는 급료를 지불해서는 안 되지만 왕에게 직접 봉사하는 중기병들의 명령을 받아야 한다는 뜻이 함축되어 있는 것으로 보인 다: Serano y Pineda, 27 (1912), 514-17: Ferdinand to Gonzalo, 3 Nov. 1504.
19 *Ibid.*, 29 (1913), 456-7: Ferdinand to Gonzalo, 21 Sept. 1505.
20 Machiavelli, ed. Chiappelli, IV, 220, 246.
21 *Ibid.*, 398-402; Guicciardini, Book VI, Chap. 14.
22 Guidi, 220-6; Machiavelli, ed. Chiappelli, IV, 257-87, 402-4.
23 Luzzati, 70-3.
24 Guicciardini, Book VII, Chap. 13, Book VIII, Chaps 2,8; Desjardins and Canestrini, II, 256-95.
25 Ruiz-Domènec, 398-9.
26 Hernando Sánchez, 125.
27 Terrateig, II, 26-7: instructions to Vich, 14 Apr. 1507.
28 D'Auton, IV, 70-1.
29 Desjardins and Canestrini, II, 220: F. Pandolfini, 16 Feb. 1507.
30 Shaw, *Julius II*, 211-16.
31 Desjardins and Canestrini, II, 128-9: F. Pandolfini, 10 Sept. 1505.
32 *Ibid.*, 190: F. Pandolfini, 25 Oct. 1506.
33 *Ibid.*, 196: F. Pandolfini, 14 Dec. 1506.
34 *Ibid.*, 231, 233; Kohler, 38-40; Pieri, 446; Meschini, I, 396-8.
35 Pandiani, 399-400.
36 Sabattini, 148: Alberto Pio, I May 1507, Genoa.
37 Pandiani, 272-7, 405-7, 533-50; d'Auton, IV, 252-80; Taviani, 216-22; Pacini, 59-78.
38 Baumgartner, 186.
39 Doussinague, 143-6.
40 De Maulde, 589-90.
41 Wiesflecker, III, 354-79.
42 Pieri, 450.
43 *Ibid.*, 450-1; Sanuto, VII, 347-52 (Bartolomeo d'Alviano's account, 10 Mar. 1508).
44 Pieri, 448-55; Wiesflecker, IV, 15-20.
45 Meschini, I, 476-9.
46 Le Glay, I, 225-43.
47 Sanuto, VIII, 150-2, 134.
48 Desjardins and Canestrini, II, 265-9.
49 Baumgartner, 194-5; Kohler, 119-44; Schmidt, 'Le défi européen', 118-23; Schmidt, 'Les Suisses en Milanais', 119-23.
50 Desjardins and Canestrini, II, 312, 322.
51 Pieri, 459-69; Sanuto, VIII, 248-51, 256-7, 268-70, 186-9, 325; Desjardins and

Canestrini, II, 326-8, 331, 338.

52 Sanuto, VIII, 257, 265-6.

53 Meschini, II, 590, 593.

54 Wiesflecker, IV, 51-2.

55 Trebbi, 96.

56 Finlay, 39-40.

57 Sanuto, VIII, 265-6, 374.

58 이 문제에 대해서 가장 잘 알려진 탄식은 베네치아 일기 작가 지롤라모 프리울리의 것이다. 다음을 참조하라. Priuli, IV, 49-53.

59 Sanuto, VIII, 468-9.

60 Mallett and Hale, 341-2.

61 Guerin-Dalle Mese, 193.

62 Varanini, 'La Terraferma al tempo della crisi della Lega di Cambrai', 424-5.

63 Mallett and Hale, 344-6.

64 Sanuto, VIII, 252, 291.

65 *Ibid.*, IX, 57-60.

66 *Ibid.*, 114-5.

67 *Ibid.*, 189.

68 Wiesflecker, IV, 56.

69 Finlay, 44-5.

70 Mazzetti; Finlay. 페라라 측은 여타 선박 일부를 포함하여 갤리선 13척, 중포 28문 그리고 경포 140문을 포획했다고 주장했다. Mazzetti, 273.

71 Finlay, 56-62.

72 Le Glay, I, 277-91: 막시밀리안이 루이 12세에게 파견한 사절단에게 내린 지침, 26, Nov. 1509.

73 Meschini, II, 684-5.

74 Desjardins and Canestrini, II, 490.

75 *CSPSpan*, II, 32-3.

76 피에리에 따르면(Pieri, 478), 창기병 500명, 경기병 600명, 보병 4,000명이 베로나로부터 진격해왔고, 창기병 1,700명, 경기병 3,500명, 보병 1만 2,000명이 폴레시네로 진격해 들어갔다. 한편 베네치아는 중기병 600명에 경기병 2,000~3,000명 그리고 보병 8,000명을 보유하고 있었다.

77 Wiesflecker, IV, 73.

78 Terrateig, I, 183.

79 Sanuto, X, 539.

80 ASVen, Archivio Proprio, Roma, Reg. 3, no. 61: Girolamo Donà, 15 May 1510.

81 Kohler, 181.

82 *Ibid.*, 189-91.

83 Meschini, 730.

84 Sanuto, XI, 83, 42.

85 그는 1508년 삼촌이자 양부인 구이도발도 다 몬테펠트로가 사망하자 18세의 나이로 우르비노 공작이 되었다.

86 Sanuto, XI, 499-500.

87 Meschini, 782.

88 Godefroy, II, 233-5: Gian Giacomo Trivulzio to Louis, 22 May 1511.

89 *Ibid.*, III, 1-2: 파병 부대 목록; Meschini, 862.

90 Wiesflecker, IV, 87.

91 Desjardins and Canestrini, II, 539.

92 Terrateig, II, 167-74: Ferdinand to Vich, 16 July 1511.

93 Sanuto, XIII, 89-93.

94 Kohler, 229-30.

95 Desjardins and Canestrini, II, 540-1.

96 Meschini, 916.

97 Le Glay, I, 463.

98 Desjardins and Canestrini, II, 544.

99 *Ibid.*, 612-4: Swiss captains to citizens of Milan, 15 Dec. 1511.

100 Desjardins and Canestrini, II, 546.

101 Pieri, 488-9.

102 *Storia di Brescia*, II, 248-70.

103 Le Loyal Serviteur, 568.

104 Le Glay, *Négociations diplomatiques*, I, 482-3.

105 피에리에 따르면(Pieri, 491), 프랑스군은 중기병 1,900명, 경기병 3,000명, 보병 1만 8,000명 그리고 대포 50문, 스페인군과 교황군은 중기병 1,700명, 경기병 1,500명, 보병 1만 3,000명과 대포 24문의 전력이었다. 사누토에 따르면(A document in Sanuto, XIV, 170-4), 프랑스 측 병력은 창기병 1,690명(후위 부대 포함), 경기병 2,000명, 말에서 내린 궁수 1,000명 그리고 보병 2만 1,400명(란츠크네히트 9,500명, 프랑스 보병 8,000명 그리고 이탈리아 보병 3,900명); 동맹군 측 병력은 창기병 1,725명, 스페인 보병 6,000~7,000명, 이탈리아 보병 2,000명 그리고 경기병 1,500명이었다. 스페인 측 목격자에 따르면('Relación de los sucesos de las armas de España en Italia', 276-7) 스페인군의 전력을 중기병 2,200명, 스페인 보병 6,000명, 이탈리아 보병 1,500명 그리고 경기병 2,500명으로 파악했다.

106 Taylor, 119-22, 180-215; Pieri, 491-3; 'Relación', 276-92; Sanuto, XIV, 126-80 (176-80, 파브리치오 콜론나가 묘사한 전투 장면); Canestrini, 310-12; Shaw, 'La battaglia e il sacco di Ravenna', 78-82.

107 Terrateig, II, 184: Vich to Ferdinand, 15 Apr. 1512.

108 Pieri, 496.

109 Meschini, II, 1008.

110 Shaw, 'La battaglia e il sacco di Ravenna', 82-3.

111 Meschini, II, 1010.

112 *Ibid.*, 1011-12.

113 Kohler, 324-5, 338, 344-5.

114 Meschini, II, 1019.

115 Kohler, 344-5.

116 Sanuto, XIV, 276.

117 Kohler, 364.

4장 새로운 질서의 탄생, 1512-1519

1 Godefroy, III, 300-1.

2 Terrateig, I, 326.

3   Guasti, *Il Sacco di Prato*, II, 135-6.
4   Doussinague, 547-9.
5   Guicciardini, Book XI, Chap. 4; Tommasi, 369; Pecci, I, part 2, 5.
6   Kohler, 500-1.
7   *CSPVen*, II, 74-5.
8   Sanuto, XV, 406-8.
9   Gattoni, 318-21.
10 Doussinague, 599-600: Ferdinand to Cardona, Mar. 1513.
11 Lot, 37.
12 Godefroy, IV, 130.
13 Leonij, 227-9: Signoria to Bartolomeo d'Alviano, 5 June 1513.
14 Troso; Luzio, 18 (1912), 447-50: Massimiliano Sforza to Isabella d'Este, 8 June 1513, Novara; Gattoni, 84-8: Giovanni Gonzaga to Francesco Gonzaga, 7 June 1513, Novara; Pieri, 501-2; Vissière, 219-23.
15 Büchi, I, 235-8: Schinner to Massimiliano, 21 June 1513; 264-7: Massimiliano to Schinner, late Sept. 1513.
16 *CSPSpan*, I, 160.
17 Wiesflecker, IV, 133, 병력 규모를 약 1만 명으로 파악했다; Pieri, 503, 훨씬 더 높은 수치를 제시했다: 중기병 1,600명, 경기병 650명, 보병 1만 2,000명.
18 Pieri, 505-11; Filippi; Sanuto, XVII, 158, 172-3, 183-8.
19 Leonij, 293: Signoria to Bartolomeo d'Alviano, 20 Nov. 1514.
20 Pacini, 79. 1514년 8월, 제노바 항구 요새에 주둔하고 있던 프랑스 수비대가 항복했다; 제노바인들은 즉각 그 요새를 무너뜨렸다.
21 Le Glay, II, 81.
22 Barrillon, I, 68; Gar, 314.
23 Goubaux and Lemoisne, I, 174.
24 Wirz, 80.
25 Barrillon, I, 102-8.
26 Leonij, 240-1: Signoria to Venetian ambassador in France 22 June 1515.
27 Sanuto, XXI, 77.
28 달비아노의 보고에 따르면, 프랑수아 1세는 스위스군의 규모를 2만 4,000명으로 파악했다 (*ibid.*, 100); 프랑스 왕은 전투가 끝난 후 어머니에게 보낸 서신에서 스위스 병력이 2만 8,000 명이었다고 썼다(Michaud and Poujoulat, V, 595).
29 Sanuto, XXI, 79-85, 96-7, 99-113 (report by Bartolomeo d'Alviano to Doge, 100-2); Barrillon, I, 116-25; Michaud and Poujoulat, V, 595 (letter from Francis); Goubaux and Lemoisne, I, 189-99.
30 Barrillon, I, 125.
31 *Ibid.*, 122-3.
32 Guicciardini, Boo XII, Chap. 15.
33 Printed in Gattoni, 323-4.
34 Sanuto, XXI, 233-4, 236-8. 플로랑주는 그것을 정복자의 입성식으로 기억했다. 그는 국왕이 검을 차고 1,200명의 중기병과 6,000명의 란츠크네히트의 수행을 받았다고 언급했다 (Goubaux and Lemoisne, I, 207-8).
35 Printed in Gattoni, 293-6.
36 *Ibid.*, 129.

37   Desjardins and Canestrini, II, 777.

38   Wiesflecker, IV, 242; Barrillon, I, 198-9; Guasti, 'I Manoscritti Torrigiani', 20 (1874), 38.

39   *LP*, II, part 1, lxx-lxxii: Richard Pace to Cardinal Wolsey, 1 Apr. 1516.

40   Tamalio, 313.

41   Barrillon, I, 253-60.

42   *Storia di Vicenza*, III/1, 78.

43   Terrateig, II, 297-8: Ferdinand to Vich, 10 July 1514.

44   Guasti, 'I Manoscritti Torrigiani', 20 (1874), 370, 372: Cardinal de' Medici, 10, 11 Feb. 1517.

5장 이탈리아 패권 경쟁, 1520-1529

1   Gattoni, 306-12.

2   Rodríguez-Salgado, 28-30.

3   Guicciardini, *Carteggi*, Iv, 132.

4   Sanuto, XXXII, 133.

5   De Leva, II, 175.

6   레오 10세로부터 신뢰를 상실하여 1520년 로마로 소환된 잔 파올로 발리오니는 교황의 안전통행권을 받아 그곳에 당도했지만 체포되어 처형되었다. 페루자에서 그가 맡았던 자리는 좀 더 고분고분한 그의 사촌 젠틸레에게 돌아갔다.

7   Dennistoun, II, 412-13.

8   Knecht, 114.

9   Sanuto, XXXIII, 7.

10   Pacheco y de Leyva, 251-2: Charles V to Najera, 11 Apr. 1522.

11   *Ibid.*, 263: Najera to Charles, 24 Apr. 1522

12   *Ibid.*, 264.

13   Bourrilly and Vindry, I, 227.

14   Giovio, 290.

15   Bourrilly and Vindry, I, 224-30; Pieri, 541-6; Sanuto, XXXIII, 197, 198, 200, 211, 213-4; Pacheco y de Leyva, 268-71: Najera to Charles, 27 Apr. 1522, Bicocca; Giovio, 288-94.

16   Sanuto, XXXIII, 282-5; Pacheco y Leyva, 298-301; Pacini, 86-101.

17   Gachard, 133-6: Adrian VI to Charles, 21 Nov. 1522.

18   *CSPSpan*, II, 484.

19   Shaw, 'The papacy', 113-14.

20   Guicciardini, *Storia d'Italia*, Book XV, Chap. 3; *LP*, III, part 2, 1333-4.

21   *CSPSpan*, II, 587-8: Charles to duca di Sessa, 2 Oct. 1523.

22   *Ibid.*, 570-1.

23   Sanuto, XXXIV, 420-1. 뒤 벨레에 따르면(Bourrilly and Vindry, I, 282) 중기병 1,400~1,500명과 보병 2만 4,000~2만 7,000명이 있었고, 구이차르디니에 따르면(*Storia d'Italia*, Book XV, Chap. 3, followed by Pieri, 547) 창기병 1,800명과 보병 3만 1,000명이 있었다.

24   Guicciardini, *Storia d'Italia*, Book XV, Chap. 5.

25   *Ibid.*

26   *Ibid.*, Chap. 6.

27   Halkin and Dansaert, 209-12: Lannoy to Charles V, 21 Feb., 18 Mar. 1524.

28 *CSPSpan*, II, 639-40.
29 Halkin and Dansaert, 242-4: Lannoy to Charles V, 28 Oct. 1524.
30 Desjardins and Canestrini, II, 787: Gianmatteo Giberti, 12 Nov. 1524, camp at Pavia.
31 Desjardins and Canestrini, II, 800-1.
32 *Ibid.*, II, 812-14.
33 Halkin and Dansaert, 258-60: Charles V to Lannoy, 5 Feb. 1525.
34 Sanuto, XXXVIII, 21.
35 Goubaux and Lemoisne, II, 241-2.
36 Lot, 54.
37 Sanuto, XXXVIII, 12-16, 20-3 (letter from Pescara), 39-43, 45-7, 52-3: Bourrilly and Vindry, I, 352-8: Goubaux and Lemoisne, II, 222-42: *LP*, IVi, 492-3: Canestrini, 319-20: *CSPSpan*, II, 708-9: Casali and Galandra: Mayer: Pieri, 558-66.
38 Sanuto, XXXVIII, 21: 나헤라Najera는 이를 라누아의 계획이라고 보았다(*CSPSpan*, II, 708).
39 Giovio, 414-5, 422.
40 Sanuto, XXXVIII, 23.
41 Halkin and Dansaert, 268: Charles V to Lannoy, 27 Mar. 1525.
42 *Ibid.*, 268-9.
43 De Leva, II, 248-9, 273.
44 *CSPSpan*, III, I, 105-8.
45 *Ibid.*, 332-3, 342.
46 *CSPVen*, III, 461.
47 De Leva, II, 293.
48 Dumont, IV, 1, 451-5.
49 *CSPSpan*, III, I, 767.
50 *CSPSpan*, III, I, 947-8.
51 Lanz, I, 213-6.
52 *Ibid.*, 215.
53 Sanuto, XLII, 355.
54 *Colección de documentos inéditos*, XXIV, 463-4: Ugo de Moncada, 16 Sept. 1526.
55 *CSPSpan*, III, I, 1037.
56 *CSPSpan*, III, ii, 91: Najera to Charles V, 3 Mar. 1527.
57 Sanuto, XLIV, 536.
58 Fraikin, 353-4.
59 Bourrilly, 42-3.
60 Roth, 39.
61 Lenzi, 136-40.
62 *CSPSpan*, III, ii, 219: Najera to Charles, 27 May 1527.
63 Halkin and Dansaert, 322-3: Charles V to Lannoy, 30 June 1527.
64 *CSPSpan*, III, ii, 316.
65 Sanuto, XLV, 245-9.
66 *CSPSpan*, III, ii, 476-7: Juan Perez to Charles, 30 Nov. 1527, Rome.
67 Lanz, I, 251-2: Pierre de Veyre to Charles, 30 Sept. 1527, Naples.
68 Dumont, IV, 1, 486-7.
69 De Leva, II, 455.
70 Lanz, I, 235: Antonio de Leyva to Charles, 14 July 1527.

71 *Ibid.*, 246: de Leyva to Charles, 4 Aug. 1527.

72 Desjardins and Canestrini, II, 955-7: Roberto Acciaiuoli, 4 June 1527, Paris.

73 *CSSpan*, III, ii, 399: de Leyva to Charles, 29 Sept. 1527.

74 *Ibid.*, 421: de Leyva to Charles, 18 Oct. 1527.

75 *Ibid.*

76 *Ibid.*, 462-3.

77 *Ibid.*, 693.

78 Dandolo, 248-53.

79 Arfaioli, 108-11.

80 Sanuto, XLVII, 383.

81 Arfaioli, 198-203.

82 *Ibid.*, 123-31.

83 Lanz, I, 273-4.

84 *CSPSpan*, III, ii, 765-7.

85 Molini, II, 84-6.

86 *CSPSpan*, III, ii, 856: Perez to Charles, 28 Nov. 1528, Naples.

87 *Ibid.*, 894: Cardinal Santacroce to Charles, 15 Feb. 1529, Rome.

88 *CSPVen*, IV, 175.

89 기병 600명에 보병 1만 명이라는 수치를 제시하는 자료도 있다(*CSPSpan*, III, ii, 686; Pieri, 583).

90 *CSPSpan*, III, ii, 733.

91 *Ibid.*, 691.

92 *Ibid.*, 867.

93 *Ibid.*, 873.

94 *Ibid.*, 927.

95 Piacentini.

96 Molini, II, 177-89.

97 Desjardins and Canestrini, II, 1107-8.

6장 계속되는 영토 분쟁, 1529-1547

1 De Leva, II, 560.

2 *Ibid.*, 352: Charles to his ambassadors in France, 28 Oct. 1529.

3 Lanz, I, 367-8: Charles to Ferdinand, 11 Jan. 1530.

4 D'Amico, 68-76; *CSPSpan*, IV, I, 234-5.

5 *CSPSpan*, IV, I, 374-5.

6 Lanz, I, 367-8.

7 Sanuto, LII, 383-6.

8 Lanz, I, 360-73: Charles to Ferdinand, 11 Jan. 1530; 완전히 정확하지는 않지만 이 중요한 편지의 영어 요약 번역본은 *CSSpan*, IV, I, 396-409에서 참조했다.

9 Lanz, I, 364-5.

10 Molini, II, 295-6.

11 Roth, 194.

12 Bardi, 68, 73: Orange to Charles, 25 Oct., 8 Nov. 1529.

13 Roth, 254.
14 *Ibid.*, 194-5.
15 *Ibid.*, 194.
16 *Ibid.*, 193.
17 Monti, 101.
18 *Ibid.*, 97.
19 *Ibid.*,
20 Roth, 313.
21 Sanuto, LIII, 501-3.
22 Rubinstein, 167-8.
23 *Ibid.*, 172-3.
24 AGS, Estado 1457, Reg. 618, ff. 127-8.
25 *Ibid.*
26 ASLucca, Anziani, Reg. 618, ff. 127-8.
27 *Ibid.*, ff. 385-7.
28 Pacini, 301-4.
29 Shaw, 'The other Congress of Bologna'.
30 De Leva, III, 95.
31 Mola, 13-16.
32 Lanz, II, 59, 64-5, 68-9.
33 De Leva, III, 110-1; Knecht, 230.
34 Chabod, 51-5.
35 Lestocquoy, *Correspondance ... 1535-1540*, 106.
36 1534년 법령으로 각 6,000명 규모의 7개 보병 군단이 프랑스 국경지대와 해안가에 창설되었다(Potter, 112-13).
37 Lestocquoy, *Correspondance ... 1535-1540*, 148.
38 Potter, 66.
39 Lestocquoy, *Correspondance ... 1535-1540*, 164.
40 Brandi, 377-8.
41 *CSPSpan*, V, ii, 102-3.
42 *Ibid.*, V, ii, 116-7.
43 *Ibid.*, 400.
44 Jover, 398-9.
45 Lanz, II, 239.
46 Pacini, 311; de Leva, III, 172.
47 Lestocquoy, *Correspondance ... 1535-1540*, 231.
48 *CSPSpan*, V, ii, 328-33.
49 Spini, 116.
50 Bourrilly, 241.
51 *CSPSpan*, V, ii, 356-7.
52 *Ibid.*, 366-8.
53 Bourrilly, 252-3.
54 De Leva, III, 235.
55 *CSPSpan*, V, ii, 393-415.
56 Turba, I, 111, 124-7, 130-1.

57 *Ibid.*, I, 152-3; Jover, 375.
58 Lanz, II, 284-9; de Leva, III, 246; *CSPSpan*, V, ii, 561-6.
59 Lestocquoy, *Correspondance ‥ 1535-1540*, 387.
60 *CSPSpan*, VI, I, 335-8, 340.
61 Lanz, II, 316-17.
62 *CSPSpan*, VI, I, 267.
63 Lestocquoy, *Correspondance ‥ 1541-1546*, 91.
64 *CSPSpan*, VI, ii, 56.
65 Bourilly, 358.
66 *CSPSpan*, VI, ii, 265.
67 Lestocquoy, *Correspondance ‥ 1541-1546*, 251-2.
68 Courteault, 137.
69 Lestocquoy, *Correspondance ‥ 1541-1546*, 293, 297.
70 Hall, 186. 뒤 벨레에 따르면(Bourrilly and Vindry, IV, 217-8) 제국군의 규모가 훨씬 더 컸는데, 대략 보병 2만 5,000명에 기병 2,500명 정도였다.
71 Bourrilly and Vindry, IV, 219.
72 Monluc, I, 267.
73 Bourrilly and Vindry, IV, 214-29; Monluc, I, 256-77; Roy, 104-17; Giovio, ff. 375-8 (the main account from the Imperial perspective); Courteault, 152-71; Rabà, 'Ceresole'.
74 Bourrilly and Vindry, IV, 228.
75 Lot, 85.
76 Giovio, f. 378r.
77 Bourrilly and Vindry, IV, 230.
78 De Leva, III, 506.
79 *Ibid.*
80 Bourrilly and Vindry, IV, 236.
81 Dumont, IV, 2, 279-87.
82 Chabod, 97-113; *CSPSpan*, VII, I, 478-93.
83 Turba, I, 486.
84 Chabod, 123-30.
85 *Ibid.*, 30, note 1.
86 AGS, EStado, leg. 1461, 154, 166: Juan de Luna to Charles V, 2 Nov., 29 Oct. 1545, Siena; Juan de Luna, 2 Dec. 1544, Brussels.
87 AGS, Estado, leg. 1464, 31: instructions Juan de Luna to Antonio Gilberte, 15 Feb. 1546, Siena; Juan de Luna to Philip, 28 Feb. 1546, Siena.
88 AGS, Estado, leg, 1464, 89-91: Francesco Grasso to Charles V, 27 Aug. 1546, Siena; 76: Franceso Grassso to Granvelle, 11 Oct. 1546, Siena.
89 De Leva, III, 522.

7장 프랑스의 도전, 1547-1559

1 Romier, I, 208.
2 *Nuntiaturberichte*, XI, 320-1.
3 *Ibid.*, 633.

4 De Leva, *Storia documentata*, V, 125.
5 Lestocquoy, *Correspondance des Nonces ... 1546-1551*, 465-7.
6 *CSPSpan*, X, 274-6.
7 Romier, I, 242.
8 Lestocquoy, *Correspondance des Nonces ... 1546-1551*, 492.
9 De Leva, *Storia documentata*, V, 208.
10 *Ibid.*, 210.
11 *Ibid.*, 217.
12 *Ibid.*, 216-18.
13 *Ibid.*, 224.
14 *Ibid.*, 303.
15 *Ibid.*, 244.
16 Courteault, 198-9.
17 *Ibid.*, 203.
18 Lanz, III, 159-61: Charles V to Ferdinand, 4, Apr. 1552.
19 Turba, II, 434.
20 Cantagalli, 18.
21 *Ibid.*, 32, 70.
22 *Ibid.*, 83-4, 111-3.
23 *Ibid.*, 90.
24 *Ibid.*, 138-41.
25 *Ibid.*, 150.
26 *Ibid.*, 151-2.
27 Spini, 136-7.
28 Romier, I, 393.
29 Cantagalli, 186, 202-3; Pepper and Adams, 118.
30 Pepper and Adams, 126.
31 Cantagalli, 222.
32 *Ibid.*, 242-3, 267.
33 *Ibid.*, 248.
34 *Ibid.*, 289-90.
35 *Ibid.*, 294, 315.
36 *Ibid.*, 297-307, 320-3; Foffia, 573-82.
37 Romier, I, 439, 442.
38 Cantagalli, 391-2.
39 Pecci, IV, 198-200.
40 Sozzini, *Diario*, Documenti, 467-71.
41 *CSPVen*, VI, ii, 970.
42 Cantagalli, p. 169.
43 Lestocquoy, *Correspondance du nonce ... 1552-1554*, 227-8, 238.
44 Caantagalli, 170.
45 Vergé-Franceschi and Graziani, *Sampiero Corso*, 315.
46 Serge, 'Il richiamo', 211-2.
47 *CSPVen*, VI, I, 26.
48 Alba, I, 235.

49 Segre, 'La questione sabauda', 393-4.

50 *Ibid.*, 397.

51 Numerous full summaries of these denunciations are in *CSPVen*, VI, I and VI, ii.

52 Romier, II, 21-2.

53 *Ibid.*, 29.

54 *Ibid.*, 30-1, 39-40; Rodríguez-Salgado, 148.

55 Romier, II, 35, 42, 56-7.

56 *CSPVen*, VI, I, 329-30, 334-7, 340-1.

57 *Ibid.*, 498; Rodríguez-Salgado, 152-3.

58 *CSPForeign*, 1553-8, 249-51.

59 'Summarii delle cose notabili', 355.

60 *Ibid.*, 357.

61 *CSPVen*, VI, i, 677.

62 *CSPVen*, VI, ii, 768.

63 *Ibid.*, 811-2, 815-7, 819-21, 823, 825-6, 828, 831-4.

64 See, for example, *CSPVen*, VI, ii, 851-6 for the arguments Paul advanced.

65 'Mémoires-journaux', 320.

66 *CSPVen*, VI, ii, 933.

67 Romier, II, 87-8.

68 *Ibid.*, II, 136-41.

69 François, 329.

70 Romier, II, 152.

71 *Ibid.*, 161, 163.

72 *CSPVen*, VI, ii, 1035-6.

73 'Mémoires-journaux', 340.

74 Romier, II, 160-78.

75 *CSPVen*, VI, ii, 1191.

76 Romier, II, p. 183.

77 Alba, I, 465.

78 *CSPVen*, VI, ii, 1268.

79 Nores, 215-7.

80 Ruggiero, 308.

81 *CSPVen*, VI, ii, 1251.

82 Cantagalli, 480.

83 *Ibid.*, 499.

84 *Ibid.*, 514.

85 Cittadella, 215.

86 'Mémoires-journaux', 363-5.

87 *CSPVen*, VI, ii, 1238.

88 Cantagalli, 551.

89 François, 349.

90 Romier, II, 212.

91 Dennistoun, III, 111.

92 François, 335-6.

93 Romier, II, 311-2.

94 Merlin, 76.

95 1562년 그들은 다섯 개 도시 가운데 피네롤로를 제외한 네 곳을 반환했고, 그 대가로 사빌리아노와 페로사를 받았다.

96 Rodríguez-Salgado, 325-7.

8장 전쟁의 변화

1 Pieri, 'Consalvo di cordova'; Stewart.

2 Pieri, *Il Rinascimento*, 408-12.

3 Vallecillo, V, 281-94.

4 Knecht, 70.

5 Hall, 95-6, 129, 149; Tallett, 21-2.

6 Contamine, *War in the Middle Ages*, 196-8; 67-104.

7 Baumann, 3-48; Hale, *War and Society*, 219-24; Rossi.

8 Contamine, *Histoire militaire*, 248; Lot, 243.

9 De Pazzis Pi Corrales, 772.

10 García, 42-3; Quatrefages, *Los tercios*, 52-69.

11 Mallett, *Mercenaries*, 151-3, 158. 이탈리아인들이 이끄는 이런 부대들이 1504년 무렵에는 스페인군에도 등장했다(AGS, Contaduria mayor de Cuentas, la epoca, 177).

12 Guicciardini, Book I, Chap. 2.

13 Hale, 'Gunpowder and the Renaissance'.

14 *Ibid.*, 391.

15 Machiavelli, Books III, VII.

16 Pepper, 'Castles and cannon', 271-81.

17 Canestrini, 310; Jacopo Guicciardini, 23 Apr. 1512.

18 See pp. 378-80.

19 Parrott, 'The utility of fortifications'.

20 Contamine, *Guerre, état et société*, 3-131.

21 Mallett, *Mercenaries*; Mallett and Hale, 1-210; Covini.

22 Contamine, *War in the Middle Ages*, 165-72; Potter, *Renaissance France*, 95-123.

23 Contamine, *Histoire militaire*, 240. García, 41에 따르면 '모험' 현상은 스페인 군사문화에서 훨씬 더 흔했다.

24 Parrott, *The Business of War*, 49-54, 57.

25 Shaw, *Barons and Castellans*, 100-47.

26 Hale, 'Printing and military culture'; Eltis.

27 Machiavelli, Book Vi, 491.

28 Machiavelli, Book VI, 491-3.

29 Benedetti, 106-9.

9장 전쟁 자원

1 전쟁 기간 동안 이탈리아 군사 사회에서 일어난 변화에 관해서는 이 책 661~671쪽 참조.

2 근대 초기에 군 도급업자들과 그들이 모집한 부대의 지속적인 중요성에 관해서는 데이비드

패럿의 『전쟁 비즈니스』(David Parrott, *Business of War*)에서 강조하고 있다. 이 장에서 나는 마이클 말렛의 원래 주장을 수정하여 그의 사후에 출간된 이 중요한 저작의 내용을 반영했다.

3   Contamine, *War in the Middle Ages*, 169-72.
4   *Ibid.*; Potter; Quatrefages, 'La invención'; Covini, 355-91; Mallett and Hale, 101-52.
5   Hale, 'Terra Ferma fortification', 171.
6   Arfaioli, 115.
7   Hale, *War and Society*, 220-4.
8   Quatrefages, 'Les industries'; 10; AGS, Estabdo 61, f. 1.
9   이 책 285~287쪽을 보라.
10 Hamon, *L'argent du roi*, 26.
11 Mantelli, 420-1; Potter, 228.
12 Lot, 198, 202-9; Potter, 234.
13 Tracy, 154-5.
14 Hamon, 'L'Italie', 33.
15 Giovio, 166; Ruiz-Domènec, 407-12.
16 Coniglio, 163.
17 Tracy, 128.
18 Hamon, *L'argent du roi*, 46-7.
19 *Ibid.*, 128-9.
20 Hamon, 'L'Italie', 26.
21 Galasso, 20.
22 Hamon, 'L'Italie', 27.
23 *Ibid.*, 27-8.
24 Tracy, 47.
25 *Ibid.*; Hamon, 'L'Italie', 29.
26 Hamon, 'L'Italie', 30.
27 *Ibid.*, 26.
28 Potter, 218-19.
29 Calabria, 225-34; Tracy, 79-80, 280-8.
30 Tracy, 128-9.

10장 전쟁의 선전과 이미지

1   Hochner, 'Visions of war', 240-1, 243-4.
2   Shaw, 'Wartime propaganda', 63-76; de La Pilorgerie.
3   Shaw, 'Wartime propaganda', 76-7.
4   Hale, 260.
5   Hochner, *Louis XII*, 71-2.
6   Dumont, 272-90.
7   *Ibid.*, 259-66, 291-302, 325-32, 360-98, 438-57.
8   Cooper, 'Noël Abraham'.
9   Rospocher, *Il papa guerriero*, 131.
10 장 부르디숑Jean Bourdichon이 『제노바 여행기』의 삽화로 그린 세밀화 작품 가운데 일부는 타비아니에 의해 채색화로 재탄생했다.

11 Hochner, 'Visions of war', 249-50.
12 Alazard, *La bataille oubliée*, 185, illustrations 21 and 18.
13 Vissière, 247-9, 251; Barreto, 171-2.
14 Dumont, 302-9.
15 *Ibid.*, 331-2, 345-6.
16 *Ibid.*, 344, 429-31, 449-57.
17 Le Gall, 34.
18 Cooper, *Litterae*, 5-6.
19 Dumont, 336, 346-7.
20 Mährle, 222-3.
21 Hale, 182-7; quotation, 184.
22 Rospocher, *Il papa guerriero*, 239.
23 Alazard, *La bataille oubliée*, 70.
24 Rospocher, *Il papa guerriero*, 239-42.
25 Scheller, 'Ung fil tres delicat', 25.
26 Mährle, 214-5.
27 Scheller, 'L'union des prince', 206.
28 *Ibid.*, 230.
29 *Ibid.*, 202, 219.
30 Redondo, 'La "prensa primitiva"'; Cárcel.
31 Redondo, 'La "prensa primitiva"', 252-4, 271; D'Amico, 'De Pavie à Bologne', 99-100.
32 Redondo, 'La "Prensa primitiva"', 255-6.
33 *Ibid.*, 261-2.
34 D'Amico, 'De Pavie à Bologne', 105-6.
35 Hale, 190-1.
36 *Ibid.*, 250-1.
37 Rosier, 24-9.
38 Rospocher, *Il papa guerriero*, 158-63; Rospocher, 'Il papa in guerra', 146-9.
39 Rospocher, *Il papa guerriero*, 273-6.
40 Scheller, 'Ung fil tres delicat', 11.
41 *Ibid.*, 25-6.
42 Sowards.
43 Chastel, illustrations 31-2.
44 Rospocher, *Il papa guerriero*, 331-5.
45 Rospocher, 'Songs of war', 91.
46 Rospocher, *Il papa guerriero*, 196-7.
47 *Ibid.*, 205-13; Alazard, *La bataille oubliée*, 43, 114-5.
48 Scheller, 'L'union des princes', 207.
49 Alazard, *La bataille oubliée*, 116-7, 224.
50 Fiorato.
51 D'Amico, 'Charles Quint'; Niccoli, *Prophecy*.
52 Murrin, 79-92, 124-8.
53 Rospocher, 'Songs of war', quotation, 96.
54 Zimmermann, 88-95.
55 Bodart, 133.

56 *Ibid.*, 132-3.
57 Barreto, 190-3, 203-4.
58 Hale, 140-3.
59 Stermole, 116-22, illustrations 1-4.
60 Hale, 146; Barreto, 174-6, illustrations 4 and 5.
61 Scheller, 'Gallia cisalpina', 45-8; Scheller, 'L'union des princes', 237-9; Giordano.
62 Leydi, 227-54.
63 For Siena, see Glenisson-Delannée, 250-97.

11장 전쟁의 유산

1   *State Papers*, VII, 225-7.
2   Chabod, 128-32.
3   *Ibid.*, 112, 116.
4   Canosa, 29-32.
5   Vigo, 220.
6   Politi, 14.
7   Ruggiero, 316-18.
8   Merlin, 132-3.
9   *Ibid.*, 135.
10 Canosa, 38.
11 Von Albertini, 182-3.
12 Goldthwaite, 595-6.
13 Cantagalli, 227.
14 Ginatempo, 439-88.
15 Galasso, 77-84.
16 Shaw, 'Thepapal court'.
17 Spini, 195.
18 Cremonini.
19 Mazzei.
20 Fasano Guarini, 15.
21 *CSPVen*, VI, ii, 851-5.
22 Politi, 452-3.
23 Segre, (1902), 260.
24 *CSPVen*, VI, ii, 756.
25 Smith, 'Émulation guerrière', 166-9.
26 Romier, II, 85.
27 *CSPVen*, VI, ii, 756.
28 Guidi, 150-2, 161.
29 Smith, 'Complots', 95-101.
30 Chabod, 217.
31 Donati, *L'idea*, 29.
32 Burke, *Culture*, 275.
33 Martines, 'Literary crisis', 18.

34 Romier, II, 72.
35 Mallett and Hale, 369.
36 Rizzo, 'Istituzioni militari', 158.
37 Mallett and Hale, 355.
38 *La fortuna di Cosimo I*, 66-8.
39 Muto, 160.
40 Belloso Martín, 182.
41 Anselmi, 85-8.
42 Mallett and Hale, 409.

참고 문헌

1장 전쟁의 기원과 프랑스의 제1차 원정

Abulafia, David (ed.), *The French Descent into Renaissance Italy 1494-5: Antecedents and Effects* (Aldershot: Ashgate, 1995).

Abulafia, David, *The Western Mediterranean Kingdoms 1200-1500. The Struggle for Dominion* (Longman, 1997).

Benedetti, Alessandro, *Diaria de Bello Carolino (Diary of the Caroline War)*, ed. and trans. Dorothy M. Schullian (New York: Frederick Ungar, 1967).

Biancardi, Silvio, *La chimera di Carlo VIII (1492-1495)* (Novara: Interlinea, 2009).

Blanchard, Joel, 'Political and cultural implications of secret diplomacy', in Abulafia (ed.), *The French Descent into Renaissance Italy*, 231-47.

Boillet, D. and M.F. Piejus (eds), *Les Guerres d'Italie: Histoires, pratiques, représentations* (Paris: Université Paris III Sorbonne Nouvelle, 2002).

Capponi, Gino (ed.), 'Capitoli fatti dalla città di Firenze col re Carlo VIII a dì 25 di novembre 1494', *Archivio storico italiano*, 1 (1842), 363-75.

Catalano, Franco, *Ludovico il Moro* (Milan: Dall'Oglio, 1985).

Chambers, David, 'Francesco II Gonzaga, Marquis of Mantua, "Liberator of Italy"' in Abulafia (ed.), *The French Descent into Renaissance Italy*, 217-31.

Chevalier, Bernard, *Guillaume Briçonnet (v.1445-1514). Un cardinal-ministre au début de la Renaissance. Marchand, financier, homme d'État et prince de l'Église* (Rouen: Presses Universitaires de Rennes, 2005).

Clough, Cecil H., 'The Romagna campaign of 1494: a significant military encounter', in Abulafia (ed.), *The French Descent into Renaissance Italy*, 191-215.

Coniglio, G., 'Francesco Gonzaga e la guerra contro I Francesi nel regno di Napoli', *Samnium*, 24 (1961), 192-209.

Cutolo, Alessandro, 'Nuovi documenti francesi sulla impresa di Carlo VIII', *Archivio storico per le province napoletane*, 63 (1938), 183-257.

de Commynes, Philippe, *Mémoires*, ed. Joseph Calmette, 3 vols (Paris: Librairie Ancienne Honoré Champion, 1924-5).

de Frede, Carlo, 'Alfonso II d'Aragona e la difesa del Regno di Napoli nel 1494', *Archivio storico per le Province napoletane*, 99 (1981), 193-219.

de Frede, carlo, *L'impresa di Napoli di Carlo VIII: Commento ai primi due libri della Storia d'Italia del Guicciardini* (Naples: De Simone, 1982).

de La Pilorgerie, J.L., *Campagne et Bulletins de la Grande Armée d'Italie commandée par Charles VIII 1494-1495* (Nantes: V. Forest and É. Grimaud, 1866).

de La Vigne, André, 'L'Hisoire du voyage de Naples du Roy Charles VIII', in Denis Godefroy (ed.), *Histoire de Charles VIII Roy de France* (Paris, 1684), 114-89.

Delaborde, H.F., *L'expédition de Charles VIII en Italie. Histoire diplomatique et militaire* (Paris: Firmin-Didot, 1888).

Denis, Anne, *Charles VIII et les Italiens. Histoire et mythe* (Geneva: Librairie Droz, 1979).

Desjardins, A. and G. Canestrini, *Négociations diplomatiques de la France avec la Toscane*, 6 vols (Paris: Imprimerie Impériale, 1859-86).

Fletcher, Stella and Christine Shaw, *The World of Savonarola: Italian Elites and Perceptions of Crisis* (Aldershot: Ashgate, 2000).

Galasso, Giuseppe, *Alla periferia dell'impero: Il Regno di Napoli nel periodo spagnolo (secoli XVI-XVII)* (Turin: Einaudi, 1994).

Galasso, Giuseppe, *Il Regno di Napoli: Il Mezzogiorno spagnolo (1494-1622)* (*idem* (ed.), *Storia d'Italia*, XV, 2) (Turin: UTET, 2005).

Guicciardini, Francesco, *Storia d'Italia* (various editions).

Kekewich, Margaret L., *The Good King. René of Anjou and Fifteenth Century Europe* (Palgrave Macmillan, 1907).

Kidwell, Carol, 'Venice, the French invasion and the Apulian ports', in Abulafia (ed.), *The French Descent into Renaissance Italy*, 295-308.

Knecht, Robert, *The Rise and Fall of Renaissance France* (2nd edition, Oxford: Blackwell, 2001).

Labande-Mailfert, Yvonne, *Charles VIII et son milieu, La jeunesse au pouvoir* (Paris: Librairie C. Klincksiek, 1975).

Mallett, Michael, 'Personalities and pressures: Italian involvement in the French invasion of 1494', in Abulafia (ed.), *The French Descent into Renaissance Italy*, 151-63.

Matucci, Andrea, '"E vi farai alcun fiume": il mito della battaglia di Fornovo fra Leonardo e Machiavelli' in Boillet and Piejus (eds), *Les Guerres d'Italie: Histoires, pratiques, représentations*, 103-16.

Negri, Paolo, 'Studi sulla crisi italiana alla fine del secolo XV', *Archivio storico lombardo*, 50 (1923), 1-135, 51 (1924), 75-144.

Pélicier, P. (ed.), *Lettres de Charles VIII*, 5 vols (Paris: Renouard, 1898-1905).

Pellegrini, Marco, *Ascanio Maria Sforza. La parabola politica di un cardinale-principe del Rinascimento*, 2 vols (Rome: Istituto storico italiano per il Medio Evo, 2002).

Pieri, Piero, *Il Rinascimento e la crisi militare italiana* (Turin: Einaudi, 1952).

Pepper, Simon, 'Castles and cannon in the Naples campaign of 1494-95', in Abulafia (ed.), *The French Descent into Renaissance Italy*, 263-91.

Potter, David, *A History of France, 1460-1560: The Emergence of a Nation State* (London: Macmillan, 1995).

Quilliet, Bernard, *Louis XII* (Paris: Fayard, 1986).

Sakellariou, Elena, 'Institutional and social continuities in the kingdom of Naples between 1443 and 1528', in Abulafia (ed.), *The French Descent into Renaissance Italy*, 327-53.

Santossuoso, A,. 'Anatomy of defeat in Renaissance Italy: the Battle of Fornovo in 1495', *International History Review*, 16 (1994), 221-50.

Sanuto, Marino, *La spedizione di Carlo VIII in Italia*, ed. R. Fulin (Venice: M. Visentini, 1883).

Segre, Arturo, 'Lodovico Sforza, detto il Moro, e la Repubblica di Venezia dall'autunno 1494 alla primavera 1495', *Archivio storico lombardo*, 3rd ser., 18 (1902), 249-317, 20 (1903), 33-109, 368-443.

Segre, Arturo, 'I prodromi della ritirata di Carlo VIII, Re di Francia, da Napoli', *Archivio storico italiano*, 5th ser., 33 (1904), 332-69, 34 (104), 2-27, 350-405.

Shaw, Christine, 'Alexander VI and the French invasion of 1494', *Jacobus*, 25-6 (2009), 197-222.

Shaw, Christine, 'The French invasions and the establishment of the Petrucci signoria in siena', in Fletcher and Shaw (eds), *The World of Savonarola*, 168-81.

Shaw, Christine, *Julius II: The Warrior Pope* (Oxford: Blackwell, 1993).

Shaw, Christine, *The Political Role of the Orsini Family from Sixtus IV to Clement VII. Barons and Factions in the Papal States* (Rome: Istituto Storico Italiano per il Medio Evo, 2007).

Shaw, Christine, 'The Roman barons and the French descent into Italy', in Abulafia (ed.), *The French Descent into Renaissance Italy*, 249-61.

Suárez, Luis, *Fernando el Católico* (Barcelona: Ariel, 2004).

2장 정복당한 밀라노와 나폴리, 1496-1503

Abulafia, David, 'Ferdinand the Catholic and the kingdom of Naples', in Shaw (ed.), *Italy and the European Powers*, 129-58.

Abulafia, David (ed.), *The French Descent into Renaissance Italy 1494-5: Antecedents and Effects* (Aldershot: Ashgate, 1995).

Antonovics, Atis, 'Hommes de guerre et gens de finance. The inquest on the French defeat in Naples 1503-4', in Shaw (ed.), *Italy and the European Powers*, 23-32.

Arcangeli, Letizia, *Gentiluomini di Lombardia: Ricerche sull'aristocrazia padana nel Rinascimento* (Milan: Edizioni Unicopli, 2003).

Arcangeli, Letizia, 'Gian Giacomo Trivulzio Marchese di Vigevano e il governo francese nello Stato di Milano (1499-1518)', in Arcangeli, *Gentiluomini*, 3-70.

Arcangeli, Letizia, 'Ludovico tiranno?', in Arcangeli, *Gentiluomini*, 123-48.

Arcangeli, Letizia (ed.), *Milano e Luigi XII. Ricerche sul primo dominio francese in Lombardia (1499-1512)* (Milan: FrancoAngeli, 2002).

Baquer, Miguel Alfonse, 'La escuela hispano-italiana de estrategia', in Hernán and Maffi, *Guerra y Sociedad en La Monarquía Hispánica*, I, 367-77.

Barbero, Alessandro, 'La politica di Ludovico II di Saluzzo tra Francia, Savoia e Milano (1475-1504)', in Comba (ed.), *Ludovico II Marchese di Saluzzo*, I, 229-54.

Baumgartner, Frederic J., *Louis XII* (Stroud: Alan Sutton, 1994).

Belenguer, Ernest, *Fernando el Católico. Un monarca decisivo en las encrucijadas de su época* (3rd edition, Barcelona: Península, 2001).

Belgrano, Luigi Tommaso, 'Della dedizione dei Genovesi a Luigi XII re di Francia commentario', *Miscellanea di Storia italiana*, 1 (1862), 557-658.

Bonvini Mazzanti, Marinella, 'La valenza giuridica nell'impresa borgiana', in Bonvini Mazzanti and Miretti (eds), *Cesare Borgia*, 85-104.

Bonvini Mazzanti, Marinella and Monica Miretti (eds), *Cesare Borgia di Francia, Gonfaloniere di*

Santa Romana Chiesa 1498-1503. Conquiste effimere e progettualità statale (Urbino: Tecnostampa Edizioni Ostra Vetere, 2005).

Breisach, Ernst, *Caterina Sforza. A Renaissance Virago* (University of Chicago, 1967).

Calderón, José Manuel, *Felipe el Hermoso* (Madrid: Espasa Calpe, 2001).

Calendar of State Papers, Spanish (HMSO, 1862-1964) [*CSPSpan*].

Cerretani, Bartolomeo, *Storia fiorentina*, ed. Giuliana Berti (Florence: Leo S. Olschki, 1994).

Chittolini, Giorgio, 'Milan in the face of the Italian Wars', in Abulafia (ed.), *The French Descent into Renaissance Italy*, 391-404.

Comba, Rinaldo (ed.), *Ludovico II Marchese di Saluzzo, condottiero, uomo di Stato e mecenate (1475-1504)*, 2 vols (Cuneo: Società per gli studi storici, archeologici e artistici della provincia di Cuneo, 2005-6).

Contamine, Philippe, 'À propos du "Voyage de Milan" (février-juillet 1500): Louis de La Trémoille, Louis II et Ludovic le More', in *Milano nell'età di Ludovico il Moro*, 2 vols (Milan: Comune di Milano, 1983), 79-82.

Contamine, Philippe and Jean Guillaume (eds), *Louis XII en Milanais* (Paris: Honoré Champion, 2003).

Courteault, Henri, 'Le dossier Naples des Archives Nicolay: Documents pour servir à l'histoire de l'occupation française du Royaume de Naples sous Louis XII', *Annuaire-Bulletin de la Société de l'Histoire de France*, 52 (1915), 117-245.

d'Auton, Jean, *Chroniques de Louis XII*, ed. R. de Maulde, 4 vols (Paris: Renouard, 1889-96).

Desjardins, A. and G. Canestrini, *Négociations diplomatiques de la France avec la Toscane*, 6 vols (Paris: Imprimerie Impériale, 1859-86).

de Torre, L. and R. Rodríguez Pascual, 'Cartas y documentos relativos al Gran Capitán', *Revista de Archivos, Bibliotecas y Museos*, 34-44 (1916-23).

di Brazzano, Stefano, *Pietro Bonomo (1458-1546). Diplomatico, umanista e vescovo di Trieste. La vita e l'opera letteraria* (Trieste: Parnaso, 2005).

Dumont, Jean, *Corps universel diplomatique du droit des gens*, 8 vols (Amsterdam, 1726-31).

Fanucci, Vittorio, 'Le relazioni tra Pisa e Carlo VIII', *Annali della R. Scuola Normale Superiore di Pisa*, 16 (1894), 3-83.

Faraglia, N.F., 'Gli Orsini al soldo di Spagna (1503)', *Archivio storico per le province napoletane*, 6 (1881), 551-62.

Fernández de Córdova Miralles, Álvaro, *Alejandro VI y los Reyes Católicos. Relaciones político-eclesiásticas (1492-1503)* (Rome: Edizioni Università della Santa Croce, 2005).

Fernando el Católico e Italia (V Congreso de Historia de la Corona de Aragon) (Zaragoza: Institución 'Fernando el Católico', 1954).

Figliuolo, Bruno, 'Viceré di Napoli (novembre 1502-gennaio 1504)' in Comba (ed.), *Ludovico II marchese di Saluzzo*, I, 405-21.

Foscari, Francesco, 'Dispacci al Senato veneto ... nel 1496', *Archivio storico italiano*, 7 (1844), 721-948.

Gabotto, Ferdinando, *Lo stato sabaudo da Amedeo VIII ad Emanuele Filiberto*, 3 vols (Turin: L. Roux, 1892-5).

Galasso, Giuseppe, *Il Regno di Napoli: Il Mezzogiorno spagnolo (1494-1622)* (idem (ed.), *Storia d'Italia*, XV, 2) (Turin: UTET, 2005).

Giovio, Paolo, 'La vita di Consalvo Hernandez di Cordova, detto per sopranome il Gran Capitano', in Paolo Giovio, *Le vite del Gran Capitano e del Marchese di Pescara*, trans. Ludovico

Domenichi, ed. Costantino Panigada (Bari: Laterza, 1931), 1-193.

Giustinian, Antonio, *Dispacci*, ed. Pasquale Villari, 3 vols (Florence, 1876).

Graziani, Natale and Gabriella Venturelli, *Caterina Sforza* (2nd edition; Milan: dall'Oglio, 1987).

Guicciardini, Francesco, *Storia d'Italia* (various editions).

Guicciardini, Francesco, *Storie fiorentine*, ed. Alessandro Montevecchi (Milan: BUR, 1998).

Hernán, Enrique García and Davide Maffi (eds), *Guerra y Sociedad en La Monarquía Hispánica. Politica, estrategia y cultura en la Europa moderna (1500-1700)*, 2 vols (Madrid: Ediciones del Laberinto, 2006).

Hernando Sánchez, Carlos José, *El reino de Nápoles en el Imperio de Carlos V. La consolidación de la conquista* (Madrid: Sociedad Estatal para la Conmemoración de los Centenarios de Felipe II y Carlos V, 2001).

Law, John E. and Bernadette Paton (eds), *Communes and Despots in Medieval and Renaissance Italy* (Aldershot: Ashgate, 2010).

Leverotti, Franca, 'La crisi finanziaria del ducato di Milano', in *Milano nell'età di Ludovico il Moro*, 585-632.

Lupo Gentile, Michele, 'Pisa, Firenze e Massimiliano d'Austria (1496)', *Annali della R. Scuola Normale Superiore di Pisa: Lettere, Storia e Filosofia*, ser.II, 8 (1939), 23-51, 131-67.

Luzzati, Michele, *Una Guerra di Popolo: Lettere private del tempo dell'assedio di Pisa (1494-1509)* (Pisa: Pacini, 1973).

Machiavelli, Niccolò, *Dell'arte della guerra in Arte della guerra e scritti politici minori*, ed. Sergio Bertelli (Milan: Feltrinelli, 1961).

Machiavelli, Niccolò, *Legazioni e commissarie*, ed. Sergio Bertelli, 3 vols (Milan: Feltrinelli, 1964).

Machiavelli, Niccolò, *Legazioni, Commissarie. Scritti di governo*, ed. Fredi Chiappelli, 4 vols (Rome: Laterza, 1971-85).

Malipiero, Domenico, 'Annali veneti', *Archivio storico italiano*, 7 (1843).

Mallett, Michael, *The Borgias* (Bodley Head, 1969).

Mantovani, Sergio, *Ad honore del signore vostro patre et satisfactione nostra: Ferrante d'Este condottiero di Venezia* (Modena: Deputazione Provinciale Ferrarese di Storia Patria, 2005).

Meschini, Stefano, *La Francia nel ducato di Milano. La politica di Luigi XII (1499-1512)*, 2 vols (Milan: FrancoAngeli, 2006).

Milano nell'età di Ludovico il Moro, 2 vols (Milan: Comune di Milano, 1983).

Negri, Paolo, 'Milano, Ferrara e Impero durante l'impresa di Carlo VIII in Italia', *Archivio storico lombardo*, 44 (1917), 423-571.

Pandiani, Emilio, 'Un anno di storia genovese (giugno 1506-1507), con diario e documenti inediti', *Atti della Società ligure di storia patria*, 37 (1905).

Pélicier, P. (ed.), *Lettres de Charles VIII*, 5 vols (Paris: Renouard, 1898-1905).

Pélissier, Léon-G., 'L'alliance milano-allemande à la fin du XVme siècle: L'ambassade d'Herasmo Brasca à la court de l'empereur Maximilien (avril-décembre 1498)', *Miscellanea di storia italiana*, ser. III, 4 (1898), 333-492.

Pélissier, Léon-G., 'Documents sur l'ambassade siennoise envoyée à Milan en octobre 1499', *Bullettino senese di storia patria*, 3 (1894), 43-66.

Pélissier, Léon-G., *Louis XII et Ludovic Sforza (8 avril 1498-23 juillet 1500)*, 2 vols (*Bibliothèque des Ecoles Françaises d'Athènes et de Rome*, vol. 75) (Paris: Albert Fontemoing, 1896).

Pélissier, Léon-G., 'Sopra alcuni documenti relativi all'alleanza tra Alessandro VI e Luigi XII (1498-99)', *Archivio della R. Società romana di storia patria*, 17 (1894), 303-73, 18 (1895), 99-

215.

Pellegrini, Marco, *Ascanio Maria Sforza. La parabola politica di un cardinale-principe del Rinascimento*, 2 vols (Rome: Istituto storico italiano per il Medio Evo, 2002).

Pieri, Piero, 'La guerra franco-spagnola nel Mezzogiorno (1502-1503)', *Archivio storico per le province napoletane*, 72 (1952), 21-69.

Pieri, Piero, *Il Rinascimento e la crisi militare italiana* (Turin: Einaudi, 1952).

Pieri, Piero, 'Consalvo di Cordova e le origini del moderno esercito spagnolo', in *Fernando el Católico e Italia* (V Congreso de Historia de la Corona de Aragon) (Zaragoza: Institución 'Fernando el Católico', 1954), 209-25.

Portoveneri, Giovanni, 'Memoriale dall'anno 1494 sino al 1502', *Archivio storico italiano*, 6, part 2 (1845), 281-360.

Procacci, G., *La difesa di Barletta tra storia e romanzo* (Milan, 2001).

Quilliet, Bernard, *Louis XII* (Paris: Fayard, 1986).

Rodriguez Villa, A., 'D. Francisco de Rojas, Embajador de los Reyes Católicos', *Boletín de la Real Academia de la Historia*, 28 (1896), 180-202, 295-339, 364-400, 440-74, 29 (1896), 5-69.

Ruiz-Domènec, José Enrique, *El Gran Capitán. Retrato de una época* (Barcelona: Ediciones Península, 2002).

Sanuto, Marino, *I Diarii*, ed. R. Fulin et al., 58 vols (Venice: Reale Deputazione veneta di storia patria, 1879-1903).

Scaramella, G., 'Il lodo del Duca di Ferrara tra Firenze e Venezia', *Nuovo archivio veneto*, N.S. 5 (1903), 5-47.

Serano y Pineda, L.J. (ed.), 'Correspondencia de los Reyes Católicos con el Gran Capitán durante las campañas de Italia', *Revista de Archivos, Bibliotecas y Museos*, 20-29 (1909-13).

Shaw, Christine, 'Alexander VI, Cesare Borgia and the Orsini', *European Studies Review*, 11 (1981), 1-23.

Shaw, Christine, *L'ascesa al potere di Pandolfo Petrucci, il Magnifico* (Siena: Il Leccio, 2001).

Shaw, Christine, 'Concepts of *libertà* in Renaissance Genoa', in Law and Paton (eds), *Communes and Despots in Medieval and Renaissance Italy*, 177-90.

Shaw, Christine (ed.), *Italy and the European Powers: The Impact of War, 1500-1530* (Leiden: Brill, 2006).

Shaw, Christine, *Julius II: The Warrior Pope* (Oxford: Blackwell, 1993).

Shaw, Christine, 'The role of Milan in the Italian state system under Louis XII', in Arcangeli (ed.), *Milano e Luigi XII*, 25-37.

Suárez, Luis, *Fernando el Católico* (Barcelona: Ariel, 2004).

Tommasi, Girolamo, *Sommario della Storia di Lucca* (Lucca: Maria Pacini Fazzi, 1969; reprint of 1847 edition).

Vissière, Laurent, *Sans poinct sortir hors de l'orniere: Louis II de La Trémoille (1460-1525)* (Paris: Honoré Champion Éditeur, 2008).

Vissière, Laurent, 'Une amitiè hasardeuse: Louis II de la Trémoille et le marquis de Mantoue', in Contamine and Guillaume (eds), *Louis XII en Milanais*, 149-71.

Volpicella, Luigi, *Federico d'Aragona e la fine del regno di Napoli nel 1501* (Naples, 1908).

Volpicella, Luigi, 'La questione di Pietrasanta nell'anno 1496 dai documenti genovesi e lucchesi', *Atti della Società ligure di storia patria*, 54 (1926), fasc. 1.

Wiesflecker, Hermann, *Kaiser Maximilian I: Das Reich, Österreich und Europa an der Wende zur Neuzeit*, 5 vols (Munich: R. Oldenbourg, 1971-86).

Woodward, William Harrison, *Cesare Borgia. A Biography* (Chapman and Hall, 1913).

3장 충돌의 확대

Baumgartner, Frederic J., *Louis XII* (Stroud: Alan Sutton, 1994).

Belenguer, Ernest, *Fernando el Católico. Un monarca decisivo en las encrucijadas de su época* (3rd edition, Barcelona: Península, 2001).

Bowd, Stephen D., *Venice's Most Loyal City: Civic Identity in Renaissance Brescia* (Cambridge, MA: Havard University Press, 2010).

Calendar of State Papers, Spanish (HMSO, 1862-1964) [*CSPSpan*].

Canestrini, Giuseppe, 'Documenti per servire alla storia della milizia italiana', *Archivio storico italiano*, 15 (1851).

Contamine, Philippe and Jean Guillaume (eds), *Louis XII en Milanais* (Paris: Honoré Champion, 2003).

d'Auton, Jean, *Chronicles de Louis XII*, ed. R. de Maulde, 4 vols (Paris: Renouard, 1889-96).

de Maulde, R., 'L'entrevue de Savone en 1507', *Revue d'histoire diplomatique*, 4 (1890), 583-90.

Desjardins, A. and G. Canestrini, *Négociations diplomatiques de la France avec la Toscane*, 6 vols (Paris: Imprimerie Impériale, 1859-86).

Doussinague, José, 'Fernando el Católico en las vistas de Savona de 1507', *Boletín de la Academia de la Historia*, 108 (1936), 99-146.

Dumont, Jean, *Corps universel diplomatique du droit des gens*, 8 vols (Amsterdam, 1726-31).

Dupré-Theseider, Eugenio, 'L'intervento di Ferdinando il Cattolico nella guerra di Pisa', in *Fernando el Católico e Italia* (V Congreso de Historia de la Corona de Aragon) (Zaragoza: Institución 'Fernando el Católico', 1954), 21-41.

Faraglia, N.F., 'Gil Orsini al soldo di Spagna (1503)', *Archivio storico per le province napoletane*, 6 (1881), 551-62.

Fernández de Córdova Miralles, Álvaro, *Alejandro VI y los Reyes Católicos: Relaciones político-eclesiásticas (1492-1503)* (Rome: Edizioni Università della Santa Croce, 2005).

Finlay, Robert, 'Venice, the Po expedition and the end of the League of Cambrai, 1509-1510', in Robert Finlay, *Venice Besieged. Politics and Diplomacy in the Italian Wars, 1494-1534* (Aldershot: Ashgate, 2008), Essay VI.

Frat, Vasco et al. (eds), *Il sacco di Brescia. Testimonianze, cronache, diari, atti del processo e memorie storiche della presa memoranda et crudele'della città nel 1512*, 3 vols (Brescia: Comune di Brescia, 1990).

Gagliardi, Ernst, *Der Anteil der Schweizer an den italienischen Kriegen 1494-1516* (Zurich, 1919).

Galasso, Giuseppe, *Il Regno di Napoli: Il Mezzogiorno spagnolo (1494-1622)* (idem (ed), *Storia d'Italia*, XV, 2) (Turin: UTET, 2005).

Gilbert, Felix, 'Venice in the crisis of the League of Cambrai', in J.R. Hale (ed.), *Renaissance Venice* (Faber and Faber, 1973), 274-92.

Giustinian, Antonio, *Dispacci*, ed. Pasquale Villari, 3 vols (Florence, 1876).

Godefroy, I. (ed.), *Lettres du Roy Louis XII et du Cardinal d'Amboise*, 4 vols (Brussels: Françoise Foppens, 1712).

Guerin-Dalle Mese, Jeanine (ed.), *Una cronaca vicentina del Cinquecento* (Vicenza: Accademia Olimpica, 1983).

Guicciardini, Francesco, *Storia d'Italia* (various editions).

Guidi, Andrea, *Un segretario militante: Politica, diplomazia e armi nel Cancelliere Machiavelli* (Bologna, Il Mulino, 2009).

Hernando Sánchez, Carlos José, *El reino de Nápoles en el Imperio de Carlos V. La consolidación de de la conquista* (Madrid: Sociedad Estatal para la Conmemoración de los Centenarios de Felipe II y Carlos V. 2001).

Kohler, Charles, *Les Suisses dans les Guerres d'Italie de 1506 à 1512* (*Mémoires et Documents publiés par la Société d'Histoire et d'Archéologie de Genève*, ser 2, vol 4) (Geneva, 1896).

Le Glay, M. (ed.), *Négociations diplomatiques entre la France et l'Autriche durant les trente premières années du XVI' siècle*, 2 vols (Paris: Imprimerie Royale, 1845).

Le Loyal Serviteur, *La très joyeuse, plaisante et récreative histoire du bon chevalier sans paour et sans reproche, gentil seigneur de Bayard*, in Joseph Michaud and Jean Joseph François Poujoulat (eds), *Nouvelle collection des mémoires pour servir à l'histoire de France*, Ser. 1, 12 vols (Paris: Guyot, 1850), IV.

Luzio, Alessandro, 'Isabella d'Este di fronte al Giulio II negli ultimi tre anni del suo pontificato', *Archivio storico lombardo*, Ser. 4, 17 (1912), 245–334; 18 (1912), 55–144, 393–456.

Luzzati, Michele, *Una Guerra di Popolo: Lettere private del tempo dell'assedio di Pisa (1494-1509)* (Pisa: Pacini, 1973).

Machiavelli, Niccolò, *Legazioni e commissarie*, ed. Sergio Bertelli, 3 vols (Milan: Feltrinelli, 1964).

Machiavelli, Niccolò, *Legazioni. Commissarie. Scritti di governo*, ed. Fredi Chiappelli, 4 vols (Rome: Laterza, 1971–85).

Mallett, Michael and J.R. Hale, *The Military Organization of a Renaissance State: Venice c. 1400 to 1617* (Cambridge: Cambridge University Press, 1984).

Mazzetti, Adriano, 'Polesella 22 dicembre 1509: l'armata veneta marittima "ruynata" in Po', *Archivio veneto*, 175 (2010), 255–84.

Meschini, Stefano, La Francia nel ducato di Milano. *La politica di Luigi XII (1499-1512)*, 2 vols (Milan: FrancoAngeli, 2006).

Ostinelli, Paolo, 'Il Ticino tra Milano e la Svizzera. Le "Guerre milanesi" nella regione subalpina', in Viganò (ed.), *L'architettura militare nell'età di Leonardo*, 97–111.

Pacini, Arturo, *I presupposti politici del 'secolo dei genovesi'. La riforma del 1528* (*Atti della Società ligure di storia patria*, 104 (1990), fasc. 1) (Genoa, 1990).

Pandiani, Emilio, 'Un anno di storia genovese (giugno 1506-1507), con diario e documenti inediti', *Atti della Società ligure di storia patria*, 37 (1905).

Pecci, Giovanni Antonio, *Memorie storico-critiche della Città di Siena*, 2 vols (reprint, Siena: Edizioni Cantagalli, 1997).

Pieri, Piero, *Il Rinascimento e la crisi militare italiana* (Turin: Einaudi, 1952).

Priuli, Girolamo, I Diarii, ed. Arturo Segre and Roberto Cessi, *Rerum Italicarum Scriptores*, 24, part 3 (Bologna, 1912–38).

'Relación de los sucesos de las armas de España en Italia en los años de 1511 y 1512, con la jornada de Ravena', in *Colección de documentos inéditos para la Historia de España*, 112, vols (Madrid: Academia de la Historia, 1842–95), LXXIX, 233–98.

Ruiz-Domènec, José Enrique, *El Gran Capitán, Retrato de una época* (Barcelona: Ediciones Península, 2002).

Sabattini, Alberto, *Alberto III Pio. Politica, diplomazia e guerra del conte di Carpi. Corrispondenza con la corte di Mantova, 1506-11* (Carpi: Danae, 1994).

Sanuto, Marino, *I Diarii*, ed. R. Fulin et al., 58 vols (Venice: Reale Deputazione veneta di storia patria, 1879-1903).

Schimidt, Hnas-Joachim, 'Le défi européen des Suisses. Confrontations et coopérations vers l'an 1500', in Viganò (ed.), *L'architettura militare nell'età di Leonardo*, 113-32.

Schimidt, Hans-Joachim, 'Les Suisses en Milanais: coopération et concurrence avec Louis XII', in Conatmine and Guillaume (eds), *Louis XII en Milanais*, 189-225.

Serano y Pineda, L.J. (ed.), 'Correspondencia de los Reyes Católicos con el Gran Capitán durante las campañas de Italia', *Revista de Archivos, Bibliotecas y Museos*, 20-29 (1909-13).

Shaw, Christine, *L'ascesa al portere di Pandolfo Petrucci, il Magnifico* (Siena: Il Leccio, 2001).

Shaw, Christine, 'La battaglia e il sacco di Ravenna', in Dante Bolognesi (ed.), *1512. La battaglia di Ravenna, l'Italia, l'Europa* (Ravenna: Longo Editore, 2014), 77-84.

Shaw, Christine, 'Julius II and Maximilian I', in Michael Matheus, Arnold Nesselrath and Martin Wallraff (eds), *Martin Luther in Rom. Die Ewige Stadt als kosmopolitisches Zentrum und ihre Wahrnehmung* (Berlin and Boston: de Gruyter, 2017), 155-68.

Shaw, Christine, *Julius II: The Warrior Pope* (Oxford: Blackwell, 1993).

Shaw, Christine, *The Political Role of the Orsini Family from Sixtus IV to Clement VII. Barons and Factions in the Papal States* (Rome: Istituto Storico Italiano per il Medio Evo, 2007).

Shaw, Christine, *Popular Government and Oligarchy in Renaissance Italy* (Leiden: Brill, 2006).

Storia di Brescia, vol. II, *La dominazione veneta (1426-1515)* (Brescia: Marcelliana, 1963).

Suárez, Luis, *Fernando el Católico* (Barcelona: Ariel, 2004).

Taviani, Carlo, *Superba discordia. Guerra, rivolta e parcificazione nella Genova di primo Cinquecento* (Rome: Viella, 2008).

Taylor, Frederick Lewis, *The Art of War in Italy 1494-1529* (Cambridge: Cambridge University Press, 1921; reprinted Westport: Greenwood Press, 1973).

Terrateig, Baron de, *Politica en Italia del Rey Católico 1507-1516*, 2 vols (Madrid: Consejo Superior de Investigaciones Cientificas, 1963).

Trebbi, Giuseppe, *Il Friuli dal 1420 al 1797. La storia politica e sociale* (Udine, Casamassima, 1998).

Varanini, Gian Maria, 'La terraferma di fronte alla sconfitta di Agnadello' in Giuseppe Gullino (ed.), *L'Europa e la Serenissima. La svolta del 1509. Nel V centenario della battaglia di Agnadello* (Venice: Istituto veneto di scienze, lettere ed arti, 2011), 115-61.

Varanini, Gian Maria, 'La Terraferma al tempo della crisi della Lega di Cambrai. Proposte per una rilettura del "caso" veronese (1509-1517)', in Gian Maria Varanini, *Comuni, cittadini e Stato regionale: Ricerche sulle Terraferma veneta nel Quattrocento* (Verona: Libreria Editrice Universitaria, 1992), 397-435.

Viganò, Marino (ed.), *L'architettura militare nell'età di Leonardo. 'Guerre milanesi' e diffusione del bastione in Italia e in Europa* (Bellinzona: Edizioni Casagrande, 2008).

Wiesflecker, Hermann, *Kaiser Maximilian I: Das Reich, Österreich und Europa an der Wende zur Wende zur Neuzeit*, 5 vols (Munich: R. Oldenbourg, 1971-86).

4장 새로운 질서의 탄생, 1512-1519

Arcangeli, Letizia, 'Marignano, una svolta? Governare Milano dopo la "Battaglia dei giganti" (1515-1521). Note a margine di studi recenti', *Archivio storico lombardo*, 141 (2015), 223-63.

Barrillon, Jean, *Journal*, ed. Pierre de Vaissière, 2 vols (Paris: Renouard, 1897-9).

Benassi, Umberto, *Storia della Città di Parma*, 3 vols (reprint: Bologna, Forni: 1971).

Büchi, Albert (ed.), *Korrespondenzen und Akten zur Geschichte des Karndinals Matth. Schiner*, 2 vols (Basel: R. Geering, 1920-5).

Calendar of State Papers, Spanish (HMSO, 1862-1964) [*CSPSpan*].

Calendar of State Papers, Venetian (Longmans, 1864-98) [*CSPVen*].

Clough, Cecil H., 'Clement VII and Francesco Maria della Rovere, Duke of Urbino', in Kenneth Gouwens and Sheryl E Reiss (eds), *The Pontificate of Clement VII. History, Politics, Culture* (Aldershot: Ashgate, 2005), 75-108.

Dennistoun, James, *Memoirs of the Dukes of Urbino*, ed. Edward Hutton, 3 vols (John Lane, 1909).

Desjardins, A. and G. Canestrini, *Négociations diplomatiques de la France avec la Toscane*, 6 vols (Paris: Imprimerie Impériale, 1859-86).

Doussinague, José M., *Fernando el Católico y el cismo de Pisa* (Madrid: Espasa-Calpe, 1946).

Ferri, Massimiliano and Luca Fois, 'Le terre ticinesi tra Ducato di Milan, Francia e Svizzeri dalla caduta di Lugano e Locarno all'alleanza di Lucerna (1513-1521)', *Archivio storico lombardo*, 139 (2013), 149-82.

Filippi, Elena, *Una beffa imperiale. Storia e immagini della battaglia di Vicenza (1513)* (Vicenza: Neri Pozza, 1996).

Gar, Tommaso, 'Documenti risguardanti Giuliano de' Medici e il Pontefice Leone X', *Archivio storico italiano*, Appendice, 1 (1842-4), 291-324.

Gattoni, Maurizio, *Leone X e la geo-politica dello Stato pontifico (1513-1521)* (Città del Vaticano: Archivio Segreto Vaticano, 2000).

Godefroy, J. (ed.), *Lettres du Roy Louis XII et du Cardinal d'Amboise*, 4 vols (Brussels: Françoise Foppens, 1712).

Goubaux, Robert and P. André Lemoisne (eds), *Mémoires du Maréchal de Florange dit le Jeune Adventureux*, 2 vols (Paris: Librarie Renouard, 1913, 1924).

Guasti, Cesare (ed.), 'I Manoscritti Torrigiani donati al R. Archivio Centrale di Stato di Firenze', *Archivio storico italiano*, 19 (1874)-26 (1877).

Guasti, Cesare, *Il Sacco di Prato e il ritorno de' Medici in Firenze nel MDXII*, 2 vols (Bologna: Gaetano Romagnoli, 1880).

Guicciardini, Francesco, *Storia d'Italia* (various editions).

Knecht, R.J. *Francis I* (Cambridge: Cambridge University Press, 1982).

Kohler, Charles, *Les Suisses dans les Guerres d'Italie de 1506 à 1512* (*Mémoires et Documents publiés par la Société d'Histoire et d'Archéologie de Genève*, Ser 2, vol 4) (Geneva, 1896).

Le Fur, Didier, *Marignan 13-14 septembre 1515* (Paris: Perrin, 2004).

Le Glay, M. (ed.), *Négociations diplomatiques entre la France et l'Autriche durant les trente premières années du XVIe siècle*, 2 vols (Paris: Imprimerie Royale, 1845).

Leonij, Lorenzo, *Vita de Bartolomeo di Alviano* (Todi: A. Natali, 1858).

Letters and Papers, Foreign and Domestic, of the Reign of Henry VIII, ed. J. S. Brewer et al., 21 vols and *Addenda* (London: HMSO, 1862-1923) [*LP*].

Lot, Ferdinand, *Recherches sur les effectifs des armées françaises des Guerres d'Italie aux Guerres de Religion 1494-1562* (Paris: SEVPEN, 1962).

Luzio, Alessandro, 'Isabella d'Este di fronte al Giulio II negli ultimi tre anni del suo pontificato', *Archivio storico lombardo*, Ser. 4, 17 (1912), 245-334; 18 (1912), 55-144, 393-456.

Meschini, Stefano, *La seconda dominazione francese nel Ducato di Milano: la politica e gli uomini di Francesco I (1515-1521)* (Varzi (Pavia): Guardamagna Editori, 2014).

Michaud, Joseph and Jean Joseph François Poujoulat (eds), *Nouvelle collection des mémoires pour servir à l'histoire de France*, Ser. 1, 12 vols (Paris: Guyot, 1850).

Pacini, Arturo, *I presupposti politici del 'secolo dei genovesi'. La riforma del 1528 (Atti della Società ligure di storia patria*, 104 (1990), fasc. 1) (Genoa, 1990).

Pecci, Giovanni Antonio, *Memorie storico-critiche della Citttà di Siena*, 2 vols (reprint, Siena: Edizioni Cantagalli, 1997).

Pieri, Piero, *Il Rinascimento e la crisi militare italiana* (Turin: Einaudi, 1952).

Sanuto, Marino, *I Diarii*, ed. R. Fulin et al., 58 vols (Venice: Reale Deputazione veneta di storia patria, 1879-1903).

Storia di Milano, vol VIII, *Tra Francia e la Spagna 1500-1535* (Milan: Fondazione Treccani, 1957).

Storia di Vicenza, ed. Franco Barbieri and Paolo Prato, vol. III/1 *L'età della Repubblica Veneta (1404-1797)* (Vicenza: Neri Pozza, 1989).

Tamalio, Raffaele, *Federico Gonzaga alla Corte di Francesco I di Francia nel carteggio privato con Mantova (1515-1517)* (Paris: H. Champion, 1994).

Terrateig, Baron de, *Politica en Italia del Rey Católico 1507-1516*, 2 vols (Madrid: Consejo Superior de Investigaciones Cientificas, 1963).

Tommasi, Girolamo, *Sommario della Storia di Lucca* (Lucca: Maria Pacini Fazzi, 1969; reprint of 1847 edition).

Troso, Mario, *L'ultima battaglia del Medioevo. La battaglia dell'Ariotta Novara 6 giugno 1513* (Mariano del Friuli: Edizioni della Laguna, 2002).

Vissière, Laurent, *Sans poinct sortir hors de l'orniere'. Louis II de La Trémoille (1460-1525)* (Paris: Honoré Champion Éditeur, 2008).

Wiesflecker, Hermann, *Kaiser Maximilian I: Das Reich, Österreich und Europa an der Wende zur Neuzeit*, 5 vols (Munich: R. Oldenbourg, 1971-86).

Wirz, Caspar (ed.), *Akten über die diplomatischen Beziehungen der römischen Curie zu der Schweiz 1512-1552* (Basle: Adolf Geering, 1895).

5장 이탈리아 패권 경쟁, 1520-1529

Arfaioli, Maurizio, *The Black Bands of Giovanni* (Pisa: Plus, 2005).

Bennato, F., 'La partecipazione militare di Venezia alla Lega di Cognac', *Archivio veneto*, Ser. 5, 58-9 (1956), 70-87.

Bourrilly, V.-L., *Guillaume du Bellay, Seigneur de Langey, 1491-1543* (Paris: Société nouvelle de librairie et d'édition, 1905).

Bourrilly, V.-L. and F. Vindry (eds), *Mémoires de Martin et Guillaume du Bellay*, 4 vols (Paris: Renouard, 1908-19).

Brandi, Karl, *The Emperor Charles V. The Growth and Destiny of a Man and of a World-Empire*, trans. C.V. Wedgwood (London: Jonathan Cape, 1939).

Calendar of State Papers, Spanish (HMSO, 1862-1964) [*CSPSpan*].

Calendar of State Papers, Venetian (Longmans, 1864-98) [*CSPVen*].

Canestrini, Giuseppe, 'Documenti per servire all storia della milizia italiana', *Archivio storico italiano*, 15 (1851).

Casali, Luigi and Marco Galandra, *La battaglia di Pavia, 24 febbraio 1525* (Pavia: G. Inculano, 1984, 1999).

Colección de documentos inéditos para la Historia de España, 112 vols (Madrid: Academia de la Historia, 1842-95), vols XXIV and XXXVIII.

Dandolo, Tullio, *Ricordi inediti di Gerolamo Morone* (2nd edition, Milan: Tipografia Arcivescovile, 1859).

de Leva, G., *Storia documentata di Carlo V in relazione all'Italia*, 5 vols (Venice: Naratovich, 1863-Bologna: Zanichelli, 1984).

Dennistoun, James, *Memoirs of the Dukes of Urbino*, ed. Edward Hutton, 3 vols (John Lane, 1909).

Desjardin, A. and G. Canestrini, *Négociations diplomatiques de la France avec la Toscane*, 6 vols (Paris: Imprimerie Impériale, 1859-86).

Duc, Séverin, 'Pavia en état de siège (octore 1524-février 1525)', in Guido Alfani and Mario Rizzo (eds), *Nella morsa della guerra. Assedi, occupazioni militari e saccheggi in età preindustriale* (Milan: FrancoAngeli, 2013), 47-73.

Dumont, Jean, *Corps universel diplomatique du droit des gens*, 8 vols (Amsterdam, 1726-31).

Firpo, Massimo, *Il Sacco di Roma del 1527 tra profezia, propaganda politica e riforma religiosa* (Cagliari: CUEC, 1990).

Fraikin, J., *Nonciatures de Clément VII* (Paris: Alphonse Picard et Fils, 1996).

Gachard, Louis-Prosper (ed.), *Correspondance de Charles-Quint et d'Adrian VI* (Brussels: Hayez, 1859).

Gattoni, Maurizio, *Leone X e la geo-politica della Stato pontificio (1513-1521)* (Città del Vaticano: Archivio Segreto Vaticano, 2000).

Giovio, Paolo, 'La vita del Marchese di Pescara', in Paolo Giovio, *Le vite del Gran Capitano e del Marchese di Pescara*, trnas. Ludovico Domentichi, ed. Costantino Panigada (Bari: Laterza, 1931), 195-474.

Goubaux, Robert and P. André Lemoisne (eds), *Mémoires du Maréchal de Florange dit le Jeune Adventureux*, 2 vols (Paris: Librarie Renouard, 1913, 1924).

Guicciardini, Francesco, *Carteggi*, ed. Roberto Palmarocchi, 14 vols (Bologna: N. Zanichelli, 1938-72).

Guicciardini, Francesco, *Storia d'Italia* (various editions).

Halkin, Léon-E., and Georges Dansaert, *Charles de Lannoy, Vice-Roi de Naples* (Paris, 1935).

Hook, Judith, 'Clement VII, the Colonna and Charles V: A study of the political instability of Italy in the second and third decades of the sixteenth century', *European Studies Review*, 2 (1972), 281-99.

Hook, Judith, *The Sack of Rome* (London: Macmillan, 1972).

Knecht, R. J. *Francis I* (Cambridge: Cambridge University Press, 1982).

Lanz, K., *Correspondenz des Kaisers Karl V*, 3 vols (Leipzig: Brockhaus, 1846).

Le Loyal Serviteur, *La très joyeuse, plaisante et récreative histoire du bon chevalier sans paour et sans reproche, gentil seigneur de Bayard*, in Joseph Michaud and Jean Joseph François Poujoulat (eds), *Nouvelle collection des mémoires pour servir à l'histoire de France*, Ser. 1, 12 vols (Paris: Guyot, 1850), IV.

Lenzi, Maria Ludovica, *Il Sacco di Roma del 1527* (Florence: La Nuova Italia, 1978).

Letters and Papers, Foreign and Domestic, of the Reign of Henry VIII, ed. J. S. Brewer et al., 21 vols, and *Addenda* (HMSO, 1862-1932) [*LP*].

Lot, Ferdinand, Lot, *Recherches sur les effectifs des armées françaises des Guerres d'Italie aux Guerres de Religion 1494-1562* (Paris: SEVPEN, 1962).

Mayer, Jean-Paul, *Pavie. L'Italie joue son destin pour deux siècles* (Le Mans: Éditions Cénomane, 1998).

Molini, G. *Documenti di storia italiana*, 2 vols (Florence: Dante, 1836-7).

Pacheco y de Leyva, Enrique (ed.), *La politica española en Italia. Correspondencia di Don Fernando Marín, Abad de Nájera, con Carlos I* (Madrid: Revista de Archivos, Bibliotecas y Museos, 1919).

Pacini, Arturo, *I presupposti politici del 'secolo dei genovesi'. La riforma del 1528* (*Atti della Società lgure di storia patria*, 104 (1990), fasc. 1) (Genoa, 1990).

Piacentini, Massimo, *La giornata di Landriano del 21 giugno 1529. Storia della battaglia e del paese nel Rinascimento* (Landriano: Comune di Landriano, 1999).

Pieri, Piero, *Il Rinascimento e la crisi militare italiana* (Turin: Einaudi, 1952).

Rivero Rodriguez, Manuel, 'Italia, chiave della *Monarchia universalis*: il progetto politico del Gran Cancelliere Gattinara', *Archivio storico per le province napoletane*, 119 (2001), 275-88.

Rodríguez-Salgado, Mia J., 'Obeying the Ten Commandments: the first war between Charles V and Francis I, 1520-1529', Wim Blockmans and Nicolette Mout (eds), *The World of Emperor Charles V* (Amsterdam: Royal Netherlands Academy of Arts and Sciences, 2004), 15-67.

Roth, Cecil, *The Last Florentine Republic* (London: Methuen, 1925).

Sanuto, Marino, *I Diarii*, ed. R. Fulin et al., 58 vols (Venics: Reale Deputanione veneta di storia patria, 1879-1903).

Shaw, Christine, 'The papacy and the European powers', in Christine Shaw (ed.), *Italy and the European Powers: The Impact of War, 1500-1530* (Leiden: Brill, 2006), 107-26.

Shaw, Christine, *The Political Role of the Orsini Family from Sixtus IV to Clement VII. Barons and Factions in the Papal States* (Rome: Istituo Storico Italiano per il Medio Evo, 2007).

6장 계속되는 영토 분쟁, 1529-1547

Bardi, Alessandro, 'Carlo V e l'assedio di Firenze', *Archivio storico italiano*, Ser. 5, 11 (1893), 1-85.

Bourrilly, V.-L., *Guillaume du Bellay, Seigneur de Langey, 1491-1543* (Paris: Société nouvelle de librairie et d'édition, 1905).

Bourrilly, V.-L. and F. Vindry (eds), *Mémoires de Martin et Guillaume du Bellay*, 4 vols (Paris: Renouard, 1908-19).

Brandi, Karl, *The Emperor Charles V. The Growth and Destiny of a Man and of a World-Empire*, trans. C.V. Wedgwood (London: Jonathan Cape, 1939).

Calendar of State Papers, Spanish (HMSO, 1862-1964) [*CSPSpan*].

Capasso, C., *Paolo III* (Messina: G. Principato, 1924).

Chabod, Federico, *Storia di Milano nell'epoca di Carlo V* (Turin: Giulio Einaudi, 1971).

Courteault, Paul, *Blaise de Monluc historien: Étude critique sur la texte et la valeur historique des Commentaires* (Paris: Alphonse Picard, 1908).

D'Amico, Juan Carlos, *Charles Quint maître du monde entre mythe et réalité* (Caen: Presses Universitaires de Caen, 2004).

de Leva, G., *Storia documentata di Carlo V in relazione all'Italia*, 5 vols (Venice: Naratovich, 1863-Bologna: Zanichelli, 1894).

Dumont, Jean, *Corps universel diplomatique du droit des gens*, 8 vols (Amsterdam, 1726-31).

Giovio, Paolo, *Delle istorie del suo tempo* (*Historiae sui temporis*, trans. Lodovico Domenichi), 2 vols (Venice, 1581).

Hale, J.R., 'The end of Florentine liberty: the Fortezza di Basso', in J.R. Hale, *Renaissance War Studies* (Hambledon Press, 1983), 31-62.

Hall, Bert S., *Weapons and Warfare in Renaissance Europe* (Baltimore: Johns Hopkins University Press, 1997).

Jover, José Maria, *Carlos V y los Españoles* (Madrid: Ediciones Rialp, 1963).

Knecht, R.J., *Francis I* (Cambridge: Cambridge University Press, 1982).

Lanz, K., *Correspondenz des Kaisers Karl V*, 3 vols (Leipzig: Brockhaus, 1846).

Lestocquoy, J. (ed.), *Correspondance des Nonces en France Carpi et Ferrerio, 1535-1540* (Rome: Università Gregoriana, 1961).

Lestocquoy, J. (ed.), *Correspondance des Nonces en France Capodiferro, Dandino et Guidiccione, 1541-1546* (Rome: Università Gregoriana, 1963).

Lot, Ferdinand, *Recherches sur les effectifs des armées françaises des Guerres d'Italie aux Guerres de Religion 1494-1562* (Paris: SEVPEN, 1962).

Mola, Aldo Alessandro, *Fastigi e declino d'uno Stato di confine. Il marchesato di Saluzzo dalla fine degli equiibri d'Italia al dorminio francese* (Milan: Marzorati, 1986).

Molini, G., *Documenti di storia italiana*, 2 vols (Florence: Dante, 1836-7).

Monluc, Blaise de, *Commentaires*, ed. Paul Courteault, 3 vols (Paris: Alphonse Picard, 1911-25).

Monti, Alessandro, *La Guerra dei Medici. Firenze e il suo dominio nei giorni dell'assedio (1529-1530). Uomini, fatti, battaglie* (Florence: Nuova Toscana Editrice, 2007).

Pacini, Arturo, *La Genova di Andrea Doria nell'Impero di Carlo V* (Florence: Leo S. Olschki, 1999).

Podestà, Gian Luca, *Dal delitto politico alla politica del delitto. Finanza pubblica e congiure contro I Farnese nel Ducato di Parma e Piacenza dal 1545 al 1622* (Milan: EGEA, 1995).

Potter, David, *Renaissance France at War. Armies, Culture and Society, c. 1480-1560* (Woodbridge: Boydell Press, 2008).

Rabà, Michele Maria, 'Ceresole (14 aprile 1544): una grande, inutile vittoria. Conflitto tra potenze e guerra di logoramento nella prima Età moderna', in Alessandro Buono and Gianclaudio Civale, *Battaglie. L'evento, l'individuo, la memoria* (Palermo: eBook Mediterranea, 2014), 101-40.

Rabà, Michele, 'La nuova "porta d'Italia". Il Piemonte di Carlo II tra Francia e Impero: un'analisi geopolitica', in Marco Bellabarba and Andrea Merlotti (eds), *Stato sabaudo e Sacro Romano Impero* (Bologna: Società editrice il Mulino, 2014), 213-32.

Raba, Michele M., *Potere e poteri. 'Stati', 'privati' e comunità nel conflitto per l'egemonia in Italia settentrionale (1536-1558)* (Milan: FrancoAngeli, 2016).

Raviola, Blythe Alice, *Il Monferrato Gonzaghesco. Istituzioni ed élites di un micro-stato (1536-1708)* (Florence: Leo S. Olschki, 2003).

Roth, Cecil, *The Last Florentine Republic* (Methuen, 1925).

Roy, Ian (ed.), *Blaise de Monluc. The Habsburg-Valois Wars and the French Wars of Religion* (London: Longman, 1971).

Rubinstein, Nicolai, 'Dalla repubblica al principato', in *Firenze e la Toscana dei Medici nell'Europa del '500*, 3 vols (Florence: Leo S. Olschki, 1983), I, 159-76.

Sanuto, Marino Sanuto, *I Diarii*, ed. R. Fulin et al., 58 vols (Venice: Reale Deputazione veneta di storia patria, 1879-1903).

Shaw, Christine, 'The other Congress of Bologna', in Machtelt Israëls and Louis A. Waldman (eds), *Renaissance Studies in Honor of Joseph Connors*, 2 vols (Florence: Villa I Tatti, 2013), II, 114-9.

Shaw, Christine, 'The return of the Sienese exiles, 1530-1531', in *Paroles d'exil. Culture d'opposition et théorie politique au XVIe siècle* (*Laboratoire italien*, 14 (2014)), 13-30.

Simoncelli, Paolo, *Fuoriuscitismo repubblicano fiorentino 1530-54 (Volume primo 1530-37)* (Milan:

FrancoAngeli, 2006).

Spini, Giorgio, *Cosimo I de'Medici e la indipendenza del Principato Mediceo* (Florence: Vallecchi, 1945).

Storia di Milano, VIII, *Tra Francia e la Spagna 1500-1535* (Milan: Fondazione Treccani, 1957).

Turba, Gustav (ed.), *Venetianische Depeschen vom Kaiserhofe (Dispacci di Germania)*, 3 vols (Vienna: F. Tempsky, 1889).

von Albertini, Rudolf, *Firenze dalla repubblica al principato: Storia e coscienza politica* (Turin: Einaudi, 1970).

7장 프랑스의 도전, 1547-1559

Alba, Duque de (ed.), *Epistolario del III Duque de Alba Don Fernando Álvarex de Toledo*, 3 vols (Madrid, 1952).

Angiolini, Franco, 'Lo stato di Piombino, Cosimo I dei Medici, Carlo V ed il conflitto per il controllo del Tirreno', in Giuseppe Di Stefano, Elena Fasano Guarini and Alessandro Martinengo (eds), *Italia non spagnola e monarchia spagnola tra '500 e '600. Politica, cultura e letteratura* (Florence: Leo S. Olschki, 2009), 125-46.

Bitossi, Carlo, 'La Genova di Andrea Doria', in *Storia della società italiana, X, Il tramonto del Rinascimento* (Milan: Nicola Teti Editore, 1987), 169-212.

Calendar of State Papers, Foreign, 1553-8 (Longmans, 1861) [*CSPForeign*].

Calendar of State Papers, Spanish (HMSO, 1862-1964) [*CSPSpan*].

Calendar of State Papers, Venetian (Longmans, 1864-98) [*CSPVen*].

Cantagalli, Roberto, *La Guerra di Siena (1552-1559)* (Siena: Accademia Senese degli Intronati, 1962).

Ceccaldi, Marc Antonio, *Histoire de la Corse 1464-1560*, ed. and trans. Antoine-Marie Graziani (Ajaccio: A. Piazzola, 2006).

Cittadella, L.N., 'Ultimo decennio di Ercole II Duca IV, 1549-1559', *Archivio storico italiano*, Ser. 3, 25 (1877), 43-64, 208-27.

Courteault, Paul, *Blaise de Monluc historien: Étude ciritique sur le texte et la valeur historique des Commentaires* (Paris: Alphonse Picard, 1908).

de Leva, Giuseppe, 'La guerra di papa Giulio III contro Ottavio Farnese, sino al principio della negoziazioni di pace con la Francia', *Rivista storica italiana* 1 (1884), 632-80.

de Leva, G., *Storia documentata di Carlo V in relazione all'Italia*, 5 vols (Venice: Naratovich, 1863-Bologna: Zanichelli, 1894).

Dennistoun, James, *Memoirs of the Dukes of Urbino*, ed. Edward Hutton, 3 vols (John Lane, 1909).

Durot, Éric, *François de Lorraine, duc de Guise, entre Dieu et le Roi* (Paris: Classiques Garnier, 2012).

Duruy, George, *Le cardinal Carlo Carafa (1519-1561). Étude sur le pontificat de Paul IV* (Paris: Hachette, 1882).

François, Michel (ed.), *Correspondance du Cardinal François de Tournon* (Paris: 1946).

Galasso, Giuseppe, *Il Regno di Napoli: Il Mezzogiorno spagnolo (1494-1622)* (idem (ed.), *Storia d'Italia*, XV, 2) (Turin: UTET, 2005).

González Palencia, Angel and Eugenio Mele, *Vida y obras de Don Diego Hurtado de Mendoza*, 3 vols (Madrid: E. Maestre, 1943).

Hernán, Enrique García and Davide Maffi (eds), *Guerra y Sociedad en La Monarquía Hispánica. Politica, estrategia y cultura en la Europa moderna (1500-1700)*, 2 vols (Madrid: Ediciones del Laberinto, 2006).

La fortuna di Cosimo I: La battaglia di Scannagallo (Arezzo: PAN, 1992).

Lanz, K., *Correspondenz des Kaisers Karl V*, 3 vols (Leipzig: Brockhaus, 1846).

Lestocquoy, J. (ed.), *Correspondance des Nonces en France Dandino, Della Torre et Trivultio, 1546-1551* (Rome: Università Gregoriana, 1966).

Lestocquoy, J. (ed.), *Correspondance du Nonce en France, Prospero Santa Croce (1552-1554)* (Rome: Università Gregoriana, 1972).

Losi, Simonetta, *Diego Hurtado de Mendoza, Ambasciatore di Spagna presso la Repubblica di Siena (1547-1552)* (Siena: Il Leccio, 1997).

Mallett, Michael and J. R. Hale, *The Military Organization of a Renaissance State: Venice c. 1400 to 1617* (Cambridge: Cambridge University Press, 1984).

'Mémoires-journaux de François de Lorraine, duc d'Aumale et de Guise, 1547 à 1563', in Joseph Michaud and Jean Joseph François Poujoulat (eds), *Nouvelle collection des mémoires pour servir à l'histoire de France*, Ser. 1, 12 vols (Paris: Guyot, 1850), VI, 1-539.

Merlin, Pierpaolo, *Emanuele Filiberto: Un principe tra il Piemonte e l'Europa* (Turin: Società Editrice Internazionale, 1995).

Nores, Pietro, 'Storia della guerra degli Spagnuoli contro Papa Paolo IV', *Archivio storico italiano*, 12 (1847), 1-512.

Nuntiaturberichte aus Deutschland 1553-1559, ed. W. Friedensburg et al., 19 vols (Gotha: Friedrich Andreas Perthes, 1892; Tübingen: Max Niemeyer, 1970).

Pacini, Arturo, 'Tra terra e mare: la nascita dei Presidi di Toscana e il sistema imperiale spagnolo' in Elena Fasano Guarini and Paola Volpini (eds), *Frontiere di terra, frontiere di mare. La Toscana moderna nello spazio mediterraneo* (Milan: Franco Angeli, 2008), 199-243.

Pecci, Giovanni Antonio, *Memorie storico-critiche della Città di Siena*, 2 vols (reprint, Siena: Edizioni Cantagalli, 1997).

Pepper, Simon and Nicholas Adams, *Firearms and Fortifications. Military Architecture and Siege Warfare in Sixteenth-Century Siena* (Chicago: University of Chicago Press, 1986).

Rabà, Michele Maria, 'Gli italiani e la guerra di Parma (1551-1552): cooptazione di élite e "sottoproletariato militare a giornata" nella Lombardia di Carlo V', *Archivio storico lombardo*, 136 (2010), 25-48.

Rodríguez-Salgado, M. J., *The Changing Face of Empire. Charles V, Philip II and Habsburg Authority, 1551-1559* (Cambridge: Cambridge University Press, 1988).

Roffia, Girolamo, 'Racconti delle principali fazioni della Guerra di Siena', *Archivio storico italiano*, 2 (1842), 525-82.

Romier, Lucien, *Les origines politiques des Guerres de Religion*, 2 vols (Paris: Perrin, 1913-14).

Ruggiero, Michele, *Storia del Piemonte* (Turin: Piemonte in Bancarella, 1979).

Santarelli, Daniele, *Il papato di Paolo IV nella crisi politico-religiosa del Cinquecento. Le relazioni con la Repubblica di Venezia e l'atteggiamento nei confronti di Carlo V e Filippo II* (Rome: Aracne, 2008).

Segre, Arturo, 'La questione sabauda e gli avvenimenti politici e militari che prepararono la tregua di Vaucelles', *Memorie della Reale Accademia delle Scienze*, Ser. 2, 55 (1905), *Scienze morali, storiche e filologiche*, 383-451.

Segre, Arturo, 'Il richiamo di D. Ferrante Gonzaga dal governo di Milano e sue conseguenze (1553-1555)', *Memorie della Reale Accademia delle Scienze*, Ser. 2, 54 (1904), *Scienze morali, storiche e filologiche*, 185-260.

Sozzini, Alessandro, 'Diario delle cose avvenute in Siena dal 20 luglio 1550 al 28 giugno 1555', *Archivio storico italiano* 2 (1842), 1-478.

Spini, Giorgio (ed.), *Lettere di Cosimo I de'Medici* (Florence: Vallecchi, 1940).

'Summarii della cose notabili successe dal principio d'aprile 1556, a tutto giugno 1557', in *Archivio storico italiano*, 12 (1847), 345-72.

Turba, Gustav (ed.), *Venetianische Depeschen vom Kasierhofe (Dispacci di Germania)*, 3 vols (Vienna: F. Tempsky, 1889).

Valente, Angela, 'I Farnese ed il possesso di Parma dalla morte di Pierluigi all'elezione di Papa Giulio III', *Archivio Storico per le province napoletane*, 67 (1945), 157-75.

Verdiani-Bandi, Arnaldo, *I castelli della Val d'Orcia e la Repubblica di Siena* (2nd editon, Siena: Turbanti, 1926; reprint Siena: Edizioni Cantagalli, 1992).

Vergé-Franceschi, Michel and Antoine-Marie Graziani (eds), *La guerre de course en Méditerranée (1515-1830)* (Ajaccio: A. Piazzola, 2000).

Vergé-Franceschi, Michel and Antoine-Marie Graziani, *Sampiero Corso 1498-1567. Un mercenaire européen au XVIᵉ siècle* (Ajaccio: A. Piazzola, 2000).

8장 전쟁의 변화

Baumann, Reinhard, *I lanzichenecchi. La loro storia e cultura dal tardo Medioevo alla guerra dei Trent' anni* (Turin: Giulio Einaudi, 1996).

Bazzocchi, Alessandro, 'Servizio militare e controllo del territorio. La milizia romagnola nell'età delle guerre d'Italia', in Dante Bolognesi (ed.), *1512. La battaglia di Ravenna, l'Italia, l'Europa* (Ravenna: Longo Editore, 2014), 85-99.

Benedetti, Alessandro, *Daria de Bello Carolino (Diary of the Caroline War)*, ed. and trans. Dorothy M. Schullian (New York: Frederick Ungar, 1967).

Canestrini, Giuseppe, 'Documenti per servire all storia della milizia italiana', *Archivio storico italiano*, 15 (1851).

Contamine, Philippe, 'The growth of state control. Pracctices of war, 1300-1800: ransom and booty', in contamine (ed.), *War and Competition*, 163-93.

Contamine, Philippe, *Guerre, état et société à la fin du Moyen Âge* (Paris: 1972).

Contamine, Philippe (ed.), *Histoire militaire de la France*, I (Paris: Presses Universitaires de France, 1992).

Contamine, Philippe (eds.), *War and Competition between States* (Oxford: Clarendon Press, 2000).

Contamine, Philippe, *War in the Middle Ages*, trans. Michael Jones (Oxford: Basil Blackwell, 1984).

Covini Maria Nadia, *L'esercito del duca: Organizzazione militare e istituzioni al tempo degli Sforza (1450-1480)* (Rome: Istituto Storico Italiano per il Medio Evo, 1998).

Del Treppo, Mario (ed.), *Condottieri e uomini d'arme nell'Italia del Rinascimento* (Naples: Liguori, 2001).

de Pazzis Pi Coralles, Magdalena, 'Las Guardas de Castilla: algunos aspectos orgánicos', in Hernán and Maffi (ed.), *Guerra y Sociedad*, I, 767-785.

Eltis, David, *The Military Revolution in Sixteenth-Century Europe* (I. B. Tauris, 1998).

Gurcía, Luis Ribot, 'Types of armies: Early modern Spain', in Contamine (ed.), *War and Competition*, 37-68.

Glete, Jan, *Warfare at Sea, 1500-1650. Maritime Conflicts and the Transformation of Europe* (Routledge, 2000).

Guicciardini, Francesco, *Storia d'Italia* (various editions).

Guilmartin, J., *Gunpowder and Galleys: Changing Technology and Mediterranean Warfare at Sea in the Sixteenth Century* (Cambridge: Cambridge University Press, 1974).

Hale, J.R., 'Gunpower and the Renaissance: an essay in the History of Ideas', in Hale, *Renaissance War Studies*, 389-420.

Hale, J.R., 'Printing and the military culture of Renaissance Venice', in Hale, *Renaissance War Studies*, 429-70.

Hale, J.R., *Renaissance War Studies* (London: Hambledon Press, 1983).

Hale, J.R., *War and Society in Renaissance Europe, 1450-1620* (London: Fontana, 1985).

Hall, Bert S., *Weapons and Warfare in Renaissance Europe* (Baltimore: Johns Hopkins University Press, 1997).

Hammer, Paul E.J. (ed.), *Warfare in Early Modern Europe, 1450-1660* (Aldershot: Ashgate, 2007).

Hernán, Enrique García and Davide Maffi (eds), *Guerra y Sociedad en La Monarquía Hispánica. Politica, estrategia y cultura en la Europa modern (1500-1700)*, 2 vols (Madrid: Ediciones del Laberinto, 2006).

Knecht, R.J., *Renaissance Warrior and Patron: The Reign of Francis I* (Cambridge: Cambridge University Press, 1994).

Lot, Ferdinand, *Recherches sur les effectifs des armées françaises des Guerres d'Italie aux Guerres des Religion 1494-1562* (Paris: SEVPEN, 1962).

Machiavelli, Niccolò, *Dell'arte della guerra in Arte della guerra e scritti politici minori*, ed. Sergio Bertelli (Milan: Feltrinelli, 1961).

Mallett, Michael, 'Condottieri and captains in Renaissance Italy', in Trim (ed.), *The Chivalric Ethos*, 67-88.

Mallett, Michael, 'I condottieri nelle guerre d'Italia', in Del Treppo (ed.), *Condottieri e uomini d'arme*, 347-60.

Mallett, Michael, *Mercenaries and Their Masters: Warfare in Renaissance Italy* (London: Bodley Head, 1974; reprint Barnsley: Pen and Sword, 2009).

Mallett, Michael, 'The transformation of war, 1494-1530', in Shaw (ed.), *Italy and the European Powers*, 3-21.

Mallett, Michael and J.R. Hale, *The Military Organization of a Renaissance State: Venice c. 1400 to 1617* (Cambridge: Cambridge University Press, 1984).

Mollat du Jourdin, Michel, '"Être Roi sur la mer": naissance d'une ambition', in Contamine (ed.), *Histoire militaire*, 279-301.

Pardo Molero, Juan Francisco, 'La política militar de Carlos V', in Jean-Pierre Sánchez (ed.), *L'Empire de Charles Quint (1516-1556)* (Nantes: Editions du Temps, 2004), 167-91.

Parrott, David, *The Business of War. Military Enterprise and Military Revolution in Early Modern Europe* (Cambridge: Cambridge University Press, 2012).

Parrott, David, 'The utility of fortifications in early modern Europe: Italian princes and their citadels, 1540-1640', in Hammer (ed.), *Warfare in Early Modern Warfare*, 129-55.

Pepper, Simon, 'Castles and cannon in the Naples campaign of 1494-95', in David Abulafia (ed.), *The French Descent into, Renaissance Italy 1494-5: Antecedents and Effects* (Aldershot: Ashgate, 1995), 263-91.

Pepper, Simon, 'The face of the siege: fortification, tactics and strategy in the early Italian Wars', in Shaw (ed.), *Italy and the European Powers*, 33-6.

Pepper, Simon and Nicholas Adams, *Firearms and Fortifications. Military Architecture and Siege Warfare in Sixteenth-Century Siena* (University of Chicago Press, 1986).

Pieri, Piero, 'Consalvo di Cordova e le origini del moderno esercito spagnolo', in *Fernando el Católico e Italia* (V Congreso de Historia del la Corona de Aragon) (Zaragoza: Institución 'Fernando el Católico', 1954), 209-25.

Pieri, Piero, *Il Rinascimneto e la crisi militare italiana* (Turin: Einaudi, 1952).

Potter, David, 'Chivalry and Professionalism in the French armies of the Renaissance', in Trim (ed.), *The Chivalric Ethos*, 149-82.

Potter, David, *Renaissance France at War. Armies, Culture and Society, c. 1480-1560* (Woodbridge: Boydell Press, 2008).

Quatrefages, René, 'La invención de la guerra moderna' in *Carlos V. Las armas y las letras* (Sociedad Estatal para la Conmemoración de los Centenarios de Felipe II y Carlos V, 2000), 73-84.

Quatrefages, René, *Los tercios españoles* (Madrid: Fundación Universitaria Española, 1979).

Quatrefages, René, 'Le système militaire des Hapsbourg', in C. Hermann (ed.), *Le premier âge de l'état en Espagne (1450-1700)* (Paris: Éditions du Centre national de la recherche scientifique, 1989), 341-50.

Rossi, F., *Armi e armaioli bresciani del '400* (Brescia, 1971).

Shaw, Christine, *Barons and Castellans. The Military Nobility of Renaissance Italy* (Leiden and Boston: Brill, 2015).

Shaw, Christine (ed.), *Italy and the European Powers: The Impact of War, 1500-1530* (Leiden: Brill, 2006).

Shaw, Christine, 'Popular resistance to military occupation during the Italian Wars', in Samuel Kline Cohn Jr and Fabrizio Ricciardelli (eds), *The Culture of Violence in Renaissance Italy* (Florence: Le Lettere, 2012), 257-71.

Stewart, P., 'The Santa Hermandad and the first Italian campaign of Gonzalo de Córdoba, 1495-8', *Renaissance Quarterly*, 28 (1975), 29-37.

Tallett, Frank, *War and Society in Early Modern Europe 1495-1715* (New York: Routledge, 1992).

Trim, D.J.B. (ed.), *The Chivalric Ethos and the Development of Military Professionalism* (Leiden: Brill, 2003).

Vallecillo, A., *Legislación militar de España antigua y moderna*, 13 vols (Madrid, 1853-9).

Viganò, Marino (ed.), *L'architettura militare nell'età di Leonardo. 'Guerre milanesi' e diffusione del bastione in Italia e in Europa* (Bellinzona: Edizioni Casagrande, 2008).

9장 전쟁 자원

Arfaioli, Maurizio, *The Black Bands of Giovanni* (Pisa: Plus, 2005).

Bonney, Richard (ed.), *Economic Systems and State Finance* (Oxford: Clarendon Press, 1995).

Calabria, Antonio, 'Le finanze pubbliche a Napoli nel primo Cinquecento', in Aurelio Musi (ed.), *Nel sistema imperiale: l'Italia spagnola* (Naples: Edizioni scientifiche italiane, 1994), 225-34.

Coniglio, Giuseppe, *Consulte e bilanci del Viceregno di Napoli dal 1507 al 1533* (Rome: Istituto Storico Italiano per l'Età moderna e contemporanea, 1983).

Contamine, Philippe, 'The growth of state control. Practices of war 1300-1800: ransom and booty', in Contamine, Philippe (ed.), *War and Competition between States* (Oxford: Clarendon Press, 2000), 163-93.

Contamine, Philippe (ed.), *Histoire militaire de la France*, I (Paris: Presses Universitaires de France, 1992).

Contamine, Philippe, *War in the Middle Ages* (Oxford: Blackwell, 1984)

Covini, Maria Nadia, *L'esercito del duca. Organizzazione militare e istituzioni al tempo degli Sforza (1450-1480)* (Rome: Istituto Storico Italiano per il Medio Evo, 1998).

Di Tullio, Matteo, *The Wealth of Communities. War, Resources and Cooperation in Renaissance Lombardy* (Farnham: Ashgate, 2014).

Esch, Arnold, *I mercenari svizzeri in Italia. L'esperienza della guerre milanesi (1510-1515) tratta da fonti bernesi* (Verbania-Intra: Alberti Libraio, 1999) (original German version in *Quellen und Forschungen aus italienischen Archiven und Bibliotheken*, 70 (1990), 348-440).

Galasso, Giuseppe, 'Trends and problem in Neapolitan history in the age of Charles V' in Antonio Calabria and John Marino (eds), *Good Government in Spanish Naples* (New York: Peter Lang, 1990), 13-78.

Giovio, Paolo, *Le vite del Gran Capitano e del Marchese di Pescara*, trans. Ludovico Domenichi, ed. Constantino Panigada (Bari: Laterza, 1931).

Hale, J.R., 'Terra Ferma fortifications in the Cinquecento', in *Florence and Venice: Comparisons and Relations*, 2 vols (Florence: La Nuova Italia Editrice, 1979-80), II, 169-87.

Hale, J.R., *War and Society in Renaissance Europe, 1450-1620* (Aldershot: Ashgate, 2007).

Hamon, Philippe, *L'argent du roi. Les finances sous François Ier* (Paris: Comité pour l'histoire économique et financière de la France, 1994).

Hamon, Philippe, 'L'Italie finance-t-elle les guerres d'Italie?', in Jean Balsamo (ed.), *Passer les monts. Français en Italie l'Italie en France (1494-1525)* (Paris: Honoré Champion, 1998), 25-37.

Kirk, Thomas Allison, *Genoa and the Sea: Policy and Power in an Early Modern Maritime Republic, 1559-1684* (Baltimore and London: The John Hopkins University Press, 2005).

Lot, Ferdinand, *Recherches sur les effectifs des armées françaises des Guerres d'Italie aux Guerres de Religion 1494-1562* (Paris: SEVPEN, 1962).

Mallett, Michael and J.R. Hale, *The Military Organization of a Renaissance State: Venice c. 1400 to 1617* (Cambridge: Cambridge University Press, 1984).

Mantelli, Roberto, *Il pubblico impiego nell'economia del Regno di Napoli: retribuzioni, reclutamento e ricambio sociale nell'epoca spagnuola (secc. XVI-XVII)* (Naples: Istituto Italiano per gli Studi Filosofici, 1986).

Parrott, David, *The Business of War. Military Enterprise and Military Revolution in Early Modern Europe* (Cambridge: Cambridge University Press, 2012).

Potter, David, *Renaissance France at War. Armies, Culture and Society, c. 1480-1560* (Woodbridge: Boydell Press, 2008).

Quatrefages, René, 'Les industries de la guerre en Espagne', paper to Sedicesima Settimana di studio, Istituto Internazionale di Storia Economica "Francesco Datini", 'Gli aspetti economici della guerra in Europa (sec. XIV-XVIII)', Prato, May 1984.

Quatrefages, René, 'La invención de la guerra moderna', in *Carlos V. Las armas y las letras* (Sociedad Estatal para la Conmemoración de los Centenarios de Felipe II y Carlos V, 2000), 73-84.

Quatrefages, René, 'Le systeme militaire des Hapsbourg', in C. Hermann (ed.), *Le premier âge de l'état en Espagne (1450-1700)* (Paris: Éditions du Centre national de la recherche scientifique, 1989), 341-50.

Rabà, Michele M., *Potere e poteri. 'Stati', 'privati' e comunità nel conflitto per l'egemonia in Italia settentrionale (1536-1558)* (Milan: FrancoAngeli, 2016).

Ruiz-Domènec, José Enrique, *El Gran Capitán. Retrato de una época* (Barcelona: Ediciones Península, 2002).

Shaw, Christine, 'Popular resistance to military occupation during the Italian Wars', in Samuel Kline Cohn Jr. and Fabrizio Ricciardelli (eds), *The Culture of Violence in Renaissance Italy* (Florence: Le Lettere, 2012), 257-71.

Tallett, Frank, *War and Society in Early Modern Europe 1495-1715* (Routledge, 1992).

Tracy, James D., *Emperor Charles V. Impresario of War. Campaign Strategy, International Finance and Domestic Politics* (Cambridge: Cambridge University Press, 2002).

10장 전쟁의 선전과 이미지

Alazard, Florence, *La bataille oubliée. Agnadel, 1509: Louis XII contre les Vénitiens* (Rennes: Rresses Universitaires de Rennes, 2017).

Alazard, Florence, *Le lamento dans l'Italie de la Renaissance. 'Pleure, belle Italie, jardin du monde'* (Rennes: Presses Universitaires de Rennes, 2010).

Balsamo, Jean (ed.), *Passer les monts. Français en Italie-l'Italie en France (1494-1525)* (Paris: Honoré Champion: Fiesole, Edizioni Cadmo, 1998).

Barreto, Joana, 'La battaglia di Ravenna nella arti del Cinquecento. Modelli epici per la figurazione di una battaglia contemporanea', in Bolognesi (ed.), *1512*, 171-212.

Bodart, Diane H., 'L'immagine di Carlo V in Italia tra trionfi e conflitti', in Francesca Cantù and Maria Antonietta Visceglia (eds), *L'Italia di Carlo V. Guerra, religione e politica nel primo Cinquecento* (Rome: Viella, 2003), 115-38.

Bolognesi, Dante (ed.), *1512. La battaglia di Ravenna, l'Italia, l'Europa* (Ravenna: Longo Editore, 2014).

Bonali Fiquet, Françoise, 'La bataille d'Agnadel dans la poésie populaire italienne du début du XVIᵉ siècle', in Balsamo (ed.), *Passer les monts*, 227-43.

Cárcel, Ricardo García, 'Los cronistas de Carlos V y la imagen del emperador', in Bruno Anatra and Francesco Manconi (eds), *Sardegna, Spagna e Stati italiani nell'età di Carlo V* (Rome: Carocci editore, 2001), 25-37.

Chastel, André, *The Sack of Rome, 1527* (Princeton: Princeton University Press, 1983).

Cooper, Richard, *Litterae in tempore belli. Études sur les relations littéraires italo-françaises pendant les guerres d'Italie* (Geneva: Librairie Droz, 1997).

Cooper, Richard, 'Noël Abraham publiciste de Louis XII, duc de Milan, premier imprimeur du roi?', in Balsamo (ed.), *Passer les monts*, 149-76.

D'Amico, Juan Carlos, 'Charles Quint et le sac de Rome: personnification d'un tyran impie ou Dernier Empereur?', in Redondo (ed.), *Les discours sur le Sac de Rome de 1527*, 37-47.

D'Amico, Juan Carlos, *Charles Quint maître du monde entre mythe et réalité* (Caen: Presses Universitaires de Caen, 2004).

D'Amico, Juan Carlos, 'De Pavie à Bologne (1525-1530): la prophétie comme arme de la politique impériale pendant les guerres d'Italie', in Augustin Redondo (ed.), *La prophétie comme arme de guerre des pouvoirs, XVᵉ-XVIIᵉ siècles* (Paris: Presses de la Sorbonne Nouvelle, 2000), 97-107.

Dumont, Jonathan, *Lilia florent. L'imaginaire politique et social à la cour de France durant les premières Guerres d'Italie (1494-1525)* (Paris: Honoré Champion Éditeur, 2013).

Fantoni, Marcello, 'Carlo V e l'immagine dell'imperator', in Marcello Fantoni (ed.), *Carlo V e l'Italia* (Rome: Bulzoni Editore, 2000), 101-18.

Fiorato, Adelin Charles, 'Complaintes, *cantari* et poésies satiriques inspirés par la campagne de

1494-1495', in Adelin Charles Fiorato (ed.), *Italie 1494* (Paris: Presses de la Sorbonne Nouvelle, 1994).

Fragonard, Marie-Madeleine, 'Le sac de Rome dans la poésie historique hispano-italienne: discours politiques et modalités littéraires', in Redondo (ed.), *Les discours sur le Sac de Rome de 1527*, 103-116.

Giordano, Luisa, 'Les entrées de Louis XII en Milanais', in Balsamo (ed.), *Passer les monts*, 139-48.

Glenisson-Delannée, Françoise, 'Esprit de faction, sensibilité municipale et aspirations régionales à Sienne entre 1525 et 1559', in Marina Marietti et al. (eds), *Quêtes d'une identité collective chez les italiens de la Renaissance* (Paris: Université de la Sorbonne Nouvelle, 1990), 175-308.

Gullino, Giuseppe (ed.), *L'Europa e la Serenissima. La svolta del 1509. Nel V centenario della battaglia di Agnadello* (Venice: Istituto veneto di scienze, lettere ed arti, 2011).

Hale, J.R., *Artists and Warfare in the Renaissance* (New Haven: Yale University Press, 1990).

Hochner, Nicole, *Louis XII. Les dérèglements de l'image royale (1498-1515)* (Seyssel: Champ Vallon, 2006).

Hochner, Nicole, 'Visions of war in the "terrestrial paradise". Images of Italy in early sixteenth-century French texts', in Christine Shaw (ed.), *Italy and the European Powers. The Impact of War, 1500-1530* (Leiden and Boston: Brill, 2006), 239-51.

Ilardi, Vincent, '"Italianità" among some Italian intellectuals in the early sixteenth century', *Traditio*, 12 (1956), 339-67.

de La Pilorgerie, J.L., *Campagne et Bulletins de la Grande Armée d'Italie commandée par Charles VIII 1494-1495* (Nantes: V. Forest et É. Grimaud, 1866).

Le Gall, Jean Marie, 'Ravenna: una disfatta senza vittoria. Riflessioni sull'esito delle battaglie durante le guerre d'Italia', in Bolognesi (ed.), *1512*, 25-49.

Leydi, Silvio, *Sub umbra imperialis aquilae. Immagini del potere e consenso politico nella Milano di Carlo V* (Florence: Leo S. Olschki Editore, 1999).

Mährle, Wolfgang, '"Deus iustus iudex". La battaglia di Agnadello e l'opinione pubblica nei paesi tedeschi', in Gullino (ed.), *L'Europa e la Serenissim*a, 207-28.

Martines, Lauro, 'Literary crisis in the generation of 1494', in Stella Fletcher and Christine Shaw (eds), *The World of Savonarola: Italian Elites and Perceptions of Crisis* (Aldershot: Ashgate, 2000), 5-21.

Matarrese, Sabatina, 'Tra cantari e poema ariostesco: "la gran vittoria ... / di ch'aver sempre lacrimose ciglia / Ravenna debbe"' in Bolognesi (ed.), *1512*, 159-70.

Modoni, Marco and Massimo rospocher (eds), *Narrating War. Early Modern and Contemporary Pespectives* (Bologna: Società editrice il Mulino; Berlin: Duncker & Humbolt, 2013).

Murrin, Michael, *History and Warfare in Renaissance Epic* (Chicago and London: University of Chicago Press, 1994).

Nardone, Jean-Luc, 'Le *Voyage de Gênes* de Jean Marot: définition du texte', in D. Boillet and M.F. Piejus, *Les Guerres d'Italie: Histoires, pratiques, représentations* (Paris: Université Paris III Sorbonne Nouvelle, 2002), 49-71.

Niccoli, Ottavia, 'Astrologi e profeti a Bologna per Carlo V', in Emilio Pasquini e Paolo Prodi (eds), *Bologna nell'età di Carlo V e Guicciardini* (Bologna: Società editrice il Mulino, 2002), 457-76.

Niccoli, Ottavia, *Prophecy and People in Renaissance Italy* (Princeton: Princeton University Press, 1990).

Piéjus, Marie-Françoise, 'Marignan, 1515: échos et résonances', in Balsamo (ed.), *Passer les monts*, 245-58.

Redondo, Augustin (ed.), *Les discours sur le Sac de Rome de 1527: pourvoir et littérature* (Paris: Presses de la Sorbonne Nouvelle, 1999).

Redondo, Augustin, 'La "prensa primitiva" ("relaciones de sucesos") al servicio de la política de Carlos V', in Christoph Strosetzki (ed.), *Aspectos históricos y culturales bajo Carlos V/Aspekte der Geschichte und Kultur unter Karl V.* (Frankfurt am Main: Vervuert; Madrid: Iberoamericana, 2000), 246-76.

Rosier, Bart, 'The victories of Charles V: a series of prints by Maarten van Heemskerck, 1555-56', *Simiolus: Netherlands Quarterly for the History of Art*, 20/1 (1990-1), 24-38.

Rospocher, Massimo, *Il papa guerriero. Giulio Il nello spazio pubblico europeo* (Bologna: Società editrice il Mulino, 2015).

Rospocher, Massimo, 'Il papa in guerra: Giulio Il nell'iconografia politica al tempo di Ravenna', in Bolognesi (ed.), *1512*, 139-55.

Rospocher, Massimo, 'Songs of war. Historical and literary narratives of the "Horrendous Italian Wars" (1494-1559)', in Mondini and Rospocher (eds), *Narrating War*, 79-97.

Scheller, Robert W., 'Gallia cisalpina: Louis XII and Italy 1499-1508', *Simiolus: Netherlands Quarterly for the History of Art*, 15/1 (1985), 5-60.

Scheller, Robert W., 'L'union des princes: Louis XII, his allies and the Venetian campaign 1509', *Simiolus: Netherlands Quarterly for the History of Art*, 27/4 (1999), 195-242.

Scheller, Robert W., 'Ung fil tres delicat: Louis XII and Italian affairs, 1510-11', *Simiolus: Netherlands Quarterly for the History of Art*, 31, 1/2 (2004-5), 4-45.

Shaw, Christine, 'Charles V and Italy', in C. Scott Dixton and Martina Fuchs (eds), *The Histories of Emperor Charles V: Nationale Perspektiven von Persönlichkeit und Herrschaft* (Münster: Aschendorff Verlag, 2005), 115-33.

Shaw, Christine, 'Wartime propaganda during Charles VIII's expedition to Italy, 1494/5', in Mondini and Rospocher (eds), *Narrating War*, 63-78.

Sherman, Michael A., 'Political propaganda and Renaissance culture: French reaction to the League of Cambrai, 1509-10', *The Sixteenth Century Journal*, 8/2 (1977), 97-128.

Sowards, J. Kelley (ed.), *The Julius Exclusus of Erasmus* (Bloomington and London: Indiana University Press, 1968).

Stermole, Krystina, 'Chivalric combat in a modern landscape. Depicting battle in Venetian prints during the War of the League of Cambrai (1509-1516)', in Mondini and Rospocher (eds), *Narrating War*, 113-30.

Taviani, Carlo, *Superba discordia. Guerra, rivolta e pacificazione nella Genova di primo Cinquecento* (Rome: Viella, 2008).

Vissière, Laurent, 'Lettere scritte, lettere stampate della campagna di Gaston de Foix (1511-1512)', in Bolognesi (ed.), *1512*, 237-52.

Zimmermann, T.C. Price, *Paolo Giovio: The Historian and the Crisis of Sixteenth-Century Italy* (Princeton: Princeton University Press, 1995).

11장 전쟁의 유산

Alfani, Guido, *Calamities and the Economy in Renaissance Italy. The Grand Tour of the Horsemen of the Apocalypes* (Basingstoke: Palgrave Macmillan, 2013).

Angiolini, Franco, 'Diplomazia e politica dell'Italia non spagmola nell'età di Filippo II. Osservazioni preliminari', *Rivista storica italiana*, 92 (1980), 432-69.

Angiolini, Franco, 'Politica, società e organizzazione militare nel principato medíceo: a proposito di una "Memoria" di Cosimo I', *Società e storia*, 9 (1986), 1-51.

Anselmi, Paola, *'Conservare lo State'. Politica di difesa e pratica di governo nella Lombardia spagnola fra XVI e XVII secolo* (Milan: UNICOPLI, 2008).

Arcangeli, Letizia, 'Carriere militari dell'aristocrazia padana nell Guerre d'Italia', in Letizia Arcangeli, *Gentiluomini di Lombardia: Ricerche sull'aristocrazia padana nel Rinascimento* (Milan: Edizioni Unicopli, 2003), 71-121.

Barbero, Alessandro, 'I soldati del principe. Guerra, Stato e società nel Piemonte sabaudo (1450-1580)', in Cristof Dipper and Mario Rosa (eds), *La società dei principi nell'Europa moderna (secoli, XVI-XVII)* (Bologna: Il Mulino, 200).

Belloso Martín, Carlos, 'El "barrio español" de Napoles en el siglo XVI (I Quartieri spagnoli)', in Enrique García Hernán and Davide Maffi (eds), *Guerra y sociedad en la Monarquía Hispánica*, II, 179-223.

Brunelli, Giampiero, 'Poteri e privilegi. L'istituzione degli ordinamenti delle milizie nello Stato pontificio tra Cinque e Seicento', *Cheiron* 23 (1995), 105-29.

Brunelli, Giampiero, *Soldati del Papa: Politica militare e nobiltà nello Stato della Chiesa (1560-1644)* (Rome: Carocci, 2003).

Brunetti, Oronzo, *A difesa dell'Impero. Pratica architettonica e dibattito tecnico nel Viceregno di Napoli nel Cinquecento* (Galatina: M. Congedo, 2006).

Burke, Peter, *Culture and Society in Renaissance Italy 1420-1540* (Batsford, 1972).

Calabria, Antonio, *The Cost of Empire. The Finances of the Kingdom of Naples in the Time of Spanish Rule* (Cambridge: Cambridge University Press, 1991).

Calendar of State Papers Venetian (Longmans, 1864-98) [*CSPVen*].

Canosa, Romano, *Storia di Milano nell'Età di Filippo II* (Rome: Sapere 2000, 1996).

Cantagalli, Roberto, *La Guerra di Siena (1552-1559)* (Siena: Accademia Senese degli Intronati, 1962).

Cantù, Francesca and Maria Antonietta Visceglia (eds), *L'Italia di Carlo V. Guerra, religione e politica nel primo Cinquecento* (Rome: Viella, 2003).

Chabod, Federico, *Lo Stato e la vita religiosa a Milano nell'epoca di Carlo V* (Turin: Giulio Einaudi, 1971).

Cremonini, Cinzia, 'I feudi imperiali italiani tra Sacro Romano Impero e monarchia cattolica (Seconda metà XVI-inizio XVII secolo)' in Schnettger and Verga (eds), *L'impero e l'Italia*, 41-65.

Cresti, Carlo, Amelio Fara and Daniela Lamberini (eds), *Architettura militare nell'Europa del XVI secolo* (Siena: Edizioni Periccioli, 1988).

Craotto, Giorgio (ed.), *Castelli in terra, in acqua e ... in aria* (Pisa: Università di Pisa, 2002).

Dandelet, Thomas James, *Spanish Rome, 1500-1700* (New Haven: Yale University Press, 2001).

Dandelet, Thomas James and John A. Marino (eds), *Spain in Italy. Politics, Soceity and Religion 1500-1700* (Leiden: Brill, 2007).

Del Torre, Giuseppe, *Venezia e la Terraferma dopo la Guerra di Cambrai. Fiscalità e amministrazione (1515-1530)* (Milan: FrancoAngeli, 1986).

Denis, Anne, '1513-1515: "la nazione svizzera" et les Italiens', *Revue suisse d'histoire*, 47 (1997), 111-28.

De Seta, Cesare and Jacques Le Goff (eds), *La città e le mura* (Rome: Laterza, 1989).

Di Stefano, Giuseppe, Elena Fasano Guarini and Alessandro Martinengo (eds), *Italia non spagnola e monarchia spagnola tra 500 e 600: Politica, cultura e letteratura* (Florence: Leo S. Olschki, 2009).

Donati, Claudio, *L'idea di nobiltà in Italia: secoli XIV-XVIII* (Rome: Laterza, 1995).

Donati, Claudio, 'The profession of arms and the nobility in Spanish Italy: some considerations', in Dandelet and Marino (eds), *Spain in Italy*, 299-324.

Fasano Guarini, Elena, 'Italia non spagnola e Spagna nel tempo di Filippo II', in L. Lotti and R. Villari, *Filippo II e il Mediterraneo* (Rome: Laterza, 2003), 5-23.

Firenze e la Toscana dei Medici nell'Europa del 500, 3 vols (Florence: Leo S. Olschki, 1988).

Galasso, Giuseppe, *Alla periferia dell'impero: Il Regno di Napoli nel periodo spagnolo (secoli XVI-XVII)* (Turin: Einaudi, 1994).

Ginatempo, Maria, *Crisi di un territorio. Il popolamento della Toscana senese alla fine del Medioevo* (Florence: Leo S. Olschki, 1988).

Goldthwaite, Richard A., *The Economy of Renaissance Florence* (Baltimore: Johns Hopkins University Press, 2009).

Guidi, José, 'L'Espagne dans la vie et dans l'oeuvre de B. Castiglione: de l'équilibre franco-hispanique au choix impérial', in Rochon, *Présence et influence de l'Espagne*, 113-202.

Hanlon, Gregory, *The Twilight of a Military Tradition: Italian Aristocrats and European Conflicts, 1560-1800* (UCL Press, 1998).

Hernán, Enrique García and Davide Maffi (eds), *Guerra y Sociedad en La Monarquía Hispánica. Politica, estrategia y cultura en la Europa mondrna (1500-1700)*, 2 vols (Madrid: Ediciones del Laberinto, 2006).

Irace, Erminia, *La nobiltà bifronta. Identità e coscienza aristocratica a Perugia tra XVI e XVII secolo* (Milan: Edizioni Unicopli, 1995).

La fortuna di Cosimo I: La battaglia di Scannagallo (Arezzo: PAN, 1992).

Lamberini, Daniela, 'La politica del guasto. L'impatto del fronte bastionato sulle preesistenze urbane', in Cresti, Fara and Lamberini (eds), *Architettura militare*, 219-40.

Leydi, Silvio, *Le cavalcate dell'ingegnero. L'opera di Gianmaria Olgiati ingegnere militare di Carlo V* (Modena: Panini, 1989).

Mallett, Michael and J.R. Hale, *The Military Organization of a Renaissance State: Venice c. 1400 to 1617* (Cambridge: Cambridge University Press, 1984).

Marino, Angela (ed.), *Fortezze d'Europa. Forme, professioni e mestieri dell'architettura difensiva in Europa e nel Mediterraneo spagnolo* (Rome: Gangemi, 2003).

Martines, Lauro, 'Literary crisis in the generation of 1494', in Stella Fletcher and Christine Shaw (eds), *The World of Savonarola: Italian Elites and Perceptions of Crisis* (Aldershot: Ashgate, 2000), 5-21.

Mazzei, Rita, 'La Repubblica di Lucca e l'Impero nella prima età moderna. Ragioni e limiti di una scelta', in Schnetter and Verga, *L'impero e l'Italia*, 299-321.

Merlin, Pierpaolo, *Emanuele Filiberto: Un principe tra il Piemonte e l'Europa* (Turin: Società Editrice Inernazionale, 1995).

Murrin, Michael, *History and Warfare in Renaissance Epic* (Chicago: University of Chicago Press, 1994).

Muto, Giovanni, 'Strategie e strutture del controllo militare del territorio del Regno di Napoli nel Cinquecento', in Hernán and Maffi, *Guerra y sociedad*, I, 153-70.

Najemy, John M., 'Arms and letters: the crisis of courtly culture in the wars of Italy', in Shaw (ed.), *Italy and the European Powers*, 207-38.

Pandolfi, Tullio, 'Giovan Matteo Giberti e l'ultima difesa della libertà d'Italia negli anni 1521-1525', in *Archivio della R. Società Romana di storia patria*, 34 (1911), 131-237.

Politi, Giorgio, *Aristocrazia e potere politico nella Cremona di Filippo II* (Milan: SugarCo Edizioni, 1976).

Rabà, Michele Maria, 'Gli italiani e la guerra di Parma (1551-1552): cooptazione di élite e "sottoproletariato militare a giornata" nella Lombardia di Carlo V', *Archivio storico lombardo*, 136 (2010), 25-48.

Rabà, Michele M., *Potere e poteri. 'Stati', 'privati' e comunità nel conflitto per l'egemonia in Italia settentrionale (1536-1558)* (Milan: FrancoAngeli, 2016).

Rizzo, Mario, 'Finanza pubblica, Impero e amministrazione nella Lombardia Spagnola: le "visitas generales"', in Paolo Pissavino and Gianvittorio Signorotto, *Lombardia Borromaica, Lombardia Spagnola 1554-1659*, 2 vols (Rome: Bulzoni, 1995), 303-61.

Rizzo, Mario, 'Istituzioni militari e strutture socio-economiche in una città di antico regime. La milizia urbana a Pavia nell'età spagnola', *Cheiron* 23 (1995), 157-85.

Rizzo, Mario, 'Non solo guerra. Risorse e organizzazione della strategia asburgica in Lombardia durante la seconda metà del Cinquecento', in Hernán and Maffi, *Guerra y sociedad*, I, 217-52.

Rochon, André (ed.), *Présence et influence de l'Espagne dans la culture italienne de la Renaissance* (Paris: Université de la Sorbonne Nouvelle, 1978).

Rodrígues-Salgado, M.J., 'Terracotta and iron: Mantuan politics (ca. 1480-ca. 1550)', in Cesare Mozzarelli, Robert Oresko and Leandro Ventura (eds), *The Court of the Gonzaga in the Age of Mantegna: 1450-1550* (Rome: Bulzoni, 1997), 15-59.

Romier, Lucien, *Les origines politiques des Guerres de Religion*, 2 vols (Paris: Perrin, 1913-14).

Ruggiero, Michele, *Storia del Piemonte* (Turin: Piemonte in Bancarella, 1979).

Schnettger, Matthias and Marcello Verga (eds), *L'impero e l'Italia nella prima età moderna* (Bologna: Il Mulino, 2006).

Segre, Arturo, 'Lodovico Sforza, detto il Moro, e la Repubblica di Venezia dall'autunno 1494 alla primavera 1495', *Archivio storico lombardo*, 3rd ser., 18 (1902), 249-317; 20 (1903), 33-109, 368-443.

Shaw, Christine, *Barons and Castellans. The Military Nobility of Renaissance Italy* (Leiden and Boston: Brill, 2015)

Shaw, Christine (eds), *Italy and the European Powers: The impact of the War, 1500-1530* (Leiden and Boston: Brill, 2006).

Shaw, Christine, 'The papacy and the European powers', in Shaw (ed.), *Italy and the European Powers*, 107-26.

Shaw, Christine, 'The papal court as a centre of diplomacy from the Peace of Lodi to the Council of Trent', in Florence Alazard and Frank La Brasca (eds), *La papauté à la Renaissance* (Paris: Honoré Champion, 2007), 621-38.

Shaw, Christine, 'Political exile during the Italian Wars', in Fabio Di Giannatale (ed.), *Escludere per governare. L'esilio politico fra Medioevo e Risorgimento* (Florence: Le Monnier Università, 2011), 79-95.

Shaw, Christine, *Popular Government and Oligarchy in Renaissance Italy* (Leiden: Brill, 2006).

Shaw, Christine, 'The Roman barons and the security of the Papal States', in Mario Del Treppo (ed.), *Condottieri e uomini d'arme nell'Italia del Rinascimento* (Naples: Liguori, 2001), 311-25.

Smith, Marc H., 'Complots, révoltes et tempéraments nationaux: français et italiens au XVIe siècle', in Yves-Marie Bercé and Elena Fasano Guarini (eds), *Complots et conjurations dans l'Europe moderne* (Rome: École française de Rome, 1996), 93-115.

Smith, Marc H., 'Émulation guerrière et stéréotypes nationaux dans les Guerres d'Italie', in D. Boillet and M. F. Piejus (eds), *Les Guerres d'Italie: Histoires, pratiques, représentations* (Paris:

Université Paris III Sorbonne Nouvelle, 2002), 155-76.

Spini, Giorgio, 'Il principato dei Medici e il sistema degli Stati europei del Cinquecento', in *Firenze e la Toscana*, 177-216.

State Papers during the Reign of Henry VIII, 11 vols (Record Commission, 1830-52).

Storia economica e sociale di Bergamo. Il tempo della Serenissima. Il lungo Cinquecento (Bergamo: Fondazione per la storia economica e sociale di Bergamo, 1998).

Valseriati, Enrico, *Tra Venezia e l'Impero: dissenso e conflitto politico a Brescia nell'età di Carlo V* (Milan: FrancoAngeli, 2016).

Viganò, Marino (ed.), *L'architettura militare nell'età di Leonardo: 'Guerre milanesi' e diffusione del bastione in Italia e in Europa* (Bellinzona: Edizioni Casagrande, 2008).

Vigo, Giovanni, 'Il volto economico della città', in Giorgio Politi (ed.), *Storia di Cremona: L'età degli Asburgo di Spagna (1535-1707)*, (Cremona: Bolis, 2006), 220-61.

von Albertini, Rudolf, *Firenze dalla repubblica al principato: Storia e coscienza politica* (Turin: Einaudi, 1970).

ㄹ

ㅂ

ㅇ

기타

지은이 **크리스틴 쇼** Christine Shaw

크리스틴 쇼는 영국의 역사학자로 르네상스 시기 이탈리아의 정치 및 군사, 외교사 분야 권위자이다. "이탈리아 전쟁의 전반적인 흐름과 유럽 사회에 미친 영향을 종합적으로 분석한 중요한 저작"으로 평가받는 『이탈리아 전쟁 1494~1559』를 비롯해 『율리우스 2세』, 『남작과 성주』 등 여러 권의 책과 논문을 출간했다.

마이클 말렛 Michael Mallett

마이클 말렛은 워릭대학교에서 오랫동안 교수로 재직하며 영국 아카데미 회원으로 선출되는 등 학문적 업적을 인정받은 역사학자이다. 고전으로 평가받는 『용병과 그들의 주인』을 비롯해 『보르자 가문』, J. R. 헤일과 공동 작업한 『르네상스 국가의 군사 조직』 등 다수의 책과 논문을 출간했다.

옮긴이 **안민석**

서울대학교에서 종교학과 서양사학을 전공하고 같은 학교 대학원에서 19세기 프랑스 정치사 연구로 석사 학위를, 18세기 프랑스 경제사상사 연구로 박사 학위를 받았다. 현재 서울대학교와 서울과학기술대학교에서 강의하고 있으며, 옮긴 책으로 『가차없는 자본주의』(공역), 『물의 세계사』(공역), 『인류세 시대의 맑스』 등이 있다.

이탈리아 전쟁 1494~1559

발행일   2025년 5월 15일(초판 1쇄)

지은이   크리스틴 쇼·마이클 말렛
옮긴이   안민석
펴낸이   이지열
펴낸곳   미지북스
          서울시 마포구 잔다리로 111(서교동 468-3) 401호
          우편번호 04003
          전화 070-7533-1848   팩스 02-713-1848
          mizibooks@naver.com
          출판 등록 2008년 2월 13일 제313-2008-000029호
편집   서재왕, 이지열
출력   상지출력센터
인쇄 제본 한영문화사

ISBN   979-11-90498-61-6 03920
값 38,000원

• 블로그 http://mizibooks.tistory.com
• 트위터 @mizibooks
• 페이스북 http://facebook.com/pub.mizibooks